NOMOSEINFÜHRUNG

Prof. Dr. Johannes Kaspar | Dr. Oliver Schön [Hrsg.]

Einführung in das japanische Recht

2. Auflage

Dr. Heike Alps, LL.M. (Chuo Universität, Japan), Rechtsanwältin und Mediatorin, Lehrbeauftragte an der Universität Halle-Wittenberg | **Prof. Dr. Moritz Bälz**, LL.M. (Harvard), Goethe-Universität Frankfurt a.M. | **Prof. Dr. Harald Baum**, Max-Planck-Institut für ausländisches und internationales Privatrecht, Hamburg | **Dr. Meiko Dillmann**, Rechtsanwältin, München | **Dr. Katharina Doll**, M.Sc., Bayerisches Staatsministerium der Finanzen und für Heimat, München | **Dr. Ruth Effinowicz**, LL.M. (Köln/Paris 1), M.A., Max-Planck-Institut für ausländisches und internationales Privatrecht, Hamburg | **Assoz. Prof. Sota Endo**, Waseda Universität Tokio | **Dr. habil. Christian Förster**, Rechtsanwalt, Karlsruhe | **Carsten Griebeler**, Staatsanwaltschaft Frankfurt a.M., Lehrbeauftragter für japanisches Recht an der Universität Augsburg | **Prof. Dr. Peter Kasiske**, Universität Augsburg | **Prof. Dr. Johannes Kaspar**, Universität Augsburg | **Prof. Shintaro Koike**, Keio Universität Tokio | **Prof. Dr. Hideo Kojima**, Meiji Gakuin Universität Tokio | **Assoz. Prof. Tomoaki Kurishima**, LL.M. (LMU München), Universität Saitama | **Prof. Dr. Mutsumi Kurosawa**, Meiji Universität Tokio | **Prof. Dr. Osamu Magata**, Chuo Universität Tokio | **Prof. Dr. Yuki Nakamichi**, Waseda Universität Tokio | **Dr. Szabolcs Petrus**, LL.M. (Augsburg), Universität Augsburg | **Prof. Kazuya Saheki**, Kansai Universität Osaka | **Dr. Dipl. iur. oec. univ. Frank Schemmel**, DataGuard, München | **Dr. Tobias Schiebe**, LL.M. (Victoria University of Wellington), Rechtsanwalt, Tokio | **Dr. Oliver Schön**, Vors. Richter am Landgericht München I, Lehrbeauftragter für japanisches Recht an der Universität Augsburg | **Dr. Dirk Schüßler-Langeheine**, Rechtsanwalt, München | **Sebastian Schulte**, LL.M., Rechtsanwalt, Münster, Lehrbeauftragter für japanisches Recht an der Universität Augsburg | **Gregor Stevens**, Vors. Richter am Landgericht Potsdam, Lehrbeauftragter an der Universität Halle-Wittenberg

Die Deutsche Nationalbibliothek verzeichnet diese Publikation in
der Deutschen Nationalbibliografie; detaillierte bibliografische
Daten sind im Internet über http://dnb.d-nb.de abrufbar.

ISBN 978-3-8487-7897-3 (Print)
ISBN 978-3-7489-2298-8 (ePDF)

2. Auflage 2024
© Nomos Verlagsgesellschaft, Baden-Baden 2024. Gesamtverantwortung für Druck und Herstellung bei der Nomos Verlagsgesellschaft mbH & Co. KG. Alle Rechte, auch die des Nachdrucks von Auszügen, der fotomechanischen Wiedergabe und der Übersetzung, vorbehalten.

Vorwort zur 2. Auflage

Mit der ersten Auflage der „Einführung in das japanische Recht" im Jahr 2017 wurde der an der Universität Augsburg seit dem Jahr 2009 verfolgte Ansatz, dass den Studierenden das japanische Recht anhand von vergleichenden Fallbeispielen beigebracht wird, einem breiteren Publikum vorgestellt. Wir freuen uns, dass nun die zweite, vollständig aktualisierte und um einige Beiträge ergänzte Auflage erscheint. Neu aufgenommen wurden in die zweite Auflage strafrechtliche Beiträge zu den Themen „Störung des Geschäftsbetriebs" (Endo/Nakamichi/Kasiske) und „Kryptomining" (Magata/Kaspar), ein arbeitsrechtlicher Beitrag (Schulte) sowie ein Beitrag zu den rechtlichen Fragen, die gleichgeschlechtliche Partnerschaften mit sich bringen (Effinowicz).

Seit dem Erscheinen der ersten Auflage hat Japan in Deutschland nach unserem Eindruck weiter an Popularität gewonnen. Teilweise als Reiseland, vor allem aber durch seine Subkultur, die sich gerade bei Jüngeren großer Beliebtheit erfreut. Diese Entwicklung wurde durch die Corona-Pandemie nur unterbrochen, aber nicht gebremst.

Die interessantesten Entwicklungen in rechtlicher Hinsicht waren wahrscheinlich die in der Verfassung nicht vorgesehene freiwillige Abdankung des japanischen Kaisers Akihito im Jahr 2019 und die stetige Diskussion um eine erste Änderung der japanischen Verfassung. Trotz der Ankündigung des im Jahr 2022 durch ein Attentat getöteten Premierministers Shinzo Abe, dass bis zum Beginn der Olympischen Spiele 2020 die Verfassung geändert werden solle, geschah dies nicht. Für eine Verfassungsänderung ist eine Volksabstimmung erforderlich, jedoch zeigen Umfragen, dass die Mehrheit der japanischen Bevölkerung an ihrer „Friedensverfassung" hängt.

Eine offene Baustelle bleibt die juristische Ausbildung. Neben einer problematischen Umsetzung des „Law-School-Systems" hat sich gezeigt, dass die Widerstände in der Anwaltschaft so groß sind, dass mit einem weiteren Zuwachs innerhalb dieser Berufsgruppe nicht zu rechnen ist. Japan wird wahrscheinlich ein Land mit einer vergleichsweise geringen Zahl an Juristinnen und Juristen bleiben.

Eine wichtige Neuerung ist die im Jahr 2021 von uns an der Universität Augsburg gegründete Forschungsstelle für Japanisches Recht. Vermehrt besuchen seitdem japanische Gastwissenschaftlerinnen und Gastwissenschaftler die Universität Augsburg, um hier zu forschen und zu lehren; auch die Zahl der Studierenden, die sich an unserer Fakultät mit dem japanischen Recht beschäftigen, befindet sich auf einem durchgängig hohen Niveau. In Vorbereitung der zweiten Auflage fand im Mai 2023 in Augsburg eine „Summer School zum japanischen Recht" statt, bei der die meisten Autorinnen und Autoren ihre Beiträge vorgestellt haben.

Großer Dank gebührt den Förderern der Summer School und dieser Neuauflage. Zu nennen sind die Deutsch-Japanische Juristenvereinigung (DJJV e.V.), die Deutsch-Japanische Gesellschaft Augsburg und Schwaben e.V., die Gesellschaft der Freunde der Universität Augsburg e.V. sowie das Augsburg Center for Economic Law and Regulation (ACELR).

Danken möchten wir auch den Mitarbeiterinnen und Mitarbeitern des Augsburger Lehrstuhls von Prof. Dr. Kaspar, die bei der Vorbereitung der zweiten Auflage wertvolle Arbeit geleistet haben, insbesondere Frau Michaela Braun, Herr Nicolas Cypher, Herr Julian Regnery sowie Herr Bernhard Ruffing.

Wir hoffen sehr, dass auch die Neuauflage auf Interesse stößt und freuen uns über Rückmeldungen aus der Leserschaft!

Die Herausgeber

Prof. Dr. Johannes Kaspar und VRiLG Dr. Oliver Schön

Augsburg, Februar 2024

Inhaltsübersicht

Vorwort zur 2. Auflage	5
Abkürzungsverzeichnis	21
§ 1 Recht in Japan – ein einführender Überblick	23
§ 2 Zivilrecht in Japan	39
§ 3 Gutglaubensschutz bei Immobiliengeschäften	46
§ 4 Fall: Straßenverkehrsunfall mit Todesfolge	54
§ 5 Vorvertragliche Aufklärungspflichtverletzungen	63
§ 6 Die Lösung von Dauerschuldverhältnissen/Vertriebsrecht	73
§ 7 Patentrecht – Kraftfahrzeugfelgen III („BBS Car Wheels III")	83
§ 8 Familienrecht	89
§ 9 Anerkennung und Schutz gleichgeschlechtlicher Beziehungen	105
§ 10 Arbeitsrecht – Streit um eine Kündigung	119
§ 11 Arbeitsrecht – Rechte der irregulär Beschäftigten	129
§ 12 Arbeitsrecht – Tod durch Überarbeitung/Burn-out	140
§ 13 „Fukushima" und die juristischen Folgen	150
§ 14 Einführung in das japanische materielle Strafrecht	159
§ 15 Besonderheiten des japanischen Straf- und Strafverfahrensrechts	167
§ 16 Strafrecht – der „Enkeltrick" in Japan	175

Inhaltsübersicht

§ 17 Ist fremdnütziges Kryptomining strafbar? Der sog. Coinhive-Fall — 183

§ 18 Strafbare Störung der Amtsausübung und der Geschäftstätigkeit — 195

§ 19 Jugendstrafrecht in Japan und Deutschland — 206

§ 20 Opferschutzaspekte im japanischen Straf- und Strafprozessrecht — 219

§ 21 Einführung in das japanische Verwaltungsrecht — 233

§ 22 Baurecht — 256

§ 23 Einführung in das japanische Staatsorganisationsrecht — 268

§ 24 Schreinbesuch des Premierministers und Trennung von Staat und Religion — 279

§ 25 Die Debatte um eine Verfassungsänderung – im besonderen Hinblick auf Art. 9 der Japanischen Verfassung — 288

§ 26 Verweigerung des Mitsingens der Nationalhymne und Gewissensfreiheit — 294

Verzeichnis der Autorinnen und Autoren — 301

Stichwortverzeichnis — 303

Inhalt

Vorwort zur 2. Auflage	5
Abkürzungsverzeichnis	21

§ 1 Recht in Japan – ein einführender Überblick — 23
    I. Das moderne japanische Recht als Mischrechtsordnung — 23
    II. Historische Rechtsentwicklung — 26
        1. Recht in der Tokugawa-Zeit — 26
        2. Rezeption des europäischen Rechts — 27
        3. Rezeption des US-amerikanischen Rechts — 31
    III. Zur japanischen Rechtsmentalität — 31
        1. Rechtsbewusstsein und Prozessdichte — 31
        2. Institutionelle Erklärungsansätze — 34
    IV. Wandel in der Rechtsumsetzung — 37
    V. Fazit — 38

§ 2 Zivilrecht in Japan — 39
    I. Geschichtliche Einordnung — 39
    II. Überblick über ausgewählte Bereiche des Zivilrechts — 40
        1. Allgemeiner Teil — 40
        2. Sachenrecht — 42
        3. Schuldrecht — 42
        4. Deliktsrecht — 43
        5. Familienrecht & Erbrecht — 44
        6. Arbeitsrecht — 44

§ 3 Gutglaubensschutz bei Immobiliengeschäften — 46
    I. Fall — 46
    II. Behandlung des Falls in Japan — 47
        1. Vorbemerkungen — 47
        2. Lösung: Anspruch auf Mitwirkung bei der Löschung der Registereinträge — 48
    III. Rechtsvergleichende Anmerkungen aus Sicht des deutschen Rechts — 50

§ 4 Fall: Straßenverkehrsunfall mit Todesfolge — 54
    I. Fall — 54
    II. Behandlung des Falls in Japan — 54
        1. Allgemeine Informationen — 54
        2. Strafrecht — 55
        3. Zivilverfahren — 57
            a) Direkter Schadensersatz (sekkyoku songai – 積極 損害) — 58
            b) Indirekter Schadensersatz/entgangener Gewinn (shōkyoku songai – 消極 損害) — 58
            c) Schmerzensgeld (isharyō – 慰謝料) — 59
            d) Mitverschuldensquote (kashitsu sousai – 過失 相殺) — 59
            e) Rechtsanwaltskosten und Zinsen — 59
    III. Behandlung des Falls in Deutschland — 61

	IV. Wertende Betrachtung	62
§ 5	**Vorvertragliche Aufklärungspflichtverletzungen**	63
	I. Fall	63
	II. Einleitung	63
	1. Prinzip von Treu und Glauben	63
	2. Konzept und Funktion der c.i.c.	64
	III. Gesetzliche Haftungsregeln	65
	1. Vertragliche Haftung (§§ 412 ff. ZG)	65
	2. Deliktische Haftung (§§ 709 ff. ZG)	65
	3. Zwischenergebnis: Geringeres praktisches Bedürfnis für die c.i.c. in Japan	66
	IV. Vorvertragliche Aufklärungspflichtverletzung	67
	1. Fallgruppen	67
	a) Verzögerter Abbruch der Vertragsverhandlungen	67
	b) Beeinträchtigung anderer Rechtsgüter des Vertragspartners	68
	c) Nachteilhafter Vertragsabschluss	68
	2. Bewertung des Eingangssachverhalts durch die japanischen Gerichte	68
	a) Urteil der Vorinstanz (DG Osaka)	68
	b) Urteil des OGH Tokio v. 22.4.2011 [2008 (Ju) Nr. 1940]	69
	3. Rechtsvergleichende Analyse	69
	a) „Paradoxer" Rückbezug	69
	b) Japanisches Treueprinzip	70
	c) Unterschiedliche Aufklärungspflichten	70
	V. Schuldrechtsmodernisierung	71
§ 6	**Die Lösung von Dauerschuldverhältnissen/Vertriebsrecht**	73
	I. Fall	73
	1. Ausgangsfall	73
	2. Abwandlung	74
	II. Behandlung des Falls nach japanischem Recht	74
	1. Ausgangsfall	74
	a) Anspruch auf Ersatz der Investitionskosten	74
	b) Anspruch auf Ausgleichszahlung	76
	2. Abwandlung	76
	III. Behandlung des Falls nach deutschem Recht	77
	1. Ausgangsfall	77
	a) Anspruch auf Ersatz der Investitionskosten	77
	b) Anspruch auf Ausgleichszahlung	79
	2. Abwandlung	80
	IV. Wertende Betrachtung	81
§ 7	**Patentrecht – Kraftfahrzeugfelgen III („BBS Car Wheels III")**	83
	I. Fall	83
	II. Erschöpfung eines Patents nach deutschem Recht	83
	III. Erschöpfung eines Patents nach japanischem Recht	84
	IV. Grundsatz der Territorialität und die Lösung des Falls durch den OGH	86

§ 8 Familienrecht 89
  I. Fall 89
  II. Vorbemerkung zum einschlägigen japanischen Recht 89
  III. Behandlung des Falls nach japanischem Recht 95
   1. Zulässigkeit 96
   2. Begründetheit 96
      a) Scheidungsgrund 96
      b) Scheidungsfolgen 97
         aa) Aufteilung des Vermögens 97
         bb) Unterhalt 97
         cc) Versorgungsansprüche 98
         dd) Sorgerecht 99
      c) Schadensersatz 100
  IV. Behandlung des Falls nach deutschem Recht 101
   1. Scheitern der Ehe 101
   2. Auseinandersetzung des Vermögens 101
   3. Unterhalt 102
   4. Versorgungsausgleich 102
   5. Sorgerecht 102
   6. Schadensersatz 103
  V. Wertende Betrachtung 103

§ 9 Anerkennung und Schutz gleichgeschlechtlicher Beziehungen 105
  I. Fall 105
  II. Behandlung nach japanischem Recht 105
   1. Keine gleichgeschlechtliche Ehe im japanischen Recht 106
   2. Wirksamkeit einer im Ausland geschlossenen gleichgeschlechtlichen Ehe 108
   3. Andere Formen der rechtlichen Anerkennung der Beziehung 111
      a) Adoption 111
      b) Vertrag, Testament und freiwillige Betreuungsvereinbarung 112
      c) De-facto-Ehe 113
      d) Zwischenfazit 114
   4. Nicht-rechtliche Anerkennung der Beziehung 114
   5. Ausblick: Klage? 115
  III. Ergänzende Anmerkungen zur deutschen Rechtslage 115
  IV. Schlussbemerkung 117

§ 10 Arbeitsrecht – Streit um eine Kündigung 119
  I. Fall 119
  II. Behandlung des Falls nach japanischem Recht 119
   1. Allgemeine Informationen 119
   2. Verfahren nach dem rōdō shinpan-hō (Gesetz über die Verständigung in Arbeitssachen) 120
   3. Zivilprozessverfahren bei Arbeitsstreitigkeiten 121
      a) Kündigungserklärung 121
      b) Frist zur Einreichung der Klage 122
      c) Besonderer Kündigungsschutz 123

		d)	Missbrauch des Kündigungsrechts	123
			aa) Personalabbau muss notwendig sein	123
			bb) Arbeitgeber:in muss sich bemüht haben, die Kündigung zu vermeiden	123
			cc) Kriterien für die Personenauswahl müssen rational, also angemessen sein	123
			dd) Arbeitgeber:in muss mit der Gewerkschaft bzw. den Arbeitnehmer:innen verhandeln	124
		e)	Kündigungsfrist	124
	4.	Entscheidung		124
III.	Behandlung des Falls nach deutschem Recht			124
	1.	Ablauf des Kündigungsschutzverfahrens		124
	2.	Prüfung des Gerichts		125
		a)	Kündigungserklärung	125
		b)	Frist zur Einreichung der Klage	125
		c)	Betriebsratsanhörung	125
		d)	Besonderer Kündigungsschutz	125
		e)	Allgemeiner Kündigungsschutz nach dem Kündigungsschutzgesetz	125
		f)	Kündigungsfrist	126
	3.	Entscheidung		127
IV.	Wertende Betrachtung			127
	1.	Materielles Recht		127
	2.	Prozessuale Seite		128

§ 11 Arbeitsrecht – Rechte der irregulär Beschäftigten 129

I.	Fall			129
II.	Behandlung des Falls nach japanischem Recht			129
	1.	Allgemeine Informationen		129
	2.	Ansprüche der Teilzeitbeschäftigten		131
		a)	Anspruch aus Art. 4 ASG	131
		b)	Anspruch aus Art. 8 und 9 TzArbG	132
			aa) Anspruch aus Art. 8 TzArbG auf Grundvergütung und Bonuszahlungen	132
			bb) Anspruch aus Art. 9 TzArbG auf Grundvergütung und Bonuszahlungen	132
			cc) Anspruch auf Zuschüsse und Zulagen	132
	3.	Ansprüche von befristet Beschäftigten auf gleiche Entlohnung		133
	4.	Ansprüche von befristet Beschäftigten auf Verlängerung ihres Arbeitsverhältnisses		133
		a)	Anspruch gem. Art. 19 AVG	134
			aa) Antrag unverzüglich nach Ablauf der Befristung	134
			bb) Verweigerung der Verlängerung ohne sachlichen Grund	134
			cc) Beschäftigte können Verlängerung vernünftigerweise erwarten	134
			dd) Ausgestaltung durch Rechtsprechung	134
			ee) Anspruch des B	135
		b)	Anspruch gem. Art. 18 AVG	135

III.	Behandlung des Falls nach deutschem Recht	136
	1. Ansprüche von teilzeitbeschäftigten Arbeitnehmer:innen	136
	2. Anspruch befristet Beschäftigter auf gleiche Vergütung	137
	3. Anspruch von befristet Beschäftigten auf Fortsetzung ihres Arbeitsverhältnisses über die Befristung hinaus	137
IV.	Wertende Betrachtung	138

§ 12 Arbeitsrecht – Tod durch Überarbeitung/Burn-out 140
    I. Fall 140
    II. Behandlung des Falls nach japanischem Recht 141
        1. Allgemeine Informationen 141
        2. Recht der Unfallentschädigung 141
           a) Allgemeines und Haftungsbegrenzung 141
           b) Arbeitsrechtliche/allgemeine zivilrechtliche Ansprüche 142
               aa) Arbeitsrecht 142
               bb) Allgemeines Zivilrecht 143
           c) Unfallversicherungsrecht 144
               aa) Arbeitsbedingtheit 144
               bb) Anerkennungskriterien bzgl. karôshi durch Erlass vom 12.12.2001 145
               cc) Antragsverfahren 145
    III. Behandlung des Falls nach deutschem Recht 146
    IV. Wertende Betrachtung 148

§ 13 „Fukushima" und die juristischen Folgen 150
    I. Fall 150
    II. Behandlung des Falls nach japanischem Recht 150
        1. Vorbemerkung zum einschlägigen japanischen Recht 150
        2. Falllösung nach japanischem Recht 152
           a) Zulässigkeit 153
           b) Begründetheit 153
               aa) Schwerwiegende Naturkatastrophe außergewöhnlichen Ausmaßes 153
               bb) Nuklearschaden 154
               cc) Umfang 155
               dd) Staatshaftung 156
    III. Behandlung des Falls nach deutschem Recht 157
        1. Nuklearer Schaden 157
        2. Umfang 158
    IV. Zusammenfassende Erwägungen 158

§ 14 Einführung in das japanische materielle Strafrecht 159
    Vorbemerkung 159
    I. Die Entstehung des heutigen Strafrechts 159
    II. Das japanische Strafgesetzbuch – Systematik und Besonderheiten 160
        1. Allgemeiner Teil 160
        2. Besonderer Teil 161
    III. Reformbestrebungen 163
    IV. Nebenstrafrecht 164

V.	Gerichtliche Praxis	165

§ 15 Besonderheiten des japanischen Straf- und Strafverfahrensrechts   167
    I. Wurzel des modernen japanischen Straf- und Strafverfahrensrechts   167
    II. Das materielle Strafrecht   167
    III. Neue Tendenzen im materiellen Strafrecht   167
        1. Vorverlagerung der Strafbarkeit   168
        2. Opfer- und Hinterbliebenenschutz   168
    IV. Kriminalitätslage   169
        1. Geographische Lage   169
        2. Homogenität der Gesellschaft   169
        3. Polizeipräsenz   169
        4. Hohe Aufklärungsquote   170
    V. Strafverfahren   170
        1. Kriminalpsychologische Gründe   171
        2. Kriminaltaktische Methoden   171
    VI. Weitere Besonderheiten des japanischen Strafverfahrensrechts   171
        1. Opportunitätsprinzip   171
            a) Kein Bedürfnis zur Verhängung einer Strafe   171
            b) Zögerliche Anklageerhebung   172
        2. Untersuchungsgrundsatz   172
        3. Parteiensystem   172
        4. Zusammensetzung der Gerichte   172
    VII. Der Fall Ghosn   173

§ 16 Strafrecht – der „Enkeltrick" in Japan   175
    I. Fall   175
    II. Einführung   175
    III. Verursachte Schäden   176
    IV. Der Deliktsaufbau des Enkeltricks in Japan   177
    V. Falllösung   178
        1. Die Möglichkeit der sukzessiven Mittäterschaft oder Beihilfe   178
        2. Unterscheidung zwischen untauglichem und strafbarem Versuch   179
        3. Komplott-Mittäterschaft   180
        4. Unterschied zwischen Komplott und Vorsatz   181
        5. Umfassender gemeinsamer Tatplan der Mittäterschaft   181

§ 17 Ist fremdnütziges Kryptomining strafbar? Der sog. Coinhive-Fall   183
    I. Fall   183
    II. Vorbemerkungen   183
        1. Der Coinhive-Fall als Beispiel moderner Kriminalitätsentwicklungen   183
        2. Arten des fremdnützigen Kryptominings   184
            a) Browserbasiertes Kryptomining (sog. Drive-by-Mining)   184
            b) Malwarebasiertes Kryptomining   184
    III. Behandlung des Falls nach japanischem Recht   185
        1. Der Coinhive-Fall als Browserbasiertes Kryptomining   185
        2. Relevante Vorschriften im jStGB   185
        3. Zur Entscheidung des japanischen Obersten Gerichtshofs   189
        4. Schluss   191

IV.	Behandlung des Falls nach deutschem Recht	191
V.	Vergleich mit dem deutschen Recht	192
VI.	Wertende Betrachtung	193

§ 18 Strafbare Störung der Amtsausübung und der Geschäftstätigkeit 195
    I. Fall 195
    II. Behandlung des Falls nach japanischem Recht 195
        1. Schutz der Arbeitstätigkeiten durch Strafrecht in Japan 195
            a) Geschäftstätigkeiten und Strafrecht 195
            b) Störung der Amtsausübung 196
                aa) Schutz der Arbeitstätigkeit im Amt 196
                bb) Bei der Amtsausübung 197
                cc) Gewalt oder Drohung 197
            c) Störung der Geschäftstätigkeit 198
                aa) Geschäftsausübung 198
                bb) Tathandlungen 199
                cc) Störung 199
                dd) Ist die Amtsausübung auch „Geschäft"? 200
        2. Falllösung 200
            a) Fall (2): Bombe in der Universität 200
                aa) Tat gegen die staatliche Universität Q 200
                bb) Tat gegen die Polizei P 201
            b) Fall (3): Schummeln in der Aufnahmeprüfung 202
            c) Fall (4): „Ich bin Corona positiv!" 203
    III. Behandlung des Falls nach deutschem Recht und Vergleich mit der japanischen Rechtslage 203
    IV. Fazit und Ausblick 205

§ 19 Jugendstrafrecht in Japan und Deutschland 206
    I. Fall 206
    II. Gesetzliche Rahmenbedingungen 206
        1. Deutschland 207
        2. Japan 207
    III. Untersuchungshaft 208
        1. Deutschland 208
        2. Japan 209
    IV. Vernehmung 210
        1. Deutschland 210
        2. Japan 211
    V. Staatsanwaltschaft 211
        1. Deutschland 211
        2. Japan 212
    VI. Gericht 212
        1. Deutschland 213
        2. Japan 213
    VII. Jugendgerichtshilfe 214
        1. Deutschland 214
        2. Japan 215

VIII.	Maßnahmen/Sanktionen	215
	1. Deutschland	215
	2. Japan	216
IX.	Wertende Betrachtung	217

§ 20 Opferschutzaspekte im japanischen Straf- und Strafprozessrecht ... 219
    I. Fälle ... 219
   II. Behandlung der Fälle nach japanischem Recht ... 219
        1. Allgemeine Entwicklung der Opferaspekte in Gesetzgebung und Praxis ... 219
        2. Strafrecht ... 220
            a) Das geschützte Rechtsgut und die Tatbestände der Sexualdelikte (§ 177 jStGB usw.) ... 220
            b) Antragsdelikt (Shinkoku-zai – 親告罪)/Strafantrag (§§ 230 ff. jStPO) (Kokuso – 告訴) ... 221
            c) Kein TOA, aber „Shufuku"-Klausel bei Selbstanzeige gegenüber dem Opfer (§ 42 Abs. 2 jStGB) ... 222
            d) Strafrechtliche Würdigung der Fälle (1) und (2) ... 223
        3. Strafprozessrecht ... 223
            a) Ermittlungsverfahren ... 223
                aa) Vernehmung (§ 223 jStPO) und Rücksicht auf das Opfer ... 223
                bb) Sonstige Maßnahmen von Opferschutz und Opferhilfe im Ermittlungsverfahren ... 224
            b) Klageerhebung ... 224
                aa) Staatsanwaltschaftliches Anklageermessen/Opportunitätsprinzip (§ 248 jStPO) ... 224
                bb) Mitteilung an Antragsteller (§§ 260 und 261 jStPO) und Untersuchungsausschuss für staatsanwaltschaftliches Handeln (StAUA) ... 224
                cc) Sonstige Maßnahmen von Opferschutz und Opferhilfe im Bereich der Klageerhebung ... 225
            c) Hauptverfahren ... 225
                aa) Geheimhaltung opferbezogener persönlicher Informationen (§§ 290–2 usw. jStPO) ... 225
                bb) Zeugenvernehmung (§ 143 ff. jStPO) und Zeugenschutz (Shōnin hogo – 証人保護) ... 226
                cc) Teilnahme des Opfers am Hauptverfahren usw. (§§ 316–33 ff. jStPO: Higaisya-sanka seido – 被害者参加制度) ... 227
                dd) Äußerung der Sicht des Opfers zum erlittenen Schaden und zu sonstigen Umständen der Tat (§ 292–2 jStPO) ... 227
                ee) Einfluss auf die Strafzumessung ... 227
                ff) Wiedergutmachungsbezogene Maßnahmen ... 228
   III. Behandlung der Fälle nach deutschem Recht ... 228
        1. Materielles Strafrecht, Strafantrag und Wiedergutmachungsaspekte ... 228
        2. Strafprozessrecht ... 230
   IV. Vergleich mit dem deutschen Recht ... 231
    V. Wertende Betrachtung ... 231

§ 21 Einführung in das japanische Verwaltungsrecht 233
    I. Einführung 233
        1. Historische Entwicklung 233
        2. Grundlagen 235
           a) Rechtsstaatsprinzip (v.a. Gesetzmäßigkeit der Verwaltung) 235
           b) Kommunale Selbstverwaltung 237
    II. Formelles Verwaltungshandeln 237
        1. Verwaltungsakt 237
        2. Verwaltungsvertrag 239
        3. Weitere Handlungsformen 239
        4. Ermessen 239
    III. Informelles Verwaltungshandeln: gyōsei shidō 240
        1. Begriff 241
        2. Aspekte des informellen Verwaltungshandelns 242
        3. Gesetzliche Regelung 244
        4. Vereinbarkeit mit dem Rechtsstaatsprinzip 244
        5. Bedeutung von Verwaltungsvorschriften 245
        6. Systematisierung und Beispiele 245
           a) Normvertretende gyōsei shidō 246
           b) Normvollziehende gyōsei shidō 246
           c) Normergänzende und schlichtende gyōsei shidō 247
        7. Rechtmäßigkeitsvoraussetzungen 247
           a) Kompetenz 248
           b) Würdigung der Umstände 248
           c) Freiwilligkeit 248
    IV. Verwaltungsvollstreckung 249
    V. Rechtsschutz gegen Verwaltungshandeln 250
        1. Verwaltungsprozessrecht, Klagearten und Anwendbarkeit 250
        2. Klagebefugnis und drittschützende Normen 251
        3. Rechtsschutzbedürfnis und Klagefrist 253
        4. Rechtsschutz gegen formelles Handeln 253
        5. Rechtsschutz gegen informelles Handeln der Verwaltung 253
        6. Staatshaftungsrecht 254

§ 22 Baurecht 256
    I. Fall 256
    II. Vorbemerkung zum einschlägigen japanischen Recht 256
        1. Das öffentliche Baurecht 256
           a) Das japanische Verwaltungsrecht 256
           b) Das japanische öffentliche Baurecht 257
        2. Das private Baurecht 259
    III. Behandlung des Falls nach japanischem Recht 263
        1. Zuständiges Gericht 264
        2. Begründetheit der Klage 264
           a) Anspruch 264
           b) Rechtsfolge 265
           c) Verjährung 265
           d) Delikt 265

	3. Anspruch aus Staatshaftung	266
IV.	Vergleich mit Deutschland	266
V.	Wertende Betrachtung	267

§ 23 Einführung in das japanische Staatsorganisationsrecht   268
- I. Parlament (kokkai)   268
  1. Gesetzgebungsorgan   268
  2. Zweikammersystem   269
  3. Sitzungsperiode (kaiki)   271
  4. Verfassungsänderung   272
- II. Kabinett   272
- III. Justiz   274
  1. Einheitsgerichtsbarkeit   274
  2. Der Oberste Gerichtshof   276
  3. Unabhängigkeit der Justiz   276
- IV. Kaiser   277

§ 24 Schreinbesuch des Premierministers und Trennung von Staat und Religion   279
- I. Fall   279
- II. Einleitung   280
  1. Probleme der Verfassungsmäßigkeitskontrolle in Japan   280
     a) Erfordernis eines konkreten Streitfalls   280
     b) Die Rechtsfolge der gerichtlichen Verfassungswidrigkeitserklärung   281
     c) Keine Vorlagepflicht bei Zweifeln an der Verfassungsmäßigkeit   282
  2. Die restriktive Haltung und der Konservatismus der japanischen Judikative   282
- III. Yasukuni-Schreinbesuch des Premierministers   283
  1. Das sog. Yasukuni-Problem und der Besuch vom Premierminister   283
  2. Die Religionsfreiheit und der Grundsatz der Trennung von Staat und Religion   284
     a) Ausgangspunkt: Der strenge Wortlaut der JV   284
     b) Keine vollständige Trennung von Politik und Religion   284
  3. Offizieller Schreinbesuch des Premierministers – Verstoß gegen den Trennungsgrundsatz?   285
  4. Prozessuales Problem: Keine abstrakte Kontrolle – Schmerzensgeld gemäß Staatshaftungsgesetz?   286

§ 25 Die Debatte um eine Verfassungsänderung – im besonderen Hinblick auf Art. 9 der Japanischen Verfassung   288
- I. Die „aufgezwungene" Verfassung als Symbol der Niederlage Japans?   288
- II. Artikel 9 JV – Die sog. Pazifismusklausel   289
- III. Allmähliche Wiederbewaffnung in der Nachkriegszeit   289
- IV. Nie wieder Krieg! – Die japanische Verfassung als Symbol des Pazifismus?   291
- V. Änderungsdebatte als „Ideologiestreit"   291
- VI. Fazit   292

§ 26 Verweigerung des Mitsingens der Nationalhymne und Gewissensfreiheit   294
- I. Fall   294
- II. Die Nationalflagge und -hymne Japans   295

Inhalt

	III.	Schutzbereich des Grundrechts der Gedanken- und Gewissensfreiheit	296

    III. Schutzbereich des Grundrechts der Gedanken- und Gewissensfreiheit   296
    IV. Behandlung des Falls nach japanischem Recht   297
        1. Der Befehl als Eingriff in das Grundrecht der Gedankens- bzw. Gewissensfreiheit   297
        2. Die (Un-)Möglichkeit der Rechtfertigung des Eingriffs   297
            a) Die Auffassung des OGH   297
            b) Kritik im Schrifttum   298
            c) Kleine Kursänderung des OGH   299

Verzeichnis der Autorinnen und Autoren   301

Stichwortverzeichnis   303

Abkürzungsverzeichnis

Abs.	Absatz
ÄG	Änderungsgesetz
Aufl.	Auflage
AuR	Arbeit und Recht (Zeitschrift)
Art.	Artikel
BGB	Bürgerliches Gesetzbuch
BGBl.	Bundesgesetzblätter
DG	Distriktgericht (Japan)
DÖV	Die Öffentliche Verwaltung (Zeitschrift)
DVBl.	Deutsches Verwaltungsblatt
ebd.	ebenda
Ed.	Edition
Eds.	Editors
EGBGB	Einführungsgesetz zum Bürgerlichen Gesetzbuche
et al.	und andere
f.	folgende (Seite)
ff.	folgende (Seiten)
Fn.	Fußnote
FS	Festschrift
GG	Grundgesetz
GRUR int.	Gewerblicher Rechtsschutz und Urheberrecht Internationaler Teil (Zeitschrift)
Harv. L. Rev.	Harvard Law Review (Zeitschrift)
Hrsg.	Herausgeber
i.d.F.	in der Fassung
IPR	Internationales Privatrecht
IPRax	Praxis des Internationalen Privat- und Verfahrensrechts (Zeitschrift)
Japanese Ann. Int'l L	Japanese Annual of International Law (Zeitschrift)
jStPO	Japanische Strafprozessordnung
StAUAG-ÄG	Änderungsgesetz zum Gesetz über den Untersuchungsausschuss für staatsanwaltschaftliches Handeln
Jhd.	Jahrhundert
JöR	Jahrbuch des öffentlichen Rechts (Zeitschrift)
JPY	Japanischer Yen (Währung)

JV	Japanische Verfassung
Kap.	Kapitel
LGBTQ+	Lesbisch, Schwul, Bisexuell, Transgender und Queer sowie + als Platzhalter für weitere, nicht genannte Geschlechtsidentitäten und sexuelle Orientierungen
m. Anm.	mit Anmerkung
MünchKomm	Münchener Kommentar
m.w.N.	mit weiteren Nachweisen
Nr.	Nummer
No.	Number
NOAG	Nachrichten der Gesellschaft für Natur- und Völkerkunde Ostasiens (Zeitschrift)
NVwZ	Neue Zeitschrift für Verwaltungsrecht
OG	Obergericht (Japan)
OGH	Oberster Gerichtshof (Japan)
OLG	Oberlandesgericht
ORechtsschutz	Opferrechtsschutz
ORechtsschutzMaßnamenG	Opferrechtsschutzmaßnahmengesetz
p.a.	per annum
PVG	Personenstandsverfahrensgesetz
RAG	Rechtsanwendungsgesetz (Japan)
Rn.	Randnummer
S./s.	siehe
StGB	Strafgesetzbuch
u.a.	und andere
VerwArch	Verwaltungsarchiv (Zeitschrift)
vgl.	vergleiche
VwPG	Verwaltungsprozessgesetz
VwVerfG	Verwaltungsverfahrensgesetz (Japan)
z.B.	zum Beispiel
ZG	Zivilgesetz (Japan)
ZJapanR/J.Japan.L.	Zeitschrift für Japanisches Recht/Journal of Japanese Law
ZVertriebsR	Zeitschrift für Vertriebsrecht
ZZPInt	Zeitschrift für Zivilprozeß International

§ 1 Recht in Japan – ein einführender Überblick

Harald Baum[*]

I. Das moderne japanische Recht als Mischrechtsordnung

Die heutige japanische Rechtsordnung spiegelt aus historischen Gründen, auf die noch näher einzugehen ist,[1] die unterschiedlichsten Einflüsse wider, namentlich solche des deutschen und französischen und später des US-amerikanischen Rechts.[2] Das Recht in Japan bildet von daher ein klassisches „mixed legal system", eine Mischrechtsordnung, die sich kontinuierlich dynamisch weiterentwickelt. Der Charakter einer Mischrechtsordnung wird noch dadurch verstärkt, dass sich das rezipierte Recht in einen differierenden institutionellen Kontext einpassen musste. Japan verfügt als alte Kulturnation über eine lange eigenständige Tradition der Regelung sozialer Konflikte. So war Tōkyō, im Gegensatz zu Paris, Berlin oder London, bereits zur Mitte des 19. Jahrhunderts eine Millionenstadt – damals noch Edō genannt –, in der die sozialen Beziehungen seiner Bewohner erfolgreich und gänzlich unabhängig von den Europa prägenden Einflüssen des römischen Rechts gestaltet wurden, auch wenn dieses *heute* maßgebliche Teile (auch) des japanischen Zivilrechts prägt.[3] Die rezipierten Rechtsfiguren operieren entsprechend in einem gesellschaftlichen Umfeld von originär anderer kultureller Prägung, das in starkem Maße durch kooperative Verhaltensweisen und kommunitaristische Strukturen gekennzeichnet ist.[4] Diesen dürfte zur Lösung sozialer Konflikte im täglichen Leben auch heute noch eine zumindest ähnlich große Bedeutung zukommen wie dem geschriebenen Recht:[5]

> „[A] sense of communitarian identity and connectedness ... has been at least as important as law and legal controls ... Law and extralegal community controls – the mechanisms of private ordering, if you will – function in tandem to create a dynamic system in which wealth-producing activity, investment and commercial transactions flourish".

Hierin dürfte einer der Gründe, wenn auch nicht der einzige,[6] für die im internationalen Vergleich geringe Prozessdichte in Japan zu sehen sein, mit der eine große praktische Bedeutung und institutionelle Vielfalt außergerichtlicher Streitbeilegungsmechanismen korrespondiert.[7]

---

[*] Bei dem Text handelt es sich um eine zwischenzeitlich zweifach aktualisierte und erweiterte Fassung des Beitrages des Verfassers „Das moderne japanische Recht: Entwicklung und Charakteristika", publiziert in: Vogt/Holdgrün (Hrsg.), Modernisierungsprozesse in Japan (2013), S. 31-53; beide Texte orientieren sich in wesentlichen Teilen an den Ausführungen des Verfassers bei Baum/Bälz in: Baum/Bälz (Hrsg.), Handbuch Japanisches Handels- und Wirtschaftsrecht (2011), S. 1 ff.
[1] Dazu unten II.
[2] Vergleichende Analysen zu den Rezeptionen in den verschiedenen Rechtsgebieten finden sich bei Baum/Bälz/Riesenhuber (Hrsg.), Rechtstransfer in Japan und Deutschland (2013).
[3] Zu der über zweitausend Jahre währenden Erfolgsgeschichte römischer Rechtsfiguren in Europa und im späten 19. Jhd. schließlich auch in Japan und von dort Anfang des 20. Jhd. nach Korea und Taiwan *Baum*, in: Haley/Takenaka (Eds.), Legal Innovations in Asia. Judicial Lawmaking and the Influence of Comparative Law (2014), S. 60 ff.
[4] *Haley*, Rivers and Rice: What Lawyers and Legal Historians Should Know about Medieval Japan, Journal of Japanese Studies 36 (2010), S. 313 ff.
[5] *Haley*, Why Study Japanese Law?, The American Journal of Comparative Law 58 (2010), S. 4, 6.
[6] Zur einschlägigen Diskussion unten III.
[7] Dazu *Baum/Schwittek*, Tradierte Moderne? Zur Entwicklung, Begrifflichkeit und Bedeutung von Schlichtung und Mediation in Japan, ZJapanR/J.Japan.L. 26 (2008), S. 5 ff.

Mit der differierenden Rolle der streitigen Rechtsdurchsetzung korreliert die viel zitierte (relative) Knappheit an Rechtsanwälten, auch wenn sich deren Zahl zwischen 2000 und 2021 mehr als verdoppelt hat.[8] Im Jahr 2021 waren in Japan, das mit rund 126 Millionen Einwohnern um etwa 50 Prozent größer als Deutschland ist, nur etwa 43.000 Rechtsanwälte zugelassen. Dem standen rund 165.000 deutsche Rechtsanwälte gegenüber. Im Durchschnitt kommt hierzulande auf rund 500 Einwohner ein Rechtsanwalt, während in Japan nur ein Rechtsanwalt für etwa 3.000 Einwohner zur Verfügung steht. Faktisch ist die Relation häufig noch viel ungünstiger, da etwa zwei Drittel der japanischen Rechtsanwälte in den Ballungsräumen Tōkyō und Ōsaka praktizieren. So gibt es beispielsweise in der japanischen Provinz nach wie vor Gerichtsbezirke ohne einen einzigen niedergelassenen Anwalt oder Anwältin.[9]

2 Auch ein Blick auf das japanische **Gerichtswesen** zeigt ein von den deutschen Gegebenheiten erheblich abweichendes Bild. An der Spitze der seit 1945 einheitlich gestalteten japanischen Gerichtsbarkeit steht nur ein einziges Gericht, der Oberste Gerichtshof (*Saikō Saiban-sho*), der mit lediglich 15 Richtern besetzt ist, dessen sachliche Zuständigkeit aber denjenigen der sechs obersten deutschen Bundesgerichte entspricht, nämlich der von BVerfG, BGH (Zivil- und Strafsenate), BVerwG, von BSozG, BAG und BFH, die mit 16 Verfassungsrichtern und rund 440 Bundesrichtern besetzt sind.[10] Insgesamt lag die Zahl der Richter in Japan im Jahr 2021 mit lediglich 2.797 aktiven Richtern erheblich unter der deutschen Vergleichszahl von rund 22.000 Richtern.[11] Dieser Engpass spiegelt sich in der Zahl der Verfahren wider: Im Jahr 2000 gab es in Japan rund 345.000 erledigte Zivilprozesse erster Instanz, während in Deutschland im selben Zeitraum etwa 2,5 Millionen Zivilverfahren abgeschlossen wurden. Berüchtigt ist die sog. „20%-Regel", die besagt, dass in Japan faktisch nur etwa ein Fünftel aller Streitigkeiten, die einer gerichtlichen Klärung bedürfen, auch tatsächlich einer solchen zugeführt werden können.[12]

Es gibt aber durchaus Bereiche, in denen die Japaner heftig prozessieren. Ein Beispiel sind Aktionärsklagen (*kabunushi daihyō soshō, derivative actions*), bei denen Aktionäre Mitglieder der Verwaltung ihres Unternehmens wegen vermuteter Gesetzesverstöße oder wegen Missmanagements auf Zahlung von Schadensersatz an das Unternehmen (und nicht an sich selbst) verklagen. In den vergangenen 25 Jahren wurden vor japanischen Gerichten weit über 1.000 Verfahren anhängig gemacht, von denen einige sehr hohe Schadensersatzsummen zum Gegenstand hatten. Damit führt Japan zusammen mit dem US-amerikanischen Bundesstaat Delaware die internationale Statistik an und ist in Sachen Aktionärsklagen eine der beiden streitfreudigsten (!) Jurisdiktionen der Welt.[13] Die korrespondierende deutsche Regelung in § 148 Aktiengesetz führt demgegenüber seit ihrer Einführung im Jahr 2005 ein Schattendasein.

---

8 Dazu vergleichend *Japan Federation of Bar Associations*, White Paper on Attorneys, 2021 Edition (2021), S. 31.
9 Dazu m.w.N. *Baum*, in: Coester-Waltjen/Lipp/Waters (Hrsg.), Liber Amicorum Makoto Arai (2015), S. 41 ff.; aktuelle Zahlen aus *Japan Federation of Bar Associations* (Fn. 8), S. 27, 31.
10 Zahlenangaben, *Baum* (Fn. 9), S. 41 ff. (aktualisiert).
11 *Baum* (Fn. 9), S. 41 ff.(aktualisiert); Zahlenangaben für Japan *Japan Federation of Bar Associations* (Fn. 8), S. 27.
12 *Baum* (Fn. 9), S. 41 ff.: zur Diskussion über die japanische Prozessdichte im internationalen Vergleich *Bälz*, Streitbeilegung im japanischen Recht (2019), S. 2 ff.
13 Dazu *Nakahigashi/Puchniak*, in: Puchniak/Baum/Ewing-Chow (Hrsg.), The Derivative Action in Asia: A Comparative and Functional Approach (2012), S. 128 ff.

I. Das moderne japanische Recht als Mischrechtsordnung § 1

Aufgrund dieser Beispiele liegt die Annahme nahe, dass sich die Rechtswirklichkeit in Japan anders darstellt als es die auf den ersten Blick vertrauten, namentlich die kodifizierten Institutionen der japanischen Rechtsordnung vermuten lassen.[14] Eine zentrale Frage von erheblicher praktischer wie wissenschaftlicher Bedeutung ist folglich, wie die rezipierten Rechtsfiguren im Zuge ihrer Akkulturation in dem neuen Umfeld interpretiert und angewendet werden und inwieweit sie möglicherweise andere Wirkungen als in ihren Ursprungsländern entfalten. Dies macht über die klassische funktionale Rechtsvergleichung hinaus, die bekanntlich problembezogen ansetzt und versucht, Gemeinsamkeiten in den von den unterschiedlichen Rechtsordnungen angebotenen Lösungen zu finden,[15] eine Rechtskulturvergleichung mit Japan erforderlich.[16] Eine solche versteht die Rechtsregeln als ein Kondensat der jeweiligen Kultur und die Rechtsordnung als ein gesellschaftliches Subsystem, das nicht von seinem sozialen Umfeld getrennt betrachtet werden kann; entsprechend ist der Blick eher auf Unterschiede denn auf Gemeinsamkeiten gerichtet.[17] Wie *Guntram Rahn* in einer grundlegenden Untersuchung zur japanischen Zivilrechtsmethodik herausgearbeitet hat, ist die Weiterentwicklung des rezipierten Rechts, in diesem Fall des Zivilrechts, im Zuge seiner Akkulturation maßgeblich von der tradierten japanischen Rechtsauffassung geprägt worden; hier zeige sich die gestalterische Wirkung des „Japanische[n] im Juristenrecht".[18] Die moderne japanische Zivilrechtsdogmatik sei keineswegs ein bloßes Konglomerat europäischer und amerikanischer Methodenlehren, sondern vielmehr vordringlich das Ergebnis „japanischen Rechtsdenkens und Ausdruck japanischer Rechtsauffassung".[19] Es versteht sich, dass zwischen Kultur und Recht vielschichtige Wechselwirkungen bestehen. Auch das rezipierte Recht hat auf die sozialen Einstellungen zurückgewirkt und diese im Zeitablauf verändert. Nicht nur das Recht, sondern auch und gerade die Kultur unterliegt, ungeachtet ihrer Verwurzelung in der Geschichte, einem ständigen Wandel.[20]

3

Eine parallele Diskussion zur Frage des Einflusses historisch-kultureller Faktoren wird seit einiger Zeit in den Wirtschaftswissenschaften geführt, soweit diese sich mit einem Vergleich unterschiedlicher Ordnungssysteme befassen. Dort ist zwar nicht unbestritten, aber inzwischen doch zunehmend anerkannt, dass Kultur ökonomische Relevanz entfalten kann und eine „kulturvergleichende Institutionenökonomik" den klassischen Erklärungsansatz der Rationalitätswahl zur Analyse divergierender Ideen- und Regelsysteme in den verschiedenen Kulturräumen bereichert.[21] Mit dem komplexen Begriff „Kultur" sind im vorliegenden Kontext diejenigen Werte, Institutionen und Strukturen gemeint, welche für die japanische Gesellschaft in dem jeweils betrachteten

---

14 *Baum*, Rechtsdenken, Rechtssystem und Rechtswirklichkeit in Japan – Rechtsvergleichung mit Japan, RabelsZ 59 (1995), S. 258 ff.
15 So etwa *Zweigert/Kötz*, Einführung in die Rechtsvergleichung auf dem Gebiete des Privatrechts (1996), S. 12.
16 *Bälz*, Wider den Exotismus? Zur Bedeutung der Kultur für das Verständnis des modernen japanischen Rechts, ZJapanR/J.Japan.L. 25 (2008), S. 153 ff.; *Nottage*, The Cultural (Re)Turn in Japanese Law Studies, Victoria University of Wellington L. Rev. 39 (2009), S. 755 ff.
17 Ein solcher Ansatz findet sich etwa bei *Glenn*, Legal Traditions of the World (2010).
18 *Rahn*, Rechtsdenken und Rechtsauffassung in Japan (1990), S. 14.
19 *Rahn* (Fn. 18), S. 389; zur aktuellen Diskussion *Suizu*, Die Methodik des Zivilrechts in Japan – Entwicklung und Struktur, ZJapanR/J.Japan.L. 38 (2014), S. 131 ff.
20 Zum Wandel des japanischen Rechts in den vergangenen drei Jahrzehnten sind vor einigen Jahren zwei informative Tagungsbände vorgelegt worden: *Foote* (Hrsg.), Law in Japan: A Turning Point (2007); *Scheiber/Mayali* (Hrsg.), Emerging Concepts of Rights in Japan (2007).
21 *Leipold*, Kulturvergleichende Institutionenökonomik (2006).

Zeitraum charakteristisch waren oder sind. Das aus der Evolutionsökonomie stammende Konzept der „pfadabhängigen Entwicklung" verdeutlicht auf das Recht übertragen die bestehenden Interdependenzen zwischen Kultur und rezipiertem Recht.[22] Da eine Änderung des Institutionengefüges einer Gesellschaft meist nur mit großem Aufwand möglich ist und deshalb meist nur mit großer zeitlicher Verzögerung erfolgt, wirkt das tradierte Ordnungsgefüge in dieser Weise indirekt lange Zeit in die Gegenwart fort. In diesem Sinne spiegeln sich tradierte Rechtsauffassung und Rechtsmentalität im gelebten Recht; Kultur und Recht erscheinen als komplementäre Hälften eines Ganzen.

Die vorstehenden Ausführungen haben veranschaulicht, dass zum Verständnis des modernen japanischen Rechts sowohl die Kenntnis von dessen unterschiedlichen außerjapanischen Wurzeln als auch eine Auseinandersetzung mit der tradierten Rechtsmentalität und den institutionellen Rahmenbedingungen der Rechtsumsetzung in Japan unerlässliche Voraussetzungen sind. Um diese beiden Aspekte geht es im Folgenden.

II. Historische Rechtsentwicklung

1. Recht in der Tokugawa-Zeit

4 Der Herrschaft des **Tokugawa-Shōgunats** (1603-1868) gelang es, die Wirren des vorhergehenden, rund ein Jahrhundert dauernden Bürgerkrieges endgültig zu überwinden und, wenn auch um den Preis einer rigiden Obrigkeitsstaatlichkeit, eine Phase politischer Stabilität einzuleiten. Außenpolitisch schloss sich Japan von der ersten Hälfte des 17. Jahrhunderts bis zur Mitte des 19. Jahrhunderts hermetisch gegen die westliche Außenwelt ab und konnte so, anders als fast alle anderen asiatischen Staaten, seine Unabhängigkeit gegenüber den europäischen Kolonialmächten wahren. Entsprechend blieben die epochalen Umwälzungen in Europa und Amerika gegen Ende des 18. Jahrhunderts und die in deren Folge einsetzende Modernisierung (zunächst) weitgehend ohne Einfluss auf die Entwicklungen in Japan.

Das Land blieb vielmehr bis zur Mitte des 19. Jahrhunderts ein konfuzianisch geprägter feudalistischer Ständestaat. Die agrarisch ausgerichtete vorindustrielle Wirtschaft wurde maßgeblich durch staatliche Kontrolle auf allen Ebenen gelenkt, und den Kräften des Marktes wurde nur ein begrenzter Spielraum zugestanden. Das Recht war abhängig vom sozialen Status, den der Einzelne in der strikt hierarchisch strukturierten Klassengesellschaft innehatte.[23] Private Streitigkeiten galten als moralische Verfehlung, mit denen die Regierung sich mangels unmittelbarer Relevanz für die öffentliche Ordnung nur in Ausnahmefällen befasste. Entsprechend wurde die Rechtsgewährung, so sie überhaupt erfolgte, als Gnadenerweis der Obrigkeit gegenüber den Untertanen angesehen.[24] Positives Recht, insbesondere betreffend die Beziehungen der Bürger untereinander, und die Anfänge eines vom Verwaltungsapparat geschiedenen Justizwesens entwickelten sich während des *Tokugawa-Shōgunats* nur langsam und blieben bis zu dessen Ende in der Mitte des 19. Jahrhunderts nur rudimentär ausgebildet. Recht wur-

---

22 *Leipold* (Fn. 21), S. 93; umfassend *Roe*, Chaos and Evolution in Law and Economics, Harv. L. Rev. 109 (1996), S. 641 ff.
23 Zur japanischen Rechtsentwicklung bis zum Umbruch Mitte des 19. Jh. *Steenstrup*, A History of Law in Japan until 1868 (1996); *Henderson*, Conciliation and Japanese Law: Tokugawa and Modern, Bd. I (1965); zu einem prägenden Charakteristikum *Rahn*, Dōri – Jōri – Jōshiki. Außerrechtliche Rechtsquellen in der Edo-Zeit und danach, ZJapanR/J.Japan.L. 48 (2019), S. 127 ff.
24 *Henderson* (Fn. 23), S. 177.

de in Japan unter dem Einfluss der im 6. und 7. Jahrhundert rezipierten chinesischen Tradition der Staatskunde eng, nämlich nur als vom Staat dekretiertes und hoheitlich durchgesetztes Recht, verstanden, im Wesentlichen handelte es sich um Verwaltungs- und Strafrecht. Als Folge war die große Mehrheit der für das tägliche Leben der Bevölkerung relevanten Regeln außerhalb des (geschriebenen) Rechtes angesiedelt. Da sich in Japan zudem allgemein akzeptierte moralische oder ethische Standards, wie sie als Alternative zum Recht im alten China bestanden, nur in sehr begrenztem Umfang durchsetzen konnten, kam auf Konsens beruhenden Gebräuchen und sozialer Konvention die entscheidende Rolle zu.[25]

Zur Aufrechterhaltung der Ordnung innerhalb der semi-autonomen Dorfgemeinschaften entstand ein effizientes System sozialer Kontrolle. Dabei ist zu berücksichtigen, dass in der Tokugawa-Zeit aufgrund mangelnder Freizügigkeit ein hoher Grad an sozialer und geographischer Immobilität bestand, was dazu führte, dass die große Mehrheit der Bevölkerung in generationsübergreifend stabilen dörflichen und städtischen Gemeinschaften lebte. Die sich daraus ergebende enge und dauerhafte soziale Eingebundenheit des Einzelnen dürfte die Ausbildung einer konsensorientierten Streitbeilegung zusätzlich begünstigt haben, da so soziale Verwerfungen innerhalb der Gemeinschaft verhindert wurden.[26] Die Lösung von Konflikten erfolgte meist in Form einer durch Vermittlung einer Respektsperson erzielten gütlichen Einigung der Kontrahenten und nicht kontradiktorisch. Streitvermeidung und konsensuale Streitbeilegung sind auf diese Weise im Japan der *Tokugawa*-Zeit institutionalisiert worden.[27]

Das Gegenteil trifft auf das Gerichtswesen zu. Sämtliche für einen modernen Rechtsstaat westlicher Prägung typischen Institutionen fehlten bis zum Beginn der Reformen in den 1860er Jahren: So waren die Gewaltenteilung und eine unabhängige Justiz unbekannt, der Berufsstand des Juristen und die damit verbundene anwaltliche Vertretung vor Gerichten nicht existent und es gab keine größeren ausgearbeiteten Gesetze oder eine funktional entsprechende Sammlung von Präjudizien. Durchsetzbare subjektive Rechte der Bürger fehlten weitgehend.

2. Rezeption des europäischen Rechts

Im Jahr 1853 lief eine Flottille US-amerikanischer Kanonenboote unter Commodore *Matthew Perry* in die Bucht von Yokohama ein und es kam zu dem bekannten Zusammenprall Japans mit den westlichen Mächten, welche eine Öffnung der Häfen Japans und eine Einbindung des Landes in die internationale Wirtschaft verlangten. Die 250 Jahre währende selbst gewählte Isolation Japans gegenüber dem Ausland hatte ebenso wie die Phase obrigkeitsstaatlicher Stabilität unter der Herrschaft des *Tokugawa Shōgunats* ihr Ende gefunden.[28]

In der Erkenntnis, dass Japan nicht in der Lage sein würde sich erfolgreich zur Wehr zu setzen, willigte die Regierung in die Öffnung ein und unterzeichnete in den späten 1850er Jahren mit den meisten westlichen Industriestaaten in rascher Folge eine Reihe von Handelsverträgen – die sogenannten **„ungleichen Verträge"** –, in denen das

---

25 *Haley*, Authority Without Power, Law and the Japanese Paradox (1991), S. 194.
26 *Henderson* (Fn. 23), S. 174.
27 *Oki*, Schlichtung als Institution des Rechts, Rechtstheorie 16 (1985), S. 159.
28 Ausführlicher Überblick bei *Beasly*, in: Jansen (Hrsg.), The Cambridge History of Japan, Vol. 5, The Nineteenth Century (1989), S. 259 ff.

Land gezwungen wurde auf einen erheblichen Teil seiner Souveränität zu verzichten.[29] Danach genossen beispielsweise in Japan ansässige Ausländer einen extraterritorialen Status und unterlagen lediglich der Konsulargerichtsbarkeit.[30] Die Erniedrigung Japans durch die westlichen Mächte führte zu großen politischen Unruhen im Land, die im Jahre 1868 in die Absetzung der *Shōgunats*-Regierung und die Wiedereinsetzung des *Tennō* als höchste staatliche Autorität mündeten. Bei diesem im Westen als „Meiji-Restauration", in Japan hingegen treffender als „Meiji-Erneuerung" (*Meiji ishin*) bezeichneten Umbruch setzten sich die Modernisierer gegenüber den Vertretern des alten Regimes durch.

Eines der zentralen und mit hoher politischer Priorität vorangetriebenen Reformziele der neuen Regierung war die Schaffung eines modernen Rechtssystems westlicher Prägung. Denn zum einen machten die Vertragspartner Japans eine Revision der für Japan nachteiligen Handelsverträge vom Aufbau einer solchen Rechtsordnung abhängig und zum anderen erkannte die *Meiji*-Regierung, dass eine wirtschaftliche Modernisierung, sprich Industrialisierung Japans, nur auf der Grundlage adäquater rechtlicher Institutionen möglich war. Eine prosperierende Volkswirtschaft galt wiederum als Voraussetzung für den Aufbau eines modernen Militärs, das Japans künftige Unabhängigkeit sichern sollte. Das Motto aller Reformen lautete: „*wakon yōsai*" (japanischer Geist – westliches Wissen). Auf diese Weise sollte die kritische Balance zwischen westlichen Ideen und japanischen Traditionen gewahrt werden.[31]

7 Der Aufbau des modernen Rechtssystems musste aufgrund der innen- und außenpolitischen Gegebenheiten so rasch wie möglich erfolgen.[32] Die *Meiji*-Regierung schickte zu diesem Zweck Japaner ins Ausland, um sie dort zu Juristen ausbilden und Erfahrungen sammeln zu lassen, und holte zugleich zahlreiche juristische Berater aus dem Ausland nach Japan, die bei der Ausarbeitung der Gesetze und dem Aufbau des Justizapparates maßgeblich Hilfestellung leisteten. Innerhalb von nur drei Jahrzehnten gelang Japan die Errichtung eines voll funktionsfähigen westlichen Rechtssystems. Im Jahr 1900 waren bereits sämtliche wichtigen Gesetze in Kraft gesetzt und Gerichte, Staats- und Rechtsanwaltschaft hatten ihre Arbeit erfolgreich aufgenommen.

Die legislativen Reformarbeiten erfolgten auf einer bemerkenswert breiten rechtsvergleichenden Grundlage. Allerdings zeigte sich rasch, dass aus praktischen Gründen nur eine Rezeption kodifizierten Rechts in Frage kam, während die Übernahme von Institutionen des durch Präjudizien geprägten anglo-amerikanischen Rechts nur in engen Grenzen praktikabel war. Damit fokussierte sich das japanische Interesse auf Kontinentaleuropa und dort wiederum, wenn auch keineswegs ausschließlich, auf Frankreich und Deutschland. Entsprechend wurden zunächst vor allem französische und dann im Laufe der 1880er Jahre zunehmend deutsche Juristen als Berater ins Land gerufen.[33] Diese brachten zwar einerseits ihr jeweiliges Heimatrecht mit, andererseits waren sie aber souverän genug, die Gesetzgebungsarbeiten im Zusammenwirken mit

---

29 Überblick bei *Bälz/Dröll*, Japans „Ungleiche Verträge". Von der Diskriminierung durch das Völkerrecht zur Modernisierung des Rechts, ZJapanR/J.Japan.L. 54 (2022), S. 43 ff.
30 Dazu etwa *Fuess*, Selbstregulierung einer Fremdenkolonie: Deutsche Konsulargerichtsbarkeit in Japan und Korea, 1861–1913, ZJapanR/J.Japan.L. 36 (2013), S. 53 ff.
31 Zur Rückbesinnung auf tradierte Werte als Instrument der Modernisierung im Japan der Meiji-Zeit *Baum*, in: Kischel/Kirchner (Hrsg.), Ideologie und Weltanschauung im Recht (2012), S. 47 ff.
32 Siehe zur Entwicklung des modernen japanischen Rechts die Beiträge in: *Röhl* (Hrsg.), A History of Law in Japan since 1868 (2005).
33 *Schenck/Bartels-Ishikawa*, in: Baum/Bälz/Riesenhuber (Hrsg.), (Fn. 2), S. 3 ff.; *Ando*, Die Entstehung der Meiji-Verfassung: Zur Rolle des deutschen Konstitutionalismus im modernen japanischen Staatswesen (2000).

II. Historische Rechtsentwicklung   § 1

den japanischen Juristen rechtsvergleichend auszurichten. Letztere waren ihrerseits durch die Rechtsordnungen derjenigen Länder geprägt, an deren Hochschulen sie zuvor ausgebildet worden waren – vor allem an den englischen, französischen und deutschen.

Die rezipierten Privatrechtsinstitutionen wurden – nach langem Ringen – schließlich in zwei große Kodifikationen gegossen, das Zivilgesetz (*Minpō*) von 1896 (Allgemeiner Teil, Sachenrecht, Schuldrecht) und 1898 (Familien- und Erbrecht) und das Handelsgesetz (*Shōhō*) von 1899.[34] Dem Erlass beider Gesetze gingen lange Vorarbeiten und verschiedene Vorentwürfe mit wechselnden regulatorischen Konzeptionen voraus.[35] Zwecks Schaffung einer Zivilrechtskodifikation beauftragte die japanische Regierung im Jahr 1880 schließlich den französischen Juristen *Gustave Emile Boissonade de Fontarabie* (1825-1910), der zuvor Hochschullehrer in Grenoble gewesen war, mit der Ausarbeitung des Vermögensrechts, während der Entwurf des Familien- und Erbrechts heimischen Juristen überlassen blieb, um in diesem Bereich eine Berücksichtigung der japanischen Traditionen sicherzustellen.

In etwa zeitgleich mit der Beauftragung *Boissonades* hatte die Regierung den deutschen Juristen *Carl Friedrich Hermann Roesler* (1834-1894), einen Hochschullehrer der Universität Rostock, gebeten, den Entwurf eines Handelsgesetzes für Japan auszuarbeiten.[36] *Roesler* hatte bereits an der Ausarbeitung der ersten japanischen Verfassung von 1889 mitgewirkt. Er legte 1884 einen umfassenden Entwurf vor, der neben dem Handelsrecht auch das Gesellschaftsrecht, insolvenzrechtliche Vorschriften und anderes mehr enthielt. Um eine möglichst moderne Kodifikation zu schaffen, kombinierte er in einem rechtsvergleichenden Ansatz vor allem Elemente des französischen *Code de commerce* von 1870 mit dem Allgemeinen Deutschen Handelsgesetzbuch (ADHGB) von 1861.

Die aus diesen Arbeiten hervorgegangenen beiden Gesetzesentwürfe, das „Alte Zivilgesetz" (*Kyū-minpō*) von 1890 und das „Alte Handelsgesetz" (*Kyū-shōhō*) von 1893, fielen jedoch dem sogenannten „**Kodifikationsstreit**" (*hōten ronsō*) zum Opfer, der 1889 entbrannte.[37] Die Gegner kritisierten vor allem eine mangelnde Berücksichtigung des japanischen Gewohnheitsrechts und Widersprüche zwischen dem französisch geprägten Zivilrecht einerseits und dem stärker am deutschen Recht orientierten Handelsrecht andererseits. Der letztlich aus Machtinteresse der verschiedenen juristischen Schulen geführte Streit eskalierte und emotionalisierte sich zunehmend. Den Höhepunkt bildete die Veröffentlichung einer berühmten Streitschrift des Verfassungsrechtlers *Yatsuka Hozumi* im Jahr 1891, in welcher der Autor die nach europäischem Vorbild gestalteten subjektiven Rechte im Alten Zivilgesetz als individualistisch und mit konfuzianischen Moralvorstellungen unvereinbar verwarf und das Gesetz als „Mordwaffe" gegen das japanische Volk brandmarkte. Der Regierung blieb nichts anderes übrig, als die Verabschiedung der beiden Gesetze aufzuschieben und eine erneute Revision in die Wege zu leiten. Dazu setzte sie 1892 zwei Reformkommissionen

8

---

34 Gesetz Nr. 89/1896 und Nr. 91/1898 bzw. Gesetz Nr. 48/1899.
35 Dazu *Jaluzot*, Les origines du Code civil japonais, ZJapanR/J.Japan.L. 40 (2015), S. 121 ff.
36 Dazu *Takada/ Yamamoto*, The "Roesler Model" Corporation. Roesler's Draft of the Japanese Commercial Code and the Roots of Japanese Corporate Governance, ZJapanR/J.Japan.L. 45 (2018), S. 45 ff; zum Leben und Wirken Roeslers vgl. *Bartels-Ishikawa* (Hrsg.), Hermann Roesler: Dokumente zu seinem Leben und Werk (2007).
37 Eine vertiefte Analyse der Auseinandersetzung findet sich bei *Sokolowski*, Der so genannte Kodifikationenstreit in Japan (2010).

ein, die sie ausschließlich mit japanischen Juristen besetzte. Mit der Revision des Zivilrechts wurden die Rechtsgelehrten *Nobushige Hozumi*, *Masaaki Tomii* und *Kenjirō Ume* beauftragt, die in verschiedenen europäischen Ländern studiert hatten. Die Kommission orientierte sich verstärkt, aber wiederum mitnichten ausschließlich, an den deutschen Arbeiten zum Bürgerlichen Gesetzbuch. Damit war die Epoche des dominierenden französischen Einflusses auf das japanische Zivilrecht zu einem Abschluss gekommen, auch wenn sich in dem Zivilgesetz bis heute zahlreiche Figuren des französischen Rechts finden.

9   Die stärkere **Hinwendung zum deutschen Rechtssystem** hatte neben politischen (u.a. Reputationsgewinn der Deutschen durch ihren Sieg über Frankreich) auch fachliche Gründe: Das im Entstehen befindliche BGB galt als moderner als der fast ein Jahrhundert ältere *Code civil*. Die sich über mehrere Jahre hinziehende Überarbeitung zielte indes auf die Schaffung eines eigenständigen japanischen Zivilrechts, das zwar von den Defiziten des Boissonade'schen Entwurfes befreit werden sollte, ohne jedoch die französischen Wurzeln zu verneinen oder zu einer Kopie des deutschen BGBs zu werden. Dies gelang den drei Reformern. Das novellierte Gesetz, und insbesondere dessen vermögensrechtliche Teile, wurde von Anfang an zutreffend als die Frucht einer intensiven Rechtsvergleichung beurteilt, die zugleich auch auf japanische Traditionen Rücksicht nahm. Die ersten drei Bücher des Zivilgesetzes wurden im Jahr 1896 verabschiedet. Die Überarbeitung des in besonderem Maße von japanischer Tradition geprägten Familien- und Erbrechts zog sich weitere zwei Jahre hin. Beide Teile traten noch im Jahre 1898 in Kraft.[38]

Die im Jahre 1892 eingesetzte Kommission zur Überarbeitung des Handelsgesetzes bestand ebenfalls aus drei japanischen Rechtswissenschaftlern: aus *Keijirō Okano*, *Yoshi Tabe* und – federführend – eben jenem *Kenjirō Ume*, der auch an der Überarbeitung des Zivilgesetzes mitwirkte.[39] Die Überarbeitung lehnte sich noch stärker als die ursprüngliche Fassung an das ADHGB von 1861 an und berücksichtigte daneben auch die Aktiennovelle von 1871 in der revidierten Form von 1884, ließ aber erstaunlicherweise das moderne Handelsgesetzbuch von 1897 weitestgehend außer Acht. Dies geschah zum einen aus Zeitnot. Zum anderen wurde der Verzicht mit der Überlegung begründet, dass das deutsche HGB zu modern für die noch nicht so weit entwickelte japanische Wirtschaft sei. Das novellierte japanische Handelsgesetz trat im Jahr 1899 in Kraft. Mit dem Inkrafttreten des Handelsgesetzes war die Phase der Gesetzesrezeptionen weitgehend abgeschlossen. Es folgte eine Phase intensiver Theorienrezeption.

Im Gegensatz zu der aus verschiedenen Quellen gespeisten Gesetzesrezeption war die nach dem Inkrafttreten des Zivilgesetzes einsetzende und bis in die 1920er Jahre dauernde Theorienrezeption beinahe ausschließlich auf die deutsche Rechtsdogmatik, namentlich deren Begriffsjurisprudenz, fokussiert.[40] Diese wurde fast ausschließlich für die begriffliche und systematische Ordnung und Interpretation des Zivilgesetzes herangezogen. Auf deren entstehungsgeschichtlich bedingte institutionelle Vielfalt und die unterschiedlichen Ursprünge der einzelnen Normen wurde hingegen kaum Rücksicht

---

38 Zur Entwicklung des Zivilrechts die Beiträge in: Knütel/Nishimura (Hrsg.), Hundert Jahre Japanisches Zivilgesetzbuch (2004); zur umfassenden Reform des Schuldrechts, die im Jahr 2020 in Kraft trat und *nicht* vordringlich rechtsvergleichend angelegt war, sondern das Ziel hatte, 120 Jahre originäre japanische Rechtsprechung in das ZG zu integrieren, die Beiträge in: *Yamamoto/Koziol* (Hrsg.), Das reformierte Japanische Schuldrecht (2021).
39 Zur Entwicklung des Handels- und Gesellschaftsrechts *Baum/Takahashi*, in: Röhl (Fn. 31), S. 330 ff.
40 Dazu eingehend *Kitagawa*, Rezeption und Fortbildung des europäischen Zivilrechts in Japan (1970).

genommen, was zu Brüchen zwischen Norm und Theorie führte. Zugleich wurden Rechtsfiguren, welche die Lehre in Deutschland entwickelt hatte, wie etwa die Figur der „positiven Vertragsverletzung", in das japanische Zivilrecht eingeführt. In jener Zeit entstand das Schlagwort, dass alles, was nicht deutsch sei, kein Recht in Japan sei.

3. Rezeption des US-amerikanischen Rechts

Nach dem Ende des Zweiten Weltkrieges kam Japan bis zum Jahr 1951 unter alliierte Besatzung. Die alliierten Besatzungsmächte, vertreten durch den *Supreme Commander of the Allied Powers* (SCAP), leiteten unter Federführung der USA die „Demokratisierung" der japanischen Wirtschaft ein.[41] Ende der 1940er Jahre erfolgten neben der Auflösung der großen Unternehmensgruppen der Vorkriegszeit (*zaibatsu*), einer Bodenreform und anderem mehr auch umfassende gesetzgeberische Aktivitäten.[42] Unter amerikanischem Einfluss wurden die Verfassung und weite Teile des Wirtschaftsrechts, namentlich das Wettbewerbs- und das Finanzmarktrecht, oftmals unmittelbar nach den entsprechenden Gesetzen der Vereinigten Staaten, teilweise sogar wortgleich, neu gestaltet.[43] Eine grundlegende Reform erfuhr auch das Gerichtswesen. Japan hat seither, anders als etwa Deutschland mit seiner mehrgliedrigen Ausdifferenzierung der Gerichtszweige, eine einheitliche Gerichtsbarkeit mit dem eingangs erwähnten Obersten Gerichtshof an der Spitze.[44] Im Zivilrecht wurden das Familien- und das Erbrecht – gegen erhebliche Widerstände der Traditionalisten – entsprechend dem von den Alliierten formulierten Verfassungsauftrag von Grund auf neu konzipiert. Das Handels- und Gesellschaftsrecht schließlich wurde im Jahr 1950 in enger Anlehnung an die US-amerikanischen Vorbilder novelliert.[45] Mit den zahlreichen Reformen der Besatzungszeit ging in der japanischen Rechtswissenschaft und -praxis zwangsläufig eine Hinwendung zum US-amerikanischen Recht einher, die dieses auf Dauer zu einem festen Bestandteil der Rechtsvergleichung in Japan werden ließ.

III. Zur japanischen Rechtsmentalität

1. Rechtsbewusstsein und Prozessdichte

Die eingangs erwähnte vergleichsweise geringe Prozessdichte in Japan führte der Rechtssoziologe *Takeyoshi Kawashima* (1909-1992) in den 1960er Jahren wesentlich, wenn auch nicht ausschließlich, darauf zurück, dass es in Japan traditionell an dem für den Westen typischen Rechtsbewusstsein fehle und Japaner ihre Handlungen und ihre Beziehungen zu Anderen nicht in Form durchsetzbarer Rechtspositionen definierten.[46] Vielmehr gingen sie von der Notwendigkeit aus, einen Interessenausgleich finden und

---

41 *Hadley*, Antitrust in Japan.
42 Die gesetzgeberischen Maßnahmen der Alliierten beschreibt *Oppler*, Legal Reform in Occupied Japan: A Participant Looks Back (1976).
43 Dies gilt namentlich für die erste Fassung des Wertpapierbörsen- und Wertpapierhandelsgesetzes von 1948 (*Shōken torihiki-hō*), das den US-amerikanischen *Securities Acts* von 1933 bzw. 1934 nachgestaltet war.
44 Dazu *Fujita*, Die Rolle des Obersten Gerichtshofs in der japanischen Rechtsordnung, in: *Baum/Bälz/Grotheer* (Hrsg.), Die Sicherung des Rechtsstaates (2019), S. 31 ff.
45 Ausführlich dazu *Blakemore/Yazawa*, Japanese Commercial Code Revisions, Am. J. Comp. L. 2 (1953), S. 12 ff.; zum amerikanischen Einfluss *Egashira*, The Influence of American Law in the Field of Commercial Law in the Post-World War II Era, Law in Japan 26 (2000), S. 50 ff.; zum Ganzen ferner *Kansaku*, in: Baum/Bälz/Riesenhuber (Fn. 2), S. 143 ff.
46 Grundlegend *Kawashima*, Nihon-jin no hō-ishiki, 1967, und zuvor bereits *Kawashima*, in: von Mehren (Hrsg.), Law in Japan: The Legal Order in a Changing Society (1963), S. 41 ff.

den gesellschaftlichen Frieden wahren zu müssen.[47] Allerdings erwartete Kawashima im Zuge der fortschreitenden Modernisierung Japans eine wachsende Emanzipation vom tradierten, auf konsensuale Konfliktlösung ausgelegten Rechtsverständnis. Im Gegensatz zur Systemtheorie, die Bewusstheit als eine prioritäre soziale Gegebenheit ansieht, die ihrerseits sozialen Wandel steuert und beeinflusst, geht Kawashima umgekehrt davon aus, dass der soziale Wandel – Japans Transformation zu einer hochindustrialisierten marktwirtschaftlichen Ökonomie – zu einem veränderten modernen und streitbereiten Rechtsbewusstsein führte.[48]

Kawashimas Publikationen zur Rechtsmentalität in Japan verschafften ihm bleibende Aufmerksamkeit, und praktisch jede seither erschienene westliche Publikation zum Wesen des japanischen Rechts ist auf die eine oder andere Weise von seinen Analysen beeinflusst – sei es zustimmend oder sei es wie zunehmend kritisch bis ablehnend.[49] Anfänglich erfuhr seine These im japanischen wie im westlichen Publikum spontane Zustimmung. Den Japanern lieferte er eine attraktive Erklärung für die Präferenz nicht-streitiger Konfliktlösungen: Tief in der japanischen Kultur verwurzelte Werte prägten die Art und Weise, in der in Japan Konflikte bewältigt würden. Und im Westen hatte man schon immer geargwöhnt, dass es sich dabei um ein nichtrationales, auf vormodernen Einstellungen beruhendes Verhalten handle.[50] Tatsächlich ist Kawashimas Theorie jedoch komplexer, als es die anfängliche oberflächliche Zustimmung und die spätere radikale Zurückweisung als Mythos nahelegen.[51]

Wenn das Rechtsbewusstsein tatsächlich ein Ergebnis sozialen Wandels wäre, müsste die Prozessdichte in Japan seit Einführung westlicher Gerichte in der frühen *Meiji*-Zeit im Gleichklang mit der wachsenden Urbanisierung und Industrialisierung des Landes kontinuierlich angestiegen sein. Die profundeste Untersuchung zur historischen Prozessdichte in unterschiedlichen Ländern, die für Japan den Zeitraum von 1875 bis 1994 abdeckt, bestätigt diese Annahme indes *nicht*.[52] Die Auswertung der historischen Justizstatistiken zeigt vielmehr, dass die japanische Prozessdichte in den ersten hundert Jahren nach Einführung des Gerichtssystems mehr oder weniger stagnierte. Nach einem frühen Höhepunkt unmittelbar nach der Etablierung der modernen Gerichtsbarkeit ging die Zahl der streitigen Verfahren wieder zurück, bis sie sich auf einem vergleichsweise niedrigen Stand einpendelte.[53] Dieses Muster wiederholte sich nach dem Ende des Zweiten Weltkrieges. Während der Phase der wirtschaftlichen Erholung Japans in den 1950er Jahren bis weit in die 1980er Jahre hinein blieb die Prozessdichte auf niedrigem Niveau konstant.

Diese Ergebnisse widerlegen zwar einerseits Kawashimas Modernisierungsthese, andererseits soll die im internationalen Vergleich konstant niedrige Prozessdichte jedoch historische Gründe für die Prozessvermeidung indizieren. In dieser Hinsicht habe sich also Kawashimas historische Erklärung bestätigt:

---

47 *Kawashima* (Fn. 46, 1967), S. 166, bzw. *Kawashima* (Fn. 46, 1963), S. 43, S. 50.
48 Vgl. *Tanase*, Community and the Law. A Critical Reassessment of American Liberalism and Japanese Modernity (2010, übers. u. hrsg. von Nottage/Wolff), S. 156.
49 *Feldman*, in: Foote (Fn. 20), S. 50 ff.; *Miyazawa*, Taking Kawashima Seriously. A Review of Japanese Research on Japanese Legal Consciousness and Disputing Behavior, Law & Society Review 21 (1987), S. 219 ff.
50 *Feldman*, in: Foote (Fn. 20), S. 51.
51 *Baum/Bälz*, in: Hansen/Schüßler-Langeheine (Hrsg.), Patent Practice in Japan and Europe – Liber Amicorum for Guntram Rahn (2011), S. 3 ff.
52 Vgl. *Wollschläger*, in: Baum (Fn. 8), S. 89 ff.
53 *Wollschläger* (Fn. 52), S. 98, 110.

III. Zur japanischen Rechtsmentalität

> „Social attitudes towards law which continue from an agrarian feudal state are indeed the only basis for explaining the stable secular development of litigation in Japan as well as the wide distance from Western nations. The low demand for civil justice is a genuine element of legal culture insofar as it distinguishes the practical operation of law [in Japan] from Western nations".[54]

Nicht geklärt ist damit allerdings die nachgelagerte Frage, ob der Grund für die Prozessvermeidung in gewachsenen sozialen Strukturen oder in einem traditionell geprägten Rechtsbewusstsein zu sehen ist. Während an dem Einfluss der überkommenen sozialen Strukturen allgemein wenig Zweifel bestehen, wird die Rolle des traditionellen Rechtsbewusstseins überwiegend skeptisch beurteilt.[55]

Die Überzeugung, dass die historische Entwicklung der japanischen Gesellschaft das heutige Rechtssystem Japans trotz der rezipierten westlichen Rechtsfiguren in seiner Ausgestaltung entscheidend geprägt hat, wird selbst von prominenten Vertretern derjenigen geteilt, die Kawashimas Thesen als „Mythos" kritisiert haben. Die bereits eingangs erwähnte kommunitaristische Ausrichtung der modernen japanischen Gesellschaft, die in der Tradition des „Dorfes" wurzelt, gilt als ein zentrales charakteristisches Merkmal: Die über die Jahrhunderte andauernde Dominanz des sozialen Ordnungsmodells der Dorfgemeinschaft („the endurance of the village as a paradigm of governance in Japan") sei historisch einzigartig und die damit verbundene „resilience of various forms of collective, private ordering within communities of shared interests" unterscheide Japan signifikant von seinen asiatischen Nachbarn wie auch von den USA und Europa.[56]

Ähnlich betont der renommierte japanische Rechtssoziologe *Takao Tanase*, dass zwar an der Herausbildung eines „modernen" Rechtsbewusstseins in Japan kein Zweifel bestehe, gleichzeitig aber auch zu beobachten sei, dass die überkommenen spezifischen Strukturen der japanischen Gesellschaft sich selbst ständig erneuerten, auch wenn sie von der Modernisierung überlagert seien: "structures specific to Japanese society are continuously regenerating despite the overlay of modernization".[57]

Entsprechend sei davon auszugehen, dass die Prozessdichte in Japan weiterhin konstant niedrig bleiben werde.[58] Ein anderer, nicht weniger bekannter Rechtssoziologe, *Kahei Rokumoto*, interpretiert die Justizstatistiken der vergangenen beiden Jahrzehnte hingegen tendenziell abweichend. Auch er stimmt zwar zu, dass "Japan's celebrated non-litigious culture based on the key concept of 'harmony' has by no means lost its persistent force".[59] Gleichwohl habe die japanische Gesellschaft einen Zustand erreicht, in dem eine neue Verrechtlichung („a new legalization of the mechanisms of social order") erforderlich und entsprechend mit einer künftigen Zunahme streitiger Verfahren zu rechnen sei.[60]

---

54 *Wollschläger* (Fn. 52), S. 134.
55 *Wollschläger* (Fn. 52), S. 135.
56 *Haley* (Fn. 4), S. 349.
57 *Tanase* (Fn. 48), S. 176.
58 *Tanase* (Fn. 48), S. 177.
59 *Rokumoto*, Overhauling the Judicial System: Japan's Response to the Globalizing World, ZJapanR/J.Japan.L. 20 (2005), S. 18.
60 *Rokumoto* (Fn. 59), S. 18; *Ginsburg/Hoetker*, in: Scheiber/Mayali (Fn. 20), S. 98.

2. Institutionelle Erklärungsansätze

12 Ein anderer Erklärungsansatz für die geringe Prozessdichte in Japan, der Kawashimas vordringlich kulturspezifische Argumentation ablehnt, stellt stattdessen auf die institutionellen Gegebenheiten des japanischen Justizsystems, namentlich den bereits erwähnten Mangel an qualifizierten Juristen, ab.[61] Im Jahr 1978 wandte sich der amerikanische Japanrechtler *John Owen Haley* dediziert gegen die Thesen Kawashimas, die er provokativ als bloßen „Mythos" zurückwies.[62] Anstelle des unscharfen Konzepts einer tradierten Rechtsmentalität betont Haley konkrete institutionelle Hemmnisse, welche die Japaner von der Klageerhebung zur Durchsetzung ihrer Rechte abhielten: die fehlenden Kapazitäten des japanischen Justizsystems. Aufgrund der künstlichen Verknappung der Zahl der zur Berufsausübung zugelassenen Rechtsanwälte und Richter sei der Zugang zu den Gerichten behindert, und die hohe Arbeitsbelastung der Richter führe zu überlangen Verfahren.[63] Hinzu kämen die hohen Prozesskosten, namentlich die Anwaltshonorare. Denn für letztere fehle es an einer gesetzlichen Regelung; zudem habe in Japan auch die obsiegende Partei (jedenfalls in der Regel) ihre eigenen Anwaltskosten zu tragen, ohne dass die Nachteile dieser Regelung durch die in den USA üblichen Erfolgshonorare kompensiert würden.[64] Diese durchaus umstrittene Einschätzung wurde 20 Jahre später eindrucksvoll durch eine repräsentativ angelegte Umfrage bestätigt, die von der japanischen Regierung im Jahr 2000 initiiert worden war. Danach waren lediglich 18,6 Prozent der Befragten mit der Art und Weise zufrieden, wie die Ziviljustiz in Japan funktionierte, und nur 22,4 Prozent hielten den Zugang zur Justiz für ausreichend.[65] Hohe Verfahrenskosten und eine überlange Verfahrensdauer wurden als wesentliche Gründe für die allgemeine Unzufriedenheit angegeben.

In einem ökonomischen Ansatz wollen andere hingegen die häufige Vermeidung streitiger Verfahren nicht auf die Schwächen, sondern umgekehrt gerade auf die Stärken des japanischen Justizsystems zurückführen. Gerade die Vorhersehbarkeit der Entscheidungen japanischer Gerichte, vor allem im Bereich des Schadensersatzrechts, und die in Japan zur Verfügung stehenden Institutionen alternativer (nichtstreitiger) Konfliktlösung machten Prozesse überflüssig. Es sei für die Parteien schneller und billiger, sich „im Schatten des Rechts" zu vergleichen. Die im Wege der Schlichtung oder Mediation erreichten Einigungen spiegelten die Entscheidungspraxis der Gerichte wider. Daher sei die Prozessvermeidung schlicht ökonomisch rational und nicht notwendig Ausdruck einer spezifischen Rechtsmentalität.[66] Diese Analyse mag für spezielle Bereiche, wie etwa die überwiegend außergerichtlich erfolgende Regelung von Streitigkeiten im Zusammenhang mit Verkehrsunfällen, zutreffen, sie überzeugt indes nicht flächendeckend für alle Arten von Rechtsstreitigkeiten.

---

61 Einen konzisen Überblick über die verschiedenen alternativen Erklärungsversuche geben *Feldman* (Fn. 49), S. 61 ff.; *Ginsburg/Hoetker* (Fn. 60), S. 96 ff.; s. ferner *Henderson* (Fn. 8), S. 48 ff.; *Baum* (Fn. 14), S. 280 ff.
62 *Haley*, The Myth of the Reluctant Litigant, J. Jap. Stud. 4 (1978), S. 359 ff.; *ders.*, Litigation in Japan: A New Look at Old Problems, Willamette J. Int. L. Disp. Res. 10 (2002), S. 121 ff.
63 *Rokumoto*, in: Baum/Bälz (Hrsg.), Handbuch Japanisches Handels- und Wirtschaftsrecht (2011), S. 48, 53, 56.
64 *Henderson* (Fn. 8), S. 50.
65 Vgl. *Teshigahara*, Verfahrensgerechtigkeit und Ziviljustiz in Japan, ZZPInt 7 (2002), S. 473 ff.
66 *Ramseyer*, Reluctant Litigant Revisited: Rationality and Disputes in Japan, J. Jap. Stud. 14 (1988), S. 114; *Ramseyer/Nakazato*, The Rational Litigant: Settlement Amounts and Verdict Rates in Japan, J. Leg. Stud. 18 (1989), S. 262, 268.

III. Zur japanischen Rechtsmentalität

Überzeugender erscheint vielmehr die Auffassung, dass institutionelle und kulturelle Faktoren in einem **dialektischen Prozess zusammenwirken**[67] oder sich zumindest komplementär zueinander verhalten.[68] Bezüglich des institutionellen Gefüges wird betont, dass sich die Tradition der Vermeidung kontradiktorisch ausgetragener Streitigkeiten in Japan nicht von allein entwickelt habe, sondern vielmehr durch ein geschicktes gesellschaftspolitisches Konfliktmanagement kultiviert worden sei: „[Bureaucratic] management, rather than litigants' attitude or institutional barriers, provides the best explanation for why the Japanese rarely litigate".[69] Defizite im Bereich der Zivilrechtsjustiz seien in der Vergangenheit nicht behoben, sondern stattdessen alternative Institutionen der Streitbeilegung aufgebaut worden.[70] Zugleich sei der allgemeine Mythos geschaffen worden, dass der Gebrauch dieser Institutionen für die Parteien vorteilhafter als die Einschaltung der Gerichte sei. Die bis in die jüngste Vergangenheit reichende gezielte Verknappung institutioneller Kapazitäten in der Zivilrechtsjustiz ließ sich unschwer dadurch erreichen, dass die Zahl der Examenskandidaten, die zum zentralen Justizausbildungsinstitut zugelassen wurden, auf einem künstlich niedrigen Niveau gehalten wurde – die Ausbildung an diesem Institut entspricht funktional dem deutschen Rechtsreferendariat und der Abschluss ist in Japan Voraussetzung für die Zulassung zum Richteramt und zum Anwaltsberuf. Die Erfolgsquote der Juristenprüfung lag jahrzehntelang *unter* drei Prozent eines Jahrganges.[71]

Da das erfolgreiche außergerichtliche Konfliktmanagement wie auch die gewollte Verknappung der Ressource Justizgewährung offenkundig Teile einer Strategie waren, stellt sich die Frage nach deren Ziel. Dazu wird überzeugend die Auffassung vertreten, dass zumindest eines der zentralen Ziele gewesen sei, in Japan die Entstehung einer Kultur streitiger Auseinandersetzungen im Rahmen kontradiktorischer Gerichtsverfahren zu verhindern. Die für die politische Steuerung verantwortlichen Eliten Japans hätten in einer streitfreudigen Bevölkerung eine potentielle Gefahr für die paternalistisch geprägte gesellschaftliche Ordnung des Landes gesehen. Diese Ordnung beruhe auf persönlichen Beziehungen, die den Eliten sowohl Legitimität als auch Autorität verschafft und es ihnen auf diese Weise erlaubt habe, ihre politische Agenda ohne größere Einmischungen von außen zu verfolgen und die von ihnen präferierten Politikziele umzusetzen.[72] Eine zweite Gruppe, die sich lange Zeit gegen eine Änderung der Juristenausbildung und des Zulassungsverfahrens stellte, war die zahlenmäßig kleine, aber einflussreiche japanische Anwaltschaft, die durch einen Zuwachs an Konkurrenz ihre finanziellen Interessen beeinträchtigt sah.

Die vorstehende Kritik an der staatlich intendierten partiellen Dysfunktionalität des japanischen Justizwesens ist inzwischen auch von offizieller Seite in einer für Japan ungewöhnlich deutlichen Form bestätigt worden. Im Zuge der zahlreichen Reformen, welche die japanische Regierung in der zweiten Hälfte der 1990er Jahre anging, um die anhaltende strukturell bedingte Wirtschaftskrise in den Griff zu bekommen,

---

67 *Katō*, The Role of Law and Lawyers in Japan and the United States, Brigham Young U. L. Rev. (1987), S. 679 ff., S. 698.
68 *Feldman* (Fn. 49), S. 63; ähnlich *Bälz* (Fn. 12), S. 7.
69 *Tanase*, The Management of Disputes. Automobile Accident Compensation in Japan, L. & Soc. Rev. 24 (1990), S. 679.
70 *Baum/Schwittek*, Recht und Praxis der Schlichtung (*chōtei*) in Japan, ZJapanR/J.Japan.L. 27 (2009), S. 127 ff.; *dies.*, Institutionalisierung der Mediation (*assen*) in Japan, ZJapanR/J.Japan.L. 28 (2009), S. 123 ff.
71 *Rokumoto* (Fn. 63), S. 49, 51.
72 *Haley* (Fn. 62), S. 371; *Henderson* (Fn. 8), S. 49; *Upham*, Law and Social Change in Postwar Japan (1987), S. 205 ff.

wurde 1999 auch eine Reformkommission für das Justizwesen eingesetzt, die *Shihō Seido Kaikaku Shingi-kai* (engl. *Justice System Reform Council*, nachfolgend JSRC).[73] Im Sommer 2001 legte die mit unabhängigen Experten besetzte Kommission ihren Abschlussbericht vor, dessen unverblümte Kritik für Aufsehen sorgte.[74] Die JSRC verlangt dort einen entschiedenen Bruch mit der bisherigen Justizpraxis und zeigt deutlich auf, wo sie die Verantwortung für die Fehlentwicklungen der Vergangenheit sieht.

> „[I]t is clear that there have been problems in past efforts to reform and improve of the justice system. ...... how the justice system should be (*shihō no arikata*) is not something that should ever be allowed to be decided in accordance with the wishes only of the three branches of the legal profession, as was the case in the past. Moreover, extra care should be taken so that such a perception never is held again".[75]

Die Kommission betont unmissverständlich die Notwendigkeit, die „rule of law" in Japan mit Leben zu erfüllen,[76] was ihrer Ansicht nach in der Vergangenheit offenbar nicht ausreichend gewährleistet worden ist.[77]

Die weitreichenden Reformvorschläge der JSRC wurden zum Teil als paradigmatisch,[78] als Wendepunkt in der modernen Geschichte des japanischen Justizwesens[79] und als der wichtigste Wechsel seit den Justizreformen unter der alliierten Besatzung in den späten 1940er Jahren angesehen.[80] Es gab aber auch skeptischere Stimmen.[81]

Ein zentraler Baustein des Modernisierungsprojektes war eine praxisbezogene Reform der Juristenausbildung und eine drastische Erhöhung der Zahl der zur Referendariatsausbildung zugelassenen Examenskandidaten, um so möglichst bald die Zahl der in Japan niedergelassenen Rechtsanwälte zu erhöhen. Die Ausbildungsreform wurde ab dem Jahr 2004 in Form der Gründung von Law Schools nach US-amerikanischem Vorbild an allen wichtigen Universitäten Japans zunächst mit Erfolg umgesetzt. Seither besteht in Japan ein Nebeneinander von Fakultäten und Law Schools, an denen mit jeweils unterschiedlicher Schwerpunktsetzung Jura studiert werden kann.[82] Die Zahl der erfolgreichen Examenskandidaten stieg zunächst, wie erwünscht, tendenziell an,[83] sackte dann aber wieder ab. Zehn Jahre später galt die Reform der Juristenausbildung

---

73 Zur Reform und deren Hintergründe eingehend *Rokumoto*, Overhauling the Judicial System: Japan's Response to the Globalizing World, ZJapanR/J.Japan.L. 20 (2005), S. 7, 13 ff.; *Vanoverbek/Maesschalck*, A Public Policy Perspective on Judicial Reform in Japan, ZJapanR/J.Japan.L. 27 (2009), S. 11 ff.; *Miyazawa*, The Politics of Judicial Reform in Japan: The Rule of Law at Last?, Asian-Pacific Law & Policy Journal 2/2 (2001), S. 101; mit zeitlichem Abstand umfassend zur Reform *Bälz* (Fn. 12), S. 8 ff.
74 The Justice System Reform Council, Recommendations of the Justice System Reform Council: For a Justice System to Support Japan in the 21st Century.
75 The Justice System Reform Council (Fn. 74), 'Conclusion'.
76 The Justice System Reform Council (Fn. 74), Chapter I.
77 The Justice System Reform Council (Fn. 74), Part 2, 1.
78 *Miyazawa* (Fn. 73), S. 89.
79 *Rokumoto* (Fn. 73), S. 35.
80 *Satō*, Judicial Reform in Japan in the 1990s: Increase of the Legal Profession, Reinforcement of Judicial Functions and Expansion of the Rule of Law, Social Science Japan Journal 5/1 (2001), S. 71.
81 *Haley*, Heisei Renewal or Heisei Transformation: Are Legal Reforms Really Changing Japan?, ZJapanR/J.Japan.L. 19 (2005), S. 5 ff.; *Nottage*, Reform in Japanese Legal Education: Reformist Conservatism and Failures of Imagination in Japanese Legal Education, Asian-Pacific Law and Policy Journal 2 (2001), S. 28 ff.
82 Zur juristischen Ausbildung *Baum*, Akademische Karrierewege für Juristen in Japan, Rabels Zeitschrift 84 (2020) 374 ff.
83 Der Anstieg entsprach jedoch von Anfang an nicht ursprünglichen Erwartungen, anstelle der geplanten 3.000 erfolgreichen Absolventen bestanden im Jahr 2010 lediglich rund 2.000 Kandidaten das sogenannte Neue Examen (*shin shihō-shiken*) und zwischenzeitlich ist das Ziel aufgegeben worden und die Zahl hat sich bei rund 1.400 Absolventen eingependelt; dazu *Bälz* (Fn. 12), S. 19 ff.

bereits als weitgehend gescheitert.⁸⁴ Mehr als die Hälfte der Law Schools mussten mangels ausreichender Bewerberzahlen wieder schließen, deren Zahl von ihrem Höhepunkt im Jahr 2006 mit 72,800 Bewerbungen auf lediglich noch 8,342 im Jahr 2021 drastisch zurückgegangen ist.⁸⁵ Für das Scheitern werden eine Vielzahl von Gründen verantwortlich gemacht, vor allem konzeptionelle Fehler und der Widerstand etablierter Eliten in Bürokratie und Anwaltschaft.⁸⁶

IV. Wandel in der Rechtsumsetzung

Die Justizreform und namentlich deren Ziel, die Effizienz und den Zugang zur Zivil- 13 justiz zu verbessern, um einen höheren Grad von individueller Rechtsdurchsetzung zu ermöglichen, stehen in unmittelbarem Zusammenhang mit einem grundlegenden Strategiewechsel in der Art und Weise, wie Märkte in Japan künftig geregelt und das Wirtschaftsaufsichtsrecht umgesetzt werden sollen. Das Regulierungsmodell, das die überaus erfolgreiche Wirtschaft Japans in der Nachkriegszeit prägte, hatte im Zuge der andauernden strukturellen Wirtschaftskrise, die im Jahr 1990 begann („the lost decade"), seine Überzeugungskraft verloren. In der zweiten Hälfte der 1990er Jahre wurde eine Vielzahl von regulatorischen und institutionellen Reformen in fast allen Bereichen des Wirtschaftsrechts eingeleitet, die das Ziel hatten, die Krise zu überwinden.⁸⁷

Das vorherige Modell einer administrativen *ex ante*-Regulierung war durch eine hohe Regulierungsdichte und eine intransparente Rechtsumsetzung charakterisiert. Legislative Vorgaben wurden zunächst einmal streng formalistisch angewandt, wobei weniger auf die jeweilige ökonomische Zielsetzung der einzelnen Regelung als vielmehr auf deren formalistische Erfüllung geachtet wurde.⁸⁸ Auf einer zweiten Stufe wurde das Ermessen, das auf der Ebene der Rechtsverordnungen bestand, jedoch flexibel, d.h. informell umgesetzt. Dies erfolgte teils durch schriftliche Erlasse (*tsūtatsu*), überwiegend aber durch nur mündlich gegebene „Anregungen", kurz informelles Verwaltungshandeln (*gyōsei shidō*). Für die tägliche Praxis war die Erfüllung der informellen Vorgaben entscheidend,⁸⁹ jedoch aufgrund fehlender Transparenz und der angeblichen Freiwilligkeit, mit der die „Anregungen" der Verwaltung befolgt werden, kaum justiziabel. Das System funktionierte vornehmlich nach dem Prinzip „Zuckerbrot und Peitsche".

Kennzeichnend für dieses Regulierungsmodell war eine Vorabkoordinierung von Interessen (*ex ante monitoring*), bei dem die Interessen der beteiligten Industrien mit den Vorstellungen der Ministerien im Vorfeld legislativer oder administrativer Entscheidungen in Beratungsausschüssen (*shingi-kai*) austariert wurden. Diese Interessenkoordinierung erfolgte anstelle einer nachgeordneten gerichtlichen Kontrolle von

---

84 Eine umfassende Analyse der Entwicklungen in den Jahren 2000 bis 2015 findet sich bei *Watson*, Changes in Japanese Legal Education, ZJapanR/J.Japan.L. 41 (2016), S. 1 ff.
85 *Japan Federation of Bar Associations* (Fn. 8), S. 21.
86 Zu den Hintergründen eingehend *Steele*, Japan's National Bar Examination: Results from 2015 and Impact of the Preliminary Qualifying Examination, ZJapanR/J.Japan.L. 41 (2016), S. 55 ff.
87 Dazu *Baum*, Der japanische „Big Bang" 2001 und das tradierte Regulierungsmodell: ein regulatorischer Paradigmenwechsel?, RabelsZ 64 (2000), S. 633 ff.; *Kanda*, in: Basedow/Kono (Hrsg.), Legal Aspects of Globalisation – Conflict of Laws, Internet, Capital Markets and Insolvency in a Global Economy (2000), S. 69 ff.
88 *Kanda*, Politics, Formalism, and the Elusive Goal of Investor Protection: Regulation of Structured Investment Funds in Japan, U.Pa.J.Int.Bus.L. 12 (1991), S. 585.
89 Vgl. *Henderson*, Security Markets in the United States and Japan. Distinctive Aspects Molded by Cultural, Social, Economic, and Political Differences, Hastings Int. Comp. L. Rev. 14 (1991), S. 263 ff.

Marktverhalten (*ex post monitoring*).⁹⁰ Die so gewonnene Akzeptanz der künftigen Regelung wurde als ein effizienterer Weg der Rechtsetzung und -verwirklichung angesehen als eine spätere kontradiktorische Kontrolle vermittels gerichtlicher Auseinandersetzungen. Entsprechend gab es in Japan in der Vergangenheit so gut wie keine gerichtlichen Anfechtungen administrativer Entscheidungen durch betroffene Unternehmen. Mit dieser spezifischen Art der Rechtsumsetzung war eine strikte Marktzutrittskontrolle verbunden; entsprechend ist diese Regulierungspraxis aus institutioneller Perspektive auch als ein „regulatory cartel" bezeichnet worden.⁹¹

In der zweiten Hälfte der 1990er Jahre leitete die japanische Regierung eine energische Gegensteuerung ein. Herzstück der Reformen war mithin ein grundlegender Wechsel von einer konsensorientierten zu einer regelorientierten Regulierung der Märkte, der „rule of law", nach der klare Verhaltensregeln für Marktteilnehmer verbindlich sein sollen, deren Einhaltung *ex post* kontrolliert und deren Verletzungen *ex post* sanktioniert werden.⁹² Begreift man die bisherige Marktstruktur demgegenüber als weitgehend *administrativ* gesteuert, an den Interessen von *Insidern* orientiert und *national* ausgerichtet, dann wird der diametrale Gegensatz zwischen dieser und den Reformzielen deutlich. Insoweit könnte tatsächlich von einem regulatorischen Paradigmenwechsel zu sprechen sein. Dieser Wechsel macht einen raschen Ausbau der Judikative unabdingbar, denn eine gerichtliche *ex post*-Kontrolle setzt ein effizientes und für die Bürger zugängliches Justizwesen voraus. Im japanischen Kontext bedeutet dies vor allem eine drastische Erhöhung der Zahl der Rechtsanwälte und Richter, was ein wesentliches Ziel der erwähnten Justizreform war.

V. Fazit

14 Vor diesem Hintergrund bleibt es eine spannende rechtspolitische Frage, ob die Justizreform und der angestrebte Wandel des Regulierungsmodells, die beide im Kern auf die Schaffung (oder den signifikanten Ausbau) einer „streitbaren" Gesellschaft für Japan zielen, den Schritt in die von Kawashima erwartete „Moderne" darstellen. Der Zeitpunkt dürfte zu früh sein, um eine verlässliche Einschätzung abzugeben, denn ein sozialer und namentlich institutioneller Wandel vollzieht sich nur sehr langsam und auf oftmals nicht vorhersehbare Weise.⁹³ Eines dürfte indes deutlich sein: "Never before [has] law played a more visible role in Japanese society".⁹⁴

---

90 *Kanda* (Fn. 88), S. 583.
91 *Milhaupt/Miller*, A Regulatory Cartel Model of Decisionmaking in Japanese Finance, ZJapanR/J.Japan.L. f4 (1997), S. 20.
92 *Kanda* (Fn. 87), S. 75; *Baum* (Fn. 87), S. 654.
93 *Feldman* (Fn. 49), S. 22; zurückhaltend auch das Fazit bei *Bälz* (Fn. 12), S. 29.
94 *Tanase* (Fn. 48), S. 155.

§ 2 Zivilrecht in Japan

Oliver Schön

In der Wahrnehmung westlicher Investoren und Juristen erscheint das japanische Zivilrecht ungewöhnlich. In Publikationen für Manager wird fast immer darauf hingewiesen, dass selbst sehr bedeutsame Verträge oft nur wenige Seiten lang sind und anstatt einer detaillierten Regelung lediglich eine Willensbekundung zur Zusammenarbeit darstellen.[1] Auch wenn sich diese Besonderheit im Rahmen der Globalisierung langsam ändert, kann behauptet werden, dass das japanische Zivilrecht davon geprägt ist, dass Vertragsparteien im Konfliktfall eine einvernehmliche Lösung finden können. Dass Verträge nicht eigenhändig unterschrieben, sondern mit einem Stempel gesiegelt werden, ruft bei westlichen Ausländern Erstaunen hervor.

Solche Unterschiede verstellen oft die Sicht darauf, dass es große Ähnlichkeiten zwischen dem deutschen und dem japanischen Zivilrecht gibt. Der maßgebliche Einfluss des deutschen Zivilrechts am Ende des 19. Jahrhunderts wirkt auch heute – trotz der Orientierung am US-amerikanischen Recht seit dem Ende des Zweiten Weltkriegs – fort.

Die folgende kurze Einführung in das japanische Zivilrecht wird sich überwiegend mit der Bedeutung des Grundsatzes von Treu und Glauben beschäftigen. Dieser ist durch den Inhalt des ersten Paragrafen des japanischen Zivilgesetzbuches gerechtfertigt und lautet wie folgt:

> *§ 1 ZG*
>
> *(1) Privatrechte sind dem Gemeinwohl untergeordnet.*
>
> *(2) Die Ausübung von Rechten und die Erfüllung von Pflichten müssen nach Treu und Glauben erfolgen.*
>
> *(3) Rechtsmissbrauch ist verboten.*[2]

Als Folge muss festgestellt werden, dass der das westliche Recht prägende Grundsatz pacta sunt servanda oft nur mit der Einschränkung gelten kann, dass das Ergebnis auch gerecht sein muss.

I. Geschichtliche Einordnung

Die Orientierung am Gemeinwohl und das Bestreben einen Interessensausgleich zwischen den Parteien herzustellen gründet noch auf den Wertvorstellungen des Gesellschaftssystems der Edo-Zeit. Damals gab es keine Gewaltenteilung mit unabhängigen Gerichten, die Streitigkeiten zwischen Bürgern entscheiden konnten. Wenn es überhaupt keine Lösung für einen Konflikt gab, so war die Verwaltung zur Entscheidung berufen. Diese war aber nur selten bereit eine Entscheidung zu treffen. Zum einen wollte man sich nicht binden, zum anderen keine Fehler begehen. Oft übten die Entscheidungsträger starken Druck auf die Beteiligten aus, um zu einer Einigung zu kommen. In diesem Zusammenhang wurde auch von einer „Zwangsversöhnung" gesprochen.[3] Aus dieser Zeit stammt auch das japanische Sprichwort: **„Wenn zwei sich**

---

1 *Petzold/Ringl/Thomas*, Beruflich in Japan. Trainingsprogramm für Manager, Fach- und Führungskräfte, S. 64.
2 Übersetzung von *Marutschke*, Einführung in das japanische Recht, 2. Aufl., 2009, § 9 I.
3 *Menkhaus*, in: FS für Richard Haase (2006), S. 285.

streiten werden beide bestraft."⁴. Streitigkeiten sollten einvernehmlich – gegebenenfalls unter Hinzuziehung von Schlichtern – gelöst werden.

3   Die Übernahme des kontinentaleuropäischen Rechts in der **Meiji-Zeit** am Ende des 19. Jahrhunderts stellt einen radikalen Bruch mit dieser Tradition dar.⁵ In Japan gab es vorher kein Recht, welches auch nur annähernd vergleichbar war. Dies zeigte sich bereits darin, dass für die meisten juristischen Fachbegriffe keine Wörter in der japanischen Sprache vorhanden waren. Obwohl die japanische Regierung in der Meiji-Zeit versuchte wesentliche Elemente der westlichen Nationen zu übernehmen, blieben in dem niemals besetzten Japan die ursprünglichen Gesellschaftsstrukturen weitestgehend erhalten. Das neue Recht verlor damit sein rein westliches Wesen und erhielt einen japanischen Charakter. Einfallstore für diese „Japanisierung" waren die wertungsoffenen Klauseln der Sittenwidrigkeit und des Grundsatzes von Treu und Glauben.

4   Eine weitere Besonderheit des japanischen Rechts ist das Verständnis von **jōri**, was mit „Natur der Sache" oder „natürliche Vernunft" übersetzt werden kann und letztlich bedeutet, dass jeder Sachverhalt dahin gehend zu überprüfen ist, ob das juristische Ergebnis mit dem allgemeinen Verständnis von Gerechtigkeit in Einklang zu bringen ist.⁶

5   Nach 1945 wurde das japanische Recht zwar stark durch das US-amerikanische Recht beeinflusst, jedoch blieben die oben benannten Merkmale weitgehend unverändert. Dies lag insbesondere auch daran, dass der Allgemeine Teil, das Schuldrecht und das Sachenrecht des japanischen Zivilgesetzbuches kaum geändert wurden. Eine größere Änderung ist allerdings in naher Zukunft durch die seit vielen Jahren diskutierte Schuldrechtsreform zu erwarten.

II. Überblick über ausgewählte Bereiche des Zivilrechts

6   Um ein Verständnis für das Wesen des japanischen Zivilrechts zu bekommen, sollen einige ausgewählte Rechtsgebiete vorgestellt werden. Dabei wird dem Aufbau des japanischen Zivilgesetzbuches gefolgt. Abweichend vom deutschen BGB folgen auf den Allgemeinen Teil zuerst das Sachenrecht und erst anschließend die Bücher zum Schuldrecht, Deliktsrecht, Familien- und Erbrecht. Abschließend werden noch Grundzüge des Arbeitsrechts skizziert.

1. Allgemeiner Teil

7   Der Allgemeine Teil des japanischen Zivilrechts ähnelt vom Aufbau her dem des deutschen Bürgerlichen Gesetzbuches. Allerdings ist auch in diesem Abschnitt eine Generalklausel vorangestellt. Art. 90 des japanischen Zivilgesetzbuches (ZG) definiert die Sittenwidrigkeit:

> § 90
>
> *Ein Rechtsgeschäft, das gegen die öffentliche Ordnung oder die guten Sitten verstößt, ist nichtig.*

---

4   „Kenka ryou seibai".
5   S. dazu vertiefend § 1.
6   Nach *Marutschke* (Fn. 2), S. 11 f. Der Begriff „Natur der Sache" stammt von *Eubel*. „Natürliche Vernunft" von *Rahn*.

Nach dem vorherrschenden Verständnis wird zwischen den beiden Alternativen „öffentliche Ordnung" und „gute Sitten" nicht unterschieden.[7] Vielmehr werden beide Begriffe so verstanden, dass sie das umfassen, was sich nach dem allgemeinem Gesellschaftsverständnis nicht gehört. In der japanischen Ausbildungsliteratur werden zum Zwecke der Verdeutlichung Fallgruppen gebildet, die Themen wie Prostitution, den Verkauf der eigenen Tochter zur Ausbildung als Geisha oder die Teilnahme an Glücksspielen umfassen.

Als Beispiel für die Behandlung von Sittenwidrigkeitsfällen soll das Thema der „**Grauzonen-Zinsen**" näher dargestellt werden. Im Jahr 2007 hat der japanische Oberste Gerichtshof durch eine Entscheidungsserie[8] für viel Aufsehen gesorgt. Inhaltlich geht es um die Möglichkeit der Rückforderung von wucherischen Zinsen von privaten Geldverleihern. In den Folgejahren haben solche Rückforderungsklagen etwa ein Drittel der bei Gericht eingereichten Zivilverfahren ausgemacht.

8

Da es japanischen Banken untersagt ist Konsumentenkredite zu vergeben, haben sich mit der Zeit Firmen entwickelt, die sich auf deren Vergabe spezialisiert haben. Diese Firmen sind in Japan sehr präsent. Wer bereits einmal in Japan war, hat sicherlich in den großen Städten einmal ein Paket mit Taschentüchern im Eingangsbereich eines Bahnhofs in die Hand gedrückt bekommen. Oft ist das Werbung für solche Unternehmen.

Für Konsumentenkredite wurden sehr hohe Zinssätze gefordert. Obwohl man in Japan schon seit Jahrzehnten auf Spareinlagen praktisch keine Zinsen bekommt, war es bis in das Jahr 2007 üblich, dass für Verbraucherkredite Zinsen in einer Größenordnung von 35–40 % p.a. genommen wurden. Dies verstieß zwar gegen § 1 des Zinsbegrenzungsgesetzes (einer Spezialnorm zu § 90 ZG), wonach die Obergrenze – je nach Darlehenssumme – etwa 20 % betragen durfte, eine Strafbarkeit lag aber noch nicht vor, da diese erst ab dem doppelten Zinssatz begründet gewesen wäre. Entsprechend wählten die Geldverleiher einen Zinssatz kurz unterhalb der Grenze der Strafbarkeit. Dieses Geschäftsmodell war dadurch möglich und begünstigt, dass eine Überschreitung der Grenze des Zinsbegrenzungsgesetzes zwar zu einer Teilnichtigkeit führte, ein etwaiger Teilrückforderungsanspruch jedoch ausgeschlossen war, wenn der überhöhte Zinssatz freiwillig gezahlt wurde. Dies wurde in Japan mit dem Schlagwort der „Grauzonen-Zinsen" bezeichnet.

In den Entscheidungen hat der OGH nun nicht nur die Voraussetzungen für eine freiwillige Zahlung neu definiert und bestimmt, dass eine solche in der Regel nicht vorliegen wird, sondern faktisch auch die Verjährung aufgehoben. Im Ergebnis konnten Verbraucher für mehrere Jahrzehnte zu viel gezahlte Zinszahlungen zurückverlangen. Leider ließen sich diese Ansprüche nur sehr begrenzt durchsetzen, weil praktisch alle betroffenen Geldverleiher Insolvenz anmeldeten.

---

7 Die nachfolgenden Ausführungen orientieren sich an dem Aufsatz von *Hotz*, „Wider die öffentliche Ordnung und die guten Sitten". Eine Annäherung an die japanische Generalklausel aus europäischer Perspektive, ZJapanR/J.Japan.L 25 (2008), S. 105 ff.
8 Nach *Tiedten*, Überblick über wichtige zivil- und zivilverfahrensrechtliche Entscheidungen des japanischen Obersten Gerichtshofs aus dem Jahr 2007, ZJapanR/J.Japan.L 29 (2010), S. 259; OGH vom 13. Juli 2007, Minshū 61 (3) 967 = Hanrei Jihō 1976, 40; Besprechung: Yamamoto, Jurisuto 1354, 82 ff.

Oliver Schön

Weitere Aspekte des Allgemeinen Teils des Zivilgesetzbuches werden noch in dem Fall von *Moritz Bälz* behandelt.[9] Insbesondere auch die rechtsverbindliche Unterzeichnung durch Namensstempel.

2. Sachenrecht

9   Im Sachenrecht folgte der historische japanische Gesetzgeber zu Meiji-Zeiten dem französischen Recht. Deshalb gibt es **kein Abstraktionsprinzip** und auch der Erwerb von Grundeigentum kann allein durch übereinstimmende Willenserklärungen bewirkt werden. Die Eintragung in die Register – die für Boden und aufstehende Gebäude getrennt geführt werden – hat lediglich Wirkung gegenüber Dritten. Anders als in Deutschland kann somit das Eigentum am Grund und den darauf stehenden Gebäuden auseinanderfallen.

Da die Eintragung in die Register für Grund und Gebäude nicht erforderlich ist, stellen sich immer wieder Rechtsprobleme, die mit dem gutgläubigen Erwerb im Zusammenhang stehen. Genauere Erläuterungen zum Erwerb von Immobilien und dem gutgläubigen Erwerb finden Sie in dem Fall von *Moritz Bälz*.[10]

3. Schuldrecht

10 Die lange geplante und ursprünglich umfangreiche Schuldrechtsreform konnte die Erwartungen nicht erfüllen. Es wurden wesentlich weniger Vorschriften und Rechtsinstitute des Schuldrechts geändert als ursprünglich vorgesehen. Wahrscheinlich ist der Reformeifer des japanischen Gesetzgebers nicht mehr in gleicher Weise gegeben, wie es das noch Anfang des Jahrtausends war. Möglicherweise haben auch die negativen Erfahrungen bei der Reform der Juristenausbildung gezeigt, dass nicht jede Reform unbedingt auch zu einer Verbesserung führt. Tatsächlich wurden die Verjährungsvorschriften und die Verzinsung geändert. Ansonsten sind wesentliche Änderungen ausgeblieben. Ob die Schuldrechtsreform in der Praxis überhaupt eine Auswirkung haben wird, ist sehr fraglich. Dies mag auch an der wesentlichen Bedeutung der zentralen deliktsrechtlichen Vorschrift, vgl. § 709 ZG, liegen.

Mit der Schuldrechtsreform befasst sich *Christian Förster* in der Darstellung seines Falles.

11 Die tatsächliche Gestaltung von Verträgen gibt Aufschluss über das Rechtssystem. Verträge aus dem US-amerikanischen Raum wirken für einen deutschen Juristen oft sehr lang und überdetailliert. Japanische Verträge haben dahingegen oft eine extreme Kürze. Was man in Deutschland auf 20 Seiten regeln kann, bedarf in Japan oft nur drei Seiten. Als Ursache werden verschiedene Erklärungsansätze gewählt. So sollen Verträge voller Juristensprache für Geschäftsleute unerträglich sein. Zudem soll es ein schlechtes Omen sein, wenn man bereits zum Beginn einer Geschäftsbeziehung Regelungen über das Scheitern vereinbart.[11] Neben diesen kulturellen Gründen mag es aber auch so sein, dass sich bestimmte Klauseln überhaupt nicht sicher festlegen lassen, weil die japanische Rechtsprechung gerade bei langandauernden vertraglichen Verhältnissen Treuepflichten annimmt, die sich zum Zeitpunkt eines ersten Vertragsschlusses noch gar nicht antizipieren lassen.

---

9   S. § 3.
10 S. § 3.
11 *Rowland*, Japan-Knigge für Manager, S. 111.

II. Überblick über ausgewählte Bereiche des Zivilrechts § 2

Zu diesem Thema finden sich im Fall von *Tobias Schiebe* und *Meiko Dillmann* weitere Beispiele und vertiefende Erklärungen.[12]

4. Deliktsrecht

Das Deliktsrecht hat in Japan eine wesentlich weitere Bedeutung als in Deutschland. Der Hintergrund dafür ist, dass die deliktsrechtliche Zentralnorm § 709 ZG[13] sehr weit gefasst ist und auch „sonstige schützenswerte rechtliche Interessen" mitumfasst sind.

Da die Gerichte diese Vorschrift sehr weit auslegen, erfasst die Zentralnorm des Deliktsrechts auch jene Streitigkeiten, die nach deutschem Verständnis in den Bereich des Verwaltungsrechts fallen würden. Insofern ist die Entscheidung zum „Recht auf eine schöne Aussicht" beispielhaft.[14]

So wurde in einem Vorort von Tokio in den 30er Jahren eine Universität errichtet, deren Umgebung sich für die Bebauung mit Häusern für die bei der Universität Beschäftigten besonders gut eignete. Ein Bauunternehmer erwarb jedoch eine größere Fläche und beantragte eine Baugenehmigung für ein Hochhaus. Dies war deshalb möglich, weil die regionale Ortsverwaltung es versäumte bauordnungsrechtliche Vorschriften zu verabschieden, um eine übermäßig hohe Bebauung in dieser Gegend zu verhindern. In einem vielbeachteten Urteil gewannen die Nachbarn gegen den Bauträger das Verfahren in der 1. Instanz. Das Landgericht verpflichtete den Bauträger zum Rückbau und zur Zahlung von Schadensersatz. Diese Entscheidung wurde jedoch vom OLG Tokio aufgehoben und die Aufhebungsentscheidung wiederum vom OGH bestätigt. In dessen Entscheidung lautet es, dass das Recht auf eine „schöne Aussicht" zwar als „sonstiges Recht" im Sinne des § 709 ZG in Betracht komme, regelmäßig aber durch die verwaltungsrechtlichen Vorschriften ausgestaltet sein solle.

Die Entscheidung des OGH überrascht den deutschen Juristen vielleicht weniger als die erstinstanzliche Entscheidung des Landgerichts, nach welchem Nachbarn Schadensersatz trotz eines baurechtlich vollständig genehmigungskonformen Bauwerks bekommen sollen.

Insgesamt nimmt das Deliktsrecht in Japan eine zentrale Rolle ein und wird in zahlreichen Beiträgen behandelt werden. So werden die Grundzüge in der Darstellung der zivilrechtlichen Behandlung eines Verkehrsunfalls von *Oliver Schön* dargelegt[15], *Christian Förster* stellt die Abgrenzung der vorvertraglichen Haftung zur deliktsrechtlichen Haftung dar[16] und eine interessante familienrechtlichen Konstellation wird von *Gregor Stevens* erörtert.[17] Da die eheliche Treue ein von § 709 ZG geschütztes „anderes rechtliches Interesse" ist, hat der betrogene Ehegatte dem Grunde nach einen Schadensersatzanspruch gegen den anderen Ehegatten und dessen Liebschaft. Auch bei den Fällen zu **„Tod durch Überarbeitung"** von *Frank Schemmel*[18] und der Aufarbeitung

---

12 S. § 6.
13 § 709 ZG: Wer vorsätzlich oder fahrlässig das Recht oder das rechtliche Interesse eines anderen verletzt, ist zum Ersatz des daraus entstehenden Schadens verpflichtet.
14 OGH vom 30.3.2006, Minshū 60 (4).
15 S. § 4.
16 S. § 5.
17 S. § 8.
18 S. § 12.

der Atomkatastrophe von Fukushima von *Gregor Stevens*[19] werden deliktsrechtliche Ansprüche behandelt.

5. Familienrecht & Erbrecht

14 Zu der Edo-Zeit galt im japanischen Recht das sogenannte „**Haus-Prinzip**". Darunter versteht man ein vom Gesetz privilegiertes Oberhaupt einer (Groß-)Familie, das den Ahnenkult pflegt, das Hausvermögen erhalten und die Familie zusammenhalten muss. Dieses Familienverständnis widersprach dem damals geltenden kontinentaleuropäischen Rechtsverständnis vollständig. Entsprechend wurden sowohl das Familien- als auch das Erbrecht bei der ersten Übernahme des japanischen Rechts in der Meiji-Zeit herausgenommen. In den beiden Büchern des damaligen japanischen Zivilrechtsbuches wurde im Wesentlichen das Rechtsverständnis der Edo-Zeit wiedergegeben.

Nach dem zweiten Weltkrieg wurden das japanische Familienleitbild und in der Folge auch das Erbrecht – unter amerikanischem Druck – geändert. So wurde angeordnet, dass alle Menschen die gleichen Rechte haben und auch **Mann und Frau gleichberechtigt** sind (Art. 14 und 24 der Japanischen Verfassung). Hinsichtlich des Erbrechts wurden Pflichtteilsrechte eingeführt. Allerdings hat es bis zu einer Entscheidung des Obersten Gerichtshofs vom 4.9.2013 gedauert, bis diese Rechte auch in gleicher Weise für uneheliche Kinder gelten sollten. Vorher betrug der Pflichtteil des nichtehelichen Kindes nur die Hälfte des Anspruchs von ehelichen Kindern. Es handelte sich um eine der wenigen Entscheidungen, durch die ein Gesetz vom Obersten Gerichtshof für verfassungswidrig erklärt wurde.

Die Gleichstellung der Beziehung zwischen gleichgeschlechtlichen Partnern ist in Japan nicht gegeben. Seit 2015 bietet der Stadtteil Shibuya (Tokyo) die Möglichkeit an, dass sich gleichgeschlechtliche Paare registrieren lassen können. Damit können bestimmte Nachteile, beispielsweise bei der Wohnungssuche, überkommen werden. Auf den bedeutenden Feldern Versorgungssicherheit und Erbrecht gibt es jedoch immer noch erhebliche Nachteile für gleichgeschlechtliche Paare. Teilweise wird versucht diese Nachteile durch Erwachsenenadoption zu umgehen.

Die Situation der gleichgeschlechtlichen Paare wird von *Ruth Effinowicz* behandelt werden.

Das japanische Erbrecht ist dadurch geprägt, dass es sehr hohe Spitzensteuersätze gibt. Insbesondere für die Eigentümer von Immobilien in Ballungsgebieten führt ein Erbfall oft zu dem Zwang das Familienhaus verkaufen zu müssen.

Das Familienrecht wird in dem Fall von *Gregor Stevens* ausführlich dargestellt werden.[20]

6. Arbeitsrecht

15 Japaner verbringen durchschnittlich mehr Zeit im Büro als Deutsche. Dabei werden zahlreiche Gründe benannt, weshalb Japaner oft bis spät nachts im Büro bleiben. Von den rechtlichen Rahmenbedingungen sind die Arbeitszeiten allerdings sehr ähnlich wie in Deutschland. Eine Schieflage entsteht erst durch die in Japan weit verbreitete „Tradition" der unbezahlten Überstunden, welche als „**Service overtime**" bezeichnet

---

19 S. § 13.
20 S. § 8.

werden. Zudem wird der gesetzliche Urlaubsanspruch, der von der Dauer der Betriebszugehörigkeit abhängig ist und bei langfristig Beschäftigten in der Regel vier Wochen beträgt, oft nicht genommen. Ein Grund dafür mag sein, dass es keine Lohnfortzahlung im Krankheitsfall gibt. Viele Arbeitnehmer sparen sich daher ihren Urlaub für einen möglichen Krankheitsfall auf.

Insgesamt hat sich das Arbeitsleben in Japan in den letzten Jahrzehnten sehr stark geändert. Nur noch wenige Arbeitnehmer fallen in das herkömmliche Konzept, welches aus einer grundsätzlich lebenslangen Beschäftigung in Verbindung mit einem streng an der Dauer der Betriebszugehörigkeit orientierten Beförderungssystem („Senioritätsprinzip") bestand. Aktuelle Probleme sind zunehmende Zeitarbeit und auch betriebsbedingte Kündigungen von Arbeitnehmern.

Einen Einblick in das japanische Arbeitsrecht bieten der Überblick von *Sebastian Schulte* sowie die Beiträge von *Heike Alps* zum Kündigungsrecht in Japan[21] und von *Frank Schemmel* zum „Tod durch Überarbeitung".[22]

---

21 S. § 10.
22 S. § 12.

§ 3 Gutglaubensschutz bei Immobiliengeschäften

*Moritz Bälz**

Dieser Fall dient der Einleitung in das japanische Zivilrecht und behandelt grundlegende Besonderheiten des Allgemeinen Teils sowie des Immobiliarsachenrechts. Im Zentrum der Betrachtung stehen die Formfreiheit von Immobilienverträgen, die sachenrechtliche Behandlung von Grundstücken und Gebäuden und die Frage eines gutgläubigen Eigentumserwerbs unbeweglicher Sachen. Die Verklammerung dieser einzelnen Bereiche erfolgt im Rahmen eines zu prüfenden Anspruchs auf Grundbuchberichtigung.

I. Fall

▶ Der vermögende Kläger ließ sich bei Immobiliengeschäften von A, einem Angestellten eines öffentlichen Wohnungsbauunternehmens, beraten. Auf Empfehlung des A erwarb der Kläger ein Grundstück und das darauf errichtete Gebäude (im Folgenden zusammen „die Immobilien"). Der Kläger wurde als Eigentümer ins Immobilienregister eingetragen. A besorgte für den Kläger die Vermietung. Am 21.9.1999 erbat A vom Kläger unter einem Vorwand die Originale der Bestätigung über die erfolgte Eintragung des Klägers als Eigentümer (sog. *tōki-zumi shō*, 登記済証). Der Kläger überließ ihm diese.

Der Kläger beauftragte den A ferner mit der Eintragung des Eigentumserwerbs an einem weiteren Grundstück („das weitere Grundstück"). In diesem Zusammenhang übergab der Kläger dem A auf dessen Bitte amtliche Siegelbescheinigungen (sog. *inkan shōmei-sho*, 印鑑証明書).[1]

Am 1.2.2000 ließ sich A vom Kläger, angeblich um die Eigentumseintragung bezüglich des weiteren Grundstücks vornehmen zu können, das amtlich registrierte Siegel des Klägers aushändigen. In Gegenwart des Klägers siegelte A – vom Kläger unbemerkt – stattdessen einen Antrag auf Eintragung der Eigentumsübertragung hinsichtlich der Immobilien an sich selbst.

Am selben Tag bewirkte A mit diesem Antrag, den ihm überlassenen Bestätigungen der Eigentumseintragungen und den Siegelbescheinigungen, dass er selbst als Eigentümer der Immobilien ins Immobilienregister eingetragen wurde, die er angeblich vom Kläger erworben hatte. Am 23.3.2000 veräußerte A die Immobilien sodann an den Beklagten. Letzterer hielt den A aufgrund der Eintragung im Immobilienregister und der weiteren Umstände für den Eigentümer.

Als der Kläger nach der Eintragung des Beklagten als Eigentümer von der Veräußerung der Immobilien erfuhr, verlangte er von diesem die Mitwirkung bei der Löschung der Einträge. ◀

---

* Der Autor dankt Herrn Dr. Hiroki Kawamura und Frau Kristina Hartmann für wertvolle Vorarbeiten zu diesem Beitrag.
1 Für wichtige Rechtsgeschäfte sind in Japan anstelle einer Unterschrift speziell angefertigte Namenssiegel (*jitsuin*, 実印) gebräuchlich. Deren Abdruck wird bei der Gemeinde hinterlegt, die hierüber auf Antrag Bescheinigungen ausstellt. Mit einer solchen Bescheinigung kann verifiziert werden, dass eine Urkunde tatsächlich vom Inhaber des Siegels gesiegelt worden ist. Siehe zu dieser Praxis näher *Westhoff*, in: Baum/Bälz (Hrsg.), Handbuch Japanisches Handels- und Gesellschaftsrecht (2011), § 5 Rn. 8. Auch wenn seit der Corona-Pandemie häufiger im Home Office gearbeitet wird und sich die Regierung um eine verstärkte Digitalisierung bemüht, bleibt die Verwendung physischer Siegel verbreitet.

II. Behandlung des Falls in Japan

1. Vorbemerkungen

Der folgende Fall ist angelehnt an eine Entscheidung des OGH aus dem Jahre 2006.[2] Thematisch stehen Fragen des Allgemeinen Teils und des Immobiliarsachenrechts im Vordergrund. Die einschlägigen Vorschriften finden sich dementsprechend im Ersten Buch (Allgemeiner Teil) und Zweiten Buch (Sachenrecht) des japanischen Zivilgesetzes (ZG).[3] Dieses hat das Pandektensystem des deutschen Rechts übernommen, stellt allerdings in Übereinstimmung mit dem Ersten Entwurf für das deutsche BGB das Sachenrecht dem Schuldrecht voran.

Ungeachtet der vielfältigen historischen Einflüsse des deutschen Zivilrechts auf das japanische illustriert der Fall aus vergleichender Sicht im Immobilienrecht signifikante Unterschiede zwischen beiden Rechtsordnungen, die teilweise auf französische Einflüsse zurückgehen:[4]

Gebäude sind nach japanischem Recht keine wesentlichen Bestandteile des Grundstücks, wie dies aus dem deutschen Recht (§ 94 Abs. 1 BGB) geläufig ist, sondern werden vom Zivilgesetz als getrennte unbewegliche Sachen im Sinne des Art. 86 Abs. 1 ZG behandelt. Dementsprechend bestehen getrennte Registerbücher für Grundstücke und Gebäude (*tochi tōki-bo*, 土地登記簿 bzw. *tatemono tōki-bo*, 建物登記簿).

Bemerkenswert aus deutscher Sicht ist ferner, dass das Zivilgesetz kaum Formvorschriften kennt. Auch Immobilienverträge sind grundsätzlich formlos gültig, so dass Notare in der Regel nicht beteiligt sind. Auch wenn in der Praxis gewöhnlich ein sog. Rechtsschreiber (*shihō shoshi*, 司法書士) einen schriftlichen Vertrag aufsetzt, ist nach dem Gesetz für die Begründung oder Übertragung eines dinglichen Rechts die bloße Einigung der Parteien ausreichend (Art. 176 ZG).[5] Dies bedeutet zugleich, dass die Eintragung in das Immobilienregister für den Rechtserwerb nicht konstitutiv, sondern lediglich Voraussetzung ist, um den Erwerb auch Dritten entgegensetzen zu können (Art. 177 ZG, sog. Voraussetzungen der Entgegensetzbarkeit, *taikō yōken*, 対抗要件).[6] Diese Entgegensetzbarkeit ist insbesondere beim Doppelverkauf bedeutsam. Zwar wird der Ersterwerber (vorbehaltlich etwaiger aufschiebender Bedingungen) mit Abschluss des Vertrages im Verhältnis zum Veräußerer Eigentümer. Dies hindert jedoch ohne Registereintragung nicht den ebenfalls relativen Rechtserwerb eines Dritten, an den der ursprüngliche Eigentümer die Immobilie erneut veräußert. Faktisch ist daher nur der Eigentumserwerb desjenigen gesichert, der als Erster ins Register eingetragen wird. Entsprechende Regelungen zur Entgegensetzbarkeit finden sich im

---

2 OGH vom 23.2.2006, Minshū 60, 546. Der Sachverhalt findet sich teilweise nur in der Entscheidung der Vorinstanz: OG Fukuoka vom 28.3.2003, Hanrei Jihō 1842 (2004), 72.
3 *Minpō* 民法, Gesetz Nr. 89/1896 (Erstes bis Drittes Buch) und Gesetz Nr. 91/1898 (Viertes und Fünftes Buch).
4 Für einen Überblick über das japanische Immobilienrecht in deutscher Sprache s. *Kaiser*, in: Baum/Bälz (Hrsg.), Handbuch Japanisches Handels- und Wirtschaftsrecht (2011), § 16 Rn. 1 ff.
5 Art. 176 ZG *(Begründung und Übertragung dinglicher Rechte).*
   Die Begründung und die Übertragung dinglicher Rechte werden durch die bloße Einigung der Parteien wirksam.
   Zum französischen Einfluss auf den Wortlaut der Vorschrift und zur Frage, inwieweit sich Trennungs- und Abstraktionsprinzip in Japan durchgesetzt haben, s. *Zufall*, Das Abstraktionsprinzip im japanischen Recht, ZJapanR/J.Japan.L 29 (2010), S. 204.
6 Art. 177 ZG *(Entgegensetzbarkeit dinglicher Rechte an unbeweglichen Sachen).*
   Der Erwerb, der Verlust und die Änderung eines Rechts an einer unbeweglichen Sache kann einem Dritten nicht entgegengesetzt werden, sofern diese nicht nach den Bestimmungen des Immobilienregistergesetzes (Gesetz Nr. 123/2004) und der die Eintragung betreffenden anderen Gesetze eingetragen sind.

Moritz Bälz

Zivilgesetz auch für den Erwerb von beweglichen Sachen (Art. 178 ZG) und Forderungen (Art. 467 ZG).

5   Schließlich ist das japanische Immobilienregister anders als das deutsche Grundbuch nicht Träger des öffentlichen Glaubens. Während bewegliche Sachen auch nach japanischem Recht unter den Voraussetzungen des Art. 192 ZG gutgläubig erworben werden können, fehlt eine § 892 BGB entsprechende Regelung, die den gutgläubigen Erwerb unbeweglicher Sachen vorsehen würde. Der vorliegende Fall zeigt, dass sich die japanische Rechtsprechung mit einer sehr weitgehenden Analogie zu den Regeln für Scheingeschäfte behilft, um in bestimmten Fällen den Erwerber gleichwohl zu schützen und einen gutgläubigen Erwerb zu ermöglichen.

2. Lösung: Anspruch auf Mitwirkung bei der Löschung der Registereinträge

6   Der Kläger begehrt vom Beklagten die Mitwirkung bei der Berichtigung des Immobilienregisters. Für einen solchen Anspruch enthält das japanische Zivilgesetz keine ausdrückliche Regelung. Es ist aber anerkannt, dass der wahre Berechtigte vom Buchberechtigten die Mitwirkung bei der Löschung einer unrichtigen Eintragung verlangen kann.[7] Da das japanische Recht, wie eingangs erwähnt, Grundstück und Gebäude als zwei getrennte unbewegliche Sachen betrachtet, begehrt der Kläger eine Berichtigung des Immobilienregisters sowohl bezüglich des Grundstücks als auch bezüglich des Gebäudes. Dies setzt voraus, dass der Kläger Eigentümer der Immobilien geblieben ist.

Eine Übereignung des Klägers an sich hat A hier nur behauptet.[8] Der Kläger könnte sein Eigentum an den Immobilien jedoch durch den zwischen A und dem Beklagten geschlossenen Vertrag vom 23.3.2000 an den Beklagten verloren haben.

Dabei könnte A als Stellvertreter des Klägers an den Beklagten übereignet haben (Art. 99 ZG). Dies setzt voraus, dass A zum Ausdruck gebracht hat, für den Kläger zu handeln, oder der Beklagte wusste oder wissen konnte, dass A für den Kläger handelte (Art. 100 ZG). Hier ist A dem Beklagten gegenüber jedoch im eigenen Namen aufgetreten. Der Beklagte ging davon aus, die Immobilien von A zu erwerben, den er aufgrund des unrichtigen Grundbuchs für den Eigentümer hielt. Es liegt daher keine Stellvertretung, sondern ein Eigengeschäft des A vor. Ob möglicherweise die Voraussetzungen einer Anscheinsvollmacht (Art. 109, 110 ZG) vorlagen, kann dahinstehen.

7   Der Beklagte könnte gutgläubig von A als Nichtberechtigtem Eigentum an den Immobilien erworben haben. Wie erwähnt, sieht das Zivilgesetz einen Erwerb vom Nichtberechtigten nur für bewegliche Sachen, nicht aber für Immobilien vor. Demnach wäre das Vertrauen des Beklagten darauf, dass der im Immobilienregister als Eigentümer der Immobilien eingetragenen A tatsächlich Eigentümer ist, nicht geschützt. Dies, obwohl für den Beklagten hier keine Anhaltspunkte dafür gegeben waren, dass A zu Unrecht eingetragen worden ist und zur Übereignung nicht berechtigt gewesen sein könnte.

In Betracht kommt aber ein Schutz des Erwerbers gem. Art. 94 ZG.[9] Diese Vorschrift regelt an und für sich die Rechtsfolgen eines Scheingeschäfts (*kyogi hyōji*, 虚偽表

---

[7] S. *Shimizu*, in: Funahashi/Tokumoto, Shinpan Chūshaku Minpō [Neuer Kommentar zum Zivilgesetz], Band 6 (*bukken*, Sachenrecht) (überarbeitete Aufl. 2009), S. 357 ff.
[8] Im Originalfall hatte der Kläger, ohne die Absicht zu haben, die Immobilien zu veräußern, unter nicht mehr vollständig aufklärbaren Umständen einen Vertrag mit A gesiegelt. Schon die Unterinstanzen erachteten diesen Vertrag jedoch als unwirksam, wohl weil sie von einem Irrtum ausgingen, der nach Art. 95 ZG die Nichtigkeit der Willenserklärung zur Folge hat.
[9] Art. 94 (*Scheingeschäft*).

II. Behandlung des Falls in Japan § 3

示). Sie bestimmt, dass eine im Zusammenwirken mit einem anderen nur zum Schein abgegebene Willenserklärung nichtig ist (Abs. 1). Nach Art. 94 Abs. 2 ZG kann die Nichtigkeit einem gutgläubigen Dritten jedoch nicht entgegengehalten werden. Veräußert beispielsweise der Eigentümer eines Grundstücks dieses nur zum Schein an einen anderen, um das Grundstück dem Zugriff seiner Gläubiger zu entziehen oder Steuern zu vermeiden, kann sich der Eigentümer, wenn der andere das Grundstück weiterveräußert oder belastet, nicht darauf berufen, der andere sei hierzu in Wahrheit nicht berechtigt gewesen. Wenn vorliegend der Kläger die Immobilien im Zusammenwirken mit A nur zum Schein an diesen veräußert hätte, wäre die Veräußerung zwar gem. Art. 94 Abs. 1 ZG nichtig. Der Kläger könnte sich aber gem. Art. 94 Abs. 2 ZG auf die fehlende Berechtigung des A gegenüber dem Beklagten nicht berufen und hätte sein Eigentum durch die Veräußerung des A an den Beklagten verloren. Vorliegend liegt jedoch kein solcher Fall der Kollusion zwischen dem Kläger und A vor. A hat seine Eintragung unter Verwendung der ihm überlassenen Dokumente ohne Wissen des Klägers erschlichen. Eine unmittelbare Anwendung des Art. 94 Abs. 2 ZG scheidet aus.

Die japanische Rechtsprechung wendet Art. 94 Abs. 2 ZG freilich im Wege der Analogie ausgesprochen extensiv auf weitere Konstellationen, insbesondere bei Immobiliengeschäften an, und macht die Vorschrift so zu einer zentralen Grundlage der japanischen Rechtsscheinlehre (*hyōken hōri*, 表見法理).[10] Art. 94 Abs. 2 ZG wird hierfür der Gedanke entnommen, dass wer (durch den Abschluss eines Scheingeschäfts oder in sonstiger Weise) zurechenbar einen Rechtsschein setzt, sich gegenüber Dritten, die in schutzwürdiger Weise auf diesen Rechtsschein vertrauen, dem Rechtsschein entsprechend behandeln lassen muss. Unter bestimmten Voraussetzungen, so die Argumentation, ist der auf den Rechtsschein vertrauende Dritte schutzwürdiger als derjenige, der den Rechtsschein zurechenbar gesetzt hat und die damit verbundenen Nachteile deshalb tragen sollte.

8

So wurde Art. 94 Abs. 2 ZG schon früh in einem Fall entsprechend angewandt, in dem eine Eintragung nicht durch ein Scheingeschäft im Sinne des Abs. 1, d.h. durch ein Zusammenwirken des wahren Berechtigten und des Scheinerwerbers, sondern einseitig durch den Berechtigten (mit)veranlasst war.[11] Diese Konstellation ist im vorliegenden Fall ebenfalls nicht gegeben. Die Eintragung ist von A ohne Wissen des Klägers veranlasst worden.

In weiteren Fällen wurde später eine Analogie bejaht, obwohl die Eintragung eines anderen zunächst ohne Wissen des Eigentümers erfolgte, von diesem aber später

---

(1) Eine im Zusammenwirken mit einem anderen nur zum Schein abgegebene Willenserklärung ist nichtig.
(2) Die Nichtigkeit einer Erklärung gem. Abs. 1 kann einem gutgläubigen Dritten nicht entgegengehalten werden.

10 Eingehend zur analogen Anwendung des Art. 94 Abs. 2 ZG *Yamamoto*, Minpō Kōgi I: Sōsoku [Vorlesungen zum Zivilrecht I: Allgemeiner Teil], 3. Aufl. (2011), S. 152 ff. Überblick in deutscher Sprache bei *Marutschke*, Einführung in das japanische Recht, 2. Aufl., 2009, S. 112 ff.

11 Ein verheirateter Mann hatte für seine Mätresse (*mekake*, 妾) ein Haus mit Mitteln seiner Ehefrau erworben und die Mätresse als Eigentümerin eintragen lassen. Als die Mätresse das Haus später veräußerte, berief sich die Ehefrau gegenüber dem Erwerber darauf, sie selbst sei Eigentümerin und die Eintragung der Mätresse sei nur zum Schein erfolgt. Der OGH entschied, die Ehefrau könne sich auf ihr Eigentum nicht berufen, sofern die Eintragung der Mätresse mit ihrem Willen erfolgt sei (OGH vom 20.8.1954, Minshū 8, 1505). Zu diesem und anderen älteren Fällen siehe in deutscher Sprache *Okuda*, Gutgläubigkeitsschutz im Immobilienrecht nach der neueren Rechtsprechung des japanischen Obersten Gerichtshofes, Recht in Japan Heft 3 (1980), 7 ff.

stillschweigend gebilligt oder zumindest bewusst geduldet worden war.[12] Vorliegend hat der Kläger die unrichtige Eintragung weder nachträglich gebilligt noch bewusst geduldet, sondern hat die Berichtigung des Immobilienregisters verlangt, sobald er von der Eintragung des Beklagten erfahren hat.

Daher kommt es vorliegend darauf an, ob schon ein (grob) fahrlässiges Ermöglichen einer unrichtigen Eintragung eine analoge Anwendung des Art. 94 Abs. 2 ZG rechtfertigen kann, mithin ob sich der Kläger vorliegend auf die Unrichtigkeit der Eintragung nicht soll berufen können, weil er durch seine Nachlässigkeit den A in die Lage versetzt hat, sich als Eigentümer eintragen zu lassen. Der Kläger hat hier dem A erstens die Originale der Eintragungsbestätigungen überlassen, zweitens dem A Originalsiegelbescheinigungen übergeben, und drittens dem A sein registriertes Siegel anvertraut, was dieser zur Siegelung eines Antrags auf Eigentumsumschreibung auf sich nutzte. Der Kläger hat sich also gleich in mehrfacher Hinsicht eklatant sorglos verhalten. Demgegenüber kannte der Beklagte die Unrichtigkeit der Eintragung nicht und durfte nach den Umständen auf die Richtigkeit der Eintragung vertrauen (vgl. Art. 110 ZG).[13] Nach den Maßstäben des OGH[14] ist es bei Abwägung der Interessen daher angemessen, das Verhalten des Klägers einem aktiven Mitwirken an der Setzung des Rechtsscheins oder einer bewussten nachträglichen Billigung oder Duldung desselben gleichzusetzen. Daher kann sich der Kläger gegenüber dem Beklagten nicht auf die Unrichtigkeit der Eintragung berufen und hat sein Eigentum an den beiden Immobilien an den Beklagten verloren. Ein Anspruch auf Grundbuchberichtigung besteht somit nicht.

III. Rechtsvergleichende Anmerkungen aus Sicht des deutschen Rechts

9   Dass im japanischen Recht ein Bedürfnis gesehen wird, einen Erwerber, der im Vertrauen auf die Richtigkeit des Immobilienregisters ein Grundstück oder ein Gebäude erwirbt, unter bestimmten Voraussetzungen zu schützen, überrascht aus deutscher Sicht nicht. Nach deutschem Recht hätte der Beklagte im vorliegenden Fall ohne Weiteres von A als eingetragenem Nichteigentümer gem. §§ 873, 925, 892 BGB gutgläubig Eigentum an dem Grundstück erworben. Das Eigentum am Grundstück hätte sich gem. § 94 BGB auf das Gebäude als wesentlichen Bestandteil erstreckt. Nach § 892 BGB kommt es dabei nicht einmal darauf an, ob die Unrichtigkeit vom Berechtigten veranlasst worden ist und ob der Erwerber das Grundbuch eingesehen und auf dessen Unrichtigkeit vertraut hat. Erstaunlich ist aus deutscher Sicht somit eher, dass das japanische Zivilgesetz keine § 892 BGB vergleichbare Norm aufweist. Auch wenn

---

12   OGH vom 16.4.1970, Minshū 24, 4; OGH vom 24.7.1970, Minshū 24, 1116; OGH vom 22.9.1970, Minshū 24, 1424. Der letztgenannte Fall findet sich in deutscher Übersetzung von *Tamura* und mit knappen Anmerkungen von *Tamura/Marutschke*, in: Eisenhardt et al. (Hrsg.), Japanische Entscheidungen zum Bürgerlichen Recht – 1. Allgemeiner Teil und Sachenrecht (2004), S. 129 ff.

13   Während dem Dritten nach Art. 94 Abs. 2 ZG nur positive Kenntnis schadet, wendet der OGH, sofern der Rechtsschein vom Berechtigten weder willentlich gesetzt noch nachträglich gebilligt oder geduldet worden ist, Art. 110 ZG entsprechend an. Danach ist der Erwerber schon dann nicht schutzwürdig, wenn ihm hinsichtlich der Eintragung Fahrlässigkeit zur Last fällt:
Art. 110 ZG *(Anscheinsvollmacht bei Überschreitung der Befugnisse)*
Die Vorschrift des Hauptsatzes des vorangehenden Artikels [betreffend das Vorliegen einer Anscheinsvollmacht] findet entsprechende Anwendung, wenn ein Vertreter außerhalb seiner Befugnisse handelt und ein Dritter annehmen durfte, dass der Vertreter befugt war.

14   Vgl. OGH (Fn. 2), 546. In einem ähnlichen Fall hatte der OGH erst im Jahre 2003 das Verhalten des Berechtigten für nicht ausreichend sorglos gehalten, um dieses einem aktiven Veranlassen oder einer bewussten Duldung gleichzustellen: OGH vom 13.6.2003, Hanrei Jihō 1831 (2003), 99.

III. Rechtsvergleichende Anmerkungen aus Sicht des deutschen Rechts § 3

sich die angestellten Erwägungen nicht mehr vollständig rekonstruieren lassen, beruht dies nachweislich auf einer bewussten Entscheidung des japanischen Gesetzgebers. Ein Gesichtspunkt war, dass man das Registerwesen noch für unzureichend entwickelt ansah.[15]

Diese Schutzlücke mittels einer weitreichenden Analogie zu Art. 94 Abs. 2 ZG zu schließen, hat rechtspolitisch einiges für sich. Seit dem ausgehenden 19. Jahrhundert hat die Zahl von Immobiliengeschäften stark zugenommen. Das Bedürfnis, den Geschäftsverkehr gerade auch unter Fremden durch die Möglichkeit des gutgläubigen Erwerbs von Immobilien zu erleichtern, ist zweifellos stärker geworden. Auch erscheint es in Abwägung der widerstreitenden Interessen des Berechtigten und des Erwerbers, aber auch im Hinblick auf den Verkehrsschutz im Allgemeinen angemessen, jedenfalls einem nicht fahrlässig handelnden Erwerber gegenüber einem Berechtigten, der einen Rechtsschein selbst gesetzt, nachträglich gebilligt oder zumindest bewusst geduldet hat, den Vorzug zu geben. Wertungsmäßig zumindest vertretbar erscheint es, wie der OGH in seiner dem vorliegenden Fall zugrundeliegenden Entscheidung, darüber hinaus, je nach Umständen des Einzelfalls schon eklatante Fahrlässigkeit seitens des Berechtigten genügen zu lassen. Methodisch bleibt freilich unbefriedigend, dass es für diese immer weiter ausgedehnte Analogie an einer planwidrigen Lücke des Gesetzes fehlen dürfte. Denn der historische Gesetzgeber hat von einer Regelung für den gutgläubigen Erwerb von Immobilien bewusst abgesehen. Zutreffend wird die Analogie zu Art. 94 Abs. 2 ZG daher auch als Rechtsfortbildung *contra legem* bezeichnet.[16] 10

Andererseits leuchtet es ein, dass der OGH vorliegend zusätzlich Art. 110 ZG heranzieht und den Schutz des Erwerbers nicht nur dann ausschließt, wenn dieser positive Kenntnis von der Unrichtigkeit der Eintragung hat, sondern schon, wenn er die Unrichtigkeit der Eintragung fahrlässig nicht kennt. Zwar schützt das deutsche Recht den Erwerber damit verglichen noch deutlich stärker, indem es einen gutgläubigen Erwerb abweichend von § 932 BGB nur bei positiver Kenntnis des Erwerbers ausschließt und die Unkenntnis der Unrichtigkeit zudem vermutet (§ 892 BGB). Eine derart weitgehende richterliche Rechtsfortbildung im Interesse des Verkehrsschutzes würde aber von der Entscheidung des japanischen Gesetzgebers, keinen gutgläubigen Erwerb von Immobilien vorzusehen, noch weiter abweichen und wäre methodisch kaum haltbar. Der vom OGH beschrittene Weg ermöglicht den Gerichten, unter Berücksichtigung der Umstände des Einzelfalls eine angemessene Balance zwischen den Interessen des Berechtigten und des Erwerbers zu finden. 11

Damit liegt die Frage nahe, ob nicht der japanische Gesetzgeber *de lege ferenda* eine Vorschrift einführen sollte, wonach auf die Richtigkeit des Immobilienregisters allgemein vertraut werden kann. Damit wäre dem Schutzbedürfnis des Erwerbers sicherlich Rechnung getragen. Auch würden sich manche schwierigen Abgrenzungsfragen erübrigen, insbesondere unter welchen Voraussetzungen eine Eintragung als geduldet oder als eklatant fahrlässig ermöglicht anzusehen ist. Ob auf diese Weise eine umfassende, auch den Interessen des Berechtigten gerecht werdende Lösung zu erzielen wäre, erscheint indes zweifelhaft. Denn Einträge im japanischen Immobilienregister weisen bisher nicht die gleiche Verlässlichkeit auf wie Einträge im deutschen 12

---

15 Näher *Marutschke*, Übertragung dinglicher Rechte und gutgläubiger Erwerb im japanischen Immobiliarsachenrecht, S. 179 f.
16 *Yamamoto*, in: Baum/Bälz (Hrsg.), Handbuch Japanisches Handels- und Wirtschaftsrecht (2011), § 10 Rn. 85.

Grundbuch. Dies gilt weiterhin, auch wenn seit den Ereignissen des hier diskutierten Falles das 2005 in Kraft getretene neue Immobilienregistergesetz[17], mit dem eine elektronische Führung des Immobilienregisters ermöglicht wurde, insoweit Verbesserungen gebracht hat. Nach heutiger Rechtslage müsste A im vorliegenden Fall beispielsweise für eine Eintragung als Eigentümer einen Nachweis für den Erwerbsgrund vorlegen (Art. 61 des Gesetzes). Nach wie vor entfällt in Japan im Normalfall die Beteiligung von Notaren bei Immobiliengeschäften, während die Formvorschriften der §§ 313, 925 BGB in Deutschland Manipulationen zwar nicht gänzlich ausschließen, aber erheblich erschweren. Es wäre problematisch und könnte das Erschleichen von unrichtigen Eintragungen wie im vorliegenden Fall sogar befördern, wollte man das japanische Immobilienregister zum Träger des öffentlichen Glaubens machen, ohne zugleich die Verlässlichkeit der Einträge zu verbessern. Da der Rechtserwerb, wie erläutert, keine Eintragung voraussetzt und der Berechtigte grundsätzlich nicht verpflichtet ist, eine Eintragung zu beantragen, befinden sich japanische Grundbücher zudem häufig nicht auf dem aktuellen Stand.

13   Aus Sicht des deutschen Rechts hat der vorliegende Fall mit einem Scheingeschäft wenig zu tun. Trotzdem mag man angesichts der Regelung des Art. 94 Abs. 2 ZG fragen, ob nicht auch im deutschen Recht ein Bedürfnis für einen allgemeinen Schutz gutgläubiger Dritter beim Scheingeschäft besteht. Scheingeschäfte werden typischerweise geschlossen, um Dritte zu täuschen. Trotzdem thematisiert der das Scheingeschäft regelnde § 117 BGB nicht den Schutz Dritter, die auf die Gültigkeit des Geschäfts vertrauen. Die durch § 117 BGB angeordnete Nichtigkeit des Scheingeschäfts wirkt auch zugunsten und zulasten Dritter. Der historische BGB-Gesetzgeber hat bewusst auf eine allgemeine Regelung zugunsten Dritter verzichtet.[18] Demgegenüber enthält beispielsweise das österreichische Allgemeine Bürgerliche Gesetzbuch (ABGB) seit 1916 eine entsprechende Bestimmung (§ 916 Abs. 2 ABGB).[19] Auch das deutsche BGB sieht einen Drittschutz bei Scheingeschäften immerhin in speziellen Fällen vor. Insbesondere kann dem Erwerber, dem eine Forderung unter Urkundenvorlage abgetreten wird, nicht entgegengehalten werden, die Eingehung oder Anerkennung der Forderung sei nur zum Schein erfolgt (§ 405 BGB). Teilt ein Vermieter dem Mieter mit, dass er das Eigentum an dem vermieteten Wohnraum auf einen Dritten übertragen habe, muss er in Ansehung der Mietforderung dem Mieter gegenüber die mitgeteilte Übertragung gegen sich gelten lassen, auch wenn sie nur zum Schein erfolgt und daher unwirksam ist (§ 566e BGB). Das praktische Bedürfnis für eine allgemeine Regelung zum Schutz Dritter bei Scheingeschäften ist aber im deutschen Recht v.a. angesichts der Regelungen des gutgläubigen Erwerbs gering. Das BGB sieht neben dem gutgläubigen Erwerb beweglicher Sachen (§ 932) – anders als das japanische Recht – auch den gutgläubigen Erwerb des Eigentums und anderer Rechte an Grundstücken vor (§ 892 BGB). Wer nach deutschem Recht gutgläubig von jemandem erwirbt, dem die bewegliche oder unbewegliche Sache nur zum Schein übertragen worden ist, erwirbt, wenn der Veräußerer Besitzer bzw. im Grundbuch eingetragen ist, Eigentum. Entsprechend kann auch

---

17 *Fu-dōsan tōki-hō*, 不動産登記法, Gesetz Nr. 123/2004.
18 Mot. I 193 (= Mugdan I 459). Näher HKK-*Schermaier*, 1. Aufl. (2003), §§ 116-124 Rn. 41.
19 *§ 916 ABGB.*
    (1) Eine Willenserklärung, die einem anderen gegenüber mit dessen Einverständnis zum Schein abgegeben wird, ist nichtig. Soll dadurch ein anderes Geschäft verborgen werden, so ist dieses nach seiner wahren Beschaffenheit zu beurteilen.
    (2) Einem Dritten, der im Vertrauen auf die Erklärung Rechte erworben hat, kann die Einrede des Scheingeschäfts nicht entgegengehalten werden.

III. Rechtsvergleichende Anmerkungen aus Sicht des deutschen Rechts § 3

ein Scheinnießbrauch gem. § 1032 BGB und ein Scheinpfandrecht gem. § 1207 BGB erworben werden. Für die eher seltenen verbleibenden Fälle stellt sich die Frage, inwieweit Schutzlücken ungeachtet der historischen Entscheidung des Gesetzgebers, auf einen allgemeinen Drittschutz zu verzichten, im Wege der Rechtsfortbildung geschlossen werden können. Schon das Reichsgericht hat dem Gläubiger einer Briefhypothek, der dem Zessionar eine privatschriftliche Urkunde über die Abtretung der Hypothek und den Hypothekenbrief ausgehändigt hatte, nach dem Rechtsgedanken der §§ 172, 405, 409 BGB verwehrt, sich einem dritten Erwerber gegenüber darauf zu berufen, dass es sich in Wirklichkeit um ein Scheingeschäft gehandelt habe.[20] Weitergehend wird teilweise die Anwendung der allgemeinen Rechtsscheinlehre befürwortet und der Einwand des Scheingeschäfts gegenüber gutgläubigen Dritten immer dann versagt, wenn derjenige, der den Einwand erhebt, nach außen die Gültigkeit des Geschäfts kundgetan hat.[21] Andere lehnen einen über die gesetzlichen Regelungen hinausgehenden Vertrauensschutz des Dritten bei Scheingeschäften unter Verweis auf das differenzierte System des Gesetzes beim gutgläubigen Erwerb ab.[22] Die Frage nach den Grenzen zulässiger Rechtsfortbildung im Interesse des Vertrauensschutzes stellt sich damit an unterschiedlicher Stelle sowohl für das japanische als auch für das deutsche Recht.

---

20 RGZ 90, 273, 278 f.
21 MüKoBGB-*Armbrüster*, 9. Aufl. (2021), § 117 Rn. 25 ff.; StaudingerBGB-*Singer*, Neubearbeitung 2021, § 117 Rn. 23 f.
22 ErmanBGB-*Arnold*, 17. Aufl. (2023), § 117 Rn. 10.

§ 4 Fall: Straßenverkehrsunfall mit Todesfolge

Oliver Schön

Der Fall behandelt die Arbeit der japanischen Polizei und Staatsanwaltschaft bei Straßenverkehrsdelikten und erläutert Strafzumessungskriterien. Auf zivilrechtlicher Seite wird der Ablauf eines Schadensersatzverfahrens dargestellt. Zudem werden die Grundzüge der Schadensersatzberechnung erläutert.

I. Fall

▶ Am 10.10.2019 um 12:33 Uhr kommt es auf einer vierspurigen Straße in einem Vorort zu einem Verkehrsunfall mit tödlichem Ausgang. Eine Pkw-Fahrerin (A) ist mit einem Motorradfahrer (B) zusammengestoßen. Im Bereich der Unfallstelle sind die Fahrbahnen in der Mitte mit einer Betonabgrenzung getrennt. Die Höchstgeschwindigkeit beträgt 60 km/h. An der Unfallstelle selber ist diese Begrenzung durchbrochen, um ein Wenden zu ermöglichen. Zum Zusammenstoß ist es gekommen, weil die Pkw-Fahrerin beim Wenden den Motorradfahrer, der 95 km/h gefahren ist, übersehen hat. Bevor A in die Fahrbahn des B eingefahren ist, hatte sie ungehinderte Sicht.

Der Sachverständige kommt zu folgendem Ergebnis: Wenn der Motorradfahrer nur 85 km/h gefahren wäre, hätte er das Motorrad vor dem Pkw zum Stehen bringen können. Zum Zeitpunkt als der Pkw auf die Fahrbahn einfuhr, auf der das Motorrad fuhr, war das Motorrad 91 Meter von dem Ort des Zusammenstoßes entfernt. Der B hat den Bremsvorgang 70 Meter vor dem Zusammenstoß eingeleitet.

Um 18:32 Uhr des gleichen Tages verstirbt B im Krankenhaus. In Folge des Unfalls war er durchgehend bewusstlos. B war 28 Jahre alt und nicht verheiratet. Er hatte ein abgeschlossenes Studium an einer renommierten Privatuniversität und war seit zwei Jahren bei einem Automobilkonzern fest angestellt. Er hatte ein jährliches Bruttoeinkommen (einschließlich Bonus) von 6.000.000 JPY (etwa 45.000 EUR).[1] ◀

II. Behandlung des Falls in Japan

1. Allgemeine Informationen

In Japan darf man mit 18 Jahren seinen Führerschein für Pkws machen. Die Führerscheinprüfung besteht aus einem theoretischen und einem praktischen Teil. Verkehrsbezogene Strafen werden auf der Rückseite des Führerscheins eingetragen. Der Führerschein ist zeitlich auf maximal fünf Jahre befristet und kann verlängert werden. Zur Verlängerung ist die Teilnahme an einem Auffrischungskurs erforderlich. Wenn man in der Zeit seit der letzten Verlängerung nicht mit einem Verkehrsverstoß aktenkundig wurde, erhält man den sogenannten „goldenen" Führerschein. Dieser kann – sofern man keinen Straßenverkehrsverstoß begangen hat – einfacher verlängert werden und berechtigt in der Regel zu günstigeren Versicherungskonditionen.

In Japan gibt es keine Ordnungswidrigkeiten. Geringfügigere Verkehrsverstöße werden von den Verwaltungsbehörden sanktioniert. Bei gravierenderen Verstößen kann ein

---

[1] Ausgehend von einem Wechselkurs von 1 EUR = 1350 JPY.

II. Behandlung des Falls in Japan

Missverhalten im Straßenverkehr eine Straftat darstellen. So kann z.B. zu schnelles Fahren als Straftat geahndet werden.[2]

2022 gab es in Japan ca. 2.600 Verkehrsunfälle mit Todesfolge. Im letzten Jahr vor der Coronakrise lag die Zahl noch bei 3.200. Insgesamt ist in den letzten Jahren ein erheblicher Rückgang festzustellen, noch im Jahr 2012 gab es 6.090 Verkehrsunfälle mit Todesfolge. Möglicherweise liegt dies an der intensiven Öffentlichkeitsarbeit der Polizei. So werden in Tokio vor den Polizeistationen (Kōban) jeweils die Unfallzahlen des Vortags bekannt gegeben.

Im Folgenden werden erst strafrechtliche und dann zivilrechtliche Aspekte eines Verkehrsunfalls mit Todesfolge erläutert.

2. Strafrecht

Unmittelbar nach dem Verkehrsunfall wird die Polizei am Unfallort eintreffen. Verletzte werden unverzüglich ins Krankenhaus gebracht. Die Polizei wird die Beweise sichern (Dokumentation des Zusammenstoßes, Lage von Splittern, Zeichnungen, Skizzen, Fotos) und die Zeugen vernehmen. Sachverständige werden nicht vor Ort gerufen. Lediglich bei komplizierten Fragen, z.B. zum Ort des Beginns eines Bremsvorgangs, kann – zu einem späteren Zeitpunkt – ein externer Sachverständiger bestellt werden. Dabei wird es sich oft um einen Universitätsprofessor handeln. Dieser greift auf die von der Polizei gesicherten Tatsachenfeststellungen zurück. Weiter wird bei allen Beteiligten eine Blutuntersuchung angeordnet. Das Unfallopfer wird obduziert werden. Neben diesen strafrechtlichen Ermittlungen werden oft noch von den Versicherungen Sachverständige zum Unfallort geschickt. Die Versicherten sind verpflichtet einen Unfall unverzüglich zu melden und bei umfangreicheren Schadensereignissen betreiben die Versicherungen so eine eigene Tatsachensicherung.

Hinsichtlich des weiteren **Verfahrensgangs** durch die Polizei kommt es im Wesentlichen darauf an, ob der Beschuldigte in Gewahrsam genommen wird. Falls dies so ist, hat die Polizei genau 24 Stunden Zeit, um die Ermittlungsunterlagen an die Staatsanwaltschaft zu übergeben.[3] Die Staatsanwaltschaft hat dann weitere 48 Stunden Zeit, um zu entscheiden, ob der Erlass eines Untersuchungshaftbefehls beantragt werden soll.[4] Falls dies geschieht und ein Haftbefehl erlassen wird, so hat der Staatsanwalt 10 Tage Zeit bis zur Anklageerhebung. Diese Frist kann einmal um 10 Tage verlängert werden. Eine weitere Verlängerung ist möglich, aber unüblich. Für den Fall, dass kein Gewahrsam angeordnet wird, benötigt die Polizei in der Regel zwischen 5 und 12 Monaten, um die Ermittlungen abzuschließen und die Akte an die Staatsanwaltschaft zu schicken. Bis dahin gibt es in der Regel auch keinen Austausch mit der Staatsanwaltschaft.

Im vorliegenden Fall wird wahrscheinlich kein Gewahrsam angeordnet werden, da es sich um ein Fahrlässigkeitsdelikt handelt. Zwar ist die Folge des Unfalls schwer-

---

[2] Die Überschreitung der zulässigen Höchstgeschwindigkeit um mehr als 30 km/h in der Stadt und mehr als 40 km/h auf Autobahnen stellt eine Straftat dar.

[3] Der genaue Festnahmezeitpunkt wird minutengenau in den Unterlagen dokumentiert.

[4] Haftgründe sind nach § 207 jap. StPO das Fehlen eines festen Wohnsitzes, sowie Flucht- und Verdunkelungsgefahr. Die tatbestandlichen Voraussetzungen werden wesentlich weiter ausgelegt als in Deutschland. Allein die Tatsache, dass eine Straftat begangen wurde, wird als hinreichend angesehen, eine Fluchtgefahr anzunehmen. So kann der Erlass eines Haftbefehls auch bei Taten wie Fahren ohne Fahrerlaubnis beantragt werden.

Oliver Schön

wiegend, das Verschulden ist aber gering. Bei der Entscheidung, ob Gewahrsam angeordnet wird, wird berücksichtigt, ob die Beschuldigte bereits viele Straßenverkehrsverstöße begangen hat und wie die sozialen Verhältnisse sind, also ob eine Familie und eine Arbeit vorhanden sind. Weiter wird das Verhalten nach dem Unfall berücksichtigt. Wenn sich die Beschuldigte vom Unfallort entfernt hätte, so würde dies für einen Gewahrsam sprechen. Falls eine erhebliche Geschwindigkeitsüberschreitung (mehr als 10 km/h zu viel) wahrscheinlich gewesen wäre, oder die Fahrerin auch nur eine geringe Menge Alkohol getrunken hätte, wäre mit hoher Wahrscheinlichkeit Gewahrsam angeordnet worden.

Bei den Staatsanwaltschaften gibt es keine Spezialabteilungen für Verkehrsdelikte. In den größeren Staatsanwaltschaften (Tokio, Osaka) wird zwischen den Ermittlungsabteilungen und der Abteilung für die Verfahrensführung unterschieden. Der für die Ermittlung zuständige Staatsanwalt hat die Möglichkeit eine Einstellung (ggf. mit Auflagen) zu bescheiden, einen Strafbefehl zu beantragen oder Anklage zu erheben.

6 Im vorliegenden Fall kommt eine Strafbarkeit nach § 5 des am 20.5.2014 in Kraft getretenen Gesetzes über die Bestrafung von Taten mit Todes- oder Verletzungsfolge durch das Führen von Kraftfahrzeugen (**KfzBestrafungsG**) in Betracht. Es handelt sich um eine Spezialvorschrift zu der fahrlässigen Tötung, welche in § 211 Absatz 1 des japanischen Strafgesetzbuches normiert ist. Nach § 5 KfzBestrafungsG ist die fahrlässige Tötung mit Freiheitsstrafe[5] von bis zu 7 Jahren oder einer Geldstrafe von bis zu 1 Mio. JPY bestraft. Damit ist der Strafrahmen höher als bei der fahrlässigen Tötung, wo eine Strafbarkeit bis maximal 5 Jahren möglich ist.

Welche der benannten Möglichkeiten der Staatsanwalt ergreifen wird, hängt von der Straferwartung ab. Der vorliegende Fall ist an der Grenze zwischen einer Geldstrafe und einer kürzeren Freiheitsstrafe. Das Verschulden der Beschuldigten ist gering, aber die Folge des Verstoßes ist sehr schwerwiegend. Deswegen wird entweder der Erlass eines Strafbefehls beantragt oder eine Anklage erhoben werden.[6]

Anklageschriften sind in Japan sehr kurz. Es werden nur die absolut notwendigen Daten aufgenommen, die für die Konkretisierung der Tat erforderlich sind (Tatzeit, Tatort, Tathandlung). Der Richter erhält keinen Einblick in die Ermittlungsakte.[7] Dahinter steht der Gedanke, dass das Gericht nicht beeinflusst werden soll. Wenn es sich um einen einfach gelagerten Fall handelt, wird in der Regel ein Termin zur Hauptverhandlung nach ein bis zwei Monaten angeordnet. Falls dort ein Geständnis erfolgt oder alle Beweise geklärt werden, wird in der Regel ein bis zwei Wochen später ein Urteil verkündet werden. Am selben Tag werden Urteile nur ganz ausnahmsweise verkündet.

---

5 Die Unterscheidung zwischen Freiheitsstrafe mit oder ohne Arbeitspflicht soll abgeschafft werden, auch weil die Freiheitsstrafe ohne Arbeitspflicht praktisch keine Bedeutung hatte. Freiheitsstrafe ohne Arbeitspflicht wurde praktisch nur bei Straßenverkehrsdelikten, bei denen kein Alkohol im Spiel war, und bei Steuerdelikten verhängt.

6 Mit einem Strafbefehl können nur Geldstrafen bis zu 1 Mio. JPY (etwa 8.300 EUR) verhängt werden. In Japan wird bei Geldstrafen nicht nach dem Einkommen des Täters unterschieden. Eine Berechnung nach Tagessätzen gibt es nicht.

7 Um eine ausufernde mündliche Verhandlung zu verhindern, kann es bei schwierigen und aufwendigen Verfahren vor dem eigentlichen Termin zur mündlichen Verhandlung einen vorbereitenden Termin geben (*kōhanzen seiri tetsuzuki*, §§ 316–2 ff. jap. StPO) bei dem sich Gericht, Staatsanwalt und Rechtsanwalt über den zeitlichen Ablauf des Verfahrens und die einzuholenden Beweise verständigen. Dieses Verfahren ist bei Schöffengerichtsverfahren zwingend vorgeschrieben.

II. Behandlung des Falls in Japan § 4

Vorliegend könnte ein Urteil auf 1 Jahr und 3 Monate Freiheitsstrafe ohne Arbeitspflicht mit Bewährung lauten. Die Bewährungszeit würde wahrscheinlich auf 3 Jahre festgesetzt werden.[8]

In Japan gibt es seit 2008 grds. die Möglichkeit ein **Adhäsionsverfahren** durchzuführen.[9] Der Strafrichter kann nach dem Verfahren in eine Art Schlichtungsverfahren übergehen, um zivilrechtliche Ansprüche auszugleichen. Wenn diese Schlichtung nicht erfolgreich ist, so hat der Strafrichter die Möglichkeit, das Verfahren an ein Zivilgericht zu senden. Das Adhäsionsverfahren soll helfen, die Beweise aus dem Strafverfahren zur Abgeltung der zivilrechtlichen Ansprüche verwenden zu können. Es wird selten durchgeführt. Im vorliegenden Fall würde die Durchführung eines Adhäsionsverfahrens aber bereits daran scheitern, dass die Durchführung bei fahrlässigen Delikten eingeschränkt ist, weil das Strafgericht nicht über die teilweise schwierige Frage der Mitverursachung des Opfers entscheiden soll.

3. Zivilverfahren

Bei den meisten Verkehrsunfällen wird eine außergerichtliche Einigung zwischen den Parteien und den beteiligten Versicherungen erzielt. Denn vor der Erhebung einer Zivilklage ist die Durchführung eines **Schlichtungsverfahrens** üblich und wird in der Regel von den Richtern auch erwartet. Die Versicherer sind in diese Schlichtung auf beiden Seiten einbezogen und haben sich auch auf Beklagtenseite verpflichtet, die Entscheidung der Schlichtungsstelle zu akzeptieren. Zu gerichtlichen Verfahren kann es deshalb nur kommen, wenn eine involvierte Privatperson sich dem Schlichtungsspruch nicht unterordnen will. Die hohe Einigungsrate liegt vor allem auch daran, dass die Grundsätze der Schadensberechnung umfassend in den sogenannten „Roten Büchern"[10] dargelegt sind. Bei den „Roten Büchern" handelt es sich um ein jährlich von der Rechtsanwaltskammer Tokio veröffentlichtes Standardwerk, in dem u.a. typische Schadensersatzbeträge und Mitverschuldensquoten anhand von Beispielen dargestellt werden. Standardpolicen von Kfz-Versicherungen sehen teilweise eine Rechtsschutzversicherung bei Personenschäden vor.

In einem **Zivilverfahren** wird nach Eingang der Klageschrift der Termin zur mündlichen Verhandlung bestimmt. Dieser Termin wird in der Regel ein bis zwei Monate nach Eingang der Klageschrift stattfinden. Die Geschäftsstelle des Gerichts wird den Termin zumeist nur mit dem Klägervertreter abstimmen. Der Beklagtenvertreter wird über den Termin informiert. Bis zur mündlichen Verhandlung wird die Beklagtenpartei in der Regel entweder nur eine Verteidigungsanzeige oder eine Klageerwiderung einreichen. Die mündliche Verhandlung selbst ist kurz. Mehrere Fälle werden auf die gleiche Uhrzeit terminiert und wenn die Vertreter der Parteien eingetroffen sind, dauert die eigentliche Verhandlung nur wenige Minuten. In der Regel wird lediglich ein Folgetermin vereinbart. Dieser Folgetermin wird zumeist eine nicht öffentliche Besprechung sein (*kōtō benron junbi tetsusuki* - 口頭弁論の準備手続). An dieser nehmen in der Regel die Vertreter beider Parteien teil. Es ist aber auch möglich, dass sich der Richter nur mit dem Vertreter einer Partei bespricht. Während der Dauer eines Verfahrens finden solche Besprechungstermine etwa monatlich statt. Das Ziel ist die Aufklärung

---

[8] Freiheitsstrafen bis zu drei Jahren können zur Bewährung ausgesetzt werden. Die maximale Bewährungszeit beträgt fünf Jahre.
[9] S. dazu und zu weiteren Opferrechten im Verfahren den Beitrag von *Kurosawa/Kaspar*, § 20.
[10] Japanischer Name: *Tokyo San Bengoshigai Koutsuu jiko Shori Iinkai*.

des Sachverhalts und das Herbeiführen einer Einigung. Falls eine Einigung nicht möglich ist, wird ein Urteil nach etwa 6 bis 12 Monaten ergehen. Die Vergleichsquote ist hoch und liegt bei etwas unter 50 %. Die im Wege des Vergleichs vereinbarten Summen liegen in der Praxis leicht unter den Beträgen, die im Wege eines Urteils erzielt werden könnten. Ursprünglich wurden die Zinsen im Wege des Vergleichs nicht berücksichtigt. Dies hat sich in den letzten Jahren dahin gehend geändert, dass auch die Zinszahlungspflicht bei den Vergleichsverhandlungen berücksichtigt wird.

Beim vorliegenden Verkehrsunfall wird es um drei Gruppen von Schadenspositionen gehen:

a) Direkter Schadensersatz (sekkyoku songai – 積極損害)

10 Als direkter Schadensersatzanspruch wird ein Anspruch bezeichnet, der sich unmittelbar in Geld bemessen lässt. Dabei wird es sich in der Regel um die Schäden am Fahrzeug und die Behandlungskosten handeln. Zudem sind die Beerdigungskosten zu ersetzen, die allerdings in dem benannten „Roten Buch" festgelegt werden. Durch den Ansatz einer Pauschale sollen Diskussionen um die Angemessenheit der tatsächlich angefallenen Beerdigungskosten vermieden werden.

b) Indirekter Schadensersatz/entgangener Gewinn (shōkyoku songai – 消極損害)

11 Als indirekter Schadensersatzanspruch werden die Beeinträchtigungen bezeichnet, die entstehen, weil der Geschädigte seiner bisherigen Tätigkeit nicht mehr wie zuvor nachgehen kann. Für den Fall eines verletzten Geschädigten handelt es sich um den verletzungsbedingten Verdienstausfall und zukünftige Minderungen des Verdienstes. Der Darlegungs- und Beweislast kann durch firmeninterne Unterlagen nachgekommen werden. Falls keine Erwerbstätigkeit ausgeübt wird, beispielsweise bei Hausfrauen, Studenten und Kindern, werden dieser Berechnung standardisierte Einkommen zu Grunde gelegt.[11] Bei diesen Beträgen werden statistische Daten zugrunde gelegt, sodass es zu sehr unterschiedlichen Beträgen je nach Geschlecht kommt, was in Japan nicht thematisiert wird. Die genaue Berechnung ist im „Roten Buch" niedergelegt.

Wenn der Geschädigte verstirbt, so erwirbt er selbst im Zeitpunkt seines Todes einen Anspruch auf Ersatz seines **zukünftigen Einkommens.**[12] Dabei ist für einen Erwerbstätigen eine Berechnung anhand seiner konkreten Einkünfte vorzunehmen. Vorhersehbare zukünftige Entwicklungen – wie übliche Beförderungen – sind zu berücksichtigen. Standardmäßig wird von einer Erwerbstätigkeit bis zum 65. Lebensjahr ausgegangen. Von dem so ermittelten Betrag werden die Kosten für die Lebensführung abgezogen, weil diese Kosten tatsächlich nicht anfallen. Dabei werden standardisierte Sätze angesetzt, die sich anhand der konkreten Lebenssituation bestimmen – also ob der Geschädigte beispielsweise verheiratet war oder als Single lebte und ob sonstige

---

11 So wird bei Hausfrauen von einem Jahreseinkommen von ca. 3 Mio. Yen ausgegangen.
12 *Kubota*, Der Wert eines menschlichen Lebens, ZJapR10 (2000), S. 138 ff. Die japanische Rechtsprechung vertritt die Erblösung. Demnach entstehen die Ansprüche beim Versterbenden und können vererbt werden. Hintergrund ist der Gedanke, dass der Schädiger bei Tötungsfällen nicht besser stehen soll als bei Verletzungsfällen. Dies wird von der Literatur kritisiert, die mehrheitlich einen eigenen Anspruch der Angehörigen annimmt. Die Hauptkritikpunkte werden mit den Schlagworten „lachender Erbe" und „Erbe in aufsteigender Linie" zusammengefasst. Steuerlich sind Schadensersatz- und Schmerzensgeldansprüche freigestellt. Selbst für den Fall, dass das Opfer selbst zuerst Empfänger der Zahlung ist und zeitnah verstirbt, können u.U. Steuererleichterungen geltend gemacht werden. Dies bedarf des Nachweises, dass der Schadensersatz- oder Schmerzensgeldbetrag im Wesentlichen noch im Vermögen vorhanden ist.

Unterhaltspflichtige vorhanden sind. Ob im vorliegenden Fall bei dem 28 Jahre alten Opfer noch mit einer Verheiratung zu rechnen war, würde anhand seiner konkreten Lebenssituation bestimmt werden. Hinsichtlich des so ermittelten Betrages wird noch der Zinsvorteil abgezogen, da die Schadensersatzsumme sofort fällig ist und nicht über einen langjährigen Zeitraum gezahlt wird.

c) Schmerzensgeld (isharyō – 慰謝料)

Der immaterielle Schadensersatz hat in Japan eine wesentlich höhere Bedeutung als in Deutschland. Es werden regelmäßig verhältnismäßig **hohe Schmerzensgeldsummen** ausgeurteilt.[13] Bei dem Schmerzensgeldanspruch wird zwischen dem Anspruch des Geschädigten und dem Anspruch der Angehörigen unterschieden. Selbst wenn der Unfall den Tod des Geschädigten sehr schnell herbeiführt, so entsteht ein Schadensersatzanspruch in der Person des Geschädigten. Dieser Anspruch bestimmt sich anhand der familiären Position des Geschädigten. Für den Alleinverdiener ist ein höherer Schmerzensgeldanspruch üblich als für weitere Familienmitglieder.[14] Gesondert zu betrachten ist, ob die Familienangehörigen einen eigenen Schadensersatzanspruch („Schockschaden") geltend machen können.

12

d) Mitverschuldensquote (kashitsu sousai – 過失 相殺)

Bei der Schadensersatzberechnung ist das Mitverschulden der beiden Parteien ins Verhältnis zu setzen und eine Mitverschuldensquote zu berücksichtigen. In der Praxis erfolgt dies unter Berücksichtigung von Fallbeispielen aus dem „Roten Buch".

13

Im vorliegenden Fall liegt bei der Schädigerin ein relativ geringer Fahrlässigkeitsverstoß vor. Sie hat es versäumt, den weiteren Bereich der Straße einzusehen. Im Vergleich dazu wiegt der Pflichtverstoß des verstorbenen Geschädigten schwerer. Er hat die erlaubte Geschwindigkeit um mehr als 50 % überschritten. Deshalb ist von einem überwiegenden Mitverschulden des Geschädigten auszugehen. Das Mitverschulden dürfte bei 60 % bis 70 % liegen. Erfahrungsgemäß gibt es bei der Bestimmung der genauen Mitverschuldensquote Unterschiede bei den erkennenden Gerichten.[15]

e) Rechtsanwaltskosten und Zinsen

Nachdem der konkrete Schadensersatzanspruch nach den oben genannten Kriterien ermittelt wurde, wird ein Aufschlag von 10 % für Rechtsanwaltskosten vorgenommen. Dies ist erforderlich, weil es im japanischen Recht **keinen Erstattungsanspruch** für die Rechtsanwaltskosten gibt.

14

Der so ermittelte Gesamtbetrag ist mit 3 % jährlich ab dem Zeitpunkt des Unfalls zu verzinsen.

---

13 *Gruber*, Die Ergänzungsfunktion des isharyō (Schmerzensgeldes) im japanischen Zivilrecht, ZJapR/J.Japan.L 9 (2000), S. 87.
14 Ein Alleinverdiener in einer Familie mit Kindern soll nach der Tabelle 28 Mio. Yen bekommen, wenn keine Kinder vorhanden sind, dann 25 Mio. Yen. Für einen Alleinstehenden ist 20 Mio. Yen der Regelbetrag.
15 Bei Verkehrsunfällen wird den straßenverkehrsrechtlichen Regelungen keine zivilrechtliche Wirkung in Form von Anscheinssituationen zugebilligt. Die Beweislast richtet sich nach den allgemeinen Regelungen. Für Personenschäden gibt es eine Gefährdungshaftung aus dem Kfz-Pflichtversicherungsgesetz, so dass sich der Halter entlasten muss. Für Sachschäden greift die Verschuldenshaftung aus unerlaubter Haftung. Bei Unaufklärbarkeit gilt keine Haftungsquote von 50% zu 50 %, sondern nach Beweislast 100 % zu 0 %.

Für den konkreten Fall ergeben diese Grundsätze folgende Beispielsberechnung:

Direkter Schadensersatz:

Vorliegend soll davon ausgegangen werden, dass alle medizinischen Kosten und die Schäden am Motorrad von der Versicherung bezahlt werden. Die Kosten der Beerdigung werden mit 1.200.000 JPY angesetzt.

Beerdigungskosten: 1.200.000 JPY

Indirekter Schadensersatz/entgangener Gewinn:

Das jährliche Einkommen betrug zuletzt 5.000.000 JPY. Für den 28-jährigen Geschädigten waren bis zum Pensionierungsalter mit 65 noch 37 berufstätige Jahre und eine sich anschließende Rentenzeit anzusetzen. Unter Berücksichtigung dieser Daten ergibt sich ein grundsätzlich anzusetzendes Einkommen von 300.000.000 JPY (etwa 2,2 Mio. EUR). Dieser Betrag ist für die ersparten Lebensführungskosten um 50 % zu mindern. Bei dieser Quote handelt es sich um die standardisierte Quote für einen Alleinverdiener. Weiter ist eine Abzinsung vorzunehmen, weil die Schadensersatzzahlung im Voraus zu erbringen ist.

Lebenseinkommen:	300.000.000 JPY
Abzug Lebenshaltungskosten – 50 %:	150.000.000 JPY
Abzinsung nach Leibniz:	40.000.000 JPY
Betrag:	146.000.000 JPY

Schmerzensgeld:

Alleinverdiener: 20.000.000 JPY

Materieller und Immaterieller Schadensersatz insgesamt:

166.000.000 JPY

Mitverschulden:

Bei einer angenommenen Mitverschuldensquote von 60 % ist dieser Anspruch um 60 % zu reduzieren.

40 % von 166.000.000 JPY: 66.400.000 JPY

Rechtsanwaltskosten und Zinsen:

Der Betrag ist ab dem Unfall am 10.10.2019 zu verzinsen. Zudem ist der so ermittelte Betrag um 10 % für Rechtsanwaltskosten zu erhöhen.

Ergebnis:

Insgesamt besteht gegen die Beklagte ein Anspruch auf Zahlung von 66.400.000 JPY (nach derzeitigem Wechselkurs: etwa 491.000 EUR) zzgl. Zinsen hieraus in Höhe von 3 % seit dem 10.10.2019. Weiter sind 46.640.000 JPY als pauschalierter Schadensersatz für die Rechtsverfolgungskosten zu bezahlen.

III. Behandlung des Falls in Deutschland[16]

Bei einem tödlichen Verkehrsunfall verständigt die Polizei die Staatsanwaltschaft, die ein Sachverständigengutachten über den Unfallhergang in Auftrag gibt. Das Blut des Täters wird auf Alkohol und Drogen untersucht. Standardmäßig wird eine Obduktion durchgeführt. Eine Festnahme oder gar die Anordnung einer Untersuchungshaft kommen vorliegend nicht in Betracht.

Das Verhalten der Pkw-Fahrerin wäre in Deutschland nach § 222 StGB (**fahrlässige Tötung**) strafbar. A hätte die Fahrbahn, in die sie mit ihrem Wendemanöver einfahren wollte, genau beobachten müssen. Dabei wäre ihr der sich sehr schnell nähernde Motorradfahrer aufgefallen. Sie hat deshalb ihre Pflichten aus §§ 1 Abs. 2, 9 Abs. 5 StVO verletzt. Der Strafrahmen des § 222 StGB sieht Geldstrafe oder Freiheitsstrafe von bis zu 5 Jahren vor. Da vorliegend ein eher geringfügiger Pflichtenverstoß zu dem Tod des anderen Verkehrsteilnehmers geführt hat, würde das konkrete Strafmaß an der Grenze zwischen einer Geldstrafe in einer Größenordnung von 60 bis 150 Tagessätzen zu einer kurzen Freiheitsstrafe von 3 Monaten bis 6 Monaten liegen. Die Freiheitsstrafe würde zur Bewährung ausgesetzt werden. Insgesamt dürfte die Strafe geringer ausfallen als in Japan. Höchstwahrscheinlich würde das Verfahren durch den Erlass eines Strafbefehls beendet werden.

In **zivilrechtlicher Hinsicht** wären Ansprüche des Motorradfahrers und der Angehörigen zu prüfen. Da auch in Deutschland für Kraftfahrzeuge eine Versicherungspflicht besteht, sind Versicherungen immer bei der Abwicklung von Verkehrsunfällen beteiligt. Grundsätzlich wird zwischen materiellen Schadensersatzansprüchen und dem Ersatz des immateriellen Schadens unterschieden. Nach § 249 Abs. 1 BGB ist der Geschädigte so zu stellen, als ob das schädigende Ereignis nicht eingetreten wäre. Immaterieller Schadensersatz (Schmerzensgeld) wird nach Maßgabe des § 253 BGB beurteilt.

Hinsichtlich der Höhe des zu zahlenden Schadensersatzes ergeben sich deutliche Unterschiede zu der Berechnung in Japan. Der verstorbene Motorradfahrer selbst hat einen Anspruch, so gestellt zu werden, wie er ohne den Unfall in materieller Hinsicht gestanden hätte. Einen Anspruch auf den Ersatz seines Lebenseinkommens hat er nicht. Im Ergebnis würde der Schadensersatzanspruch sich deshalb auf die Kosten der ärztlichen Behandlung, die Beerdigungskosten, das beschädigte Motorrad und die Kleidung des Verstorbenen beschränken. Da er relativ kurz nach dem Unfall verstorben ist, dürfte er allenfalls einen relativ geringen Schmerzensgeldanspruch haben. Insgesamt würde der Anspruch des Geschädigten kaum einen Betrag von 10.000 EUR erreichen. Zudem wäre – genau wie in Japan – auch dieser Betrag um eine Mitverschuldensquote zu kürzen.

Unabhängig von dem Anspruch des Geschädigten könnten Angehörige einen Anspruch auf **Unterhaltszahlung** geltend machen, wenn sie einen Anspruch gegen den Getöteten gehabt hätten. Dies würde vorliegend wahrscheinlich an der Bedürftigkeit der Eltern des Verstorbenen scheitern. Unter bestimmten Umständen könnten die Eltern des Verstorbenen einen Schockschaden als immateriellen Schadensersatz geltend machen. Diese Ansprüche dürften aber insgesamt kaum mehr als 5.000 EUR betragen. Auch diesbezüglich wäre die Mitverschuldensquote zu berücksichtigen.

---

16 In Deutschland gab es 2014 etwa 2,4 Mio. Verkehrsunfälle. Davon endeten 3.377 tödlich. In München gab es 2014 29 tödliche Verkehrsunfälle.

Oliver Schön

20   Im Ergebnis würde die Schädigerin eine geringe Strafe bekommen und kaum mehr als 5.000 EUR Schadensersatz und Schmerzensgeld bezahlen müssen. Dies stellt einen deutlichen Unterschied zu der Rechtslage in Japan dar. Auch in Deutschland würden die Schadensersatz- und Schmerzensgeldansprüche deutlich höher ausfallen, wenn der B nicht getötet, sondern nur verletzt worden wäre. Dann müsste A – unter Berücksichtigung der Mitverschuldensquote – für den gesamten tatsächlich anfallenden Mehrbedarf des B aufkommen.

IV. Wertende Betrachtung

21   Bei diesem Verkehrsunfall, bei dem ein geringfügiger Pflichtenverstoß zum Tod eines anderen Verkehrsteilnehmers, der selbst einen wesentlichen und erheblicheren Pflichtenverstoß begangen hat, geführt hat, zeigen sich deutliche Wertungsunterschiede zwischen dem japanischen und dem deutschen Recht. In Japan ist die zu erwartende Strafe höher als in Deutschland. Allerdings besteht Übereinstimmung dahin gehend, dass der eher geringfügige Pflichtenverstoß nicht zu einer Vollzugsfreiheitsstrafe führen soll.

Die zivilrechtlichen Ansprüche weisen erhebliche Unterschiede auf. Einem Zahlungsanspruch von über 500.000 EUR in Japan steht ein Anspruch von unter 5.000 EUR nach deutschem Recht gegenüber.

Da der Verstorbene keine Angehörigen hatte, die einen Unterhaltsanspruch geltend machen werden, hat der Unfall für die Schädigerin nach deutschem Recht nur sehr geringfügige finanzielle Konsequenzen. Dies führt zu dem überraschenden Ergebnis, dass es für einen Schädiger finanziell wesentlich günstiger ist, wenn das Opfer sofort am Unfallort verstirbt, als wenn es durch den Unfall verletzt wird. Denn dann müssten auch nach deutschem Recht die Einnahmeinbußen in unbegrenzter Höhe (entsprechend der Quote des Mitverschuldens) ersetzt werden. In Japan hingegen stehen den Erben des Geschädigten erhebliche finanzielle Ansprüche gegen den Schädiger auch dann zu, wenn der Geschädigte durch den Unfall sofort stirbt.

22   Diese **unterschiedlichen Ergebnisse** liegen zum einen darin begründet, dass in japanischen Familienbeziehungen der Versorgungsgedanke immer noch eine wichtigere Rolle spielt als in Deutschland. Zudem besteht in Japan das allgemeine Verständnis, dass die Wiedergutmachung eines Schadens nicht nur auf den reinen Ersatz des Vermögensschadens beschränkt ist. Vielmehr soll eine umfassende Kompensation der Schädigung erfolgen, die auch emotionale Aspekte berücksichtigt. Auch diese emotionalen Schäden sollen wiedergutgemacht werden, indem der Schädiger finanziell zur Verantwortung gezogen wird.

Dies entspricht im Ergebnis dem prägenden Gedanken des japanischen Zivilrechts, wonach die Lösung eines Falles im Ergebnis dem **Billigkeitsgefühl** der japanischen Bevölkerung entsprechen soll.

§ 5 Vorvertragliche Aufklärungspflichtverletzungen

Christian Förster

I. Fall

▶ Bei der Beklagten handelte es sich um eine Kreditgenossenschaft, die gemäß dem Small and Medium-Sized Enterprise Cooperatives Act gegründet worden war.[1] 1994 stellte die zuständige Aufsichtsbehörde[2] fest, dass die Kapitalausstattung der Beklagten im Vergleich zu den von ihr aufgenommenen Krediten sehr gering war. Der Beklagten gelang es in der Folgezeit aber nicht, an ihren desolaten finanziellen Verhältnissen etwas zu ändern. Obwohl sie zum Jahreswechsel 1998/1999 zahlungsunfähig geworden war, bemühte sich einer ihrer Mitarbeiter um ein Investment der Kläger, ohne sie freilich über die desaströsen Finanzverhältnisse der Beklagten zu informieren. Im März 1999 erwarben beide Kläger daraufhin tatsächlich Anteile in Höhe von jeweils etwa 40.000 EUR. Bereits Ende 2000 jedoch wurde die Beklagte aufgrund ihrer Insolvenz staatlicher Vermögensverwaltung unterworfen, mit der Folge, dass die Kläger ihre Einlagen nicht mehr erstattet bekommen konnten. Sie machten deshalb gegen die Beklagte Schadensersatzansprüche wegen Nichterfüllung ihres Investmentvertrags geltend. ◀

II. Einleitung

1. Prinzip von Treu und Glauben

Ausgangspunkt für Überlegungen zur Figur des „**Verschuldens bei Vertragsschluss**", genauer vielleicht bei „Vertragsanbahnung" (*culpa in contrahendo*, kurz: c.i.c.), in Japan war vorrangig die Situation, dass zwei Parteien Vertragsverhandlungen beginnen, der Vertragsgegenstand aber noch vor Vertragsabschluss untergeht, so dass ein Fall anfänglicher Unmöglichkeit vorliegt und der Vertrag im Ergebnis nicht zustande kommt. Ist dafür allerdings eine Partei verantwortlich, muss sie für den (Vertrauens-)Schaden einstehen, welcher der anderen Partei dadurch entstanden ist, dass sie irrtümlich davon ausgegangen ist, der Vertrag werde wirksam, weshalb sie nunmehr nutzlose Aufwendungen vorgenommen hat[3] – dies ist Inhalt der Lehre vom „Verschulden bei

---

1 OGH vom 22.4.2011, Minshu 65, 3. Hinsichtlich der Fallgestaltung (mangels Aufklärung unvorteilhafter Erwerb von Unternehmensanteilen), vgl. BGH NJW 1980, S. 2408; 2001, S. 2163.
2 Da mit dem genannten SME-Gesetz kleinere Unternehmen und das wirtschaftliche Engagement ihrer Mitarbeiter gezielt gefördert werden sollen, vgl. Art. 1, wird gleichzeitig deren besondere Schutzbedürftigkeit und -würdigkeit vorausgesetzt. Eine Kreditgenossenschaft bedarf daher für den Beginn ihrer Geschäftstätigkeit einer verwaltungsrechtlichen Genehmigung, vgl. Art. 9–6–2 Abs. 1. Sollte sich etwa der Vermögensbestand der Genossenschaft erheblich verschlechtern, kann die Aufsichtsbehörde die Genehmigung auch widerrufen, vgl. Art. 106–2 Abs. 4.
3 *Wagatsuma/Ariizumi/Kawai*, Minpô II [Bürgerliches Recht], Saikenhô [Schuldrecht], 1954 (Neuausgabe 2003, 2. Aufl. (2006), S. 218 f. Dies erklärt auch die frühere Einordnung der c.i.c. als Ergänzung der Gewährleistungshaftung für Sachmängel im Sinne einer Vertrauenshaftung, s. *Tsuburaya*, Recht in Japan 10 (1996), S. 39, 41 f. Hier zeigt sich zudem der unmittelbare Einfluss der rezipierten Lehre *Jherings*, der die *culpa* bzw. den allgemeinen Kern der von ihm aus den römischen Quellen entwickelten c.i.c. darin sah, „daß der Verkäufer contrahirt, ohne die Erfordernisse der Gültigkeit des Vertrages in seiner Person prästiren zu können, und durch den falschen Schein des Contracts den anderen Teil in die Irre führt.", Jherings Jahrbücher 4 (1861), S. 41. Kasuistisch unterschied er dabei zwischen der „Unfähigkeit des Subjects", der „Unfähigkeit des Objects" und der „Unzuverlässigkeit des contractlichen Willens", s. im Einzelnen dort S. 56 ff. Gesetzlicher Anklang findet sich in den §§ 122, 179 BGB bzw. § 307 BGB a.F., bei denen es sich sämtlich um Fälle der Vertrauenshaftung handelt, vgl. MüKoBGB-*Emmerich*, 9. Aufl. (2022), § 311 Rn. 42; eingehend *Pohlmann*, Die Haftung wegen Verletzung von Aufklärungspflichten, S. 37 ff.

Vertragsschluss" (*keiyaku teiketsu-jō no kashitsu [sekinin]*⁴). Tragender Grund für diese Entschädigungspflicht ist, dass jeder, der mit einem anderen ernstzunehmende Vertragsverhandlungen beginnt, dafür Sorge tragen muss, dass der anderen Seite kein Schaden zugefügt wird, weil der Vertrag letztlich ihretwegen scheitert. Nichts anderes verlangt nämlich das Prinzip von Treu und Glauben (*shingi [seijitsu] no gensoku*⁵) als zentraler Grundsatz des Schuldrechts.⁶

2. Konzept und Funktion der c.i.c.

3 Aus dem deutschen Allgemeinen Schuldrecht nicht mehr wegzudenken ist die c.i.c., die – wenn auch recht spät und letzten Endes in „japanisierter Form" – Eingang in die dortige Rechtsordnung gefunden hat. Zum besseren Verständnis der japanischen Rechtslage muss man sich daher zunächst Konzept und Funktion der c.i.c. im deutschen Recht vor Augen führen: In Deutschland ergibt sich der Regelungsgehalt der c.i.c. seit der Schuldrechtsmodernisierung 2001 aus § 311 Abs. 2 i.V.m. § 241 Abs. 2 BGB: Ein Schuldverhältnis, das je nach seinem Inhalt jede Partei zur Rücksicht auf die Rechte, Rechtsgüter und Interessen der anderen Partei verpflichten kann, entsteht bereits durch die Anbahnung eines Vertrags, bei welcher die eine Partei im Hinblick auf eine etwaige rechtsgeschäftliche Beziehung der anderen Partei die Einwirkung auf ihre Rechte, Rechtsgüter und Interessen ermöglicht. Anders ausgedrückt bringt eine Partei der anderen Partei Vertrauen entgegen, welches diese in Anspruch nimmt.⁷ Innerhalb der zahlreichen Fallgruppen der c.i.c. von besonderer Bedeutung sind Pflichten zur Aufklärung und Information, die sich in ihrem konkreten Ausmaß abhängig vom jeweiligen Einzelfall ergeben können.⁸ Eine etwaige Haftung aus c.i.c. gründet allgemein auf einem enttäuschten Vertrauen, hier speziell auf der Verletzung einer Aufklärungs- und Informationspflicht.

4 Im Interesse eines besseren Schutzes des Geschädigten dient die c.i.c. dazu, **Haftungslücken im Deliktsrecht** zu schließen, indem bereits vor dem eigentlichen Vertragsschluss der Anwendungsbereich des vertraglichen Haftungsrechts eröffnet wird. Konkret betrifft dies zum einen die strengere Haftung für Erfüllungsgehilfen gem. § 278 BGB, bei der eine Exkulpation wie im Falle der Haftung für Verrichtungsgehilfen gem. § 831 Abs. 1 S. 2 BGB nicht möglich ist. Des Weiteren steht der Vertragsgläubiger (Geschädigter) hinsichtlich der Beweislast besser, da bei einem etwaigen Schadensersatzanspruch gem. §§ 282, 241 Abs. 2, 280 Abs. 1 und 3 BGB sich der Schuldner (Schädiger) nach § 280 Abs. 1 S. 2 BGB entlasten muss, wohingegen bei einem vergleichbaren deliktsrechtlichen Anspruch etwa aus § 823 Abs. 1 BGB den Geschädigten die volle Beweislast trifft.⁹ Verjährungsrechtliche Unterschiede bestehen zwischen vertrags- und deliktsrechtlicher Schadensersatzhaftung freilich nicht mehr, es gilt generell eine dreijährige Frist ab Anspruchsentstehung einschließlich Kenntnis bzw. grob fahrlässiger Unkenntnis der wesentlichen Umstände (§§ 195, 199 Abs. 1 BGB).

---

4 Eine praktisch wortgleiche Übersetzung der deutschen Terminologie: [Haftung bzw. Verantwortung] für Fehler, Irrtum bzw. Versehen bei Vertragsabschluss.
5 Auch dies entspricht der deutschen Terminologie: Prinzip der Treue [und Aufrichtigkeit].
6 *Wagatsuma/Ariizumi/Kawai* (Fn. 3), S. 219.
7 Vgl. *Emmerich* (Fn. 3); aus der Rechtsprechung s. hier nur BGH NJW 1976, S. 712; zur historischen Entwicklung und der Integration der c.i.c. in das BGB s. die Begründung zum Gesetzesentwurf der Schuldrechtsmodernisierung BT-Dr. 14/6040, S. 161 ff.; Kritisch gegenüber dem Vertrauensschutz als Haftungsgrundlage hingegen *Pohlmann* (Fn. 3), S. 54 ff.
8 *Emmerich* (Fn. 3), § 311 Rn. 41: „weit überragende Bedeutung", im Einzelnen s. dort Rn. 66 ff.
9 Vgl. BGH NJW 1976, S. 712.

III. Gesetzliche Haftungsregeln

Trotz der oben skizzierten schuldrechtlichen Verankerung der c.i.c. wird diese Figur in Japan heute zumeist gerade nicht der vertraglichen, sondern der deliktischen Haftung zugeordnet.[10] Diese Eigenheit lässt sich nur vor dem Hintergrund der gesetzlichen Regelung dieser beiden gesetzlichen Haftungssysteme verstehen.

1. Vertragliche Haftung (§§ 412 ff. ZG)

Die – knappe – gesetzliche Regelung des japanischen Leistungsstörungsrechts der §§ 412 ff. ZG setzt sich zusammen aus Elementen des französischen, deutschen sowie englischen Rechts. Zentrale Vorschrift ist § 415 S. 1 ZG: Leistet der Schuldner nicht dem wesentlichen Inhalt der Schuld entsprechend, so kann der Gläubiger Schadensersatz verlangen. Nach französischem Vorbild (vgl. § 1142 Code Civil) handelt es sich dabei zwar auf den ersten Blick allein um eine allgemeine Regelung der Nichterfüllung. Aufgrund deutschen Einflusses erfolgt auf ihrer Grundlage jedoch eine dogmatische Aufspaltung in Verzug (§ 412 ZG), Unmöglichkeit (§ 412-2 ZG) und positive Forderungsverletzung bzw. Schlechterfüllung. Anerkannt wird zudem die Sorgfaltspflichtverletzung, die allerdings nicht unmittelbar mit der Nebenpflichtverletzung korrespondiert.[11] Das grundsätzlich notwendige Vertretenmüssen des Schuldners ist gesetzlich nicht definiert, regelmäßig erfasst werden Vorsatz und Fahrlässigkeit.

Beim Umfang des Schadensersatzes differenziert das Gesetz ausdrücklich: So beinhaltet der Anspruch auf Schadenersatz ohne Weiteres den Ersatz desjenigen Schadens, der unter *gewöhnlichen* Umständen durch die Nichterfüllung der Schuld eintritt (§ 416 Abs. 1 ZG). Ersatz des durch *besondere* Umstände eingetretenen Schadens kann der Gläubiger indessen nur verlangen, wenn der andere Teil diese Umstände voraussah oder voraussehen konnte (§ 416 Abs. 2 ZG). Diese Unterscheidung ähnelt der Differenzierung in der berühmten Entscheidung *Hadley vs. Baxendale* zum Umfang des Schadensersatzes im Common Law, nach der ein über den „gewöhnlichen Lauf der Dinge" hinausgehender Schadensersatz nur verlangt werden kann, wenn dem Schädiger die dafür maßgeblichen Umstände in irgendeiner Form mitgeteilt worden sind.[12] Üblicherweise ist Schadensersatz in Geld zu leisten (§ 417 ZG). Vertragliche (Ersatz-)Ansprüche verjähren zehn Jahre nach ihrem Entstehen bzw. bereits nach fünf Jahren, wenn der Gläubiger von ihnen wusste (§ 166 Abs. 1 ZG).

2. Deliktische Haftung (§§ 709 ff. ZG)

Das japanische Deliktsrecht der §§ 709 ff. ZG ist eines der wenigen Gebiete des Bürgerlichen Rechts, das unverändert stark von den französischen Ursprüngen der Kodifikationsarbeiten unter *Boissonade* geprägt ist.[13] So existiert anstelle einer den drei deutschen „kleinen Generalklauseln" (§§ 823 Abs. 1 und 2, 826 BGB) ähnelnden

---

10 *Yamamoto*, in: Baum/Bälz (Hrsg.), Handbuch Japanisches Handels- und Wirtschaftsrecht (2011), S. 461 ff, Rn. 33; *Marutschke*, Einführung in das japanische Recht, 2. Aufl. (2010), S. 148. Und dies obwohl sie *Jhering* als „Urvater der japanischen c.i.c." dezidiert dem Vertragsrecht zugeordnet hatte, Jherings Jahrbücher 4 (1861), S. 53; Zur vergleichbaren Diskussion in Deutschland s. *Pohlmann* (Fn. 3), S. 36 m.w.N.
11 Vgl. *Tsuburaya*, Recht in Japan 10 (1996), S. 39, 44 f.
12 Court of Exchequer vom 23.2.1854, [1843–60] All E.R. Rep. 461. Zur vermeintlich deutschen Herkunft von § 416 ZG und damit verbundenen Schwierigkeiten bei seiner Anwendung s. *Oda*, Japanese Law, 3. Aufl. (2009), S. 142 und S. 188 f.
13 S. dazu auch § 1 Rn. 7.

Regelung eine einzige Generalklausel nach Muster von Art. 1382 Code Civil: Wer vorsätzlich oder fahrlässig Rechte bzw. rechtlich geschützte Interessen eines anderen verletzt, ist zum Ersatz des daraus entstandenen Schadens verpflichtet (§ 709 ZG).[14] Eine spezifische Rechtsgutsverletzung ist damit nicht notwendig, sondern es werden unmittelbar auch reine Vermögensschäden ersetzt. Objektiv ist Kausalität zwischen Handlung und Schaden notwendig, subjektiv werden Vorsatz und Fahrlässigkeit erfasst. Letztere kommt einem wiederum objektiv zu ermittelndem Sorgfaltsverstoß gleich, der ausgeschlossen ist, wenn der Schädiger sich ausreichend bemüht, nachteilhafte Folgen zu vermeiden.[15] Die große Weite der Norm wird im Ergebnis allerdings durch das (originär deutsche) Erfordernis der Rechtswidrigkeit abgemildert, die im jeweiligen Einzelfall durch eine Abwägung des verletzten Interesses und der schädigenden Handlung zu bestimmen ist. In der Konsequenz ergeben sich für den Geschädigten unterschiedliche sog. „Duldungsgrenzen" je nach Bedeutung der konkret beeinträchtigten Rechtsposition.[16]

9   Immaterielle Schäden werden gleichfalls in größerem Umfang kompensiert als im deutschen Recht: Wer im Falle einer Verletzung des Körpers, der Freiheit, der Ehre oder der Schädigung eines Vermögensrechts eines anderen nach der Bestimmung des § 709 ZG schadensersatzpflichtig ist, hat auch anderen Schaden als Vermögensschaden zu ersetzen (§ 710 ZG). Durch den Einbezug bloßer Vermögenspositionen in den Kanon derjenigen Rechte, die einen Anspruch auf Schmerzensgeld auslösen können, wird der Haftungsrahmen gegenüber § 253 Abs. 2 BGB erheblich weiter gesteckt.[17] Hinzu kommt, dass über § 710 ZG regelmäßig auch psychische Schäden ersetzt werden, die im Alltag eine große Rolle spielen.[18] Der Umfang etwaigen Schadensersatzes bestimmt sich wie in Deutschland für gewöhnlich nach der Differenzhypothese im Wege eines Vergleichs der Situation nach und ohne Eintritt des schädigenden Ereignisses. Mangels spezifisch deliktsrechtlicher Regelung wird teilweise auf § 416 ZG zurückgegriffen, was allerdings seine eigenen Probleme mit sich bringt.[19] Technisch erfolgt die Entschädigung regelmäßig durch Geldzahlung (§ 722 Abs. 1 i.V.m. § 417 ZG); andere Formen, insbesondere Maßnahmen zur Wiederherstellung der Ehre (vgl. § 723 ZG), sind denkbar. Im Vergleich zu vertraglichen Ansprüchen unterliegen solche aus unerlaubter Handlung einer deutlich kürzeren Verjährungsfrist von drei Jahren ab dem Zeitpunkt, an dem der Geschädigte von dem Schaden und dem Schädiger erfahren hat (§ 724 S. 1 ZG).

3. Zwischenergebnis: Geringeres praktisches Bedürfnis für die c.i.c. in Japan

10   Aus dem Vorstehenden wird deutlich, dass die praktische Bedeutung der c.i.c. im Sinne einer eigenständigen vertraglichen Haftungsgrundlage in Japan geringer ist als in Deutschland,[20] was vor allem an dem ungleich größeren deliktischen Haftungsumfang liegt, stellt man §§ 709, 710 ZG den §§ 823 Abs. 1 und 2, 826, 253 Abs. 2 BGB

---

14 Zur Entwicklung von § 709 ZG s. *Nottage*, in: Baum/Bälz (Hrsg.), Handbuch Japanisches Handels- und Wirtschaftsrecht (2011), S. 533 ff., Rn. 7 ff.
15 Vgl. *Oda* (Fn. 12), S. 182 f.
16 *Marutschke* (Fn. 10), S. 167 f.
17 Vgl. *Marutschke* (Fn. 10), S. 169.
18 Eingehend *Nottage* (Fn. 14), Rn. 22 ff.
19 *Marutschke* (Fn. 10), S. 170 f.; *Nottage* (Fn. 14), Rn. 19.
20 So explizit auch *Yamamoto* (Fn. 10), Rn. 33; im Ergebnis ebenso *Oda* (Fn. 12), S. 154; *Tsuburaya*, Recht in Japan 10 (1996), S. 39, 47 f.

gegenüber. Auf der Detailebene jedoch bietet sich kein solch eindeutiges Bild: Die Beweislast für anspruchsbegründende Umstände liegt sowohl bei § 415 ZG wie bei § 709 ZG beim Gläubiger bzw. Geschädigten, die Anwendung des Vertragsrechts bietet insofern keinen Vorteil.[21] Die Haftung für Erfüllungs- bzw. Verrichtungsgehilfen ähnelt hingegen stark der deutschen Rechtslage, da § 715 Abs. 1 ZG in gleicher Weise wie § 831 Abs. 1 S. 2 BGB die Exkulpation gestattet und § 278 BGB zwar keine gesetzliche Entsprechung hat, man aber zumindest nach herrschender Ansicht in Literatur und Rechtsprechung zur selben Haftung gelangt, wie hierzulande.[22] Insofern steht der Vertragsgläubiger daher auch in Japan besser da. Gleiches gilt schließlich für die Verjährungsbestimmungen, die, abweichend von der heutigen deutschen Rechtslage,[23] bei vertraglichen Ansprüchen immer noch großzügiger sind als bei deliktischen (§ 166 Abs. 1 contra § 724 Abs. 1 ZG).

Es bleibt somit an dieser Stelle festzuhalten, dass kein „zwingendes" Bedürfnis besteht, die c.i.c. im japanischen Recht als Eingangstor zur Vertragshaftung einzusetzen, dass eine dogmatische Einordnung beim Vertragsrecht einerseits oder andererseits beim Deliktsrecht gleichwohl nicht folgenlos bliebe.

IV. Vorvertragliche Aufklärungspflichtverletzung

Als Prämisse vorauszuschicken ist, dass weder in Deutschland noch in Japan eine generelle Pflicht besteht, seinen potenziellen Vertragspartner ungefragt über jegliche mit einem Vertragsschluss gegebenenfalls verbundenen Risiken aufzuklären, sondern dass es dazu je nach Einzelfall besonderer Umstände bedarf, die nach **Treu und Glauben** eine Aufklärung erwarten lassen.[24] Als Aufklärungspflichtverletzung wird hier nur das Unterlassen einer derart notwendigen Information verstanden, nicht hingegen eine bewusste Falschinformation des Gegenübers durch positives Tun.[25] Ein „Anlügen" in diesem Sinne erfüllt nämlich regelmäßig ohne Weiteres den Tatbestand einer arglistigen Täuschung und gestattet im Falle eines gleichwohl geschlossenen Vertrags die Anfechtung der eigenen Willenserklärung (§ 123 BGB bzw. § 96 ZG).[26]

11

1. Fallgruppen

a) Verzögerter Abbruch der Vertragsverhandlungen

Die erste Fallgruppe, bei der es letztlich nicht zum gewünschten Vertragsabschluss kommt, wird häufig mit „Abbruch der Vertragsverhandlungen" überschrieben und

12

---

21 Zur spezifisch deliktsrechtlichen Problematik, die Kausalität zwischen dem Schaden und der vermutlichen Schädigungshandlung nachzuweisen, vgl. *Oda* (Fn. 12), S. 186 f.
22 *Tsuburaya*, Recht in Japan 10 (1996), S. 39, 48, Fn. 24. Laut *Nottage* (Fn. 14), Rn. 15, könne man freilich bei § 715 ZG wegen der ausgesprochen strengen Handhabung des Exkulpationsbeweises im Ergebnis durchaus von einer verschuldensunabhängigen Haftung des Geschäftsherrn ausgehen; tendenziell in diese Richtung auch *Oda* (Fn. 12), S. 194 f. Es bestünde dann mit anderen Worten doch keine Entlastungsmöglichkeit mehr.
23 In BGH NJW 1976, S. 712, wurde noch auf die vor der Schuldrechtsmodernisierung ebenfalls längere vertragliche Verjährungsfrist abgehoben (§ 195 im Vergleich zu § 852 BGB a.F.).
24 BGH NJW 1991, S. 1819; 1993, S. 2107; *Emmerich* (Fn. 3), § 311 Rn. 66; *Yamamoto* (Fn. 10), Rn. 43.
25 Auch unabhängig von einer derartigen Irreführung gilt, dass wenn eine Partei tatsächlich Angaben macht, die für den Willensentschluss der anderen Partei von Bedeutung sein können, diese richtig sein müssen, und zwar auch dann, wenn eine Offenbarungspflicht nicht bestand, BGH NJW-RR 1997, S. 144 (145). Zum „Verbot einer Falschinformation" im Sinne einer „Unterlassungspflicht" s. aus japanischer Perspektive *Yamamoto* (Fn. 8), Rn. 44 ff.
26 Vgl. BGH NJW 1979, S. 1983; *Emmerich* (Fn. 3), § 311 Rn. 67.

als eigene Fallkonstellation der c.i.c. geführt. Ohne Ergänzung ist diese Bezeichnung allerdings irreführend, denn es ist Ausdruck der Vertragsfreiheit, dass jede potenzielle spätere Partei begonnene Verhandlungen auch wieder abbrechen kann.[27] Es geht im Kern vielmehr darum, dass eine Vertragspartei bei der anderen zunächst das Vertrauen erweckt, ein von ihr gewünschter Vertrag komme zustande, woraufhin diese gewisse Investitionen tätigt. Obgleich der ersten Partei mittlerweile Zweifel an dem Geschäft gekommen sind, teilt sie diese der Gegenseite nicht mit, sondern bricht erst zu einem (oft erheblich) späteren Zeitpunkt die Verhandlungen ab, so dass sich die bis dahin getätigten Aufwendungen der anderen Partei im Ergebnis als vergeblich erweisen.[28] Der „Vertrauensverstoß" besteht somit weniger in dem überraschenden Abbruch der Verhandlungen, als in der verspäteten Mitteilung, dass dem geplanten Vertragsabschluss ein Hindernis entgegensteht.

b) Beeinträchtigung anderer Rechtsgüter des Vertragspartners

13   Bei der zweiten Fallgruppe der Aufklärungspflichtverletzung kommt tatsächlich ein wirksamer Vertrag zustande, aufgrund unzureichender Informationen in der Vertragsanbahnungsphase erleidet der Vertragspartner des Aufklärungspflichtigen jedoch einen Schaden an einem anderen Rechtsgut.

c) Nachteilhafter Vertragsabschluss

14   Bei der dritten Gruppe vorvertraglicher Aufklärungsverletzungen hat der Gläubiger mit dem Schuldner einen für ihn letztlich nachteilhaften Vertrag abgeschlossen, den er bei ordnungsgemäßer Aufklärung und Beratung gar nicht oder zumindest nicht zu denselben Bedingungen abgeschlossen hätte. Nach deutschem Recht kann der Gläubiger zwar nicht verlangen, dass der nachteilige Vertrag an die von ihm vorgestellten vorteilhaften Bedingungen angepasst wird, denn dies liefe letztlich auf einen Kontrahierungszwang hinaus. Will der Gläubiger an dem Vertrag an sich festhalten, hat er allerdings einen Anspruch auf Ersatz des Vertrauensschadens gegen den Schuldner, d.h. auf die Differenz, um die der tatsächlich abgeschlossene Vertrag hinter dem erwarteten vorteilhaften Vertrag zurückbleibt. Ob und ggf. unter welchen Voraussetzungen sich der Gläubiger von dem nachteilhaften Vertrag lösen kann, ist umstritten.[29]

2. Bewertung des Eingangssachverhalts durch die japanischen Gerichte
a) Urteil der Vorinstanz (DG Osaka)

15   Die Eingangsinstanz gab dem Ansinnen der Kläger statt, da die Beklagte ihre aufgrund des Treueprinzips bestehende Aufklärungspflicht („Obligation to Explain") verletzt habe, als ihr Mitarbeiter die Kläger zum Investment verleitete, ohne sie über ihre eigene schlechte Finanzlage zu informieren. Die Pflichtverletzung habe sich zwar in der vorvertraglichen Phase ereignet,

> „[h]owever, it is only logical that a party, who is to select a specific person from society as the other party and enter into a contract, is required to assume far larger liability than the tort liability that an ordinary person in society should assume. Once entering into a contract, said party should be deemed to have been governed by the contractual principle

---

[27] S. nur *Pohlmann* (Fn. 3), S. 151 f.
[28] BGH NJW 1975, S. 1774; *Grüneberg-Grüneberg*, 82. Aufl. (2023), § 311 Rn. 30; *Pohlmann* (Fn. 3), S. 155.
[29] Vgl. BGH NJW 2006, S. 3139, 3141; *Grüneberg* (Fn. 28), § 311 Rn. 40.

IV. Vorvertragliche Aufklärungspflichtverletzung § 5

of good faith retroactively from the stage prior to the conclusion of the contract. Consequently, the Breach of the Obligation to Explain does not only constitute tort but also constitutes default as breach of an incidental obligation under the Investment Contracts."

b) Urteil des OGH Tokio v. 22.4.2011 [2008 (Ju) Nr. 1940]

Der OGH dagegen versagte letztlich einen vertraglichen Anspruch der Kläger.[30] Zwar könne der Abschluss eines wie hier nachteilhaften Vertrags durchaus insoweit als Folge einer Aufklärungspflichtverletzung angesehen werden, als die benachteiligte Partei bei ordnungsgemäßer Aufklärung den Vertrag nicht abgeschlossen haben würde. Wenn man allerdings die Aufklärungspflicht als Pflicht dieses später abgeschlossenen Vertrags verstünde, sei dies „a kind of paradox". Genauer:

16

> „It is true that even at the preparatory stage toward concluding a contract, the principle of good faith governs the legal relationship between the parties and they have to assume obligations under this principle, but it goes without saying that this does not necessarily mean that such obligations are based on the contract actually concluded later."

Daher könne ein Anspruch der Kläger allenfalls aus Delikt hergeleitet werden (§ 709 ZG), der wiederum der dreijährigen Verjährungsfrist gem. § 724 S. 1 ZG unterworfen ist. Da diese wohl bereits abgelaufen war – wie sich aus den Urteilsgründen nur indirekt ergibt –, musste den Klägern auch der deliktische Anspruch versagt werden. Konsequenterweise finden sich deshalb auch keinerlei Ausführungen zum Umfang eines etwaigen Schadensersatzes.[31]

3. Rechtsvergleichende Analyse

a) „Paradoxer" Rückbezug

Die Entscheidung des OGH ist in mehrerlei Hinsicht bemerkenswert, was eine nähere Betrachtung rechtfertigt. Zunächst wird zum ersten Mal deutlicher erkennbar, wie die japanische Rechtsprechung die vorvertragliche Aufklärungspflichtverletzung dogmatisch einordnet – womit freilich nicht die c.i.c. „als solche" gleichzusetzen ist: Eingangsinstanz wie OGH legen unverändert das Treueprinzip zugrunde, um eine vorvertragliche Aufklärungspflicht zu begründen. Während jedoch die Erstinstanz in der gleichwohl fehlenden Information sowohl ein Delikt, als auch die Verletzung einer vertraglichen Nebenpflicht sieht, erkennt der OGH darin ausschließlich ein Delikt. Das Argument, es sei geradezu „paradox" aus dem erst später abgeschlossenen Vertrag bereits zuvor eine derartige Pflicht abzuleiten, überzeugt für sich genommen wenig, sobald man in der dem Vertragsabschluss vorgelagerten Phase gesteigerte Rücksichtnahmepflichten der Parteien anerkennt. Sie können letztlich nur an dem späteren *Ziel* in Gestalt des Vertrags sinnvoll anknüpfen – gleich ob dieser im Ergebnis zustande

17

---

30 Zusätzliche Ansprüche aus ungerechtfertigter Bereicherung nach Anfechtung wegen Irrtums (§ 703 ZG) und unmittelbar aus Delikt (§ 709 ZG) hatten die Kläger über die erste Instanz hinaus nicht mehr weiterverfolgt. Die Entscheidung der Berufungsinstanz ist nicht bekannt.
31 Vgl. zu der hier ggf. einschlägigen Problematik des sog. „Schadensersatzes mit wiederherstellender Wirkung" *Yamamoto* (Fn. 10), Rn. 51. Im deutschen Recht s. zu der nicht ganz einfachen Schadensberechnung in dem Falle, dass der Geschädigte bei richtiger Auskunft den Vertrag nicht abgeschlossen hätte BGH NJW 1980, S. 2408, 2409 f.; im Falle des Festhaltens an dem nachteilhaften Vertrag BGH NJW 1981, S. 1035, 1036; 1991, S. 1819, 1820; 2006, S. 3139, 3141; NJW-RR 1991, S. 599, 600 f.

kommt oder nicht.³² Das bedeutet allerdings nicht, dass ein wirksam abgeschlossener *Vertrag selbst* zwingende Basis der vorvertraglichen Pflicht sein muss, da bei einer derartigen Betrachtungsweise alle Fälle aus dem Anwendungsbereich der c.i.c. herausfielen, bei der später eben kein Vertrag zustande kommt.

b) Japanisches Treueprinzip

18 Abgesehen von diesen Bedenken lässt sich aber dank einer weiteren Besonderheit des Urteils gut nachvollziehen, was den OGH letzten Endes zu seiner Entscheidung bewegt hat: In einer „concurring opinion" erläutert nämlich Richter *Chiba* eingehend den Gedankengang des Gerichts und nimmt dabei ausdrücklich Stellung zur Bedeutung der c.i.c. in Deutschland. Er wiederholt zunächst einmal, dass das japanische Zivilgesetz keine vorvertragliche Aufklärungspflicht vorsehe, diese aber aus dem Treueprinzip folge. Informiere eine Partei die andere nicht ausreichend, müsse sie ihr einen deshalb entstandenen Schaden ersetzen. Hinsichtlich der Herkunft der Pflicht sei zu beachten:

> „This obligation should be considered to arise from the fact itself that the parties have entered negotiations for a contract, not directly from the contract actually concluded later, and it is theoretically impossible in the first place to consider the breach of this obligation as default in the contract."

Ein solches „Verschulden bei Vertragsschluss" als Haftung für (vertragliche) Nichterfüllung anzusehen, habe seinen Ursprung in Deutschland und gründe auf der Rechtsansicht, nach der einer Partei Schadensersatz zu gewähren sei, weil sich die andere Partei versehentlich geirrt habe und später die Nichtigkeit des Vertrags einwendet. Da in Deutschland die Anforderungen an eine deliktische Haftung vergleichsweise hoch seien, habe man den Bereich vertraglicher Haftung erweitert, um einem derart Geschädigten gleichwohl Ersatz zuzugestehen.

19 Letzteres ist sicherlich richtig und deckt sich mit der zentralen Funktion der c.i.c. in Deutschland. Vermischt wird damit freilich ein Gedanke, der eher zur Haftung des nach Irrtums Anfechtenden gem. § 122 Abs. 1 BGB passt. Hintergrund ist insofern wohl die *Jhering'sche* Herkunft der Lehre von der c.i.c. wie sie in Japan verstanden wird. Schließlich wird auch hierzulande die Aufklärungspflicht auf das besondere vorvertragliche Vertrauensverhältnis und nicht einen später ggf. abgeschlossenen Vertrag gestützt, sie ist aber mit der c.i.c. zu einem eigenen Haftungsinstitut verselbstständigt worden.

c) Unterschiedliche Aufklärungspflichten

20 *Chiba* führt weiter aus, dass durchaus Aufklärungspflichtverletzungen existieren, die von der Lehre und dem OGH auch in Japan als Verletzungen nebenvertraglicher Pflichten („incidental obligations") angesehen werden, so dass man zu einer Vertragshaftung gelange. Dies betreffe beispielsweise Fälle, in denen jemand einen Vertrag mit einer Bank abgeschlossen und dabei um Auskunft gebeten habe, wegen Falschinformation („erroneous instructions") aber einen Schaden erlitten habe. Gleiches gelte für den Käufer eines elektrischen Gerätes, der aufgrund Falschinformation seines Händlers zu Schaden gekommen sei. Hier könne eine Pflicht zu ordnungsgemäßer Aufklärung, die

---

32 Vgl. *Pohlmann* (Fn. 3), S. 60 ff., zur Einordnung vorvertraglicher „vertragsbezogener" Aufklärungspflichten als gesetzliches Schuldverhältnis zum Schutz der Vertragsfreiheit.

natürlich auch nach Vertragsschluss fortbestünde, bereits im vorvertraglichen Stadium als vertragliche Pflicht angesehen werden, da der Inhalt der Pflicht „typical and clear" sei „from the content and purpose of the contract". Ganz anders sei hingegen die hier in Rede stehende Aufklärungspflicht (über die Insolvenz des Unternehmens) zu beurteilen:

> „[T]he obligation to explain disputed in this case is an issue which matters when deciding whether or not to enter into a contract, and which raises a question as to the existence or nonexistence of such obligation or the breach thereof only prior to the conclusion of the contract."

Diese Aufklärungspflicht werde zudem hinsichtlich Bestehen, Inhalt und Ausmaß ausschließlich durch das Treueprinzip sowie die Umstände des jeweiligen Einzelfalls bestimmt, weshalb sie sich nicht typisieren lasse. Sie müsse daher anders als eine vertragliche Pflicht behandelt werden, weshalb Vertragsrecht einschließlich dessen großzügiger Verjährungsregelungen auch nicht auf sie anzuwenden sei. De lege ferenda könne man zwar im Interesse rechtlicher Voraussehbarkeit der Parteien an die Kodifizierung einer derartigen vorvertraglichen Aufklärungspflicht denken, dies sei jedoch eine rechtspolitische Frage, die nichts am Ergebnis auf dem Boden des derzeit geltenden Rechts ändere.

Hier macht Richter *Chiba* zum einen in beispielhafter Klarheit deutlich, dass in Japan als vertragliche Nebenpflichten nur solche Pflichten eingeordnet werden können, die vom Zeitpunkt des Vertragsabschlusses unabhängig sind, d.h. sich insbesondere auch *danach* ergeben können. Aufklärungspflichten *ausschließlich im vorvertraglichen* Stadium soll hingegen das Vertragsrecht verschlossen bleiben. Es liegt auf der Hand, dass bei einem derartigen Rechtsverständnis kein Raum bleibt für die c.i.c. deutschen Zuschnitts. Zum anderen legt Chiba den Finger auch in eine Wunde im deutschen Recht, wenn er zutreffend die Einzelfallabhängigkeit der vorvertraglichen Aufklärungspflichtverletzungen bemängelt, bei der die Systematisierungsversuche bislang auch im „Versuchsstadium" steckengeblieben sind.[33]

V. Schuldrechtsmodernisierung

Mitte 2009 hatte eine Reformkommission zur Überarbeitung des Schuldrechts erste Gesetzesentwürfe präsentiert, die zwei spezifische Haftungsregeln für vorvertragliche Aufklärungspflichtverletzungen enthielten, da zwischen abgebrochenen Vertragsverhandlungen und tatsächlich zustande gekommenen Verträgen unterschieden wurde:

> Sec. 3.1.1.09 (Liability for damages caused by persons unfairly breaking off negotiations)
>
> (1) A party is not liable solely on the grounds of having broken off the contract negotiations.
>
> (2) Notwithstanding the provision of the preceding paragraph, if contrary to good faith a party either continues negotiating even when there is no prospect of the contract being concluded or rejects conclusion of the contract, the party is liable for the damage incurred through the other party trusting in the contract being formed.

---

33 So etwas desillusioniert *Emmerich* (Fn. 3), § 311 Rn. 43; vgl. BeckOK BGB/*Gehrlein*, Stand: 1.2.2023, BGB § 311 Rn. 43.

Mit Absatz 1 dieser Regelung wurde zunächst klargestellt, dass es jeder Partei im Rahmen der Vertragsabschlussfreiheit grundsätzlich offensteht, Vertragsverhandlungen abzubrechen. Wenn sie jedoch, Absatz 2, die andere Partei treuwidrig in dem falschen Glauben lässt, ein Vertrag komme zustande, hat sie deren unnütze Aufwendungen als Vertrauensschaden zu ersetzen. Es wurden somit die oben als „verzögerter Abbruch von Vertragsverhandlungen" bezeichneten Fälle so erfasst, wie sie bereits von der Rechtsprechung behandelt wurden.

Hinzu kam die „eigentliche" Haftungsregelung für vorvertragliche Aufklärungspflichtverletzungen, bei denen gleichwohl ein Vertrag abgeschlossen wurde:

> Sec. 3.1.1.10 (Duty of provision of information/duty of explanation of the negotiating parties)
>
> (1) If in the contract negotiations, there is a matter relating to the contract which will influence the decision of the other party as to whether or not to conclude the contract, the parties shall, in light of factors such as the nature of the contract, the status of each party, the conduct in the negotiations, or the existence and contents of an arrangement between the parties reached in the process of negotiations, provide information and give an explanation in accordance with the principle of good faith.
>
> (2) A person who violates the duty in (1) is liable for the damage which would not have been incurred had the other party not concluded such contract.

Dieser Normentwurf entspricht inhaltlich der seitens der Rechtsprechung vorgezeichneten Linie, indem sie abhängig von gewissen Umständen des Einzelfalls auf Grundlage des Treueprinzips eine vorvertragliche Aufklärungspflicht begründet, bei deren Verletzung sich eine Schadensersatzpflicht ergibt. Kommt tatsächlich ein Vertrag zustande, ist derjenige Schaden zu ersetzen, der der nicht informierten Partei gerade aufgrund des konkreten Vertragsabschlusses entstanden ist. Damit sollten die Fälle erfasst werden, die oben als „nachteilhafter Vertragsschluss" bezeichnet wurden. Dies zumindest dann, wenn man davon ausgeht, dass „such contract" sich nicht nur darauf beschränkt, dass überhaupt ein Vertrag abgeschlossen wurde, sondern eben auch ein lediglich „schlechterer" Vertrag als der gewünschte zustande gekommen ist.

Bei der am 1. April 2020 in Kraft getretenen Reform des ZG, und dabei insbesondere des Schuldrechts, haben die vorstehenden Entwürfe leider keine Berücksichtigung gefunden.

§ 6 Die Lösung von Dauerschuldverhältnissen/Vertriebsrecht

Tobias Schiebe und Meiko Dillmann

I. Fall[1]

1. Ausgangsfall

▶ V verkauft in seinem Ladengeschäft seit 1985 ausschließlich Uhren der Marke „Ticker" des Herstellers H, die er von diesem erwirbt und selbst an seine Endkunden zu Verkaufspreisen zwischen 100 und 400 EUR veräußert. Er ist der Einzige, der in der Stadt Uhren dieser Marke vertreibt. Der auf der Standardvorlage des H basierende Vertragshändlervertrag hat keine feste Laufzeit und kann von beiden Seiten durch ordentliche Kündigung mit einer Frist von 12 Monaten zum Monatsende gekündigt werden.

In dem Vertrag hat sich V dazu verpflichtet, einen Geschäftsbetrieb einzurichten und zu unterhalten. Größe, Ausstattung, Einrichtung sowie äußeres Erscheinungsbild sollen dabei den hohen Erwartungen der Kunden an die Marke „Ticker" sowie den Anforderungen Hs an dessen Absatzstruktur gerecht werden. Außerdem ist V verpflichtet, bei Umbaumaßnahmen im Ladengeschäft H von diesen zu unterrichten und dessen Vorschläge bei der Gestaltung zu berücksichtigen. Im Laufe der Jahre ist es ein paar Mal vorgekommen, dass V sein Geschäft nach den Vorgaben des H umgestaltet hat.

Im Jahr 2013 nimmt V größere Umbaumaßnahmen vor, welche Investitionen in Höhe von 100.000 EUR erfordern. Die Maßnahmen basieren auf Planungen des H und sind auf Produkte der Marke „Ticker" zugeschnitten, stehen aber auch einer Verwendung der Verkaufsräume für Uhren anderer Hersteller nicht entgegen. Mit Schreiben vom 17.12.2014 kündigt H den Vertrag mit V zum 31.12.2015. Vs Bemühungen, H zur Rücknahme der Kündigung zu bewegen, scheitern.

V hält die Kündigung für rechtsmissbräuchlich, da er erst im Jahr zuvor die Umbaumaßnahmen nach Vorgaben des H vorgenommen habe. Die Investitionskosten ließen sich nur langfristig amortisieren. V möchte jedoch nicht, dass die Unwirksamkeit der Kündigung zur Fortführung des Vertragsverhältnisses führt, sondern vielmehr, dass H stattdessen zur Zahlung von Schadensersatz für die geleisteten Investitionen verpflichtet wird. Diese habe er, V, in der berechtigten Annahme getätigt, das Vertragsverhältnis werde wenigstens noch so lange laufen, bis sich die Investitionen amortisiert hätten, was erst nach 10 Jahren der Fall gewesen wäre.

Außerdem verlangt V einen Ausgleich dafür, dass er bereits seit 30 Jahren die Marke „Ticker" bewirbt und zahlreiche Kunden und Stammkunden für die Marke begeistern konnte, die ihm in Zukunft, wenn er die Marke nicht mehr exklusiv führt, als Abnehmer verloren gehen.

(1) Kann V von H Schadensersatz wegen der Investitionen verlangen, zu denen er von H veranlasst wurde und die er im Vertrauen auf das langfristige Bestehen der Vertragsbeziehung getätigt hat?
(2) Kann V gegen H einen Anspruch auf Ausgleichszahlung wegen Beendigung der Vertragsbeziehung geltend machen? ◀

---

[1] Die Autoren danken Herrn Toshiaki Nakada, japanischer Rechtsanwalt, für die Unterstützung bei der Fallbearbeitung nach japanischem Recht.

2. Abwandlung

▶ Der ursprüngliche Vertriebsvertrag von 1985 wurde mit einer Laufzeit von 5 Jahren geschlossen und fortlaufend verlängert. Der aktuelle Vertrag ist mit einer Laufzeit bis zum 31.12.2015 befristet. In dem Vertrag ist geregelt, dass bis spätestens drei Monate vor Vertragsende (d. h. bis zum 30.9.2015) über eine Vertragsverlängerung bzw. einen neuen Vertriebsvertrag zu verhandeln ist. Trotz energischer Versuche Vs, H an den Verhandlungstisch zu bringen, geht H nicht auf Vs Bitte ein, einen Termin zu verabreden.

Welche Ansprüche kann V gegen H wegen dessen Weigerung zu verhandeln geltend machen? ◀

II. Behandlung des Falls nach japanischem Recht

1. Ausgangsfall

a) Anspruch auf Ersatz der Investitionskosten

2   Das japanische Recht unterscheidet, ebenso wie das deutsche Recht, grundsätzlich zwischen dem im Namen und auf Rechnung des Prinzipals agierenden Handelsvertreter und dem im eigenen Namen und auf eigene Rechnung handelnden Vertragshändler, wobei auch Mischformen existieren.[2] Da das japanische Recht keine spezialgesetzlichen Schadensersatzansprüche für den Bereich des Vertriebsrechts kennt, orientiert sich eine Fallprüfung an den allgemeinen zivilrechtlichen Schadensersatzansprüchen.

3   In Betracht käme ein Schadensersatzanspruch nach Art. 415 ZG[3] sowie nach Art. 709 ZG[4]. Nach beiden Anspruchsgrundlagen würde sich die Prüfung auf die Frage konzentrieren, ob die Kündigung rechtswirksam das Vertragshändlerverhältnis beendet hat.

Wie auch im deutschen Recht ist das Vertragshändlerrecht in Japan nicht gesetzlich geregelt. Soweit eine Kündigungsmöglichkeit im Vertragshändlervertrag vorgesehen ist, wird diese von der Rechtsprechung dahingehend überprüft, ob die entsprechende Klausel und die Ausübung des Kündigungsrechts unter Berücksichtigung aller Umstände des Einzelfalls „angemessen" war.

In diesem Zusammenhang könnte angeprüft werden, ob der Vertrag als Allgemeine Geschäftsbedingungen (AGB) angesehen werden kann. AGB werden in Art. 548-2 Abs. 1 ZG[5] definiert als eine Gesamtheit von Bedingungen, die in einem „standardisierten Vertragsgeschäft" (teikei-torihiki 定型取引) verwendet werden. Das „standardisierte Vertragsgeschäft" wird definiert als ein „Geschäft, das von einer bestimmten Person mit einer unbestimmten und großen Zahl von Personen als Gegenparteien getä-

---

2 Der Handelsvertreter wird in § 27 Japanisches Handelsgesetz als Kaufmann – und soweit der Handelsvertreter eine Handelsgesellschaft ist in § 16 Japanisches Gesellschaftsgesetz – definiert; vgl. auch Baum/Bälz (Hrsg.), Handbuch Japanisches Handels- und Wirtschaftsrecht, 2011, S. 196, mit Hinweis auf weitere Mischformen; der Vertragshändler wird gesetzlich nicht definiert.
3 „Wenn der Schuldner nicht in Übereinstimmung mit dem Zweck seiner Verpflichtung Erfüllung leistet, ist der Gläubiger berechtigt, den daraus entstehenden Schaden ersetzt zu verlangen. Das Gleiche gilt im Fall, dass eine Erfüllung wegen vom Schuldner zu vertretender Umstände unmöglich wird."
4 „Wer durch vorsätzliches oder fahrlässiges Handeln Rechte oder rechtlich geschützte Interessen eines Dritten beeinträchtigt, ist zum Ersatz des hieraus entstehenden Schadens verpflichtet"; es gilt zu berücksichtigen, dass der deliktische Anspruch des § 709 ZG auch Vermögenspositionen schützt.
5 Art. 548-2 ZG wurde durch die Änderung des japanischen Zivilgesetzbuches, die am 2. Juni 2017 verkündet wurde, neu eingeführt.

tigt wird und bei dem die Einheitlichkeit des gesamten oder eines Teils des Geschäfts für beide Parteien angemessen ist". Der Vertragshändlervertrag basierte zwar auf der Standardvorlage des H und kann somit auch für Verträge mit anderen Vertragshändlern verwendet werden, regelmäßig sind solche Vorlagen in der Praxis jedoch nur ein Ausgangspunkt für Verhandlungen zwischen den Parteien und werden entsprechend der Spezifikationen der Vertragsparteien angepasst, sie sind daher nicht einheitlich. Weiterhin ist es typischerweise nicht im Interesse des Herstellers, den Vertragshändlervertrag mit einer „unbestimmten und großen Zahl von Personen", in anderen Worten: jeglichen Personen, abzuschließen. Vielmehr wählt der Hersteller gerade (einen) bestimmte(n) Vertragshändler, üblicherweise nach Prüfung gewisser Eigenschaften, wie zum Beispiel wirtschaftliche und technische Eignung, aus. Aus diesen Gründen wird allgemein davon ausgegangen, dass selbst dann, wenn eine Standardvorlage bei einem Vertragshändler- oder Distributionsvertrag verwendet wird, dieser Vertrag keine AGB darstellt.

In der Rechtsprechung werden grundsätzlich zwei Ansichten bezüglich der „Angemessenheit" der einseitigen Aufkündigung von Vertragshändlerverträgen vertreten.

Von Teilen der Rechtsprechung wird ein „wichtiger Grund" für die einseitige Vertragsbeendigung gefordert.[6] Ein anderer Teil der Rechtsprechung hält eine Einschränkung des Kündigungsrechts nur nach Treu und Glauben, dessen Grundsatz in Japan in Art. 1 Abs. 2 ZG normiert ist, für gerechtfertigt.[7] Unter Zugrundelegung dieser letztgenannten Ansicht wird zunächst davon ausgegangen, dass die Kündigung – soweit sie sich auf eine vertragliche Grundlage stützt – wirksam ist, sofern nicht Treu und Glauben dagegen sprechen.

Aspekte, die hierbei nach beiden Ansichten Berücksichtigung finden, sind unter anderem (i) die Dauer des Vertragsverhältnisses, (ii) das Verhandlungs(un)gleichgewicht der Vertragspartner, (iii) getätigte Investitionen des Vertragshändlers sowie (iv) die Angemessenheit der Kündigungsfrist. Die Anforderungen an die Wirksamkeit der Kündigung unter Zugrundelegung der Ansicht, die einen „wichtigen Grund" für die Vertragsbeendigung als notwendig ansieht, sind dabei ungleich höher.

Soweit man der Ansicht folgt, welche einen „wichtigen Grund" fordert, könnte man die Kündigung aufgrund der getätigten Investitionen des Vertragshändlers und der stärkeren Verhandlungsposition des Herstellers als unangemessen erachten und einen entsprechenden Schadensersatzanspruch des V bejahen.

Entspricht man wiederum der Ansicht, die sich auf den Grundsatz von Treu und Glauben stützt, würde ein Gericht die Kündigung in diesem Fall wohl eher als angemessen und gültig ansehen.

Eine unwirksame Kündigung würde zu einer Verzugshaftung (Art. 415 ZG) und/oder einer Haftung aus unerlaubter Handlung (Art. 709 ZG) und damit zu einer Verpflichtung des Herstellers führen, die Investitionen des Händlers zu erstatten.

---

[6] Vgl. OG Nagoya vom 29.3.1971, in: Hanrei Jihô, 634 (1971), S. 50; OG Sapporo vom 30.9.1987, in: Hanrei Jihô 1258 (1988), S. 76.
[7] Vgl. DG Nagoya vom 31.10.1989, in: Hanrei Jihô 1377 (1991), S. 90.

b) Anspruch auf Ausgleichszahlung

5   Anders als in Deutschland ist in Japan ein **Ausgleichsanspruch des Handelsvertreters mit Ende des Dauerschuldverhältnisses** nicht gesetzlich normiert. Insofern findet auch keine analoge Anwendung des Ausgleichsanspruchs auf den Vertragshändler, der wie ein Handelsvertreter in die Absatzorganisation des Herstellers eingliedert ist, statt.

Japanische Gerichte sprechen allerdings in vergleichbaren Fällen den Vertragshändlern teilweise eine Billigkeitsentschädigung für den Verlust des Vertriebsgeschäftes zu.

Der Grundgedanke, der hinter dieser Billigkeitsentschädigung steht, ist der Wert des Aufbaus des Vertriebes und des Kundenstammes, welcher dem Vertragshändler bei Kündigung des Vertrags entzogen wird. Hierfür ist in bestimmten Fällen eine Entschädigung zu zahlen. Für die Bestimmung der Höhe der Ausgleichssumme finden alle Umstände der Beendigung und des bisher bestehenden Vertragsverhältnisses Berücksichtigung. Wenngleich keine feststehende Rechtsprechung, wie diese Ausgleichssumme zu bestimmen ist, existiert, so wird oftmals eine Ausgleichssumme in Höhe des entgangenen Gewinns für ein Jahr nach dem Zeitpunkt der Beendigung zugesprochen.

2. Abwandlung

6   Wie bereits im Ausgangsfall, so sind auch befristete Dauerschuldverhältnisse im Allgemeinen, beziehungsweise Vertragshändlerverträge im Speziellen, in Japan nicht gesetzlich geregelt. Im Rahmen der letzten Schuldrechtsreform wurden zwar Anstrengungen unternommen, eine gesetzliche Regelung bezüglich der Beendigung von Dauerschuldverhältnissen in das Japanische Zivilgesetzbuch aufzunehmen, das Vorhaben schaffte es jedoch nicht über das Stadium eines Zwischenentwurfs hinaus.[8]

7   Ob im vorliegenden Fall dem Vertragshändler ein Schadensersatzanspruch nach Art. 415 ZG bzw. nach Art. 709 ZG zusteht, beurteilt sich nach der Frage, ob der Vertragshändlervertrag durch die Weigerung des Herstellers, den befristeten Vertrag über die vereinbarte Vertragslaufzeit fortzusetzen, wirksam beendet worden ist. Von der Rechtsprechung werden hierzu im Wesentlichen zwei Ansichten vertreten, die sich an der Rechtsprechung zu der Beendigung von unbefristeten Vertragshändlerverträgen orientieren.[9]

8   Eine in der Rechtsprechung von diversen Distrikt- und Obergerichten vertretene Ansicht[10] geht davon aus, dass für die Nichtverlängerung des Vertrages ein „wichtiger Grund" erforderlich ist, d. h. das Festhalten am Vertrag für eine der Parteien unbillig sein muss. Der Grund muss von der Partei, die den Vertrag nicht verlängern möchte, vorgetragen werden. Diese Ansicht begründet das Erfordernis mit der gesteigerten Schutzwürdigkeit des Vertragshändlers, der aufgrund diverser Investitionen eine besondere Planungssicherheit benötige und – noch mehr als der Hersteller – auf das längerfristige Bestehen und eine Fortsetzung des Vertragsverhältnisses vertrauen dürfe. Um zu entscheiden, ob ein Grund ausreichend ist, müsse eine Gesamtabwägung unter

---

8   Vgl. *Okuda*, Gegenwärtiger Stand der Schuldrechtsreform in Japan und Überblick über die Reformvorschläge, in: ZJapanReitschrift für Japanisches Recht 39 (2015), S. 3.
9   Vgl. *Takada*, in: *Tadaki/Baum* (Hrsg.), Saikenhō kaisei ni kansuru hikakuhōteki kentō [Schuldrechtsmodernisierung in Japan: Eine vergleichende Analyse], S. 149.
10   Beispielhaft: DG Nagoya vom 31.8.1990, in: Hanrei Jihō 1377 (1991), S. 94; OG Sapporo vom 30.9.1987, in: Hanrei Jihō 1258 (1988), S. 76; OG Fukuoka vom 19.6.2007, in: Hanrei Times 1265 (2008), S. 253; OG Tokio vom 11.5.2010, in: Hanrei Times 1331 (2010), S. 159; OG Sapporo vom 29.7.2011, in: Hanrei Jihō 2133 (2012), S. 13.

Berücksichtigung aller Umstände des Einzelfalls erfolgen. Die hierbei unter anderem zu berücksichtigenden Faktoren sind: Vertragsinhalt, Gepflogenheiten der Branche, Investitionsvolumen des Vertragshändlers, wirtschaftliche Abhängigkeit des Vertragshändlers vom Hersteller, Länge des bisherigen Vertragsverhältnisses beziehungsweise Anzahl der bereits durchgeführten Verlängerungen.

Im vorliegenden Fall könnte diese Ansicht zu dem Ergebnis kommen, dass unter Berücksichtigung der erheblichen Investitionen von Seiten Vs, der Dauer der bisherigen Vertragslaufzeit und der Anzahl der Verlängerungen kein „wichtiger Grund" für die Nichtverlängerung des befristeten Vertriebsvertrages vorlag.

Eine andere Ansicht[11] hält das Vortragen eines „wichtigen Grundes" hingegen nicht für erforderlich. Sie gewichtet in dieser Situation die Vertragsfreiheit stärker als den Vertrauensschutz. Es wird argumentiert, dass es keine gesetzliche Regelung gibt, auf die das Erfordernis eines „wichtigen Grundes" gestützt werden könnte. Eine Einschränkung der Vertragsfreiheit sei nach dieser Ansicht nur nach den Grundsätzen von Treu und Glauben geboten. Diese Einschränkung bezieht sich im Wesentlichen auf Ausnahme- bzw. Missbrauchsfälle. Im vorliegenden Fall wäre eine Einschränkung des Rechtes des Vertragshändlers, eine Fortsetzung des Vertragsverhältnisses abzulehnen, wohl nicht gegeben. Besondere Umstände, die eine treuwidrige Beendigung indizieren, sind nicht erkennbar.

Soweit man hierbei zu einer unberechtigten Verweigerung der Fortsetzung des befristeten Vertragshändlervertrages kommt und die Anspruchsvoraussetzungen eines vertraglichen (Art. 415 ZG) oder deliktischen Schadensersatzanspruchs (Art. 709 ZG) bejaht, ist der durch die Weigerung der Fortsetzung eingetretene Schaden des Vertragshändlers zu ersetzen. Häufig zugestandene Schäden sind: entgangener Gewinn (für ein Jahr nach der Kündigung), Verlust von Kunden sowie andere Kosten, die aufgrund der unterlassenen Verlängerung entstanden sind.

III. Behandlung des Falls nach deutschem Recht

1. Ausgangsfall

a) Anspruch auf Ersatz der Investitionskosten

Als Anspruchsgrundlage kommt zunächst § 280 Abs. 1 BGB in Betracht. Voraussetzung ist ein Schuldverhältnis zwischen V und H. Ein solches besteht in der Form eines Vertragshändlervertrages, nach dem V die Uhren von H erwirbt und in eigenem Namen und auf eigene Rechnung an seine (End-)Kunden weiterverkauft.

H müsste eine Pflicht aus diesem Schuldverhältnis verletzt haben. Eine Pflichtverletzung könnte die unzulässige Beendigung des Vertragsverhältnisses durch einseitige Kündigung des H darstellen. Vorliegend enthält der Vertragshändlervertrag eine (ordentliche) Kündigungsmöglichkeit mit einer Frist von 12 Monaten zum Monatsende. Als AGB würde die vertragliche Kündigungsregelung den Regeln der §§ 305 ff. BGB unterliegen.

Bei der Kündigungsregelung handelt es sich um AGB im Sinne der §§ 305 ff. BGB, wenn es sich um vorformulierte Vertragsbedingungen handelt, die eine Vertragspartei der anderen Partei bei Abschluss eines Vertrages stellt (§ 305 Abs. 1 BGB). Vorliegend

---

11 Beispielhaft: DG Nagoya vom 31.10.1989, in: Hanrei Jihô 1377 (1991), S. 90; vgl. auch OG Tokio vom 20.10.1992, in: Hanrei Times 811 (1993), S. 149; DG Tokio vom 21.1.2013, in: Hanrei Jihô 2192 (2013), S. 53.

basiert der Vertrag und mithin auch die Kündigungsklausel auf einer vorformulierten Standardvorlage des H, die zur mehrfachen Verwendung bestimmt ist. Dabei kommt es nicht auf die Frage an, ob H die Vorlage bei Vertragsschluss erstmalig benutzt hat, da bereits die erstmalige Verwendung vorformulierter Regelungen bei entsprechender Wiederverwendungsabsicht die Klausel als AGB qualifiziert.[12] Damit ist die Kündigungsregelung als AGB anzusehen, sodass sie dem Regime der §§ 305 ff. BGB unterfällt.

Hierbei ist insbesondere die Angemessenheit der Kündigungsfrist zu prüfen (§ 307 BGB). Im Gegensatz zum Handelsvertreter ist die Kündigungsfrist für den Vertragshändler nicht gesetzlich geregelt. Die Rechtsprechung entscheidet in diesen Fällen stark einzelfallbezogen. Je nach Branche und Einzelfall wird oftmals eine Kündigungsfrist von sechs Monaten bis zwei Jahren für angemessen erachtet.[13]

12 Vorliegend ist davon auszugehen, dass die Kündigungsfrist von 12 Monaten zum Monatsende angemessen war. Zwar bestand das Vertragsverhältnis seit 30 Jahren, die markenspezifischen Investitionen – das heißt, die nicht mehr (für den Vertrieb von Produkten eines anderen Uhrenherstellers) verwertbaren Aufwendungen – dürften jedoch eher gering sein.

Außerdem käme in Betracht, dass die ordentliche Kündigung wegen Verstoßes gegen das kartellrechtliche Diskriminierungsverbot nichtig ist, § 134 BGB iVm § 19 GWB, wenn etwa der Hersteller die Auswahl der gekündigten Vertragshändler zum Zweck der Vertriebsnetzverkleinerung nicht diskriminierungsfrei getroffen hat.[14] Voraussetzung wäre allerdings, dass H Normadressat des § 19 GWB wäre, wofür hier keine Anhaltspunkte bestehen.

Die Kündigungsfrist von 12 Monaten ist also wirksam vereinbart. Dass H den Vertrag unter Beachtung dieser Frist kündigte, kann daher keine Pflichtverletzung darstellen. Da andere Pflichtverletzungen nicht ersichtlich sind, lässt sich ein Anspruch auf Investitionsersatz aus § 280 Abs. 1 BGB nicht herleiten.

13 Ein Investitionserstattungsanspruch könnte sich jedoch **aus Treu und Glauben** ergeben, §§ 242, 157 BGB.[15]

Vorliegend hat H einen besonderen Vertrauenstatbestand geschaffen, indem er V zu den Investitionen veranlasst hat. Dass H schon im Jahr darauf gekündigt hat, könnte als treuwidrig gewertet werden. In vergleichbaren Fällen wurden derartige Ansprüche allerdings mit unterschiedlichen Begründungen von der Rechtsprechung verneint.[16] So wurde es als notwendig erachtet, dass die getätigten Investitionen vom Umfang erheblich sowie speziell auf das Produkt zugeschnitten waren. Darüber hinaus sei es erforderlich, dass der Vertragshändler nicht ohne Weiteres einen anderen Hersteller finden kann, mit dem ein ähnlicher Vertrag geschlossen und die Investitionen so amortisiert werden können.[17]

---

12 Vgl. Fornasier, MüKo BGB, 9. Auflage (2022), § 305 Rn. 17 f.
13 Vgl. weiterführend: *Mesch*, Die Gestaltung von Kündigungsklauseln in Vertragshändlerverträgen, ZVertriebsR (2015), S. 8 f.
14 NZKart 2020, 483 - OLG Düsseldorf, Urteil v. 05.08.2020 – U (Kart) 10/20.
15 Vgl. *Röhricht/v. Westphalen/Haas* (Hrsg.), Handelsgesetzbuch, 5. Auflage (2019), Vertragshändlerverträge, Rn. 131 ff.
16 Vgl. dazu *Creutzig*, Investitionsersatzanspruch des Vertragshändlers: Vergessen, obwohl existenznotwendig?, NJW 2002, S. 3430 ff. m.w.N.; OLG München NJW-RR 1995, S. 1137.
17 OLG München NJW-RR 1995, S. 1137.

III. Behandlung des Falls nach deutschem Recht § 6

Die Erheblichkeit der Investitionen dürfte zu bejahen sein: Es handelt sich um ein Geschäft für Uhren, deren Verkaufspreise zwischen 100 und 400 EUR, also zwischen 0,1 und 0,4 % der aufgewendeten Investitionskosten liegen. Bis sich die Kosten für die Umbaumaßnahmen amortisiert haben, vergehen mehrere Jahre.

Die Investitionen für die Umbaumaßnahmen sind auch auf das Produkt zugeschnitten. Sie dienen der optimalen Präsentation der Uhren der Marke „Ticker" nach den Vorstellungen Hs.

Es ist V jedoch auf der anderen Seite nicht unmöglich, die gleichen Verkaufsräume mit den gleichen Regalen, Schränken und Displays für Uhren anderer Marken zu verwenden. Darüber hinaus ist nicht ersichtlich, dass V keinen anderen Lieferanten finden kann, mit dessen Produkten er sein Geschäft weiterbetreiben und die getätigten Investitionen langfristig amortisieren kann. Es bleibt V insofern unbenommen, seinen Bedarf an Uhren nach Auslaufen des Vertrages mit H bei anderen Herstellern zu decken. Insbesondere hat V dank der Kündigungsfrist von 12 Monaten auch ausreichend Zeit, sich auf die neue Geschäftssituation einzustellen, neue Handelspartner zu suchen, Verträge auszuhandeln und gegebenenfalls auch seine Kunden auf das künftig andere Angebot und Sortiment hinzuweisen. Schließlich kann er auch innerhalb der Kündigungsfrist weiterhin im Rahmen des Vertrages Uhren von H verkaufen und somit schon einen Teil der aufgewendeten Kosten ausgleichen. Ein besonders schützenswertes Interesse des V an der Amortisierung seiner Investitionen während der Vertragslaufzeit mit H liegt insofern nicht vor. Ein allgemeiner Investitionserstattungsanspruch besteht im deutschen Recht grundsätzlich nicht. Es gibt keinen allgemeinen Rechtssatz, der Hersteller aus dem Vertragshändlervertrag verpflichtet, dem Vertragshändler die nicht amortisierten Investitionen zu ersetzen, selbst wenn er diese im Interesse und auf Aufforderung des Herstellers getätigt hat.[18]

Im Ergebnis scheidet daher ein Anspruch nach §§ 242, 157 BGB aus.

Auch **deliktische Ansprüche** bestehen nicht. Im Rahmen des § 823 Abs. 1 BGB fehlt es bereits an einer Rechtsgutsverletzung: In Betracht käme hier allein ein Eingriff in den eingerichteten und ausgeübten Gewerbebetrieb. Die Rechtswidrigkeit eines solchen müsste positiv festgestellt werden. Die vertragsgemäße Ausübung eines wirksam vereinbarten Kündigungsrechts ist jedoch auch im Kontext des Deliktsrechts nicht als rechtswidrig anzusehen. Umstände, die eine Sittenwidrigkeit der Schädigung durch H und somit einen Schadensersatzanspruch aus § 826 BGB begründen könnten, sind ebenfalls nicht ersichtlich.

b) Anspruch auf Ausgleichszahlung

Es könnte sich ein Anspruch auf eine Ausgleichszahlung wegen Beendigung des Vertragsverhältnisses aus § 89b Abs. 1 HGB ergeben. Dieser sieht einen angemessenen Ausgleich für den Handelsvertreter nach Beendigung des Vertragsverhältnisses vor, wenn und soweit der Unternehmer aus der Geschäftsverbindung mit neuen Kunden, die der Handelsvertreter geworben hat, auch nach Beendigung des Vertragsverhältnisses erhebliche Vorteile hat und die Zahlung eines Ausgleichs der Billigkeit entspricht.

V ist jedoch nicht als Handelsvertreter, der in fremdem Namen und auf fremde Rechnung Geschäfte für einen Unternehmer abschließt, sondern als Vertragshändler, der

---

18 ZVertriebsR 2021, 105 - OLG München, Endurteil vom 23.07.2019 – 7 U 1001/18.

in eigenem Namen und auf eigene Rechnung auftritt, zu qualifizieren. Ein Anspruch direkt aus § 89b HGB kommt damit nicht in Betracht.

17 Allerdings ist es ständige Rechtsprechung, dass die Regeln zur Handelsvertretung unter bestimmten Voraussetzungen **analog** auch auf andere Vertriebssysteme wie den Vertragshändler Anwendung finden können. Nach den vom BGH entwickelten Kriterien ist eine vergleichbare Interessenlage, die eine Analogie rechtfertigt, nur dann gegeben, wenn der Vertragshändler wie ein Handelsvertreter in die Absatzstruktur des Herstellers beziehungsweise Lieferanten eingebunden ist, so dass er wirtschaftlich in weitem Umfang Aufgaben zu erfüllen hat, die sonst einem Handelsvertreter anheimfallen.[19] Dies umfasst etwa Berichtspflichten, die Pflicht zur Befolgung von Weisungen oder ein Konkurrenzverbot.[20] V hat sich verpflichtet, seinen Laden hinsichtlich Größe, Ausstattung, Einrichtung und äußerem Erscheinungsbild Hs Vorgaben entsprechend zu gestalten und Hs Meinung bei der Umgestaltung seiner Verkaufsräume zu berücksichtigen. Zudem verkauft er ausschließlich Uhren der Marke „Ticker" Hs, und zwar exklusiv in seiner Stadt. All diese Punkte sprechen für eine enge Integration Vs in die Vertriebsstruktur des H.

18 Weitere entscheidende Voraussetzung für die analoge Anwendbarkeit der Regelungen zum Handelsvertreter auf Vertragshändler ist aber, dass der Vertragshändler verpflichtet ist, dem Unternehmer Informationen über seinen Kundenstamm zu überlassen, oder das Vertragsverhältnis tatsächlich so gehandhabt wird, dass der Lieferant notwendig Zugang zu den Kunden des Vertragshändlers erlangt, weil z. B. die Auslieferung im Streckengeschäft erfolgt oder sonst die Kundendaten übermittelt werden.[21] Vorliegend ist eine solche Verpflichtung zur Überlassung oder eine tatsächliche Überlassung nicht erkennbar. Es ist weder ersichtlich, dass V überhaupt Kundendaten erhoben hat (was typischerweise in einem Geschäft, das zum Großteil auf Laufkundschaft angewiesen ist, auch nicht erfolgt) noch, dass er erhobene Daten dem H zur Verfügung stellen würde, beziehungsweise dazu verpflichtet wäre. Der Vergütungsanspruch nach § 89b HGB ist kein Anspruch auf Schadensersatz wegen beendeter Vertragsdurchführung, sondern ein fortgesetzter Vergütungsanspruch dafür, dass der Unternehmer sich weiterhin der Kundendaten bedienen kann, obwohl die Zusammenarbeit mit dem Handelsvertreter, der die Daten beschafft hat, beendet ist. Dies kann H vorliegend aber nicht.[22]

Auch nach § 89b HGB analog hat V keinen Anspruch gegen H auf Ausgleichszahlung.

2. Abwandlung

19 Mögliche Grundlage für einen Schadensersatzanspruch ist §§ 280 Abs. 1, 241 Abs. 2 BGB.

Das Schuldverhältnis stellt der zwischen V und H geschlossene Vertragshändlervertrag dar. Laut Vertrag waren die Parteien verpflichtet, über die Fortsetzung des Vertrages drei Monate vor Vertragsende zu verhandeln. H hat sich geweigert, entsprechende

---

[19] Vgl. BGH, Urteil vom 5.2.2015 - VII ZR 315/13 (juris Rn. 8, 11 m.w.N.).
[20] Vgl. grundlegend BGH NJW 1959, S. 144 f.
[21] BGH, Urteil vom 5.2.2015 - VII ZR 315/13 (juris Rn. 8, 11 m.w.N.); BGH NJW 1997, S. 1503.
[22] In der Literatur wird teilweise die Möglichkeit des Unternehmers zur Nutzung des Kundenstamms für ausreichend gehalten, s. etwa *Baumbach/Hopt*, Handelsgesetzbuch (2023), § 84 Rn. 14. Auch hierfür sind aber keine Anhaltspunkte ersichtlich.

IV. Wertende Betrachtung § 6

Verhandlungen aufzunehmen, worin eine Verletzung seiner Pflicht aus dem Vertrag gesehen werden könnte. Diese hätte H auch zu vertreten.

Fraglich ist aber, ob V ein Schaden dadurch entstanden ist, dass H keine Vertragsverhandlungen mit ihm aufgenommen hat. Der Vertrag zwischen den beiden ist durch Zeitablauf beendet worden, wie es vertraglich vorgesehen war, §§ 163, 158 Abs. 2 BGB. Ob die Vertragsverhandlungen auch tatsächlich zu der Verlängerung beziehungsweise Neugestaltung des Vertriebsverhältnisses geführt hätten, ist hingegen ungewiss. In den „Verhandlungen" hätte H bei lebensnaher Betrachtung vermutlich lediglich auf die termingerechte Beendigung des Vertragsverhältnisses hingewiesen. Ein kausaler Schaden ist V durch den Verzicht auf Vertragsverhandlungen durch H also nicht entstanden.

Mangels kausalem Schaden und anderer möglicherweise einschlägiger Anspruchsgrundlagen hat V keinen Anspruch auf Schadensersatz.

Ein Ausgleichsanspruch analog § 89b HGB käme grundsätzlich auch bei einer Beendigung des Vertragsverhältnisses durch Zeitablauf in Betracht, scheidet aber auch in der Abwandlung mangels Möglichkeit des H zur Nutzung des Kundenstamms aus.

IV. Wertende Betrachtung

Am vorliegenden Fallbeispiel werden sowohl die Gemeinsamkeiten als auch Wertungsunterschiede zwischen dem deutschen und dem japanischen Recht deutlich. Zunächst fällt auf, dass der Begriff der AGB nach japanischem Recht einen engeren Anwendungsbereich erhalten hat, als im deutschen Recht. In beiden Jurisdiktionen ist das Recht der Vertragshändler hingegen gesetzlich nicht normiert. Im Rahmen der Beendigung dieser Dauerschuldverhältnisse führt dies nach deutschem Recht dazu, dass – soweit der Vertragshändler wie ein Handelsvertreter in die Absatzstruktur des Herstellers eingegliedert ist – eine Analogie zu den Regelungen des Rechts der Handelsvertreter hergestellt wird. Soweit mangels Vergleichbarkeit keine Analogie hergestellt werden kann, findet lediglich eine Inhaltskontrolle nach den Regeln zu Allgemeinen Geschäftsbedingungen, falls einschlägig, sowie nach den allgemeinen Regeln der Vertragsauslegung sowie des Grundsatzes von Treu und Glauben statt.

Weitergehend wird im japanischen Recht von Teilen der Rechtsprechung ein „wichtiger Grund" für die Vertragsbeendigung für erforderlich gehalten. Ein solcher „wichtiger Grund" wird teilweise nicht nur für die einseitige Beendigung von unbefristeten Vertragshändlerverträgen, sondern darüber hinaus sogar für die Ablehnung der Fortsetzung eines befristeten Vertragshändlervertrages für notwendig erachtet. Wenngleich diese Rechtsansicht gesetzlich nicht kodifiziert und letztlich auch nicht Teil der jüngsten Schuldrechtsreform geworden ist, so wird deutlich, dass im japanischen Vertriebsrecht dem Kontinuitätsinteresse des Vertragshändlers eine vergleichsweise hohe Bedeutung beigemessen wird, hinter der die Vertragsfreiheit des Herstellers im Einzelfall zurücktreten kann. Diese Betonung des Kontinuitätsinteresses mag in der Historie und den Besonderheiten des japanischen Vertriebssystems begründet sein. Manufakturen bzw. Hersteller in Japan haben sich seit Jahrhunderten Vertragshändlern bedient, um Kunden in den logistisch schwierig zu erschließenden Gegenden Japans zu beliefern. Dies führte zu einer starken Marktmacht der Distributoren, die sich wiederum Unterhändlern bedienten. Innerhalb der Distributionskanäle, die typischerweise mehrere Unterhändler umfassen, bestehen nicht nur persönliche Beziehungen, sondern oftmals auch weitreichende gesellschaftsrechtliche Verbindungen wie gegenseitige Aktienbeteiligungen. Dies bedingt eine Kontinuität der vertraglichen Vertriebsstrukturen und damit auch eine entsprechende Berücksichtigung bei der rechtlichen Prüfung der einseitigen Beendigung eines Vertriebsvertrages.

§ 7 Patentrecht – Kraftfahrzeugfelgen III („BBS Car Wheels III")

Dirk Schüßler-Langeheine

Dieser Fall behandelt die Grundsätze des Patentrechts sowie das Konzept der Erschöpfung eines Patents im grenzüberschreitenden Kontext anhand des Sachverhalts, der dem Urteil des japanischen OGH v. 01.07.1997, Minshū 51/6/2299 - „BBS Car Wheels III/Kraftfahrzeugfelgen III"[1] zugrunde lag.

I. Fall

▶ Die Klägerin ist ein deutsches Unternehmen, das Autofelgen herstellt und Inhaberin zweier nationaler Patente, die zur selben Patentfamilie gehören (also die gleiche Erfindung betreffen) in Japan und Deutschland. Die Beklagten hatten patentierte Autofelgen in Deutschland gekauft, sie nach Japan exportiert und dort wieder verkauft. Auf den Felgen waren keine Hinweise auf Ein- oder Ausfuhrbeschränkungen durch die Klägerin angebracht.

Die Klägerin hält die Einfuhr und den Verkauf der Felgen in Japan für eine Verletzung ihres japanischen Patents und verlangt Unterlassung und Schadensersatz. ◀

II. Erschöpfung eines Patents nach deutschem Recht

Bei einem Rechtsstreit über die Verletzung eines Patents geht es in der Regel vor allem um die Frage, ob der Inhaber des Patents einem anderen verbieten kann, bestimmte Handlungen in Bezug auf ein Produkt vorzunehmen, die dem Patentinhaber vorbehalten sind. Voraussetzung dafür ist, dass das Produkt in den Schutzbereich des betreffenden Patents fällt. Gem. § 9 des deutschen Patentgesetzes darf ein patentiertes Produkt ohne die Erlaubnis des Patentinhabers nicht hergestellt, angeboten, benutzt, vermarktet oder zu diesen Zwecken besessen oder importiert werden.

In dem oben erläuterten Sachverhalt wurde das Produkt allerdings nicht von einem Dritten hergestellt und verkauft, sondern von der Patentinhaberin selbst, und von den Beklagten dann weiter verkauft. Es geht somit nicht um eine Patentverletzung durch Kopien oder sonstige eigene Produkte eines Dritten. Betrachtet man eine solche Situation zunächst bei Annahme eines rein nationalen Sachverhalts nach deutschem Recht, so stellt sich die Frage, ob ein Patentinhaber auch den weiteren Verkauf eines patentierten Produkts verbieten oder von einer Vergütung abhängig machen darf.

Das Patent ist ein **Eigentumsrecht an einer Erfindung**, das auf Antrag von staatlicher Stelle erteilt wird, wenn die Erfindung bestimmte Voraussetzungen erfüllt. Eine Erfindung ist eine technische Lehre, mittels derer eine technische Aufgabe durch technische Überlegungen gelöst wird. Die Erfindung muss neu sein, auf erfinderischer Tätigkeit beruhen und gewerblich anwendbar sein.

Das Recht des Patentinhabers, andere von der gewerblichen Nutzung seiner Erfindung auszuschließen, beruht auf dem Gedanken, ihn für die Veröffentlichung seiner Erfindung zu belohnen. Die Veröffentlichung bereits der Patentanmeldung ist weltweit ein wesentlicher Aspekt des Patentsystems. Davon erhofft man sich nicht nur den Aufbau einer umfassenden Dokumentation der technologischen Entwicklung, sondern auch

---

[1] Das Urteil ist in deutscher Übersetzung abgedruckt in GRUR Int. (1998), S. 168 ff. S. zudem für eine ausführlichere Darstellung des Falls und eingehendere Analyse die Kommentierung von *Schüßler-Langeheine* sowie *Heath*, in: Bälz et. al. (eds.), Business Law in Japan – Cases and Comments (2012), S. 382, 386 ff. bzw. 393 ff.

mehr Innovationen und einen größeren Fortschritt, weil andere angespornt werden, das gleiche Problem auf einem anderen Weg zu lösen. Diese Belohnung wird durch die Bedürfnisse der sozialen Marktwirtschaft begrenzt, die eine dauerhafte Abschottung bzw. Monopolisierung bestimmter Produkte von jeglicher Konkurrenz nicht befürwortet, da diese der Allgemeinheit zugutekommen sollen. Aus dem Grund hat ein Patent beispielsweise eine begrenzte Laufzeit von 20 Jahren ab seiner Anmeldung.

6 Dieser Gedanke der Abwägung mit dem Allgemeininteresse steht auch hinter dem Konzept der „Erschöpfung" eines Patents. Die Erschöpfung ist im deutschen Patentrecht nicht gesetzlich festgelegt, aber allgemein anerkannt. Nach diesem Konzept soll der Patentinhaber die erste Vermarktung seines Produkts frei bestimmen können, aber danach keinen Einfluss mehr auf das gewerbliche Schicksal seines Produkts haben, da er bereits belohnt ist. Man unterscheidet hier grundsätzlich zwischen nationaler, regionaler und internationaler Erschöpfung.

7 Würden die Beklagten die Felgen des Ausgangsfalls nur in Deutschland verkaufen, könnte die Patentinhaberin aufgrund der nationalen Erschöpfung ihrer Patentrechte ihnen dies nicht verbieten, da ihr Patentrecht durch das Inverkehrbringen des Produkts erschöpft wäre.

8 Um den Zusammenhalt des Binnenmarktes zu fördern, gilt in der Europäischen Union (EU) und dem Europäischen Wirtschaftsraum (EWR) für alle (nationalen) Patente zudem das Prinzip der regionalen Erschöpfung. Dies führt dazu, dass ein patentiertes Produkt, das vom Patentinhaber (oder mit seiner Zustimmung, beispielsweise mit einer Lizenz) auf den Binnenmarkt gebracht wurde, danach nicht nur im Land des Inverkehrbringens, sondern im gesamten EU/EWR-Raum frei handelbar ist und von Dritten beliebig oft gekauft und weiterverkauft werden kann, ohne dass der Patentinhaber dies verbieten könnte. Erst bei einem Verkauf in ein Drittland kann der Patentschutz wieder greifen, wenn ein Patent in dem Drittland besteht.

9 Die Patentinhaberin könnte mithin auch dann den Beklagten den Vertrieb der Felgen in Deutschland nicht verbieten, wenn die Felgen in einem anderen Mitgliedsstaat der EU bzw. des EWR von der Patentinhaberin auf den Markt gebracht worden wären und dann von den Beklagten nach Deutschland importiert würden, um dort verkauft zu werden.

10 Anders verhielte es sich jedoch im Falle einer spiegelbildlichen Situation zum Ausgangsfall: Das Inverkehrbringen eines Produktes außerhalb des EWR – also zum Beispiel in Japan – führt grundsätzlich nicht zur Erschöpfung deutscher Patentrechte. Aufgrund eines deutschen Patents könnte also der Patentinhaber den Import und Vertrieb eines Produktes unterbinden, das er zuvor selbst in Japan erstmals auf den Markt gebracht hat.

III. Erschöpfung eines Patents nach japanischem Recht

11 Das japanische Patentrecht weist starke Parallelen zum deutschen Recht auf. Das japanische Patentgesetz (*Tokkyo-hō*, Gesetz Nr. 121/1959) wurde ursprünglich nach dem Vorbild des deutschen Patentgesetzes entwickelt.

12 Das oben angesprochene Verbietungsrecht des Patentinhabers ist in Artikel 68 japanisches Patentgesetz geregelt, der dem Patentinhaber das ausschließliche Recht der gewerblichen Nutzung zuspricht. Er lautet in deutscher Übersetzung:

III. Erschöpfung eines Patents nach japanischem Recht § 7

Einem Patentinhaber gebührt das ausschließliche Recht, die patentierte Erfindung gewerblich zu nutzen (...).

Auch nach japanischem Recht dürfte die Klägerin Dritten den Verkauf solcher Autofelgen, die in den Schutzbereich ihres Patentes fielen, also grundsätzlich verbieten.

Nimmt man auch hier zunächst einen Sachverhalt an, der allein in Japan spielte (d.h. alle Käufe und Verkäufe fanden in Japan statt), stellt sich auch hier die Frage nach der Erschöpfung des japanischen Patents. Die Erschöpfung ist im japanischen Patentgesetz ebenso wenig ausdrücklich festgelegt wie im deutschen, wird aber allgemein als Rechtssatz akzeptiert. 13

Im eingangs dargestellten Urteil führt der japanische OGH dazu aus: 14

*„Soweit die patentierten Waren allerdings im Inland entweder durch den Patentinhaber oder mit seiner Zustimmung in Verkehr gebracht worden sind, **gilt das Patent als erschöpft, weil es seinen Zweck erfüllt hat**. Das Patentrecht erstreckt sich nicht auf nachfolgende Benutzungshandlungen wie den Verkauf oder Verleih patentierter Erzeugnisse."*
(OGH „Kraftfahrzeugfelgen III", GRUR Int. 1998, 168, 169).

Das Gericht leitet die Erschöpfung aus der oben dargestellten Berücksichtigung des Allgemeininteresses her und argumentiert dabei: 15

„Zum einen soll das Patentrecht die Interessen des Erfindungsschutzes und des öffentlichen Wohls miteinander in Einklang bringen. (...) Soweit für alle weiteren Verwertungshandlungen der patentierten Waren die Zustimmung des Patentinhabers erforderlich wäre, bedeutete dies eine beträchtliche Behinderung des Verkehrs, und der reibungslose Vertrieb patentierter Waren würde gestört."

Der OGH führt aus, dass dies nicht nur dem Interesse der Allgemeinheit, sondern letztlich auch dem Interesse des Patentinhabers an der Handelbarkeit seiner Waren widerspräche. 16

Zusätzlich stellt das Gericht auf die Übertragung aller Rechte des Patentinhabers bei Übereignung des Eigentums an einem patentierten Produkt ab, die auch das Patentrecht mitumfasse. So wird im Urteil ausgeführt:

„Weiterhin wird beim Verkauf körperlicher Gegenstände das Recht auf den Erwerbenden übertragen, der insoweit diejenigen Rechte erwirbt, die ursprünglich dem Übertragenden zustanden."

Zuletzt betont der OGH, dass eine unbeschränkte Gewährung des Patentrechts den Zielen des Patentgesetzes zuwiderliefe,

„die erfinderische Tätigkeit dadurch anzuspornen, dass ihr Schutz und ihre Verwertung gefördert und hierdurch zur industriellen Entwicklung im Ganzen beigetragen wird."
(Artikel 1 japanisches Patentgesetz)

Auf der anderen Seite stünde zwar das Interesse des Patentinhabers,

„dadurch, dass er seine Erfindung der Öffentlichkeit zugänglich macht, eine angemessene Vergütung durch den Verkauf patentierter Waren oder die Vergabe von Gebrauchslizenzen und die Erlangung von Lizenzgebühren zu bekommen. Um insoweit die wirtschaftlichen Interessen des Patentinhabers zu schützen, (...) scheint es nicht nötig, diesem

oder einem Lizenznehmer Rechte einzuräumen, die über das erstmalige Inverkehrbringen hinausgehen. Den Patentinhaber an weiteren Verwertungshandlungen zu beteiligen hieße, ihm einen nicht erforderlichen doppelten Gewinn zu verschaffen" (OGH „Kraftfahrzeugfelgen III", GRUR Int. 1998, 168, 169).

17 In einem reinen Inlandsfall ist demnach auch ein japanisches Patentrecht ohne Weiteres erschöpft, wenn der Patentinhaber ein patentiertes Produkt auf den Markt bringt oder der Vermarktung eines Dritten zustimmt. Die Klägerin hätte auch dann den Beklagten den Weiterverkauf der Felgen nicht verbieten können, wenn sie die Felgen in Japan auf den Markt gebracht hätte, weil ihr Patentrecht erschöpft wäre. Insoweit stimmte der OGH mit den beiden vorherigen Instanzen überein.

IV. Grundsatz der Territorialität und die Lösung des Falls durch den OGH

18 Der Sachverhalt wies allerdings die Besonderheit auf, dass die Felgen von der Klägerin zwar in Deutschland vertrieben wurden, die Beklagten sie jedoch nach Japan exportiert hatten und dort verkauften. Die Handlungen der Beklagten erstreckten sich also über mehrere Länder und der Sachverhalt wies einen grenzüberschreitenden Bezug auf.

19 Das Patentrecht ist vom **Grundsatz der Territorialität** geprägt. Dieser besagt, dass ein Patent nur in dem Land Wirkungen erzielen kann, in dem es erteilt wurde. Gleichzeitig hat die Bewertung über die Wirkungen eines jeden nationalen Patents eigenständig zu erfolgen und die Entscheidung hierüber in einem Staat hat grundsätzlich keinen Einfluss auf die in einem anderen Land.

20 In einem Fall mit grenzüberschreitendem Bezug stellt sich die Frage, ob Erschöpfung auch international gelten soll. Dann wäre ein inländisches Patent hinsichtlich eines Produkts erschöpft, das im Ausland vom Patentinhaber oder mit seiner Zustimmung auf den Markt gebracht wurde, dann von einem Dritten importiert und anderweitig gewerblich genutzt wird. Dass eine solche regional begrenzte Erschöpfung innerhalb der EU und dem EWR anerkannt ist, wurde bereits ausgeführt. Doch für Japan gibt es keinen vergleichbaren internationalen Binnenmarkt, so dass sich dort die Frage der internationalen Erschöpfung unabhängig vom Herkunftsland stellt.

21 Auch im internationalen Kontext stellt der OGH in der Entscheidung „Kraftfahrzeugfelgen III" die Warenverkehrsfreiheit als wichtiges Schutzgut in der Abwägung mit den Interessen des Patentinhabers heraus, weil diese ebenfalls die Entwicklung vorantreibe und damit letztlich ein Ziel verwirklicht, dem auch das Patentrecht dient.

22 Mit dieser Argumentation hatte das Berufungsgericht im konkreten Fall den Grundsatz der internationalen Erschöpfung bejaht. Die Klage wurde deswegen abgewiesen.

Der Grundsatz der internationalen Erschöpfung schränkt den Wert eines nationalen Patents allerdings deutlich ein, was sich auf die Belohnungsfunktion auswirkt.

23 Dies wird insbesondere dann deutlich, wenn man die internationale Erschöpfung auch dann annimmt, wenn das Produkt in einem Staat auf den Markt gebracht wird, in dem kein Patentschutz besteht. Denn dann kommt dem Patentinhaber keine Belohnung für die Veröffentlichung seiner Erfindung zugute, weil er den Markt mit Konkurrenten teilen muss.

24 Doch selbst wenn in dem ausländischen Staat Patentschutz besteht, ist eine vergleichbare Belohnung des Patentinhabers nicht gewährleistet. So kann beispielsweise der Marktpreis in verschiedenen Ländern aufgrund eines Preisgefälles für das gleiche pa-

tentierte Produkt erheblich auseinanderfallen. Deswegen kann das Inverkehrbringen in einem anderen Land, sowohl aus japanischer wie auch aus deutscher Sicht, nicht ohne Weiteres als eine Verwertung bereits des inländischen Patents gesehen werden. Das Urteil des Berufungsgerichts ist deshalb stark kritisiert worden. Patente werden als ein wichtiges Recht zum Schutz der japanischen Wirtschaft empfunden.

Der **OGH** vertrat in seinem Urteil daher eine vermittelnde Ansicht. Er legte fest, dass grundsätzlich das Recht auf die Einfuhr nach Japan von dem Übertragungsvorgang des Eigentums im Ausland im Grundsatz mit umfasst sei, ebenso wie der Gebrauch sowie die Weiterübertragung in Japan. Eine Anwendung dieses Grundsatzes kann der Patentinhaber nach der Entscheidung des OGH aber vermeiden, indem er mit seinem Abnehmer eine Beschränkung zum Zeitpunkt der Übertragung der Produkte vereinbart und – zur Erstreckung der Beschränkungswirkung auf weitere in der Vertriebskette Beteiligte – einen entsprechenden Hinweis auf den Produkten selbst anbringt.

Waren sich Übertragender und Erwerber im Zeitpunkt der Übertragung des Eigentums darüber einig, dass das Produkt nicht nach Japan exportiert werden dürfe und werde eine solche Beschränkung auf den Produkten vermerkt, so gelte diese Beschränkung auch für alle nachfolgenden Vertriebsstufen. Eine Erschöpfung des Patentrechts in Japan tritt in solchen Fällen nicht ein.

Das Urteil des OGH wurde von Teilen der Literatur dahingehend interpretiert, dass eine internationale Erschöpfung von Patenten in Japan durch eine Vermarktung des patentierten Produkts im Ausland eintritt. Danach wäre jedoch eine vertragliche Beschränkung hinsichtlich des Imports nach Japan irrelevant, denn der Patentinhaber könnte sich auf sein Patentrecht in Japan aufgrund der Erschöpfung nicht mehr berufen.

Dies ist ersichtlich nicht der Fall, denn der OGH hat dem Patentinhaber die Möglichkeit der vertraglichen Beschränkung eines Imports nach Japan ausdrücklich eröffnet. Aus diesem Grund handelt es sich dogmatisch keineswegs um internationale Erschöpfung im engeren Sinne, sondern um die Anwendung des **Konzepts der „impliziten Lizenz."**

Dieses Konzept wurde im englischen Rechtskreis (engl. *implied license*) anstelle der Erschöpfung entwickelt. Während die Erschöpfung als gesetzliche Beschränkung des Patentrechts ausgestaltet ist, fußt die implizite Lizenz auf der Annahme, dass der Patentinhaber dem Erwerber mit Übertragung des Eigentums an einem patentierten Produkt implizit eine Lizenz am Patent einräumt. Aufgrund der vertraglichen Herleitung der impliziten Lizenz ist, im Gegensatz zur Erschöpfung, hier ohne Weiteres eine Beschränkung durch den Patentinhaber möglich.

Nach dem vom OGH entwickelten Konzept tritt danach an einem japanischen Patent im nationalen Kontext Erschöpfung ein, während im internationalen Kontext eine implizite Lizenz begründet wird. Danach ist der Import nach Japan vertraglich beschränkbar. Durch eine entsprechende Kennzeichnung der Waren erhält der Patentinhaber die Möglichkeit, die Beschränkung auch im weiteren Vertrieb des Produkts auszuschließen.

Erfolgt keine ausdrückliche Beschränkung des Imports und wird diese nicht durch Kennzeichnung der Produkte auf den weiteren Vertrieb ausgedehnt, wird angenommen, dass eine unbeschränkte implizite Lizenz gewährt wurde, die die Befugnis zum Import und der weiteren gewerblichen Verwertung der Produkte in Japan mit einschließt. Zudem wird ohne Kennzeichnung der Waren eine weitere Partei die Produkte im Zweifel unbeschränkt erwerben. Dann kann der Patentinhaber eine weitere Nutzung und Weiterveräußerung in Japan nicht verbieten. Ohne Brüche zur bisherigen Dogmatik der Erschöpfung von Patenten erfolgt die Einführung des Konzepts der impliziten Lizenz nicht.[2] Sie ist vielmehr pragmatisch auch als Ausdruck einer generell positiveren Haltung gegenüber Parallelimporten zu verstehen,[3] die von der deutschen Rechtsprechung über die Grenzen des Europäischen Wirtschaftsraums hinaus so nicht geteilt wird.[4]

32   Im vorliegenden Fall erfolgte keine Beschränkung der Lizenz und die Felgen waren nicht gekennzeichnet. Deswegen konnte die Klägerin den Import und Weiterverkauf durch die Beklagten nicht verbieten. Die Klage wurde abgewiesen.

---

[2] S. ausführlich *Schüßler-Langeheine* (Fn. 1), S. 386, 391 ff.
[3] *Heath* (Fn. 1), S. 393, 397.
[4] Vgl. die explizite Bezugnahme auf den vorliegenden Fall in BGH GRUR Int. (2000), S. 635, 637 – sog. *„Karate"*-Entscheidung.

§ 8 Familienrecht

Gregor Stevens

I. Fall

▶ Der 36 Jahre alte M ist seit 8 Jahren mit F verheiratet und hat mit ihr die 5 Jahre alte Tochter K. Die Familie lebt in Tokio. F war während der Ehe nicht berufstätig. M hat durchgehend als Angestellter gearbeitet und zuletzt jährlich 4.000.000 JPY (etwa 30.000 EUR) verdient.

Seit 2 Jahren trifft sich M regelmäßig mit der Geliebten G. Als F hiervon zufällig erfährt, nachdem sie sich in einem unbeobachteten Moment die Mitteilungen auf dem Mobiltelefon des M durchliest, will sie sich scheiden lassen.

M räumt den Fehltritt ein, lehnt aber eine Scheidung ab. Auch hinsichtlich der Folgen der Scheidung kommt es zu keiner Einigung mit M.

F klagt vor dem Familiengericht in Tokio und verlangt neben einer Vermögensteilung auch Pensionsansprüche, das (alleinige) Sorgerecht für K, Unterhalt und Schmerzensgeld in Höhe von 6.000.000 JPY (umgerechnet etwa 43.000 EUR) wegen des Verhältnisses zwischen M und G von beiden.

Im Prozess verteidigt sich G damit, nichts von der Ehe zwischen F und M gewusst zu haben. M behauptet das Gegenteil. ◀

II. Vorbemerkung zum einschlägigen japanischen Recht

Das japanische Familienrecht wird bis heute vom ursprünglichen Familienverständnis und der historischen Einordnung in patriarchalische Familieneinheiten beeinflusst. Nach diesem sogenannten „**Haussystem**", wie es im ersten japanischen Zivilgesetzbuch von 1898 geregelt war, hatten die als „Häuser" bezeichneten Familieneinheiten jeweils einen Hausherrn, der über die Zugehörigkeit zum Haus und den Aufenthaltsort der Hausangehörigen bestimmte und dessen Zustimmung bei der Eheschließung erforderlich war. Das Hauserbrecht war an die Zugehörigkeit zu einem solchen „Haus" geknüpft.[1]

Nach dem 2. Weltkrieg entsprach dieses Familienrechtsverständnis nicht mehr den Vorgaben der japanischen Verfassung von 1946, welche mit Art. 14 Abs. 1 und Art. 24 Abs. 2 die Gleichberechtigung festlegt. Dies führte zur Reform des japanischen Zivilgesetzbuches (nachfolgend: ZG) im Jahr 1947. Die erb- und familienrechtlichen Vorschriften wurden damals grundlegend geändert, später aber lange nicht mehr weiter an die gesellschaftlichen Entwicklungen angepasst. Erst in jüngster Zeit drängten mehrere Gesetzesänderungen die gesetzlich weiterhin normierten Ungleichbehandlungen von Mann und Frau etwas zurück. Das japanische Recht legt derzeit noch fest, dass die elterliche Gewalt und Sorge nach der Scheidung nur durch einen der Partner allein fortgeführt werden kann. Eine Ehe zwischen Partnern gleichen Geschlechts kennt das japanische Recht (noch) nicht. In der Rechtsprechung[2] hat sich ein sehr weit

---

[1] Dazu vertiefend: *Nishitani*, Kindschaftsrecht in Japan – Geschichte, Gegenwart und Zukunft –, ZJapanR/J.Japan.L. 37 (2014), S. 77 ff.
[2] Schon seit 1915 durch Reichsgericht (daishin'in, Urteil vom 26.01.2015, min-roku 21,49), Leitentscheidung inzwischen: OGH, Urteil vom 11.04.1958 (minshū 12 (5) 789); für eine geschützte eheähnliche Beziehung

reichender Schutz von eheähnlichen Beziehungen („naien") durchgesetzt, der nach neuester Entscheidung auch gleichgeschlechtlichen Paaren zuzubilligen sein soll[3]. Im japanischen Familienrechtsprozess gilt der Grundsatz der Amtsermittlung.

Das Familienrecht ist im Vierten Buch des ZG geregelt.

Zur Ehe enthält das ZG unter anderem folgende Regelungen:

> *„Art. 731 ZG*
>
> *Eine Ehe kann nicht vor Vollendung des achtzehnten Lebensjahres eingegangen werden."*[4]
>
> *„Art. 753 ZG*[5]
>
> *Minderjährige gelten mit der Eheschließung als volljährig."*
>
> *„Art. 732 ZG*
>
> *Eine verheiratete Person darf keine weitere Ehe eingehen."*
>
> *„Art. 733 ZG*[6]
>
> *(1) Eine Frau darf nach Auflösung oder Aufhebung der früheren Ehe erst wieder heiraten, wenn 100 Tage*[7] *verstrichen sind.*
>
> *(2) Die Regelung des Abs. 1 gilt nicht, wenn*
>
> *1. die Frau im Zeitpunkt der Auflösung oder Aufhebung der früheren Ehe nicht schwanger war*
>
> *2. die Frau nach Auflösung oder Aufhebung der früheren Ehe entbindet."*

Eine entgegen dieser Bestimmung eingegangene Ehe ist anfechtbar, Art. 746 ZG[8]. Verstöße gegen diese Vorschrift führen auch zur Rechtsfolge des Art. 773 ZG (s.u.). Weiter heißt es:

---

sollen ein „Wille zur Eheschließung", und ein „Zusammenleben wie ein verheiratetes Paar, aufrichtig, ehrlich und klar" von mindestens 3 Jahren erforderlich sein.

3 OLG Tōkyō, Urteil vom 04.03.2020 (hanrei-jihō 2473,47), bestätigt durch OGH mit Beschluss vom 17.03.2021 (LEX/DB 25569621).

4 Regelung in Kraft seit 01. April 2022, zuvor unterschiedliche Mindestalter für Frauen (16 Jahre) und Männer (18 Jahre).

5 Regelung tritt am 31.03.2024 als gegenstandslos (vgl. dazu Fn. 4) außer Kraft gem. Gesetz Nr. 59 (2018).

6 Die Regelung soll gemäß Minpō tō no ichibu o kaisei suru hōritsu, Gesetz Nr. 102 (2022) vom 10. Dezember 2022 bis spätestens zum 10.06.2024 (genauer Zeitpunkt ist noch durch Kabinettsbeschluss zu bestimmen und bislang - Stand 28.11.2023 - nicht bestimmt) vollständig abgeschafft werden, s. auch Fn. 7.

7 Bis 06. Juni 2016: „*„...vor Ablauf von sechs Monaten...",* geändert durch Gesetz Nr. 71 (2016) vom 07.06.2016, nachdem OGH die alte Regelung für teilweise verfassungswidrig hielt, OGH, Urteil vom 16.12.2015 in Hanrei Jihō 2284 (2016) S. 25 ff., vgl. dazu vertiefend: *Koziol,* Befristetes Wiederverheiratungsverbot für Frauen und Verbot der Führung getrennter Nachnamen für Ehepartner, ZJapanR/J.Japan.L. 43 (2017), S. 51 ff.

8 Auch diese Regelung soll gem. Gesetz Nr. 102 (2022) vom 10. Dezember 2022 bis spätestens zum 10.06.2024 abgeschafft werden, vgl. Fußnote 6; bislang kann die Anfechtung innerhalb von 100 Tagen nach Aufhebung der ersten Ehe (Art. 746 ZG) durch alle Ehegatten (auch den früheren, Art. 744 Abs. 2 ZG), Verwandte oder die Staatsanwaltschaft (Art. 744 Abs. 1 ZG) erfolgen, jedoch nicht mehr nach einer erneuten Schwangerschaft (Art. 746 ZG) und nicht mehr durch die Staatsanwaltschaft nach dem Tod eines Ehegatten (Art. 744 Abs. 1 ZG).

II. Vorbemerkung zum einschlägigen japanischen Recht § 8

„Art. 750 ZG[9]

Der Ehegatte und die Ehefrau nehmen gemäß der bei der Eingehung der Ehe geschlossenen Vereinbarung den Familiennamen des Mannes oder der Frau an."

„Art. 752 ZG

Die Ehegatten sind zum Zusammenleben, zum Zusammenwirken und zur gegenseitigen Unterstützung verpflichtet."

Das gesetzliche Güterrecht ergibt sich aus folgenden Bestimmungen:

„Art. 760 ZG

Die Ehegatten teilen sich die Kosten des ehelichen Lebens nach Maßgabe ihres Vermögens, ihres Einkommens und aller sonstigen Umstände."

„Art. 762 ZG

(1) Das Vermögen, das einem Ehegatten vor der Eheschließung gehört hat, sowie das Vermögen, das er während der Ehe im eigenen Namen erworben hat, ist sein Sondervermögen.

(2) Ist ungewiss, ob ein Vermögensgegenstand dem Mann oder der Frau gehört, so wird vermutet, dass er im Miteigentum beider Ehegatten steht."

Die Ehescheidung wird in den Art. 763 ff. ZG geregelt:

„Art. 763 ZG

Die Ehegatten können die Ehe einverständlich scheiden."

„Art. 766 ZG

(1) Im Falle der einverständlichen Scheidung haben sich die Ehegatten über die Person, die für die Kinder sorgen soll (…) zu einigen. Dabei ist das Kindeswohl zu berücksichtigen.

(2) Wird eine Einigung nicht erzielt oder ist sie unmöglich, so entscheidet darüber das Familiengericht.

(3)…"

„Art. 768 ZG

(1) Ein Ehegatte, dessen Ehe einverständlich geschieden worden ist, kann von dem anderen Ehegatten die Aufteilung des Vermögens verlangen.

(2) Wird eine Einigung über die Aufteilung des Vermögens gemäß der Bestimmung des vorigen Absatzes nicht erzielt oder ist sie unmöglich, so kann jede Partei stattdessen eine entsprechende Anordnung des Familiengerichts beantragen, es sei denn, dass seit der Eheschließung zwei Jahre vergangen sind.

(3) Im Falle des vorigen Absatzes bestimmt das Familiengericht, ob das von den beiden Parteien gemeinschaftlich erworbene Vermögen unter Berücksichtigung seines Wertes und aller sonstigen Umstände eine Aufteilung zulässt, und, falls eine Aufteilung möglich ist, den Betrag und die Art der Aufteilung."

---

9 Vom OGH mit Entscheidung vom 16.12.2015 (Hanrei Jihō 2284 (2016) S. 43 ff.) für verfassungsgemäß befunden, vgl. dazu vertiefend: *Koziol*, Befristetes Wiederverheiratungsverbot für Frauen und Verbot der Führung getrennter Nachnamen für Ehepartner, ZJapanR/J.Japan.L. 43 (2017), S. 63 ff.

Mindestens 80 % aller Ehescheidungen in Japan werden entsprechend der Art. 763 ff. ZG „einvernehmlich" abgewickelt.[10] Insoweit reichen übereinstimmende schriftliche (oder sogar mündliche) Erklärungen (sog. „Privatscheidung nach japanischem Recht"[11]) gegenüber dem zuständigen Bezirksamt aus, Art. 764, 739 ZG (zur Besonderheit des Art. 765 ZG s. u.). Gerichtliche, mithin streitige Scheidungen sind aus mehreren Gründen unbeliebt. Neben den höheren Kosten eines Gerichtsverfahrens liegt ein Nachteil des gerichtlichen Verfahrens darin, dass einer der in Art. 770 ZG normierten Scheidungsgründe darzulegen und zu beweisen ist. Dies gelingt oft nicht ohne emotional aufgeladene Beweisaufnahmen, in denen teilweise Details aus dem Intimbereich an die Öffentlichkeit gezerrt werden. Eine einvernehmliche Scheidung hingegen kann ohne Angabe von Gründen durchgeführt werden. Der erhöhten Missbrauchsgefahr wird mit der Möglichkeit der Hinterlegung einer familienrechtlichen Schutzschrift („Antrag auf Nichtannahme der Scheidungsanmeldung in Abwesenheit") bei dem das Familienregister führenden Bezirksamt nach Art. 27-2 Absatz 3 des Familienregistergesetzes ("koseki-hō", s. dazu Fußnote 15) begegnet.

> „Art. 770 ZG
>
> (1) Ein Ehegatte kann nur in den folgenden Fällen Klage auf Scheidung erheben:
>
> 1. Wenn der andere Ehegatte Ehebruch begangen hat,
> 2. Wenn er von dem anderen Ehegatten böswillig verlassen worden ist,
> 3. Wenn es für die Dauer von mindestens drei Jahren ungewiss ist, ob der andere Ehegatte lebt,
> 4. Wenn der andere Ehegatte von einer schweren Geisteskrankheit befallen ist und keine Aussicht auf Heilung besteht,
> 5. Wenn andere schwerwiegende Gründe vorliegen, die eine Fortführung der Ehe für ihn unzumutbar werden lassen.
>
> (2) Auch wenn einer der im vorigen Absatz unter Nr. 1 bis 4 bezeichneten Gründe vorliegt, kann das Gericht den Antrag auf Ehescheidung zurückweisen, wenn es die Fortführung der Ehe unter Berücksichtigung aller Umstände für angemessen hält."
>
> „Art. 771 ZG
>
> Die Art. 766 bis einschließlich 769 sind auf die gerichtliche Scheidung entsprechend anzuwenden."

Der Ehebruch ist in Japan nicht nur Scheidungsgrund für eine gerichtliche (streitige) Scheidung (Art. 770 Abs. 1 Nr. 1 ZG), sondern darüber hinaus auch zivilrechtswidrig. Die japanische Rechtsprechung bringt insoweit die Vorschriften zur unerlaubten Handlung zur Anwendung:

> „Art. 709 ZG
>
> Wer vorsätzlich oder fahrlässig Rechte oder gesetzlich geschützte Vorteile eines anderen verletzt, ist zum Ersatz des daraus entstandenen Schadens verpflichtet."

---

10 Dazu genauer: *Nishitani*, Kindschaftsrecht in Japan – Geschichte, Gegenwart und Zukunft –, ZJapanR/J.Japan.L. 37 (2014), S. 93 f.
11 Zur Anerkennungsfähigkeit in Deutschland vgl. KG Berlin, Beschluss vom 3. November 2020 – 1 VA 1010/20 –.

II. Vorbemerkung zum einschlägigen japanischen Recht § 8

Verletztes Schutzgut ist dabei die „Familienharmonie". Damit kommen sowohl der untreue Ehepartner, als auch dessen Geliebte(r) als Anspruchsgegner in Betracht. Diese haften als Gesamtschuldner.

> *„Art. 432 ZG*
>
> *Schulden mehrere eine Leistung als Gesamtschuldner, so kann der Gläubiger die Leistung entweder von einem oder von allen Schuldnern gleichzeitig oder nacheinander ganz oder teilweise verlangen."*

Zur Vaterschaft bestimmt das japanische Gesetz Folgendes:

> *„Art. 772 ZG*[12]
>
> *(1) Es wird vermutet, dass ein von der Ehefrau während der Ehe empfangenes Kind das Kind des Ehemanns ist.*
>
> *(2) Ist ein Kind 200 Tage nach der Eheschließung oder innerhalb von 300 Tagen nach der Auflösung oder Aufhebung der Ehe geboren, so wird vermutet, dass es während der Ehe empfangen worden ist."*

> *„Art. 773 ZG*
>
> *Ist eine Frau, die sich entgegen der Vorschrift des Art. 733 Abs. 1 wiederverheiratet hat, von einem Kind entbunden worden, und kann der Vater nicht gemäß der Vorschrift des vorigen Artikels bestimmt werden, so wird die Vaterschaft vom Gericht bestimmt."*

> *„Art. 774 ZG ZG*[13]
>
> *Im Falle des Art. 772 kann der Ehemann die Ehelichkeit des Kindes anfechten."*

> *„Art. 777 ZG*[14]
>
> *Die Anfechtungsklage muss binnen einem Jahr erhoben werden, nachdem der Ehemann von der Geburt des Kindes Kenntnis erlangt hat."*

Zur elterlichen Gewalt ist geregelt:

> *„Art. 818 ZG*
>
> *(1) Das noch nicht volljährige Kind steht unter der elterlichen Gewalt des Vaters und der Mutter.*
>
> *(2) (…)*
>
> *(3) Während der Ehe der Eltern wird die elterliche Gewalt von beiden gemeinschaftlich ausgeübt. (…)"*

> *„Art. 819 ZG*
>
> *(1) Wird die Ehe zwischen dem Vater und der Mutter einverständlich geschieden, so haben sie sich darüber zu einigen, welchem Elternteil die elterliche Gewalt zustehen soll.*

---

[12] Auch hier sind ergänzende Regelungen für den Fall einer wiederverheirateten Frau gem. Gesetz Nr. 102 (2022) vom 10. Dezember 2022 beschlossen, vgl. Fn. 6.

[13] Auch hier sind ergänzende Regelungen gem. Gesetz Nr. 102 (2022) vom 10. Dezember 2022 beschlossen, vgl. Fn. 6, wobei insbesondere auch das Anfechtungsrecht des Kindes (welches durch die sorgeberechtigte Mutter ausgeübt werden kann) und der Mutter, eingeführt werden soll.

[14] Die mit Gesetz Nr. 102 (2022) vom 10. Dezember 2022 beschlossene Neuregelung (vgl. Fn. 6) sieht hier eine Frist von 3 Jahren ab den relevanten Kenntniszeitpunkten (Ehemann und Ex-Mann: ab Kenntnis von der Geburt, Mutter und Kind: ab Geburt) für die jeweiligen Anfechtungsberechtigten vor.

> *(2) Im Falle der gerichtlichen Scheidung der Ehe bestimmt das Gericht, welchem Elternteil die elterliche Gewalt zustehen soll.*
>
> *(3) …*
>
> *(4) …*
>
> *(5) Wird eine Einigung gemäß den Bestimmungen der Absätze 1 (…) nicht erzielt oder ist sie unmöglich, so entscheidet das Familiengericht auf Antrag eines der Elternteile.*
>
> *(6) Wenn es im Interesse des Kindes erforderlich erscheint, kann das Familiengericht die elterliche Gewalt auf Antrag eines Verwandten des Kindes von einem Elternteil auf den anderen übertragen."*

Bemerkenswert ist dabei, dass gemäß Art. 765 ZG eine außergerichtliche Scheidung ohne gleichzeitige Einigung nach Art. 819 Abs. 1 ZG über das Sorgerecht für gemeinsame Kinder von der zuständigen Behörde nicht zur Anmeldung zum Familienregister (Art. 739 ZG) entgegen genommen wird, die Scheidung aber gleichwohl wirksam ist (Art. 765 Abs. 2 ZG).

Obwohl für den vorliegenden Fall nicht relevant, zeigt die Bestimmung des Art. 822 ZG a.F. (in Kraft bis zum 15.12.2022) anschaulich, aus welcher Epoche das Verständnis von Erziehung und Familie[15] stammt, welches bei Erlass des Gesetzes zugrunde lag:

> *„Art. 822 ZG a.F. (bis 15.12.2022)*
>
> *(1) Der Inhaber der elterlichen Gewalt darf, soweit es notwendig ist, das Kind züchtigen oder es mit Genehmigung des Familiengerichts in einer Züchtigungsanstalt unterbringen.*
>
> *(2) (…)"*

Seit dem 16.12.2022 gilt diese Bestimmung nicht mehr. Art. 822 ZG regelt nun den Wohnsitz des Kindes, während Art. 821 ZG inzwischen anordnet, dass Eltern ihre Kinder altersgerecht und unter Achtung der Persönlichkeit des Kindes zu erziehen haben.

Die Art. 877 ff. ZG betreffen den Unterhalt:

> *„Art. 877 ZG*
>
> *(1) Blutsverwandte in gerader Linie und Geschwister sind verpflichtet, einander Unterhalt zu gewähren.*
>
> *(2) (…)*
>
> *(3) (…)"*
>
> *„Art. 878 ZG*
>
> *Sind mehrere Personen unterhaltspflichtig und kann über die Reihenfolge, in der die Unterhaltspflichtigen den Unterhalt zu leisten haben, keine Einigung erzielt werden oder ist sie unmöglich, so bestimmt das Familiengericht die Reihenfolge. Sind mehrere Personen*

---

15 In diesem Zusammenhang kann das bis heute geführte „Familienstammbuch" (koseki) nicht unerwähnt bleiben, welches als Rudiment des früheren Haussystems erhalten blieb und in engem Bezug zum Namensrecht und zum Staatsbürgerschaftsrecht steht. Die detaillierte Darstellung der hierzu ergangenen Regelungen („koseki-hō", Gesetz Nr. 24/1947) und der Bedenken hinsichtlich der Vereinbarkeit mit Art. 14 Abs. 1, Art. 24 Abs. 2 der japanischen Verfassung führt hier aber zu weit.

unterhaltsberechtigt und reichen die Mittel des Unterhaltspflichtigen nicht zum Unterhalt aller Berechtigten aus, so gilt das Gleiche für die Reihenfolge der Unterhaltsberechtigten."

III. Behandlung des Falls nach japanischem Recht

Im hier dargestellten Fall müsste sich F an das Familiengericht wenden. Hinsichtlich der Scheidung und der Scheidungsfolgen ist ein förmliches Klageverfahren erst nach erfolglosem Abschluss eines Schlichtungsverfahrens möglich, Art. 257 Abs. 1, Art. 244 FamVG[16].

Das Schlichtungsverfahren wird entweder vor einem Familienrichter als Schlichtungsrichter[17] oder vor einem Schlichtungskomitee bestehend aus einem Schlichtungsrichter und mindestens zwei Schlichtungskommissaren[18] durchgeführt. Sofern die Schlichtung erfolgreich ist, wird das Verfahren durch einen vollstreckbaren gerichtlichen Vergleich beendet (Art. 268 Abs. 1 FamVG). Scheitert die Schlichtung, so endet das Verfahren ohne Ergebnis (Art. 272 Abs. 1 FamVG), eröffnet dem Antragsteller aber die Möglichkeit des ordentlichen Klageverfahrens vor dem Familiengericht nach dem Personenstandsverfahrensgesetz[19] (nachfolgend: PVG). Nach erfolgloser Schlichtung kann das Familiengericht allerdings (nach Anhörung der Schlichtungskommissare, Art. 284 Abs. 2 FamVG) gemäß Art. 284 FamVG eine Entscheidung anstelle eines Vergleichs (in der Literatur auch unter dem Begriff "Zwangsschlichtung" behandelt) treffen, gegen die jede Partei Einspruch binnen zwei Wochen (Art. 286, Art. 279 Abs. 2 FamVG) erheben kann. Besteht zwischen den Parteien hingegen nach der Schlichtung weitgehende Einigkeit und sind nur noch Randfragen strittig, so kann das Familiengericht (ebenfalls nach Anhörung der Schlichtungskommissare, Art. 277 Abs. 3 FamVG) eine Entscheidung gleich einem Vergleich gemäß Art. 277 FamVG fällen, welche ebenfalls mit Einspruch binnen zwei Wochen angegriffen werden kann (Art. 279 FamVG).

Soweit eine Schlichtung in den Fällen des Annex II des FamVG (dieser Anhang umfasst vor allem die Scheidung und Scheidungsfolgen) scheitert, kann das Familiengericht die Streitigkeit in das förmliche Beschlussverfahren nach Art. 39 ff. FamVG überleiten, um zu einer familiengerichtlichen Entscheidung durch Beschluss zu gelangen. An diesem Verfahren sind jeweils zwei Laien als Ratgeber für das Gericht beteiligt,[20] die das Gericht aus besonders erfahrenen und angesehenen Bürgern auswählt. Gegen einen Beschluss im Rahmen dieses Verfahrens ist die Berufung zum Oberlandesgericht statthaft.

---

16 Kaji jiken tetsuzuki-hō Gesetz Nr. 52 (2011), zuletzt geändert durch Gesetz Nr. 48 (2022).
17 Es muss sich dabei nicht um einen Berufsrichter handeln, vielmehr gibt es für Rechtsanwälte unter bestimmten Voraussetzungen die Möglichkeit, zum Teilzeitschlichtungsrichter für die Dauer von 2 Jahren ernannt zu werden (Chōtei-kan).
18 Dabei handelt es sich um juristische Laien (zwingend jeweils ein Mann und eine Frau), die als Personen von „großer Einsicht und gutem Charakter mit reichhaltigen Kenntnissen und Erfahrungen des sozialen Lebens" aus der Bevölkerung ausgewählt werden (vgl. Guide to the Family Court of Japan 2021, S. 13, verfügbar unter: https://www.courts.go.jp/english/vc-files/courts-en/Material/Guide_to_the_Family_Court_of_Japan_revised_edition_2022.pdf.
19 Jinji soshō-hō, Gesetz Nr. 109 (2003).
20 Erstaunlicherweise soll so sichergestellt werden, dass „gesunder Menschenverstand" bei der gerichtlichen Entscheidung Beachtung findet (vgl. Guide to the Family Court of Japan 2021 (Fn. 18), S. 13).

1. Zulässigkeit

4   Die Klage der F ist unter der Voraussetzung einer vorherigen erfolglosen Schlichtung (s.o.) zulässig.

Zuständig ist das Familiengericht Tokio, wie sich aus den im Folgenden dargestellten Vorschriften ergibt.

Soweit F die Scheidung begehrt, ergibt sich die Zuständigkeit am gemeinsamen Wohnsitz aus Art. 4 Abs. 1 des PVG. Das Gericht soll gemäß Art. 32 PVG auf Antrag grundsätzlich im Scheidungsurteil die Scheidungsfolgen mitregeln. Unabhängig davon gilt aber für die Zuständigkeit Folgendes:

In Bezug auf die Vermögensteilung richtet sich die Zuständigkeit nach Art. 150 Abs. 5 i.V.m. Annex II Nr. 4 FamVG. Danach ist das Gericht am Wohnort jedes ehemaligen Ehepartners zuständig.

Hinsichtlich des Sorgerechts ist das Gericht am Wohnsitz des Kindes zuständig, Art. 167 i.V.m. Annex II Nr. 8 FamVG.

Für die Frage des Kindesunterhalts ergibt sich die Zuständigkeit aus Art. 182 i.V.m. Annex I Nr. 84 FamVG am Wohnsitz des Unterhaltspflichtigen.

Ausdrücklich geregelt ist auch die Zuständigkeit des Familiengerichts am Wohnort des Antragstellers oder des Antragsgegners für die Frage des Versorgungsausgleichs nach Art. 233 Abs. 1 i.V.m. Annex II Nr. 15 FamVG.

Soweit F Schadensersatz auch von G verlangt, wären grundsätzlich die ordentlichen Gerichte zuständig. Jedoch kann ein solcher Anspruch gemäß Art. 17 PVG auch direkt vor dem zuständigen Familiengericht anhängig gemacht werden, oder, wenn er bereits bei den ordentlichen Gerichten anhängig war, gemäß Art. 8 Abs. 1 PVG auf Antrag in erster Instanz an das Familiengericht abgegeben werden.

2. Begründetheit

5   Die Klage der F ist überwiegend begründet.

F verfolgt hier mehrere Ansprüche.

Einerseits begehrt sie die Scheidung selbst, wünscht sich daneben aber bestimmte Scheidungsfolgen und Schadensersatz.

a) Scheidungsgrund

6   Anders als bei einer außergerichtlichen Scheidung, die ohne Angabe von Gründen durch übereinstimmende Erklärungen gegenüber dem Bezirksamt erfolgen kann, ist für eine Scheidung im gerichtlichen Klageverfahren ein **Scheidungsgrund** gemäß Art. 770 ZG notwendig.

Hier kommt der Scheidungsgrund des **Ehebruchs** gemäß Art. 770 Abs. 1 Nr. 1 ZG in Betracht. Der Umstand, dass M mit G eine Beziehung eingegangen ist, ist hier unstreitig. Ob zusätzlich auch ein „böswilliges Verlassen" gemäß Art. 770 Abs. 1 Nr. 2 ZG vorliegt, ist hier dem Sachverhalt nicht zu entnehmen und nicht mehr entscheidungsrelevant.[21]

F hat jedenfalls gemäß Art. 770 Abs. 1 Nr. 1 ZG einen Anspruch auf Scheidung der Ehe mit M durch das Gericht.[22]

b) Scheidungsfolgen

Hier ist mangels Einigung gemäß Art. 766 S. 2, Art. 768 Abs. 2 ZG auch über die Scheidungsfolgen, nämlich die Aufteilung des Vermögens, die Aufteilung der Versorgungsansprüche, die nacheheliche Versorgung und das Sorgerecht für das gemeinsame Kind zu entscheiden.

aa) Aufteilung des Vermögens

Das Vermögen ist nach den Grundsätzen der gesetzlichen Gütertrennung zu teilen, soweit keine abweichende Vereinbarung gemäß Art. 755 ZG[23] vorliegt. Soweit ein gemeinsames Vermögen in der Ehe erworben wurde, erfolgt die Vermögensauseinandersetzung gemäß Art. 768 Abs. 3 ZG. Das Familiengericht hat demnach gemeinschaftlich erworbenes teilbares Vermögen aufzuteilen, soweit keine Einigung nach Art. 768 Abs. 1, Abs. 2 ZG erfolgt. Zu beachten ist aber, dass während der Ehe im eigenen Namen erworbenes Vermögen, also auch beispielsweise aus Arbeitslohn gebildetes Vermögen, gemäß Art. 762 Abs. 1 ZG zunächst zum Sondervermögen gehört und daher nicht aufgeteilt wird. Nur bei während der Ehe erworbenen Vermögenswerten, bei denen nicht klar ist, wem sie gehören und bei Vermögenswerten, bei denen gerichtlich anerkannt wird, dass sie nicht ohne den Beitrag des anderen hätten erworben werden können (insbesondere Immobilien), wird teilweise davon ausgegangen, dass es notwendig ist, das Eigentum in Miteigentumsanteile entsprechend des jeweiligen Beitrags aufzuteilen. Instanzgerichte neigen eher dazu, während der Ehezeit aufgebautes Vermögen dem Vermögensausgleich zu unterwerfen, während der OGH hier bislang eine strengere Linie verfolgt hat.[24]

Da F während der Ehe nicht gearbeitet hat, hat sie kein eigenes Vermögen aus einem Einkommen aufbauen können. Hinsichtlich des von M während der Ehe erworbenen Vermögens hat F nach dem Wortlaut des Gesetzes und der bisherigen höchstrichterlichen Rechtsprechung keine Vermögensausgleichsansprüche.

bb) Unterhalt

F hat aber Unterhaltsansprüche gegen M.

---

21 Nach herrschender Meinung liegt ein solches Imstichlassen vor, wenn die Pflicht zum Zusammenleben und zur gegenseitigen Unterstützung ohne gerechtfertigten Grund nicht erfüllt wird und kein Wille zur Fortführung des ehelichen Lebens erkennbar ist.
22 Japanische Familiengerichte sind aber auch bei Vorliegen eines Scheidungsgrundes nicht zur Scheidung verpflichtet, sondern können die Scheidungsklage unter den Voraussetzungen des Art. 770 Abs. 2 ZG abweisen.
23 Solche abweichenden Vereinbarungen, die amtlich registriert werden müssen und später nicht mehr geändert werden können, sind extrem selten (es sollen nur ca. 15 Paare pro Jahr in ganz Japan) sein, vgl. *Nishitani*, Privat- und Schlichtungsscheidung deutscher Staatsangehöriger in Japan und die Scheidungsanerkennung in Deutschland, IPRax 2002, S. 49 und *Mizuno*, Die rechtliche Regelung der Ehescheidung in Japan, ZJapanR/J.Japan.L. 7 (1999), S. 120 ff, dort Fn. 4.
24 OGH vom 14.7.1959, Saikō saiban-sho minji hanrei-shū 13, S. 1023.

In Japan ist ein Anspruch auf nachehelichen Unterhalt unbekannt. Nach japanischem Verständnis ist der andere Ehegatte nach der Scheidung nicht mehr als Familienangehöriger zu betrachten[25]. Damit endet die eheliche Unterhaltsverpflichtung, welche hiernach zu einem Anspruch von umgerechnet etwa 700 EUR monatlich während der Ehe und während des ehelichen Getrenntlebens führt, mit der Ehe.

Nur in Ausnahmefällen (beispielsweise bei einer Scheidung von Partnern im fortgeschrittenen Alter, bei der ein Ehepartner ohne jedes Einkommen und ohne ausreichende Mittel aus der Vermögensteilung zurückbliebe) wird bei der Vermögensteilung ein Ausgleich zugunsten des wirtschaftlich Schwächeren vorgenommen.

F kann aber **Kindesunterhalt** für K nach Art. 877 ff. ZG geltend machen, wenn ihr das Sorgerecht für K zugesprochen wird (s.u.). Hier werden von japanischen Gerichten bei durchschnittlichen Einkommen umgerechnet aber nur vergleichsweise geringe Beträge zugesprochen.

Neben einer allgemein anerkannten extrem komplizierten Berechnungsweise, die alle wirtschaftlichen Parameter einer Familie nach komplizierten Schlüsseln berücksichtigt, hat sich eine einfachere Methode zur Feststellung der Höhe des Kindesunterhalts durchgesetzt.

Die Höhe des Unterhalts ergibt sich hier aus **Tabellen**, die von einer Expertengruppe[26] entwickelt und beim Familiengericht Tokio veröffentlicht sind.[27] Diese Tabellen unterscheiden nach Alter des Kindes (0–14 Jahre oder 15–19 Jahre) und können nur bis maximal 3 Kinder verwendet werden (bei vier oder mehr Kindern wird auf die erwähnte komplexe Berechnungsmethode zurückgegriffen, welche in der Regel zu leicht niedrigeren Ergebnissen kommt). Der Kindesunterhalt wird nach dem Einkommen beider Partner ermittelt, wobei hier nach abhängiger oder selbstständiger Tätigkeit unterschieden wird. Als Ergebnis liefern die Tabellen jedoch immer nur Eckwerte eines Ermessensrahmens, die jeweils 20.000 JPY (etwa 140 EUR) auseinanderliegen.

Im vorliegenden Fall eines durchschnittlich verdienenden Angestellten und einer nicht berufstätigen Ehefrau ergibt sich nach diesen Tabellen für das 5-jährige Kind ein monatlicher Kindesunterhalt in Höhe von etwa 40.000 JPY (etwa 300 EUR) bis 60.000 JPY (etwa 430 EUR).

cc) Versorgungsansprüche

10   F kann weiterhin Ansprüche auf **Versorgungsausgleich** geltend machen. Der Versorgungsausgleich nach Ehescheidung richtet sich nach Art. 78–2 ff. des japanischen Sozialrentenversicherungsgesetzes.[28]

Die Regelungen wirken kompliziert, das dahinterstehende Prinzip ist aber einfach. Für Ehemann und Ehefrau wird jährlich mit einem vereinfachten Verfahren jeweils ein Einkommen vermutet, aus dem sich die Rentenversicherungsbeiträge berechnen. Diese

---

25   *Mizuno*, Die rechtliche Regelung der Ehescheidung in Japan, ZJapanR/J.Japan.L. 7 (1999), S. 120 ff, dort S. 132.
26   Genaue Bezeichnung: gemeinsame Richterforschungsgruppe Tokio-Osaka (Tōkyō – Ōsaka no Saibankan no Kyōdōkenkyū).
27   https://www.courts.go.jp/toukei_siryou/siryo/H30shihou_houkoku/index.html.
28   Kōsei nenkin hoken-hō, Gesetz Nr. 115/1954; vgl. dazu *Hayashi/Sahin*, Der Versorgungsausgleich in Japan – Ausgleich, Folgen und Verfahren nach der Reform von 2008 –, ZJapanR/J.Japan.L. 31 (2011), S. 181 ff.

III. Behandlung des Falls nach japanischem Recht § 8

jährlich ermittelten Werte werden gespeichert und bilden später die Grundlage für die Ermittlung der Rentenanspruchshöhe.

Im Rahmen des Versorgungsausgleichs werden Anteile dieser vermuteten Einkommen vom Rentenversicherungskonto des einen Partners auf das Konto des anderen Partners übertragen.[29]

Im hier vorliegenden Fall einer Ehe, in der nur ein Ehepartner erwerbstätig war, kommt es zum Sonderfall einer zwangsweisen Teilung, die auch einer abweichenden Einigung der Ehegatten entzogen ist.

F erhält daher automatisch und ohne gerichtliches Verfahren von der nationalen Rentenversicherungsanstalt die Hälfte der in der Ehezeit erzielten vermuteten Einkommen auf ihr Rentenkonto gutgeschrieben.[30]

dd) Sorgerecht

Das Sorgerecht für gemeinsame Kinder kann nach Art. 819 Abs. 1, Abs. 2 ZG nur vollständig auf Vater oder Mutter **allein übertragen** werden. Der deutsche Regelfall der gemeinsamen Ausübung des Sorgerechts (zu dem auch das Aufenthaltsbestimmungsrecht gehört[31]) auch nach einer Trennung[32] der Eltern ist dem japanischen Recht unbekannt.

11

Die Vorschrift des Art. 819 ZG führt inzwischen vermehrt zu sehr heftig geführten Rechtsstreitigkeiten zwischen sich trennenden Eltern, da sie faktisch dazu führt, dass ein Elternteil für die Zukunft nahezu vollständig vom Umgang mit seinem Kind ausgeschlossen wird. Zwar wird auch in Japan dem nicht mehr sorgerechtsberechtigten Elternteil (inzwischen) regelmäßig ein Umgangsrecht zugesprochen, dieses beschränkt sich jedoch üblicherweise auf wenige Stunden ein- oder zweimal monatlich. Zudem bleibt ein Vereiteln des Umgangs durch den sorgerechtsberechtigten Elternteil oft sanktionslos. Im Ergebnis verliert ein Kind nach der Scheidung der Eltern einen Elternteil vollständig, was dem heutigen Verständnis vom Kindeswohl in Deutschland widerspricht.[33]

Das Sorgerecht umfasst in Japan die **Vermögens- und Personensorge** einschließlich des Rechts auf die Aufenthaltsbestimmung (Art. 820, Art. 821 ZG).

Soweit eine Entscheidung durch das japanische Familiengericht nach Art. 819 Abs. 5 ZG zu treffen ist, soll das Kindeswohl den Ausschlag geben. Die japanischen Familiengerichte geben sich dabei große Mühe. So arbeitet dem Richter ein Untersuchungsbeamter zu, der das Lebensumfeld des Kindes möglichst umfänglich ermittelt, Befragungen nicht nur des Kindes und der Eltern, sondern auch in Kindergarten/Schule/Arbeitsstelle sowie in Sportvereinen und im Freundes- oder Verwandtenumfeld vornimmt und dem Richter einen umfangreichen Bericht mit einem Entscheidungsvor-

---

29 Zu den Details der Berechnung vgl. *Hayashi/Sahin*, Der Versorgungsausgleich in Japan – Ausgleich, Folgen und Verfahren nach der Reform von 2008 –, ZJapanR/J.Japan.L. 31 (2011), S. 190 ff.
30 Vgl. dazu *Hayashi/Sahin*, Der Versorgungsausgleich in Japan – Ausgleich, Folgen und Verfahren nach der Reform von 2008 –, ZJapanR/J.Japan.L. 31 (2011), S. 195.
31 § 1626 Abs. 1, § 1631 Abs. 1 BGB.
32 § 1687 Abs. 1 S. 1, § 1626 Abs. 3 BGB, jedoch erst seit Gesetzesänderung im Jahr 1980.
33 So formuliert § 1626 Abs. 3 BGB ausdrücklich, dass der Umgang mit beiden Elternteilen in der Regel zum Kindeswohl gehört.

schlag³⁴ vorlegt. Dabei wird vor allem bei jüngeren Kindern auch der direkte Umgang beider Elternteile mit dem Kind beobachtet, dokumentiert und verglichen. In japanischen Familiengerichtsgebäuden befinden sich zu diesem Zweck „Spielzimmer", in denen sich jeweils ein Elternteil mit dem Kind beschäftigen soll, während das Verhalten der Personen durch eine Spiegelglasscheibe beobachtet und oft aus mehreren Winkeln mit Kameras aufgezeichnet wird.

In der Praxis wird das Sorgerecht dann meist der Mutter zugesprochen.

Im hier vorliegenden Fall wäre ebenfalls zu erwarten, dass das Sorgerecht der F zugesprochen wird. An dieser Stelle für M sprechende Umstände sind nicht vorgetragen.

c) Schadensersatz

12   F hat darüber hinaus einen Schadensersatzanspruch gegen M aus Art. 709 ZG wegen des Ehebruchs, den er mit G begangen hat. M hat damit F in ihrem Recht auf Familienharmonie verletzt, welches als Ausfluss des Art. 752 ZG zu verstehen ist.³⁵

Schwieriger ist hingegen die Frage, ob auch G neben M als Gesamtschuldnerin (Art. 432 ZG) zum Schadensersatz verpflichtet ist. Dies wäre nur dann der Fall, wenn sie hinsichtlich aller Umstände des Ehebruchs vorsätzlich oder fahrlässig gehandelt hätte (Art. 709 ZG).

Hier wäre notfalls in einer Beweisaufnahme zu klären, ob G zum Zeitpunkt des Ehebruchs von der Ehe zwischen M und F gewusst oder fahrlässig nicht gewusst hat. Derartige, bei japanischen Zivilgerichten in den wenigen ungeschlichteten Scheidungsprozessen nicht seltene (und bei Richtern unbeliebte) Beweisaufnahmen führen in emotional aufgeladener Stimmung oft zu öffentlichen Ausbreitungen intimer Details aus den beiden Beziehungen, wechselseitigen Beschimpfungen und lautstark vorgebrachten Anschuldigungen. Die Konstellation führt faktisch zu einem Prozess mit drei Parteien, da nicht nur die beiden Ehegatten, sondern auch der untreue Ehegatte und der oder die Geliebte widerstreitende Interessen verfolgen. Nicht selten werden zu Beweiszwecken ausgespähte Inhalte aus Mobilfunkkommunikation oder sozialen Netzwerken vorgelegt und von der japanischen Justiz, die in Bezug auf damit verbundene Datenschutzfragen wenig sensibel ist, ohne Weiteres akzeptiert und verwendet.³⁶

Bemerkenswert ist auch, dass gerade diese Gerichtsverfahren das ansonsten eher mäßig ausgeprägte Interesse der Öffentlichkeit wecken und oft gut besucht sind.

Im hier dargestellten Fall hängt die Frage der gesamtschuldnerischen Mithaftung der G vom Ergebnis einer durchzuführenden Beweisaufnahme über ihre Kenntnis von der Ehe zwischen M und F ab.

Der **Höhe** nach kann F von M nach ständiger Rechtsprechung einen Schadensersatzbetrag zwischen 1.500.000 JPY (etwa 11.000 EUR) und 6.000.000 JPY (etwa 43.000 EUR) verlangen. Die Höhe des Schadensersatzes nach Ehebruch hängt von den genauen Umständen des Ehebruchs ab. Relevant sind dabei insbesondere der Zustand der Ehe zum Zeitpunkt der Tat, die Art und Weise, in welcher sich die Ehebrecher

---

34   Vgl. zu Einzelheiten und zur Rechtsgrundlage *Nishitani*, Kindschaftsrecht in Japan – Geschichte, Gegenwart und Zukunft –, ZJapanR/J.Japan.L. 37 (2014), S. 95 f.
35   Streng zu trennen vom Schmerzensgeldanspruch wegen seelischer Schmerzen durch die Scheidung selbst; auch einen solchen Anspruch kennt das japanische Recht, dies soll hier jedoch nicht vertieft werden.
36   Die Ausbreitung intimer Details in der Öffentlichkeit ist jedoch als Problem erkannt und durch Art. 22 PVG, der den Ausschluss der Öffentlichkeit nach gerichtlichem Ermessen zulässt, geregelt.

kennengelernt haben und die Dauer der Ehe und der ehebrecherischen Beziehung. Zu diesen Fragen liegt in Japan umfangreiche Literatur mit Leitlinien (auch aus anderen Rechtsgebieten bekannt als sogenannte „rote Bücher") vor.

Hier sind die genauen Umstände nicht bekannt, so dass F mit einem Schadensersatz in Höhe von mindestens 1.500.000 JPY rechnen darf.

IV. Behandlung des Falls nach deutschem Recht

Käme auf den dargestellten Fall deutsches Recht zur Anwendung, so käme man zu gänzlich anderen Ergebnissen.

1. Scheitern der Ehe

Gemäß § 1565 BGB ist das Scheitern der Ehe Voraussetzung einer Scheidung. Die Ehe ist gescheitert, wenn die Lebensgemeinschaft der Ehegatten nicht mehr besteht und eine Wiederherstellung nicht zu erwarten ist (§ 1565 Abs. 1, S. 1 BGB). Gemäß § 1565 Abs. 2 BGB kann eine Ehe vor Ablauf eines Trennungsjahres nur geschieden werden, wenn die Fortsetzung der Ehe aus in der Person des Antragsgegners liegenden Gründen eine unzumutbare Härte darstellen würde.

Zudem kann die Ehe nur durch eine Gerichtsentscheidung geschieden werden, § 1564 BGB.

Ob der bloße Ehebruch überhaupt eine solche unzumutbare Härte darstellt, ist umstritten.[37] Die herrschende Meinung verlangt zumindest ein ehebrecherisches Verhältnis von einiger Dauer (wohl mindestens 3 bis 6 Monate).

Im hier vorliegenden Fall könnte F ihr Scheidungsbegehren voraussichtlich auch ohne Trennungsjahr sofort gerichtlich durchsetzen.

2. Auseinandersetzung des Vermögens

Die Entscheidung über die Auseinandersetzung des Vermögens würde im dargestellten Fall in Deutschland anders ausfallen als in Japan.

In Deutschland gilt der **gesetzliche Güterstand** der Zugewinngemeinschaft, §§ 1363 ff. BGB. Im Falle einer Scheidung hat ein Zugewinnausgleich nach §§ 1373 ff., §§ 1378 f. BGB zu erfolgen.

§ 1373 BGB legt fest, dass der Zugewinn aus Vergleich von Anfangs- (§ 1374 BGB) und Endvermögen (§ 1375 BGB) zu ermitteln ist. Der zugewinnschwächere Ehegatte hat gemäß § 1378 Abs. 1, Abs. 3 BGB Anspruch auf die Hälfte des Zugewinnüberschusses beim zugewinnstärkeren Ehegatten.

Im hier vorliegenden Fall könnte F, unterstellt, F und M hatten bei Eingehung der Ehe weder Vermögen noch Schulden, die Hälfte des aus dem Einkommen des M während der Ehe gebildeten Vermögens als Ausgleich verlangen.

---

[37] Dazu vertiefend etwa: *Kappler*, in: Johannsen/Henrich/Althammer, Familienrecht, 7. Aufl. (2020), § 1565 Rn. 68 ff.

3. Unterhalt

16 F stünde in Deutschland unter bestimmten Voraussetzungen **nachehelicher Unterhalt** zu, § 1573 BGB, soweit es ihr nicht gelingt, den eigenen Unterhalt aus einer Erwerbstätigkeit zu sichern. Das deutsche Recht verlangt aber grundsätzlich von geschiedenen Ehegatten, sich eigenverantwortlich um den eigenen Unterhalt zu kümmern (§ 1569 S. 1 BGB). Soweit Unterhalt zu gewähren ist, sind hinsichtlich der Höhe die ehelichen Lebensverhältnisse maßgeblich, § 1578 BGB.

Ob und inwieweit Ehegatten wegen der Pflege und Erziehung von 3–7–jährigen gemeinsamen Kindern gemäß § 1570 BGB nachehelichen Unterhalt verlangen dürfen, ohne einer Berufstätigkeit nachgehen zu müssen, ist in Deutschland eine Entscheidung im Einzelfall. Dies wird von den Gerichten unterschiedlich beurteilt, wobei die Entscheidungen hier von einer Obliegenheit zur Erwerbstätigkeit in Vollzeit bis zum vollständigen Entfallen der Erwerbsobliegenheit reichen.[38]

F könnte in Deutschland des Weiteren Kindesunterhalt für K nach §§ 1601, § 1602 Abs. 2 BGB fordern, soweit sie personensorgeberechtigt ist. Die Höhe („angemessen", § 1610 BGB) richtet sich hier nach herrschender Meinung nach der von der Rechtsprechung entwickelten und auf § 1612a BGB beruhenden **„Düsseldorfer Tabelle"**. Im hier dargestellten Fall dürfte F mit Kindesunterhalt in Höhe von monatlich etwa 550 EUR rechnen. Hierauf müsste sie sich jedoch die Hälfte des Kindergeldes anrechnen lassen, § 1612b Abs. 1, Nr. 1 BGB.

4. Versorgungsausgleich

17 Weiterhin könnte F einen **Versorgungsausgleich** nach dem Versorgungsausgleichsgesetz verlangen. Grundsätzlich sind die in der Ehezeit erworbenen Anteilsanrechte hälftig zwischen den Ehegatten zu teilen, § 1 Abs. 1 VersAusglG. Der Versorgungsausgleich kann aber versagt werden, wenn er grob unbillig wäre, § 27 VersAusglG. Nach herrschender Meinung kann sich dies zwar aus dem persönlichen Fehlverhalten des ausgleichsberechtigten Ehegatten ergeben, die bloße Verletzung der ehelichen Treue soll aber nicht ausreichen.[39] Letzteres könnte aber hier dahingestellt bleiben, da der Ehebruch durch den ausgleichspflichtigen M erfolgte.

5. Sorgerecht

18 Eine Entscheidung über das Sorgerecht ist für eine Scheidung in Deutschland nicht zwingend erforderlich. Auch nach einer Scheidung oder im Falle des Getrenntlebens steht beiden Elternteilen die elterliche Sorge gemeinsam zu.

Gemäß § 1671 BGB kann aber die Übertragung der elterlichen Sorge auf einen Elternteil allein beantragt werden. Ausschlaggebend ist dabei aber das **Kindeswohl**, § 1671 Abs. 2 Nr. 2 BGB.

Zum Kindeswohl gehört nach § 1684 BGB grundsätzlich auch der Umgang mit beiden Elternteilen. Der zeitliche Umfang des Umgangsrechts des nicht sorgeberechtigten Elternteils schwankt unter Berücksichtigung der Besonderheiten des Einzelfalls[40] sehr

---

38 Zu den Einzelheiten: *Hammermann*, in: Johannsen/Henrich/Althammer, Familienrecht, 7. Aufl. (2020), § 1570 Rn. 64 f.
39 BGH, Urteil vom 28.3.1984 – IVb ZR 64/82, Rn. 36 f.
40 Vgl. *Rake*, in: Johannsen/Henrich/Althammer, Familienrecht, 7. Auflage (2020), § 1684 Rn. 23 ff.

stark, so dass sich allgemein nur feststellen lässt, dass das Umgangsrecht in Deutschland das Umgangsrecht in Japan in der Regel im zeitlichen Umfang um ein Vielfaches übersteigt. Mehrere ganze Werktage und ein verlängertes Wochenende pro Monat sind nicht unüblich. Daneben hat sich auch die Idee eines durchgehenden, teilweise mehrwöchigen Umgangsrechts während der Ferien durchgesetzt.

Im vorliegenden Fall hätte F, soweit sie mit ihrem Antrag auf Übertragung des Sorgerechts erfolgreich wäre, den häufigen und längeren Umgang des M mit K zu dulden.

6. Schadensersatz

Eine Anspruchsgrundlage für Schadensersatz wegen des Ehebruchs besteht in Deutschland nicht.

Die „Familienharmonie" ist kein geschütztes Rechtsgut des § 823 Abs. 1 BGB. Nach heutigem deutschem Recht erscheint es außerdem kaum möglich, einen solchen emotionalen „Schaden" zu beziffern. Hochproblematisch wäre in diesem Zusammenhang auch die Frage des Verschuldens, da das Scheidungsrecht ein solches nicht mehr kennt. Vielmehr gilt nun das sog. Zerrüttungsprinzip.

V. Wertende Betrachtung

Schon der hier dargestellte, noch relativ einfach gehaltene Beispielsfall zeigt auf, dass sich das Familienrecht in Deutschland und Japan deutlich unterscheidet.

Im Familienrecht finden Unterschiede in Kultur, Geschichte, Politik- und Gesellschaftsstruktur in besonders ausgeprägter Form ihren rechtlichen Niederschlag.

Aus deutscher Sicht erscheint das japanische Familienrecht in vielen Bereichen noch stark tradiert. Viele Regelungen erinnern an das deutsche Familienrecht vor 1977; so ähneln die japanischen Scheidungsgründe dem alten Verschuldensprinzip im deutschen Recht.

Nach deutschem Verständnis wissenschaftlich überholt und auch in der japanischen Praxis nur bedingt brauchbar sind die Regelungen zum Sorgerecht nach der Scheidung in Japan. Dass hier eine Entscheidung für den einen und gegen den anderen Elternteil getroffen werden muss und dass das Sorgerecht nicht auf beide Elternteile gemeinsam übertragen werden kann, ist mit dem auch in Japan geltenden Grundgedanken vom Kindeswohl nicht gut in Einklang zu bringen. Faktisch verlieren Kinder nach der Scheidung in Japan einen Elternteil, weil dem nichtsorgeberechtigten Elternteil nur in sehr geringem Ausmaß Umgang mit dem Kind gestattet wird.

Dass diese strenge, für die Entwicklung des Kindes nach deutschem Verständnis schädliche Entscheidung selbst wiederum danach zu treffen sein soll, was dem Kindeswohl am ehesten dient, erscheint abwegig. In Japan wird diese Praxis aber oftmals mit der Behauptung gerechtfertigt, ein „klarer Trennungsschnitt" diene dem Kindeswohl eher, als wenn das Kind wechselnd mit beiden Eltern Umgang habe und dabei dauerhaft deren Streitigkeiten und Manipulationen ausgesetzt sei.

Die japanische Praxis wirkt mit der Entscheidung überfordert und flüchtet sich teilweise in inhaltsarme Förmlichkeiten, intensive Sachverhaltsermittlung im Umfeld des Kindes und Investitionen in technologische Aufzeichnungsanlagen, die das menschlich-emotionale Problem, welches den Entscheidungen anhaftet, nicht zu lösen vermögen. Dabei darf nicht übersehen werden, dass auch in Deutschland gerade die Sorgerechtsentscheidungen Richtern besonders zu schaffen machen und als „gerecht" empfundene Lösungen nach Zerrüttung einer Ehe oft nicht möglich sind. In Japan macht man sich das Problem aber an dieser Stelle unnötig schwer, indem man die Übertragung des Sorgerechts nur auf eine Partei allein erlaubt.

Die strengen Sorgerechtsregelungen dürften auch dem Wunsch der Verwaltung nach möglichst klaren und einfachen Verhältnissen geschuldet sein. Formalismus wird in Japan oft nicht als negativ wahrgenommen. Allgemein lässt sich in der japanischen Rechtspraxis (auch außerhalb des Familienrechts) häufig beobachten, dass eine Vorliebe für und eine Tendenz zu Standardentscheidungen nach Tabellen oder bloßen Formvorschriften besteht, und diesen gerne der Vorzug vor auf den Einzelfall abgestimmten und wohlbegründeten Ermessensentscheidungen gegeben wird.

In letzter Zeit hat Japan weitreichende Änderungen am Familienrecht vorgenommen. Das Vaterschaftsvermutungsrecht und die Wiederverheiratungssperre stehen kurz vor einer tiefgreifenden Reform. Auch über die Einführung der Möglichkeit eines gemeinsamen nachehelichen Sorgerechts wird derzeit nachgedacht. Bemerkenswert ist hier auch, dass Japan schon seit längerer Zeit über sehr fortschrittliche Regelungen zu den besonderen Schwierigkeiten der „Personen mit Geschlechtsidentitätsstörungen" verfügt. Japan hat sich als einer der ersten Staaten überhaupt der intersexuellen Personen angenommen und Sonderregelungen getroffen.[41] In Deutschland ist es erst seit dem Jahr 2013 auf Vorschlag des Ethikrates möglich geworden, die Eintragung des Geschlechts als „männlich" oder „weiblich" in das Geburtenregister zu unterlassen, wenn das Kind weder dem männlichen, noch dem weiblichen Geschlecht zugeordnet werden kann, § 22 Abs. 3 PStG.

Es zeigt sich, dass im japanischen Familienrecht trotz großer Veränderungen in den letzten 20 Jahren weitere Reformen notwendig sein dürften, um den gesellschaftlichen Entwicklungen gerecht zu werden.

---

41 Seidō itsusei shōgai-sha no seibetsu no toriatsukai no tokurei ni kansuru hōritsu, Gesetz Nr. 11/2003 in der Fassung des Gesetzes Nr. 70/2008.

§ 9 Anerkennung und Schutz gleichgeschlechtlicher Beziehungen

Ruth Effinowicz[1]

I. Fall

▶ Takahashi Sayuri und Lee Soo-min sind ein Paar und leben zusammen in Tōkyō. Takahashi ist 34 Jahre alt; Lee 28 Jahre. Sie haben beide die japanische Staatsbürgerschaft und einen weiblichen Geschlechtseintrag. Takahashi ist schwanger und die beiden freuen sich auf ihr gemeinsames Kind. Um sich und das Kind rechtlich abzusichern, möchten sie gerne noch vor der Geburt heiraten. Sie haben gehört, dass dies in Japan nicht so einfach sei und möchten wissen, welche Optionen sie haben.

Özge Kaya und Anna Meier sind ein Paar und leben in Köln. Sie haben beide die deutsche Staatbürgerschaft und auch jeweils einen weiblichen Geschlechtseintrag. Kaya ist schwanger und die beiden wollen ebenfalls heiraten. ◀

II. Behandlung nach japanischem Recht

Ehepaare genießen in Japan viele rechtliche und tatsächliche Vorteile, unter anderem in Fragen des Steuer- und Erbrechts, bei der Krankenversicherung oder bei der Beantragung von Visa. Auch im Berufsalltag gibt es Vorteile wie gesonderte Bonuszahlungen oder Kindererziehungszeiten. Dies gilt auch für die gesellschaftliche Akzeptanz der Beziehung, insbesondere falls Kinder aufgezogen werden, da die Anzahl der außerhalb der Ehe geborenen Kinder mit 2,3 % im Jahr 2021 aus deutscher Sicht sehr gering ist.[2]

Dass die rechtliche Anerkennung der eigenen Beziehung ganz existentielle Momente berührt, ist vielen während der Corona-Pandemie noch einmal vor Augen geführt worden, da Besuchs- und Auskunftsrechte im Krankenhaus bis hin zum Recht über medizinische Behandlungen zu entscheiden oft an den rechtlichen Status der Partner*innen geknüpft sind.[3]

Insofern haben neben zweigeschlechtlichen Paaren[4] auch viele gleichgeschlechtliche Paare ein großes Interesse an der Eingehung einer Ehe. Die Bevölkerung steht diesem mehrheitlich wohlwollend gegenüber,[5] gleichwohl werden von konservativer Seite immer wieder Bedenken bis hin zu regelrechten Schmähungen laut.[6] Eine Gesetzgebung

---

1 Wissenschaftliche Referentin am Max-Planck-Institut für ausländisches und internationales Privatrecht. Die Autorin dankt Professorin Mika Aotake (Universität Ōsaka) und Professor Yasuhiko Watanabe (Kyōto Sangyō Universität) für ihre Hinweise zum Manuskript. Fehler und Meinungen sind solche der Autorin.
2 Angaben des Ministeriums für Inneres und Kommunikation, https://www.e-stat.go.jp/dbview?sid=0003411618. Zu den dortigen Zahlen siehe Fn. 50.
3 Kyodo, LGBT people in Japan worry that getting COVID-19 may result in outing, Japan Times, 21. April 2020, https://www.japantimes.co.jp/news/2020/04/21/national/social-issues/lgbt-coronavirus/.
4 Die hier unterstellte Zweigeschlechtlichkeit entspricht dem Stand der vorherrschenden rechtlichen und politischen Diskussion.
5 Vgl. die Umfrage der konservativen Zeitung Sankei Shinbun und FNN, LGBT 法案、同性婚法制化…自民支持層の過半数が賛成 [LGBT-Gesetzentwurf, Gesetzgebung zur Gleichgeschlechtlichen Ehe … Mehrheit der LDP-Anhänger*innen einverstanden], Sankei Shinbun, 20. Februar 2023, https://www.sankei.com/article/20230220-PQDZSMO6ORMX5GHJ5BHHAZOCGM/.
6 M. Yamaguchi, Japan PM: Ban on same-sex marriage not discrimination, AP, 1. März 2023, https://apnews.com/article/japan-kishida-lgbtq-samesex-marriage-discrimination-43baf7af74baf0d8b908124b19eabf0e; R. Abe 安倍龍太郎、杉田水脈氏、同性カップル「生産性がない」など撤回 差別とは認めず [Sugita Mio zieht Aussagen wie gleichgeschlechtliche Paare seien unproduktiv zurück, erkennt keine Diskriminierung], Asahi Shinbun, 2. Dezember 2022, https://www.asahi.com/articles/ASQD24QJZQD2UTFK00S.html.

zum besseren gesellschaftlichen Verständnis von LGBTQ+-Personen wurde seit der Zeit der Vorbereitung auf die Olympischen Spiele diskutiert und schließlich 2023 verwirklicht.[7] Das Gesetz enthält keine Öffnung der Ehe für gleichgeschlechtliche Paare.

1. Keine gleichgeschlechtliche Ehe im japanischen Recht

5   Das einfachgesetzliche japanische Familienrecht sieht eine Ehe für gleichgeschlechtliche Paare nicht vor. Auch eine andere Form der rechtlichen Anerkennung wie eine eingetragene Lebenspartnerschaft gibt es nicht. Art. 739 Zivilgesetz (ZG)[8] regelt die Anmeldung zur Eheschließung (婚姻の届出 *kon'in no todokede*) und verweist dafür auf das Familienregistergesetz.[9] Dort heißt es in Art. 74 Nr. 1 Familienregistergesetz:

婚姻をしようとする者は、左の事項を届書に記載して、その旨を届け出なければならない。 一 夫婦が称する氏 二 […]	Personen, welche beabsichtigen eine Ehe einzugehen, müssen dies anzeigen. Hierbei sind folgende Angaben zu machen Nr. 1: der Ehename, den *Ehemann und Ehefrau* tragen werden Nr. 2: […]

6   Dieser Befund deckt sich mit dem Wortlaut der Verfassung, namentlich Art. 24:

婚姻は、両性の合意のみに基いて成立し、夫婦が同等の権利を有することを基本として、相互の協力により、維持されなければならない。 配偶者の選択、財産権、相続、住居の選定、離婚並びに婚姻及び家族に関するその他の事項に関しては、法律は、個人の尊厳と両性の本質的平等に立脚して、制定されなければならない。	(1) Die Ehe wird allein durch den übereinstimmenden Willen von *Mann und Frau* geschlossen und ist auf der Grundlage, dass *Mann und Frau* die gleichen Rechte haben, durch gegenseitige Unterstützung aufrechtzuerhalten. (2) Gesetze in Bezug auf die Wahl des Ehepartners, Vermögensrechte, das Erbrecht, die Wahl des Wohnorts, Ehescheidung sowie alle anderen Angelegenheiten im Zusammenhang mit Ehe und Familie sind auf Grundlage der Würde des Einzelnen und der wesensmäßigen Gleichheit *beider Geschlechter* zu erlassen.[10]

7   Ob die geltende Rechtslage nicht nur keine gleichgeschlechtliche Ehe vorsieht, sondern mehr noch der Wortlaut mit der expliziten Nennung von Mann und Frau bzw. beiden Geschlechtern die Einführung einer gleichgeschlechtlichen Ehe verbietet, ist umstritten. In der Rechtsprechung gibt es mittlerweile fünf erstinstanzliche Entscheidungen, die dezidiert die Nichtzulassung zur Ehe zum Gegenstand haben und die alle fünf explizit

---

[7] Gesetz zur Förderung des Verständnisses der Bevölkerung für die Vielfalt sexueller Orientierungen und Geschlechtsidentitäten, 性的指向及びジェンダーアイデンティティの多様性に関する国民の理解の増進に関する法律 *Seiteki shikō oyobi jendā aidentiti no tayō-sei ni kansuru kokumin no rikai no zōshin ni kansuru hōritsu*, Gesetz Nr. 68/2023. T. Kurishima, Rechte von LGBT+-Personen in Japan: Historische Entwicklung und aktueller Stand, ZJapanR / J.Japan.L. 56 (2023), 143, 155–157.
[8] 民法 *Minpō*, Gesetz Nr. 89/1896 und 9/1898.
[9] 戸籍法 *Koseki-hō*, Gesetz Nr. 224/1947.
[10] Deutsche Übersetzung gemäß G. Koziol, Befristetes Wiederverheiratungsverbot für Frauen und Verbot der Führung getrennter Nachnamen für Ehepartner, ZJapanR / J.Japan.L. 44 (2017) 51, 68.

II. Behandlung nach japanischem Recht § 9

die Möglichkeit der Einführung der gleichgeschlechtlichen Ehe anerkennen.[11] Anders als in Deutschland können japanische unterinstanzliche Gerichte die Verfassungsmäßigkeit von Gesetzen überprüfen und müssen diese Frage nicht – ähnlich Art. 100 GG – dem Obersten Gerichtshof vorlegen.[12]

Befürworter*innen der Einführung argumentieren häufig nicht nur mit der Möglichkeit, sondern sehen eine verfassungsrechtliche Pflicht der Einführung – mithin argumentieren sie mit der Verfassungswidrigkeit der aktuell bestehenden einfachgesetzlichen Regelungen.

Dabei stützen sie sich unter anderem auf den Wandel der Bedeutung der Ehe sowie der Akzeptanz von gleichgeschlechtlichen Beziehungen in der Gesellschaft. In der Tat befürwortet mittlerweile eine Mehrheit der Bevölkerung eine Einführung.[13]

Ein anderer Ansatz ist es, auf den Auftrag an den Gesetzgeber in Art. 24 Absatz 2 der Verfassung abzustellen, wonach dieser das Recht der Ehe und Familie zu regeln hat. Jedenfalls in Verbindung mit Artikel 13, einem Auffanggrundrecht ähnlich der allgemeinen Handlungsfreiheit in Artikel 2 GG, in welchem unter anderem das Recht auf Streben nach Glück geschützt wird, wird argumentiert, dass sich hieraus ein Auftrag an den Gesetzgeber ergebe, die Ehe für gleichgeschlechtliche Beziehungen zu öffnen oder ein Institut der rechtlichen Anerkennung für gleichgeschlechtliche Beziehungen zu schaffen. In der Tat setzte hier das Distriktgericht in Ōsaka an und bejahte nur deshalb noch keinen Verstoß gegen die Verfassung, weil dem Gesetzgeber noch etwas Zeit einzuräumen sei, bis er den Komplex regele. Sollte er jedoch auch weiterhin untätig bleiben, so könnte dies in Zukunft zu einer Verfassungswidrigkeit führen. Das Distriktgericht in Tōkyō ging sogar noch einen Schritt weiter und erkannte einen Zustand der Verfassungswidrigkeit. Diese Rechtsfigur ist vor allem von der Überprüfung von Wahlgesetzen bekannt. Das untersuchte Gesetz behält seine Wirksamkeit. Dem Gesetzgeber wird jedoch akuter Handlungsbedarf signalisiert. Das Distriktgericht Nagoya hat mittlerweile die derzeitigen einfachgesetzlichen Regelungen unter Rückgriff auf Art. 24 Absatz 2 der Verfassung als verfassungswidrig eingeordnet.

Daneben stellte es ebenfalls einen Verstoß gegen Artikel 14 fest, den allgemeinen Gleichheitsgrundsatz. Einen solchen Verstoß hatte auch bereits das Distriktgericht in Sapporo angenommen.

---

11 DG Sapporo, 17. März 2021, 判例時報 Hanrei Jihō 2487 (2021) 3. Eine englische Übersetzung ist zu finden unter https://www.call4.jp/file/pdf/202201/b9761d9382e55a45fe17af127c0a057f.pdf; DG Ōsaka, 20. Juni 2022, Fall Nr. 2019 wa 1258, LEX/DB-Nr. 25592785. Eine englische Übersetzung ist zu finden unter http://llanjapan.org/llan17/cont/uploads/2022/08/Osaka-Decision-Translation-final29120911.1-revised.pdf; DG Tōkyō, 30. November 2022, Fall Nr. 2019 wa 3465, LEX/DB-Nr. 25593967. Eine englische Übersetzung ist zu finden unter http://llanjapan.org/llan17/cont/uploads/2022/12/Translation-Tokyo-District-Court-20221130.pdf; DG Nagoya, 30. Mai 2023, Fall Nr. 2019 wa 597, LEX/DB-Nr. 25595224. Eine englische Übersetzung ist zu finden unter http://llanjapan.org/llan17/cont/uploads/2023/07/Nagoya-District-Court-Judgment-on-May-30-2023.pdf; DG Fukuoka, 8. Juni 2023, Fälle Nr. 2019 wa 2827 und 2021 wa 447, LEX/DB-Nr. 25595450. Eine englische Übersetzung ist zu finden unter http://llanjapan.org/llan17/cont/uploads/2023/07/Fukuoka-District-Court-Judgment-20230608-clean.pdf. R. Effinowicz, Aspekte der Gleichberechtigung in Japan. Zwei aktuelle Urteile zur gleichgeschlechtlichen Ehe, ZJapanR / J.Japan.L. 54 (2022) 29; T. Kurishima/ R. Effinowicz, Überblick über wichtige öffentlich-rechtliche Gerichtsentscheidungen aus dem Jahre 2021, ZJapanR / J.Japan.L. 55 (2023), 247, 247–250.
12 OGH, 8. Oktober 1952, 民集 Minshū 6-9, 783.
13 Fn. 5.

すべて国民は、法の下に平等であつて、人種、信条、性別、社会的身分又は門地により、政治的、経済的又は社会的関係において、差別されない。	Alle Staatsbürger sind vor dem Gesetz gleich und niemand wird aufgrund seiner Rasse, seiner Religion, seines Geschlechts, seiner gesellschaftlichen Stellung oder seiner Herkunft in politischen, wirtschaftlichen oder gesellschaftlichen Belangen diskriminiert.[14]

12   Der Umstand, dass jede*r eine Ehe eingehen könne, solange der Partner bzw. die Partnerin dem anderen Geschlecht angehöre, reiche nicht aus – anders als durch den Staat im Verfahren argumentiert. Zwar sei das Aufziehen von Kindern ein legitimes Ziel. Da dies jedoch nicht mehr das alleinige Ziel der Ehe sei, ließe sich darauf die Ungleichbehandlung nicht mehr stützen. Da Homosexualität vielmehr dem Willen des einzelnen Individuums entzogen sei und zudem nicht mehr als psychische Krankheit angesehen werde, liege ein Verstoß gegen Artikel 14 vor.

13   Trotz dieser deutlichen Entscheidungen ändert sich jedoch erst einmal nichts am geltenden Rechtsrahmen, sodass der Antrag von Takahashi und Lee abgelehnt werden wird, wenn sie versuchen eine gemeinsame Ehe anzumelden.

2. Wirksamkeit einer im Ausland geschlossenen gleichgeschlechtlichen Ehe

14   Takahashi und Lee könnten versuchen, ihre Ehe im Ausland zu schließen und sie dann in Japan eintragen zu lassen.

15   Allerdings regeln die meisten Staaten in ihrem IPR, dass für die Eheschließung jeweils das Recht der Staatsbürgerschaft als Personalstatut maßgeblich sein soll. Wo dies der Fall ist, muss das nationale Recht beider Nupturienten die gleichgeschlechtliche Ehe erlauben. Zwei japanische Staatsbürgerinnen könnten daher nicht heiraten, da das japanische Recht keine gleichgeschlechtliche Ehe vorsieht. Aber selbst dort, wo eine andere Anknüpfung gilt, gab es zeitweise Herausforderungen, falls für die Eheschließung ein "Ehefähigkeitszeugnis" (婚姻要件具備証明書 *kon'in yōken gubi shōmei-sho*) vorgelegt werden musste, welches unter anderem bescheinigt, dass die Person noch nicht anderweitig verheiratet ist. Zeitweise verlangte der japanische Staat bei der Beantragung die Angabe des Geschlechts der/des Verlobten. Hatte diese Person das gleiche Geschlecht, so wurde das Ehefähigkeitszeugnis nicht ausgestellt. Seit 2009 wird das Geschlecht nicht mehr abgefragt, sodass nun Eheschließungen im Ausland überall dort möglich sind, wo es das lokale Kollisionsrecht für japanische Staatsbürger*innen erlaubt.[15]

16   Obwohl das deutsche Ehekollisionsrecht grundsätzlich ebenfalls an das Personalstatut anknüpft (Art. 13 Abs. 1 EGBGB), könnten Takahashi und Lee mittlerweile in Deutschland heiraten. Um zu verhindern, dass Menschen keine gleichgeschlechtlichen Ehen eingehen können, weil ihr Heimatland dies verbietet, unterwirft Art. 17b Abs. 4 iVm Abs. 1 EGBGB die Eheschließung bei gleichgeschlechtlichen Paaren den Sachvorschriften des Register führenden Staates – in den Worten eines Rundschreibens des Bundesinnenministeriums: „Bei der Schließung einer gleichgeschlechtlichen Ehe in

---

14   Deutsche Übersetzung nach Koziol, *supra* Fn. 10, S. 67.
15   Japan to allow its citizens same-sex marriage - with foreign partners, fridae.asia, 31. März 2009, https://www.fridae.asia/gay-news/2009/03/31/2249.japan-to-allow-its-citizens-same-sex-marriage-with-foreign-partners.

II. Behandlung nach japanischem Recht § 9

Deutschland gilt somit stets deutsches Recht – unabhängig von der Staatsangehörigkeit der Betroffenen."[16]

Allerdings entfaltet diese im Ausland geschlossene gleichgeschlechtliche Ehe in Japan (fast)[17] keine Wirkung. Das Paar kehrt glücklich verheiratet nach Japan zurück.[18] Zu Hause in Tōkyō angekommen reichen sie die deutsche Heiratsurkunde in der Gemeindeverwaltung ein, um ein gemeinsames Familienregister (戸籍 *koseki*) zu begründen.[19] Die Verwaltung wird dazu das japanische IPR, genauer das Rechtsanwendungsgesetz (im Folgenden RAG),[20] heranziehen. Welches Recht genau auf die gleichgeschlechtliche Ehe aus Sicht des japanischen IPR anzuwenden wäre, ist umstritten.[21] Wahrscheinlich ist, dass die gleichgeschlechtliche Ehe entweder eine „sonstige" familienrechtliche Beziehung im Sinne von Artikel 33 RAG ist, dann wäre nach Artikel 33 iVm 24 Abs. 1 RAG jeweils das nationale Recht der beteiligten Parteien anwendbar. Oder aber die Regelungen zur Ehe in Artikel 24 bis 26 RAG werden analog auf gleichgeschlechtliche Ehen angewendet, auch dann wäre über Art. 24 Abs. 1 RAG analog das Heimatrecht für jede Partei zu betrachten.[22] Hier besitzen beide die japanische Staatsbürgerschaft, es kommt also materielles japanisches Recht zur Anwendung.[23]

---

16 RdSchr. d. BMI v. 23.8.2017 – V II 1 – 20103/48#4 –, https://www.personenstandsrecht.de/SharedDocs/kurzmeldungen/Webs/PERS/DE/rundschreiben/2017/0817.html. Die Pflicht zur Vorlage eines Ehefähigkeitszeugnisses nach § 1309 Abs. 1 BGB besteht für gleichgeschlechtliche Paare auch nicht, sodass diese auch dann heiraten können, wenn sich die Heimatbehörden weigern, ihnen entsprechende Zeugnisse auszustellen.

17 Für ausländische gleichgeschlechtliche Paare, bei denen ein*e Partner*in mit einem Arbeitsvisum nach Japan zieht, werden für die mitziehende Partner*innen Visa der Kategorie für bestimmte Aktivitäten (特定活動 *tokutei katsudō, designated activities*) vergeben, solange eine wirksame Ehe im Heimatland eingegangen wurde. Japan granted 93 foreigners permission to bring their same-sex spouse, Kyodo, 26. März 2021, https://english.kyodonews.net/news/2021/03/92fef2797366-japan-granted-93-foreigners-permission-to-bring-their-same-sex-spouse.html, Y. Nishitani, Protection of Same-Sex Couples in Cross-Border Legal Relationships, in: Y. Ito / B. Moron-Puech / T. Saito (Hrsg.), Droits humains des minorités sexuées, sexuelles et genres – Regards franco-japonais (im Erscheinen 2024), II.A. Bei bi-nationalen Paaren mit einem/r japanischen Partner*in musste sich der/die nicht-japanische Partner*in bisher jedoch mit temporären Visa behelfen, vgl. DG Tōkyō, 30. September 2022, Fall Nr. 2022 gyū u 461 und 2022 wa 24633, LEX/DB Nr. 25593562 und Japan grants long-term visa to U.S. man in same-sex marriage with Japanese national, Japan Times, 13. März 2023, https://www.japantimes.co.jp/news/2023/03/13/national/japan-same-sex-marriage-visa/, Nishitani ebd.

18 Zur Frage des Ehenamens vgl. Art. 10 EGBGB. Nach Art. 10 Abs. 2 EGBGB können Ausländer*innen mit gewöhnlichem Aufenthalt in Deutschland neben den Möglichkeiten, die ihr nationales Recht bietet, auch die Optionen des deutschen materiellen Rechts wählen. Während bei gleichgeschlechtlichen japanischen Paaren vor allem die Wahl eines gemeinsamen Ehenamens Schwierigkeiten im Umgang mit japanischen Behörden bereiten könnte, führt für zweigeschlechtliche japanische Paare die Beibehaltung von beiden Geburtsnamen zu Herausforderungen.

19 Zu den Details der Registrierung der Eheschließung (婚姻届 *kon'in-todoke*) auf Englisch siehe https://www.la.us.emb-japan.go.jp/itpr_en/m02_04_02.htm.

20 法の適用に関する通則法 *Hō no tekiyō ni kansuru tsūsoku-hō*, Gesetz über die allgemeinen Regeln betreffend die Anwendung von Gesetzen / (neues) Rechtsanwendungsgesetz (RAG), Gesetz Nr. 78/2006; deutsche Übersetzung bei Y. Sakurada / Y. Nishitani / E. Schwittek, Gesetz über die allgemeinen Regeln über die Anwendung von Gesetzen (Rechtsanwendungsgesetz), ZJapanR / J.Japan.L. 22 (2006) 269; englische Übersetzung bei K. Anderson / Y. Okuda, Translation of Japan's Private International Law: Act on the General Rules of Application of Laws, ZJapanR / J.Japan.L. 23 (2007) 227.

21 Nishioka und Nishitani halten es daneben für denkbar, auf das Recht des Staates, in dem die Ehe geschlossen wurde, abzustellen, vertreten aber selbst eine Anwendung der Regeln über die Ehe: K. Nishioka / Y. Nishitani, Japanese Private International Law (Hart 2021) 162.

22 So Nishitani, *supra* Fn. 17, I.A.1.

23 Sollte stattdessen das Recht des Staates, in welchem die Ehe begründet wurde, zur Anwendung kommen, hier also deutsches Recht, und die Ehe damit gültig sein, so ist davon auszugehen, dass die japanischen Behörden sich auf den *ordre public*-Vorbehalt (Art. 42 RAG) berufen würden – zumindest, wenn der Fall einen engen Bezug zu Japan aufweist, was bei einem japanischen Paar mit Wohnsitz in Japan der Fall wäre.

Ruth Effinowicz

Wie oben unter II.1 dargelegt, kennt das japanische Familienrecht keine gleichgeschlechtliche Ehe. Takahashi und Lee können dementsprechend auch keine in ihrer Heimatgemeinde registrieren lassen.

18 Sollten Kaya und Meier als deutsche Staatsbürgerinnen wirksam in Deutschland heiraten und dann nach Japan übersiedeln wollen, weil Kaya dort eine Stelle angenommen hat und ein Arbeitsvisum erhält, so stellt sich auch hier die Frage der Behandlung ihrer Ehe. Nationales Recht sowohl von Kaya als auch von Meier ist deutsches Recht. Damit liegt ein Verweis auf das deutsche Recht vor, das die Verweisung annimmt (kein Rückverweis). Mithin kommt das deutsche materielle Recht zur Anwendung, was mittlerweile die gleichgeschlechtliche Ehe kennt[24] und wonach sie wirksam geheiratet haben. Damit besteht an sich nach japanischem IPR eine gültige gleichgeschlechtliche Ehe. Sollte jedoch ein enger Bezug zu Japan bestehen, so ist es auf Grundlage der bisherigen Rechtsentwicklung nicht unwahrscheinlich, dass sich Gericht oder Behörde auf den *ordre public*-Vorbehalt (Art. 42 RAG) berufen würden.[25] Rechtsprechung hierzu ist nicht ersichtlich. Bei einer langfristigen Übersiedlung von Kaya und Meier ist es jedoch gut möglich, dass ihre Ehe wegen eines Verstoßes gegen den japanischen *ordre public* nicht anerkannt würde. Gleichzeitig liegen mittlerweile fünf erstinstanzliche Entscheidungen vor, welche allesamt dem Gesetzgeber die Einführung einer Möglichkeit der rechtlichen Absicherung von gleichgeschlechtlichen Beziehungen nahegelegen und zum Teil sogar die heutige Gesetzeslage als verfassungswidrig einordnen (Rn. 7 ff., 44). Ebenso gibt es immer mehr Kommunen, welche für gleichgeschlechtliche Paare die Möglichkeit der (rechtlich nicht verbindlichen) Registrierung ihrer Beziehung ermöglichen (Rn. 39 ff.). Vor diesem Hintergrund ist es auch möglich, dass Gerichte und Behörden keinen fundamentalen Verstoß gegen die innerstaatliche Werteordnung durch die nach dem anwendbaren Recht gültige gleichgeschlechtliche Ehe annehmen, der eine Versagung der Anerkennung begründen würde.[26]

19 Heirateten dagegen Kaya und Takahashi als bi-nationales Paar in Deutschland, so wäre die Lage im Ergebnis ähnlich zum japanischen Paar: Nach dem japanischen IPR richtet sich das materielle Recht nach dem Recht der Staatsbürgerschaft beider Partnerinnen, hier also nach dem deutschen Recht für Kaya und nach dem japanischen Recht für Takahashi. Da das japanische Recht die gleichgeschlechtliche Ehe nicht kennt, kann auch keine Anerkennung der in Deutschland eingegangenen Ehe erfolgen.[27]

Siehe C. Nakamura 中村知里, 同性婚をめぐる国際私法上の課題〜外国で締結された同性婚は日本でも有効なのか [Fragen des internationalen Privatrechts in Bezug auf die gleichgeschlechtliche Ehe – Ist eine im Ausland geschlossene gleichgeschlechtliche Ehe in Japan gültig?], 国際法学会エキスパート・コメント No. 2020-1 [Expertenkommentar der Japanese Society of International Law (JSIL) Nr. 2020-1], https://jsil.jp/archives/expert/2020-1.

24 Siehe III.
25 Nakamura, *supra* Fn. 23. Bis zur Einführung der eingetragenen Lebenspartnerschaft im Jahr 2001 (s. III.), wurde auch in Deutschland bei einer im Ausland von Ausländer*innen wirksam eingegangenen gleichgeschlechtlichen Ehe zum Teil von einem Verstoß gegen den *ordre public* ausgegangen, so z.B. M. Coester, in: MünchKomm, BGB, 3. Aufl. 1998, Art. 13 EGBGB Rn. 38; vgl. auch A. Röthel, Registrierte Partnerschaften im internationalen Privatrecht, IPRax 2000, 74, 78. In Frankreich ist dagegen inzwischen sogar die Möglichkeit, eine gleichgeschlechtliche Ehe zu schließen, Teil des *ordre public* geworden, vgl. Cour de Cassation, ch. civ. 1re, Urt. v. 28.1.2015 – n° 13-50.059, m. Anm. *T. Lutzi*, IPRax 2015, 381.
26 Sich gegen einen Verstoß aussprechend – jedenfalls bei nur punktueller Berührung mit Japan, Nishitani, *supra* Fn. 17, I.A.2.
27 Nakamura, *supra* Fn. 23. Vgl. zudem Fn. 23.

II. Behandlung nach japanischem Recht §9

Insgesamt ist damit der Weg über eine Eheschließung im Ausland für die rechtliche Anerkennung der Beziehung in Japan bisher nur wenig erfolgversprechend. Gegebenenfalls besteht jedoch die Möglichkeit, rechtlichen Schutz für gleichgeschlechtliche Paare anderweitig herbeizuführen.

3. Andere Formen der rechtlichen Anerkennung der Beziehung

Takahashi und Lee überlegen, welche Optionen ihnen statt einer Ehe zur Verfügung stehen. Tatsächlich haben sich einige pragmatische Wege entwickelt, wie gleichgeschlechtliche Paare zumindest teilweise in den Genuss eines rechtlichen Schutzes ihrer Beziehung kommen können.

Da in Japan gleichgeschlechtliche Beziehungen bzw. gleichgeschlechtlicher Geschlechtsverkehr[28] bis auf während einer sehr kurzen Phase von 1872 bis 1880 nicht unter Strafe stand, konnten sich diese Formen einfacher entwickeln, als dort, wo Beziehungen unter Strafe standen.

a) Adoption

Eine Möglichkeit besteht darin, dass ein*e Partner*in die bzw. den anderen adoptiert. Sind beide Partner*innen volljährig, ist dies relativ unproblematisch durch Zustimmung beider und Anmeldung der Adoption möglich (Art. 799, 739 und 802 Nr. 1 ZG). Die ältere Person kann die jüngere adoptieren (Art. 793 ZG). Bei dieser sogenannten gewöhnlichen Adoption ist auch kein Altersmindestabstand zwischen den Personen erforderlich.[29] Takahashi könnte also Lee adoptieren.

Damit entstünde zwischen beiden ein Eltern-Kind-Verhältnis mit verschiedenen Rechten und Pflichten (Art. 809 ZG). So würden sie den gemeinsamen Namen des Adoptivelternteils tragen, hier also Takahashi (Art. 810 ZG). Sie schulden einander Unterhalt (Art. 877 ZG) und können einander beerben (Art. 887 Abs. 1, 889 Abs. 1 Nr. 1 ZG).

Voraussetzung für eine Adoption ist jedoch eine Adoptionsabsicht (縁組をする意思 *engumi o suru ishi*). Der Oberste Gerichtshof hat diese definiert als „die ernsthafte Absicht, tatsächlich ein Eltern-Kind-Verhältnis begründen zu wollen" (真に養親子関係の設定を欲する効果意思).[30] Nun wünschen Takahashi und Lee eigentlich kein Eltern-Kind-Verhältnis, sondern eine gleichberechtigte Partnerschaft. Das Obergericht in Tōkyō hat 2019 genau zu dieser Frage Stellung genommen.[31] Das Gericht betonte, dass die sozialen Hintergründe von gesellschaftlich akzeptierten Adoptionen unter Volljährigen stark variierten. Hier ließ das Gericht es für den Adoptionswillen genügen, dass die beiden Partner sich gegenseitig unterstützen und zusammenleben wollten. Damit hätten sie in den Genuss von wesentlichen rechtlichen und sozialen Wirkungen der Adoption kommen wollen – dass sie darüber hinaus ihre homosexuelle Beziehung hätten fortführen wollen, stehe dem nicht entgegen.

---

28 Genauer Analverkehr unter Männern (鶏姦罪 *keikan-zai*).
29 M. Aotake, Rechtsstellung von gleichgeschlechtlichen Paaren im japanischen Familienrecht, ZJapanR / J.Japan.L. 54 (2022) 1, 9 f. Die adoptierende Person muss das zwanzigste Lebensjahr vollendet haben, Art. 792 ZG.
30 OGH, 23. Dezember 1948, Minshū 2-14, 493.
31 OG Tōkyō, 10. April 2019, Fall Nr. 2017 gyōko 246, LEX/DB: 25570294. Zu den Details siehe Aotake, *supra* Fn. 29, S. 11.

26 Unter Anwendung dieser Maßstäbe dürfte bei Takahashi und Lee ein Adoptionswille zu bejahen sein, aber die Entscheidung des Obergerichts zeigt auch auf, dass eine Adoption vom fortwährenden Wohlwollen von Behörden und Rechtsprechung abhängt, eine Adoptionsabsicht anzuerkennen.[32]

27 Es kommt eine weitere Herausforderung hinzu: Takahashi erwartet ein Kind.[33] Dieses wird nicht in eine Ehe geboren, sondern erhält eine Mutter (Takahashi Sayuri) und eine (Adoptiv-)Schwester (Takahashi Soo-min). Wäre dagegen nicht Sayuri, sondern Soo-min schwanger und würde das Kind geboren, so erhielte es eine Mutter (Soo-min) und eine (Adoptiv-)Großmutter (Sayuri).

28 Zwar schulden sich auch Geschwister und Großeltern/Enkel unter bestimmten Umständen Unterhalt (Art. 877 ZG) und können voneinander erben (Art. 889 Abs. 1 ZG), aber in beiden Konstellationen hat die nicht gebärende Co-Mutter keine Elternstellung und damit auch kein Sorgerecht.

29 Um der nicht gebärenden Co-Mutter ein Eltern-Kind-Verhältnis zu verschaffen, könnte dennoch die Adoption von Interesse sein: Nicht die schwangere Takahashi adoptiert Lee, sondern Lee adoptiert das geborene Kind. Bei einer gewöhnlichen Adoption erlischt dabei nicht das Eltern-Kind-Verhältnis zum leiblichen Elternteil – Takahashi wäre also immer noch Mutter. Allerdings nimmt das Kind – wie eben ausgeführt – den Namen des Adoptivelternteils an (hier also Lee). Zudem steht die elterliche Sorge nur dem Adoptivelternteil zu, da es ein gemeinsames Sorgerecht nur für verheiratete Eltern gibt – ein Status, den gleichgeschlechtliche Eltern nicht erreichen können.[34]

b) Vertrag, Testament und freiwillige Betreuungsvereinbarung

30 Eine weitere Möglichkeit, die eigene Beziehung zu verrechtlichen, wäre ein gemeinsamer privatrechtlicher Vertrag zwischen Takahashi und Lee – zum Teil Quasi-Ehevertrag genannt (準婚姻関係契約 *jun-kon'in kankei keiyaku*, パートナーシップ契約 *pātonāshippu keiyaku*).[35] Darin ließen sich gegenseitige Rechte und Pflichten festhalten, zum Beispiel die Pflicht, zusammenzuleben und zusammenzuarbeiten, die Pflicht einander treu zu sein, Vertretungsvollmachten für Alltagsgeschäfte, das Wohnrecht in der Wohnung der Partnerin, Regelungen, wie die Lebenshaltungskosten zu teilen sind, oder allgemein die Vermögensverteilung vor, während und nach der Beziehung bzw. der Geltung des Vertrags, andere Regelungen im Falle einer Trennung, das Recht im Falle des Todes der anderen, das Begräbnis zu gestalten, sowie Regelungen einer Patientenverfügung, inklusive der Regelung, dass die Partnerin überhaupt im Krankenhaus besucht werden darf. Auch – und für Takahashi und Lee von großem Interesse – lässt sich zum Beispiel regeln, dass Lee an Erziehung und dem Sorgerecht für das Kind (inklusive der Offenlegung von Gesundheitsinformationen) zu beteiligen ist, aber auch zu Unterhalt verpflichtet sein soll, sollten sich die Eltern trennen. Ebenfalls ist es möglich, die jeweils andere Person in einem Testament (遺言書 *igon-sho*) zu berücksichtigen sowie eine freiwillige Betreuungsvereinbarung (任意後見契約 *nin'i kōken keiyaku*) auszustellen.

---

32 Aotake, *supra* Fn. 29, S. 13.
33 Zum Themenkomplex Leihmutterschaft und künstlicher Befruchtung s. Nishitani, *supra* Fn. 17, III.
34 Aotake, *supra* Fn. 29, S. 12.
35 Ein Beispielsvertrag ist auf der Seite von EMA Japan abrufbar, http://emajapan.org/asset/cont/uploads/2018/03/Konin_Keiyakusyo_Shibunsyo.docx.

Während ein solcher Vertrag grundsätzlich unbeurkundet erfolgen kann, geschieht dies häufig vor einer/m Notar*in (公証人 *koshō-nin*) – für die freiwillige Betreuungsvereinbarung ist dies zwingend erforderlich.

Damit wären Takahashi und Lee wiederum auf das Wohlwollen anderer angewiesen. So scheinen jedenfalls früher manche Notar*innen einige Regelungen, die in Eheverträgen erlaubt sind, nicht für gleichgeschlechtliche Beziehungen zugelassen zu haben, da gleichgeschlechtliche Paare gerade nicht verheiratet sind.[36]

Zudem lässt sich auch nicht jede Ehewirkung vertraglich erreichen, insbesondere keine gesetzlichen Vergünstigungen wie Steuervorteile für Ehegatten, Vorzugsbehandlung bei der Altersversorgung oder Unterhaltsberechtigung in der Krankenversicherung[37] und gesetzliche Erbrechte (für letzteres lässt sich jedoch ein Testament aufstellen).

Ebenfalls haben Paare keinen Einfluss darauf, ob ihre so geregelte Partnerschaft von Dritten akzeptiert wird. So ist der Zugang zu Paardarlehen beim Hauskauf oder die Inanspruchnahme von Familienrabatten zum Beispiel bei Kreditkarten oder Mobilfunkverträgen nur bei Anbietern möglich, die diese Möglichkeiten dezidiert auch für gleichgeschlechtliche Paare (mit dann zumeist notariell beurkundeten) Verträgen eröffnet haben.

c) De-facto-Ehe

Schließlich sei noch auf ein Rechtsinstitut eingegangen, die De-facto-Ehe (内縁 *nai'en*). Diese ist in Rechtsprechung und Lehre anerkannt und gewährt zweigeschlechtlichen Paaren, welche in eheähnlichen Verhältnissen leben, ohne eine Ehe angemeldet zu haben, einen gewissen rechtlichen Schutz durch eine analoge Anwendung von einigen Regelungen zur Ehe, wie der Pflicht zum Zusammenleben und zur gegenseitigen Unterstützung während der Beziehung, aber auch Schadensersatzansprüche und Vermögensaufteilung bei Trennung.[38] Gesetzlich wurden diese Beziehungen ebenfalls unter einen gewissen Schutz gestellt, sodass Partner*innen unter Umständen Ansprüche gegen Sozialversicherungsträger wie Kranken- und Rentenversicherungen geltend machen können.[39]

In jüngerer Vergangenheit gab es in der Rechtsprechung Gelegenheit darüber zu entscheiden, inwiefern diese analoge Anwendung von bestimmten Ehewirkungen auf zweigeschlechtliche De-Facto-Ehen auch auf gleichgeschlechtliche Beziehungen, in welchen die Paare in eheähnlichen Verhältnissen leben, ausgedehnt werden sollte. Hier zeigt sich bisher ein uneinheitliches Bild, sodass weiterhin nicht sicher ist, ob die Rechtsprechung mittel- und langfristig De-facto-Ehen für gleichgeschlechtliche Paare öffnen wird – das Schrifttum befürwortet eine Öffnung.[40]

Selbst wenn die Rechtsprechung hier zu einer klaren Öffnung des Instituts kommen sollte, so sind nur ein Teil der Regelungen der Ehe auf die De-facto-Ehen anwendbar.

---

36 Siehe Aussage auf der Homepage eines Notariats unter http://kouseishousho.org/menu71.html.
37 Grundsätzlich gäbe es Spielraum für eine Anerkennung, da diese auch De-facto-Ehegatten gewährt werden, vgl. II.3.c.
38 A. Kimura / G. Koziol, Der Wandel der Familie – neue Überlegungen zum Modell der Familie, ZJapanR / J.Japan.L. 34 (2012) 115, 119 f. Y. Nishitani, "Japan", in: J. M. Scherpe / A. Hayward (Hrsg.), The Legal Status of De Facto Relationships (Intersentia, im Erscheinen 2024).
39 Kimura / Koziol, *supra* Fn. , 120, Nishitani, *supra* Fn. 38, Abschnitt 1.3.4.
40 Aotake, *supra* Fn. 29, 7 f., Effinowicz, *supra* Fn. 11, S. 40, Nishitani, *supra* Fn. 17, II.B, Nishitani, *supra* Fn. 38, Abschnitt 2.2.

Die Möglichkeit eines gemeinsamen Familiennamens oder das gesetzliche Erbrecht sind zum Beispiel davon ausgenommen. Zudem geht es immer um eine Anerkennung der Beziehung als De-facto-Ehe im Einzelfall, sodass die Unsicherheit für Takahashi und Lee bestehen bleibt, ob ihre Beziehung im Falle eines Falles als solche qualifiziert und damit rechtlich geschützt würde.[41]

d) Zwischenfazit

38 So fällt auch das allgemeine Fazit für die aktuell bestehenden Formen des rechtlichen Schutzes gleichgeschlechtlicher Ehen aus. Es gab und gibt einige Wege eine gleichgeschlechtliche Beziehung rechtlich abzusichern, aber dieser Schutz ist lückenhaft und zudem häufig der Unsicherheit ausgesetzt, ob ein Gericht oder eine Behörde (oder aber auch ein privater Vertragspartner) im Falle eines Falles tatsächlich den Schutzmechanismen zur Geltung verhilft.

4. Nicht-rechtliche Anerkennung der Beziehung

39 Diese Rechtslage ist nicht nur für das fiktive Pärchen frustrierend, sondern wird auch in der Gesellschaft zunehmend als unzureichend empfunden. Vor diesem Hintergrund werden mittlerweile gleichgeschlechtliche Beziehungen in vielen Präfekturen und Städten durch Partnerschaftszertifikate anerkannt. Im April 2015 kündigte der Tōkyōter Bezirk Shibuya die erste dieser Regelungen an, im Juni 2023 waren es 228 Kommunen und Präfekturen, welche über 70% der Bevölkerung Japans erfassten.[42] Rechtlich entfalten diese Zertifikate keine oder fast keine Wirkung, jedoch sollen sie de facto die Beziehung anerkennen. Tatsächlich soll dies zum Beispiel bei Krankenhausaufenthalten in den jeweiligen Präfekturen und Kommunen dazu führen, dass der oder die besuchende Partner*in Zugang zur kranken Person sowie zu den entsprechenden Informationen erhält.

40 Die jeweilige Ausgestaltung unterscheidet sich von Kommune zu Kommune bzw. Präfektur. Während an manchen Orten keine formalen Voraussetzungen bestehen, um ein Zertifikat zu beantragen, ist an anderer Stelle ein notariell beurkundeter Vertrag und eine ebenso beurkundete freiwillige Betreuungsvereinbarung notwendig. Auch in der Wirkung unterscheiden sie sich. Während es solche Zertifikate gibt, die nicht über die Symbolkraft hinausgehen – in der Hoffnung, dass Krankenhäuser und andere die Partnerschaft de facto anerkennen –, gibt es Systeme, welche die Namen derjenigen Krankenhäuser und Geschäfte bzw. Dienstleister veröffentlichen, welche die Anerkennung verweigern.[43]

---

41 Aotake, *supra* Fn. 29, S. 13, Nishitani weist jedoch darauf hin, dass sich bei gegengeschlechtlichen Paaren die gerichtliche Entscheidung über das Vorliegen bzw. Nichtvorliegen einer De-Facto-Ehe im Regelfall aufgrund der etablierten Rechtsprechung vorhersehen lasse, Nishitani, *supra* Fn. 38, Abschnitt 2.11.

42 Untersuchung des Bezirks Shibuya und Nijiro Daibāshiti, https://files.city.shibuya.tokyo.jp/assets/12995a-ba8b194961be709ba879857f70/90eee0e763c2455692e6233ada48eb8a/20230628_infographic.pdf. Eine Liste findet sich unter https://minnano-partnership.com/partnership/all. Zum Teil werden die Zertifikate unter den ausstellenden Kommunen und Präfekturen mittlerweile gegenseitig anerkannt, LGBT カップル を相互承認 [Gegenseitige Anerkennung von LGBT-Paaren], NHK, 30. Oktober 2019, archiviert unter https://web.archive.org/web/20191030123941/https://www3.nhk.or.jp/lnews/kumamoto/20191030/5000006700.html.

43 同性パートナーシップ証明書とは　今までと何が変わる？　わかりやすく解説 [Was ist ein Partnerschaftszertifikat? Was ändert sich nun? Eine einfache Erklärung], The Huffington Post, 20. April 2015, https://www.huffingtonpost.jp/2015/11/04/lgbt-couple-shibuya-setagaya_n_8475140.html.

III. Ergänzende Anmerkungen zur deutschen Rechtslage § 9

Zudem gibt es seit 2021 in einer wachsenden Zahl an Kommunen die Möglichkeit, nicht nur die Partnerschaft zertifizieren zu lassen, sondern dort auch im Haushalt lebende minderjährige Kinder zu vermerken und so auch der Familie als Familie Anerkennung zu verschaffen. Dies soll es zum Beispiel dem nichtsorgeberechtigten Elternteil ermöglichen, die Kinder vom Kindergarten abzuholen.[44]

Auch wenn die Paare auf eine Behandlung als Ehepaar keinen rechtlichen Anspruch haben, so hat unter anderem diese de facto Anerkennung das Distriktgericht Ōsaka dazu bewogen, keinen Verstoß gegen den Gleichheitsgrundsatz in Art. 14 der Verfassung anzuerkennen, da gleichgeschlechtliche Beziehungen eben nicht mehr völlig ohne rechtlichen Schutz seien.[45]

Je nachdem, wo Takahashi und Lee innerhalb der Präfektur Tōkyō leben, stand ihnen die Möglichkeit eines Zertifikates bereits seit einigen Jahren offen. Spätestens seit November 2022, seit die Präfektur insgesamt ein Zertifikat eingeführt hat, können sie sich ein solches ausstellen lassen. Die Möglichkeit, auch das Kind eintragen zu lassen, gibt es jedoch noch nicht flächendeckend.[46] Ein solches Zertifikat kann für den Krankenhausaufenthalt zur Geburt hilfreich sein, für die rechtliche Anerkennung als Familie bestehend aus zwei (gleichberechtigten) Müttern und einem gemeinsamen Kind, reicht es jedoch nicht.

5. Ausblick: Klage?

Auch wenn Takahashi und Lee einige Optionen offenstehen, werden sie wahrscheinlich unbefriedigt bleiben, da ihnen die vollen Wirkungen einer Ehe verwehrt bleiben. So geht es auch anderen Paaren, die sich zusammengetan und vor verschiedenen Distriktgerichten verteilt über ganz Japan Klage eingereicht haben.[47] Die fünf zu Anfang erwähnten Urteile gehen auf diese Initiative zurück. Es handelt sich um Staatshaftungsklagen, welche die Untätigkeit des Gesetzgebers angreifen, dem Zustand, in welchem sie als gleichgeschlechtliches Paar keine Ehe anmelden können, abzuhelfen. Takahashi und Lee könnten einen ähnlichen Weg beschreiten – doch auch wenn ihnen ein Gericht wie die Distriktgerichte in Sapporo und Nagoya die Verfassungswidrigkeit bescheinigen sollte, heißt dies nicht, dass sie dadurch einen Entschädigungsanspruch zugestanden bekämen,[48] geschweige denn einen Anspruch auf Eintragung der Ehe.

III. Ergänzende Anmerkungen zur deutschen Rechtslage

In Deutschland ist die Eingehung einer gleichgeschlechtlichen Ehe seit dem "Gesetz zur Einführung des Rechts auf Eheschließung für Personen gleichen Geschlechts" vom

---

44 A. Osaki Exum, LGBTQ+ 'familyship' systems expand in Japan amid absence of national law, Japan Times, 1. Mai 2023, https://www.japantimes.co.jp/news/2023/05/01/national/lgbtq-familyship-system-spread/. Siehe die Informationen der Gemeinde Akashi in der Präfektur Hyōgo, wo das erste Familienzertifikat eingeführt wurde, https://www.city.akashi.lg.jp/seisaku/sdgs/partnershipfamilyship.html. Vgl. 兵庫県明石市が全国で初めて「パートナーシップ・ファミリーシップ制度」を導入へ [Die Stadt Akashi in der Präfektur Hyōgo wird japanweit als erste ein "Partnerschafts- und Familiensystem" einführen], PRIDE JAPAN, 10. Dezember 2020, https://www.outjapan.co.jp/pride_japan/news/2020/12/14.html.
45 Effinowicz, supra Fn. 11, S. 40.
46 Siehe die Übersicht zur Präfektur Tōkyō unter https://minnano-partnership.com/prefecture/%E6%9D%B1%E4%BA%AC%E9%83%BD.
47 Rn. 7 ff., Effinowicz, supra Fn. 11, S. 31 f.
48 So war es auch vor den Gerichten in Sapporo und Nagoya, Effinowicz, supra Fn. 11, S. 40.

Ruth Effinowicz 115

20. Juli 2017, das am 1. Oktober 2017 in Kraft getreten ist, möglich [49] und wie bereits oben unter II.2 dargelegt, kann eine Ehe sowohl zwischen zwei Japaner*innen als auch zwei Deutschen oder einem bi-nationalen Paar eingegangen werden. Zudem gilt, dass zwar ebenfalls viele rechtliche Vorteile, wie das sogenannte Ehegattensplitting im Steuerrecht, von einer Ehe abhängen, es gesellschaftlich jedoch deutlich akzeptierter ist, als unverheiratetes Paar ein Kind aufzuziehen.[50]

46 Bis 2001 war es gleichgeschlechtlichen Paaren auch in Deutschland nicht möglich, sich das Ja-Wort zugeben. Zwischen August 2001 und September 2017 ermöglichte das Gesetz über die Eingetragene Lebenspartnerschaft[51] eine Lebenspartnerschaft eintragen zu lassen, was der Beziehung in vielem einen ähnlichen Schutz gewährte wie eine Ehe – jedoch nicht gleich umfassend.

47 1999 führte das Bundesland Hamburg das sogenannte Hamburger Modell[52] ein, das es ähnlich wie die japanischen Partnerschaftszertifikate ermöglichte, die eigene Beziehung beim Standesamt eintragen und damit öffentlich anerkennen zu lassen, das jedoch ausweichlich § 1 Abs. 2 „weder Rechte noch Pflichten für die Partnerinnen und Partner der Partnerschaft" begründete. Die Ähnlichkeit zum System der Partnerschaftszertifikate ist dabei nicht zufällig – so stand dieses Modell zumindest für das System in Setagaya explizit Pate.[53]

48 Daneben gab es ebenfalls Versuche, die Beziehung anderweitig zu schützen. Neben der Adoption kamen dabei ebenfalls Verträge zwischen den Partner*innen bzw. Testamente, Patientenverfügungen, General- und Vorsorgevollmachten zum Einsatz.[54]

49 Anders als in Japan kam jedoch für Männer in gleichgeschlechtlichen Beziehungen erschwerend hinzu, dass sexuelle Handlungen unter Männern bis 1994 durch § 175 StGB lange strafbewehrt waren, sodass es für männlich gelesene Personen lange Zeit jedenfalls nicht nur um rechtliche Anerkennung der Beziehung sowie Schutz und Vergünstigungen, sondern insbesondere um das Entgehen von Strafverfolgung ging.

50 Mittlerweile ist die gleichgeschlechtliche Ehe seit 6 Jahren in § 1353 Abs. 1 BGB eingeführt und bis Juli 2022 wurden 65.600 solcher Ehen geschlossen.[55] Ungeachtet der großen gesellschaftlichen Akzeptanz der gleichgeschlechtlichen Ehe ist eine völlige rechtliche Gleichstellung mit der zweigeschlechtlichen Ehe noch nicht erreicht.[56] So wird zum einen von manchen weiterhin bezweifelt, dass die Einführung der gleichgeschlechtlichen Ehe überhaupt verfassungsgemäß gewesen sei oder ob nicht Artikel

---

49 BGBl. I S. 2787.
50 2021 wurden in Deutschland 32,8% der Kinder außerhalb einer Ehe geboren, Bundesamt für Statistik, August 2022, https://de.statista.com/statistik/daten/studie/1327/umfrage/anzahl-der-lebendgeborenen-seit-dem-jahr-2006/.
51 BGBl. I S. 266.
52 Gesetz über die Eintragung gleichgeschlechtlicher Partnerschaften vom 14. 4. 1999, Hamburgisches Gesetz- und Verordnungsblatt Teil 1 S. 69.
53 独立行政法人 労働政策研究・研修機構 [The Japan Institute for Labour Policy and Training, JILPT], 諸外国のLGBTの就労をめぐる状況 [Arbeitsbedingungen von LGBT-Personen in anderen Ländern], 2016, 59 Fn. 8, abrufbar unter https://www.jil.go.jp/foreign/report/2016/pdf/0531.pdf.
54 I. Schmitt, Lesben im Recht – Lesben ohne Rechte?, Streit 2 (1999) 51; A. Goy, Entwurf einer notariellen Urkunde für lesbische / nichteheliche Lebensgemeinschaften. Generalvollmacht / Vorsorgevollmacht / Patientinverfügung, Streit 2 (1999) 68.
55 Pressemitteilung des Statistischen Bundesamtes vom 5. Juli 2022, https://www.destatis.de/DE/Presse/Pressemitteilungen/Zahl-der-Woche/2022/PD22_27_p002.html.
56 C. Frerk, Akzeptanz von Homosexualität, Forschungsgruppe Weltanschauungen in Deutschland (fowid), 10. Dezember 2020, https://fowid.de/meldung/akzeptanz-homosexualitaet.

6 GG, der, auch wenn der Wortlaut die Gleichgeschlechtlichkeit nicht ausschließe, historisch von einer zweigeschlechtlichen Beziehung ausgehe und insbesondere die (potentielle) Familiengründung schütze, einem (jedenfalls gleichwertigen) Schutz von anderen Beziehungen entgegenstehe.[57] Die fünf bisher vorliegenden Urteile in Japan gehen dagegen trotz zweigeschlechtlichem Wortlaut von der verfassungsmäßigen Möglichkeit einer Einführung aus. Das BVerfG hat noch nicht ausdrücklich zur Verfassungsmäßigkeit der eingeführten gleichgeschlechtlichen Ehe Stellung genommen. In seinem Beschluss vom 1. Februar 2023 zum Gesetz zur Bekämpfung von Kinderehen hat es jedoch eine Definition[58] der Ehe verwendet, welche auch gleichgeschlechtliche Ehen einschließen könnte, und hat damit jedenfalls nicht deren Verfassungswidrigkeit festgestellt.[59]

Zudem gibt es weiterhin Regelungsunterschiede im Vergleich mit der zweigeschlechtlichen Ehe. Als Beispiel sei hier die weiterhin notwendige sogenannte (Stiefkind-)Adoption unter gebärfähigen Paaren erwähnt. Während bei zweigeschlechtlichen Ehepaaren der Ehemann nach § 1592 Nr. 1 BGB automatisch rechtlicher Vater des in die Ehe geborenen Kindes wird und bei nichtverheirateten zweigeschlechtlichen Paaren im Regelfall der Vater lediglich die Vaterschaft anerkennen und die Mutter zustimmen muss (§§ 1592 Nr. 2, 1595 BGB), bleibt der Co-Mutter Meier im vorliegenden Fall nur der Weg über § 1741 Abs. 2 Satz 3 und 4 BGB das Kind zu adoptieren. Dies ist nicht nur aufwändig, sondern auch mit Unsicherheiten verbunden. Mittlerweile liegt die Frage der Verfassungsmäßigkeit dieser Ungleichbehandlung beim Bundesverfassungsgericht.[60] Zudem wird über eine Reform des Gesetzes in der Bundesregierung debattiert und ist Teil des Koalitionsvertrages.[61]

IV. Schlussbemerkung

Wie in zahlreichen Staaten ist das Recht der gleichgeschlechtlichen Ehe in starkem Fluss. Während sich der nationale Gesetzgeber häufig zurückhält, tragen die Initiativen verschiedener Akteure der Zivilgesellschaft zu einer schrittweisen Erweiterung der Möglichkeiten für gleichgeschlechtliche Paare bei. Auch unter dem Eindruck internationaler Entwicklungen dürfte der gesellschaftliche Druck auf den Gesetzgeber, das Eherecht zu liberalisieren, in Zukunft kaum geringer werden, auch wenn es abzuwarten bleibt, wie sich dies weiterentwickelt – nicht zuletzt vor dem Hintergrund der

---

57 So z.B. BeckOK-GG/*Uhle*, 54. Ed. 15.2.2023, Art. 6, Rn. 4; Sachs/v. *Coelln*, GG, 9. Aufl. 2021, Art. 6, Rn. 6; dagegen z.B. Jarass/Pieroth/*Jarass*, GG, 17. Aufl. 2022, Art. 6, Rn. 4a, 21.
58 Die verwendete Definition lautet wie folgt: „Zu den verfassungsrechtlichen Strukturprinzipien von Ehen gehört, dass es sich um eine rechtlich verbindliche und in besonderer Weise mit gegenseitigen Einstandspflichten einhergehende, auf Dauer angelegte Lebensgemeinschaft handelt, die aufgrund eines jeweils freien Entschlusses durch die Eheschließung als formalisierten, nach außen erkennbaren Akt begründet wird." Rn. 114 – Fundstelle s. Fn. 59.
59 BVerfG, Beschluss des Ersten Senats vom 1. Februar 2023 – 1 BvL 7/18 –, http://www.bverfg.de/e/ls20230 201_1bvl000718.html.
60 Siehe die Pressemitteilungen des OLG Celle vom 24. März 2021, https://oberlandesgericht-celle.niedersach sen.de/startseite/aktuelles/presseinformationen/verfassungsrechtliche-zweifel-an-fehlender-regelung-de r-elternstellung-gleichgeschlechtlicher-partner-198821.html, und des Kammergerichts vom 25. März 2021, https://www.berlin.de/gerichte/presse/pressemitteilungen-der-ordentlichen-gerichtsbarkeit/2021/presse mitteilung.1068978.php.
61 Koalitionsvertrag 2021 – 2025 zwischen der Sozialdemokratischen Partei Deutschlands (SPD), BÜNDNIS 90 / DIE GRÜNEN und den Freien Demokraten (FDP), 101, https://www.bundesregierung.de/resource/blob /974430/1990812/1f422c60505b6a88f8f3b3b5b8720bd4/2021-12-10-koav2021-data.pdf.

Abwehrbewegungen konservativer und religiöser Rechter in den sowohl für Japan als auch für Deutschland auf dem Gebiet der LGBTQ+-Rechte impulsgebenden USA.

§ 10 Arbeitsrecht – Streit um eine Kündigung

Heike Alps

I. Fall

▶ Das Unternehmen X beschäftigt 100 Arbeitnehmer:innen. Die Geschäftsleitung registriert einen deutlichen Auftragsrückgang in den letzten Monaten und beschließt, dass ein Teil der Produktion verkleinert werden soll. Betroffen von der Schließung ist der Produktionsbereich P des Unternehmens X, in dem der Arbeitnehmer A beschäftigt ist.

X kündigt A und weiteren Arbeitnehmer:innen schriftlich zum 31.1.2023. Das Kündigungsschreiben geht A am 20.7.2022 zu.

A ist 44 Jahre alt und seit 15 Jahren im Unternehmen X beschäftigt. Er ist in Teilzeit tätig und für zwei minderjährige Kinder unterhaltspflichtig. A ist bereits dreimal von X abgemahnt worden, weil er unentschuldigt zu spät zur Arbeit erschienen ist.

B ist ein Kollege des A. Er ist mit einer vergleichbaren Tätigkeit wie A befasst und ist in einem Bereich der Produktion beschäftigt, der nicht von der Schließung betroffen ist. B arbeitet in Vollzeit, ist 48 Jahre alt und seit 9 Jahren im Unternehmen X beschäftigt. Er ist unterhaltspflichtig für ein minderjähriges Kind. Abmahnungen liegen nicht vor. B hat keine Kündigung erhalten.

A ist der Auffassung, dass die gegen ihn ausgesprochene Kündigung unwirksam ist. Er möchte gegen die Kündigung gerichtlich vorgehen.

Welche prozessualen Eigenheiten hat er in Japan und in Deutschland zu beachten, wenn er sich gegen die Kündigung wehren möchte und wie sind seine Erfolgsaussichten? ◀

II. Behandlung des Falls nach japanischem Recht

1. Allgemeine Informationen

Japan verfügt nicht über eine eigenständige **Arbeitsgerichtsbarkeit**. Da das Arbeitsrecht ein Sonderbereich des Zivilrechts ist, sind in Japan im Grundsatz die Zivilgerichte für die Beilegung arbeitsrechtlicher Streitigkeiten zuständig.

Seit 2006 gibt es zusätzlich das Verständigungsverfahren in Arbeitssachen (*rōdō shinpan*).[1] Das Verständigungsverfahren in Arbeitssachen (im Folgenden bezeichnet als „Verständigungsverfahren" oder auch *„rōdō shinpan* Verfahren") ist speziell für die Beilegung individualarbeitsrechtlicher Streitigkeiten eingeführt worden und findet vor einer Kommission bei den Distriktgerichten[2] statt. Diese Verständigungskommission versucht zunächst, die Streitigkeit im Wege einer einvernehmlichen Schlichtung beizulegen. Sie kann aber auch eine einseitige Entscheidung erlassen, wenn sich die Parteien in der Schlichtung nicht einigen können.

Neben diesen beiden Verfahren in der japanischen Justiz (Zivilprozess und Verständigungsverfahren) bestehen zahlreiche Angebote zur Beilegung arbeitsrechtlicher Kon-

---

[1] Das Verfahren ist geregelt im Gesetz über die Verständigung in Arbeitssachen (*rōdō shinpan-hō*), Gesetz Nr. 45 aus 2004.
[2] Der Aufbau der Gerichte in Japan ist im Grundsatz wie folgt: einfache (summarische) Gerichte, Distriktgerichte, Obergerichte und Oberster Gerichtshof. Diese vier Ebenen entsprechen in etwa den Amtsgerichten, Landgerichten, Oberlandesgerichten und dem Bundesgerichtshof.

flikte in der japanischen Verwaltung, z.B. Beratung, Schlichtung und Vermittlung. Diese Angebote bestehen sowohl auf der Ebene des Zentralstaats, in Deutschland würde man sagen „auf Bundesebene", als auch in den einzelnen Präfekturen. Dies sei der Vollständigkeit halber erwähnt, wird jedoch nicht weiter thematisiert, da sich der vorliegende Vergleich auf die Verfahren vor den Gerichten beschränkt.[3]

2. Verfahren nach dem *rōdō shinpan-hō* (Gesetz über die Verständigung in Arbeitssachen)[4]

3   Möchte A sich gegen die Kündigung des X zur Wehr setzen, kann er einen Antrag auf Durchführung eines *rōdō shinpan* Verfahrens beim zuständigen Distriktgericht einreichen. Es findet dann zeitnah ein Termin vor der zuständigen Verständigungskommission statt. Diese Kommission besteht aus einer Person, die oder der Berufsrichter:in ist, und zwei Laienrichter:innen, die Erfahrungen und Kenntnisse im Bereich der Arbeitsbeziehungen einbringen sollen. Die Verständigungskommission ist paritätisch, d.h. mit jeweils einer Person von Arbeitnehmer- und Arbeitgeberseite besetzt.

Zum Zeitpunkt des ersten Termins liegen die schriftlichen Stellungnahmen beider Parteien bereits vor. Die Kommission erörtert die Sach- und Rechtslage mit den Parteien. Im Verständigungsverfahren stehen A und X, anders als im japanischen zivilprozessualen Verfahren, jeweils sehr aktive Rollen zu. So werden die Parteien im Verständigungsverfahren in die Erörterungen aktiv einbezogen. Die informelle Atmosphäre des Verfahrens – man trifft sich am sogenannten runden Tisch – soll den Parteien helfen, ihr Anliegen ohne Scheu zu diskutieren. Die erste Stufe des Verfahrens ist der Versuch der Verständigungskommission, eine **Schlichtung** (*chōtei*) zu erreichen, d.h. die Kommission prüft, ob sich die Parteien in der Angelegenheit einigen können.

Kommt eine Einigung (in der Regel innerhalb von drei Terminen) nicht zustande, entscheidet die Kommission durch einen Spruch (*shinpan*). Das Verständigungsgesetz sieht vor, dass die Kommission den Spruch auf der Grundlage der Rechtsbeziehungen der Parteien fällt, d.h. auf der Grundlage des materiellen Rechts. Allerdings macht das Verständigungsgesetz eine weitere inhaltliche Vorgabe hinsichtlich des Spruchs. So soll dieser auch den Verlauf des Verfahrens berücksichtigen. Dazu gehören insbesondere die Gespräche, die die Kommission mit den Parteien geführt hat, um eine Schlichtung zu erreichen. Über die Einbeziehung des Verfahrensverlaufs wird die Kommission in die Lage versetzt, flexible Lösungen zu finden. Solch flexible Ergebnisse, die der Kommission für die Lösung der Streitigkeit als angemessen erscheinen, dürfen dann von dem Ergebnis, das die rechtliche Betrachtung streng nach materiellem Recht ergeben würde, abweichen. Das ist eine Besonderheit des Verständigungsspruchs.

Warum ist dies eine Besonderheit? Wird nicht durch einen Spruch, sondern durch ein Urteil entschieden, muss sich das Gericht streng an die materiellen Vorgaben und insbesondere an den Klageantrag halten. Das Gericht darf nicht über den Klageantrag hinaus eine Entscheidung fällen und etwas zusprechen, das ein:e Kläger:in nicht beantragt hat. In Kündigungsstreitigkeiten ist der Antrag auf die Feststellung der Unwirk-

---

[3] Zu den verschiedenen Verfahren der arbeitsrechtlichen Streitbeilegung in Japan siehe *Alps*, Beilegung individualarbeitsrechtlicher Streitigkeiten in Japan, 2015; diese Ergebnisse finden sich zusammengefasst in *Alps*, Individualarbeitsrechtliche Konflikte und ihre Beilegung in Japan, ZJapanR/J.Japan.L. 37 (2014), S. 139 ff., sowie in *Alps*, in: Rosenau/Schön (Hrsg.), Japanisches Recht im Vergleich – Erstes Symposium zum japanischen Recht für Nachwuchswissenschaftler an der Universität Augsburg (2014), S. 125 ff.
[4] Eine deutsche Übersetzung des Gesetzes (Stand 2012) findet sich in *Alps* (Fn. 3), S. 300 ff.

samkeit der Kündigung gerichtet (und damit auch darauf, dass das Arbeitsverhältnis fortgeführt wird). Das Gericht hat in einem Urteil somit zwei Möglichkeiten: Es stellt entweder antragsgemäß fest, dass die Kündigung unwirksam ist, dann besteht das Arbeitsverhältnis fort, oder das Gericht stellt fest, dass die Kündigung wirksam ist, dann ist das Arbeitsverhältnis durch die Kündigung beendet und das Gericht weist die Klage ab.

In der **Praxis der Verständigungsverfahren** hat sich in den ersten Jahren nach Inkrafttreten des Gesetzes, gerade in Fällen der Unwirksamkeit der Kündigung, ein anderes Muster herausgebildet, das durch die flexible Handhabung und Abweichung von den strengen Vorgaben des prozessualen und materiellen Rechts erst möglich wird. Demnach stellt die Verständigungskommission in einem ersten Schritt zwar die Unwirksamkeit der Kündigung, sodann aber auch die Aufhebung des Arbeitsverhältnisses fest, um in einem letzten Schritt die Höhe einer Abfindung festzulegen, die das Unternehmen wegen des Verlustes des Arbeitsplatzes an sein:e Arbeitnehmer:in zu zahlen hat.

Im Fall des A könnte die Kommission in dieser Weise entscheiden. Eine „Abfindungslösung" wäre wahrscheinlich, wenn die Kündigung unwirksam gewesen sein sollte,[5] da in der Praxis der Verständigungskommissionen die Feststellung der Unwirksamkeit der Kündigung und die damit verbundene Weiterbeschäftigung in der Regel nicht Inhalt eines Verständigungsspruchs wird. Dies liegt vermutlich daran, dass die Kommission immer nur dann einen Spruch fällt, wenn die Schlichtung nicht erfolgreich war, d.h. wenn die Parteien sich über eine weitere Zusammenarbeit und eine Weiterbeschäftigung gerade nicht einigen konnten. Ordnet die Verständigungskommission die Kündigung demgegenüber als eindeutig wirksam ein, könnte die Kommission in dem Spruch aber auch feststellen, dass das Arbeitsverhältnis durch wirksame Kündigung zum 31.1.2023 beendet worden ist.

Gegen einen Verständigungsspruch darf jede Partei innerhalb einer Notfrist von zwei Wochen nach Zustellung des Spruchs, d.h. innerhalb einer nicht verlängerbaren Frist von zwei Wochen, **Einspruch** (*igi mōshitate*) einlegen. Die Besonderheit dieses Einspruchs liegt darin, dass mit diesem die Klageerhebung beim zuständigen Distriktgericht fingiert wird. Es folgt also der automatische Übergang in das zivilprozessuale Verfahren, ohne dass eine der Parteien nach dem Einspruch noch zusätzlich aktiv werden muss.

3. Zivilprozessverfahren bei Arbeitsstreitigkeiten

Arbeitsrechtliche Streitigkeiten werden in Japan vor den Zivilgerichten behandelt. Eine eigenständige Arbeitsgerichtsbarkeit gibt es nicht. Die Parteien sind nicht verpflichtet, vor der Anrufung des Zivilgerichts ein Verständigungsverfahren durchzuführen, so dass A auch unmittelbar eine Klage bei den Zivilgerichten einreichen könnte.

Im zivilprozessualen Verfahren prüft ein:e Berufsrichter:in die Angelegenheit. Laienrichter:innen werden hier nicht hinzugezogen.

a) Kündigungserklärung

Im Rahmen einer Kündigungsstreitigkeit prüft das Gericht zunächst, ob eine **Kündigungserklärung** vorliegt. Dies ist nach dem Sachverhalt unstreitig der Fall. X hat A

---
5 Zur Wirksamkeit der Kündigung nach japanischem Recht siehe II.3.

schriftlich die Kündigung erklärt. Nach japanischem Recht ist die **Schriftform für Kündigungen** nicht zwingend vorgesehen, so dass X dem A auch mündlich hätte kündigen können. Da eine Kündigung nicht immer ausdrücklich den Begriff „Kündigung" enthalten muss, sondern sich auch aus dem Sinn und Zweck einer Äußerung ergeben kann, führt es immer wieder zu rechtlichen Problemen, wenn die Parteien ein Gespräch unterschiedlich deuten und die eine Partei glaubt, es sei eine Kündigung erklärt worden, die andere aber davon ausgeht, dass das Arbeitsverhältnis weiter Bestand habe.[6] Aus Gründen der **Rechtssicherheit** empfiehlt es sich daher immer, eine Kündigung möglichst deutlich und schriftlich zu formulieren.

b) Frist zur Einreichung der Klage

6 Eine besondere **Frist für die Einreichung der Klage**, mit der A die Feststellung der Unwirksamkeit der Kündigung begehrt, sieht das japanische Zivilprozessgesetz nicht vor. Nach der gesetzlichen Regelung könnte A somit noch Jahre nach der Kündigungserklärung eine Klage auf Feststellung der Unwirksamkeit dieser Kündigung einreichen. Dies soll aber nicht unbegrenzt möglich sein. Nach der japanischen Rechtsprechung kann das Recht von Arbeitnehmer:innen, die Unwirksamkeit einer Kündigung feststellen zu lassen, nach einem „langem Zeitraum" (*chō-jikan*) verwirkt sein. Eine einheitliche Definition des langen Zeitraums gibt es jedoch nicht. So haben die einzelnen Gerichte unterschiedliche Standards. Es gibt Urteile, in denen die Geltendmachung der Unwirksamkeit einer Kündigung nach zwei Jahren und einigen Monaten nicht mehr erlaubt wurde und andere, in denen auch acht Jahre nach der Kündigungserklärung die Geltendmachung anerkannt wurde.[7] In der Literatur wird daher seit einiger Zeit diskutiert, ob eine Frist für die Einreichung einer Kündigungsschutzklage unter Rechtssicherheitsgesichtspunkten eingeführt werden sollte.

Bereits im Jahr 2005 rief das Ministerium für Gesundheit, Wohlfahrt und Arbeit eine Forschungsgruppe ins Leben, die zu der zukünftigen Situation rund um das Arbeitsvertragsgesetz beraten und Probleme herausarbeiten sollte. In dem Bericht, den die Forschungsgruppe im Herbst 2005 veröffentlichte, verwies sie darauf, dass eine frühzeitige Klärung der Wirksamkeit einer Kündigung nach deren Ausspruch begrüßenswert wäre, die japanischen Arbeitnehmer:innen aber nicht daran gewöhnt seien, sich nach einer Kündigung an die Gerichte zu wenden. Ein Bewusstsein dafür, dass eine solche Klage an eine Frist gebunden sein könnte, sei unter den japanischen Arbeitnehmer:innen somit praktisch nicht vorhanden.[8] Hier erhoffte sich die Forschungsgruppe, dass mit Hilfe des Verständigungsverfahrens, das 2006 eingeführt wurde, unter einer großen Zahl von Arbeitnehmer:innen die Kenntnis verbreitet werden würde, dass Maßnahmen zur Verfügung stehen, um sich gegen eine Kündigung zu wehren. Letztlich empfahl die Forschungsgruppe, die Frage einer Frist erst dann konkret zu diskutieren, wenn das Bewusstsein bei den Arbeitnehmer:innen verankert sei. Bislang ist die Diskussion jedoch zu keinem Ergebnis gelangt.

---

6 Beispiele zu den möglichen Problemen bei mündlichen Kündigungserklärungen finden sich bei *Marutschke*, Einführung in das japanische Recht, 2. Aufl. (2009), S. 221 f.
7 *Sugeno*, Rōdōhō [Arbeitsrecht], 11. Aufl. (2016), S. 754.
8 Bericht der Forschungsgruppe zu der zukünftigen Situation rund um das Arbeitsvertragsgesetz (*kongo no rōdō keiyaku hōsei no arikata ni kan suru kenkyūkai – hōkoku-sho*) vom 15.9.2005, Kapitel 4 Beendigung von Arbeitsverhältnissen, S. 57 f., im Internet zugänglich unter http://www.mhlw.go.jp/shingi/2005/09/dl/s0915-4d.pdf (zuletzt aufgerufen am 24.03.2023).

c) Besonderer Kündigungsschutz

Eine Frist für die Klageeinreichung hat A also derzeit nicht einzuhalten. Das Gericht prüft im nächsten Schritt, ob die Regelungen des besonderen Kündigungsschutzes zugunsten des A eingreifen, d.h. das Gericht prüft, ob ein gesetzliches Kündigungsverbot einschlägig ist. Das Arbeitsstandardgesetz (*rōdō kijun hō*) sieht lediglich wenige Fallkonstellationen vor: Arbeitgeber:innen dürfen z.B. weder während einer Krankheit, die auf einen Arbeitsunfall oder eine Berufskrankheit zurückzuführen ist, noch während der Schwangerschaft/Mutterschutzzeiten oder aus diskriminierenden Gründen eine Kündigung aussprechen. Keiner dieser Fälle liegt vor. A kann sich auf besonderen Kündigungsschutz nicht berufen.

d) Missbrauch des Kündigungsrechts

In Japan besteht der **Grundsatz der Kündigungsfreiheit**. Die Rechtsprechung hat diesen Grundsatz allerdings eingeschränkt und den Grundsatz vom **Missbrauch des Kündigungsrechts** (*kaiko-ken no ranyō*) entwickelt. Das Gericht wird demnach prüfen, ob das Unternehmen X sein Kündigungsrecht missbrauchte, als es gegenüber A die Kündigung aussprach. Der Grundsatz des Missbrauchs des Kündigungsrechts ist seit 2007 in Art. 16 Arbeitsvertragsgesetz (*rōdō keiyaku-hō*) ausdrücklich normiert. Eine Kündigung ist danach unwirksam, wenn objektiv sachlich gerechtfertigte Gründe für die Kündigung fehlen und wenn die Kündigung nach in der Gesellschaft herrschender Auffassung nicht angemessen ist. Objektiv sachlich gerechtfertigte Gründe können z.B. personen-, verhaltens- und betriebsbedingte Gründe sein. Im vorliegenden Fall kommen betriebsbedingte Gründe für die Kündigung in Betracht. Die Rechtsprechung hat für die Wirksamkeit **betriebsbedingter Kündigungen** vier Voraussetzungen festgelegt:[9]

aa) Personalabbau muss notwendig sein

Das Unternehmen X hat einen erheblichen Auftragsrückgang zu verzeichnen. Ein solcher reicht als objektiver Grund für eine betriebswirtschaftliche Gefährdung und die Notwendigkeit eines Personalabbaus aus.

bb) Arbeitgeber:in muss sich bemüht haben, die Kündigung zu vermeiden

Das Unternehmen X darf in der Zeit der Kündigung keine Neueinstellungen durchführen. Zudem muss es Überstunden beschränken und eine Umsetzung, Versetzung oder Entsendung des Arbeitnehmers A prüfen, bevor es die Kündigung ausspricht. Der Sachverhalt gibt keinen Anhaltspunkt dafür, dass X diese Voraussetzung missachtet hat.

cc) Kriterien für die Personenauswahl müssen rational, also angemessen sein

Die Kriterien für eine angemessene Auswahl der zu kündigenden Arbeitnehmer:innen sind nicht abschließend vorgegeben. Das Gericht wird bei der Entscheidung leistungsbezogene Kriterien berücksichtigen, wie Fehlzeiten, Verspätungen und Disziplinverstöße, die Dauer der Betriebszugehörigkeit, eventuell das Alter (streitig) und die Frage,

---

9 Zu den Voraussetzungen einer betriebsbedingten Kündigung nach japanischem Recht siehe *Takahashi*, Betriebsbedingte Kündigung in Japan, ZJapanR/J.Japan.L. 36 (2013), S. 241 ff. und *Sugeno* (Fn. 7), S. 746 f.

ob ein:e Arbeitnehmer:in regulär oder nicht regulär beschäftigt ist. Regulär Beschäftigte sind Arbeitnehmer:innen, die in einem unbefristeten Vollzeitarbeitsverhältnis stehen.
Für A spricht im vorliegenden Fall die längere Betriebszugehörigkeit als die von B. Gegen A spricht allerdings, dass gegen ihn bereits drei Abmahnungen wegen diverser Verspätungen vorliegen und dass er in Teilzeit tätig ist, also kein regulär Beschäftigter ist. Es ist somit wahrscheinlich, dass das Gericht zu dem Ergebnis kommt, dass das Unternehmen X eine angemessene Sozialauswahl getroffen hat, als es A und nicht B gekündigt hat.

dd) Arbeitgeber:in muss mit der Gewerkschaft bzw. den Arbeitnehmer:innen verhandeln

Dies kann mangels entgegenstehender Angaben im Sachverhalt ebenfalls unterstellt werden.

e) Kündigungsfrist

9   Als letzten Punkt prüft das Gericht, ob die Kündigungsfrist eingehalten wurde. Diese liegt nach Art. 20 Abs. 1 Arbeitsstandardgesetz bei 30 Tagen und wurde vorliegend eingehalten.

4. Entscheidung

10   Nach japanischem Recht wäre die Kündigung des A vom 20.7.2022 mit hoher Wahrscheinlichkeit gerechtfertigt und das Arbeitsverhältnis somit zum 31.1.2023 wirksam beendet worden.[10]

III. Behandlung des Falls nach deutschem Recht

11   Möchte ein:e Arbeitnehmer:in gegen die Kündigung eines Arbeitsverhältnisses vorgehen, steht in Deutschland die **Kündigungsschutzklage** vor den Arbeitsgerichten als Mittel der Rechtsdurchsetzung zur Verfügung. Im Gegensatz zum japanischen System verfügt Deutschland mit der Arbeitsgerichtsbarkeit über eine eigenständige Fachgerichtsbarkeit, die sich mit Streitigkeiten rund um Arbeitsverhältnisse befasst.

1. Ablauf des Kündigungsschutzverfahrens

12   A legt eine Kündigungsschutzklage beim zuständigen Arbeitsgericht ein, welches daraufhin einen zeitnahen Termin zur **Güteverhandlung** bestimmt. Die Beklagtenseite nimmt, anders als im Verständigungsverfahren, in dem beide Parteien vor dem ersten Termin Gelegenheit zur schriftlichen Stellungnahme erhalten, in der Regel vor dem Termin zur Güteverhandlung inhaltlich nicht Stellung zum klägerischen Sachvortrag. Der Gütetermin findet vor Arbeitsrichter:innen (Einzelrichter:in), die Berufsrichter:innen sind, statt. Diese:r erörtert die Sach- und Rechtslage mit den Parteien zum Zwecke der gütlichen Einigung. Gelingt eine Einigung, dokumentiert das Arbeitsgericht dies in

---

10 Die Organisation für wirtschaftliche Zusammenarbeit und Entwicklung (OECD) hat eine Kurzzusammenfassung über den Schutz von Beschäftigungsvorschriften in den einzelnen OECD Staaten herausgegeben, in der auch für Deutschland und Japan die wesentlichen Regelungen vorgestellt werden, „Detailed Description of Employment Protection Legislation, 2019 OECD Countries", im Internet zugänglich unter https://www.oecd.org/els/emp/OECD2019-EPL.pdf (zuletzt aufgerufen am 24.03.2023).

III. Behandlung des Falls nach deutschem Recht § 10

einem gerichtlichen Vergleichsbeschluss, aus dem die Zwangsvollstreckung betrieben werden kann.

Kommt ein **Vergleich** in der Güteverhandlung nicht zustande, fordert das Arbeitsgericht X auf, zu der Klage des A schriftlich Stellung zu nehmen und lädt beide Parteien zu einem weiteren Termin zur mündlichen Verhandlung, dem sogenannten Kammertermin. Im Kammertermin ist die Besetzung des Gerichts anders als in der Güteverhandlung. Das Arbeitsgericht ist dann mit einer Person, die Berufsrichter:in ist (die Person, die bereits die Güteverhandlung geführt hat) und zwei ehrenamtlichen Richter:innen besetzt. Wie die Verständigungskommission in Japan ist die Kammer beim Arbeitsgericht ebenfalls paritätisch, d.h. mit jeweils einer Person von Arbeitnehmer- und Arbeitgeberseite besetzt.

2. Prüfung des Gerichts

a) Kündigungserklärung

Im Rahmen eines Kündigungsschutzverfahrens prüft das Gericht zunächst, ob die Kündigungserklärung formgerecht erfolgt ist. Nach § 623 BGB muss die Kündigung eines Arbeitsverhältnisses schriftlich erfolgen. Dies ist im vorliegenden Fall gegeben. 13

b) Frist zur Einreichung der Klage

In einem nächsten Schritt überprüft das Arbeitsgericht, ob A die Frist zur Einreichung einer Kündigungsschutzklage eingehalten hat. Gemäß § 4 S. 1 **Kündigungsschutzgesetz** (KSchG) müssen Arbeitnehmer:innen, die die Unwirksamkeit einer Kündigung geltend machen möchten, innerhalb von drei Wochen nach Zugang der Kündigung Klage beim Arbeitsgericht einreichen. Versäumt A diese Frist, wird eine etwaige Unwirksamkeit geheilt und die Kündigung gilt als wirksam, § 7 KSchG. Eine entsprechende Regelung gibt es in Japan nicht. 14

c) Betriebsratsanhörung

Besteht ein Betriebsrat, muss dieser nach § 102 Betriebsverfassungsgesetz ordnungsgemäß angehört worden sein. Dies wird unterstellt. 15

d) Besonderer Kündigungsschutz

Ein besonderer Kündigungsschutz ist im vorliegenden Fall nicht gegeben. Dieser käme ähnlich wie in Japan zum Beispiel während des Mutterschutzes in Betracht. 16

e) Allgemeiner Kündigungsschutz nach dem Kündigungsschutzgesetz

Es stellt sich für das Arbeitsgericht nun die Frage, ob der allgemeine Kündigungsschutz nach dem KSchG Anwendung findet. Grundsätzlich gilt auch im deutschen Recht der **Grundsatz der Kündigungsfreiheit**. Das KSchG sieht unter gewissen Voraussetzungen jedoch Einschränkungen der Kündigungsfreiheit vor. Der sogenannte allgemeine Kündigungsschutz findet nach § 1 Abs. 1, § 23 Abs. 1 S. 2 KSchG auf ein Arbeitsverhältnis Anwendung, wenn ein:e Arbeitnehmer:in mehr als sechs Monate bei einem:r Arbeitgeber:in beschäftigt ist und diese:r Arbeitgeber:in regelmäßig mehr als 10 Arbeitnehmer:innen beschäftigt. Beides ist hier der Fall. A ist seit 15 Jahren bei dem Unternehmen X beschäftigt, welches 100 Mitarbeiter:innen hat. 17

Nach § 1 Abs. 1 KSchG ist eine Kündigung nach dem allgemeinen Kündigungsschutz unwirksam, wenn sie nicht **sozial gerechtfertigt** ist. Sozial ungerechtfertigt ist die Kündigung, wenn sie nicht durch Gründe, die in der Person oder in dem Verhalten der betreffenden Arbeitnehmer:innen liegen, oder durch dringende betriebliche Erfordernisse, die einer Weiterbeschäftigung der betreffenden Arbeitnehmer:innen in diesem Betrieb entgegenstehen, bedingt ist, § 1 Abs. 2 KSchG. In Betracht kommt vorliegend, dass die Kündigung aufgrund dringender betrieblicher Erfordernisse, nämlich der Schließung eines Teils der Produktion, erforderlich ist. Für eine betriebsbedingte Kündigung müssen folgende Voraussetzungen erfüllt sein. So muss die Kündigung durch betriebliche Erfordernisse bedingt sein, die der Weiterbeschäftigung entgegenstehen, es darf kein milderes Mittel geben (die Kündigung ist immer *ultima ratio*) und der:die Arbeitgeber:in muss soziale Kriterien angemessen berücksichtigt haben.

Durch die Schließung des Produktionsteils, in dem A tätig war, ist sein Arbeitsplatz weggefallen. Anhaltspunkte für eine andere Beschäftigungsmöglichkeit (im Sinne eines freien Arbeitsplatzes, der A angeboten werden müsste) im Unternehmen X bestehen nicht.

Eine betriebsbedingte Kündigung ist nach § 1 Abs. 3 S. 1 KSchG auch dann sozial ungerechtfertigt, wenn ein:e Arbeitgeber:in bei der Auswahl der zu kündigenden Arbeitnehmer:innen die **Sozialauswahl** nicht ordnungsgemäß durchgeführt hat, also die Dauer der Betriebszugehörigkeit, das Lebensalter, die Unterhaltspflichten und die Schwerbehinderung dieser Arbeitnehmer:innen nicht oder nicht ausreichend berücksichtigt hat. Im Gegensatz zur Situation in Japan gibt das KSchG die Kriterien, die in die Sozialauswahl einfließen müssen, abschließend vor. Im Rahmen dieser Sozialauswahl müsste das Unternehmen X somit die Dauer der Betriebszugehörigkeit, das Lebensalter, die Unterhaltspflichten und evtl. Schwerbehinderungen derjenigen Arbeitnehmer:innen, denen es kündigen möchte, berücksichtigen. Aus diesen vier zu berücksichtigen Aspekten errechnet sich für jede:n im Betrieb beschäftigte:n Arbeitnehmer:in ein Punktewert. Je höher der Wert, desto schutzwürdiger ist ein:e Arbeitnehmer:in. X muss den errechneten Wert des A sodann den Werten vergleichbarer Arbeitnehmer:innen in seinem Betrieb gegenüberstellen. Gibt es eine Person, die nach dieser Betrachtung weniger Sozialpunkte hat und damit weniger schutzwürdig ist als A, muss X dieser kündigen. Hier kommt ein Vergleich mit B in Betracht.

B ist ein vergleichbarer Arbeitnehmer, da er mit einer ähnlichen Tätigkeit betraut ist wie A. Für B spricht das Lebensalter, er ist älter als A. Für A spricht jedoch, dass er länger bei X beschäftigt ist und dass er gegenüber zwei Kindern unterhaltspflichtig ist und B nur gegenüber einem Kind. Ob ein:e Arbeitnehmer:in in Vollzeit oder Teilzeit beschäftigt ist und ob Abmahnungen gegen eine:n Arbeitnehmer:in vorliegen oder nicht, finden im Rahmen der Sozialauswahl im Gegensatz zu Japan keine Berücksichtigung, da ausschließlich die vier im Gesetz genannten Kriterien relevant sind.

Je nach Punktesystem (die vier Kriterien dürfen unterschiedlich bewertet werden) kann die Sozialauswahl hier durchaus ergeben, dass A schutzwürdiger ist als B. Damit wäre die Sozialauswahl des Unternehmens X fehlerhaft und die Kündigung unwirksam.

f) Kündigungsfrist

Die Kündigungsfrist nach § 622 Abs. 2 Nr. 6 BGB beträgt bei 15 Jahren Betriebszugehörigkeit 6 Monate zum Ende eines Kalendermonats. Die Kündigung vom 20.7.2022 wäre somit ordnungsgemäß zum 31.1.2023 erklärt worden. Zu diesem Punkt der

IV. Wertende Betrachtung § 10

Prüfung gelangt das Arbeitsgericht jedoch nicht mehr, wenn die Kündigung unwirksam ist.

3. Entscheidung

Das Arbeitsgericht entscheidet durch Urteil mit hoher Wahrscheinlichkeit, dass die Kündigung unwirksam war und das Arbeitsverhältnis durch die Kündigung vom 20.7.2022 nicht beendet wurde.

IV. Wertende Betrachtung

1. Materielles Recht

Die Voraussetzungen der betriebsbedingten Kündigung in Deutschland und Japan sind ähnlich. Der Arbeitsplatz von betroffenen Arbeitnehmer:innen muss weggefallen sein, die Kündigung darf nur als *ultima ratio* ausgesprochen werden und ein:e Arbeitgeber:in muss eine angemessene Auswahl der zu kündigenden Arbeitnehmer:innen treffen.

Das japanische Recht gibt dabei deutlich weniger Formalitäten vor als das deutsche Recht. Es beginnt damit, dass eine Kündigung in Japan nicht schriftlich erfolgen muss. Eine Sozialauswahl muss zwar auch in Japan vor einer betriebsbedingten Kündigung durchgeführt werden, denn ein:e Arbeitgeber:in darf nicht vollkommen frei und beliebig den Arbeitnehmer:innen, die am wenigsten gefallen, kündigen, jedoch sind die Kriterien, die ein:e Arbeitgeber:in in Japan zu berücksichtigen hat, weder abschließend aufgelistet noch zwingend zu beachten. Aufgrund dessen gibt es in Japan einen wesentlich größeren Spielraum für Arbeitgeber:innen bei der Auswahl der zu kündigenden Arbeitnehmer:innen als in Deutschland. Letztlich kann ein:e Arbeitnehmer:in in Japan die Unwirksamkeit einer Kündigung deutlich länger gerichtlich geltend machen, als es die strenge Dreiwochenfrist des KSchG Arbeitnehmer:innen in Deutschland erlaubt.

Diese weitaus flexiblere Handhabung in Japan führt gleichzeitig zu **weniger Rechtssicherheit**. Wird Arbeitnehmer:innen mündlich eine Kündigung ausgesprochen, die vom Wortlaut her nicht ganz deutlich macht, dass das Arbeitsverhältnis beendet wird, ist die Einordnung nicht immer eindeutig und auch dem Beweis schwerer zugänglich als dies bei einer schriftlichen Äußerung der Fall ist. So verstoßen Arbeitnehmer:innen bereits gegen ihre primäre arbeitsvertragliche Pflicht, dem Erbringen der Arbeitsleitung, wenn sie eine Äußerung der Arbeitgeberseite als fristlose Kündigung auffassen und daraufhin in den folgenden Tagen zu Hause bleiben, obwohl der:die Arbeitgeber:in lediglich eine Kündigung androhen wollte, oder den:die Arbeitnehmer:in in einem emotionalen Moment aus dem Büro geworfen hat und nach rechtlicher Betrachtung keine Anhaltspunkte dafür bestehen, dass die Äußerung anders, i.S.e. Kündigungserklärung aufgefasst werden durfte. Auch hinsichtlich der Sozialauswahl ist es für eine:n Arbeitnehmer:in in Japan noch schwerer als für eine:n Arbeitnehmer:in in Deutschland, vor dem Einreichen einer Klage zu antizipieren, ob ein:e Arbeitgeber:in Kriterien angewandt hat, die einer Prüfung der Angemessenheit standhalten. Denn ein:e Arbeitgeber:in ist nicht gezwungen, bestimmte klar vorgegebene Kriterien für die Auswahl heranzuziehen. Insbesondere ist es Arbeitgeber:innen nach japanischem Recht erlaubt, Stammarbeitnehmer:innen zu bevorzugen und nicht zu kündigen, sondern zunächst die Verträge mit den prekär Beschäftigten zu beenden. Zu diesen zählen sodann alle, die nicht in einem unbefristeten Vollzeitarbeitsverhältnis sind, also auch Teilzeitkräfte, neben den befristet Beschäftigten und Leiharbeitnehmer:innen.

2. Prozessuale Seite

22 Sowohl in Deutschland als auch in Japan enthalten die gerichtlichen Verfahren zur Beilegung individualarbeitsrechtlicher Streitigkeiten starke Elemente der Bemühung um eine einvernehmliche Lösung. Das arbeitsgerichtliche Urteilsverfahren beginnt mit einer Güteverhandlung, die lediglich der Frage dient, ob es zwischen den Parteien die Möglichkeit einer vergleichsweisen Beilegung der Streitigkeit gibt. Auch das Verständigungsverfahren ist auf eine einvernehmliche Konfliktlösung ausgerichtet. Es startet mit dem Versuch einer Schlichtung.

Die Analyse der Verfahren zeigt aber, dass die Vertreter:innen von Arbeitgeber- und Arbeitnehmerseite in Deutschland und Japan in unterschiedlichen Phasen der Streitbeilegung eingesetzt werden. Während im deutschen arbeitsgerichtlichen Verfahren die ehrenamtlichen Richter:innen erst im Kammertermin hinzutreten und damit an der Urteilsfindung beteiligt sind, wirken die Laienrichter:innen in Japan nur im Verständigungsverfahren, also der Phase, die besonders auf eine Schlichtung ausgerichtet ist, nicht aber im Zivilprozess mit. Beide Varianten haben jedoch ihre Berechtigung. So kann der Blick der Laienrichter:innen, welche über Kenntnisse des Arbeitslebens verfügen, und ihr – oft als Grund für die Beteiligung von Nichtjurist:innen genannter – gesunder Menschenverstand in beiden Phasen einen wertvollen Beitrag für das Verfahren liefern.

§ 11 Arbeitsrecht – Rechte der irregulär Beschäftigten

Sebastian Schulte

I. Fall

▶ In einem als „Arbeitsordnung" bezeichneten Regelwerk, das das Unternehmen U aufgestellt hat, ist unter anderem vorgesehen, dass der Stundenlohn von Teilzeitbeschäftigten und befristet beschäftigten Mitarbeiter:innen 80% des Stundenlohns sogenannter Stammmitarbeiter:innen beträgt. In der Arbeitsordnung ist weiter geregelt, dass auch bestimmte Zulagen nur an Stammmitarbeiter:innen gezahlt werden, u.a. eine Essenszulage sowie ein Fahrtkostenzuschuss.

Die Mitarbeiterin A ist bei U in Teilzeit mit 75% einer Vollzeitstelle beschäftigt. Der Mitarbeiter B arbeitet bereits seit 15 Jahren für die U in Vollzeit. Allerdings beschäftigt die U den B lediglich auf Grund befristeter Arbeitsverträge, die bisher immer wieder verlängert worden sind. Insgesamt hat es 10 Verlängerungen von jeweils einem oder zwei Jahren Dauer gegeben.

A und B verrichten dieselben Tätigkeiten wie manche der Stammmitarbeiter:innen der U und verfügen auch über eine vergleichbare Qualifikation. Darüber hinaus gehören A und B dem Unternehmen bereits länger an als viele der (besser bezahlten) Stammmitarbeiter:innen.

A und B sind nicht mehr bereit, zu akzeptieren, dass sie lediglich 80% des Stundenlohns von Stammmitarbeitern:innen erhalten und verlangen von U, ebenso wie die Stammmitarbeiter:innen bezahlt zu werden, und zwar einschließlich der Zulagen und Zuschüsse.

Bevor der nunmehr elfte befristete Arbeitsvertrag des B ausläuft, verlangt B von U die weitere Verlängerung des Vertrages. Das verweigert die U mit dem Hinweis auf das Verlangen des B ebenso bezahlt zu werden wie Stammmitarbeiter:innen.

Verlangen A und B zu Recht, ebenso wie die Stammmitarbeiter:innen bezahlt zu werden und kann B sich darüber hinaus auch gegen die Weigerung der U, seinen Arbeitsvertrag zu verlängern zur Wehr setzen? ◀

II. Behandlung des Falls nach japanischem Recht

1. Allgemeine Informationen

Gerade in größeren japanischen Unternehmen werden die Mitarbeiter:innen unterschieden in reguläre sowie irreguläre Arbeitnehmer:innen. Reguläre Beschäftigte werden auch Stammmitarbeiter:innen genannt. Diese Mitarbeiter:innen werden oft direkt von den Universitäten mit der Aussicht und der Erwartung angeworben, dass sie ihr gesamtes Arbeitsleben in diesem einen Unternehmen verbringen.[1] Lange Zeit konnten sich diese Mitarbeiter:innen, wobei es sich überwiegend um männliche Arbeitnehmer handelt, darauf verlassen, nicht oder nur unter besonderen Umständen entlassen zu werden. Eng damit verbunden ist das sogenannte Senioritätsprinzip[2]. Nach dem System ist die Höhe der Vergütung maßgeblich an das Lebensalter und die Betriebszu-

1

---

1 *Pejović*, The Japanese Employment System in the 21st Century: Under Reconstruction, ZJapanR 2016, 233, 235.
2 Nenkô chingin.

gehörigkeit geknüpft und nicht so sehr an individuelle Leistungen oder die Art der Tätigkeit.

2 Neben diesen Stammmitarbeiter:innen[3] gibt es noch eine weitere Gruppe von Arbeitnehmer:innen, die sogenannten atypisch oder irregulär Beschäftigten. Darunter fallen u.a. teilzeitbeschäftigte Arbeitnehmer:innen, Arbeitnehmer:innen mit zeitlich befristeten Arbeitsverträgen sowie auch Arbeitnehmer:innen, die dem Unternehmen, das sie einsetzt, von einem anderen Unternehmen gegen Entgelt überlassen worden sind, sogenannte Leiharbeitnehmer:innen. Allerdings unterscheidet sich diese Gruppe von Beschäftigten nicht nur durch eine geringere Arbeitszeit oder ein befristetes Arbeitsverhältnis von den anderen regulär Beschäftigten. Vielmehr haben die irregulär Beschäftigten einen ganz anderen Status als vollzeitbeschäftigte Stammbeschäftigte. Das gilt auch dann, wenn ihre Arbeit tatsächlich sowohl im Hinblick auf die Arbeitsinhalte als auch die Arbeitszeiten fast oder vollständig der der Stammbeschäftigten entspricht. Die irregulär Beschäftigten arbeiten oft zu wesentlich schlechteren Bedingungen als die Stammbeschäftigten, insbesondere auch im Hinblick auf das Arbeitsentgelt.[4]

3 Insbesondere mit Stammbeschäftigten werden in größeren japanischen Unternehmen keine individuellen Arbeitsverträge abgeschlossen. Die für alle Arbeitnehmer:innen geltenden wesentlichen Arbeitsbedingungen ergeben sich in aller Regel aus der sogenannten Arbeitsordnung[5], die in den Artikeln 89-93 des Arbeitsstandardgesetzes[6] von 1947 geregelt ist.

4 Gem. Art. 89 Satz 1 ASG muss jede:r Arbeitgeber:in, der 10 Arbeitnehmer:innen oder mehr beschäftigt, eine solche Arbeitsordnung für jede Arbeitsstätte erstellen und der Aufsichtsbehörde vorlegen. Derselbe Artikel sieht vor, dass die Arbeitsordnung zwingend bestimmte Regelungen enthalten muss, z.B. zu den Arbeits- und Pausenzeiten, zu Urlaub, zur Höhe der Vergütung sowie auch zu den Einzelheiten einer Beendigung des Arbeitsverhältnisses einschließlich möglicher Kündigungsgründe.

5 Wenn der oder die Arbeitgeber:in weitere Arbeitsbedingungen festlegen will, müssen auch diese in der Arbeitsordnung aufgeführt sein. Die Arbeitsordnung ist dabei nicht bloße Sozialnorm, sondern hat Rechtsnormencharakter, sofern und soweit ihr Inhalt sachlich gerechtfertigt ist, so der Große Senat des OGH in einem grundlegenden Urteil aus dem Jahre 1968. Die Arbeitsordnung gilt dabei für alle Beschäftigten, und zwar unabhängig davon, ob diese die Arbeitsordnung zur Kenntnis genommen haben oder überhaupt wissen, dass sie existiert.

6 Gem. Art. 93 ASG dürfen individuell abgeschlossene Arbeitsverträge die Standards der Arbeitsordnung nicht unterschreiten. Bei Stammbeschäftigten handelt es sich oft um sogenannte Generalisten oder Generalistinnen, was bedeutet, dass von ihnen erwartet wird, eine Vielzahl von Aufgaben in dem Unternehmen wahrzunehmen. Sie werden auch oft auf verschiedene Positionen innerhalb des Unternehmens versetzt.

7 Im Gegensatz dazu werden atypisch Beschäftigte des Öfteren auf Grund von individuell geschlossenen Arbeitsverträgen beschäftigt, die dann auch eine ganz bestimmte Aufgabe vorsehen.

---

3 Seishain.
4 *Araki*, New Labour Policies on non-standard employment in Japan: The focus on the new regulations and fixed-term employment contracts, in: Aktuelle arbeitsrechtliche Herausforderungen in Japan und Deutschland, 2014, S. 17.
5 Shûgyô Kisoku.
6 Im Folgenden ASG genannt.

II. Behandlung des Falls nach japanischem Recht § 11

Der Anteil der atypisch Beschäftigten in der Gesamtzahl der Arbeitnehmer:innen nimmt stetig zu (2010 betrug der Anteil der atypisch Beschäftigten 35% im Vergleich zu 20% im Jahr 1990).[7]

Es gibt Bestrebungen, die Situation der atypisch Beschäftigten zu verbessern und möglichst derjenigen der regulär Beschäftigten anzugleichen. 1993 ist das Teilzeitarbeitsgesetz[8] verabschiedet worden.

Mit einem umfassenden Gesetzespaket, der sogenannten Work-Style Reform[9], die am 06. Juli 2018 verkündet und zum Teil bereits zum 1. April 2019 und zu weiteren Teilen im April 2020, 2021 und schließlich 2023 in Kraft getreten ist, sollte nicht nur die Belastung der Beschäftigten durch eine Vielzahl von Überstunden verringert werden, sondern u.a. auch die Situation der irregulär Beschäftigten, insbesondere das Prinzip des „equal pay for equal work" gestärkt werden.[10] Durch dieses Gesetzespaket ist das Teilzeitarbeitsgesetz nicht nur in Teilzeit- und befristet Beschäftigtengesetz[11] umbenannt worden, sondern auch um bestimmte Anspruchsgrundlagen für Teilzeitbeschäftigte und befristet Beschäftigte ergänzt worden.

2. Ansprüche der Teilzeitbeschäftigten

Mitarbeiterin A begehrt die gleiche Vergütung wie sie auch regulär Beschäftigten von dem Unternehmen U gewährt wird. Aus den Regelungen der Arbeitsordnung selbst kann die A keinen Anspruch herleiten. Dort ist ausdrücklich vorgesehen, dass ihr Gehalt lediglich 80% der Vergütung der Stammbeschäftigten beträgt.

a) Anspruch aus Art. 4 ASG

Die A könnte einen Anspruch aus Art. 4 ASG gegen die U auf Zahlung der Differenz zwischen ihrem Gehalt und dem Gehalt der vergleichbaren Vollzeitbeschäftigten haben. Art. 4 ASG sieht vor, dass ein:e Arbeitgeber:in einer Mitarbeiterin nicht auf Grund des Umstandes, dass sie eine Frau ist, geringeres Gehalt als dem männlichen Arbeitnehmer zahlen darf. Die A ist eine Frau und erhält weniger Gehalt als die weit überwiegend männlichen Stammmitarbeiter. Allerdings beruht der Gehaltsunterschied nach den Regelungen der Arbeitsordnung nicht auf ihrem Geschlecht, sondern darauf, dass sie als Teilzeitbeschäftigte und nicht als Stammmitarbeiterin bei der U beschäftigt ist. Zwar ist es nach wie vor so, dass es sich bei einer Mehrheit der Teilzeitbeschäftigten in Japan um Frauen handelt und gleichzeitig sehr viele Frauen, die sich in Beschäftigungsverhältnissen befinden, in Teilzeit tätig sind[12]. Allerdings reicht das nicht aus, um hier eine Ungleichbehandlung der A anzunehmen, die in erster Linie auf ihrem weiblichen Geschlecht beruht. Ein Anspruch aus Art. 4 ASG scheidet damit aus.

Nur der Vollständigkeit halber sei ergänzt, dass auch ein Anspruch aus Art. 3 ASG nicht in Betracht kommt. Art. 3 ASG verbietet die Diskriminierung auf Grund ganz bestimmter Kriterien, nämlich der Nationalität, der religiösen oder politischen Über-

---

7 *Araki*, a.a.O., S. 16.
8 Act on Improvement of Personnel Management and Conversion of Employment Status for part-time workers (Act. No. 76 of 1993).
9 Act on an Arrangement of relevant acts to promote the Work Style Reform, law No. 71/2018.
10 *Ishikawa/Schiebe*, The Japanese Work-Style Reform 2019, ZJapanR 2019, 269, 270.
11 Act on Improvement of Personnel Management and Conversation of Employment Status for Part-time workers and fixed-term workers, im Folgenden als TzArbG abgekürzt.
12 *Pejovic*, a.a.O., S. 244.

zeugung oder der sozialen Herkunft. Das einzige Kriterium, das möglicherweise in Betracht käme, ist das der sozialen Herkunft. Allerdings bezieht sich dieser Begriff nicht auf den jeweiligen Beschäftigungsstatus und ist deshalb grundsätzlich nicht geeignet, einen Anspruch von Teilzeitbeschäftigten wegen einer darauf beruhenden Ungleichbehandlung zu begründen.

b) Anspruch aus Art. 8 und 9 TzArbG

aa) Anspruch aus Art. 8 TzArbG auf Grundvergütung und Bonuszahlungen

14 Gem. Art. 8 des Teilzeitarbeitsgesetzes ist eine unangemessene Ungleichbehandlung von Teilzeitbeschäftigten unter anderem in Bezug auf Grundvergütung und Bonuszahlungen verboten.

15 Die Ungleichbehandlung gilt dann als unangemessen, wenn die teilzeitbeschäftigten Arbeitnehmer:innen mit den Stammbeschäftigten in Bezug auf Leistung und Arbeitsergebnisse, Arbeitserfahrung und Eignung sowie Dauer der Betriebszugehörigkeit zum Unternehmen vergleichbar sind[13].

16 Wenn eine Vergleichbarkeit hinsichtlich dieser Kriterien bejaht wird, haben die Teilzeitbeschäftigten sowohl Anspruch auf denselben Grundlohn als auch auf die Zahlung der den Stammbeschäftigten gezahlten Boni. Durch die Work-Style Reform Bill wurde der Kreis der Stammbeschäftigten, die in die Vergleichbarkeitsprüfung mit einbezogen werden müssen, erweitert. Zuvor waren lediglich die Stammbeschäftigten desselben Betriebs, also derselben Arbeitsstätte in die Betrachtung mit einzubeziehen, in dem die teilzeitbeschäftigte Person gearbeitet hat. Nunmehr muss die Vergleichbarkeit mit sämtlichen Stammbeschäftigten des Unternehmens geprüft werden.

17 A ist so lange im Unternehmen beschäftigt wie manche der Stammbeschäftigten und erzielt eine vergleichbare Leistung und Arbeitsergebnisse. Überdies verfügt sie auch über dieselbe Qualifikation wie einige der Stammmitarbeiter:innen und auch über dieselbe Arbeitserfahrung.

18 Sie ist deshalb mit den Stammbeschäftigten vergleichbar und hat somit auch Anspruch auf Zahlung der für die Stammbeschäftigten in der Arbeitsordnung vorgesehenen Grundvergütung sowie die Bonuszahlungen aus Art. 8 Teilzeitarbeitsgesetz.

bb) Anspruch aus Art. 9 TzArbG auf Grundvergütung und Bonuszahlungen

19 Üben Teilzeitbeschäftigte eine Tätigkeit aus, die mit der Tätigkeit von Stammbeschäftigten identisch ist, ergibt sich ein Anspruch auf Gleichbehandlung und damit auch auf gleiche Vergütung hinsichtlich Grundeinkommen und Boni aus Art. 9 Teilzeitarbeitsgesetz.

20 Da die Mitarbeiterin A dieselben Tätigkeiten verrichtet wie manche der Stammbeschäftigten, ergibt sich der Anspruch auf Zahlung derselben Grundvergütung und derselben Boni ebenfalls aus Art. 9 des Teilzeitarbeitsgesetzes.

cc) Anspruch auf Zuschüsse und Zulagen

21 Ein Verbot der Ungleichbehandlung in Bezug auf Essenszulagen und Fahrtkostenzuschüsse ist in den Art. 8 und 9 Teilzeitarbeitsgesetz nicht ausdrücklich erwähnt. Aller-

---

13 *Ishikawa/Schiebe*, ZJapanR 2019, 269, 273.

dings verbieten beide Regelungen eine Ungleichbehandlung nicht nur in Bezug auf die Grundvergütung und die Boni, sondern auch auf die „weitere Behandlung" der Teilzeitbeschäftigten. Es spricht viel dafür, dass auch der Anspruch auf Zahlung dieser Zulagen und Zuschüsse unter diese weit gefasste Formulierung fällt.

Darüber hinaus hat der japanische OGH unabhängig von den Regelungen in Art. 8 und 9 TzArbG entschieden, dass eine unterschiedliche Behandlung von irregulär Beschäftigten bei der Zahlung solcher Zuschüsse nicht zu rechtfertigen ist.

Die A hat also auch Anspruch auf Zahlung der Essenszulage und des Fahrtkostenzuschusses.

3. Ansprüche von befristet Beschäftigten auf gleiche Entlohnung

Die Art. 8 und 9 des TzArbG bezogen sich bis zum Inkrafttreten der Work-Style Reform Bill lediglich auf teilzeitbeschäftigte Arbeitnehmer:innen und nicht auf Beschäftigte mit befristeten Arbeitsverhältnissen. Ein Verbot unangemessener Benachteiligung von befristet Beschäftigten gegenüber Stammbeschäftigten war bis dahin in Art. 20 des japanischen Arbeitsvertragsgesetzes[14] geregelt. Diese Regelung ist durch die Work-Style Reform Bill abgeschafft worden und die Art. 8 und 9 des TzArbG so ergänzt, dass sie sich inzwischen auch auf befristet Beschäftigte beziehen.

Danach haben auch befristet Beschäftigte Anspruch auf gleiches Grundgehalt sowie Bonuszahlungen in gleicher Höhe wie die Stammmitarbeiter:innen, wenn sie entweder gem. Art. 8 TzArbG mit diesen Mitarbeitern:innen in Bezug auf Arbeitserfahrung und Eignung, Leistungen und Arbeitsergebnissen sowie Dauer der Betriebszugehörigkeit vergleichbar sind oder gem. Art. 9 TzArbG eine identische Tätigkeit ausüben.

Auch der Beschäftigte B verrichtet Tätigkeiten, die mit den Tätigkeiten mancher der Stammbeschäftigten identisch sind, so dass auch er bereits aus Art. 9 des TzArbG einen Anspruch auf gleiche Vergütung hinsichtlich der Grundvergütung sowie auch der Bonuszahlungen hat. Darüber hinaus ist auch der B ebenso lange beschäftigt wie einige Stammbeschäftigten und mit ihnen auch hinsichtlich seiner Leistungen und Qualifikationen und damit auch der Eignung vergleichbar. Damit hat der B auch einen Anspruch aus Art. 8 TzArbG auf gleiche Entlohnung.

Dem B dürfen darüber hinaus ebenfalls die Essenszulage sowie der Fahrtkostenzuschuss im Hinblick auf seine lediglich befristete Beschäftigung nicht versagt werden.

4. Ansprüche von befristet Beschäftigten auf Verlängerung ihres Arbeitsverhältnisses

Nachdem B seine Ansprüche auf eine Vergütung, die der Vergütung von Stammbeschäftigten entspricht, geltend gemacht hat, weigert sich die U nun, seinen befristeten Vertrag weiter zu verlängern, nachdem sie mit ihm bereits insgesamt 11 Arbeitsverträge geschlossen hat.

Im japanischen Arbeitsrecht ist die Anzahl an zeitlich befristeten Arbeitsverträgen, die mit einer bestimmten beschäftigten Person geschlossen werden können, nicht beschränkt. So sind auch weit mehr als 10 zeitlich befristete Arbeitsverträge mit derselben Person möglich.

---

14 Labor Contracts Act (Act No. 128 of 2007), im Folgenden abgekürzt als AVG.

30 Lediglich die Höchstdauer der jeweiligen Befristung ist grundsätzlich auf drei Jahre beschränkt, so sieht es Art. 14 Abs. 1 ASG vor. In dem Fall, in dem Arbeitnehmer:innen über besondere Kenntnisse, Fähigkeiten oder Erfahrungen verfügen oder 60 Jahre oder älter sind, können die einzelnen Arbeitsverträge auch für bis zu 5 Jahre befristet werden. Auch diese Ausnahmen sind in Art. 14 ASG vorgesehen.

31 Bei der Befristung eines Arbeitsvertrages hat der oder die Arbeitgeber:in auch keine besondere Form, insbesondere keine Schriftform einzuhalten.

32 Unter bestimmten Bedingungen haben Arbeitnehmer:innen einen Anspruch darauf, dass der oder die Arbeitgeber:in den mit ihnen geschlossenen befristeten Arbeitsvertrag verlängert. Zuerst wurde ein solcher Anspruch durch den obersten Gerichtshof im Jahr 1974 angenommen und von der Rechtsprechung seitdem immer weiter ausgestaltet. Im Jahr 2013 wurde diese Rechtsprechung dann in Art. 19 AVG kodifiziert.[15]

a) Anspruch gem. Art. 19 AVG

33 Ein Anspruch auf Verlängerung des befristeten Arbeitsvertrages besteht unter den folgenden Voraussetzungen:

aa) Antrag unverzüglich nach Ablauf der Befristung

34 Die befristet beschäftigte Person muss unverzüglich nach Ablauf der bisherigen Befristung von dem oder der Arbeitgeber:in die Verlängerung des Vertrages verlangen. Verweigert der oder die Arbeitgeber:in die Verlängerung des Arbeitsverhältnisses, so wird trotzdem angenommen, dass der oder die Arbeitgeber:in den Verlängerungsantrag des oder der Arbeitnehmers:in angenommen hat, wenn folgende Bedingungen vorliegen:

bb) Verweigerung der Verlängerung ohne sachlichen Grund

35 Die Weigerung des oder der Arbeitgebers:in entbehrt eines sachlichen Grundes und ist auch nicht nach sozialen Maßstäben als angemessen anzusehen. Das ist gem. Art. 19 AVG dann der Fall, wenn der befristete Arbeitsvertrag, dessen Verlängerung beantragt wurde, in der Vergangenheit bereits mehrfach verlängert worden ist und die verweigerte weitere Verlängerung dieses Arbeitsvertrages einer Kündigung eines unbefristeten Arbeitsvertrages gleichsteht.

cc) Beschäftigte können Verlängerung vernünftigerweise erwarten

36 Darüber hinaus sieht Art. 19 AVG vor, dass der oder die Arbeitnehmer:in vernünftigerweise erwarten können muss, dass sein befristeter Arbeitsvertrag nach Ablauf der Befristung verlängert werden wird.

dd) Ausgestaltung durch Rechtsprechung

37 Die einzelnen Voraussetzungen werden nach wie vor durch die Gerichte ausgestaltet. Bisher schwankt die Anzahl an Befristungen, die nach Ansicht der Gerichte vorliegen müssen, um von einem Verlängerungsanspruch ausgehen zu können. So hat der OGH in seinem Urteil aus 1974 entschieden, dass eine fünfmalige Verlängerung de facto wie ein unbegrenzter Arbeitsvertrag zu behandeln sei.

---

15 *Yonezu*, Law of Dismissal in Japan, ZJapanR 2016, 265, 273.

II. Behandlung des Falls nach japanischem Recht § 11

Daneben verlangte der OGH in seiner Entscheidung allerdings auch, dass der oder die Arbeitnehmer:in die Erwartung gehabt haben müsse, langfristig beschäftigt zu werden. Dabei komme der Anzahl der Verlängerungen zwar eine erhebliche, aber keine absolut entscheidende Bedeutung zu. Das Obergericht Osaka hat in einer Entscheidung aus 1991 angenommen, dass schon bei einer ersten Verlängerung der befristete Arbeitsvertrag als ein Vertrag gewertet werden könne, der sich de facto nicht von einem zeitlich unbegrenzten Vertrag unterscheide und deshalb die Ablehnung der Verlängerung als unwirksam angesehen. Das wäre nach dem jetzigen Gesetzeswortlaut nicht mehr möglich, da Art. 19 AVG ausdrücklich eine mehrmalige Verlängerung des Arbeitsvertrages in der Vergangenheit voraussetzt, so dass ein Anspruch bei einer lediglich einmaligen Verlängerung nicht in Betracht kommt. 38

Schon vor der gesetzlichen Regelung war die Anzahl der bereits vorgenommenen Verlängerungen jedoch das für die Rechtsprechung wichtigste Kriterium. 39

ee) Anspruch des B

Der B hat rechtzeitig vor Ablauf seiner bisherigen Befristung die Verlängerung seines befristeten Arbeitsvertrags von der U verlangt. Sein Arbeitsvertrag ist von der U auch bereits mehrfach, nämlich insgesamt 10 Mal, verlängert worden. Bereits das ist ein gewichtiger Grund dafür, dass die U eine weitere Verlängerung nicht verweigern darf. 40

Darüber hinaus ist B auch in Bezug auf Qualifikation, Betriebszugehörigkeit sowie die von ihm verrichteten Tätigkeiten mit unbefristet Beschäftigten der U vergleichbar, auch wenn es sich dabei grundsätzlich um sogenannte Stammbeschäftigte handelt. 41

Schließlich ist auch kein sachlicher, sozial rechtfertigender Grund für eine Weigerung der U zu erkennen. Die U verweigert die weitere Verlängerung des befristeten Arbeitsvertrages allein deswegen, weil der B seine – noch dazu begründeten – Ansprüche auf gleiche Vergütung geltend gemacht hat. Es spricht viel dafür, dass darin kein sozial akzeptierter vernünftiger Grund für eine:n Arbeitgeber:in liegt, eine weitere Verlängerung eines befristeten Arbeitsvertrages zu verweigern. Vielmehr stellt dies eine unzulässige Maßregelung des B dar. 42

Die Weigerung der U wäre also sachlich und aus sozialen Gesichtspunkten nicht gerechtfertigt. Darüber hinaus käme die Verweigerung der Verlängerung auf Grund der langen Beschäftigungszeit, der Vielzahl an verlängerten Verträgen sowie auf Grund des Umstands, dass B in seiner Tätigkeit und seiner Qualifikation von unbefristet beschäftigten Mitarbeiter:innen nicht zu unterscheiden ist, der Kündigung eines unbefristeten Vertrages gleich. 43

Entsprechend der Regelung in Art. 19 AVG gilt deshalb das Verlängerungsverlangen des B als von der U angenommen, so dass zwischen dem B und der U ein weiterer befristeter Arbeitsvertrag wirksam zustande gekommen ist. 44

b) Anspruch gem. Art. 18 AVG

Statt einer Verlängerung der Befristung seines Arbeitsvertrages könnte B möglicherweise von der U verlangen, dass sein Arbeitsverhältnis entfristet, also in ein unbefristetes Arbeitsverhältnis umgewandelt wird. Ein solcher Anspruch ist seit 2013 in Art. 18 AVG vorgesehen. 45

46 Der Anspruch besteht dann, wenn die Dauer der Befristung insgesamt 5 Jahre übersteigt, zwei oder mehr befristete Verträge abgeschlossen worden sind und der oder die Arbeitnehmer:in die Entfristung seines Arbeitsverhältnisses vor Ablauf der vereinbarten Befristung vom Arbeitgeber verlangt.

47 Liegen diese Voraussetzungen vor, wird das Arbeitsverhältnis als unbefristetes Arbeitsverhältnis fortgesetzt, allerdings zu ansonsten unveränderten Bedingungen. Insbesondere ist mit einer solchen Entfristung keine Änderung des Status der bis dahin befristet Beschäftigten verbunden. Sie gelten insbesondere durch die Entfristung nicht als Stammbeschäftigte[16] und können nach wie vor z.B. beim Ausspruch betriebsbedingter Kündigungen vorrangig gekündigt werden.

48 Darüber hinaus verlieren sie durch die Entfristung den besonderen Kündigungsschutz aus Art. 17 AVG, wonach befristet Beschäftigte während der Dauer der Befristung nur gekündigt werden können, wenn unvermeidbare Umstände vorliegen, was in etwa dem Merkmal eines „wichtigen Grundes" des § 626 BGB des deutschen Rechts entspricht.

49 Die Voraussetzungen des Art. 18 AVG liegen im Fall des B vor. Er ist bei der U bereits seit 15 Jahren und damit weitaus länger als 5 Jahre beschäftigt. Sein Arbeitsverhältnis ist bereits 10 Mal verlängert worden.

50 B könnte also alternativ statt einer Verlängerung des befristeten Vertrages die Entfristung des Arbeitsverhältnisses verlangen, vorausgesetzt, er richtet dieses Verlangen noch vor Ablauf der Befristung an seine:n Arbeitgeber:in.

51 Eine bestimmte Form ist weder für das Verlangen auf Verlängerung eines befristeten Arbeitsvertrages noch für das Verlangen auf Entfristung von dem oder der Arbeitnehmer:in einzuhalten.

III. Behandlung des Falls nach deutschem Recht

52 In Deutschland finden sich Regelungen sowohl zu den von A und B geltend gemachten Vergütungsansprüchen sowie zu der von B verlangten Fortsetzung seines Arbeitsverhältnisses im Teilzeit- und Befristungsgesetz[17].

1. Ansprüche von teilzeitbeschäftigten Arbeitnehmer:innen

53 Im deutschen Arbeitsrecht ist in § 4 Abs. 1 TzBfG vorgesehen, dass Teilzeitbeschäftigte wegen der Teilzeit nicht schlechter behandelt werden dürfen als vergleichbare Vollzeitbeschäftigte, es sei denn, dass sachliche Gründe eine unterschiedliche Behandlung rechtfertigen. Darüber hinaus ist vorgesehen, dass einem Teilzeitbeschäftigten Arbeitsentgelt oder eine andere teilbare geldwerte Leistung mindestens in dem Umfang zu gewähren ist, der dem Anteil seiner Arbeitszeit an der Arbeitszeit eines vergleichbaren Vollzeitbeschäftigten entspricht.

54 Bei der Beurteilung, was als sachlicher Grund in Frage kommt, legt die Rechtsprechung besonders strenge Maßstäbe an. Allein das unterschiedliche Arbeitspensum kommt nicht in Frage. Solche Gründe können sich allerdings aus der Arbeitsleistung, der Qualifikation, der Berufserfahrung oder unterschiedlichen Arbeitsplatzanforderungen ergeben. Auch der Zweck, den der oder die Arbeitgeber:in mit einer bestimmten

---

16 *Pejovic*, a.a.O., S. 250.
17 im Folgenden TzBfG genannt.

Leistung an den oder die Arbeitnehmer:in verfolgt, kann unter bestimmten Umständen eine unterschiedliche Behandlung rechtfertigen.

Die A ist jedoch mit anderen, vollzeitbeschäftigten Arbeitnehmer:innen in Bezug auf Qualifikation, Arbeitserfahrung und Tätigkeiten vergleichbar. Der Umstand, dass A teilzeitbeschäftigt ist, ist gerade kein Grund für eine unterschiedliche Behandlung. Das deutsche Arbeitsrecht kennt keinen grundsätzlichen Unterschied zwischen Stamm- und irregulär Beschäftigten. Teilzeit- oder auch befristet Beschäftigte haben grundsätzlich genau denselben Status wie Vollzeitbeschäftigte. 55

A hat deshalb nach § 4 Abs. 1 TzBfG Anspruch auf denselben Stundenlohn wie die Vollzeitbeschäftigten, wobei ihr die Vergütung anteilig im Verhältnis zu ihrer Teilzeitbeschäftigung zusteht. 56

Gleiches gilt für Bonuszahlungen und Zulagen, soweit sich aus ihrer Teilzeitbeschäftigung in dieser Hinsicht tatsächlich kein sachlicher Grund für eine abweichende Behandlung ergibt. Sollte die A auf Grund ihrer Teilzeitbeschäftigung nur vormittags arbeiten, wäre zu überlegen, ob sie aus diesem Grund keinen Anspruch auf die Essenszulage erheben könnte. 57

2. Anspruch befristet Beschäftigter auf gleiche Vergütung

Auch befristet Beschäftigte dürfen gem. § 4 Abs. 2 TzBfG wegen ihrer Befristung nicht schlechter behandelt werden als vergleichbare unbefristet Beschäftigte, es sei denn, dass sachliche Gründe auch in diesem Fall eine unterschiedliche Behandlung rechtfertigen. 58

Auch im Fall des B sind keine Gründe ersichtlich, die eine Schlechterbehandlung im Vergleich mit den unbefristet Beschäftigten hinsichtlich der Grundvergütung und der Bonuszahlungen rechtfertigen. Gleiches gilt auch in Bezug auf die Zulagen. 59

3. Anspruch von befristet Beschäftigten auf Fortsetzung ihres Arbeitsverhältnisses über die Befristung hinaus

Das deutsche Arbeitsrecht kennt keinen Anspruch auf Verlängerung einer (wirksam) vereinbarten Befristung. Grundsätzlich endet das Arbeitsverhältnis eines zeitlich befristeten Arbeitsvertrages mit Ablauf der Befristung, § 15 Abs. 1 TzBfG. 60

Es gibt zwei mögliche Formen der Befristung, die Befristung mit Sachgrund gem. § 14 Abs. 1 TzBfG und die kalendermäßige Befristung nach § 14 Abs. 2 TzBfG. 61

Die kalendermäßige Befristung, bei der das Arbeitsverhältnis also ausschließlich für eine gewisse Zeitdauer befristet ist, ohne dass ein sachlich rechtfertigender Grund dafür vorliegt, ist für eine Höchstdauer von 2 Jahren insgesamt zulässig. Innerhalb dieser Zeit kann das Arbeitsverhältnis höchstens 3 Mal verlängert werden. Bei dieser Verlängerungsmöglichkeit handelt es sich allerdings nicht um einen einseitigen Verlängerungsanspruch der Arbeitnehmer:innen. Vielmehr ist dazu eine Vereinbarung zwischen Arbeitgeber:in und Arbeitnehmer:in erforderlich. 62

Bei der Befristung mit Sachgrund gibt es grundsätzlich keine Zeitbeschränkung. Die Befristung ist so lange möglich, wie der sachlich rechtfertigende Grund vorliegt. Ein solcher Sachgrund kann u.a. in einem vorübergehenden Bedarf an der Arbeitsleistung, in der Vertretung anderer Beschäftigter, der Eigenart der Arbeitsleistung, z.B. im Saisonbetrieb oder auch der Erprobung der Beschäftigten liegen. 63

64 Eine Ausnahme von dem Grundsatz, dass eine sachgrundlose Befristung zeitlich uneingeschränkt möglich ist, kann im Falle sogenannter Kettenbefristungen bestehen, wenn also mehrere befristete Arbeitsverhältnisse aufeinanderfolgen. Eine solche Vielzahl an Befristungen mit Sachgrund kann auf einen durchgehenden Bedarf an der Arbeitsleistung hindeuten. Das kann z.B. dann der Fall sein, wenn die befristet beschäftigte Person mit immer neuen Befristungen als Vertretung immer anderer Mitarbeiter:innen beschäftigt wird, selbst jedoch durchgehend gleichbleibende Aufgaben wahrnimmt.

65 Das Bundesarbeitsgericht hat dazu das sogenannte Ampelmodell entwickelt, bei dem ausgehend von der Anzahl an Befristungen und der Dauer der Befristungen eine grüne Phase, in der noch kein Rechtsmissbrauch angenommen wird, eine gelbe Phase, bei der eine umfassende Missbrauchskontrolle erforderlich ist und eine rote Phase, bei der ein Missbrauch indiziert ist, unterschieden werden.

66 Jede Befristung bedarf zu ihrer Wirksamkeit der Schriftform, § 14 Abs. 4 TzBfG.

67 Ist die Befristung unwirksam, weil z.B. bei einer sachgrundlosen Befristung die zulässige Höchstdauer überschritten wurde, ein erforderlicher Sachgrund tatsächlich nicht vorliegt oder die Befristung nicht der Schriftform entspricht, so gilt das Arbeitsverhältnis gem. § 16 TzBfG als auf unbestimmte Zeit geschlossen.

68 Im Fall des B wäre die Befristung schon mangels Schriftform unwirksam. Darüber hinaus ist auch kein Sachgrund erkennbar, der die Befristung nach § 14 Abs. 1 TzBfG rechtfertigen könnte. Eine kalendermäßige Befristung ist ebenfalls unwirksam, da sowohl die zulässige Höchstdauer von 2 Jahren mit insgesamt 15 Jahren Befristung als auch die zulässige Anzahl an Verlängerungen weit überschritten sind.

69 B kann also geltend machen, dass sein Arbeitsvertrag als auf unbestimmte Zeit geschlossen gilt. Das muss er allerdings entsprechend der Regelung in § 17 TzBfG innerhalb einer Frist von 3 Wochen nach dem vereinbarten Ende des befristeten Arbeitsvertrages mit einer Klage beim Arbeitsgericht geltend machen.

IV. Wertende Betrachtung

70 Sowohl in Japan als auch in Deutschland gibt es gesetzliche Regelungen, die sicherstellen sollen, dass Teilzeit- und befristet Beschäftigte gegenüber Vollzeitbeschäftigten nicht benachteiligt werden, insbesondere im Hinblick auf ihre Vergütung. Eine unterschiedliche Behandlung ist bei Vorliegen sachlicher Gründe in beiden Rechtssystemen möglich, wobei in Deutschland zunächst von einer Gleichbehandlung ausgegangen wird, von der nur aus sachlichen Gründen abgewichen werden darf, während in Japan im Gegensatz dazu grundsätzlich von einer unterschiedlichen Behandlung ausgegangen wird und ein Anspruch auf Gleichbehandlung positiv begründet werden muss.

71 Darin kommt zum Ausdruck, dass die sog. atypischen Beschäftigten in Japan trotz der Stärkung ihrer Rechte immer noch einen anderen Status haben als die Stammmitarbeiter, den die atypisch Beschäftigten selbst dann nicht erlangen, wenn sie eine Entfristung ihres Arbeitsverhältnisses erreichen können.

72 Die Voraussetzungen, unter denen ein Anspruch auf Entfristung besteht, ähneln einander, soweit es kalendermäßige Befristungen betrifft. Sowohl in Japan als auch in Deutschland wird auf die Gesamtdauer der Befristung und die Anzahl der Befristungen abgestellt, wobei die zulässige Gesamtdauer in Japan deutlich länger ist. Gleichzeitig haben japanische befristet Beschäftigte weniger Zeit, die Entfristung geltend zu machen, da dies noch vor Ablauf der Befristung geschehen muss. In Deutschland haben

IV. Wertende Betrachtung

Beschäftigte dazu bis zu drei Wochen nach Ende der kalendermäßigen Befristung Zeit. Dann allerdings müssen sie unmittelbar Klage bei Gericht erheben, anstatt zunächst, noch dazu formlos, ihren Anspruch bei dem oder der Arbeitgeber:in geltend machen zu können.

Soweit es um einen Anspruch auf Entfristung geht, nehmen beide Rechtssysteme die Befristungsabrede in den Blick, wobei auch hier allein das deutsche Recht Formvorschriften vorgibt.

In Bezug auf den Anspruch auf Verlängerung des Arbeitsverhältnisses, den das deutsche Recht nicht kennt, wird auf den Zeitpunkt der begehrten Verlängerung abgestellt.

Darüber hinaus sieht das japanische Arbeitsrecht keine Möglichkeit vor, das Arbeitsverhältnis bei Vorliegen eines gesetzlich geregelten Sachgrundes auf unbestimmte Zeit zu befristen. Das könnte damit zusammenhängen, dass in Japan kalendermäßige Befristungen grundsätzlich beliebig oft verlängert werden können.

Einer der Gründe, warum das japanische AVG neben dem Anspruch auf Entfristung die eigenständige Möglichkeit der Verlängerung des befristeten Arbeitsvertrags vorsieht, mag darin liegen, dass die befristet Beschäftigten – anders als unbefristet, jedoch nach wie vor irregulär Beschäftigte - während dieser Befristung vor einer ordentlichen Kündigung durch den oder die Arbeitgeber:in besonders geschützt sind.

Dennoch ist der Schutz befristet Beschäftigter im deutschen Arbeitsrecht insgesamt stärker ausgeprägt als im japanischen Arbeitsrecht.

§ 12 Arbeitsrecht – Tod durch Überarbeitung/Burn-out

Frank Schemmel

Der Fall behandelt die Klärung haftungsrechtlicher Probleme im Rahmen von arbeitsbedingtem Stress und Überbelastung in Japan und Deutschland. An den Beispielen Karôshi (Tod durch Überarbeitung) für Japan und Burn-out für Deutschland wird erläutert, wie psychische Erkrankungen in beiden Ländern sozialrechtlich kompensiert werden. Dabei werden die Grundzüge des Unfallversicherungsrechts sowie der zivilrechtlichen Haftung des Arbeitgebers dargestellt.

I. Fall[1]

1 ▶ Herr P begann im September 2016 bei der großen Werbeagentur X im Direktmarketing zu arbeiten. Einen Monat vor Arbeitsantritt unterzog er sich einem arbeitsmedizinischen Gesundheitscheck, wobei außer einer Pigmentstörung im Gesicht keine Auffälligkeiten festgestellt wurden. Die damals geltende Arbeitsordnung wies die betriebsübliche Arbeitszeit von 9.30 Uhr bis 17.30 Uhr aus.

Bereits im Januar 2017 begann P ob des wachsenden Arbeitspensums erst um etwa 1 oder 2 Uhr nachts von der Arbeit heimzukehren. Diese Nachtarbeit nahm ab April 2017 noch zu: regelmäßig traf P erst gegen 4 bzw. 5 Uhr morgens in seinem Elternhaus ein. Im Juni 2017 wurde er zum Projektleiter einer wichtigen Marketingkampagne bestellt. War P anfangs noch als empathischer und kollegialer Mitarbeiter geschätzt, mehrten sich ab der Bestellung zum Projektleiter die Konflikte am Arbeitsplatz. Sowohl Kollegen als auch Kunden beschwerten sich immer häufiger bei Ps Vorgesetzten über dessen Gereiztheit und aufbrausende Art. Während dieses Zeitraumes trennte sich wegen seiner ständigen Mehrarbeit und fehlenden Freizeit auch seine langjährige Lebensgefährtin von P. Im September 2017 wurden dessen Vorgesetzte (Gruppenleiter H und Abteilungsleiter F) auf seine sich allmählich verschlechternde Gesundheitsverfassung erstmals aufmerksam, nachdem P wiederholt Selbstmordabsichten äußerte und sich vermehrt über Schlaf- und Konzentrationsstörungen sowie Lethargie und Antriebslosigkeit beklagte und dabei insbesondere auf die hohe Arbeitsbelastung verwies. Daraufhin rieten ihm seine Vorgesetzten, ein paar Tage frei zu nehmen, um den Kopf frei zu bekommen und mehr zu schlafen. Jedoch wurde er weder als Projektleiter abberufen noch wurde sein Arbeitspensum aktiv durch die Vorgesetzten reduziert.

Anfang Dezember 2017 teilte er seinen Vorgesetzten noch mit, dass er oft nicht mehr wüsste, wovon er spreche bzw. dass er häufig nicht mehr beurteilen könne, was er im Moment gerade tue und was er eigentlich tun müsse. Im Anschluss an eine von ihm durchgeführte Kundenveranstaltung am 13. Dezember sollte noch eine interne Besprechung der Veranstaltung stattfinden. Während dieser Besprechung brach P leblos zusammen. Die Autopsie ergab, dass er an einem Gehirnaneurysma litt und dessen Ruptur eine Subarachnoidalblutung auslöste, die zum Tod führte. Da eine vom Arbeitgeber beauftragte Sicherheitsfirma für jede Person die genauen Zeiten des Eintreffens und Verlassens des Betriebsgeländes dokumentierte, konnte im Nachgang die Arbeitszeit des P bestimmt werden. Demnach

---

1 Mit einigen Änderungen dem Fall *Dentsû*, OGH v. 24.3.2000, Rôdô Hanrei 779, 13 nachgebildet. Vorinstanzen OG Tokyo v. 26.9.1997, Rôdô Hanrei 724, 13 und DG Tokio v. 28.3.1996, Rôdô Hanrei 692, 13. Ausführliche Besprechung bei *Nakata*, ZJapanR/J.Japan.L. Nr. 2 (1996), 142; sowie *Obata*, AuR 2001, 129.

betrug sein Arbeitspensum etwa 4.600 Stunden pro Jahr, was eine durchschnittliche Überstundenanzahl von 86 pro Monat ergab. ◂

II. Behandlung des Falls nach japanischem Recht

1. Allgemeine Informationen

Der japanische Begriff 過労死 (*karôshi*) setzt sich aus den drei *Kanji* (Schriftzeichen) 過 (*ka* – übertreiben, Übermaß), 労 (*rô* – Arbeit), beides zusammen als 過労 (*karô* – Belastung, Überbelastung) und dem Schriftzeichen 死 (*shi*) für Tod zusammen. Die gängige Übersetzung ist „Tod durch Überarbeitung". Der Terminus *karôshi* wurde erstmals 1978 durch den Mediziner *Tetsunojo Uehata* auf der jährlichen Konferenz der japanischen Gesellschaft für Arbeitsschutz erwähnt und fungierte zunächst als sozio-medizinischer Begriff. *Uehata* wurde von den Hinterbliebenen in einem Klageverfahren auf Kompensationszahlungen aus der gesetzlichen Unfallversicherung als Gutachter konsultiert und sollte den kausalen Zusammenhang von betrieblicher Arbeit und Tod durch Überarbeitung nachweisen. Daran anschließend widmete *Uehata* diesem Thema fast 20 Jahre intensive Forschung und entwickelte hierbei das heute immer noch geltende Standardmodell zu *karôshi*. Ausgangspunkt dabei ist der Aufbau von *fatigue* (chronische Ermüdung/Übermüdung), deren Ursache die drei Faktoren harte physische Arbeit, übermäßig lange Arbeitszeiten sowie arbeitsbedingter mentaler Stress sind, wobei der Schwerpunkt auf den letzten beiden Ursachen liegt. Daneben gibt es noch das Phänomen des 過労自殺 (*karô-jisatsu*), dem sogenannten „Selbstmord wegen Überarbeitung".

Karôshi stellt in Japan ein großes gesellschaftspolitisches Problem dar. Zwar sind genaue Angaben zu den jährlichen Opfern nicht möglich – einerseits hat das japanische Ministerium für Gesundheit, Arbeit und Wohlfahrt (MHLW) als Träger der Unfallversicherung ein gesteigertes Eigeninteresse, die Opferzahlen möglichst gering zu halten und veröffentlicht deshalb nur Statistiken zu den beantragten und stattgegebenen Fällen von Kompensationsleistungen, andererseits dürften die von Opferanwälten propagierten Zahlen wohl übertrieben sein. Man geht aber davon aus, dass die jährliche Dunkelziffer von Karôshi- und Karô-jisatsu-Opfern etwa 10.000 beträgt.[2]

Im Folgenden werden erst allgemeine Informationen zum Recht der Unfallentschädigung erläutert und sodann auf zivilrechtliche und unfallversicherungsrechtliche Aspekte eines typischen Falls von *karôshi* eingegangen und dabei die behördliche und gerichtliche Praxis kurz beschrieben.

2. Recht der Unfallentschädigung

a) Allgemeines und Haftungsbegrenzung

In Japan ist die Haftung für Arbeitsunfälle und Berufskrankheiten in zwei Spezialgesetzen geregelt. Zum einen finden sich entsprechende Vorschriften im Arbeitsstandardgesetz (労働基準法 – *rôdô kijun-hô*, nachfolgend: ASG) und damit in einem arbeitsrechtlichen Kontext. Zum anderen enthält das Arbeitsunfallversicherungsgesetz (労働

---

[2] *Ishida* in Conaghan/Fischl/Klare (Hrsg.), Labour Law in an Era of Globalization, Death and Suicide from Overwork: The Japanese Workplace and Labour Law, 2002, S. 227; *Ikeda* in Wahsner (Hrsg.), Japans Arbeitsbeziehungen und Arbeitsrecht in Geschichte und Gegenwart, Gesundheitspolitik am Arbeitsplatz und Gewerkschaftsbewegung in Japan, 1996, S. 67.

者災害補償保険法 – rôdôsha saigai hoshô hoken-hô, nachfolgend: AUVG) als dem Sozialrecht zugeordnetes Gesetz Bestimmungen hierzu.

Eine Besonderheit ist dabei, dass Betroffene und Angehörige in Japan auch dann Regress beim Arbeitgeber nehmen können, wenn sie Entschädigungsleistungen nach dem AUVG erhalten haben. Nicht selten wird sogar gleichzeitig ein Antrag auf Entschädigung aus der Unfallversicherung gestellt und Klage gegen den Arbeitgeber wegen vertraglicher Pflichtverletzung (Art. 415 ZG) bzw. unerlaubter Handlung (Art. 709 i.V.m. Art. 715 ZG) erhoben. Dies liegt insbesondere daran, dass Leistungen der Unfallversicherung nur den materiellen Schaden umfassen, nicht jedoch *ishariyô* und damit den immateriellen Schaden.

Um diesbezüglich Doppelentschädigungen zu verhindern, schreibt Art. 84 Abs. 1 ASG vor, dass der Arbeitgeber von Entschädigungsleistungen gemäß ASG freigestellt wird, die Leistungen nach dem AUVG entsprechen. In Art. 84 Abs. 2 ASG ist sodann festgelegt, dass soweit Zahlungen nach dem ASG erfolgt sind, der Arbeitgeber bis zu dieser Höhe von Schadensersatzforderungen nach dem ZG befreit ist. Für darüber hinausgehende Beträge ist der Arbeitgeber jedoch voll nach ZG haftbar.

b) Arbeitsrechtliche/allgemeine zivilrechtliche Ansprüche

aa) Arbeitsrecht

4   Das ASG, obwohl originär ein dem Arbeitsrecht zuzuordnendes Gesetz, enthält in seinem Kapitel Acht (Art. 75–88) Vorschriften zum Unfallschutz und zur Unfallentschädigung. Erleidet der Arbeitnehmer in Ausübung seiner Tätigkeit eine Verletzung oder erkrankt er hierbei,[3] so hat der Arbeitgeber die Behandlungskosten (Art. 75 ASG), Kosten bzgl. der Abwesenheit von der Arbeit wegen Verletzung oder Krankheit (Art. 76 ASG), Entschädigungen bei Invalidität (Art. 77 ASG) und Kompensationen für Hinterbliebene bei Tod des Arbeitnehmers (Art. 79 ASG) zu leisten. Zwar handelt es sich bei den gerade aufgezählten Haftungsnormen um eine verschuldensunabhängige Haftung, jedoch entfällt gem. Art. 78 ASG die Verpflichtung des Arbeitgebers, Kompensationsleistungen zu zahlen, sofern die Verletzung oder Erkrankung aufgrund grober Fahrlässigkeit des Arbeitnehmers herbeigeführt wurde.

Das Recht der Berufskrankheiten ist ebenfalls im ASG verortet. Demnach statuiert Art. 75 Abs. 2 ASG, dass der Umfang der Berufskrankheiten durch Verordnung des Ministeriums für Gesundheit, Arbeit und Wohlfahrt (kurz: MHLW) bestimmt wird. Die japanische Berufskrankheitenliste ist in Art. 35 i.V.m. Tabelle 1–2 der Durchführungsverordnung ASG aufgeführt und entspricht mit einigen spezifischen Abweichungen überwiegend ihrem deutschen Gegenstück. Dabei gibt es auch in Japan die Möglichkeit, für noch nicht in die Liste aufgenommene Berufskrankheiten Leistungen aus der Unfallversicherung zu erlangen (Nr. 8 und Nr. 9 der Tabelle 1–2 Durchführungsverordnung ASG). *Karôshi* wird unfallversicherungsrechtlich auf diesem Wege

---

3   Das Japanische Recht unterscheidet im Gegensatz zum Deutschen dogmatisch nicht strikt zwischen Arbeitsunfall und Berufskrankheit. In Art. 75 Abs. 1 ASG wird vielmehr von „Verletzungen der Arbeitnehmer bei Ausführung der Arbeit" (労働者が業務上負傷し – rôdôsha ga gyômujô fushô shi) gesprochen. In Art. 7 Abs. 1 Nr. 1 AUVG wird im Zusammenhang mit Versicherungsleistungen der Begriff „arbeitsbedingter Gesundheitsschaden" (業務災害 – gyômu saigai) legal definiert und umfasst dabei arbeitsbedingte Unfälle, Erkrankungen, Invalidität und Tod von Arbeitnehmern (労働者の負傷、疾病、障害又は死亡（以下「業務災害」という。）に関する保険給付).

kompensiert, da es bis dato noch nicht als offizielle Berufskrankheit vom MHLW anerkannt ist.

bb) Allgemeines Zivilrecht

Neben Ansprüchen nach dem ASG kommen – wie im vorliegenden Fall bei *karôshi* – auch Ansprüche gegen den Arbeitgeber wegen **Fürsorgepflichtverletzung** aus allgemeinem Zivilrecht in Betracht. Die Verletzung von Sorgfaltspflichten des Arbeitgebers (注意義務違反 – chûi gimu ihan) wird in Japan im Allgemeinen als Unterfall der Leistungsstörung gesehen, welche in Art. 415 ZG verortet ist.[4] Dabei gilt es allerdings zu beachten, dass der Inhalt der schuldrechtlichen Fürsorgepflicht des Arbeitgebers nach Art. 415 ZG auf die Sicherheit am Arbeitsplatz, also die Verhütung von Gefahren, welche durch vom Arbeitgeber eingesetzte Einrichtungen/Geräte hervorgerufen werden, begrenzt ist. Nicht umfasst von Art. 415 ZG ist hingegen die konkrete Pflicht des Arbeitgebers zum Schutz der Gesundheit des Arbeitnehmers (insbesondere vor psychischen Erkrankungen). Diese ergibt sich seit der bereits erwähnten *Dentsû*-Entscheidung des OGH vielmehr aus Art. 709 i.V.m. Art. 715 ZG. Demnach besteht nach dem Recht der unerlaubten Handlung die Pflicht des Arbeitgebers dafür Sorge zu tragen, dass bei ihm beschäftigte Arbeitnehmer nicht fortwährender Arbeitsüberlastung ausgesetzt sind und sich durch die Tätigkeit auch keine negativen bzw. schädlichen Auswirkungen auf den Gesundheitszustand der Arbeitnehmer ergeben.

Eine Verletzung der Fürsorgepflicht liegt nach **höchstrichterlicher Rechtsprechung** vor, wenn der Arbeitgeber sowohl Kenntnis bzgl. der chronischen Überarbeitung/hohen Arbeitsbelastung, als auch der Verschlechterung des Gesundheitszustands des Mitarbeiters hat und es im Bewusstsein dieser Umstände unterlässt, geeignete Gegenmaßnahmen zu ergreifen bzw. die schädlichen Einwirkungen auf ein erträgliches (d.h. die Gesundheit nicht mehr beeinträchtigendes) Maß zu reduzieren.

Im konkreten Fall wären zivilrechtliche Ansprüche somit aus Deliktsrecht geltend zu machen. Eine schuldhafte Verletzung der Fürsorgepflicht des Arbeitgebers dürfte vorliegend wohl gegeben sein. Die Vorgesetzten von P hatten spätestens ab September 2017 positive Kenntnis von dessen exzessiver Arbeitsüberlastung sowie von der gravierenden Verschlechterung seines Gesundheitszustands. P hatte seine Vorgesetzten explizit auf die sich entwickelnden Gesundheits- und Verhaltensstörungen hingewiesen. Zudem dürfte H und F das zögerliche Verhalten negativ ausgelegt werden. Der Hinweis der Vorgesetzten, P solle ein paar Tage Urlaub nehmen und mehr schlafen, kann mithin als Bewusstsein über die schlechte körperlich-geistige Verfassung von P erachtet werden, insbesondere unter Berücksichtigung des tadellosen Ergebnisses seiner Einstellungsuntersuchung vor Arbeitsantritt. Dass Ps Vorgesetzte es trotz vermeintlicher Kenntnis unterlassen haben, unverzüglich einzuschreiten und entsprechende Gegenmaßnahmen zu ergreifen (z.B. ihn von seinen Pflichten als Projektleiter zu entbinden und die Arbeitsbelastung durch Delegation auf Kollegen zu reduzieren sowie ärztliche Konsultation zu empfehlen), stellt mithin eine fahrlässige Fürsorgepflichtverletzung dar, die sich das Unternehmen zurechnen lassen muss, da H und F Erfüllungsgehilfen des Arbeitgebers sind.

---

4 Vgl. OGH v. 25.2.1975, Minshû 29, 143; bestätigt durch OGH v. 27.5.1983, Minshû 37, 477 und v. 10.4.1984, Minshû 38, 557. Ausführliche Besprechung der Urteile bei *Onishi*, Professional Negligence 2010, 26 (3), S. 140 (146).

c) Unfallversicherungsrecht

6   Bei dem japanischen System der Unfallversicherung handelt es sich um eine staatliche Pflichtversicherung. Gem. Art. 3 AUVG hat grundsätzlich jeder Betrieb, der mindestens einen Arbeitnehmer beschäftigt, eine solche Versicherung abzuschließen, wobei Versicherer und Administrator der Unfallversicherung der Staat und Prämienschuldner das jeweilige Unternehmen ist (Art. 2 AUVG). Die Bestimmungen des AUVG haben in der Praxis mittlerweile die Unfallentschädigung nach ASG weitgehend verdrängt und sind heutzutage die Hauptanspruchsgrundlage für Entschädigungen bei arbeitsbedingten Gesundheitsschäden. Dem ASG kommt lediglich in puncto Berufskrankheiten noch eine Bedeutung zu, da – wie bereits erwähnt – die Berufskrankheitenliste in dessen Durchführungsverordnung niedergelegt ist.

aa) Arbeitsbedingtheit

7   Um im vorliegenden Fall Leistungen aus der Unfallversicherung nach AUVG zu erhalten, muss der geltend gemachte Gesundheitsschaden *arbeitsbedingt* sein. In der Praxis stellt diese Beurteilung den häufigsten Streitpunkt bei der Anwendung des AUVG dar. Dabei müssen zwei Bedingungen für die Bejahung der Kausalität erfüllt sein: zum einen muss der Beschäftigte unter der Kontrolle des Arbeitgebers gestanden haben bzw. dem Direktions-/Weisungsrecht des Arbeitgebers aufgrund des Arbeitsvertrags gefolgt sein, als sich der Gesundheitsschaden materialisierte. Zum anderen müssen unter Anwendung der Adäquanztheorie das Unfallereignis/die schädlichen Einwirkungen aus der Verrichtung der Tätigkeit resultieren, d.h. es muss eine rechtlich relevante Verknüpfung von Arbeitstätigkeit und Gesundheitsschaden vorliegen. Maßgeblich ist hierbei die Anschauung des täglichen Lebens, so dass ein arbeitsbedingter Gesundheitsschaden immer dann verneint wird, wenn der Schadensverlauf überhaupt nicht der allgemeinen Lebenserfahrung entspricht bzw. er gänzlich ungewöhnlich ist. Als Faustformel gilt: konnte für den Arbeitgeber bei einer ex-post-Betrachtung der Schadenseintritt objektiv noch als möglich erscheinen?

Schwierigkeiten bei der Kausalitätsprüfung dürften im vorliegenden Fall vor allem deswegen auftreten, weil *karôshi* nicht durch ein plötzlich auftretendes Schadensereignis verursacht wird, und damit als Arbeitsunfall zu qualifizieren wäre, sondern es sich vielmehr um länger andauernde/wiederholende Einwirkungen (überlange Arbeitszeiten, Konflikte am Arbeitsplatz) handelt, was dementsprechend als Berufskrankheit einzuordnen ist. Bei unfallbedingten Gesundheitsschäden lassen sich Ursache und Schadenseintritt durch das Unfallereignis räumlich und zeitlich eingrenzen. Bei arbeitsbedingten Krankheiten ist es hingegen für Betroffene regelmäßig schwierig, die Kausalität zwischen ausgeübter Tätigkeit und Berufskrankheit nachzuweisen. Allerdings gereicht in solchen Fällen oft die in der Durchführungsverordnung zum ASG niedergelegte Berufskrankheitenliste den Betroffenen zum Vorteil, da sie eine Auflistung der als „arbeitsbedingt" zu bewertenden Krankheiten enthält, so dass die berufliche Ursächlichkeit bei Vorliegen einer dort aufgeführten Erkrankung vermutet wird, es sei denn ein schwerwiegender konkreter Gegenbeweis liegt im Einzelfall vor. Der Betroffene muss jedoch nachweisen, dass sich die Erkrankung während der versicherten Tätigkeit materialisiert hat und dass die konkrete Tätigkeit bezüglich Arbeitsintensität, -dauer und -inhalt dazu geeignet war, eine solche Krankheit auszulösen. Hierbei wird i.d.R. Rückgriff auf die Anerkennungskriterien genommen, die das MHLW für jede Berufskrankheit erlässt. Zwar binden diese Erlasse nur die Verwaltung und entfalten

II. Behandlung des Falls nach japanischem Recht § 12

insoweit keine Drittwirkung, jedoch werden die Anerkennungskriterien üblicherweise auch von der Rechtsprechung zur Beurteilung der Kausalität sowie der rechtlich relevanten Verknüpfung im Sinne der Adäquanztheorie herangezogen.

Im Ergebnis heißt dies also, dass im Ausgangsfall *karôshi* grds. dann als arbeitsbedingt anerkannt und entschädigt wird, soweit die entsprechenden Anerkennungskriterien des MHLW erfüllt werden.

bb) Anerkennungskriterien bzgl. *karôshi* durch Erlass vom 12.12.2001[5]

Nach einjähriger Untersuchung und Auswertung von Literatur und Studien zum aktuellen Stand der medizinischen Wissenschaft durch eine Expertenkommission im Nachgang einer OGH-Entscheidung in Sachen *karôshi*, erließ das MHLW am 12.12.2001 die noch heute gültigen Kriterien betreffend die Anerkennung als zu entschädigender arbeitsbedingter Gesundheitsschaden. Demnach kann insbesondere eine übermäßige langfristige arbeitsbedingte Dauerbelastung (langfristige Stresseinwirkung während der letzten sechs Monate vor Ausbruch der Krankheit und dadurch Anhäufung von fatigue) *karôshi* hervorrufen. Hierzu hat eine umfassende Überprüfung der Arbeitszeit, Arbeitsorganisation, Arbeitsumgebung und psychischer Belastungsfaktoren zur Bewertung der arbeitsbedingten Überbelastung zu erfolgen. Dabei gilt die konkrete Arbeitszeit bzw. die Anzahl der geleisteten Überstunden als primäres Kriterium zur Beurteilung einer langfristigen Dauerbelastung. Eine solche langfristige Dauerbelastung gilt als indiziert, wenn der Betroffene

a) entweder mehr als 100 Überstunden im letzten Monat,
b) oder monatlich mindestens 80 Überstunden während der letzten zwei bis sechs Monate vor Ausbruch der Krankheit geleistet hat.

Daneben stellen auch unregelmäßige Arbeitszeiten, fehlende Pausen-/Urlaubszeiten, häufige Dienstreisen, sich regelmäßig wiederholende Nacht- und Schichtarbeit sowie mentaler Stress kausale Faktoren für den Ausbruch von *karôshi* dar. Zu beachten ist schließlich, dass der Erlass klarstellt, dass *karôshi* nicht als offizielle Berufskrankheit in die Liste aufgenommen wird, jedoch entsprechend Nr. 8 Tabelle 1–2 Durchführungsverordnung ASG wie eine Berufskrankheit zu entschädigen ist.

Unter Anwendung dieser Kriterien bedeutet dies in unserem Falle, dass der Tod von P aufgrund *karôshi* als arbeitsbedingter Gesundheitsschaden durch die Unfallversicherung zu entschädigen wäre. Denn P hat ausweislich des Berichts des Sicherheitsdienstes durchschnittlich 86 Überstunden pro Monat abgeleistet und damit den Grenzwert von mind. 80 Überstunden während der letzten zwei bis sechs Monate vor Ausbruch der Krankheit knapp überschritten. Zudem spricht auch der mentale Stress (Konflikte mit Kollegen und Kunden) sowie der nicht genommene Urlaub mithin für die Arbeitsbedingtheit von *karôshi* in diesem Fall.

cc) Antragsverfahren

Will man im vorliegenden Fall Entschädigung aus der Arbeitsunfallversicherung in Japan geltend machen, so ist zunächst ein Antrag beim Betriebsaufsichtsamt (労働基準監督署 – rôdô kijun kantokusho) zu stellen. Dabei handelt es sich um eine untere Behör-

---

5 Der Originalerlass auf Japanisch ist abrufbar unter www.mhlw.go.jp/houdou/0112/h1212-1.html; deutsche Übersetzung der wichtigsten Punkte zu finden bei *Schemmel*, S. 160 f.

de des Arbeitsministeriums, die für die Überwachung und Einhaltung der Vorschriften der Arbeitsschutzgesetze in den Betrieben zuständig ist. In diesem Zusammenhang ist zu beachten, dass dem Antragsteller weder ein Anhörungsrecht noch ein Einsichtsrecht in relevante Akten zusteht. Zudem gestalten sich solche Anerkennungsverfahren als recht langwierig, da es diesbezüglich keine zeitlichen Vorgaben für das Verfahren bzw. dessen Abschluss gibt. In der Regel fällt das Betriebsaufsichtsamt eine Entscheidung innerhalb eines Jahres nach Antragstellung, das Verfahren kann jedoch auch bis zu zwei Jahre dauern. Im Falle eines negativen Bescheids kann behördenintern beim „Prüfer der Arbeitsunfallversicherung" (労働者災害補償保険審査官 – rôdôsha saigai hoshô hoken shinsa-kan), der Teil des Präfektur-Betriebsaufsichtsamtes ist, Widerspruch eingelegt werden. Sofern der Antragsteller auch mit dieser Entscheidung unzufrieden ist, ist die Anrufung der Prüfungskommission der Arbeitsversicherung (労働保険審査会 – rôdô hoken shinsa-kai) als letzte innerbehördliche Instanz möglich. Beide Widerspruchsverfahren nehmen regelmäßig jeweils etwa zwei Jahre in Anspruch. Gegen die Entscheidung der Prüfungskommission steht dem Antragsteller als letzte Möglichkeit nun der Klageweg vor den ordentlichen Gerichten offen, um eine Aufhebung des ablehnenden Bescheids zu erreichen, wobei ein solcher Prozess verwaltungsrechtlicher Natur ist.

III. Behandlung des Falls nach deutschem Recht

10 Bei einem solchen Zusammenbruch während der Arbeitszeit wird in Deutschland grundsätzlich unabhängig der Klärung schuldrechtlicher/deliktsrechtlicher Ansprüche gegen den Arbeitgeber geprüft, ob es sich hierbei um einen **Versicherungsfall** der gesetzlichen Unfallversicherung handelt, weil dem Arbeitgeber gem. § 104 Abs. 1 SGB VII eine Haftungsprivilegierung zugutekommt, sofern das schädigende Ereignis bzw. die schädigende Einwirkung einen Versicherungsfall verursacht hat. Ein Haftungsausschluss gem. § 104 Abs. 1 SGB VII kommt entweder bei Vorliegen eines Arbeitsunfalls oder einer Berufskrankheit zur Anwendung. Während der Arbeitsunfall gem. § 8 SGB VII ein zeitlich begrenztes, von außen auf den Körper einwirkendes Ereignis voraussetzt (grds. wird hierbei auf den Zeitraum einer Arbeitsschicht abgestellt), geht der Versicherungsfall der Berufskrankheit (§ 9 SGB VII) von gesundheitsschädigenden Einwirkungen aus, die sich über einen längeren Zeitraum, ggf. sogar über Jahre hinziehen. Aus diesem Grund ist nach deutschem Rechtsverständnis für das Problem psychischer (Über-)Belastungen im Allgemeinen und Burn-out im Speziellen das Berufskrankheitenrecht der einschlägigere Ort, da es vorliegend um mehr als eine Schicht/ein Ereignis als Krankheitsauslöser geht. Übermäßig lange Arbeitszeiten, erheblicher Zeitdruck, mentaler arbeitsbedingter Stress sowie quantitative Überforderung und körperliche, geistige und emotionale Erschöpfung sind klare Indizien, dass es sich im vorliegenden Fall um das finale Stadium eines Burn-outs handelt. Problematisch ist hierbei vor allem, dass – entgegen dem allgemeinen Sprachgebrauch – nicht jede Krankheit bzw. gesundheitliche Beeinträchtigung, die arbeitsbedingt ist, auch eine Berufskrankheit im juristischen Sinne darstellt. Vielmehr entscheidet die Bundesregierung gem. § 9 Abs. 1 S. 1 SGB VII als Verordnungsgeber im Rahmen ihres sozialpolitischen Ermessens, welche Krankheiten als Berufskrankheiten gelten und in die Berufskrankheitenliste (BK-Liste) aufgenommen werden. Weder Burn-out noch eine andere psychische Erkrankung sind jedoch bisher in die deutsche BK-Liste aufgenommen worden. In seltenen Ausnahmefällen ist es jedoch möglich, eine Krankheit, die nicht in der Liste aufgeführt ist, als „Wie-Berufskrankheit" gem. § 9 Abs. 2 SGB VII anzuerkennen.

Damit ist zu klären, ob der Zusammenbruch von P als „Wie-Berufskrankheit" gem. § 9 Abs. 2 SGB VII zu entschädigen ist. Auch bei einer „Wie-Berufskrankheit" müssen jedoch die Tatbestandsvoraussetzungen der Berufskrankheit erfüllt sein. Berufskrankheiten sind solche Krankheiten, die nach den Erkenntnissen der medizinischen Wissenschaft durch besondere Einwirkungen verursacht sind und denen bestimmte Personengruppen durch ihre versicherte Tätigkeit in erheblich höherem Grade als die übrige Bevölkerung ausgesetzt sind (§ 9 Abs. 1 S. 2 Hs. 1 SGB VII). Die medizinisch-wissenschaftliche Einordnung von Burn-out gilt allerdings bis dato als defizitär, es mangelt dabei insbesondere an validen und zuverlässigen epidemiologischen oder statistischen Studien bzgl. der Ätiologie von Burn-out. Vorliegend dürfte damit das Tatbestandsmerkmal „nach Erkenntnissen der medizinischen Wissenschaft" nicht erfüllt sein.[6] Aus diesem Grund ist auch der Nachweis des generellen Ursachenzusammenhangs (d.h. der Zusammenhang zwischen den schädigenden Einwirkungen und der Krankheit) vorliegend wohl nicht zu erbringen. Zudem ist das Merkmal der „Gruppentypik" (bestimmte Personengruppen, die durch ihre versicherte Tätigkeit in erheblich höherem Grade als die übrige Bevölkerung den Einwirkungen ausgesetzt ist) mithin ebenfalls nicht erfüllt, da Burn-out ein unspezifisches Phänomen ist, das sich nicht auf eine bestimmte Berufsgruppe reduzieren lässt.[7] Eine Entschädigung als Arbeitsunfall kommt – wie oben bereits erläutert – vorliegend ebenfalls nicht in Betracht. Mangels Vorliegen eines Versicherungsfalls ist der Tod von P nicht durch die Unfallversicherung zu entschädigen, gleichzeitig greift damit auch der Haftungsausschluss des Arbeitgebers gem. § 104 Abs. 1 SGB VII nicht, so dass ein zivilrechtlicher Regress beim Arbeitgeber im konkreten Fall möglich wäre.

Hinsichtlich der **zivilrechtlichen Haftung** des Arbeitgebers wäre zunächst zu prüfen, ob eine auf § 280 Abs. 1 BGB gestützte Haftung in Betracht kommt. Hierbei dürfte die Schwierigkeit darin liegen, zu klären, wann bzw. ob der Arbeitgeber eine ihm obliegende Fürsorgepflicht in haftungsbegründender Weise verletzt hat. In Betracht kommt insoweit die Fürsorgepflicht gem. § 618 Abs. 1 BGB. Dabei wäre sodann der Umfang dieser Fürsorgepflicht zu beurteilen. Neben der Fürsorgepflichtverletzung sind der Eintritt einer kausal hierauf resultierenden Gesundheitsschädigung zur Haftungsbegründung sowie das Verschulden des Arbeitgebers erforderlich, wobei sich das Verschulden sowohl auf die Schutzpflichtverletzung als auch auf den eingetretenen Gesundheitsschaden erstrecken muss.

11

Im Fall ergibt sich das für § 280 Abs. 1 BGB zu fordernde Schuldverhältnis aus dem Arbeitsverhältnis des P zur X. Die erforderliche Pflichtverletzung resultiert vorliegend aus § 618 Abs. 1 BGB, wonach der Arbeitgeber bei ihm beschäftigte Arbeitnehmer vor Gefahren für Leben und Gesundheit zu schützen hat. Zu den Regelungspflichten des Arbeitgebers aus § 618 Abs. 1 BGB gehört insbesondere auch, einer gesundheitsschädigenden Überanstrengung des AN entgegenzuwirken. Seine Fürsorgepflicht aus § 618 Abs. 1 BGB verletzt der Arbeitgeber, wenn bei objektiver Betrachtung sowohl die übermäßige Stressbelastung des Arbeitnehmers als auch dessen drohende, daraus resultierende Gesundheitsschädigung hinreichend erkennbar/vorhersehbar ist, und er es daraufhin unterlässt, konkrete Schutzmaßnahmen zu treffen.[8] Dies ist in unserem Fall gegeben: Die Vorgesetzten von P hatten spätestens ab September 2017 Kenntnis

---

6 Vgl. LSG Bayern v. 27.4.2018 – L 3 U 233/15 (zit. nach juris).
7 Vertiefend zu der Problematik *Schemmel*, S. 200 ff.
8 Vgl. zum Ganzen *von Trotha*, S. 132 ff.

von dessen exzessiver Arbeitsüberlastung sowie von der gravierenden Verschlechterung seines Gesundheitszustands, weil P seine Vorgesetzten explizit auf die sich entwickelnden Gesundheits- und Verhaltensstörungen sowie die hohe Arbeitsbelastung hingewiesen hatte. Trotz dieser Hinweise wurden seitens der Vorgesetzten keine adäquaten Schutzmaßnahmen getroffen. Damit handelten die Vorgesetzten zumindest fahrlässig. Da es für die Kausalitätsprüfung bei einer solchen Schutzpflichtverletzung ausreicht, wenn der Arbeitnehmer bzw. seine Hinterbliebenen nachweisen können, dass arbeitsplatzbezogene Belastungsfaktoren zum Stress und damit zur Gesundheitsschädigung mindestens im erheblichen Maße beigetragen haben, dürfte dieser Punkt vorliegend ebenfalls erfüllt sein. Eine Haftung des Arbeitgebers nach § 280 Abs. 1 BGB für den Tod des P ist mithin zu bejahen. Die Hinterbliebenen von P können damit für dessen Tod nach § 280 Abs. 1 BGB i.V.m. § 618 Abs. 1 BGB Regress bei der X nehmen.

IV. Wertende Betrachtung

12 Hinsichtlich der zivilrechtlichen Würdigung des Ausgangsfalles gibt es keine evidenten Unterschiede zwischen japanischem und deutschem Recht. Einzig die Verortung der Fürsorgepflicht als Fall der unerlaubten Handlung in Japan mag den deutschen Jurist etwas verwundern. Etwas anderes gilt hingegen für die Beurteilung der Entschädigungspflicht der Unfallversicherung in beiden Ländern. Hier lassen sich gravierende Wertungsunterschiede feststellen. Während das japanische Unfallversicherungsrecht im Rahmen von *karôshi* primär auf die Arbeitszeit/Überstunden bei der Beurteilung der Betriebsbedingtheit abstellt und einen pauschalen Grenzwert als ausreichend erachtet, ist das deutsche Unfallversicherungsrecht wesentlich strenger.

Dabei wird ein generelles Phänomen ersichtlich. Sowohl die japanische Legislative als auch die Judikative sind weitaus pragmatischer als ihre deutschen Gegenstücke. Dabei gilt es zu beachten, dass insbesondere japanische Gerichte hinsichtlich der juristischen Methode einen anderen Ansatz verfolgen. Bei der Lösung akuter Probleme und Rechtsfragen legen japanische Richter nicht das Hauptaugenmerk auf die strikte Einhaltung der Dogmatik, sondern betrachten eine defizitäre Situation eher aus einer sach- und anwendungsbezogenen Perspektive. Während im deutschen Recht der Fokus auf dem *Systemdenken* liegt, steht in Japan das *Problemdenken* im Vordergrund. Die juristische Konstruktion hat vor allem die rhetorische Funktion des Mittels der Überzeugung. Dieses Rechtsdenken der Japaner wird gerne als „Tendenz zum pragmatischen Empirismus" bezeichnet.[9]

Zudem muss beachtet werden, dass sich der japanische Gesetzgeber bei Verabschiedung der Anerkennungskriterien in einer ganz anderen Situation befand, als der deutsche Gesetzgeber heutzutage. *Karôshi* mit etwa 10.000 Fällen pro Jahr ist ein akutes Problem in Japan, darüber hinaus hatte der OGH im Jahr 2000 in einer rechtsfortbildenden Entscheidung *karôshi* als durch die Unfallversicherung zu kompensierende Causa eingeordnet und vordringlich auf die Anzahl der Überstunden im Rahmen der Berufsbedingtheit abgestellt[10] und damit für eine Zäsur gesorgt. Das MHLW sah sich daraufhin gezwungen, zu reagieren, und die Vorgaben des höchsten japanischen Ge-

---

9 So *Rahn*, S. 35.
10 OGH v. 17.7.2000, Rôdô Hanrei 785, 6; Besprechung bei *Schemmel*, S. 162 f. Die erste amtlich dokumentierte Entscheidung bzgl. *karôshi* datiert hingegen schon auf den 15.10.1970 und wurde vor dem DG Tokio verhandelt (s. Hanrei Jihô 21, 610), bis Anfang der 90er Jahre wurden durch japanische Gerichte insgesamt 35 Entscheidungen der Aufsichtsbehörden revidiert.

IV. Wertende Betrachtung

richts konnten relativ einfach in einigermaßen praktikable Kriterien umgesetzt werden. Um *karôshi* weiter einzudämmen, wurden in Japan mittlerweile Höchstgrenzen für Überstunden eingeführt.[11] Der deutsche Gesetzgeber sieht sich in der Ausgangssituation nicht mit derlei konfrontiert. Todesfälle von an Burn-out erkrankten Arbeitnehmern sind in Deutschland – soweit ersichtlich – bislang nicht bekannt, Burn-out als Gegenstand der unfallversicherungsrechtlichen Rechtsprechung ist bis dato ebenfalls nicht wirklich existent.[12]

---

11 Work Style Reform Law (働き方改革法 - hataraki kata kaikaku-hô) v. 29.6.2018, welches mit wenigen Ausnahmen maximal 45 Überstunden pro Monat bzw. maximal 360 Überstunden pro Jahr erlaubt.
12 Bislang gibt es in Deutschland nur zwei dokumentierte sozialgerichtliche Verfahren, in welchem sich die Sozialgerichtsbarkeit mit der Frage befassen musste, ob Burn-out eine Berufskrankheit darstellt: *LSG Rheinland-Pfalz* v. 10.6.2003 – L 3 U 76/03 (zit. nach juris) und LSG Bayern v. 27.4.2018 – L 3 U 233/15 (zit. nach juris).

§ 13 „Fukushima" und die juristischen Folgen

Gregor Stevens

Wegen der Atomkatastrophe in Fukushima waren und sind noch eine Vielzahl an Verfahren an japanischen Gerichten anhängig. In dem Beispielsfall geht es um Schmerzensgeld, weil eine ältere Person bei der Evakuierung nicht hinreichend ärztlich versorgt wurde. Weiter werden die Instrumentarien vorgestellt, mit denen der Atomkraftwerksbetreiber TEPCO und der japanische Staat die Schadensersatzansprüche zu regulieren versuchen.

I. Fall

1 ▶ T betreibt ein Kernkraftwerk in F. Aufgrund eines sehr schweren Erdbebens mit der zuvor noch nie gemessenen Stärke 9,0 auf der Richterskala wird das Kraftwerk am 11.03.2011 von der Stromzufuhr von außen abgeschnitten. Das Erdbeben verursacht eine Flutwelle, die das an der Küste errichtete Kernkraftwerk mit einer Höhe von 13,5 m über dem normalen Meeresspiegel trifft. Das Kraftwerk ist durch Dammbauwerke gegen solche Tsunamis bis 5,3 m Höhe geschützt. Im Kraftwerk fallen die Notstromaggregate aus und es kommt zur Kernschmelze in 3 Reaktoren. Ein Gebiet im Umkreis von 20 km muss aufgrund der Gefahr des Austretens radioaktiver Stoffe sofort evakuiert werden.

In einer Entfernung von 2 km vom Kraftwerk befindet sich ein Seniorenpflegeheim, in dem O, die Mutter von A, wohnt. O ist 92 Jahre alt, pflegebedürftig und Dialyse-Patientin. Am 11.03.2011 werden Bewohner und Personal des Seniorenheims, in dem O lebt, durch japanische Streitkräfte mit Hubschraubern evakuiert. O wird zum Truppenstützpunkt X geflogen und in einem eilig errichteten Zelt untergebracht. Auf dem Truppenstützpunkt befindet sich kein Dialysegerät. Eine medizinische Versorgung von Dialysepatienten ist nicht möglich. Aufgrund der Unübersichtlichkeit der Lage und einer Vielzahl von anderen Transportaufträgen, mit denen das Militär befasst ist, verstirbt O am 12.03.2011, bevor sie in ein Krankenhaus mit der notwendigen Dialyseausstattung verlegt werden kann. A ist Alleinerbe der O.

A verlangt aus eigenem und aus ererbtem Recht Schadensersatz und Schmerzensgeld von T und dem Staat Japan. Er meint, Japan hafte wegen der Genehmigung des Baus eines nicht hinreichend gegen Tsunami geschützten Kernkraftwerks und mangelhafter Durchsetzung von Sicherheitsstandards als Aufsichtsverantwortliche. Er macht Bestattungskosten in Höhe von 3.000.000 JPY geltend und beziffert den Schmerzensgeldanspruch der O auf 25.000.000 JPY, seinen eigenen Schmerzensgeldanspruch auf 5.000.000 JPY.

Die Prozessvertreter Japans argumentieren, ein Tsunami mit 13,5 m sei nicht vorhersehbar gewesen. Die Wahrscheinlichkeit einer solchen Naturkatastrophe sei extrem gering. Man habe nicht damit rechnen können, dass gleichzeitig keine Stromversorgung von außen mehr zur Verfügung stehen würde. ◀

II. Behandlung des Falls nach japanischem Recht

1. Vorbemerkung zum einschlägigen japanischen Recht

2 In Japan gilt seit dem Jahr 1961 das Atomschadensersatzgesetz („Genshi-ryoku no baishō ni kansuru hōritsu", Gesetz Nr. 147/1961) (nachfolgend: AtomschadensG), welches die Entschädigung von Opfern von Atomunfällen regelt. Das Gesetz ist

II. Behandlung des Falls nach japanischem Recht § 13

dem Wiener Übereinkommen über die Atomhaftung vom 21.05.1963 und dem für Deutschland einschlägigen Pariser Übereinkommen zur Atomschadenshaftung vom 29.07.1960 in weiten Teilen ähnlich und kam schon nach dem Atomunfall vom 30.09.1999 in der Wiederaufbereitungsanlage Tōkaimura zur Anwendung. Schon damals wurden mehrere tausend Geschädigte auf Grundlage dieses Gesetzes entschädigt.

Ziel des Atomschadensgesetzes ist neben der Entschädigung von Unfallopfern ausdrücklich auch die „gesunde Entwicklung der Atomindustrie" (Art. 1 AtomschadensG). Es besteht eine Pflicht der Atomanlagenbetreiber zum Abschluss einer Haftpflichtversicherung (wahlweise Hinterlegung) mit einer Haftungssumme von zuletzt[1] mindestens 120.000.000.000 JPY (Art. 7-1 Abs. 1 AtomschadensG). Allerdings sind Risiken aus Naturkatastrophen für Kernkraftwerksbetreiber in Japan nicht versicherbar, weil Versicherungsgesellschaften insoweit auf Ausschlussklauseln bestehen. Die Kraftwerksbetreiber müssen daher für diese Risiken eine staatliche Haftungsfreistellung erwerben.[2] Nach Atomunfällen haben die Atomanlagenbetreiber nach den Regelungen des Atomschadensgesetzes unbeschränkt und verschuldensunabhängig (Art. 3 Abs. 1, Art. 4 AtomschadensG) für alle Atomschäden zu haften, es sei denn, die Schäden wurden durch eine extrem schwere Naturkatastrophe hervorgerufen (Art. 3 Abs. 1 Satz 2 AtomschadensG).

Dazu heißt es in Art. 3 AtomschadensG wörtlich:

„Art. 3 jap. AtomschadensG

(1) Entsteht als Folge oder durch den Betrieb eines Kernreaktors ein Nuklearschaden, so ist der Betreiber des Reaktors zum Ersatz des Schadens verpflichtet. Dies gilt nicht, wenn der Schaden durch eine schwerwiegende („巨大な" – „kyodai-na") Naturkatastrophe außergewöhnlichen Ausmaßes oder durch soziale Unruhen entstanden ist.

(2)…"

In Art. 2 Abs. 2 AtomschadensG wird der Nuklearschaden wie folgt definiert:

„Art. 2 Abs. 2 AtomschadensG

„Nuklearschaden" im Sinne dieses Gesetzes ist jeder Schaden, der durch die Einwirkung des Zerfallsprozesses oder die Strahlung von Kernbrennstoffen oder aufgrund der giftigen Natur dieser Stoffe verursacht wird. (…)."

Die Kompensationsregeln des AtomschadensG werden als Spezialgesetz verstanden, durch welches bei Atomschäden alle weiteren Anspruchsgrundlagen aus allgemeinen Vorschriften, insbesondere aus dem Deliktsrecht (Art. 709 ff. des japanischen Zivilgesetzes, nachfolgend: ZG) verdrängt werden.

Soweit das AtomschadensG jedoch keine eigenen Vorschriften enthält (wie beispielsweise zur Kausalität oder zur Höhe des Schadensersatzes), wird auf das allgemeine Schadensersatzrecht zurückgegriffen. Relevant ist insoweit:

---

[1] Der Mindesthaftungsbetrag betrug ursprünglich nur 5.000.000.000 JPY und wurde über die Jahrzehnte mehrfach erhöht.
[2] Die Prämien werden hier nicht nach versicherungsüblichen Risikoberechnungen, sondern rein politisch festgesetzt, dazu näher: *Weitzdörfer*, Die Haftung für Nuklearschäden nach japanischem Atomrecht – Rechtsprobleme der Reaktorkatastrophe von Fukushima I, ZJapanR/J.Japan.L. 31 (2011), S. 61 ff.

„*Art. 416 ZG:*

(1) Der Anspruch auf Schadensersatz im Falle des Schuldnerverzuges zielt auf den Ersatz der Schäden, die aus diesem gewöhnlicherweise entstehen.

(2) Gläubiger können auch den Ersatz der aus den speziellen Umständen entstandenen Schäden verlangen, wenn der Schuldner die Umstände vorhersah oder vorhersehen konnte."

Art. 4 AtomschadensG mit dem Wortlaut

„*Art. 4 Abs. 1 AtomschadensG*

Soweit der vorstehende Artikel Nuklearschäden erfasst, sind bis auf den Betreiber des Reaktors (…) keine anderen Personen zum Schadensersatz verpflichtet."

steht unter anderem Art. 1 des japanischen Staatshaftungsgesetzes[3], der wörtlich bestimmt

„*Art. 1 StaatshaftungsG*

Wenn ein (…) Staatsbediensteter (…) in Ausübung seines Amtes vorsätzlich oder fahrlässig einem Dritten rechtswidrig einen Schaden zufügt, trifft den Staat (…) die Pflicht, dafür Schadensersatz zu leisten."

entgegen, weshalb umstritten ist, ob ein Staatshaftungsanspruch neben der Betreiberhaftung möglich ist.[4]

Als weitere Besonderheit regelt Art. 16 Abs. 1 AtomschadensG eine Einstandspflicht des Staates für den Fall, dass die hinterlegte Sicherheit in Höhe von 120.000.000.000 JPY überschritten wird.

2. Falllösung nach japanischem Recht

4   In Japan stehen dem Anspruchsinhaber im vorliegenden Nuklearschadensfall mehrere Möglichkeiten zur Verfügung, Ansprüche durchzusetzen. Einerseits lässt sich der Kernkraftwerksbetreiber Tepco in Bezug auf den Fukushima-Unfall auf direkte Verhandlungen mit Opfern ein und ist bemüht, außergerichtliche Einigungen zu erzielen.

Daneben können sich Opfer an ein gemäß Art. 18 AtomschadensG eigens eingerichtetes Streitbeilegungszentrum für Nuklearschäden wenden, welches beim Versuch einer außergerichtlichen Einigung vermittelnd tätig wird. Den Opfern soll damit ein schnellerer und kostengünstigerer Weg zur Streitbeilegung angeboten werden. Die Schlichter des Streitbeilegungszentrums (meist Rechtsanwälte) erarbeiten neben nicht bindenden Vergleichsvorschlägen auch Richtlinien für die Entschädigung, die inzwischen auch in der Rechtsprechung Berücksichtigung finden. Tepco hat sich zunächst freiwillig verpflichtet, alle Vergleichsvorschläge der Schlichter einseitig zu akzeptieren.

Geschädigte können außerdem vor den Gerichten klagen.

---

3   Kokka-baishō-hō, Gesetz Nr. 25/1947.
4   *Bälz/Kawamura*, Schadenersatz bei Suizid eines Nuklearopfers – Zur Entscheidung des Distriktgerichts Fukushima vom 26. August 2014, ZJapanR/J.Japan.L. 39 (2015), S. 261 ff.

II. Behandlung des Falls nach japanischem Recht

a) Zulässigkeit

Die Klage kann wahlweise gemäß Art. 4 Nr. 1, Nr. 4 Zivilprozessgesetz[5] am Sitz des Betreibers oder gemäß Art. 5 Abs. 1 (Gerichtsstand des Erfüllungsorts), Abs. 9 (Gerichtsstand des Deliktsorts) Zivilprozessgesetz am eigenen Wohnsitz anhängig gemacht werden.

Für den Anspruch gegen den Staat Japan sind hier gemäß Art. 4 Abs. 6 Zivilprozessgesetz (Gerichtsstand des Behördensitzes) die Gerichte in Tokio zuständig.

A kann gemäß Art. 7, Art. 38 Satz 1 Zivilprozessgesetz damit wählen, ob er Klage an seinem Wohnsitz, am Sitz des Betreibers oder in Tokio erhebt.

b) Begründetheit

Im gerichtlichen Verfahren ist zu klären, ob der dargestellte Sachverhalt unter eine Anspruchsgrundlage subsumiert werden kann.

aa) Schwerwiegende Naturkatastrophe außergewöhnlichen Ausmaßes

Soweit A gegen T vorgeht, stellt sich grundsätzlich zunächst die Frage, ob eine schwerwiegende Naturkatastrophe außergewöhnlichen Ausmaßes vorliegt.

Es ist unklar, was unter einer schwerwiegenden Naturkatastrophe außergewöhnlichen Ausmaßes im Sinne von Art. 3 Abs. 1 AtomschadensG zu verstehen ist. Einerseits wird vertreten, es müsse sich nur um eine deutlich schwerere als die in Japan üblicherweise vorkommenden Naturkatastrophen handeln. Nach anderer Auffassung erfasse der Begriff nur historisch beispiellose, also apokalyptische Katastrophen biblischen Ausmaßes. Nach weiteren Meinungen soll es auf die Vorhersehbarkeit für den Betreiber oder darauf ankommen, ob nur mit allerhöchsten (also dem Betreiber nicht zumutbaren) Sicherheitsvorkehrungen Schäden abgewendet werden können. Teile der Literatur wollen erst bei Erdbeben, die dreifach stärker als das Kantō-Erdbeben von 1923 ausfallen, von einem Haftungsausschluss ausgehen.[6]

Sämtliche Auffassungen lassen sich nur schwer überzeugend begründen, zumal gegen alle Auffassungen gewichtige Argumente vorgebracht werden können. Soweit jede besonders schwere und so nicht erwartete Naturkatastrophe erfasst sein soll, wäre davon auszugehen, dass die Betreiberhaftung nach Art. 3 AtomschadensG so gut wie nie zum Tragen käme, da die Anlagen nach bisherigen Erfahrungen „normalen" und „vorhersehbaren" Naturkatastrophen in der Regel zumindest so standhalten, dass es nicht zu Nuklearschäden im Sinne des AtomschadensG kommt. Soweit die Regelung aber nur für apokalyptische Katastrophen getroffen worden sein soll, fragt sich, aus welchem Grund es einer solchen Regelung bedarf. Ein praktischer Anwendungsfall wäre kaum vorstellbar. Nach einer Katastrophe unvorstellbaren Ausmaßes (etwa ein Meteoriteneinschlag), die Nuklearschäden hervorruft, ist nicht zu erwarten, dass Anspruchsinhaber nach dem AtomschadensG eine solche Katastrophe überleben und danach eine funktionierende Justiz vorfinden würden, die sich mit ihren nicht von den natürlichen Katastrophenschäden überlagerten Nuklearschädigungen befassen könnte. Problematisch ist die Vorschrift auch in anderer Hinsicht. Soweit es auf Schäden

---

5 „minji-soshōhō", Gesetz Nr. 109/1996.
6 Vgl. zu den Einzelheiten des Streits *Weitzdörfer*, Die Haftung für Nuklearschäden nach japanischem Atomrecht – Rechtsprobleme der Reaktorkatastrophe von Fukushima I, ZJapanR/J.Japan.L. 31 (2011), S. 76 ff.

ankommen soll, die durch eine schwerwiegende Naturkatastrophe außergewöhnlichen Ausmaßes entstanden sein sollen, stellt sich die Frage, ob ein Erdbeben, welches am Epizentrum als Naturkatastrophe außergewöhnlichen Ausmaßes auftritt, am Ort des Kraftwerks aber schwächer ausfällt (beispielsweise nur als sehr schweres Erdbeben) und dennoch einen Nuklearschaden hervorruft, den Haftungsausschluss auslösen soll.

Für die Naturkatastrophe vom 11.3.2011 hat die japanische Regierung erklärt, es sei nicht von einer schwerwiegenden Naturkatastrophe außergewöhnlichen Ausmaßes im Sinne des AtomschadensG auszugehen.[7] Unabhängig von der Frage, wieso die Regierung eines Rechtsstaats mit Gewaltenteilung dazu berufen sein will, rechtliche Einschätzungen und Gesetzesinterpretationen zu verkünden, beruft sich der Kraftwerksbetreiber Tepco in Schadensersatzprozessen derzeit nicht darauf, dass die Voraussetzungen einer Haftungsfreistellung vorliegen. In den Rechtsstreitigkeiten bleibt das Nichtvorliegen einer außergewöhnlich schweren Naturkatastrophe unstreitig.[8]

Die japanischen Gerichte behelfen sich derzeit, indem das Problem nicht vertiefend thematisiert und bei den Entscheidungen oft stillschweigend davon ausgegangen wird, dass Erdbeben und Tsunami vom 11.03.2011 jedenfalls keine schwerwiegende Naturkatastrophe außergewöhnlichen Ausmaßes im Sinne des AtomschadensG waren. Diese Rechtsauffassung wird auch vom OGH bislang nicht beanstandet. Menschlich ist das Übergehen der Frage nachvollziehbar, da eine Unterscheidung zwischen schwerwiegenden Naturkatastrophen außergewöhnlichen Ausmaßes und nicht schwerwiegenden Naturkatastrophen außergewöhnlichen Ausmaßes nur schlecht an objektiven Kriterien festgemacht werden kann. Zudem erwartet die japanische Bevölkerung eine „Bestrafung" von Tepco für die nukleare Verseuchung großer Land- und Meeresflächen und hätte mehrheitlich kein Verständnis für eine Befreiung von der Betreiberhaftung.

Zusammenfassend kann festgestellt werden, dass die Haftungsausschlussregelung des Art. 3 Abs. 1 AtomschadensG, wie der Fall Fukushima zeigt, in der praktischen Anwendung unbrauchbar ist.

Im vorliegenden Fall ist aber zu erwarten, dass das japanische Gericht nicht von einem Haftungsausschluss zugunsten von T ausgehen wird.

bb) Nuklearschaden

8

Voraussetzung für Schadensersatz nach dem AtomschadensG wäre ein „Nuklearschaden" im Sinne des Art. 2 Abs. 2 AtomschadensG, mithin ein Schaden, der durch die Wirkung des Zerfallsprozesses oder die Wirkung der Strahlung von Kernbrennstoffen verursacht wurde. Zwar scheint es im vorliegenden Fall streng nach dem Wortlaut der Regelung nicht naheliegend, dass der Tod der O auf einen solchen Nuklearschaden zurückgeführt werden kann.

Die gerichtliche Praxis in Japan dehnt aber die Regelung über ihren Wortlaut hinaus auch auf andere Schäden aus, die durch den Kraftwerksunfall selbst entstanden sind.[9] Diese Auffassung wird auch von der Schlichtungskommission des Streitbeilegungszen-

---

[7] Leitender Kabinettssekretär *Edano* erklärte in einer Pressekonferenz vom 25.03.2011 sinngemäß, im Lichte der allgemeinen Situation und der derzeitigen sozialen Umstände infolge des Unfalls sei die Anwendung des Haftungsausschlusses undenkbar.
[8] Es stellt sich hier die nicht vertiefte Frage, ob Richter Tatsachen hierzu als gerichtsbekannt („offensichtlich", Art. 179 ZivProzG) annehmen und einfließen lassen könnten.
[9] *Yokouchi*, Abgrenzungsprobleme des Haftungsumfangs bei Atomschäden, ZJapanR/J.Japan.L. 32 (2011), S. 123 ff.

trums vertreten und damit begründet, dass es dem Geschädigten nicht zuzumuten sei, einen Atomschaden nach der strengen Definition des Gesetzes darzulegen, zu beweisen und diesen von anderen nichtnuklearen Schäden abzugrenzen. Auch nach dem Tokaimura-Unfall wurden Schäden kompensiert, die nicht auf Wirkungen von Kernbrennstoffen zurückzuführen waren, sondern die allein durch die Tatsache des Unfalls hervorgerufen wurden (z.B. Kosten für Evakuierungen und gewerbliche Schäden durch „Gerüchte" über Gesundheitsgefahren).

Die Haftung soll damit auf alle Schäden auszudehnen sein, die in adäquat kausalem Zusammenhang mit dem Reaktorunfall stehen. Adäquat kausal sind nach der herrschenden Meinung, die insoweit Art. 416 ZG heranzieht, alle gewöhnlich entstehenden (Art. 416 Abs. 1 ZG) und darüber hinaus die vom Ersatzpflichtigen vorhersehbaren Schäden (Art. 416 Abs. 2 ZG). Der Nachweis der Kausalität soll erbracht sein, wenn nach allgemeiner Erfahrung unter Berücksichtigung aller Umstände ein hoher Grad von Wahrscheinlichkeit dafür gegeben ist, dass eine bestimmte Tatsache einen bestimmten Erfolg herbeigeführt hat. Ausreichend soll dafür wiederum sein, dass sich ein gewöhnlicher Mensch eine zweifelsfreie Überzeugung von der Kausalbeziehung bilden kann.[10]

Hier liegt auf der Hand, dass O aufgrund des Unfalls gezwungen wurde, ihr Wohnheim zu verlassen. Es erscheint weiter gut vertretbar, davon auszugehen, dass das Entstehen lebensbedrohlicher Situationen im Rahmen von Evakuierungen von Seniorenheimen für T konkret und abstrakt vorhersehbar war. Bislang ziehen die japanischen Gerichte hier die Grenzen sehr weit. So wurde die Kausalität selbst in einem Fall bejaht, in dem sich eine evakuierte Mutter mehr als dreieinhalb Monate nach dem Unfall das Leben genommen hat.[11]

T ist damit gemäß Art. 3 Abs. 1 AtomschadensG dem Grunde nach verpflichtet, Schadensersatz für den Tod der O zu leisten.

cc) Umfang

A kann nach japanischem Recht sowohl eigenes Schmerzensgeld als auch Schmerzensgeld der O aus vererbtem Recht geltend machen.

Für den Tod eines Menschen kann nach japanischer Rechtsprechung maximal ein Schmerzensgeld in Höhe von 30.000.000 JPY verlangt werden. Gleichzeitig muss ein Schmerzensgeld für eine Verletzung – egal, wie schwer – nach der Logik der japanischen Rechtsprechung immer unterhalb dieses Betrages liegen.

Hier wären bei der Bemessung des Schmerzensgeldes der O ihr hohes Alter und ihre schwere Erkrankung zu berücksichtigen. Es ist zu erwarten, dass ein japanisches Gericht daher voraussichtlich nur etwa 5.000.000 JPY zusprechen würde.

Der eigene Schmerzensgeldanspruch des A dürfte noch deutlich geringer ausfallen. Unter Berücksichtigung aller Umstände wäre von höchstens 500.000 JPY auszugehen. Daneben hätte T dem A die Bestattungskosten zu ersetzen. Hier sind Beträge um die 2.500.000 JPY nicht unüblich.

---

10 *Bälz/Kawamura*, Schadenersatz bei Suizid eines Nuklearopfers – Zur Entscheidung des Distriktgerichts Fukushima vom 26. August 2014, ZJapanR/J.Japan.L. 39 (2015) m.w.N.
11 DG Fukushima vom 26.08.2014, Hanrei Jihō 2237 (2014) 7.

dd) Staatshaftung

10 Soweit A gegen das Land Japan vorgeht, dürfte die Klage unbegründet sein. Es ist umstritten, ob trotz der Haftungskanalisierung des Art. 4 AtomschadensG auf das StaatshaftungsG zurückgegriffen werden kann.[12]

Im vorliegenden Fall verbietet es sich, die Staatshaftung auf den Umstand zu stützen, dass bei der Evakuierung durch staatliche Stellen nicht an die notwendige medizinische Versorgung der Bewohner des Seniorenheims gedacht wurde. Da dieser Umstand wegen der hier angenommenen Vorhersehbarkeit für T rechtlich dazu führte, dass von einem Nuklearschaden im Sinne des AtomschadensG auszugehen war, kann eine Haftung allenfalls nach den Regelungen des AtomschadensG bestehen.[13] Das übrige Deliktsrecht wird durch das speziellere AtomschadensG verdrängt, soweit Nuklearschäden im Sinne des AtomschadensG vorliegen.

Grundsätzlich ist damit auch eine Staatshaftung für Nuklearschäden ausgeschlossen.[14]

Es ist auch nicht etwa unbillig (obwohl es auf den ersten Blick so erscheinen mag), dass der Staat mit Art. 4 AtomschadensG im Ergebnis auch die Haftung aus Pflichtverletzungen im Zusammenhang mit der Atomaufsicht auf die „Beaufsichtigten" abwälzt.

Nach Sinn und Zweck der Regelungen des AtomschadensG wären jedenfalls die Betreiber insoweit nicht schutzwürdig. Soweit es um die Einhaltung von Vorschriften oder Anordnungen zur Sicherheit geht, sind die Betreiber primär selbst verantwortlich und können sich nicht entlastend auf mangelnde staatliche Kontrolle berufen.

Soweit Fragen der Vorhersehbarkeit von extrem schweren Naturkatastrophen oder von kumulativen Störungsereignissen (Erdbeben verursacht Stromausfall und Tsunami verursacht Ausfall der Notstromaggregate) im Raum standen, haben die Gerichte diese – was Klagen gegen den Staat angeht[15] – bislang streng zulasten des Betreibers beurteilt.

Die Klage gegen den Staat Japan bleibt nach alledem ohne Erfolg.

---

12 Vgl dazu: *Bälz/Kawamura*, Schadenersatz bei Suizid eines Nuklearopfers – Zur Entscheidung des Distriktgerichts Fukushima vom 26. August 2014, ZJapanR/J.Japan.L. 39 (2015), S. 266, dort auch Fn. 22.
13 Damit „rächt" sich an dieser Stelle die weite Auslegung des Begriffs „Nuklearschaden", die dazu führt, dass gemäß Art. 4 Abs. 1 AtomschadensG nur noch der Betreiber als alleiniger Anspruchsgegner in Betracht kommt.
14 Im Ergebnis so auch: *Weitzdörfer*, Die Haftung für Nuklearschäden nach japanischem Atomrecht – Rechtsprobleme der Reaktorkatastrophe von Fukushima I, ZJapanR/J.Japan.L. 31 (2011), S. 94 ff., S. 98; *Yokouchi*, Abgrenzungsprobleme des Haftungsumfangs bei Atomschäden, ZJapanR/J.Japan.L. 32 (2011), S. 128 und *Pelzer*, Haftung für Nuklearschäden nach japanischem Atomrecht aus internationaler Sicht, ZJapanR/J.Japan.L. 32 (2011), S. 113.
15 Allerdings hat das Landgericht Tokyo in einer nicht rechtskräftigen Entscheidung im Rahmen einer Aktionärsklage gegen TEPCO-Verantwortliche aus dem Jahr 2012 am 13.07.2022 Schadensersatz zugesprochen und ist dabei zulasten der TEPCO-Verantwortlichen von Vorhersehbarkeit und Vermeidbarkeit ausgegangen. Zuvor am 19.09.2019 hatte das Landgericht Tokyo (nach Klageerzwingung durch den Staatsanwaltschaftskontrollrat) noch TEPCO-Manager in einem Strafprozess freigesprochen (bestätigt durch OG Tokyo am 18.01.2023), dabei die Vorhersehbarkeit erst für die Zeit ab 2008 angenommen und ausgeführt, die Schäden seien zu diesem Zeitpunkt nicht mehr vermeidbar gewesen, da nicht mehr genug Zeit für hinreichende Vorsorge bestanden hätte.

III. Behandlung des Falls nach deutschem Recht

In Deutschland richtet sich die Haftung für Atomschäden nach dem Pariser Übereinkommen zur Atomschadenshaftung vom 29.07.1960 (nachfolgend: PÜK) nebst Zusatzvereinbarungen[16] und dem AtomG.

Die Haftung ist im Vergleich zu Japan sehr ähnlich geregelt, obwohl sich auch einige entscheidende Unterschiede zeigen.

In Deutschland haften Betreiber von Kernanlagen allein (Haftungskanalisierung Art. 6 a) PÜK), verschuldensunabhängig und ohne Ausnahme für höhere Gewalt (Art. 25 Abs. 3 AtomG in Abwandlung von Art. 9 PÜK)[17] und in unbegrenzter Höhe (§ 31 Abs. 1 S. 1 AtomG) für Schäden an Leben oder Gesundheit von Menschen und Schäden an oder Verlust von Vermögenswerten, wenn der Schaden durch ein nukleares Ereignis in einer Kernanlage verursacht worden ist (Art. 3 a) PÜK).

Das „nukleare Ereignis" definiert Art. 1 a) i) PÜK als jedes einen „nuklearen Schaden" verursachendes Geschehnis.

„Nuklearer Schaden" sind gemäß Art. 1 a) vii) PÜK insbesondere die Tötung oder Verletzung eines Menschen sowie Vermögensschäden, soweit sie jeweils von ionisierender Strahlung herrühren.

Der Geschädigte hat gemäß Art. 3 PÜK seinen Schaden und die Kausalität zu beweisen. Bei Schadensverursachung durch nukleares und nichtnukleares Ereignis gilt für den Fall der nicht sicheren Trennbarkeit der Verursachungsanteile gemäß Art. 3 b) PÜK eine gesetzliche Fiktion dahingehend, dass es sich insgesamt um nukleare Schäden handelt.

1. Nuklearer Schaden

Damit käme es im vorliegenden Fall nach deutschem Recht nicht auf die komplizierte Frage an, ob der Unfall auf eine außergewöhnlich schwere Naturkatastrophe zurückzuführen ist.

Zu prüfen wäre daher zunächst, ob es sich beim Tod der O um einen „nuklearen Schaden" gemäß Art. 1 a) vii) PÜK handelt.

Die O wurde nicht durch ionisierende Strahlung getötet, sondern durch die im Zuge der angeordneten Evakuierung erfolgte Trennung der O von einem lebenswichtigen medizinischen Gerät.

Gemäß Art. 1 a) vii) Nr. 6 PÜK werden aber auch Schäden aus Vorsorgemaßnahmen[18] als nuklearer Schaden im Sinne der PÜK erfasst, ohne dass es auf die Wirkung radioaktiver Strahlung ankommt.

Hier ist davon auszugehen, dass der Schaden (Tod der O) infolge einer angemessenen Vorsorgemaßnahme (Evakuierung wegen drohender Kernschmelze mit unkontrolliertem Austritt von radioaktivem Material) entstanden ist und somit ein nuklearer Schaden im Sinne der PÜK vorliegt.

Der Betreiber der Atomanlage wäre damit allein verpflichtet, Schadensersatz zu leisten.

---

16 Das PÜK ist auch innerstaatlich anzuwenden, § 25 Abs. 1 S. 2 AtomG.
17 Der Haftungsausschluss bei schweren Naturkatastrophen wurde erst mit Änderungsprotokoll vom 12.2.2004 gestrichen, in Deutschland aber wegen § 25 Abs. 3 AtomG ohnehin irrelevant.
18 Definiert in Art. 1 a) ix) PÜK.

Ein Staatshaftungsanspruch besteht daneben aufgrund der Haftungskanalisierung des Art. 6 PÜK nicht.

2. Umfang

Der Höhe nach beschränkt sich der Schadensersatz in Deutschland im Wesentlichen auf den Ersatz der Beerdigungskosten. Zwar wäre ein Schmerzensgeldanspruch der O vererbbar,[19] dieser läge aber in Deutschland weit unter den in Japan üblichen Beträgen. Ein eigener Schmerzensgeldanspruch des A besteht (außerhalb von Schockschäden[20]) nicht.

IV. Zusammenfassende Erwägungen

Am dargelegten Fall lässt sich erkennen, dass die japanischen Regelungen zur Haftung nach Atomschäden Unzulänglichkeiten aufweisen.[21] Derzeit lässt sich in Japan beobachten, dass die Gerichte unter Zurückstellung dogmatischer Bedenken dem politischen und gesellschaftlichen Druck nachgeben und zu sehr weitgehenden Auslegungsergebnissen bei der Kausalität kommen, während die Vorhersehbarkeit bisher unterschiedlich beurteilt worden ist.

Anders als nach den Atombombenangriffen 1945, als Bombenopfer Ächtung und Diskriminierung erfahren mussten, scheint heute das gesellschaftliche Rechtsempfinden auf Seiten der Opfer zu stehen. Eine breite Entschädigung aller Betroffenen auch für nur entfernt mit dem Unfallereignis in Zusammenhang stehende Verluste wird gefordert und umgesetzt. Die gesetzlichen Regelungen bleiben aber – wie sich nach der Atomkatastrophe in Fukushima gezeigt hat – hinter diesen politisch nunmehr gewollten Ergebnissen zurück. Hier stehen vor allem die Regelungen zum Haftungsausschluss bei außergewöhnlich schweren Naturkatastrophen und die enge Definition des Atomschadens dem mehrheitlichen Rechtsempfinden im Weg.

---

19 BGH, Urteil vom 6.12.1994 - VI ZR 80/94; anders aber bei Persönlichkeitsrechtsverletzung: BGH, Urteil vom 29.4.2014 - VI ZR 246/12, hier soll Anspruch nach Tod nicht mehr bestehen.
20 vgl. dazu BGH, Urteil vom 06.12.2022 - VI ZR 168/21 (Aufgabe bisheriger Rechtsprechung).
21 Eine Fortentwicklung des Atomhaftungsrechts wird erwogen, auch ein Beitritt zu einem internationalen Haftungsübereinkommen wird diskutiert, vgl. dazu *Pelzer*, Haftung für Nuklearschäden nach japanischem Atomrecht aus internationaler Sicht, ZJapanR/J.Japan.L. 32 (2011), S. 119 f.

§ 14 Einführung in das japanische materielle Strafrecht

Kazuya Saheki und Carsten Griebeler[1]

Vorbemerkung

Das japanische Strafrecht ist wie das deutsche Strafrecht in materielles Recht auf der einen Seite und Prozessrecht auf der anderen Seite unterteilt. Das materielle Strafrecht regelt die Voraussetzungen und Rechtsfolgen von Straftaten und ist mit seinen zentralen Vorschriften im japanischen Strafgesetzbuch (keihōten) kodifiziert. Es finden sich aber auch zahlreiche Strafvorschriften in anderen Gesetzen, dem sogenannten Nebenstrafrecht (tokubetsu keihō[2]). Im Folgenden soll ein kurzer Überblick über das materielle Strafrecht gegeben werden.

I. Die Entstehung des heutigen Strafrechts[3]

Zu Beginn der Meiji-Zeit 1868 stellte die Regierung zunächst die Weichen für eine Rückkehr zum traditionellen Rechtssystem aus dem kaiserlichen Japan vor der Zeit der Shogunatsherrschaft. Dabei orientierte man sich im Bereich des Strafrechts am sogenannten „Ritsuryō-System". Dieses basiert auf einer Sammlung straf- und verwaltungsrechtlicher Vorschriften, die im 7. Jahrhundert aus China übernommen worden waren, um die kaiserliche Herrschaft im damaligen Japan zu festigen. Während der mit dem Ende des 12. Jahrhunderts einsetzenden Feudalzeit war dieses Recht durch Gesetze des Shogunats und – nur örtlich geltende – Regeln der zahlreichen Fürsten (Daimyo) verdrängt worden.

Noch im Jahr der **Meiji-Restauration** selbst erließ die neue Regierung 1868 ein vorläufiges Strafgesetzbuch (karikeiritsu), um in den unruhigen Zeiten politischen Umbruchs mit landesweit einheitlichen Strafvorschriften arbeiten zu können.[4] Dieser Schritt wurde durch einen Rückgriff auf die bereits vorliegenden Regeln des Ritsuryō-Systems erleichtert. Anpassungen an die geänderten Zeiten erfolgten nur sehr begrenzt, was weiteren Reformbedarf in den folgenden Jahren nach sich zog. Nur zwei Jahre später folgte 1870 mit dem „shinritsukōryō" (Grundriss des neuen Strafrechts) ein weiteres strafrechtliches Regelwerk, welches aber auch in der Tradition des Ritsuryō-Systems verharrte. Ein erster Schritt in Richtung eines modernisierten (jedoch nicht westlichen) Strafrechts wurde mit dem „kaiteiritsurei" (ergänzte strafrechtliche Regelungen) von 1873 gemacht. So ersetzte dort die Gefängnisstrafe die bisherigen Körperstrafen.

Dieser traditionelle japanische Weg konnte jedoch nicht beibehalten werden. Außenpolitisches Ziel der Meiji-Regierung war die Revision der sogenannten ungleichen Verträge, die die militärisch überlegenen westlichen Staaten Japan aufgezwungen hatten. Besonderes Augenmerk lag dabei auf der Aufhebung der Konsulargerichtsbarkeit. Grundvoraussetzung dafür war jedoch, dass die ausländischen Staaten das japanische

---

1 Kazuya Saheki ist Professor für Strafrecht an der Kansai Universität in Osaka. Carsten Griebeler ist Staatsanwalt in Frankfurt am Main.
2 Auf Japanisch wörtlich „besonderes Strafrecht".
3 Vgl. *Miyazawa*, Traditionelles und Modernes im japanischen Strafrecht, ZStW 86 (1976), S. 813 ff.; *Tjong/Eubel*, in: Eubel et al. (Hrsg.), Das japanische Rechtssystem (1979), S. 205 ff.; *Yamanaka*, Einführung in das japanische Strafrecht. Strafrecht auf der Basis der japanischen Sozialstruktur (2018), S. 29 ff.
4 Das neue politische System festigte sich erst langsam. Noch 1877 kam es beispielsweise zur Satsuma-Rebellion, die auf Japanisch (seinan sensō) sogar als Krieg bezeichnet wird.

Recht als gleichwertig anerkannten. Um dieses Ziel zu erreichen, vollzog die Regierung eine Kehrtwende und begann damit, westliches Recht zu importieren. Im Zuge dessen wurde 1880 das sogenannte **Alte Strafgesetzbuch** (kyūkeihō) erlassen. Den Entwurf für dieses Gesetz hatte der französische Professor Gustave Émile Boissonade de Fontarabie auf Einladung der japanischen Regierung wesentlich mitgestaltet. Es war damit das erste neuzeitliche Gesetz Japans und deutlich vom Code Napoléon aus dem Jahre 1810 beeinflusst. Das „Alte Strafgesetzbuch" bestand aus vier Teilen mit insgesamt 430 Paragrafen. Inhaltlich fällt die Vielzahl normierter Strafarten sowie die erste schriftliche Fixierung des Gesetzlichkeitsprinzips (nulla poena sine lege) in Japan auf. Die vom alten Strafgesetz umfassten Delikte waren in insgesamt 315 klar definierten Straftatbeständen geregelt. Gleichzeitig waren die jeweiligen Strafrahmen eng gefasst. Dies führte dazu, dass die Gerichte vergleichsweise wenig Ermessensspielraum hatten.

Dieses neue „Alte Strafgesetzbuch" stand jedoch im Widerspruch zur damaligen gesellschaftlichen Realität in Japan.[5] Deshalb wurde bereits unmittelbar nach seinem Inkrafttreten die Notwendigkeit zur Revision gesehen. Dem Zeitgeist entsprechend orientierte man sich jetzt am deutschen Recht, wie sich nicht zuletzt an der Meiji-Verfassung von 1889 zeigt. Konkret stand für die Neufassung des „alten Strafgesetzbuches" das deutsche Reichsstrafgesetzbuch von 1871 Pate. Verschiedene Reformkommissionen erarbeiteten insgesamt fünf Reformentwürfe, von denen jedoch lediglich der letzte im Jahr 1907 vom japanischen Reichstag mit einigen Änderungen verabschiedet wurde.[6] Nach Bekanntmachung am 24.4.1907 trat dieses Gesetz als das bis heute gültige Strafgesetzbuch am 1.10.1908 in Kraft.[7]

II. Das japanische Strafgesetzbuch – Systematik und Besonderheiten

3   Das japanische Strafgesetzbuch (jStGB) ist das zentrale Element des materiellen Strafrechts in Japan. Es gliedert sich wie das deutsche Strafgesetzbuch (dStGB) in einen allgemeinen (§§ 1–72) und einen besonderen Teil (§§ 73–264).

1. Allgemeiner Teil

4   Im allgemeinen Teil (insgesamt 72 Paragrafen in den Abschnitten 1–13) sind diejenigen Vorschriften „vor die Klammer gezogen", die auf alle Delikte gleichermaßen Anwendung finden. So gelten zum Beispiel die Regeln zum Vorsatz (§ 38 jStGB) von der Urkundenfälschung bis zum Totschlag für alle Delikte. Weitere Vorschriften zur Straftatlehre betreffen die rechtmäßige Handlung (§ 35 jStGB), Notwehr (§ 36 jStGB), Notstand (§ 37 jStGB), die Schuldunfähigkeit bzw. verminderte Schuldfähigkeit (§§ 39, 41 jStGB), den Versuch (§§ 43, 44 jStGB) sowie Mittäterschaft, Anstiftung und Beihilfe (§§ 60–65 jStGB). Darüber hinaus finden sich – wie im deutschen Strafgesetzbuch auch – Regelungen zum Geltungsbereich, zur Verjährung, zur Strafaussetzung, zur Bewährung sowie zur Strafzumessung bei Tatmehrheit.

5   Darüber hinaus trifft der allgemeine Teil des japanischen Strafgesetzbuchs (in den §§ 9 ff.) auch **Regelungen zur Strafe selbst**. Das geltende Strafgesetzbuch kennt die

---

5 Bei wachsender Kriminalität in Zeiten sozialen Umbruchs wurde ihm der Vorwurf zu großer Liberalität gemacht. Im zugrundeliegenden Vergeltungsprinzip sah man ein Hindernis zu effektiver und generalpräventiver Bestrafung.
6 Siehe auch: *Saito/Nishihara*, Das abgeänderte japanische Strafgesetzbuch.
7 Im Gegensatz zum heute noch geltenden Strafgesetzbuch wurde die Strafprozessordnung nach dem zweiten Weltkrieg umfassend nach US-amerikanischem Vorbild reformiert; s. dazu näher § 15.

Todesstrafe (§ 11 jStGB), das Gefängnis mit Arbeitspflicht (§ 12 jStGB), das Gefängnis ohne Arbeitspflicht (§ 13 jStGB), die Geldstrafe (§ 15 jStGB) sowie eine kurze Haftstrafe (unter 30 Tage, § 16 jStGB) bzw. niedrige Geldstrafe (unter 10.000 JPY, § 17 jStGB) für leichtere Vergehen als Hauptstrafen und die Einziehung (§ 19 jStGB) als Nebenstrafe.[8] Im Vergleich zu Deutschland fällt neben dem Festhalten an der Todesstrafe auf, dass das japanische Strafgesetzbuch verschiedene Arten von Freiheitsstrafe kennt, während es in Deutschland seit der Abschaffung des Zuchthauses[9] nur noch eine einheitliche Gefängnisstrafe gibt. Die damit verbundene Frage der Arbeitspflicht von Strafgefangenen ist in Deutschland in den Strafvollzugsgesetzen geregelt. Erwähnenswert ist weiterhin, dass nach dem deutschen Strafgesetzbuch (§ 47 dStGB) kurze Freiheitsstrafen nach Möglichkeit vermieden werden sollen, während sie in Japan explizit (§ 16 jStGB) vorgesehen sind.

Nach § 8 des japanischen Strafgesetzbuchs gelten die Vorschriften des allgemeinen Teils sowohl für die Delikte des besonderen Teils des Strafgesetzbuchs als auch für Straftatbestände in anderen Gesetzen (Nebenstrafrecht), soweit dort nicht etwas anderes bestimmt ist.

Durch diesen Aufbau scheint jedenfalls der allgemeine Teil des japanischen Strafgesetzbuchs dem deutschen Juristen im Großen und Ganzen sehr vertraut. Während auch der Umfang des allgemeinen Teils (§§ 1–79 dStGB, §§ 1–72 jStGB) auf den ersten Blick in beiden Ländern vergleichbar erscheint, fällt auf den zweiten Blick auf, dass der Regelungsumfang im deutschen Strafgesetzbuch durch zahlreiche später eingefügte „Einschübe" deutlich größer ist.[10] Inhaltlich fällt weiter auf, dass das japanische Strafgesetzbuch für Wiederholungstäter einen um das doppelte erhöhten Strafrahmen vorsieht (§ 57 jStGB), während dies in Deutschland eine weitgehend dem Richter obliegende Frage der Strafzumessung (§ 46 dStGB) ist.

2. Besonderer Teil

Der besondere Teil des japanischen Strafgesetzbuchs umfasst in 40 Abschnitten insgesamt 192 Paragrafen. Dort sind die einzelnen Straftatbestände mit ihren gesetzlichen Voraussetzungen und Rechtsfolgen, also Strafen und Strafrahmen, normiert. Die Anordnung der einzelnen Deliktstypen lässt die Prioritäten des historischen Gesetzgebers erkennen. An erster Stelle stehen Delikte gegen staatliche Rechtsgüter, gefolgt von Delikten gegen öffentliche bzw. gesellschaftliche Interessen. Erst an letzter Stelle folgen Delikte gegen Individualrechtsgüter, wie beispielsweise Körperverletzung, Raub und Diebstahl als „klassische" Gewalt- oder Vermögensdelikte.[11] Interessant ist hier ein

---

8 Mit Gesetz vom 13.06.2022, verkündet am 17.06.2022, wurden die Strafen Gefängnis mit Arbeitspflicht und Gefängnis ohne Arbeitspflicht zu einer einheitlichen Freiheitsstrafe zusammengeführt. Der Vollzug dieser neuen Freiheitsstrafe soll sich an dem Resozialisierungsbedarf des einzelnen Verurteilten orientieren und kann sowohl Arbeit als auch Anleitung bzw. Behandlung (guidance) beinhalten. Die Änderungen sollen innerhalb von drei Jahren nach Verkündung in Kraft treten.
9 Das Zuchthaus als Gefängnis mit erschwerten Haftbedingungen (schwerer körperlicher Arbeit) wurde in Deutschland im Rahmen der großen Strafrechtsreform 1969 abgeschafft.
10 Zahlreiche Regelungen, die im japanischen Strafgesetzbuch nicht oder nur sehr knapp normiert sind (Führungsaufsicht, Verfall und Einziehung, Strafaussetzung zur Bewährung, usw.), sind im deutschen Strafgesetzbuch deutlich detaillierter geregelt. Die Führungsaufsicht beispielsweise ist in den §§ 68–68g dStGB geregelt. Dieses „Auffüllen" des Strafgesetzbuchs findet sich im japanischen Pendant nicht.
11 Dagegen werden auch in Japan Delikte gegen Individualrechtsgüter in vielen Lehrbüchern im Hinblick auf ihre Bedeutung in der gesellschaftlichen Realität an erster Stelle dargestellt.

vergleichender Blick in das deutsche Strafgesetzbuch, der einen ähnlichen Aufbau offenbart.

Als Besonderheit des geltenden japanischen Strafgesetzbuchs fällt die vergleichsweise geringe Anzahl der Straftatbestände ins Auge. Während sich das japanische Strafgesetzbuch mit 192 Paragrafen begnügt, umfasst das deutsche Pendant in den §§ 80–358 dStGB fast doppelt so viele Normen.[12] Darüber hinaus sind die Straftatbestände im japanischen Strafgesetzbuch relativ kurz und allgemein gehalten. Die Strafrahmen sind dementsprechend sehr weit gefasst. Dies ist nicht zuletzt auf den Einfluss der modernen Strafrechtsschule auf den historischen Gesetzgeber zurückzuführen.[13]

7 Ein Beispiel für diese Struktur des japanischen Strafgesetzbuchs ist **§ 199 – Tötung**. Die Vorschrift lautet: „Wer einen anderen tötet wird mit dem Tod, lebenslangem Zuchthaus oder Zuchthaus nicht unter fünf Jahren bestraft". Diese Vorschrift umfasst sowohl den Totschlag (im Sinne des § 212 dStGB) als auch den Mord (im Sinne des § 211 dStGB).[14] Dementsprechend weit ist auch der Strafrahmen gefasst, der wie § 212 dStGB bei einer Mindestfreiheitsstrafe von fünf Jahren beginnt, als Höchststrafe jedoch die Todesstrafe vorsieht. Der deutsche Gesetzgeber dagegen hat für den Bereich des Mordes (§ 211 dStGB) das andere Extrem gewählt und dem Gericht auf der Rechtsfolgenseite keinerlei Ermessen eingeräumt. Ein Mord ist nach deutschem Recht zwingend mit lebenslanger Freiheitsstrafe zu bestrafen. Ganz anders ist die Situation in Japan, wo es allein der Rechtsprechung obliegt, den sehr viel weiteren Strafrahmen in der Praxis zu konkretisieren.

8 Auch am Beispiel des **Diebstahls** wird der Unterschied zum deutschen Strafgesetzbuch deutlich. Während in Deutschland die §§ 242 ff. dStGB detaillierte Regelungen für Diebstahl in all seinen Facetten (Diebstahl, Diebstahl mit Waffen, Bandendiebstahl, Wohnungseinbruchdiebstahl, usw.) treffen und dabei auch jeweils unterschiedliche Strafrahmen normieren, begnügt sich das japanische Strafgesetzbuch in § 235 jStGB mit einem Straftatbestand: „Wer den Besitz eines anderen wegnimmt wird als Dieb mit Zuchthaus von bis zu 10 Jahren oder mit einer Geldstrafe von bis zu 500.000 JPY bestraft".

Diese Art der Regelung erlaubt eine stark dem Einzelfall angepasste, gleichsam „elastische" Reaktion auf strafbares Verhalten[15] und lässt dem Gericht die Freiheit, soziale Belange in der jeweiligen Fallbeurteilung zu berücksichtigen.[16] Rechtssicherheit wird in diesem System letztlich durch Präzedenzfälle und Fallsammlungen gewahrt, durch die sich innerhalb der allgemein gefassten Straftatbestände und der sehr weiten Strafrahmen gewissermaßen Standards herausbilden, an denen sich die Gerichte orientieren

---

12 Wie im allgemeinen Teil finden sich im besonderen Teil des deutschen Strafgesetzbuchs zahlreiche Ergänzungen, die mittels Buchstabenzusätzen eingefügt wurden. Ein Beispiel hierfür sind die Regelungen zur Brandstiftung (§§ 306–306f dStGB).
13 Siehe dazu auch oben unter Ziffer I: Mit dem Wechsel vom „alten Strafgesetzbuch" von 1880 zum heute geltenden Strafgesetzbuch von 1907 wurde der modernen Strafrechtsschule (und damit der Zuwendung zum Täter, zum Einzelfall und zur Prävention) der Vorzug vor der klassischen Strafrechtsschule (und damit vor der tatbezogenen Vergeltung) eingeräumt.
14 Zusätzlich gibt es allerdings in § 202 jStGB eine gesonderte Vorschrift zu Anstiftung und Beihilfe bei Suizid und – wie in § 216 dStGB – für Tötung auf Verlangen.
15 *Yamanaka*, Geschichte und Gegenwart der japanischen Strafrechtswissenschaft, Berlin et al. 2012, S. 5.
16 Zur hohen Gewichtung von Einzelfallgerechtigkeit gegenüber allgemeiner Rechtssicherheit im japanischen Strafrecht siehe auch: *Hermann*, in: Coing u.a. (Hrsg.), Die Japanisierung des westlichen Rechts (1990), S. 399; vgl. auch: *Götze*, in: Menkhaus (Hrsg.), Das japanische im japanischen Recht (1994), S. 505 ff.

können. Allerdings wird bis heute immer wieder Kritik laut, nach der die zu allgemein gefassten Strafvorschriften den Gerichten ein zu weites Ermessen einräumen.

III. Reformbestrebungen

Es hat mehrere Versuche gegeben, das Strafgesetzbuch von 1907 umfassend zu reformieren. Diese sind jedoch sämtlich gescheitert.

Bereits 1921 war die Arbeit an einer umfassenden Reform des Strafrechts aufgenommen worden. Diese mündete in die Veröffentlichung vorläufiger Entwürfe zum allgemeinen (1931) und zum besonderen Teil (1940). Zu einer Verabschiedung als Gesetz kam es allerdings wegen des kurz darauf ausbrechenden zweiten Weltkrieges nicht.[17] Nachdem das japanische Strafgesetzbuch während der amerikanischen Besatzungszeit im Gegensatz zum Strafprozessrecht im Kern unangetastet geblieben war,[18] wurde 1956 erneut die Arbeit an einer vollständigen Reform des Strafrechts begonnen, um der neuen japanischen Verfassung und der geänderten gesellschaftlichen Wirklichkeit Rechnung zu tragen. Das Ergebnis wurde 1961 als vorläufiger Entwurf veröffentlicht und nach weiterer Überarbeitung 1974 als Reformentwurf vorgestellt. Zu diesem Zeitpunkt allerdings war der Entwurf bereits zeitgeschichtlich überholt. Ihm wurde erfolgreich entgegengehalten, sich einseitig an Sicherheit und Ordnung zu orientieren, dem Prinzip harter Bestrafung zu folgen und ein Übermaß an moralisch begründeten Strafvorschriften zu enthalten.[19] Der Entwurf wurde letztlich nicht ins Parlament eingebracht.[20]

In der Gesetzesgeschichte zeigen sich über den gemeinsamen „Ursprung" im Reichsstrafgesetzbuch von 1871 hinaus interessante Parallelen zwischen Japan und Deutschland. Eine detaillierte Darstellung würde den hier vorgesehenen Rahmen sprengen. Erwähnt werden soll daher nur, dass auch im deutschen Strafrecht Reformvorhaben vor dem zweiten Weltkrieg scheiterten, nach 1945 notwendige punktuelle Bereinigungen des Strafgesetzbuches schnell durchgeführt wurden, während umfassende Reformarbeiten (ab 1954) zunächst scheiterten.

Obwohl **bis heute keine umfassende Reform** des japanischen Strafgesetzbuchs gelungen ist, konnten wichtige Anliegen der Reformbestrebungen in Teilschritten umgesetzt werden. Solche Änderungen hat es bis Ende Februar 2023 insgesamt 32-mal gegeben, davon alleine 19-mal im 21. Jahrhundert. Im Folgenden sollen die wichtigsten dieser Teilreformen von 1947 und 1995 sowie die zuletzt erfolgten Änderungen kurz erläutert werden.

1947 wurde das Strafgesetzbuch im Zusammenhang mit dem Erlass einer neuen Verfassung geändert. Gestrichen wurden beispielsweise die Regelungen zu Straftaten ge-

---

[17] Nicht wenige der in dem Entwurf vorgesehenen Vorschriften wurden jedoch mit der Strafrechtsreform von 1941 doch noch zu geltendem Recht. Dies betrifft beispielsweise den heutigen § 19 (Einziehung).
[18] Mit Ausnahme einiger als besonders dringlich angesehener Änderungen (z.B. Abschaffung der Majestätsbeleidigung); dazu näher unter III. unten.
[19] Besondere Kritik zog die in dem Entwurf vorgesehene Einführung von Sicherungsmaßregeln auf sich.
[20] Allerdings wurden in den Teilreformen 1985, 1987 und 2001 die Ziele des ursprünglichen Reformentwurfs weitgehend verwirklicht.

gen die kaiserliche Familie[21] (§§ 73–76 jStGB) sowie die Vorschriften zum Ehebruch[22] (§ 183 jStGB). Beide Änderungen erfolgten auf amerikanischen Druck und beiden Änderungen liegen letztlich Gleichberechtigungserwägungen zugrunde. Weitere Änderungen betreffen Ehrverletzungsdelikte und fahrlässige Körperverletzung bzw. Tötung. Auf diese Weise wurde das unter der alten Meiji-Verfassung erstellte Strafgesetzbuch in die Nachkriegszeit hinübergerettet. Im Jahr 1995 wurde das bis zu diesem Zeitpunkt in altjapanischem Stil verfasste Strafgesetzbuch in modernes Japanisch übertragen und auf diese Weise auch für Nichtjuristen zugänglicher gemacht.[23]

Die letzten Änderungen des Strafgesetzbuchs betrafen insbesondere Computerstraftaten (1987), Straftaten in Bezug auf elektronische Zahlungskarten sowie gefährliches Fahren mit Körperverletzungs- oder Todesfolge (2001), Menschenhandel (2005), Vorschriften zur Fälschung elektromagnetischer Aufzeichnungen und zur Störung von Geschäftsabläufen durch Beschädigen von Computern (2011). Die Strafen für zahlreiche Delikte (beispielsweise Vergewaltigung, Körperverletzung, Körperverletzung mit Todesfolge, Beweisunterdrückung, Vollstreckungsvereitelung) sind in den letzten Jahren angehoben worden. Im Jahr 2010 wurde die Verjährung für mit Todesstrafe bewehrte Verbrechen abgeschafft. Im Jahr 2013 wurde die Strafaussetzung zur Bewährung (teilweise) neu gefasst. Im Jahr 2017 wurde der Tatbestand der Vergewaltigung erweitert, dessen Strafandrohung erhöht und das Strafantragserfordernis für dieses Delikt abgeschafft. Im Juni 2022 wurden eine neue, einheitliche Freiheitsstrafe, eine Strafschärfung bei Beleidigung in der Öffentlichkeit sowie Änderungen bei der Strafaussetzung zur Bewährung beschlossen. Weitere Änderungen des Sexualstrafrechts sind geplant.

IV. Nebenstrafrecht

11 Der besondere Teil des japanischen Strafgesetzbuchs regelt die wichtigsten Straftatbestände, behandelt aber nicht abschließend alle Straftaten. Neben dem Strafgesetzbuch enthalten zahlreiche weitere Gesetze Strafvorschriften. Die Gesamtheit dieser Vorschriften wird als Nebenstrafrecht (im weiteren Sinne) bezeichnet. Dieses (gesamte) Nebenstrafrecht wird allgemein in das Nebenstrafrecht im engeren Sinne und das „Verwaltungsstrafrecht" (gyōseikeihō)[24] unterteilt.

Das **Nebenstrafrecht im engeren Sinne** ergänzt das Strafgesetzbuch. Hierzu zählen beispielsweise die Strafvorschriften zum Umgang mit Sprengstoff (1884), zur Einbruchsprävention (1930), zu Flugzeugentführungen (1970), zur Geiselnahme (1978), zum Stalking (2000) sowie zu Führen eines Kraftfahrzeugs mit Verletzungs- oder Todesfolge (2013). Das Verwaltungsstrafrecht dagegen schützt die Funktionsfähigkeit der Verwaltung und formuliert dazu auch Straftatbestände, wie zum Beispiel im Beamtengesetz (1947), im Wahlgesetz (1950), im Gesetz zur Registrierung von Ausländern

---

21 Man kann es nur als Ironie der Geschichte begreifen, dass die Regelungen zum Schutz des Kaiserhauses zunächst durch den Einfluss (damals selbst noch monarchisch geprägter) westlicher Berater Eingang in das japanische Strafgesetzbuch erhalten hatten, um dann durch den Druck (nunmehr demokratisch geprägter) westlicher Besatzer wieder aufgehoben zu werden.
22 Der Ehebruch war zuvor nur für die Frau stets strafbar gewesen, während der Mann dann straflos war, wenn er Ehebruch mit einer nicht verheirateten Frau beging.
23 Bei der Gelegenheit der eigentlich rein formalen Erneuerung des Strafgesetzbuchs wurden inhaltlich auch die Vorschriften zur Aszendententötung bzw. Straferschwerungen in diesem Zusammenhang (§§ 200, 205 Abs. 2, 218 Abs. 2, 220 Abs. 2) gestrichen.
24 Auch im Bereich des „Verwaltungsstrafrechts" bleibt die gerichtliche Zuständigkeit unberührt. Art. 76 der japanischen Verfassung lässt – wie Art. 92 des Grundgesetzes – keinen Raum für „Strafen" im technischen Sinne durch die Verwaltung selbst. Davon zu unterscheiden ist in Japan wie in Deutschland die Geldbuße.

(1952), im Waffenkontrollgesetz (1958), im Straßenverkehrsgesetz (1960) und im Luftreinheitsgesetz (1968).

Die Zahl der Strafvorschriften im Nebenstrafrecht ist hoch und wird immer noch auf weitere Gebiete ausgeweitet.[25] Schon vor dem zweiten Weltkrieg hat die heute noch anhaltende Tendenz begonnen, neuen Entwicklungen in der Kriminalität und den daraus folgenden gesellschaftlichen Forderungen nach politischer Reaktion mit der Regelung in besonderen Gesetzen (also außerhalb des Strafgesetzbuchs) zu begegnen. Auf diese Weise wurden aus politischen Erwägungen vielfach „im Schnellverfahren" neue Gesetze erlassen.

Auch in Deutschland wird zwischen dem Kernstrafrecht (im Strafgesetzbuch) und dem Nebenstrafrecht unterschieden. Letzteres ist auch in Deutschland sehr umfangreich. Im Unterschied zu Japan jedoch scheint die Bereitschaft größer zu sein, Neuregelungen direkt in das Strafgesetzbuch einzuarbeiten.

V. Gerichtliche Praxis

Nachdem bislang der Gesetzestext selbst einschließlich seiner Genese und Reformen im Zentrum dieses Beitrages gestanden hat, soll abschließend ein Blick auf die gerichtliche Praxis geworfen werden.

Das auch im japanischen Strafrecht geltende **Gesetzlichkeitsprinzip** lässt eine Bestrafung nur auf der Grundlage einer entsprechenden Strafvorschrift zu. Neue Entwicklungen in der Kriminalität werfen deshalb in Japan wie auch in Deutschland oftmals die Frage auf, ob das bestehende Strafrecht diese neuen Sachverhalte noch umfasst. An dieser Stelle zeigt sich ein unterschiedlicher Ansatz in Japan und Deutschland.

Die **japanischen Gerichte** legen die existierenden Strafvorschriften generell sehr weit aus, so dass Anpassungen praktisch oft von der Justiz selbst vorgenommen werden, ohne dass der Gesetzgeber bemüht werden müsste. Der (historische) japanische Oberste Gerichtshof (Daishinin) hatte noch unter dem „Alten Strafgesetzbuch" in einem Fall von Stromdiebstahl entschieden, dass „Sachen" im Sinne des Diebstahlstatbestandes nicht nur körperliche Gegenstände sind, sondern dass vielmehr die Beweglichkeit und Kontrollierbarkeit ausschlaggebende Kriterien für die Sacheigenschaft seien.[26] In der Konsequenz konnte der Stromdiebstahl damit als Diebstahl verurteilt werden. Das deutsche Reichsgericht hatte dagegen in zwei Fällen von Stromdiebstahl entschieden, dass elektrische Energie keine Sache sei.[27] Die damit „entstandene" Strafbarkeitslücke musste durch den Gesetzgeber geschlossen werden.[28]

Zum jetzt geltenden Strafgesetzbuch hat der japanische OGH (Saikōsaibansho) ganz in der Tradition der Stromdiebstahlentscheidung des historischen japanischen Obersten Gerichtshofs (Daishinin) entschieden, dass auch die Kopie einer öffentlichen Urkunde taugliches Mittel einer Urkundenfälschung sein kann, weil die Gesellschaft die Kopie nach Funktion und Glaubwürdigkeit einem Original gleichstelle.[29] In Deutschland dagegen ist eine Kopie jedenfalls dann kein taugliches Objekt einer Urkundenfälschung,

---

25 Vgl. *Ida*, in: Joerden, Das vierte deutsch-japanische Strafrechtskolloquium der Stipendiaten der Alexander von Humboldt-Stiftung (2011), S. 72 ff.
26 Entscheidung des (historischen) japanischen Obersten Gerichtshofs (Daishinin) vom 21. Mai 1903.
27 RGSt 29, 111; 32, 165.
28 In Form des § 248c dStGB.
29 OGH vom 30.4.1976.

wenn sie als Reproduktion erkennbar ist.[30] In diese Reihe großzügiger Auslegung durch japanische Strafgerichte fällt auch ein Fall, in dem das Fälschen einer Prepaid-Telefonkarte als Wertpapierfälschung angesehen wurde.[31]

Diese Auslegungen durch die japanische Strafjustiz werfen Zweifel im Hinblick auf das Gesetzlichkeitsprinzip auf. Allerdings hat diese Praxis nicht grundsätzlich dazu geführt, dass sich der Gesetzgeber aus der aufgeworfenen Problematik zurückgezogen hätte. So wurde beispielsweise im Nachgang zu dem geschilderten Fall des Stromdiebstahls mit § 245 jStGB eine klarstellende Vorschrift geschaffen, nach der Elektrizität eine Sache im Sinne des 36. Abschnitts (Diebstahl und Raub) des japanischen Strafgesetzbuchs ist. Der letztgenannte Telefonkarten-Fall verlor durch eine nachfolgende Neufassung eines Gesetzes über elektromagnetische Aufzeichnungen seine Bedeutung.

Im Ergebnis lässt sich feststellen, dass die japanische Justizpraxis Straflosigkeit durch (temporäre) Regelungslücken in der Tendenz vermeidet, während deutsche Gerichte hier eher „Mut zur Lücke" zeigen.

---

30 *Fischer*, StGB, 63. Auflage (2016), § 267 Rn. 19.
31 OGH vom 5.4.1991; vgl. dazu *Hirano*, in: Coing u.a. (Hrsg.), Die Japanisierung des westlichen Rechts (1990), S. 390; *Nishida*, in: Menkhaus (Hrsg.), Das Japanische im japanischen Recht (1994), Band 5, S. 532 f.

§ 15 Besonderheiten des japanischen Straf- und Strafverfahrensrechts

Szabolcs Petrus

I. Wurzel des modernen japanischen Straf- und Strafverfahrensrechts

Das japanische Straf- und Strafverfahrensrecht stellt ein **Mischsystem** dar. Das materielle Strafrecht wurde am Anfang des 20. Jahrhunderts nach deutschem Vorbild konzipiert.[1] Es hat sich zwar in Folge der abweichenden gesellschaftlichen und politischen Rahmenbedingungen teils anders entwickelt, nichtsdestotrotz sind die Ähnlichkeiten bis heute unverkennbar. Dabei spielt der Ehrgeiz der japanischen Strafrechtswissenschaft und der Gesetzgebung, stets die deutschen Entwicklungen im Auge zu behalten, eine große Rolle. Etwas anderes gilt für das Strafverfahrensrecht; es wurde nach dem zweiten Weltkrieg nach US-amerikanischem Vorbild neu geregelt und von seinen deutschen Wurzeln vollständig losgelöst.[2] Vereinfacht kann man sagen, dass das deutsche materielle Strafrecht im US-amerikanischen Verfahren angewendet wird.

1

II. Das materielle Strafrecht

Die Grundstrukturen des Allgemeinen Teiles und die klassischen Straftaten des jStGB ähneln denen des deutschen StGB. Da aber ein StGB von den kulturellen, historischen, religiösen und weltanschaulichen Traditionen sowie von den gesellschaftlichen und politischen Entwicklungen nie zu trennen ist, bestehen zwischen dem deutschen und dem japanischen StGB relevante Unterschiede.

2

Aus deutscher Sicht interessante **Unterschiede:**

1. Im jStGB sind die Strafrahmen generell höher als im deutschen Strafgesetzbuch.
2. Im jStGB wird das System der Zweispurigkeit der Sanktionen nicht angewendet.
3. Im jStGB sind bei den einzelnen Straftaten feste Geldstrafen verankert; das System der Tagessätze existiert nicht.
4. Bei Vermögensdelikten gab es im jStGB lange generell keine Geld-, sondern nur Freiheitsstrafen. Mittlerweile gibt es diesen Unterschied nicht mehr.
5. Bei Rückfälligkeit während der Verbüßung einer Freiheitsstrafe sowie während der Bewährung ist die Verhängung einer Bewährungsstrafe nicht möglich.

III. Neue Tendenzen im materiellen Strafrecht

Obwohl das jStGB immer schon als härter als sein Vorbild galt, lässt sich in den letzten Jahrzehnten eine Tendenz zur weiteren Pönalisierung und Strafverschärfung beobachten.[3] Zwei Phänomene sind in diesem Zusammenhang besonders hervorzuheben.

3

---

1 Das japanische Strafgesetzbuch (jStGB/刑法/Keihō) wurde im Jahr 1907 verabschiedet und trat 1908 in Kraft (Gesetz Nr. 45 von 1907); Gesetzestext auf Englisch: http://www.cas.go.jp/jp/seisaku/hourei/data/PC.pdf.
2 Die japanische Strafprozessordnung (jStPO) wurde im Jahr 1948 verabschiedet und trat 1949 in Kraft (Gesetz Nr. 131 von 1948); Gesetzestext auf Englisch: http://www.oecd.org/site/adboecdanti-corruptioninitiative/46814489.pdf). S. dazu auch § 14.
3 *Ida*, Methodik der Rechtsfindung – insbesondere im japanischen Strafrecht, ZJapanR/J.Japan.L 27 (2009), S. 233; *Ida*, Entwicklungen im japanischen Strafrecht im Lichte der gesellschaftlichen Veränderungen, ZJapanR/J.Japan.L 32 (2011), S. 240; *Kamon*, in: Tagungsbericht Deutsch-Japanisches Symposium „Straftheorie und Strafgerechtigkeit" in Augsburg, ZJapanR/J.Japan.L 29 (2010), S. 302.

1. Vorverlagerung der Strafbarkeit

Im Bereich der Computer-, Cyber-, und Umweltkriminalität werden immer mehr Handlungen unter Strafe gestellt.[4] Es ist angesichts der technischen und gesellschaftlichen Entwicklung verständlich, aber bedenklich, dass die Pönalisierung oft die **Vorverlagerung der Strafbarkeit** bedeutet: Es werden typische Vorbereitungshandlungen als eigenständige Straftatbestände unter Strafe gestellt sowie abstrakte Gefährdungshandlungen pönalisiert. Laut der Begründung haben diese „modernen" Straftaten eine größere gesellschaftliche Auswirkung wie auch ein stärkeres Gefährdungspotenzial und die Zahl der potenziellen Opfer liege höher.[5] Daher sieht sich der Gesetzgeber in der Pflicht, frühzeitig mit strafrechtlichen Mitteln einzugreifen, obwohl das Strafrecht auch nach der japanischen Dogmatik als ultima ratio gilt, wobei der Adressat des Prinzips nach japanischer Rechtsauffassung nicht der Gesetzgeber, sondern die Rechtsprechung ist.[6] Die Herstellung von Computerviren soll zum Beispiel gesellschaftlich gefährlicher sein, als eine Körperverletzung und dieser Unterschied soll die frühzeitige Anwendung des Strafrechts rechtfertigen.

2. Opfer- und Hinterbliebenenschutz

Wie auch in den westlichen Staaten spielen Schutz und Wahrung der Interessen des Opfers und dessen Hinterbliebenen im japanischen Strafrecht eine immer wichtigere Rolle. An dieser Stelle ist darauf hinzuweisen, dass zwischen Opfer- und Beschuldigtenrechten bzw. Interessen naturgemäß ein Spannungsverhältnis besteht. Mit der Herausforderung, eine praktische Konkordanz zu finden, haben die Gesetzgeber weltweit zu kämpfen.[7] Wie im Beitrag von *Kaspar* und *Kurosawa* ausführlich zu lesen ist,[8] wurden in Japan im Bereich des Verfahrensrechts vielfältige Maßnahmen ergriffen, die dem Schutz der Opfer und der Hinterbliebenen dienen. Im materiellen Recht will der japanische Gesetzgeber den gesellschaftlichen Anforderungen des Opfer-, und Hinterbliebenenschutzes durch Erhöhung der **Strafrahmen** gerecht werden.[9] Die Novellierung des jStGB aus dem Jahre 2004 bietet zahlreiche Beispiele, in denen die Strafrahmen bei vielen Straftaten drastisch erhöht und die Regelungen der Verjährung verschärft wurden, besonders bei Straßenverkehrsdelikten, wo die Strafrahmen in den letzten zehn Jahren mehrmals erhöht worden sind.[10]

---

4 Vgl. z.B. §§ 246 II jStGB.
5 *Hyon*, in: Tagungsbericht Deutsch-Japanisches Symposium „Straftheorie und Strafgerechtigkeit" in Augsburg, ZJapanR/J.Japan.L 29 (2010), S. 301; *Ida*, Funktion und Stellung der strafrechtlichen Sanktionen in der heutigen Gesellschaft: Die japanische Perspektive, ZJapanR/J.Japan.L 7 (1999), S. 70 f; *Ida*, Entwicklungen im japanischen Strafrecht im Lichte der gesellschaftlichen Veränderungen, ZJapanR/J.Japan.L 32 (2011), S. 240 ff.
6 *Kamon*, in: Tagungsbericht Deutsch-Japanisches Symposium „Straftheorie und Strafgerechtigkeit" in Augsburg, ZJapanR/J.Japan.L 29 (2010), S. 302.
7 Ähnlich *Hermann*, in: Tagungsbericht Deutsch-Japanisches Symposium „Straftheorie und Strafgerechtigkeit" in Augsburg, ZJapanR/J.Japan.L 29 (2010), S. 295.
8 Vgl. § 20.
9 *Ida*, Funktion und Stellung der strafrechtlichen Sanktionen in der heutigen Gesellschaft: Die japanische Perspektive, ZJapanR/J.Japan.L 7 (1999), S. 70; *Ida*, Methodik der Rechtsfindung – insbesondere im japanischen Strafrecht, ZJapanR/J.Japan.L 27 (2009), S. 233 ff.; *Ida*, Entwicklungen im japanischen Strafrecht im Lichte der gesellschaftlichen Veränderungen, ZJapanR/J.Japan.L 32 (2011), S. 242 ff.; ferner auch *Tadaki*, in: Tagungsbericht Deutsch-Japanisches Symposium „Straftheorie und Strafgerechtigkeit" in Augsburg, ZJapanR/J.Japan.L 29 (2010), S. 298.
10 *Ida*, Entwicklungen im japanischen Strafrecht im Lichte der gesellschaftlichen Veränderungen, ZJapanR/J.Japan.L 32 (2011), S. 243.

IV. Kriminalitätslage

Wenn das japanische Strafrecht thematisiert wird, ist es empfehlenswert einen Blick auf die Lage der Kriminalität zu werfen, da Japan als das **wahrscheinlich sicherste Land der Welt** gilt. Die Mordrate wird in diesem Zusammenhang allgemein als ein zuverlässiger Indikator betrachtet. Darunter versteht man, wie viele vorsätzliche Tötungsdelikte pro einhunderttausend Einwohner im Jahr verübt werden. In Japan liegt die Mordrate bei 0,4; in Deutschland ist sie doppelt so hoch mit 0,8, obwohl das Land im internationalen Vergleich als sehr sicher gilt. In den USA werden 4,8 vorsätzliche Tötungsdelikte im Jahr pro hunderttausend Einwohner begangen. Noch vielsagender sind die Gesamtzahlen, also wie viele Straftaten insgesamt im Jahr verwirklicht werden: in Japan, bei etwa 127 Millionen Einwohnern, 1,3 Millionen;[11] in Deutschland, bei einer Einwohnerzahl von 82 Millionen, 6 Millionen. Das Bild wird noch deutlicher, wenn man anmerkt, dass in Japan ein Drittel der Straftaten fahrlässig begangen werden.

Im Folgenden werden die überzeugendsten Erklärungen erörtert:

1. Geographische Lage

Japan kann nur mit dem Flugzeug oder mit größeren Schiffen erreicht werden, die Ein- und Ausreise bzw. Ein- und Ausfuhr lässt sich gut kontrollieren, was die Flucht sowie den Schmuggel erschwert. Mit letzterem könnte zusammenhängen, dass die Zahl der Autodiebstähle wesentlich niedriger ist als in West-Europa.

2. Homogenität der Gesellschaft

Der Ausländeranteil liegt in Japan bei 1 %. Dennoch wehren sich die Japaner dagegen, dass die Argumentation mit der Homogenität der Gesellschaft als Fremdenfeindlichkeit interpretiert wird.[12] Es soll eher darum gehen, dass in Japan der Zusammenhalt in der Bevölkerung sehr stark ist. Dies gilt sowohl auf der gesamtgesellschaftlichen Ebene, als auch in kleineren Kreisen, wie in der Familie, im beruflichen Umfeld oder in der Nachbarschaft. Man hilft sich einerseits gegenseitig, andererseits gibt es eine gegenseitige Kontrolle. Bereits diese gut gemeinte, kulturell bedingte Überwachung führt an sich zur Vorbeugung von Straftaten. Es ist aber noch wichtiger, dass diejenigen, die gegen die gesellschaftlichen Sitten verstoßen, also insb. eine Straftat begehen, sehr schnell aus dem Kreis des Vertrauens ausgeschlossen werden, was verheerende Folgen für das Privat- und Berufsleben hat. Die Angst vor diesen schweren gesellschaftlichen Folgen hält viele potenzielle Straftäter davon ab, ein Delikt zu begehen. Die (fehlenden) Ausländer spielen insofern eine Rolle, dass es kaum Integrationsprobleme gibt.

3. Polizeipräsenz

Es gilt als eine weitere Ursache für die geringen Kriminalitätszahlen, dass Polizisten in Japan allgegenwärtig sind. An allen größeren Verkehrsknotenpunkten sind Polizeiwachen (kōban) zu sehen.

---

11 http://www.japantimes.co.jp/news/2014/01/10/national/crime-rate-in-japan-falls-11th-straight-year/#.Vs_1sJzhDWK.
12 *Inaba*, Strafprozess und Staatsanwaltschaft in Japan, ZJapanR/J.Japan.L 5 (1998), S. 135.

4. Hohe Aufklärungsquote

Es ist statistisch vielfach nachgewiesen, dass ein hohes Entdeckungsrisiko eine wesentlich abschreckender Wirkung als eine drakonische Straferwartung hat. Wer eine Straftat begeht, wird gefasst – eine weit verbreitete Überzeugung in der japanischen Bevölkerung, die viele von der Straftatbegehung abhält.[13] Diese Überzeugung wird durch eine hohe, bei Tötungsdelikten 96-prozentige Aufklärungsquote untermauert.[14]

V. Strafverfahren

Wenn nur eine Eigenschaft des japanischen Strafprozesses benannt werden sollte, wäre dies die Schnelligkeit. Wenn jemand mit dem Verdacht, eine Straftat begangen zu haben, von der Polizei festgenommen wird (dies geschieht in der Regel, wenn jemand verdächtigt wird), haben die Strafverfolgungsbehörden zuerst 72 Stunden Zeit, den Verdächtigen – ohne richterliche Anordnung – festzuhalten. In der Regel ermittelt 48 Stunden lang die Polizei. Wenn diese Zeit nicht ausreicht, um die Straftat aufzuklären, übernimmt die Staatsanwaltschaft die Ermittlungen. Nach spätestens 72 Stunden muss dann der Verdächtige vor ein Gericht geführt werden, das auf Antrag der StA über die Anordnung der U-Haft entscheidet; es genehmigt sie in der Regel.[15] Im Gegensatz zu Deutschland ist nicht die Flucht-, sondern die weit ausgelegte Verdunkelungsgefahr der mit Abstand häufigste Haftgrund.[16] Die U-Haft wird für 10 Tage angeordnet;[17] sie kann vom Gericht nur einmal um weitere 10 Tage verlängert werden. Das heißt, wenn der Verdächtige festgenommen wurde, wird in der Regel nach 13 Tagen Anklage erhoben, aber die Anklageerhebung muss spätestens nach 23 Tagen erfolgen! Eine Frist für die Eröffnung der Hauptverhandlung ist nicht vorgeschrieben, sie erfolgt aber in der Praxis binnen ein bis zwei Monaten.

Die Polizei beginnt die Ermittlungen und nimmt einen Verdächtigen fest.	Die Polizei hat nun 48 Stunde Zeit zu ermitteln.	Wenn kein Ergebnis erreicht wird, übernimmt die StA den Fall.	Die StA hat nun weitere 24 Stunden Zeit, den Verdächtigen festzuhalten und weiter zu ermitteln.	Richterliche Anordnung der U-Haft für 10 Tage auf Antrag der StA.	Einmalige richterliche Verlängerung der U-Haft auf Antrag der StA für 10 Tage.	insg. max. 23 Tage i.d.R. nur 13 Tage bis zur Anklageerhebung[18]

Von japanischen Juristen ist es schwer auf die Frage, wie diese Geschwindigkeit möglich sei, eine Antwort zu bekommen. Sie betrachten es als Selbstverständlichkeit.

---

13 *Inaba*, Strafprozess und Staatsanwaltschaft in Japan, ZJapanR/J.Japan.L 5 (1998), S. 135 f.; ferner auch *Kamon*, in: Tagungsbericht Deutsch-Japanisches Symposium „Straftheorie und Strafgerechtigkeit" in Augsburg, ZJapanR/J.Japan.L 29 (2010), S. 302.
14 *Ida*, Funktion und Stellung der strafrechtlichen Sanktionen in der heutigen Gesellschaft: Die japanische Perspektive, ZJapanR/J.Japan.L 7 (1999), S. 68 f.; *Inaba*, Strafprozess und Staatsanwaltschaft in Japan, ZJapanR/J.Japan.L 5 (1998), S. 135 f.
15 Vgl. § 205 jStPO.
16 *Hirose*, Die Rolle der Staatsanwaltschaft in der Justiz in Japan, ZJapanR/J.Japan.L 35 (2013), S. 296.
17 Vgl. § 208 jStPO.
18 Outline of Criminal Justice in JAPAN by the Supreme Court of Japan (2021), S. 12 ff. https://www.courts.go.jp/english/vc-files/courts-en/Material/Outline_of_Criminal_Justice_in_Japan_2021.pdf (20.02.2023).

VI. Weitere Besonderheiten des japanischen Strafverfahrensrechts

Von ausländischen Beobachtern gibt es zwei interessante Erklärungsversuche:

1. Kriminalpsychologische Gründe

Wie schon erörtert, zieht die Straftatbegehung in Japan **verheerende gesellschaftliche Folgen** nach sich. Ein Strafverfahren ist mit einer wesentlich stärkeren ethisch-moralischen Missbilligung der Bevölkerung verbunden, als es in Deutschland der Fall ist, und zwar bereits nach der Verdächtigung. Anders ausgedrückt, die Bevölkerung hält von der, auch in Japan gesetzlich verankerten, Unschuldsvermutung nicht viel. Daher schämen sich die meisten Verdächtigen, zeigen Reue und kooperieren mit den Strafverfolgungsbehörden.

12

2. Kriminaltaktische Methoden

Wenn es um einen komplizierten Fall, etwa im Bereich der Wirtschaftskriminalität geht (zum Beispiel um eine Bilanzfälschung), dann versuchen die Ermittlungsbehörden eine einfache Straftat aus dem Tatkomplex herauszufiltern (etwa eine Urkundenfälschung). Zuerst wird offiziell nur wegen dieses relativ einfachen Delikts ermittelt und Anklage erhoben. Später, im Zeitraum zwischen Anklageerhebung und der Eröffnung der Hauptverhandlung, haben die Ermittler noch ein bis zwei Monate Zeit, die übrigen Straftaten aufzuklären und im Falle des Gelingens die Anklage entsprechend zu erweitern.[19]

13

VI. Weitere Besonderheiten des japanischen Strafverfahrensrechts

Da die jStPO der US-amerikanischen folgt, weist sie erhebliche Unterschiede zum deutschen Strafverfahren auf.

14

1. Opportunitätsprinzip

Zwar kennt auch die deutsche StPO das Opportunitätsprinzip,[20] dessen Anwendungsbereich ist jedoch hierzulande wesentlich kleiner als in Japan. Die japanische StA hat einen beträchtlichen Ermessensspielraum, Strafverfahren einzustellen. So werden etwa die Hälfte der Strafverfahren von der StA aus Opportunitätsgründen eingestellt.[21] Man fragt sich wiederum nach den Gründen.

15

a) Kein Bedürfnis zur Verhängung einer Strafe

Weil die schweren gesellschaftlichen Folgen der Straffälligkeit bereits mit der Verdächtigung eintreten, ist eine Gerichtsverhandlung und eine de jure Verurteilung nicht nötig, um die Strafziele zu erreichen. Dass jemand im Visier der Polizei ist, löst bereits die gewünschten general- und spezialpräventiven Wirkungen aus; es gilt de facto bereits als eine Strafe.[22]

16

---

19 *Inaba*, Strafprozess und Staatsanwaltschaft in Japan, ZJapanR/J.Japan.L 5 (1998), S. 139.
20 Vgl. §§ 153, 154, 154a StPO.
21 *Hirose*, Die Rolle der Staatsanwaltschaft in der Justiz in Japan, ZJapanR/J.Japan.L 35 (2013), S. 286 f.; *Kato*, in: Tagungsbericht Deutsch-Japanisches Symposium „Straftheorie und Strafgerechtigkeit" in Augsburg, ZJapanR/J.Japan.L 29 (2010), S. 296.
22 *Hirose*, Die Rolle der Staatsanwaltschaft in der Justiz in Japan, ZJapanR/J.Japan.L 35 (2013), S. 291 f.; ferner auch *Inaba*, Strafprozess und Staatsanwaltschaft in Japan, ZJapanR/J.Japan.L 5 (1998), S. 142 f.

b) Zögerliche Anklageerhebung

17 Nach dem deutschen Recht wird Anklage erhoben, wenn ein hinreichender Verdacht besteht, dass der Beschuldigte eine Straftat begangen hat. In Japan ist die StA im Falle der Anklageerhebung sicher, dass der Beschuldigte das ihm zur Last gelegte Delikt begangen hat. Ein Freispruch vor Gericht gilt als Niederlage und, was noch verheerender ist, dies wird auch von der Bevölkerung so wahrgenommen.[23] Die Medien stürzen sich auf solche Fälle, es wird vermutet, dass die Ermittler geschlampt haben. Um Selbstvorwürfe, Kritik der Kollegen und der Gesellschaft sowie den damit einhergehenden Gesichtsverlust zu vermeiden, erheben die Staatsanwälte nur dann Anklage, wenn die Verurteilung so gut wie sicher ist.[24] Dies führt zu einer 99-prozentigen Erfolgsquote der StA.[25]

2. Untersuchungsgrundsatz

18 Die aus der deutschen StPO bekannte Untersuchungspflicht des Gerichts[26] gilt in Japan nur eingeschränkt. Die Gerichte bekommen in Japan nur die Anklageschrift, sie haben aber keinen Zugriff auf die Ermittlungsakten. Darüber hinaus enthält die Anklageschrift nur, wer wann wo welche Straftat begangen haben soll sowie die Auflistung der wichtigsten Beweise. Beweiszusammenhänge, Motivation usw. werden aber nicht erörtert.[27]

3. Parteiensystem

19 Anders als in Deutschland gilt in der japanischen Hauptverhandlung, nach US-amerikanischem Vorbild, das Parteiensystem. Das heißt, der Richter ist zwar der Verhandlungsführer, er spielt dennoch bei der Klärung des Sachverhaltes eine untergeordnete, passive Rolle. Er wacht grundsätzlich nur über die Einhaltung der Verfahrensregeln. Die Befragungen werden vom Staatsanwalt und vom Verteidiger vorgenommen, der Richter stellt, wenn überhaupt, nur ergänzende Fragen. An dieser Stelle ist auch auf den Unterschied hinzuweisen, dass das Urteil in Japan nach dem Abschluss der Hauptverhandlung nicht sofort verkündet wird. Der Urteilsspruch findet in der Regel einige Tage nach dem Abschluss der Hauptverhandlung statt.

4. Zusammensetzung der Gerichte

20 In Folge der großen Strafrechtsreform von 2002, mit Wirkung für das Jahr 2009, hat der Gesetzgeber in Japan ein **Laienrichtersystem** (Saiban-in Seido / 裁判員制度) eingeführt.[28] Zwischen 1928 und 1943 gab es schon ein Schwurgerichtssystem (Baishin-

---

23 *Ida*, Funktion und Stellung der strafrechtlichen Sanktionen in der heutigen Gesellschaft: Die japanische Perspektive, ZJapanR/J.Japan.L 7 (1999), S. 68.
24 *Inaba*, Strafprozess und Staatsanwaltschaft in Japan, ZJapanR/J.Japan.L 5 (1998), S. 142.
25 http://hakusyo1.moj.go.jp/en/61/image/image/h002003001001h.jpg.
Einzelheiten: *Ramseyer/Rasmusen*, Why Is the Japanese Conviction Rate So High? (2000). http://www.rasmusen.org/published/Rasmusen-01.JLS.jpncon.pdf.
26 Vgl. § 244 StPO.
27 *Hirose*, Die Rolle der Staatsanwaltschaft in der Justiz in Japan, ZJapanR/J.Japan.L 35 (2013), S. 287.
28 裁判員の参加する刑事裁判に関する法律 / Saiban-in no sanka suru keiji saiban ni kan suru hōritsu / Act on Criminal Trials Examined under Lay Judge System – 平成 16 年 5 月 28 日法律第 63 号 Gesetz Nr. 63 vom 28. Mai Heisei 16 (2004) *Marutschke*, Einführung in das japanische Recht, 2. Aufl. (2009), S. 71 f.; *Murai*, in: Tagungsbericht Deutsch-Japanisches Symposium „Straftheorie und Strafgerechtigkeit" in Augsburg, ZJapanR 29 (2010), S. 295.

hō).²⁹ Die Geschworenen durften damals aber nur in der Schuldfrage entscheiden.³⁰ Das neue System stellt eine Mischung der deutschen Schöffengerichte und der US-amerikanischen Geschworenengerichte dar: Die Laien entscheiden sowohl in der Schuldfrage, als auch über die Strafzumessung, sie werden aber – nach US-amerikanischem Vorbild – nur für den Einzelfall einberufen.³¹ Die Auswahl der Laien erfolgt – wie in den USA – aus dem Kreis der Wahlberechtigten im Losverfahren.³² Wie in den dreißiger Jahren wird auch das neue System nur in Strafverfahren bei Schwerverbrechen angewendet; sechs Laien und drei Berufsrichter (Normalfall) bzw. vier Laien und ein Berufsrichter urteilen in den Verfahren, wo nach dem jStGB entweder die Todesstrafe oder eine lebenslange Freiheitsstrafe vorgesehen ist. Das Thema war und ist in Japan – nicht zuletzt mit Hinblick auf die im japanischen Recht immer noch existierende Todesstrafe – sowohl in der Wissenschaft als auch in der Bevölkerung heiß umstritten.³³

VII. Der Fall Ghosn

Die Festnahme des damaligen Renault-Nissan-Chefs, Carlos Ghosn, hat im Jahr 2018 das japanische Strafrecht ins Weltinteresse gedrückt. Sie lieferte Erklärungen über die Schnelligkeit und Effizienz des japanischem Strafrechtswesens.

Ghosn wird u.a. Untreue vorgeworfen. Seit der Freilassung gegen Kaution und seiner Flucht lebt der libanesische-französische Staatsbürger Ghosn im Libanon, von wo er trotz eines Interpol-Haftbefehls nicht ausgeliefert wird.

"Ich bin nicht vor der Gerechtigkeit geflohen" – sagte er und beschrieb schockierende Details der U-Haft: 130 Tage Einzelhaft, Duschen zweimal wöchentlich, Briefe durften nur durch ein Fenster gelesen werden. Im Hausarrest durfte er seine Ehefrau nur per Videochat treffen, während sein anwesender Anwalt protokollierte. Er behauptete auch ein geheimes Einverständnis zwischen japanischen Autobossen und Justiz.³⁴ Letzteres kann er nicht nachweisen, die Haftbedingungen entsprechen jedoch der Realität.

Das Verfahren war aus westlicher Sicht ungewöhnlich. Die StA hatte Ghosn mithilfe von Nissan-Managern nach Japan gelockt und noch am Flughafen verhaftet. Er wurde tagelang ohne seinen Verteidiger verhört. Es kamen ständig neue Anklagepunkte - wie es im Japan üblich ist. Nachdem seine Frau die StA kritisiert hat, wurde sie wegen Beihilfe angeklagt.

Ein Gerichtsverfahren wird es trotz allem nicht geben, da nach dem Gewohnheitsrecht in der Abwesenheit der Angeschuldigten das Hauptverfahren nicht eröffnet wird.

Der Fall zeigte nachhaltige Wirkung. Japanische Prominente wie der verurteilte Start-up Unternehmer Takafumi Horie, haben das Strafrecht und die Gefängnissituation kritisiert. Immer mehr Japaner bezweifeln öffentlich die Unabhängigkeit der Justiz sowie ob das Strafrecht den westlichen Standards entspricht und halten es nicht für Zufall, dass in heiklen Fällen, wie der Fukushima-Katastrophe, die Entscheidungen der Justiz den Interessen von Politik und Wirtschaft entsprechen. Außerdem hat

---

29 Gesetz Nr. 50 von 1923.
30 *Marutschke* (Fn. 28), S. 72.
31 Vgl. § 6 Abs. 1 LaienRG.
32 Vgl. § 21 LaienRG.
33 *Marutschke* (Fn. 28), S. 72.
34 https://www.nzz.ch/wirtschaft/der-angeklagte-ex-renault-chef-ghosn-hat-sich-nach-libanon-abgesetzt-ld.1531473?reduced=true (20.02.2023).

eine UN-Arbeitsgruppe die Inhaftierung von Ghosn als 'willkürlichen Freiheitsentzug' bezeichnet.[35]

---

[35] Opinion No. 59/2020 concerning Carlos Ghosn (Japan).

§ 16 Strafrecht – der „Enkeltrick" in Japan

Hideo Kojima

I. Fall

▶ Der in den Philippinen ansässige Boss B einer organisierten Bande leitet seine in Japan wohnenden Gefolgsleute an. Sein Gefolgsmann G ruft die Rentnerin R an und gibt sich am Telefon als deren Sohn S aus. Während des Telefonats erzählt der vermeintliche Sohn S von einem dringenden Abfindungsvergleich nach einem Verkehrsunfall, für den er allerdings noch 1.000.000 JPY benötigt.

(1) In diesem Glauben geht R sofort zur Bank, wo sie aber der Bankangestellte auf die Möglichkeit eines Betruges hinweist, also ruft R die Polizei an. Der Polizeibeamte fordert sie auf, bei der Festnahme des Täters zu kooperieren und dazu zum Schein auf den Täter einzugehen. Später teilt G seinem Freund F die Informationen über den Kontakt mit R mit und bittet ihn, diese zur Geldübergabe zu besuchen. F geht zum Haus der R, wird aber im Haus von der Polizei festgenommen.

(2) Nicht nur B und G, sondern auch F haben vor diesem Fall Rollen aufgeteilt und den Enkeltrick wiederholt angewendet, ohne Einzelheiten, etwa Tatort und Opfer, festzulegen. Diesmal besucht F nach dem Anruf R als scheinbarer Anwalt ihres Sohnes zu Hause und R übergibt dem F an der Wohnungstür 1.000.000 JPY. F müsste eigentlich G dieses Bargeld geben, F behält dieses jedoch für sich, um das Bargeld zu monopolisieren. ◀

II. Einführung

In Japan ist der oben beschriebene **Enkeltrick** ein ernstes soziales Problem und wird in der japanischen Strafwissenschaft als modernes Thema diskutiert. Es bereitet dabei keine Schwierigkeiten, einen Täter als Betrüger zu bestrafen, wenn dieser den Enkeltrick allein ausführt. Aber an einem typischen Enkeltrick-Betrug nehmen mehrere Personen teil. Solche Fälle enthalten viele Probleme des allgemeinen und besonderen Teils des Strafrechts. Zuerst soll die Strafbarkeit der Beteiligten an der Verwirklichung des Enkeltricks jeweils gesondert nach der Phase der Handlung untersucht werden.

Im **Vorbereitungsstadium** verschafft ein Beteiligter einem Hintermann rechtswidrig (da keine Bekanntgabe des faktisch Berechtigten an die Bank oder den Telekommunikationsanbieter stattfindet) ein Konto und ein Handy. Nach der japanischen Rechtsprechung begründen bereits diese Handlungen eine Strafbarkeit wegen Betrugs.[1]

Der Betrug ist die Straftat, mit der jemand sich von einem anderen durch Täuschung eine Sache (§ 246 Abs. 1 jStGB[2]) oder sich mit einem unrechtmäßigen Mittel nach Abs. 1 ein vermögenswertes Interesse (§ 246 Abs. 2 jStGB[3]) zur Verfügung stellen lässt. Täuschung bedeutet, dass man bei einem anderen einen Irrtum über die Weggabe einer Sache oder die Verschiebung eines Interesses hervorruft oder einen beim Opfer

---

[1] Beschluss des OGH v. 17.7.2007, Saikō saibansho keiji hanrei shū [Entscheidungssammlung des OGH] Bd. 61, H. 5, S. 521; Urteil des OG Tokio v. 13.12.2012, Kōkeishū Bd. 65, H. 2, S. 21.
[2] § 246 Abs. 1 jStGB lautet wie folgt: „Wer durch Täuschung einen anderen veranlasst, eine vermögenswerte Sache herauszugeben, wird mit Freiheitsstrafe bis zu zehn Jahren bestraft."
[3] § 246 Abs. 2 jStGB lautet wie folgt: „Das Gleiche wie im vorangehenden Absatz gilt auch für denjenigen, der sich oder einem Dritten auf die in jenem Absatz genannte Weise ein unrechtmäßiges vermögenswertes Interesse verschafft."

schon bestehenden Irrtum unterhält. Ferner muss die Täuschung sich auf eine für das betreffende Geschäft wichtige Tatsache oder Beurteilung beziehen, etwa Wert, Natur, Funktion, Effekt oder Preis der Sache oder des vermögenswerten Interesses.[4]

Der japanische OGH nimmt an, dass die Handlung, durch die der Täter das Konto eröffnet, den Willen zum Ausdruck bringt, der Täter wolle das Konto zur eigenen Nutzung eröffnen. Wenn man den Zweck verheimlicht, eine von der Bank bei der Kontoeröffnung erhaltene Geldkarte anderen zu überlassen, sei die Eröffnung selbst eine Täuschung, weil der Täter durch die soziale Bedeutung der Handlung über eine für das betreffende Geschäft wichtige Tatsache täuscht.[5] Ein Teil der Literatur kritisiert jedoch diese Begründung. Denn das wirtschaftliche Interesse des Geldhauses und der Handyfirma ist sehr abstrakt betroffen – beide erleiden keine substantielle Vermögensbeschädigung.[6]

Jedenfalls waren die Angeklagten G und F im oben beschriebenen Fall nicht im Vorbereitungsstadium, sondern im **Ausführungsstadium** am Enkeltrick beteiligt. Im Folgenden sollen die gegenwärtige Schadenslage und der Deliktsaufbau des Enkeltricks erklärt, anschließend ein Überblick über die aktuellen Probleme des Strafrechts in Bezug auf den Enkeltrick gegeben werden.

III. Verursachte Schäden

4   Im Februar 2003 wurde vom Polizeirevier Yonago, das unter der Polizeidirektion Tottori steht, für den Enkeltrick die Bezeichnung „Ore ore sagi" eingeführt.[7] „Ore" bedeutet „Ich bin's", „Sagi" ist ein Ausdruck für „Betrug". Da sich der Trick des Betrugs von Jahr zu Jahr weiterentwickelt, wird er allerdings jetzt als „Tokushu sagi" bezeichnet. „Tokushu" bedeutet „speziell".

Der Enkeltrick ist in Japan schon im Jahr 1986 beobachtet worden.[8] Die Gesamtbevölkerung Japans zählte im Jahr 2022 rund 125 Millionen Einwohner. Der Statistik zufolge lag die Anzahl registrierter Enkeltricks in diesem Jahr in Japan bei 4.278. Die Anzahl der polizeilich aufgeklärten Enkeltrick-Fälle im Jahr 2022 liegt bei 1.771 und hat sich im Vergleich zur Rate von 2021 gesteigert. Die Gesamtsumme des angerichteten Schadens beläuft sich im Jahr auf 12.7 Milliarden JPY, das heißt auf ungefähr 88 Millionen EUR. Es gab 974 Angeklagte im Jahr 2022, die auf diese Weise betrogen haben sollen.[9]

---

4   *Yamanaka*, Einführung in das japanische Strafrecht (2018), S. 351.
5   Vgl. Beschluss des OGH v. 17.7.2007 (Fn. 1).
6   *Matsubara*, Keihō kakuron [Strafrecht Besonderer Teil], 2.Aufl. (2021), S. 295 ; *Saeki*, Sagizai (1) [Betrug (1)], in: Hōgaku kyōshitsu Nr. 372, 2011, S. 112 f.; a.A. etwa *Adachi*, Sagizai ni okeru „gimō" to „zaisanteki songai" o meguru kōsatsu [Die Untersuchung über die „Täuschung" und die „Vermögensschädigung" beim Betrug], in: Kawabata et al. (Hrsg.), Riron keihōgaku no tankyū [Die theoretische Strafrechtsforschung], Nr. 6 (2013), S. 133 ff.
7   „Ore-Ore no meishō „jittai to kotonaru"[Die Bezeichnung „Ore-Ore" passt nicht zur gegenwärtigen Sachlage], " Asahi shinbun[Asahi Zeitung], 26. November 2004, S. 14.
8   *Torii*, Sagi no shinrigaku [Die Psychologie des Betrugs] (1996), S. 223.
9   Siehe die Homepage „National Police Agency" in Japan, https://www.npa.go.jp/publications/statistics/sousa/sagi.html.

IV. Der Deliktsaufbau des Enkeltricks in Japan

Abb.1: Die Schadenslage beim Enkeltrick in Japan

IV. Der Deliktsaufbau des Enkeltricks in Japan

Der **Hintermann**, der das Opfer anruft, wird in Deutschland als sog. „Keiler" bezeichnet; in Japan heißt er „Kakeko". Zwar ist schon die Anrufs-Handlung normalerweise als betrügerische Täuschung strafbar. Aber die japanischen Strafrechtswissenschaftler nehmen diese Handlung zum Anlass, über den Anfang der Tatausführung zu diskutieren. Damit eine Handlung als Täuschung für den Betrug anerkannt werden kann, ist es erforderlich, einen anderen derart zu täuschen, dass sie/er eine vermögenswerte Sache oder ein vermögenswertes Interesse erbringt, unabhängig von der Art und Weise des Tricks. Wenn der Keiler das Opfer wiederholt anruft und diesem eine Lüge erzählt, ist es daher problematisch, ob die Tatausführung beim Betrug schon mit der Erzählung der Lüge beginnt, bei der der Keiler das Bargeld noch nicht angefordert hat.

Die Vertreter der **formell-objektiven Theorie** gehen davon aus, dass der Anfang der Tatausführung im Beginn der in enger Beziehung zur tatbestandsmäßigen Handlung stehenden Handlung zu sehen ist.[10] Nach dieser Theorie beginnt die Tatausführung beim Betrug schon mit der Erzählung der Lüge, auch wenn der Keiler das Bargeld noch nicht anfordert. An dieser Theorie wird kritisiert, dass der Bereich der engen Beziehung zur tatbestandsmäßigen Handlung vage ist. Die herrschende Meinung ver-

---

10 *Shiomi*, Jikkou no chakushu ni tsuite (3 · Kann) [Zum Anfang der Tatausführung], Hōgaku ronsō [Kyoto law review] Bd. 121, H. 6 (1987), S. 15ff.; *Matsumiya*, Jikkou no chakushu, toriwake „keishikiteki kyakkansetsu" ni tsuite [Anfang der Tatausführung, insbesondere zur formell-objektiven Theorie], Yamaguchi et al. (Hrsg.), Takahashi Norio sensei koki shukuga ronbunshū [Festschrift für Norio Takahashi zum 70. Geburtstag] (2022), S. 579ff. Vgl. die abweichende Meinung im Urteil des OGH v. 22.3.2018, Saikō saibanshō keiji hanrei shū [Entscheidungssammlung des OGH] Bd. 72, H. 1, S. 52.

tritt daher die **materiell-objektive Theorie**.¹¹ Für diese Theorie ist das Entstehen der Gefahr des Erfolgseintritts maßgeblich. Nach der Theorie beginnt die Tatausführung beim Betrug nicht, wenn der Keiler das Bargeld noch nicht angefordert hat, weil die Gefahr des Erfolgseintritts des Betrugs noch nicht entstanden ist.

Der „**Abholer**" wird in Japan mithilfe von zwei Bezeichnungen unterschieden: Der Abholer, der zum Opfer geht und das Geld direkt bekommt, heißt „Ukeko"; der Abholer, der das Geld von der Bank abhebt, heißt „Dashiko." Der Abholer F im betreffenden Fall hat vom Keiler G die Informationen über das Opfer erhalten und das Geld vom Opfer direkt bekommen, also ist er ein sog. „Ukeko".

V. Falllösung

1. Die Möglichkeit der sukzessiven Mittäterschaft oder Beihilfe

6   In Fall (1) ist der Keiler G wegen versuchten Betrugs schuldig. Bei dem Abholer F handelt es sich zuerst um eine **sukzessive Mittäterschaft**,¹² weil F sich nach dem Anfang der Tatausführung am Enkeltrick-Projekt beteiligt.

Der japanische OGH bejaht die Figur der sukzessiven Mittäterschaft beim Betrug.¹³ Nach der Rechtsprechung ist auch der am Zeitpunkt des Empfangs erst hinzugetretene Beteiligte durch die Zurechnung der Täuschung als Mittäter am versuchten Betrug strafbar, weil die Täuschung und der Empfang für den Vollendung des Betrugs als Einheit betrachtet werden.

7   Aber das ist bei normentheoretischer Betrachtung nicht überzeugend. Die Täterverhaltensnorm beim Betrug ist auf den Vordermann (wie den Abholer) nur anzuwenden, wenn der Vordermann mit dem Vorsatz hinsichtlich der Handlung des Hintermanns gehandelt hat. Das ist allerdings unmöglich, weil der Vordermann keinesfalls einen Einfluss auf die vorhergehende Handlung ausüben kann, die vor dem Hinzutreten des Vordermanns ausgeführt wurde. Der Vorsatz solches Abholers hinsichtlich der Handlung des Hintermanns ist ein **nachfolgender Vorsatz** (dolus subsequens), der im Strafrecht ebenso unmaßgeblich ist wie ein **vorausgehender Vorsatz** (dolus antecedens).¹⁴

8   Eine andere Ansicht verneint nicht nur sukzessive Mittäterschaft, sondern auch sukzessive Beihilfe, da es keine Kausalität zwischen der Handlung des Hintermanns und des Vordermanns gäbe. Das ist aber auch unzutreffend. Eine Beihilfe kann im Stadium der Tatausführung eines Täters geleistet werden. Der Vordermann ist also wegen der sog.

---

11   *Ōya*, Keihō kōgi sōron [Vorlesung Strafrecht Allgemeiner Teil], 5. Aufl. (2019), S. 364 ; *Yamaguchi*, Keihō sōron [Strafrecht Allgemeiner Teil], 3.Aufl., (2016), S. 281ff.
12   Nebenbei bemerkt, steht der Deliktsaufbau der sukzessiven Mittäterschaft zum Deliktsaufbau der Komplott-Mittäterschaft in einem umgekehrten Verhältnis. Einerseits führt der Beteiligte bei sukzessiver Mittäterschaft nur die zweite Tat aus, der erst während der Tatausführung hinzutritt und einen gemeinsamen Tatplan bildet. Andererseits führt der Beteiligte bei Komplott-Mittäterschaft nur die erste Tat aus, der nur in der Verschwörung oder im Vorbereitungsstadium mitwirkt.
13   Urteil des OGH v. 11.12.2017, Saikō saibansho keiji hanrei shū [Entscheidungssammlung des OGH] Bd. 71, H. 10, S. 535.
14   Vgl. *Stratenwerth/Kuhlen*, Strafrecht Allgemeiner Teil, 6. Aufl. (2011), S. 241. Zum dolus antecedens und dem dolus subsequens vgl. *Kindhäuser/Zimmermann*, Strafrecht Allgemeiner Teil, 11. Aufl. (2023), S. 135 f. Es kommt allerdings bei der Mittäterschaft im Vorbereitungsstadium nicht auf einen vorausgehenden Vorsatz an. Denn dieser Mittäter kann den anderen Beteiligten anweisen, der den Erfolg unmittelbar verursacht.

sukzessiven **Beihilfe** zu bestrafen.[15] Zwar ist die Handlung des Abholers kein Prototyp der Beihilfe, weil er, rein äußerlich betrachtet, einen Teil der Täterhandlung ausgeführt hat. Aber Mittäterschaft und Beihilfe sollten danach unterschieden werden, ob der Vorsatz in Bezug auf die Gesamtheit der im besonderen Teil festgelegten Handlungen vorliegt.[16] Diese Meinung lässt Raum dafür, den Abholer F als Gehilfen des versuchten Betrugs zu bewerten.

2. Unterscheidung zwischen untauglichem und strafbarem Versuch

Allerdings ist hier der Erfolgseintritt unmöglich, weil die Polizei die Operation des scheinbaren Opfers lenkt. Wenn man zwischen der Täuschung und dem Empfang unterscheidet, geht es darum, ob die Handlung des F gefährlich ist, auch wenn er erst nach dem Beginn der Operation hinzugetreten ist. Im japanischen Strafrecht ist der untaugliche Versuch nicht strafbar, weil er ungefährlich ist. Die Unterscheidung zwischen dem untauglichen Versuch und dem strafbaren Versuch ist also das wichtige Problem.

Nach der **Theorie der konkreten Gefahr**, die in Japan herrschende Meinung ist, soll die Gefahr für den Erfolgseintritt auf Basis der von einem durchschnittlichen Beobachter erkennbaren und der vom Täter besonders erkannten Umstände aus Sicht eines objektiven Dritten konkret beurteilt werden.[17] In Fall (1) ist für einen durchschnittlichen Beobachter die Operation der Polizei nicht erkennbar, eine Gefahr also zu bejahen und die Handlung des F ist ein strafbarer Versuch. Aber die Theorie zielt nur auf das Sicherheitsgefühl der Bevölkerung ab und vernachlässigt die in der Verfassung garantierte Handlungsfreiheit.

Nach der **Theorie der objektiven Gefahr**, die in Japan eine verbreitete Mindermeinung ist, soll die Gefahr für den Erfolgseintritt auf der Basis aller im Zeitpunkt der Tat vorhandenen objektiven Umstände auf wissenschaftliche kausalmonistische Weise beurteilt werden. Früher hat der japanische OGH aufgrund dieser Theorie geurteilt, dass ein strafloser untauglicher Versuch vorliegt, wenn der Erfolgseintritt unbedingt unmöglich ist, und dass es ein strafbarer Versuch ist, wenn der Erfolg nur zufällig nicht eintritt. Es gibt jedoch Fälle, in denen nicht erkennbar ist, ob der Erfolgseintritt unbedingt unmöglich ist oder der Erfolg zufällig nicht eintritt. Aus diesem Grund entstand die modifizierte Theorie der objektiven Gefahr. Diese Theorie fragt zuerst danach, welche hypothetische Tatsache auf der Basis aller im Zeitpunkt der Tat vorhandenen objektiven Umstände vom Standpunkt eines optimalen Beobachters, der also alle notwendigen besonderen Information oder Sonderfähigkeiten zur Bewertung hat, den Erfolg verursacht haben könnte. Wenn das Vorliegen dieser Tatsache ausreichend wahrscheinlich ist, ist eine Gefahr nach dieser Theorie zu bejahen.[18] In Fall (1) ist diese hypothetische Tatsache, dass die Operation nicht von der Polizei angeleitet wird.

---

15 Vgl. hierzu *Terunuma*, Taikeiteki kyōhanron to keiji fuhōron [Systematische Teilnahmetheorie und strafrechtliche Unrechtslehre] (2005), S. 290 ff.; krit. *Hayashi*, Keihō sōron [Strafrecht Allgemeiner Teil], 2. Aufl. (2008), S. 380 ff.
16 Zu einer näheren Untersuchung der sukzessiven Teilnahme vgl. *Kojima*, Hōjohan no kihan kōzō to shobatsu konkyo [Normentheoretische Struktur und Strafgrund der Beihilfe] (2015), S. 123 ff.
17 *Ida*, Kōgi keihōgaku sōron [Vorlesung Strafrecht Allgemeiner Teil], 2. Aufl. (2018), S. 451; *Ōya*, (Fn. 11), S. 375 f.
18 *Masuda*, Kihanron ni yoru sekinin keihō no sai kōchiku [Normentheoretische Rekonstruktion des Schuldstrafrechts] (2009), S. 173 ff.; *Takahashi*, Keihō sōron [Lehrbuch des Strafrechts Allgemeiner Teil], 5. Aufl. (2022), S. 431.

Aber wenn R und der Bankangestellte hinter Trick des G kommen, sind sie optimale Beobachter. Weil ein solches Opfer dem Abholer das Bargeld nicht geben wird, ist eine Gefahr zu verneinen und die Handlung des F wäre ein untauglicher Versuch.

3. Komplott-Mittäterschaft

Die einzige Vorschrift über die Täterschaft im § 60 jStGB lautet wie folgt.: „Jeder, der zu zweit oder mit mehreren Personen gemeinschaftlich eine Straftat ausführt, ist Täter". Nach der Vorschrift müssen Mittäter normalerweise im Ausführungsstadium mitwirken. Aber in Fall (1) wirkt der Boss B nur im Vorbereitungsstadium mit, weil er G nur leitet. Es ist also zu fragen, ob ein solcher Hintermann Mittäter oder Anstifter ist.

9 Die japanische Rechtsprechung lässt seit 1896 die Annahme der Mittäterschaft zu, auch wenn der Beteiligte nur im Vorbereitungsstadium (z.B. Komplott) mitgewirkt hat.[19] Die Rechtsprechung begründet die **Komplott-Mittäterschaft** wie folgt: Die Komplott-Mittäterschaft sei anzunehmen, wenn sich mehrere für die Ausführung einer bestimmten Straftat dazu verabredet haben, dass sie unter einem gemeinsamen Tatentschluss sich gegenseitig als Mittel zur Verwirklichung ihres Plans benutzen, worauf dann einer der Beteiligten die Straftat begeht. Fälle dieser Art seien so zu bewerten, dass jeder die Tatausführung der anderen als sein Mittel benutzt und dadurch die Straftat begangen hat. In diesem Sinn gebe es keinen Unterschied der strafrechtlichen Verantwortung zwischen den Verschwörern, die im Ausführungsstadium nicht mitgewirkt haben, und den Beteiligten, die die Tat selbst ausgeführt haben.[20] Diese Begründung wird als die Theorie der quasi-mittelbaren Täterschaft bezeichnet.

Aber wenn man § 60 jStGB für dem Verschwörer verwendet, der damit eine so substantielle Rolle spielt, als ob er gemeinschaftlich eine Straftat ausführt, ist das eine analogia in malam partem, geht also gegen die Wortbedeutung von „gemeinschaftlich eine Straftat ausführt". Für die Lösung des Problems scheint es wichtig zu sein, den Komplott als gegenseitigen Kommunikationsakt zu begreifen, in dem jede einzelne Persönlichkeit erscheint, und zu überprüfen, ob der Komplott allein schon als Kommunikationsakt einen Teil der Tatausführung darstellt. Die Tatausführung bedeutet eigentlich die Ausführung der Handlung, die die konkrete Gefährlichkeit der Rechtsgutsverletzung innehat. Also gibt es logischerweise Fälle, in denen die erste Tat, das heißt der Komplott selbst, als Tatausführung des Mittäters mit der konkreten Gefährlichkeit der Rechtsgutsverletzung zu betrachten ist.

Nach meiner Meinung kommt ein fester Komplott als Mittäter nur zustande, wenn sich B und G durch die Verabredung zur Verwirklichung des Betrugs so fühlen, dass sie einen Erfolg verwirklichen „müssen" oder „sollen". Dabei ist der Komplott bereits so gefährlich wie die Tat des mittelbaren Täters. Allerdings gibt es im betreffenden Fall wegen untauglichen Versuchs keine objektive Gefahr.

---

19 Urteil des RGH v. 03.03.1896, Daishinin Keiji hanketsu roku [Entscheidungssammlung des RG] Bd. 2, H. 3, S. 10.
20 Urteil des OGH v. 28.05.1958 (Großer Senat), Saikō saibansho keiji hanrei shū [Entscheidungssammlung des OGH] Bd. 12, H. 8, 1718.

4. Unterschied zwischen Komplott und Vorsatz

Wenn ein Komplott allein schon als einen Teil der Tatausführung betrachtet wird, geht es ferner um den Unterschied zwischen Komplott und Vorsatz, weil ein Vorsatz der Tatausführung innewohnt. Die japanische Rechtsprechung tendiert dazu, den Komplott und den Vorsatz des Abholers einheitlich zu bejahen.[21] Aber der Komplott ist eigentlich etwas anderes als der Vorsatz.

Zum einen ist ein Komplott ein von mindestens zwei Personen geschmiedeter Tatplan, wobei die Beteiligten für die Entstehung des Komplottes den verbindlichen Tatplan intersubjektiv anerkennen müssen. Vorsatz ist dagegen die Intention zur Verwirklichung des Tatbestandserfolges, wobei die Beteiligten für die Entstehung eines Vorsatzes die konkrete Handlung erkennen müssen, die die Rechtsgutsverletzung verursacht.

Zum anderen umfasst ein Komplott nicht nur die Täterschaft, sondern auch die Teilnahme. Wenn sich z.B. X und Y verschworen haben, ihren Nachbarn zu einem Enkeltrick anzustiften, dann aber nur Y den Nachbarn zum Enkeltrick anstiftet und dieser Nachbar den Enkeltrick auch tatsächlich begeht, sind nicht nur Y, sondern auch X wegen Anstiftung zum Betrug strafbar.[22] Dagegen ist Vorsatz meiner Meinung nach das entscheidende Kriterium für Täterschaft. Nach dem restriktiven Täterbegriff ist der Tatbestand der Täterschaft anders als der der Teilnahme. Der Gegenstand des Vorsatzes bezüglich der Täterschaft ist also von dem für die Teilnahme zu unterscheiden.[23]

5. Umfassender gemeinsamer Tatplan der Mittäterschaft

In Fall (2) haben sich B, G und F vor der Tat über die mehrmalige Begehung des Enkeltricks umfassend verständigt, ohne Einzelheiten der geplanten Ausführung festzulegen. Aber diesmal weiß B nicht von der Zeit der Ausführung, dem Tatort und dem Opfer. Problematisch sind also die Konkretisierungserfordernisse des gemeinsamen Tatplans bei der umfassenden Vereinbarung.

Der objektive Tatbestand der Mittäterschaft verlangt ein arbeitsteiliges Zusammenwirken aufgrund eines gemeinsamen Tatplans. Der mittäterschaftliche Tatplan muss sich auf ein gemeinsames deliktisches Ziel, das heißt nicht nur einen anzustrebenden Erfolg, sondern auch auf die vorzunehmenden Handlungen beziehen.[24] Zwar muss der Tatplan insofern hinreichend konkret sein und es ist erforderlich, dass jeder Mittäter weiß, was er zu tun hat. Demgegenüber muss er nicht Zeit, Ort und Modalität der geplanten Ausführung kennen, wie etwa bei der Verabredung zu einem Verbrechen nach § 30 Abs. 2 Var. 3 StGB.[25] In Fall (2) müssten B und G mit F mindestens nicht nur bezüglich der Täuschung, sondern auch im Hinblick auf den Empfang übereinstimmen.

---

21 Vgl. auch Urteil des OGH v. 11.12.2018, Saikō saibansho keiji hanrei shū [Entscheidungssammlung des OGH] Bd. 72, H. 6, S. 672; Urteil des OGH v. 14.12.2018, Saikō saibansho keiji hanrei shū [Entscheidungssammlung des OGH] Bd. 72, H. 6, S. 737; Urteil des OGH v. 27.9.2019, Saikō saibansho keiji hanrei shū [Entscheidungssammlung des OGH] Bd. 73, H. 4, S. 47.
22 *Ida*, (Fn. 17), S. 541, 547.
23 Näher *Kojima*, Kyōbō gainen no gengo tetsugaku teki kōsatsu [Sprachphilosophische Betrachtung des Komplottbegriffes], Daito hogaku: the journal of law and politics, Bd. 30, H. 1 (2020), S. 15ff.
24 Deswegen muss die Beteiligten in der Regel dieselbe Straftat begehen oder die Straftat muss in der anderen Straftat eingeschlossen sein. *Ida*, (Fn. 17), S. 511f.; *Ōya*, (Fn. 11), S. 402; *Takahashi*, (Fn. 18), S. 469ff.; anderer Ansicht *Asada*, Keihō sōron [Strafrecht Allgemeiner Teil], 2. Aufl. (2019), S. 421; *Yamanaka*, (Fn. 4), S. 273; *Yamaguchi*, (Fn. 11), S. 317.
25 Vgl. BGH NStZ 2007, 697.

In den letzten Jahren erschien in Japan der Abholer, der die Verabredung mit dem Hintermann einseitig bricht und den Anteil monopolisiert. Problematisch ist dabei die Willensübereinstimmung des Mittäters. Die japanische Rechtsprechung hat festgestellt, dass die Täuschung des Keilers als ein Teil des organisierten professionellen Enkeltrick-Betrugs auf dem umfassenden Komplott mit dem Boss sowie dem Abholer beruht und dass der Abholer die gemeinsame Tatausführung aufgrund dieses Komplotts vollendet hat. Der Wille des Abholers zur Ausschließung des Bosses und des Keilers bedeute nicht den Ausschluss aus der gemeinsamen Tatausführung, sondern aus der Verteilung. Daher sei das Verhältnis zwischen dem Boss oder dem Keiler und dem Abholer vom Willen zum Ausschluss aus der Verteilung nicht abhängig und nicht gelöst. Der Boss und der Keiler haben also den Betrug vollendet.[26]

Aber auch die Verfügung ist ein Tatbestandsmerkmal des Betrugs. Der Wille des Abholers, dem Boss sowie dem Keiler die Beuteverteilung nicht zu geben, ist meiner Meinung nach ein Umstand, der die umfassende Kommunikation über die Verteilung ausschließt, aus der die Verfügung resultiert. Auch in Fall (2) sollte die Mittäterschaft des Bosses oder des Keilers und des Abholers verneint werden. Der Boss und der Keiler sind damit der Beihilfe schuldig, da sie formell einen Teil der Tatausführung unmittelbar verwirklichen.[27]

---

26 Urteil des OG Tokio v. 16.5.2018, Kōtō saibansho keiji hanrei shū [Entscheidungssammlung des OG] 2018, S. 174.
27 Vgl. *Kojima*, Kyōbō gainen no hikaku hō teki kōsatsu -Hōkatsu teki kyōbō o koryo shite- [Rechtsvergleichende Betrachtung des Komplottbegriffes -Unter besonderer Berücksichtigung des umfassenden gemeinsamen Tatplans der Mittäterschaft-], Meiji gakuin daigaku hōgaku kenkyū [Meiji Gakuin law journal], H. 114 (2023), S. 46f.

§ 17 Ist fremdnütziges Kryptomining strafbar? Der sog. Coinhive-Fall

Osamu Magata und Johannes Kaspar

Der Fall, über den im Januar 2022 vom japanischen Obersten Gerichtshof entschieden wurde, betrifft ein aktuelles Problem im Zusammenhang mit der Nutzung von Computernetzen. Es geht um die Frage, ob sog. „Kryptomining" strafbar ist, wenn man dafür ohne Einwilligung der Berechtigten die Rechenleistung fremder Computer nutzt. Der Fall zeigt einmal mehr, dass technologische Entwicklungen im Bereich der Digitalisierung immer wieder neue und schwierige Rechtsfragen aufwerfen, die in diesem Fall in Japan und Deutschland nicht ganz einheitlich beantwortet werden.

I. Fall

▶ Der Angeklagte X hatte eine Musik-Website im Internet betrieben. Er wollte Gewinne erzielen, um eine eigene Website weiterzubetreiben, und meldete sich daher bei dem Webservice „Coinhive" an. Er baute den von Coinhive erhaltenen Programmcode auf seiner Website ein; daraufhin besuchte eine unbestimmte Anzahl von Personen die Website. Aufgrund des eingebauten Codes wurden während der Dauer des Aufrufs der Website von den Computern der Websitebesucher Berechnungen im Zusammenhang mit Kryptowährungstransaktionen, sog. „Mining", durchgeführt. Dieses Mining (zu Deutsch: „Schürfen"), von dem der X finanziell profitierte, wurde immer heimlich betrieben, d.h. ohne die Einwilligung der Websitebesucher.

Hat X sich strafbar gemacht? ◀

II. Vorbemerkungen

1. Der Coinhive-Fall als Beispiel moderner Kriminalitätsentwicklungen

Die Gesellschaft entwickelt sich ständig weiter und die Gesetze ändern sich, um sich dem anzupassen. Insbesondere die Computerkriminalität steht bei den aktuellen Themen aufgrund des rasanten technologischen Fortschritts im Vordergrund; die Bekämpfung von Cyberkriminalität stellt dabei eine der großen Herausforderungen dar. Der Coinhive-Fall, der hier dargestellt wird, ist ein Beispiel für ein aktuelles Problem, bei dem der Handelnde Computernetzwerke für „Kryptomining" nutzte. Darunter versteht man die Erzeugung von Einheiten einer Kryptowährung (sog. „Coins"), wie beispielsweise Bitcoin, und zugleich die Validierung von Transaktionen mit Kryptowährungen. Solche rein digitale Währungen werden nicht von Staaten oder Banken ausgegeben, sondern werden in dem als „Mining" bezeichneten Vorgang von den Nutzern selbst generiert.[1] Dafür müssen komplexe mathematische Aufgaben auf Hochleistungsrechnern ausgeführt werden, um die entsprechende Kryptowährungstransaktion zu bestätigen. Wer die jeweilige Aufgabe zuerst löst, erhält im Gegenzug neue Coins.[2] Dieser Mining-Prozess wird jedoch mit fortschreitender Dauer immer teurer, da die Gesamtmenge der existierenden Währungseinheiten von Beginn an auf eine Maximalmenge begrenzt ist (z.B. bei Bitcoin auf 21 Millionen Einheiten); daher steigt die Komplexität der Rechenaufgaben mit ansteigender Zahl von Teilnehmern bzw. Trans-

---

[1] *Trentmann/Wilms*, Kriminalistik 2020, 89, 90; *Heine*, NStZ 2016, 441.
[2] *Kuhlmann*, CR 2014, 691, 692.

aktionen stetig.³ Man benötigt dafür eine enorm hohe Rechenleistung des PCs und damit große Energiemengen mit entsprechend hohen Stromkosten. Umso attraktiver erscheint es dann, das Kryptomining quasi „outzusourcen" und auf Kosten Dritter zu betreiben[4], wie es hier der Fall war. Damit stellt sich die Frage: Ist die unbefugte Nutzung der Funktionen bzw. der Rechenleistung fremder PCs strafbar? Konkreter formuliert: Ist es strafbar, auf der eigenen Website einen Programmcode einzubauen, der dafür sorgt, dass PCs Dritter ohne deren Wissen und Zustimmung Kryptomining durchführen?

2. Arten des fremdnützigen Kryptominings

4   In der heutigen Diskussion werden zwei verschiedene (strafrechtlich in unterschiedlicher Weise relevante) Arten des fremdnützigen Kryptominings unterschieden.

a) Browserbasiertes Kryptomining (sog. Drive-by-Mining)

5   Beim browserbasierten Kryptomining wird eine Website mittels einer speziellen Software (z.B. dem hier verwendeten Programm beim Coinhive) präpariert. Wenn ein Besucher die Website aufruft, starten im Hintergrund programmierte Anwendungen automatisch durch den Browser und generieren während des Website-Besuchs Kryptowährungen zugunsten des Websitebetreibers.[5] Von diesem Prozess erlangt der Besucher regelmäßig keine Kenntnis, so dass auch keine Einwilligung vorliegt.[6] Durch die unbefugte Nutzung der Rechenleistung des Gerätes des Besuchers entstehen erhöhte Stromverbrauchskosten, ein höherer Verschleiß der Hardware und ggf. eine Verlangsamung des Systems bei der Ausführung von Anwendungen. Jedoch werden nur so lange Kryptowährungen geschürft, wie sich der Besucher aktiv auf der Website aufhält. Der Prozess wird abgebrochen, wenn der Browser vollständig geschlossen wird.[7] Das Endgerät des Nutzers wird nicht angegriffen oder manipuliert.

b) Malwarebasiertes Kryptomining

6   Anders ist die Situation beim malwarebasierten Kryptomining: Hier wird der betreffende PC mit einem Schadprogramm (sog. Trojaner) infiziert. Ab der Ausführung des Programms werden die betroffenen Computer dauerhaft zum fremdnützigen Mining verwendet. Dabei wird oft ein gesamtes Botnetz aufgebaut. Hierunter versteht man „einen Zusammenschluss von Rechnern, die jeweils mit einem Programm infiziert sind, das es ermöglicht, die betroffen Rechner fernzusteuern und für eine Vielzahl von Zwecken einzusetzen."[8] Im Falle des malwarebasierten Kryptominings richtet sich der Aufbau eines Botnetzes darauf, „die Rechenleistung und Bandbreite der einzelnen Computer kombiniert zu nutzen und [...] mithilfe der so entstandenen Rechenkapazität Einheiten digitaler Währungen zu erzeugen".[9] Es existieren verschiedene Wege, um

---

3   Vgl. *von Hauff, Fabia*, Illegales Crypto-Mining – Rechtliche Herausforderungen digitaler Währungen, abrufbar unter: http://rechtundnetz.com/illegales-crypto-mining/#_ftnref6.
4   *Trentmann/Wilms*, Kriminalistik 2020, 89, 90.
5   *Eisele* in: Hilgendorf/Kudlich/Valerius, Handbuch des Strafrechts Band 6, Rn. 155.
6   *von Hauff*, Illegales Crypto-Mining – Rechtliche Herausforderungen digitaler Währungen, abrufbar unter: http://rechtundnetz.com/illegales-crypto-mining/#_ftnref6.
7   *Trentmann/Wilms*, Kriminalistik 2020, 89, 93.
8   *von Hauff*, Illegales Crypto-Mining – Rechtliche Herausforderungen digitaler Währungen, abrufbar unter: http://rechtundnetz.com/illegales-crypto-mining/#_ftnref6.
9   Ebd.

III. Behandlung des Falls nach japanischem Recht

die Schadsoftware auf den Rechner eines anderen zu schleusen. Häufig verbirgt sie sich in E-Mail Anhängen oder Musik-, Video- bzw. Filmdateien, welche zum Download angeboten werden. Regelmäßig wird das Schadprogramm über einen Drive-by-Download unbemerkt auf den Rechner geladen, wenn ein Nutzer eine infizierte Download-Website aufruft.

III. Behandlung des Falls nach japanischem Recht

1. Der Coinhive-Fall als Browserbasiertes Kryptomining

Im konkreten Fall nutzte X den Webservice „Coinhive", der ab 2017 für zwei Jahre verfügbar war. Diejenigen, die sich bei Coinhive registrierten, konnten mit einem speziellen Programmcode einen Gewinn erzielen. Das System funktionierte wie folgt: Zunächst registrierte man sich bei dem Webservice „Coinhive". Dann konnte man einen speziellen Programmcode erhalten. Man installierte den Programmcode auf der eigenen Website. Danach griff eine unbestimmte Anzahl von Personen auf diese Website zu. Während diese Personen die Website besuchten, führten ihre PCs das Mining aus. Wenn dieses erfolgreich war, wurde der Coinhive-Registrant mit (geldwerten) Krypto-Assets belohnt. Mit anderen Worten: Wer den von Coinhive erhaltenen Programmcode auf einer eigenen Website einbaute und veröffentlichte, konnte die Rechenleistung der PCs Website-Besucher heimlich nutzen und dadurch einen Gewinn erzielen. Aufgrund dieser Sachverhaltsmerkmale fällt der Coinhive-Fall unter das oben beschriebene browserbasierte Kryptomining.[10]

2. Relevante Vorschriften im jStGB

a) Die Staatsanwaltschaft ermittelte X als Urheber des oben genannten „Minings" und klagte ihn wegen einer Straftat gem. § 168-3 jStGB[11] an. Die Vorschrift stellt das Aufbewahren illegitimer elektromagnetischer Aufzeichnungen unter Strafe.[12]

Die Bestimmung wurde im Jahr 2011 als Maßnahme gegen Cyberkriminalität eingeführt, vor allem zum Zweck der Regulierung von Computerviren.[13]

---

10 Andererseits gibt es in Japan einen Fall, in dem die vom Angeklagten heimlich bereitgestellten Programmierungen für Mining auf fremden PCs heruntergeladen wurden. Der LG Sendai (1. Strafkammer v. 2. 7. 2018) verurteilte den Angeklagten wegen der Herstellung einer elektromagnetischen Aufzeichnung, die eine illegitime Programmierung enthält usw (§ 168-2 jStGB). Dieser Fall kann als ein Beispiel des oben erwähnten malwarebasierten Kryptominings eingeordnet werden.
11 Die deutsche Übersetzung der Vorschriften des jStGB basiert im Wesentlichen auf *Yamanaka*, Das japanische StGB, 2020.
12 § 168-2 Herstellung einer elektromagnetischen Aufzeichnung, die eine illegitime Programmierung enthält usw. Wer ohne berechtigten Grund eine der nachfolgend genannten elektromagnetischen oder sonstigen Aufzeichnungen zum Gebrauch in fremden elektronischen Datenverarbeitungsgeräten herstellt oder zur Verfügung stellt, wird mit Freiheitsstrafe bis zu drei Jahren oder mit Geldstrafe bis zu fünfhunderttausend Yen bestraft.
 1. Elektromagnetische Aufzeichnungen, die eine illegitime Programmierung bewirken, um bei einer Verwendung elektronischer Datenverarbeitungsgeräte durch andere eine dessen Wille entsprechende Bewirkung zu unterbinden oder eine dessen Wille widersprechende Bewirkung auszuführen.
 § 168-3 Erwerb von elektromagnetischen Aufzeichnungen, die illegitime Programmierungen enthalten usw. Wer ohne berechtigten Grund mit der Absicht nach Abs. 1 des vorangehenden Paragraphen die in jeder der dortigen Ziffern genannten elektromagnetischen Aufzeichnungen erwirbt oder aufbewahrt, wird mit Freiheitsstrafe bis zu zwei Jahren oder mit Geldstrafe bis zu dreihunderttausend Yen bestraft.
13 Neben der Aufbewahrung sind – wie im Fn. 12 genannt -- auch die Herstellung, Bereitstellung (§ 168-2 jStGB) und der Erwerb (§ 168-3 jStGB) von Viren strafbar.

10 Im vorliegenden Fall stellt sich daher vor allem die Frage, ob die Handlung von X, den aus dem Coinhive beschafften Programmcode auf seiner eigenen Website einzubauen, den Tatbestand des Aufbewahrens einer illegitimen elektromagnetischen Aufzeichnung erfüllt.

11 b) Zum besseren Verständnis, warum X wegen der Aufbewahrung illegitimer elektromagnetischer Aufzeichnungen (und nicht auch wegen sonstiger Delikte) angeklagt wurde, werden zuvor noch einige andere möglicherweise einschlägige Regelungen im japanischen StGB erörtert.

- Diebstahl (§ 235 jStGB)[14]
  X hat die Funktionen des Computers einer anderen Person ohne Erlaubnis genutzt. Dies könnte vergleichbar dem Fall der Nutzung des Autos einer anderen Person ohne Erlaubnis sein. In diesem Fall kann der objektive Tatbestand des Diebstahls erfüllt sein.[15] Der Grund dafür ist, dass der Besitz des Objekts, der dem Eigentümer zur Verfügung stehen sollte, ausgeschlossen wurde. Im Vergleich dazu ist im Coinhive-Fall der Tatbestand des Diebstahls aber nicht erfüllt. Dies liegt daran, dass der Handelnde den Besitz der Eigentümer an ihren PCs zu keinem Zeitpunkt ausgeschlossen hat.

- Betrug (§ 246 jStGB)[16]
  In Betracht kommt ein strafbarer Betrug. Der Tatbestand des Betrugs wird grundsätzlich dann erfüllt, wenn der Handelnde einen anderen täuscht und der Getäuschte aufgrund seines Irrtums Waren oder Leistungen anbietet. X nutzte zwar die Unwissenheit anderer aus, um die Funktionen von deren PCs zu gebrauchen. Dennoch ist schon das Vorliegen einer Täuschung zweifelhaft: X sagt nicht ausdrücklich, dass seine Website keine heimlichen Programmcodes zum Kryptomining enthält. Auch eine konkludente Täuschung durch Bereitstellen der Website ist fraglich, da man dafür behaupten müsste, dass man mit dem Betreiben einer Website stets unausgesprochen mit erklärt, dass man keine heimlichen Programmcodes laufen lässt, was eher lebensfremd erscheint; eine solche Erwartung im Internetverkehr gibt es wohl kaum. Und auch die nur ausnahmsweise anzunehmende Täuschung durch Unterlassen scheidet hier aus, weil keine Pflicht des X zur Aufklärung besteht. Davon abgesehen ist auch das Merkmal einer relevanten vermögensmindernden Handlung der Opfer fraglich, da nur wenige Funktionen der fremden Computer betroffen sind, ohne dass damit eine erhebliche Vermögenseinbuße verbunden wäre.

---

14 **§ 235 Diebstahl.** Wer die vermögenswerte Sache eines anderen wegnimmt, wird wegen Diebstahls mit Freiheitsstrafe bis zu zehn Jahren oder Geldstrafe bis zu fünfhunderttausend Yen bestraft.
15 Im subjektiven Tatbestand kommt es (wie in § 242 dStGB) auf die Zueignungsabsicht an; daran fehlt es, wenn der Täter von vornherein die Absicht hat, das Auto nach der Benutzung dem Eigentümer wieder zukommen zu lassen.
16 **§ 246 Betrug.** (1) Wer durch Täuschung einen anderen veranlasst, eine vermögenswerte Sache herauszugeben, wird mit Freiheitsstrafe bis zu 10 Jahren bestraft.
(2) Das Gleiche wie im vorangehenden Absatz gilt auch für denjenigen, der sich oder einem Dritten auf die in jenem Absatz genannte Weise ein unrechtmäßiges vermögenswertes Interesse verschafft.

III. Behandlung des Falls nach japanischem Recht § 17

- Betrug unter Verwendung von Datenverarbeitungsgeräten (§ 246-2 jStGB)[17]
  Hierbei handelt es sich um ein Delikt, bei dem der Täter falsche elektronische Daten produziert oder Daten umschreibt, so dass er sich ein vermögenswertes Interesse unrechtmäßig verschafft, indem er einen Computer benutzt. Einfach formuliert geht es (ähnlich wie beim deutschen Computerbetrug gem. § 263a StGB) darum, dass keine Person, sondern eine Maschine „getäuscht" wird.
  Im Coinhive-Fall wurde zwar ein Computer verwendet, aber der Täter nutzte nur die Funktionen der anderen PCs, erstellte oder schrieb aber keine Daten. Es ist auch schwer zu sagen, dass die Websitebesucher, die die Fähigkeiten ihrer PCs weiterhin fast ohne Problem nutzen konnten, konkrete Vermögensschädigungen erlitten haben.
- Geschäftsstörung (§§ 233 u. 234 jStGB)[18]
  Den Tatbestand erfüllt, wer die Geschäfte eines anderen durch Listanwendung oder Machtausübung stört.[19] Da das „Geschäft" hier eine gesellschaftliche Tätigkeit bedeutet und die „Störung" nur dann bejaht wird, wenn sie zumindest die Gefahr einer Störung der Geschäftsdurchführung mit sich bringt, ist es schwierig, im Coinhive-Fall eine solche Geschäftsstörung zu bejahen; denn erstens handelte es sich bei jedem Websitebesuch lediglich um eine private Aktivität, und zweitens dürfte eine spürbare Beeinträchtigung der Funktion der PCs, die sich dann in Form einer Geschäftsstörung ausgewirkt haben müsste, durch die vorübergehende heimliche Nutzung der Rechenleistung der fremden Computer nicht eingetreten sein, zumal auf diese Weise die Funktionsfähigkeit der Computer nicht etwa aufgehoben, sondern allenfalls (wenn überhaupt) im Sinne nur wenig langsamerer Arbeitsprozesse beeinträchtig wurde.
- Geschäftsstörung durch Beschädigung vom Datenverarbeitungsgeräten (§ 234-2 jStGB)[20]
  Das Delikt ist eine Variante der eben erwähnten Geschäftsstörung. Diese Straftat begeht, wer den ordnungsgemäßen Betrieb eines Computers stört und dadurch den Geschäftsbetrieb behindert, indem er den Computer zerstört, elektronische Daten vernichtet oder falsche Informationen in den Computer eingibt. Im Coinhive-Fall

---

[17] § 246-2 Betrug unter Verwendung von Datenverarbeitungsgeräten. Wer sich oder einem anderen dadurch ein vermögenswertes Interesse unrechtmäßig verschafft, dass er durch Eingabe falscher Informationen oder unberechtigte Befehle in fremde Datenverarbeitungsgeräte die mit dem Erwerb bzw. Verlust oder der Änderung eines Vermögensrechts verbundenen elektromagnetischen Aufzeichnungen herstellt oder dessen falsche elektromagnetische und mit dem Erwerb bzw. Verlust oder der Änderung der Vermögensrechte verbundene Aufzeichnungen zur Betreibung des Geschäfts verwendet, wird mit Freiheitsstrafe bis zu zehn Jahren bestraft.

[18] § 233 Geschäftsstörung durch Listanwendung. Wer ein unwahres Gerücht verbreitet oder List anwendet und dadurch einen anderen in der Ausübung seiner Geschäfte stört, wird mit Freiheitsstrafe bis zu drei Jahren oder mit Geldstrafe bis zu fünfhunderttausend Yen bestraft.
§ 234 Geschäftsstörung durch Machtausübung. Die Regel des vorangehenden Paragraphen gilt auch für denjenigen, der mittels eigener Machtausübung die Ausübung der Geschäfte eines anderen stört.

[19] S. dazu auch § 18.

[20] § 234-2 Geschäftsstörung durch Beschädigung vom Datenverarbeitungsgeräten. Wer die Geschäftsausübung eines anderen dadurch stört, dass er Datenverarbeitungsgeräte, die im Geschäft von anderen verwendet werden, oder verwendbare elektromagnetische Aufzeichnungen in Datenverarbeitungsgeräten beschädigt, falsche Informationen oder unberechtigte Befehle gibt, oder mittels sonstiger Methoden Datenverarbeitungsgeräte nicht ihrem Verwendungszweck entsprechende oder ihm entgegen stehende Abläufe durchführen lässt, wird mit Freiheitsstrafe bis zu fünf Jahren oder mit Geldstrafe bis zu einer Million Yen bestraft.

gab es weder eine solche Störung des Betriebs eines anderen Computers noch eine Behinderung des Geschäftsbetriebs.

- Unberechtigte Herstellung und Verwendung elektromagnetischer Aufzeichnungen (§ 161-2 jStGB)[21]
  Wer gegen den Willen des Anlagenbetreibers mit Rechten, Pflichten oder Tatsachenbeweisen verbundene Daten erstellt oder verfälscht, wird bestraft. Dieses Delikt hat eine parallele Beziehung zur Urkundenfälschung. Der Coinhive-Fall fällt nicht unter diesen Tatbestand, da der Handelnde lediglich die Rechenleistung anderer Computer ohne Erlaubnis nutzte, aber keine Daten unberechtigt erstellte oder fälschte.

- Unbefugter Computerzugriff
  Die oben geschilderten Vorschriften, „Betrug unter Verwendung von Datenverarbeitungsgeräten [§ 246-2 jStGB]", „Geschäftsstörung durch Beschädigung von Datenverarbeitungsgeräten [§ 234-2 jStGB]" und „Unberechtigte Herstellung und Verwendung elektromagnetischer Aufzeichnungen [§ 161-2 jStGB]" wurden zur Bekämpfung der Computerkriminalität erlassen. In diesem Zusammenhang wurde (in einer Spezialnorm) auch der unbefugte Zugriff auf fremde Computer geregelt [§§ 3 u. 11 des Gesetzes über den unbefugten Zugriff auf Computer].[22]
  Dieser Straftatbestand stellt den unbefugten Zugriff auf Informationsgeräte mit Zugriffskontrollfunktionen unter Strafe[23]. Diese Straftat wird begangen, wenn jemand die Kennnummer (ID) oder das Passwort eines anderen verwendet und dadurch die unbefugte Nutzung des Geräts ermöglicht [§ 2 Abs. 4 des Gesetzes über den unbefugten Zugriff auf Computer]. Kurz gesagt handelt es sich um die strafbare Verletzung des Benutzerauthentifizierungssystems.[24]
  Dieses Delikt gehört zu den Delikten gegen Rechtsgüter der Allgemeinheit.[25] Heutzutage nutzen wir die Internetumgebung täglich. Diese Umgebung kann unbesorgt genutzt werden, wenn Benutzerauthentifizierungssysteme reibungslos funktionieren. Ein Verstoß gegen das Authentifizierungssystem erschüttert das Vertrauen der Allgemeinheit in die öffentliche Internetumgebung. Unter diesem Gesichtspunkt wird der unbefugte Zugriff als eine Straftat gegen ein kollektives Rechtsgut der Allgemeinheit verstanden. Die Straftaten bezüglich illegitimer elektromagnetischen Aufzeichnungen [§§ 168-2 und 168-3 des japanischen Strafgesetzbuchs], die im Coinhive-Fall zum Thema wurden, sind ebenfalls Delikte gegen Rechtsgüter der Allgemeinheit.[26] Denn die Schaffung von Computerviren untergräbt das Vertrauen der Allgemeinheit in Computerprogramme und erschüttert die soziale Infrastruktur.[27]
  Das Verhalten im Coinhive-Fall unterscheidet sich jedoch von der Tat des unbefugten Zugriffs. Denn die Tat des unbefugten Zugiffs bedeutet, wie oben beschrieben, ein unberechtigtes Durchbrechen eines Benutzerauthentifizierungssystems. Die Vor-

---

21 § 161-2 Unberechtigte Herstellung und Verwendung elektromagnetischer Aufzeichnungen. (1) Wer in der Absicht, die Betreibung des Geschäfts anderer in die Irre zu führen, elektromagnetische Aufzeichnungen bezüglich der Rechte bzw. Verpflichtungen oder von Tatsachenbeweisen unberechtigt herstellt, die zu dieser Betreibung des Geschäfts verwendet werden sollen, wird mit Freiheitsstrafe bis zu fünf Jahren oder mit Geldstrafe bis zu fünfhunderttausend Yen bestraft.
22 § 3 dieses Gesetzes lautet: „Es ist jeder Person untersagt, unbefugt auf Computer zuzugreifen." Wer dagegen verstößt, wird nach § 11 mit Freiheitsstrafe bis zu drei Jahren oder mit Geldstrafe bis zu einer Million Yen bestraft.
23 *Nakanome/Shikata*, Strategie zur Cyberkriminalität -- Gegenwart und Zukunft, S. 40.
24 Vgl. *Shizume* u.a., Informationsstrafrecht I, S. 99 (*Nishigai*).
25 Ebd.
26 Ebd. S. 149 (*Shizume*).
27 *Otsuka* u.a., Großkommentar StGB, Bd.8, 3.Aufl. S. 340 (*Yoshida*).

III. Behandlung des Falls nach japanischem Recht

aussetzungen für die Tatbestandsmäßigkeit sind, (i) dass eine Zugriffskontrollfunktion, die die Identifizierung des Benutzers auf dem betreffenden Computer ermöglicht, vom Zugriffsverwalter eingerichtet ist, und (ii) dass der Täter eine solche Zugriffskontrollfunktion dennoch unberechtigt durchbricht (z. B. indem er eine Kennnummer (ID) oder ein Passwort für die Anmeldung unbefugt verwendet).[28] Der Angeklagte im Coinhive-Fall nutzte zwar unbefugt die Rechenleistung anderer PCs, griff aber nicht in das Authentifizierungssystem ein.[29]

Wie später noch ausgeführt wird, gibt es mit § 202a des deutschen StGBs [„Ausspähen von Daten"] eine vergleichbare Norm, die eine „besondere Sicherung" (sog. Schutzmaßnahmen) voraussetzt.[30] In Deutschland wird daüber diskutiert, eine neue Vorschrift als § 202e dStGB einzuführen, da § 202a dStGB nicht ausreiche, um IT-Systeme zu schützen. Es handelt sich um einen Gesetzgebungsvorschlag, der auch „den unbefugten Zugriff auf IT-Systeme ohne besondere Sicherung" per se unter Strafe stellt.[31]

3. Zur Entscheidung des japanischen Obersten Gerichtshofs[32]

a) Der Angeklagte wurde im Coinhive-Fall allein wegen der Aufbewahrung illegitimer elektromagnetischer Aufzeichnungen gem. § 168-3 jStGB verfolgt. Die Frage lautete, ob der Programmcode, den der Angeklagte in seine Website eingebaut hatte, ein illegitimes Computervirus darstellt. Für die Tatbestandsmäßigkeit müssen die folgenden zwei Tatbestandselemente bejaht werden:

- Der aufbewahrte Programmcode führt dazu, den PC einer anderen Person gegen deren Willen in Betrieb zu setzen [„Entgegenstehenden des Willens"].
- Dieser Betrieb des PCs ist illegitim [„Illegitimität"].

Der Oberste Gerichtshof bejahte das erste Merkmal, verneinte aber das zweite. Die Tatbestandsmäßigkeit wurde somit abgelehnt.

b) Die vom Obersten Gerichtshof dargelegten Hauptgründe für die Bejahung des ersten Merkmals sind wie folgt:

- Das „Entgegenstehen des Willens" bedeute, dass das Programm einen Vorgang ausführe, der vom normalen Benutzer nicht vorgesehen sei.
- Das Programm, das ohne Erlaubnis die Rechenleistung eines fremden PCs nutze, um Kryptowährungen zu schürfen, erfülle das Erfordernis des „Entgegenstehens des Willens", da es sich um ein Programm handle, dessen Funktionsweise von den Besuchern der Website nicht bemerkt werde und mit dem sie nicht einverstanden seien.

---

28 Vgl. *Shizume* u.a., aaO. (Fn. 24) S. 98 ff. (*Nishigai*).
29 Ebd.
30 Vgl. *Kindhäuser*, Strafrecht BT II, § 30 Rn 7; *Küpper/Börner*, Strafrecht BT I, § 5 Rn 57.
31 *Nishigai*, Diskussionen über den neuen Straftatbestand des unbefugten Zugriff in Deutschland, S. 36 ff.
32 1. Strafsenat. Urt. v. 20. 01. 2022. Als Anmerkung dazu zB: *Imai*, Hogaku-kyoshitsu, Mai 2022, Nr. 500, S. 33; Nagai, LEX/DB 25571911. Vgl auch: *Shizume*, Tatbestandselemente des Entgegenstehens des Willens und der Illegitimität in „Straftaten bezüglich illegitim programmierter elektromagnetischer Aufzeichnungen", Kenshu, Nr. 889, S. 3 ff.

15 c) Die vom Obersten Gerichtshof dargelegten Hauptgründe für die Verneinung des zweiten Merkmals sind wie folgt:

- „Illegitimität" bedeute, dass ein Programm gesellschaftlich inakzeptabel sei. Selbst wenn ein Programm das Erfordernis des Entgegenstehens des Willens erfülle, könne es ein sozialverträgliches Programm sein. „Illegitimität" sei die Voraussetzung, um Handlungen, wie die Erstellung und Aufbewahrung solcher Programme, von der Strafe auszuschließen.[33]
- Die Frage, ob das Programm gesellschaftlich akzeptabel sei oder nicht, solle unter Berücksichtigung des Inhalts und der Auswirkungen des Betriebs des Programms auf dem Computer bestimmt werden.

16 d) Auf der Grundlage des oben Erwähnten traf der Oberste Gerichtshof die Entscheidung wie folgt:

- Die Einblendung von Werbung durch den Websitebetreiber auf die PCs der Besucher [Übertragung von Werbeprogrammen] sei bereits heute weit verbreitet. Das Verhalten des Angeklagten im Coinhive-Fall sei dem ähnlich.
- Das Mining sei nur durchgeführt worden, während die Betroffenen die Website des Angeklagten besucht hätten.
- Durch sein Verhalten habe der Angeklagte die Rechenleistung der PCs seiner Websitebesucher zwar genutzt, aber nur in geringem Umfang. Dies bedeute, dass sich der Stromverbrauch vom PC des Besuchers zwar erhöht und die Verarbeitungsgeschwindigkeit verringert habe, dies aber nur so minimal, dass die Besucher es nicht bemerkt hätten.
- Mining sei ein System, das die Vertrauenswürdigkeit von Kryptowährungen gewährleiste. Deswegen könne es gesellschaftlich akzeptiert werden.
- Die Illegitimität sei daher im Ergebnis zu verneinen.

17 e) Die Entscheidung des Obersten Gerichtshofs blieb nicht unwidersprochen. Ein Kritikpunkt lautet, dass das hier vorliegende „Kryptohijacking", bei dem die Computer anderer ohne Zustimmung betrieben würden, die potenzielle Gefahr berge, das Vertrauen der Allgemeinheit in Computerprogramme zu untergraben.[34] Nach dieser Auffassung sind die Argumente, die der Oberste Gerichtshof angeführt hat, nicht überzeugend.

18 Wenn sich in der Öffentlichkeit das Bewusstsein verbreitet, dass beim Surfen auf Internetseiten die Funktionen des eigenen PCs ohne Zustimmung genutzt werden dürfen, wird das Vertrauen in den Cyberspace zwar erschüttert. In diesem Sinne ist ein Mining-Programm, das die Rechenleistung vieler fremder PCs zum Vorteil eines Dritten ohne Zustimmung der Computereigentümer nutzt, ein unehrliches Programm. Da diese Unehrlichkeit jedoch auf der Interessenverfolgungsabsicht des Handelnden beruht, sollte sie auf der Tatbestandsebene nicht überschätzt werden. Abgesehen davon kann der (auch vom japanischen OGH betonte) Aspekt angeführt werden, dass die Miningprogramme zum stabilen Betrieb des Kryptowährungssystems (und damit zu einem kollektiven Nutzen) beitragen. Eine andere, damit zusammen hängende Kritik lautet, dass das Programm, welches das Mining ermöglicht, ohne das Wissen der

---

33 *Otsuka* u.a., aaO. (Fn. 27) S. 346.
34 *Takara*, The objectivity requirement in crimes related to electronic or magnetic records containing unauthorized commands (https://f1000research.com/articles/11-657).

Websitebesucher abläuft. Dieser „heimliche Betrieb" untergrabe das Vertrauen der Allgemeinheit zum Programm.[35] Auch diese Kritik ist aber zu relativieren: Das Programm, das heimlich abläuft, ist zwar – wie oben erwähnt – „unehrlich" und kann das Vertrauen der Allgemeinheit in das Programm beeinflussen. Die wichtige Frage ist jedoch, wie groß dieser Einfluss ist. Wenn das Ausmaß nur gering ist, sollte die Tatbestandsmäßigkeit verneint werden, wie es auch vom Obersten Gerichtshof vorgenommen wurde. Darüber hinaus sind beispielsweise Programme, welche die Software verbessern und ebenfalls ohne Zustimmung an den PC anderer Personen gesendet werden, bereits gesellschaftlich akzeptiert, obwohl auch sie die PCs beeinflussen.[36] Deswegen kann man wohl sagen, dass die Entscheidung des Obersten Gerichtshofs als Einzelentscheidung angemessen war.

4. Schluss

Heute wird eine Vielzahl von Programmen im Cyberspace übertragen und empfangen. In dieser Situation wurde die Entscheidung des japanischen Obersten Gerichtshofs getroffen. Sie spielt eine wichtige Rolle als eine Trennlinie zwischen rechtmäßigem und unrechtmäßigem Verhalten im Umgang mit vergleichbaren Programmen; auch wenn noch Fragen offen bleiben, hat der Oberste Gerichtshof einige wichtige Aspekte für die Bestimmung der Strafbarkeit genannt. In Zukunft muss die Staatsanwaltschaft bei diesem Delikt die Tatsachen, welche die Grundlage für die Illegitimität darstellen, noch konkreter darlegen und nachweisen.[37]

IV. Behandlung des Falls nach deutschem Recht

Die Erfüllung eines Straftatbestands im Bereich des fremdnützigen Kryptominings hängt auch nach deutschem Recht von der verwendeten Methode ab:

1. Durch das malwarebasierte Kryptomining mittels Botnetzen wird zum einen regelmäßig der Straftatbestand der Datenveränderung gem. § 303a Abs. 1 Var. 4 StGB[38] erfüllt sein.

Gem. § 303a I StGB macht sich strafbar, wer rechtswidrig Daten löscht, unterdrückt, unbrauchbar macht oder verändert. Dabei schützt die Norm das Interesse des Verfügungsberechtigten an der unversehrten Verwendbarkeit der gespeicherten Daten.[39] „Verändert werden Daten, wenn ihr Informationsgehalt oder ihr Aussagewert umgestaltet und dadurch eine Funktionsbeeinträchtigung hervorgerufen wird."[40] Mit der Installation von Schadsoftware – wie beim malwarebasierten Kryptomining der Fall – werden also die auf dem Computer gespeicherten Programmdaten inhaltlich verändert.[41]

Außerdem kommt eine Strafbarkeit aufgrund der Zugangsverschaffung zu den fremden Computern wegen Ausspähen von Daten gem. § 202a Abs. 1 StGB in Betracht:

---

35 *Maeda*, Anm. zu OGH, Urt. v. 20. 01. 2022 (Coinhive-Fall), WLJ Rechtsprechungskolume 254 (2022WLJC-C006).
36 Vgl. *Sugiyama/Yoshida*, Zur Strafrechtsteilreformen als Reaktion auf den zunehmenden Fortschritt der Informationsverarbeitung usw., Hoso-jiho Bd. 64, Nr. 4, S. 72.
37 *Ikeda*, Anm. zu OGH, Urt. v. 20. 01. 2022 (Coinhive-Fall), Jurist, August 2022, No. 1574, S. 110.
38 S. auch *Heuchemer* in: BeckOK StGB, § 73 Rn. 81.
39 *Weidemann* in: BeckOK StGB, § 303a Rn. 2; BGH, Beschl. v. 27.07.2017, 1 StR 412/16, Rn. 29.
40 *Kindhäuser/Böse*, Strafrecht BT II, § 24 Rn. 8.
41 *Kindhäuser/Böse*, Strafrecht BT II, § 24 Rn. 8.

Nach § 202a Abs. 1 StGB macht sich strafbar, wer unbefugt sich oder einem anderen Zugang zu Daten, die nicht für ihn bestimmt und die gegen unberechtigten Zugang besonders gesichert sind, unter Überwindung der Zugangssicherung verschafft. Die Vorschrift schützt das formelle Geheimhaltungsinteresse des Verfügungsberechtigten.[42] Entscheidend für eine Strafbarkeit nach dieser Norm ist, ob die nicht für den Täter bestimmten Daten „gegen unberechtigten Zugang besonders gesichert" waren und ob der Täter „unter Überwindung der Zugangssicherung" in das Datensystem gelangt ist.[43] Sofern die Mining-Programme gemeinsam mit einer zur Datenspionage geeigneten Malware in das jeweilige IT-System eingeschleust werden, ist die Norm typischerweise verwirklicht.[44]

24   2. Das browserbasierte Kryptomining wird dagegen strafrechtlich in der Regel nicht erfasst, sofern keine Software auf dem betreffenden Computer installiert wird. Eine Strafbarkeit gem. §§ 202a, 303a StGB scheidet aus, da weder Daten ausgespäht noch gelöscht, unterdrückt, unbrauchbar gemacht oder verändert werden.[45] Ein Diebstahl gem. § 242 StGB scheitert an der fehlenden Wegnahme einer „Sache" im Sinne eines körperlichen Gegenstands; beim Betrug gem. § 263 StGB sind Täuschung und Irrtum ebenso fraglich wie Vermögensverfügung und Vermögensschaden; selbst wenn man das zur Verfügung Stellen von Rechenleistung als Dienstleistung mit Vermögenswert qualifiziert, erfolgt dies ohne Wissen der Betroffenen und damit ohne Verfügungsbewusstsein. Selbst wenn man dieses hier für entbehrlich hält, ist ein relevanter Vermögensschaden angesichts der nur schwer bezifferbaren (und kaum erheblichen) Einbuße im Sinne eines erhöhten Stromverbrauchs sowie Hardware-Verschleisses fraglich. Da Energie nicht mittels eines zur ordnungsmäßigen Energieentnahme bestimmten Leiters entzogen wird, scheitert auch eine Strafbarkeit wegen Entziehung elektrischer Energie i.S.d. § 248c Abs. 1 StGB.[46] Die reine unbefugte Nutzung der Rechenkapazität eines IT-Systems („Diebstahl von Rechenleistung") sowie die unberechtigte Generierung von Energiekosten stehen bislang nicht unter Strafe.[47] Bislang erfolglos waren Bemühungen des Landes Hessen mittels Gesetzesentwurfes einen Straftatbestand des „digitalen Hausfriedensbruchs" als § 202e StGB einzuführen, welcher auch browserbasierte Kryptomining-Methoden erfassen würde.[48] Mithin liegt bei dieser Form des fremdnützigen Kryptominings also derzeit eine Strafbarkeitslücke vor. Das ist nicht per se problematisch, sondern entspricht dem fragmentarischen Charakter des Strafrechts sowie seiner ultima-ratio-Funktion.

V. Vergleich mit dem deutschen Recht

25   In beiden Rechtsordnungen wurden im Laufe der Zeit eine ganze Reihe von Sondervorschriften zum „Computerstrafrecht" geschaffen, um neuen technologischen und gesellschaftlichen Entwicklungen Rechnung zu tragen. Dabei sind beide Länder, wie der vorliegende Fall zeigt, zum Teil unterschiedlich vorgegangen, was nicht überrascht: Anders als bei klassischen Straftatbeständen wie Diebstahl oder Betrug gibt es hier

---

42 BGH, Beschl. v. 27.07.2017, 1 StR 412/16, Rn. 28; *Graf* in: MüKoStGB, § 202a Rn. 2.
43 *Trentmann/Wilms*, Kriminalistik 2020, 89, 93.
44 *Eisele* in: Hilgendorf/Kudlich/Valerius, Handbuch des Strafrechts Band 6, Rn. 156.
45 *Trentmann/Wilms*, Kriminalistik 2020, 89, 93.
46 *Kindhäuser/Böse*, Strafrecht BT II, § 8 Rn. 7; *Eisele* in: Hilgendorf/Kudlich/Valerius, Handbuch des Strafrechts Band 6, Rn. 153.
47 *Eisele* in: Hilgendorf/Kudlich/Valerius, Handbuch des Strafrechts Band 6, Rn. 153.
48 BT-Drs. 18/10182; s. ausführlich in: *Trentmann/Wilms*, Kriminalistik 2020, 89, 93f.

keine Traditionen und langjährigen Erfahrungswerte. Daher ist es kein Wunder, dass Rechtsordnungen bei dem schwierigen Versuch, digitale Sachverhalte durch abstrakt-generelle Strafnormen adäquat zu erfassen, unterschiedliche Wege gehen. Eine Strategie, die in beiden Ländern beobachtet werden kann, ist die Schaffung von digitalen „Parallelnormen", die sich in Bezug auf Inhalt und systematische Stellung an klassischen Straftatbeständen orientieren, wie in Deutschland der Computerbetrug (§ 263a dStGB) oder in Japan der Betrug unter Verwendung von Datenverarbeitungsgeräten (§ 246-2 jStGB). Davon abgesehen wurde auf das Phänomen aber auch in unterschiedlicher Weise mit Sondervorschriften reagiert. So existiert in Deutschland keine Spezialnorm des „unbefugten Computerzugriffs" (sondern wird derzeit allenfalls als Reformvorschlag eines neuen § 202e dStGB de lege ferenda diskutiert). Und auch eine umfassende strafrechtliche Normierung rund um die Verwendung von Computerviren bzw. „elektromagnetischen Aufzeichnungen", die eine „illegitime Programmierung" enthalten, wie bspw. in §§ 168-2 f. jStGB, kennt das deutsche Recht in dieser Form nicht. Was auffällt ist die kollektive Begründung der Strafbarkeit: Nicht so sehr der Schutz der individuell von Computerviren betroffenen Personen wird betont, sondern der Vertrauensverlust der Allgemeinheit in „das Internet" und den Umgang mit Computerprogrammen insgesamt. Hier könnte sich ein auch kulturell bedingter Unterschied zwischen Japan als einer stärker kollektiv und Deutschland als stärker individualistisch geprägten Gesellschaft ausdrücken. Der Vorteil der japanischen Regelungstechnik ist ein recht lückenloser Schutz, der Nachteil sind Probleme mit dem Bestimmtheitsgebot. Insbesondere das im Coinhive-Fall entscheidungsrelevante Tatbestandsmerkmal der „Illegitimität" ist offensichtlich stark wertungsabhängig, die Entscheidungen der Gerichte darüber ex ante nur schwer vorhersehbar. Immerhin hat der OGH mit seiner Entscheidung zum Ausdruck gebracht, welche Kriterien er für relevant hält und damit zur Präzisierung der Norm beigetragen.

VI. Wertende Betrachtung

Die Umwälzungen, welche die Digitalisierung im Allgemeinen und vor allem das Internet für das gesellschaftliche und berufliche Leben mit sich gebracht haben, sind enorm und stellen das Rechtssystem ständig vor neue Herausforderungen. Die Coinhive-Entscheidung zeigt sehr schön die beiden Seiten der Medaille: Computernetzwerke bzw. „das Internet" erscheinen zugleich als Vehikel wirtschaftlicher Innovation (hier: Kryptowährungen) und als Werkzeug für strafbare bzw. zumindest strafwürdige Praktiken, um sich finanzielle Vorteile zu verschaffen. Dass hier Strafbarkeitslücken bestehen, liegt in der Natur der Sache: Der technologische Fortschritt gerade im digitalen Bereich ist rasend schnell, die Mühlen nicht nur der Justiz, sondern auch der Strafgesetzgebung mahlen langsam. Neue Strafgesetze (die nicht zu Lasten der Handelnden rückwirkend angewendet werden dürfen) kommen also notorisch zu spät. Das ist kein neues Phänomen, wie das oben erwähnte klassische Beispiel des „Stromdiebstahls" zeigt: Dieser fiel nicht unter § 242 StGB und blieb daher zunächst straflos, bis der Gesetzgeber mit § 248c StGB eine Sondernorm schuf. Was sich verändert hat ist allerdings die Schnelligkeit und Intensität, mit der sich ganz verschiedene technologische (digitale) Innovationen entwickeln und unseren Alltag prägen. Die Schaffung von „breitflächigen" Normen mit Generalklauseln und unbestimmten Rechtsbegriffen wäre eine mögliche Lösung des Problems – die allerdings im Strafrecht wegen dessen fragmentarischen Charakters, seiner bloßen ultima-ratio-Funktion und nicht zuletzt der strengen Anforderungen an die Bestimmtheit offensichtlich problematisch wäre. Auch im digitalen Bereich müssen also nicht alle Praktiken, die unethisch oder rechtlich fragwürdig erscheinen, zugleich als strafwürdig qualifiziert werden. Die Straflosigkeit des browserbasierten fremdnützigen Kryptominings in Deutschland und (jedenfalls in der Coinhive-Konstellation) auch in Japan sollte daher nicht vorschnell als unerträgliche Strafbarkeitslücke qualifiziert werden.

§ 18 Strafbare Störung der Amtsausübung und der Geschäftstätigkeit

Sota Endo/Peter Kasiske/Yuki Nakamichi

I. Fall

▶ (1) Der Polizeibeamte O versuchte, den des Mordes verdächtigen A festzunehmen, wobei er das gesetzlich vorgeschriebene Verfahren, einschließlich der Vorlage eines schriftlichen richterlichen Haftbefehls, einhielt. A entkam der Festnahme, indem er O ins Gesicht schlug, sodass dieser umkippte.

(2) Um 6 Uhr am 3.5.2023 rief B die Polizei P und die staatliche Universität Q mit einer falschen Meldung an, dass er eine Bombe an der Universität Q gelegt hatte. Die Beamten der Polizei P führten eine Durchsuchung und Überwachung der Universität Q durch. Die Universität Q sagte alle Vorlesung an diesem Tag ab.

(3) Am 31.1.2022 übermittelte C während einer Aufnahmeprüfung an der staatlichen Universität R Fotos der Prüfungsfragen, die er heimlich mit einer versteckten Kamera aufgenommen hatte, an D außerhalb des Prüfungsraums. C hörte sich die Antworten von D über drahtlose Kopfhörer an und verwendete sie für die Prüfung. Nach dem Ende der Prüfungen wurde die Universität R auf das Schummeln aufmerksam und war gezwungen zu überlegen, ob eine Wiederholung durchgeführt werden sollte.

(4) Am 29.3.2020 besuchte E in betrunkenem Zustand den Elektromarkt S und schrie zum Personal T „Ich bin Corona positiv!". T stellte sofort den Betrieb des Geschäfts ein, meldete den Vorfall bei der Polizei und musste den ganzen Laden desinfizieren. ◀

II. Behandlung des Falls nach japanischem Recht

1. Schutz der Arbeitstätigkeiten durch Strafrecht in Japan

a) Geschäftstätigkeiten und Strafrecht

Die Arbeitstätigkeit soll nicht durch Angriffe von außen gestört werden. Um den Schutz der Arbeitstätigkeit strafrechtlich zu verwirklichen, führte der japanische Strafgesetzgeber in der Meiji-Ära durch die große Reform im Jahr 1907 auffällige und für deutsche Lesende vielleicht etwas fremde Tatbestände ein: die strafbare Störung der Geschäftstätigkeit (§§ 233, 234 jStGB).

Beispielhaft: Sie haben das Staatsexamen geschrieben und am nächsten Tag wurde aufgedeckt, dass ein Prüfling (P) gerade in ihrem Prüfungsdurchgang „schummelte" (z. B. die Antworten von einem Smartphone abschrieb oder einen Absolventen mit einer Messenger App nach den Lösungen fragte). Aufgrund dessen musste das Prüfungsamt diese Prüfung für nichtig erklären und extra neue Fälle vorbereiten. Macht sich P wegen irgendeiner Vorschrift im dStGB strafbar?

Noch ein Fall: Der Durchgefallene (D) eines Staatsexamens bildete sich ein, dass der Grund seines Scheiterns die schlechten Vorlesungen und Professor*innen an der Universität waren. Aus diesem Motiv rief D das Dekanat an und sagte: „Ich habe Bomben in der Universität installiert". Macht sich D gerade im Hinblick auf die Störung des Universitätsbetriebs strafbar?

5 In Japan spielen in solchen Fallkonstellationen die Tatbestände der „Störung der Geschäftstätigkeit" eine Rolle. Die Vorschriften lauten wie folgt[1]:

> § 233 jStGB
>
> Wer ein unwahres Gerücht verbreitet oder List anwendet und dadurch die Kreditwürdigkeit eines anderen schädigt oder ihn in der Ausübung seiner Geschäfte stört, wird mit Freiheitsstrafe bis zu drei Jahren oder mit Geldstrafe bis zu fünfhunderttausend Yen bestraft.
>
> § 234 jStGB
>
> Die Regel des vorangehenden Paragraphen gilt auch für denjenigen, der mittels eigener Machtausübung die Ausübung der Geschäfte eines anderen stört.

6 Die Tatbestände der Störung der Geschäftstätigkeit werden erfüllt, wenn der Täter „[einen anderen] in der Ausübung seiner Geschäfte stört", indem er entweder „ein unwahres Gerücht verbreitet", „List anwendet" (§ 233 jStGB), oder „Macht ausübt" (§ 234 jStGB). Sie schützen die soziale Tätigkeit des Menschen im Allgemeinen vor der Störung durch einen anderen.[2] Dabei ist es gleichgültig, ob die Tätigkeit rechtmäßig, entgeltlich oder beruflich ist.[3]

b) Störung der Amtsausübung

aa) Schutz der Arbeitstätigkeit im Amt

7 Die schutzbedürftigen Arbeitstätigkeiten sind nicht auf den privaten Bereich beschränkt: Die Arbeitstätigkeit im Amt soll auch vor einer Störung geschützt werden. Diesen Bereich umfasst § 95 Abs. 1 jStGB, der Tatbestand der sog. Störung der Amtsausübung. Er lautet wie folgt:

> § 95 Abs. 1 jStGB
>
> Wer gegen einen Beamten bei der Amtsausübung Gewalt ausübt oder eine Drohung anwendet, wird mit Freiheitsstrafe bis zu drei Jahren oder mit Geldstrafe bis zu fünfhunderttausend Yen bestraft.

8 Im Vergleich mit §§ 233, 234 jStGB hat die Störung der Amtsausübung die folgenden Charakteristika:

- Das Schutzobjekt des § 95 Abs. 1 jStGB ist die „Amtsausübung", während die §§ 233, 234 jStGB „die Ausübung der Geschäfte" im Allgemeinen schützen. Aus dem Unterschied des Wortlauts ergibt sich eine dogmatische Frage (s. unten c) dd)).
- § 95 Abs. 1 jStGB wird nur dann erfüllt, wenn der Täter „Gewalt" oder eine „Drohung" anwendet, die nach h.M. eine engere Bedeutung haben sollen als die Tathandlungen in §§ 233, 234 jStGB.
- § 95 Abs. 1 jStGB enthält ein zeitliches Merkmal („bei der Amtsausübung"), das in §§ 233, 234 fehlt.

---

[1] Die deutsche Übersetzung des jStGB stammt von *Yamanaka*, Das japanische StGB 日本刑法, 2021.
[2] *Takahashi*, Keihō kakuron [Strafrecht Besonderer Teil], 4. Aufl. (2022), S. 196; *Ida*, Keihō kōgi kakuron [Vorlesung Strafrecht Besonderer Teil], 2. Aufl. (2020), S. 196f.; *Nakamori*, Keihō kakuron [Strafrecht Besonderer Teil], 4. Aufl. (2015), S. 71.
[3] *Ida* (Fn. 2), S. 197. *Nakamori* (Fn. 2), S. 72 stellt solch umfassenden Schutz aller Geschäftstätigkeit durch Strafrecht, der im Rechtsvergleich selten ist, in Zweifel.

II. Behandlung des Falls nach japanischem Recht　§ 18

Der obige Fall (1) ist ein Musterbeispiel für die Störung der Amtsausübung. Die polizeiliche Festnahme aufgrund des Haftbefehls (im japanischen System heißt dieser „schriftlicher Befehl des Gerichts zur Festnahme", § 199 Abs. 1 jStPO) fällt unter den Begriff „Amtsausübung". Im Fall (1) verwendet A Gewalt gegen den Polizisten O, der gerade bei der Tat seine Amtstätigkeit ausführt („bei der Amtsausübung"). Das Verhalten von A erfüllt damit alle Merkmale von § 95 Abs. 1 jStGB. A macht sich daher wegen Störung der Amtsausübung strafbar. 9

bb) Bei der Amtsausübung

Unter „Amtsausübung" fallen nicht nur Vollstreckungshandlungen wie die Festnahme (vgl. § 113 dStGB)[4] im deutschen Sinne. Nach japanischer Rechtsprechung umfasst die „Amtsausübung" sogar „alle Art von Arbeitstätigkeiten, die die Beamten im Allgemeinen behandeln und ausführen sollen".[5] Denn der Wortlaut von § 95 Abs. 1 jStGB gibt keine begrenzenden Voraussetzungen für den Inhalt der Amtsausübung vor.[6] Darunter fallen z. B. die Vernehmung vom Steueramtsbeamten für die Steuerveranlagung[7] oder die Überprüfung und Genehmigung der Buchhaltungsunterlagen für die Erhebung von Telegrafengebühren.[8] 10

Die Störung der Amtsausübung ist nur dann strafbar, wenn Gewalt oder Drohung „bei der Amtsausübung" angewendet werden. Nach h. M. umfasst diese Voraussetzung sowohl den Zeitraum vom Beginn der *konkret bestimmten* Amtstätigkeit bis zu deren Ende als auch die notwendige Zeit für die Vorbereitung und das Abschließen der Tätigkeit.[9] Während der Polizist im Fall (1) schon seine Amtsausübung angefangen hat, treffen die Polizisten im Fall (2) noch keine Vorbereitungen für konkrete Amtsausübungen. In Bezug auf die Universität Q ist der Beginn von konkreten Amtsausübungen nicht anzunehmen, weil der Anruf vor dem Beginn der Vorlesungen stattfand. Im Fall (2) ist also die Voraussetzung „bei der Amtsausübung" nicht erfüllt. 11

Nach dieser Auffassung fällt jedoch die Aufnahmeprüfung von der staatlichen Universität R im Fall (3) als „Arbeitstätigkeiten, die die Beamten im Allgemeinen behandeln und ausführen sollen" unter die Amtsausübung, und wegen des Beginns ihrer Arbeit zugleich unter das Merkmal „bei der Amtsausübung" (§ 95 Abs. 1 jStGB). 12

cc) Gewalt oder Drohung

Die Störung der Amtsausübung ist nur dann strafbar, wenn der Täter gegen einen Beamten bei der Amtsausübung Gewalt gebraucht oder eine Drohung anwendet. Unter „Gewalt" im Sinne des § 95 Abs. 1 jStGB fällt jede Anwendung körperlicher Kraft, die 13

---

[4] BGHSt 25, 313 („Handlung einer dazu berufenen Person, welche die Verwirklichung des [...] notfalls zwangsweise durchsetzbaren Staatswillens bezweckt").
[5] OGH vom 29.6.1978 Keishū 32, 4, 816; OGH vom 8.5.1984. Keishū 38, 7, 2621.
[6] Daishin-in vom 19.11.1909, Keiroku 15, 1641. Vgl. *Ida* (Fn. 2), S. 577; abweichend *Matsubara*, Keihō kakuron [Strafrecht Besonderer Teil], 2. Aufl. (2021), S. 541.
[7] Daishin-in vom 19.11.1909, Keiroku 15, 1641.
[8] OGH vom 29.6.1978 Keishū 32, 4, 816.
[9] *Yamaguchi*, Keihō kakuron [Strafrecht Besonderer Teil], 2. Aufl. (2010), S. 542f.; *Ida* (Fn. 2), S. 581. Hier wird ein ähnliches Argument zur deutschen Diskussion um „bei der Vornahme einer solchen Diensthandlung" (§ 113 dStGB) herangezogen. Statt vieler *Wessels/Hettinger/Engländer*, Strafrecht Besonderer Teil 1, 46. Aufl. (2022), Rn. 598.

sich gegen den Beamten richtet.[10] Gewalt kann sich entweder unmittelbar gegen den Körper des Beamten selbst oder mittelbar gegen die für die Amtsausübung relevanten Gegenstände bzw. Hilfskräfte richten. Als Beispiele der mittelbaren Gewalt sind die Folgenden zu nennen: Vernichten des Tabaks bzw. Alkohols, der als Beweismittel für illegale Herstellung beschlagnahmt werden sollte[11] oder Gewaltausübung gegen die Privatperson, die als Hilfskraft aufgrund eines Auftrags von Beamten ihre Amtsausübung unterstützt.[12]

14 „Drohung" ist die Ankündigung eines Übels, das geeignet ist, Menschen abzuschrecken. Anders als in § 113 dStGB muss es keine „Drohung mit Gewalt" sein. Trotz ihrer Verbrechensbezeichnung setzt die Störung der Amtsausübung keine tatsächliche Störung voraus: Wenn Gewalt oder Drohung angewendet werden, die geeignet sind, die angemessene Amtsausübung zu erschweren, ist die Tat vollendet. In diesem Sinne ist sie ein abstraktes Gefährdungsdelikt.[13] Aus diesem Grund vertritt die h.L. in Japan die Auffassung, dass Handlungen, die keinen Einfluss auf die angemessene Amtsausübung haben können, – wie Zerstörung eines Gegenstands ohne das Wissen von Beamten – ausgeschlossen werden sollten.[14]

15 Das Fehlverhalten von C im Fall (3) fällt deshalb weder unter „Gewalt" noch unter „Drohung", weil es ohne das Wissen des Beamten (hier: Mitarbeiter der staatlichen Universität R) begangen wurde.

c) Störung der Geschäftstätigkeit

16 Von § 95 Abs. 1 jStGB werden die Handlungen in den Fällen (3) und (4) nicht erfasst. Der Anruf von B im Fall (2) wird auch dann nicht bestraft, wenn das Angriffsobjekt eine private Universität ist.[15] Damit treten §§ 233, 234 jStGB in den Vordergrund. Nach § 233 jStGB wird derjenige bestraft, der unter Verwendung von unwahren Gerüchten oder von List die Ausübung der Geschäfte eines anderen stört, während sich nach § 234 jStGB derjenige strafbar macht, der unter Anwendung von Macht die Ausübung der Geschäfte stört.

aa) Geschäftsausübung

17 „Geschäft" ist nach h. M. „die laufende Arbeit oder Tätigkeit, die auf einem Beruf oder einem anderen sozialen Status beruht".[16] Das Merkmal „auf einem Beruf oder einem anderen sozialen Status beruht" schließt ganz private Tätigkeiten wie Mittagessen mit der Familie aus.[17] Aufgrund des Merkmals „laufend" fällt die Arbeit nicht unter ein „Geschäft", die nur zur einmaligen Durchführung vorgesehen ist.[18] Dennoch

---

10 *Nishida/Hashizume*, Keihō kakuron [Strafrecht Besonderer Teil], 7. Aufl. (2018), S. 451; *Ida* (Fn. 2), S. 582. Vgl. auch OGH vom 23.1.1962 Keishū 16, 1, 11.
11 OGH vom 20.3.1951 Keishū 5, 5, 794; OGH vom 14.10.1958 Keishū 12, 14, 3264.
12 OGH vom 24.3.1966 Keishū 20, 3, 129.
13 *Ida* (Fn. 2), S. 574.
14 *Takahashi* (Fn. 2), S. 641; *Nishida/Hashizume* (Fn. 10), S. 451; *Yamaguchi* (Fn. 9), S. 547.
15 Nach der Statistik des MEXT im Jahr 2021 gibt es 86 staatliche Universitäten und 98 Präfektur- und Stadtuniversitäten, während die Zahl der privaten Universitäten 619 beträgt. Vgl. Schulische Basiserhebung 2021 (abrufbar unter: https://www.e-stat.go.jp/stat-search/files?tclass=000001149126: letzter Zugang am 30.3.2023).
16 Daishin-in vom 24.10.1921, Keiroku 27, 643.
17 *Nishida/Hashizume* (Fn. 10), S. 138; *Yamaguchi* (Fn. 9), S. 156.
18 *Ida* (Fn. 2), S. 197; abweichend *Yamaguchi* (Fn. 9), S. 156.

II. Behandlung des Falls nach japanischem Recht § 18

führt diese weite Definition der Tatbestände dazu, dass ansonsten fast alle soziale Tätigkeit von ihnen erfasst werden.[19]

bb) Tathandlungen

Unter der „Verwendung von unwahren Gerüchten" (§ 233 1. Var. jStGB) ist nach der h.L. die „Verbreitung von Gerüchten oder Informationen, die der objektiven Wahrheit widersprechen, an eine unbestimmte oder große Zahl von Personen" zu verstehen.[20] Darunter fällt z. B. die Verbreitung von Gerüchten wie „Der Imbiss X ist unhygienisch und verwendet Fleisch, dessen Mindesthaltbarkeitsdatum überschritten ist".

Die „Anwendung von List" (§ 233 2. Var. jStGB) erfasst die „Täuschung einer anderen Person oder Ausnutzung ihres Irrtums oder ihres Unwissens".[21] Darunter fällt z. B., wer sich als Y ausgibt und in einem Lebensmittelgeschäft eine unechte Bestellung für Y aufgibt.

„Machtausübung" wird von der h. M. weit ausgelegt. „Macht" wird definiert als „Ausübung eines Einflusses auf das Opfer, der geeignet ist, die freie Selbstbestimmung des Opfers zu überwinden".[22] Darunter fallen typischerweise Gewalt und Drohungen, aber auch Äußerungen, wenn sie geeignet sind, die freie Selbstbestimmung des Adressaten zu beeinträchtigen. Die Strafbarkeit aufgrund bloßer Äußerungen wird seit Langem von der Rechtsprechung angenommen.[23]

cc) Störung

Rein wörtlich gesehen, sollte der Wortlaut „stört" (Störung) bedeuten, dass eine der Tathandlungen des Täters den Erfolg der Störung der Geschäfte eines anderen tatsächlich verursacht. Die Mehrheit in der japanischen Literatur vertritt diese Auffassung mit der folgenden Begründung: Die Begrenzung der Strafbarkeit werde durch die gesetzgeberische Eingrenzung der Tathandlungen von der Rechtsprechung vernachlässigt. Vor diesem Hintergrund dürfe man das Merkmal der „Störung" nicht weit auslegen.[24]

Trotzdem lehnt der OGH diese Auffassung ab und erklärt, dass die tatsächliche Störung nicht notwendig ist. Wer solche Handlungen begeht, die geeignet sind, die Geschäfte eines anderen zu stören, „stört" sie schon im Sinne von §§ 233, 234 jStGB. Insoweit versteht der OGH diese Tatbestände als Gefährdungsdelikte.[25] Ein Vorteil dieser weiten Auslegung liegt darin, dass damit Geschäftstätigkeiten effektiver geschützt werden können.

---

19 *Ida* (Fn. 2), S. 197.
20 *Nishida/Hashizume* (Fn. 10), S. 137; *Yamaguchi* (Fn. 9), S. 154.
21 *Nishida/Hashizume* (Fn. 10), S. 137; *Yamaguchi* (Fn. 9), S. 154.
22 OGH vom 30.1.1953, Keishū 7, 1, 128.
23 LG Tokyo vom 26.12.1975 Keiji Saiban Geppō (Monatliche Schrift für Strafsachen) 7, 11/12, 984. Diese weite Auslegung von „Anwendung von List" und „Machtausübung" in der Praxis wird allerdings von der Literatur kritisiert: Damit verliere die gesetzgeberische Eingrenzung der Tathandlungen ihre materielle Begrenzungsfunktion in Bezug auf die Strafbarkeit. Vgl. *Yamaguchi*, (Fn. 9), S. 162; *Ida*, (Fn. 2), S. 201.
24 *Takahashi* (Fn. 2), S. 210; *Matsubara* (Fn. 6), S. 170; *Nishida/Hashizume* (Fn. 10), S. 142; *Nakamori* (Fn. 2), S. 75.
25 Daishin-in vom 7.5.1936, Keishū 15, 573; OGH vom 30.1.1953 Keishū 7, 1, 128. Vgl. *Yamaguchi* (Fn. 9), S. 167; *Dando*, Keihō kōyō kakuron [Grundriss Strafrecht Besonderer Teil], 3. Aufl. (1990), S. 538. Als Begründung dieser weiten Auslegung weisen einige Ansichten auf die Schwierigkeit hin, den durch die Störung verursachten Schadensbetrag nachzuweisen. Vgl., *Maeda*, Keihō kakuron kōgi [Vorlesung Strafrecht Besonderer Teil], 7. Aufl. (2020), S. 147 Anm. 17.

dd) Ist die Amtsausübung auch „Geschäft"?

23 Die Amtsausübung ist durch § 95 Abs. 1 jStGB vor Gewalt und Drohung geschützt, während die Geschäftstätigkeit von den §§ 233, 234 jStGB vor den darin genannten Tathandlungen geschützt wird. Aus dieser Zweiteilung im Gesetz ergibt sich die dogmatische Frage, ob „Geschäfte" auch die „Amtsausübung" umfassen könnten, bzw. ob die Amtsausübung nicht nur von § 95 Abs. 1 jStGB, sondern auch von den §§ 233, 234 jStGB – doppelt – geschützt sein könnte: Denn die Definition der „Geschäfte" kann – dem Wortlaut nach – auch die Amtsausübung enthalten.

24 Diesbezüglich vertritt die h. M. in Japan eine differenzierende Auffassung: sog. „machtvolle" Amtstätigkeiten, bei denen die Anwendung von staatlichem Zwang erlaubt ist, sollen nicht zu „Geschäften" im Sinne der §§ 233, 234 jStGB gehören, während sonstige Amtstätigkeiten jedoch von den genannten Vorschriften erfasst werden (Mächtigkeitstheorie).[26] Der Grund für diese Auslegung ist die folgende Annahme: Bei den machtvollen Amtstätigkeiten, wie Festnahme durch die Polizei, könnten die Beamte mit eigener Zwangsgewalt (Selbstvollstreckungsgewalt) die milderen Störungshandlungen, die nicht unter „Gewalt" und „Drohung" im Sinne vom § 95 Abs. 1 jStGB fallen, eigenhändig beseitigen, und es bedürfe daher keines zusätzlichen strafrechtlichen Schutzes. Bei den nicht mit staatlicher Zwangsgewalt verbundenen Tätigkeiten von Beamten, wie Vorlesungen der staatlichen Universität, sei dies jedoch nicht der Fall. Vor den Störungen, die weder als „Gewalt" noch als „Drohung" angesehen werden könnten, sollten diese Amtstätigkeiten geschützt werden, weil die Beamten vor Ort diese Störungen nicht unter Anwendung von Zwang beseitigen könnten. Deshalb müssten diese „nicht machtvollen" Amtstätigkeiten strafrechtlich geschützt werden.[27]

2. Falllösung

a) Fall (2): Bombe in der Universität

aa) Tat gegen die staatliche Universität Q

25 Die Universität Q ist staatlich. Daher sind ihre Vorlesungen zwar eine Amtsausübung im Sinne von „Arbeitstätigkeiten, die die Beamten [hier: Professor*innen, Lehrbeauftragte und Mitarbeitende an der staatlichen Universität] im Allgemeinen behandeln und ausführen sollen". Jedoch fallen sie zugleich unter „Geschäfte", da sie nicht zur machtvollen Tätigkeit der Beamten gehören. Deshalb kann die Tat von B nach der oben erwähnten differenzierenden Ansicht nicht nur von § 95 Abs. 1 jStGB, sondern grundsätzlich auch von den §§ 233, 234 jStGB erfasst werden.

26 Bei dem Anruf sagt der Täter (B), dass er eine Bombe in der Universität versteckt habe. Dies ist als „Einwirken auf das Opfer, welches geeignet ist, die freie Selbstbestimmung des Opfers zu überwinden" anzusehen, weshalb es unter den Begriff der „Machtausübung" fällt. Zugleich ist der Anruf eine Drohung (§ 95 Abs. 1 jStGB), weil der Inhalt des Anrufes die Ankündigung eines Übels ist, das geeignet ist, Menschen abzuschrecken. Jedoch werden die Vorlesungen schon vor deren Beginn abgesagt. Deshalb ist die Voraussetzung „bei der Amtsausübung" nicht erfüllt. Hier ist die Strafbarkeit wegen Störung der Amtsausübung (§ 95 Abs. 1 jStGB) zu verneinen.

---

26 OGH vom 12.3.1987, Keishū 41, 2, 140; OGH vom 17.2.2000, Keishū 54, 2, 38.
27 Statt vieler *Ida* (Fn. 2), S. 198.

II. Behandlung des Falls nach japanischem Recht   § 18

Hingegen „stört" B das Geschäft der Universität Q, weil der Anruf zum Ausfall der Vorlesungen führt. Sowohl nach der Rechtsprechung, die die tatsächliche Störung nicht voraussetzt, als auch nach der h. L., die sie für notwendig hält, ist der Ausfall der Vorlesungen jedenfalls als „Störung" anzusehen. Da B mit seinem Anruf, der als „Machtausübung" anzusehen ist, die Geschäfte der Universität Q stört, macht B sich wegen Störung der Geschäftstätigkeit aufgrund von Machtausübung (§ 234 jStGB) strafbar. 27

bb) Tat gegen die Polizei P

Die Polizisten der Polizei P sind öffentliche Beamte. Aber wie oben bereits erwähnt ist die Voraussetzung „bei der Amtsausübung" (§ 95 Abs. 1 jStGB) nicht erfüllt, weil die Polizisten noch keine Vorbereitungen für konkrete Amtsausübungen getroffen haben. 28

Um auf die – falsche – Meldung von B zu reagieren, ist jedoch die Polizei P gezwungen, Durchsuchungen und Kontrollen in der Umgebung der Universität Q durchzuführen. Insoweit ist die Polizei P nicht in der Lage, ihren ursprünglichen Aufgaben nachzukommen, die ohne die Meldung von B durchgeführt worden wären. Daraus ergibt sich die Frage, wie diese „Störung" durch den Anruf von B strafrechtlich behandelt werden soll. 29

Wiederum ist fraglich, ob die Arbeitstätigkeit der Polizei P auch als „Geschäft" im Sinne der §§ 233, 234 jStGB anzusehen ist. Die Hauptaufgaben der japanischen Polizei sind Prävention, Abwehr und Ermittlung der Kriminalität (§ 2 Abs. 1 jPolizeigesetz), die zur „machtvolle[n] Amtstätigkeit, bei der die Anwendung von Zwangsgewalt erlaubt ist" gehören. Dann scheint die Anwendung der Störung der Geschäftstätigkeit (§§ 233, 234 jStGB) auf die polizeilichen Tätigkeiten ausgeschlossen zu sein, weil nach der Rechtsprechung nur die nicht-machtvollen Amtstätigkeiten als „Geschäfte" durch die §§ 233, 234 jStGB zusätzlich geschützt werden. 30

Die h. M. nimmt jedoch die Strafbarkeit wegen Störung der Geschäftstätigkeit im Fall einer falschen Anzeige wie im Fall (2) mit der folgenden Begründung an: Das Argument der Mächtigkeitstheorie stamme aus der Selbstvollstreckungsgewalt. Die Beamten mit dieser Befugnis könnten die milderen Störungshandlungen eigenhändig beseitigen. Aber das gelte nicht im Fall falscher Anzeigen. Auch wenn die Polizei im Allgemeinen die Selbstvollstreckungsgewalt habe, könne sie damit auf die Störungshandlung des Anrufenden nicht reagieren. Insoweit entstehe derselbe Schutzbedarf, auf den die Mächtigkeitstheorie Bezug nimmt. Daher würden auch die polizeilichen Amtstätigkeiten in Bezug auf falsche Anzeigen unter „Geschäfte" fallen.[28] 31

Die falsche Meldung von B mag – entsprechend dem Anruf zur Universität Q – als „Machtausübung" angesehen werden. Aber die Meldung der Tatsache der Bombenlegung ist in Bezug auf die Polizei nicht geeignet, die freie Selbstbestimmung des Opfers (Polizist!) zu überwinden. Vielmehr fällt die falsche Meldung als „Täuschung anderer Person" unter die Variante der „Anwendung von List". Das führt zum Ergebnis, dass B sich wegen Störung der Geschäftstätigkeit durch Anwendung von List (§ 233 2. Var. jStGB) strafbar macht.[29] 32

---

28 OG Tokyo vom 12.3.2009, Kōkeishū 62, 1, 21. Vgl. *Ida* (Fn. 2), S. 198.
29 In Deutschland ist diese Tat vom § 145d dStGB umfasst. Obwohl das jStGB keine Vorschrift wie § 145d dStGB kennt, fungieren §§ 233, 234 jStGB durch die erweiternde Auslegung als Ersatztatbestände des Vortäuschens einer Straftat.

b) Fall (3): Schummeln in der Aufnahmeprüfung

33 Die Aufnahmeprüfung zur Universität ist ein besonderes Lebensereignis in Japan. Man legt sehr viel (wohl auch etwas übertriebenes) Gewicht darauf, an welcher Universität man studieren und seinen Abschluss machen darf. Daraus ergibt sich eine große Erwartung der Öffentlichkeit, dass die Fairness der Aufnahmeprüfungen unbedingt gewährleistet wird; zugleich werden – entsprechend dieser Erwartung – gegen ein Verhalten, das die Fairness der Prüfung stört, schwere Vorwürfe erhoben. Über das „Schummeln" in der Gemeinsamen Prüfung oder in der universitären Prüfung[30] wird in den Massenmedien oft berichtet,[31] und in manchen Fällen sind die Schummelnden auch bestraft worden.

34 Die Übersendung der aufgenommenen Fotos von den Prüfungsfragen und die Mitteilung der richtigen Antworten von D nehmen die Aufsichtführenden vor Ort nicht wahr. Das bedeutet, dass C das Unwissen der Aufsichtführenden ausnutzt und daher das Schummeln von C unter „Anwendung von List" fällt.

35 Aufgrund des Schummelns ist die Universität R gezwungen, neue Prüfungsfragen vorzubereiten. Damit ist die Universität R nicht in der Lage, ihren sonstigen Aufgaben nachzukommen, die ohne das Schummeln von C durchgeführt würden.

36 Die Universität R ist staatlich. Nach der Mächtigkeitstheorie aber gehört die Durchführung der Aufnahmeprüfung zur nicht-machtvollen Amtstätigkeit, weshalb ein „Geschäft" vorliegt. Insoweit stört C die Geschäftstätigkeit der Universität R durch Anwendung von List (§ 233 2. Var. jStGB). In einem ähnlichen Fall verurteilte das LG Tokyo (Zweigstelle Tachikawa) den Schummelnden zu einer einjährigen Haftstrafe mit Bewährung.[32]

37 Die Fairness der Prüfung ist zwar wichtig. Aber man sollte sich fragen, ob es wirklich notwendig ist, auf eine solche Störung der Fairness strafrechtlich zu reagieren. Das Ergebnis des LG Tokyo ist auch in Japan umstritten. Manche versuchen, durch die begrenzende Auslegung die Anwendbarkeit der Störung der Geschäftstätigkeit in Fällen des „Schummelns" abzulehnen.[33]

---

30 Das japanische System der Aufnahmeprüfung ist anders als Deutschland. Um an der staatlichen Universität zu studieren, muss man zuerst die sog. Gemeinsame Prüfung ablegen, die grob dem SAT in den USA entspricht. Nach der GP wird deren Note zur Universität, um die sich man bewerben will, übersendet. Jede staatliche Universität hält danach die zweite Prüfung ab, die ihrer „Aufnahmepolitik" (admission policy) entspricht. Bei der Bewerbung zur privaten Universität ist hingegen das Ablegen der GP keine notwendige Bedingung zur Aufnahmeprüfung, die die Universität veranstaltet.
31 Yomiuri Shimbun (Tageszeitung, die der FAZ entspricht) vom 21.6.2022, Morgenausgabe (Schummeln an der Hitotsubashi Universität); Asahi Shimbun (Tageszeitung, die der SZ entspricht) vom 27.2.2011, Morgenausgabe (an der Kyoto Universität); Asahi Shimbun von 26.1.2022, Abendausgabe (bei der Gemeinsamen Prüfung).
32 Nihon Keizai Shimbun (Tageszeitung, die dem Handelsblatt entspricht) vom 14.10.2022, Morgenausgabe. Am 20. Juli 2022 verurteilte das summarische Gericht in Tokyo den D zu Geldstrafe in Höhe von 500.000 Yen (Yomiuri Shimbun vom 9.9.2022, Morgenausgabe). Im Fall der Kyoto Universität entschied das Familiengericht Yamagata am 7.7.2011, gegen den 19-jährigen Prüfling keine Maßnahmen zu erlassen (Asahi Shimbun vom 8.7.2011, Morgenausgabe). Im Fall der Gemeinsamen Prüfung entschied das Familiengericht Osaka, den 19-jährigen Prüfling auf Bewährung zu setzen (Yomiuri Shimbun vom 21.9.2022, Morgenausgabe), während der erwachsene Gehilfe vom summarischen Gericht zu Geldstrafe in Höhe von 500.000 Yen verurteilt wurde (Yomiuri Shimbun vom 17.5.2022, Morgenausgabe).
33 *Nakamori* (Fn. 2), S. 75 verlangt „sichtbare Unordnung" für die „Störung". Vgl. auch *Ida* (Fn. 2), S. 200; *Nishida/Hashizume* (Fn. 10), S. 142.

c) Fall (4): „Ich bin Corona positiv!"

Ganz am Anfang der Corona-Pandemie ist in Japan über viele Fälle in den Massenmedien berichtet worden, in denen jemand schrie „Ich bin Corona positiv!". Der Fall (4) fand am 29.3.2020 in Nagoya, Aichi-Präfektur statt. Das LG Nagoya verurteilte den Angeklagten wegen Störung der Geschäftstätigkeit durch Machtausübung (§ 234 jStGB) zu einer Freiheitsstrafe von 10 Monaten *ohne* Bewährung.[34]

Der Schrei „Ich bin Corona positiv" ist, mindestens unter den damaligen Umständen, geeignet, die freie Selbstbestimmung des Angesprochenen zu überwinden: Denn diese Äußerung verursacht eine Angst, ob der Mann wirklich mit COVID-19 infiziert sein könnte, ob dieser Vorfall dem Chef mitzuteilen ist, ob man sich selbst infiziert haben könnte usw. und bringt damit das Opfer in Verwirrung; mit anderen Worten: die freie Selbstbestimmung des Opfers wird beeinträchtigt. Damit fällt der Schrei unter den Begriff der „Machtausübung".

Durch diese werden die Angestellten des Elektromarkts dazu gezwungen, den Fall bei der Polizei zu melden und den ganzen Laden zu desinfizieren. Auch nach der h.L., die die tatsächliche eingetretene Störung der Geschäftstätigkeit verlangt, „stört" E die Geschäftstätigkeit des Elektromarkts und dessen Angestellten T.

Wenn dieselbe Handlung im Jahr 2023 begangen würde, könnte sie möglicherweise zu einem anderen Ergebnis führen, weil sich die Situation in Bezug auf das Corona-Virus deutlich verbessert hat und sich damit auch die Bewertung der Geeignetheit zur Beeinträchtigung der freien Selbstbestimmung ändern könnte.

III. Behandlung des Falls nach deutschem Recht und Vergleich mit der japanischen Rechtslage

Die Behinderung der Amtstätigkeit von Beamten unter Strafe zu stellen ist ein Konzept, das auch dem deutschen Strafrecht vertraut ist. Es ist in den §§ 113 ff. dStGB allerdings etwas zurückhaltender verwirklicht als in § 95 Abs. 1 jStGB. Denn geschützt werden bei der deutschen Vorschrift nicht alle Amtsträger, sondern nur die Vollstreckungsbeamten, d.h. jene Beamten, die befugt sind, in einem konkretisierten Einzelfall den Staatswillen zu verwirklichen und gegebenenfalls auch mit Zwang durchzusetzen.[35] § 113 dStGB schützt auch nicht jegliche Tätigkeit dieser Vollstreckungsbeamten vor Gewalt bzw. Drohung mit Gewalt, sondern nur die unmittelbar auf die Rechtsdurchsetzung im Einzelfall gerichteten Vollstreckungshandlungen. Die sonstigen Diensthandlungen der Vollstreckungsbeamten werden durch § 114 dStGB nur vor „tätlichen Angriffen" geschützt, d.h. unmittelbar auf den Körper zielenden gewaltsamen Einwirkungen.[36]

In den oben genannten Beispielen könnte daher nur der A in Fall (1) nach §§ 113 Abs. 1; 114 Abs. 1 dStGB bestraft werden. In den Fällen (2) und (3) wäre § 113 dStGB hingegen schon deshalb nicht anwendbar, weil Beamte der Universität, die hier bei ihrer Amtstätigkeit beeinträchtigt werden, nicht als Vollstreckungsbeamte anzusehen sind. Die Polizeibeamten, die der Bombendrohung nachgingen, waren zwar Vollstreckungsbeamte. Doch beeinträchtigte sie die Bombendrohung nicht gerade bei einer Vollstreckungshandlung, sondern nur bei ihrer sonstigen Tätigkeit, so dass auch

---

34 LG Nagoya vom 26.6.2020 LEX/DB25566508.
35 BGHSt 24, 313 (314).
36 *Fischer*, StGB, 70 Aufl. 2023, § 114 Rn. 5.

insoweit § 113 dStGB keine Anwendung findet. Allerdings ist hier § 145d Abs. 1 Nr. 2 dStGB verwirklicht, der die Vortäuschung von Straftaten unter Strafe stellt. Der Zweck dieser Vorschrift besteht darin, die Polizei vor einer unnützen Inanspruchnahme ihrer Ressourcen zu schützen.[37] Insoweit dient die Vorschrift auch dem Schutz der polizeilichen Amtsausübung, die hier anders als bei § 113 dStGB nicht vor Gewalt und Drohung, sondern in bestimmten Fällen auch vor Täuschung geschützt wird. Nach deutschem Recht könnte die Bombendrohung im Fall (2) zudem wegen der Nötigung der Universitätsbeamten auch nach § 240 Abs. 1 dStGB und als Störung des öffentlichen Friedens durch Androhung von Straftaten gemäß § 126 dStGB bestraft werden.

44 Während das deutsche Strafrecht einen strafrechtlichen Schutz von hoheitlichem Handeln durchaus kennt, ist die Störung der unternehmerischen Geschäftstätigkeit hierzulande nicht als eigenständiger strafrechtlicher Schutzgegenstand anerkannt. Zwar kennt das deutsche Zivilrecht einen Schutz des Rechts am eingerichteten und ausgeübten Gewerbebetriebs im Rahmen von § 823 BGB, das auch als Teil der Eigentumsgarantie des Art. 14 GG angesehen wird. Im Strafrecht hat sich diese Wertung jedoch nicht niedergeschlagen. Es existiert mit § 316b StGB zwar eine Vorschrift, die die Bestrafung von Eingriffen in die Tätigkeit bestimmter öffentlicher Betriebe ermöglicht. Bei dieser Norm geht es aber um die Sicherstellung der Versorgung mit bestimmten öffentlichen Gütern wie Wasser und Energie und nicht um den Schutz der Geschäftstätigkeit um ihrer selbst willen. Bei der unternehmerischen Geschäftstätigkeit zeigt sich so wieder einmal der fragmentarische Charakter des deutschen Strafrechts,[38] das seinen Schutz häufig auf besonders wichtige, klar abgegrenzte Bereiche und Angriffsformen konzentriert, um den strengen verfassungsrechtlichen Anforderungen des Bestimmtheitsgebots und des Ultima-Ratio-Prinzips zu genügen.

45 Daher werden in Deutschland nur bestimmte Voraussetzungen und Aspekte der Geschäftstätigkeit strafrechtlich geschützt, wie etwa das Vermögen und die Handlungsfreiheit von Betriebsinhabern und Angestellten. Dabei existiert mit der Verleumdungsvariante des § 187 Alt. 3 dStGB auch eine Vorschrift, die gewisse Ähnlichkeiten mit § 233 Var. 1 jStGB aufweist: Danach wird bestraft, wer wider besseres Wissen unwahre Tatsachen über einen andern behauptet oder verbreitet, die geeignet sind, dessen Kredit zu gefährden. Obwohl es sich bei Verleumdung eigentlich um ein Delikt zum Schutz der persönlichen Ehre handelt, wird diese Variante des Tatbestandes allgemein als ein Vermögensgefährdungsdelikt angesehen, das auch zum Nachteil juristischer Personen begangen werden kann.[39] Dagegen gibt es im deutschen Strafrecht keine Vorschrift für den umfassenden Schutz der Geschäftstätigkeit gegen „Machtausübung", wie ihn § 234 jStGB vorsieht. Solche Fälle können aber unter Umständen als Nötigung gem. § 240 Abs. 1 dStGB erfasst werden. § 240 dStGB schützt allgemein die Freiheit der Willensbetätigung und schützt damit natürlich auch ihre Betätigung bei Arbeit und unternehmerischem Handeln. Allerdings ist der Schutz hier auf Beeinträchtigungen durch Gewalt i.S. der Hervorrufung einer physischen Zwangswirkung und Drohungen mit einem empfindlichen Übel beschränkt und somit enger als bei § 234 jStGB. Ein Verhalten wie in Beispielsfall 4) etwa könnte über § 240 dStGB nicht erfasst werden, weil der Täter hier weder eine körperliche Zwangswirkung verursacht noch die Zufügung eines empfindlichen Übels in Aussicht stellt. Straflos bleibt nach deutschem Recht

---

37 BGHSt 6, 251 (255); 19, 305 (307 f.).
38 Dazu *Hefendehl*, JA 2011, 401, 403 ff.; *Kulhanek*, ZIS 2014, 674.
39 Schönke/Schröder/*Eisele*, StGB, 30. Aufl. 2019, § 187 Rn. 1.

auch das Verhalten in Fall (3). Das Schummeln bei Prüfungen ist hierzulande nicht strafbar, selbst wenn dadurch der Universitätsbetrieb spürbar beeinträchtigt wird.

IV. Fazit und Ausblick

Wie oben dargelegt, bieten das jStGB und seine expansive richterliche Auslegung einen deutlich umfassenderen Schutz von Geschäftstätigkeiten in Japan als in Deutschland. Die gesetzgeberische Absicht hinter der Einführung solcher umfassenden Vorschriften bleibt unklar. Wie die routinemäßigen Entschuldigungen der japanischen Eisenbahngesellschaften selbst für geringfügige Zugverspätungen zeigen, gibt es in Japan eine weitverbreitete gesellschaftliche Erwartung an die reibungslose Durchführung von Geschäftstätigkeiten. Dies könnte der Grund dafür sein, dass das Gericht trotz starker Kritik aus der Rechtswissenschaft zögert, den Umfang strafbarer Handlungen einzuschränken. Diese erweiternden Auslegungen von §§ 233, 234 jStGB sind jedoch schwierig zu rechtfertigen. Sie scheinen nicht nur gegen das Gesetzlichkeitsprinzip (Bestimmtheitsgebot) zu verstoßen, sondern auch gegen das Ultima-Ratio-Prinzip, weil selbst für geringfügige Störungen erhebliche Sanktionen verhängt werden können.

Seltsamerweise ist die Zahl der Verurteilungen wegen Störung der Geschäftstätigkeit in Japan nicht hoch[40]. Ein Faktor, der dazu beiträgt, ist das Opportunitätsprinzip bei der Strafverfolgung in Japan. Die Staatsanwaltschaft ist befugt zu entscheiden, ob sie die Tat verfolgt oder nicht (§ 248 jStPO). Möglicherweise wählen die Staatsanwälte eine restriktivere Auslegung im Vergleich zu der Rechtsprechung und üben dadurch Zurückhaltung bei der Verfolgung wegen Geschäftsbehinderung. Der Ermessensspielraum der Staatsanwaltschaft bei der Strafverfolgung ist jedoch eine Blackbox und es ist ungesund, zu viel von ihm zu erwarten. Es bedarf einer aktiveren Debatte über die Auslegung und Gesetzgebung zur Begrenzung des Straftatbestands der Geschäftsbehinderung[41] unter Berücksichtigung von Vergleichen mit dem deutschen Strafrecht.

---

40 Die Anzahl der Verurteilung wegen Störung der Geschäftstätigkeit betrug 94 im Jahr 2022 und 95 im Jahr 2021. Sie beträgt nur etwa 0,2% aller Verurteilungen. Vgl., *General Secretariat, Supreme Court*, Annual Report of Judicial Statistics for 2022 Vol.2 Criminal Cases, S. 44; *ders*, Annual Report of Judicial Statistics for 2021 Vol.2 Criminal Cases, S. 44.
41 Vgl. *Nishigai*, Current Interpretation of the Crime of Obstruction of Business by Damaging a Computer, KEISATSUGAKU RONSHU 77 (2024, Forthcoming).

§ 19 Jugendstrafrecht in Japan und Deutschland

Carsten Griebeler / Shintaro Koike

Im folgenden Beitrag werden am Beispiel eines konkreten Falles die Grundzüge des japanischen und des deutschen Jugendstrafrechts dargestellt und die Aufgaben von Polizei, Staatsanwaltschaft, Gericht und Jugendgerichtshilfe umrissen.[1]

I. Fall

1 *Der Beispielsfall beschreibt eine jugendtypische Auseinandersetzung, wie sie in deutschen und japanischen Großstädten regelmäßig vorkommt. Auf eine sinnlose Provokation folgt eine unbedachte Reaktion. Die folgende Eskalation lässt sich von den Beteiligten dann nicht mehr kontrollieren. Als Katalysator wirken Alkohol, jugendliches Temperament und der vermeintliche Schutz der Dunkelheit.*

▶ Im Januar 2023 begegnen sich zwei Gruppen von Jugendlichen nachts in der Innenstadt von Frankfurt. Die eine Gruppe – X und Y – beleidigt die andere Gruppe – A, B und C – im Vorbeigehen ohne erkennbaren Grund mit den Worten „schwule Spinner". Als Antwort hierauf nimmt A eine leere Flasche von der Straße und wirft sie in Richtung von X und Y, trifft aber niemanden. X und Y bleiben unentschlossen stehen und warten ab. B dagegen zeigt sich tatkräftiger. Die „Warnung" mit der Flasche reicht ihm nicht aus; er will X und Y wegen der Beleidigung zur Rede stellen. Er geht zu X und schlägt ihm unmittelbar und ohne Warnung mit der Faust ins Gesicht. X geht durch den Schlag sofort zu Boden. Jetzt treten A, B und C gemeinsam auf den am Boden liegenden X ein und treffen ihn an Kopf und Oberkörper. X wehrt sich zu keinem Zeitpunkt und wird schnell bewusstlos. Jetzt sieht sich auch Y zum Handeln gezwungen. Er eilt seinem Freund X zur Hilfe, wird aber von A, B und C ebenfalls zu Boden geschlagen und getreten. Auch Y wehrt sich nicht, erleidet aber keine schweren Treffer, weil er sich noch mit den Armen abschirmen kann.

A, B und C lassen erst von X und Y ab, als Passanten laut um Hilfe rufen. Während Y mit leichten Prellungen davon kommt, bleibt X über zehn Minuten bewusstlos, erleidet eine schwere Gehirnerschütterung mit Erinnerungslücken und muss einige Tage im Krankenhaus behandelt werden. Gesundheitsschäden bleiben jedoch nicht zurück. Die 17-jährigen A, B und C können dank aufmerksamer Zeugen kurz nach der Tat im Rahmen einer polizeilichen Nahbereichsfahndung festgenommen werden. ◀

II. Gesetzliche Rahmenbedingungen

2 Sowohl in Japan wie auch in Deutschland gibt es spezielle Regelungen für den Umgang mit straffälligen Jugendlichen. Das allgemeine Strafrecht findet nur in modifizierter Form Anwendung.

---

[1] Die Verfasser danken Herrn Staatsanwalt Manabu Shigiya für seine wertvolle Unterstützung bei der Vorbereitung des Beitrags. Der Beitrag erhebt keinen Anspruch auf eine vollständige Darstellung des Jugendstrafrechts in Japan und Deutschland. Die Orientierung am konkreten Beispielsfall soll vielmehr einen anschaulichen Einstieg in die Thematik ermöglichen. In diesem Sinne wird auch weitgehend auf die Angaben von Normen und Statistiken verzichtet.

II. Gesetzliche Rahmenbedingungen

1. Deutschland

In Deutschland wurde 1923 das Jugendgerichtsgesetz[2] eingeführt. Es setzte die Strafmündigkeit von 12 auf 14 Jahre herauf und gilt für straffällige Jugendliche (14–17 Jahre) und Heranwachsende (18–20 Jahre),[3] für letztere aber nur dann, wenn sie in ihrer Entwicklung noch Jugendlichen gleichstehen oder eine sog. Jugendverfehlung vorliegt. Im Ergebnis wird das Jugendstrafrecht in etwa 2/3 der Fälle auch auf Heranwachsende angewendet, wobei es örtliche und deliktspezifische Schwankungen gibt. Im Bereich der Gewaltkriminalität mit Delikten wie Körperverletzung und Raub kommt bis zur Vollendung des 21. Lebensjahres fast ausschließlich Jugendstrafrecht zur Anwendung. Den Bereich der Kinder- und Jugendhilfe regelt nicht das Jugendgerichtsgesetz, sondern das Sozialgesetzbuch VIII.

Das Jugendgerichtsgesetz folgt im Wesentlichen dem **strafrechtlichen Modell**. Das bedeutet, dass straffällige Jugendliche und Heranwachsende grundsätzlich dem Strafrecht unterworfen bleiben. So ist beispielsweise auch für Jugendliche und Heranwachsende ein Strafgericht zuständig, wenn auch mit dem Jugendgericht ein spezieller Spruchkörper. Ziel des Jugendgerichtsgesetzes ist nicht das Strafen, sondern die Erziehung (§ 2 JGG). In diesem Sinne modifiziert das Jugendgerichtsgesetz die Regeln des allgemeinen Straf- und Strafprozessrechts. Besonders deutlich wird dies bei den Maßnahmen und Sanktionen, die von den Strafen des allgemeinen Strafrechts fast vollständig abgelöst sind und ein eigenes System bilden.

In den letzten Jahren hat das Jugendgerichtsgesetz nach öffentlichkeitswirksamen Straftaten (Stichwort U-Bahn-Schläger) einige Verschärfungen erfahren. So wurde beispielsweise im Jahr 2013 der sogenannte „Warnschussarrest" in § 16a JGG eingeführt.

2. Japan

Das Jugendstrafrecht in Japan wird durch das Shōnenhō[4] (Jugendgesetz) geregelt. Es folgt dem Jugendhilfemodell und hat damit einen weiteren Anwendungsbereich als das deutsche Jugendgerichtsgesetz. Umfasst werden nicht nur straffällige Jugendliche, sondern auch straffällige Kinder und „prädelinquente" Jugendliche, also solche Jugendliche, bei denen die ernste Besorgnis besteht, dass sie straffällig werden könnten. Auch in Japan beginnt die Strafmündigkeit mit Vollendung des 14. Lebensjahres. Anders als in Deutschland findet das Jugendstrafrecht jedoch bis zur Vollendung des 20. Lebensjahres Anwendung. Eine Unterteilung dieser Altersgruppe in Jugendliche und Heranwachsende gibt es nicht. Ähnlich wie das deutsche Jugendgerichtsgesetz zielt auch das Shōnenhō nicht auf Bestrafung, sondern auf den Schutz und die Erziehung der Jugendlichen ab (Art. 1 Shōnenhō). Wie in Deutschland modifiziert es zu diesem Zweck die allgemeinen Regeln des Straf- und Strafprozessrechts und normiert spezielle Sanktionen. Die gerichtliche Zuständigkeit für Jugendstrafverfahren liegt in Japan beim Familiengericht. Allgemein ist festzustellen, dass das Shōnenhō einen (noch) weniger konfrontativen Ansatz verfolgt als das deutsche Jugendgerichtsgesetz. So sollen beispielsweise Verhandlungen nach Art. 22 Abs. 1 Shōnenhō in (sinngemäß) freundlicher und informeller Umgebung stattfinden. Eine Ausnahme von diesem System ist jedoch u.a. für besonders schwere Straftaten vorgesehen. Diese können nach

---
2 Im Folgenden auch „JGG".
3 Soweit im Folgenden nur von Jugendlichen die Rede ist, sind Heranwachsende mit umfasst.
4 Auf Englisch in offiziellen Übersetzungen: „Juvenile Act".

einem entsprechenden Beschluss des Familiengerichts nach den Regeln des allgemeinen Strafrechts vor einem Strafgericht verhandelt werden.

Das Shōnenhō wurde seit seinem Inkrafttreten 1948 bis zum Jahr 2000 nicht geändert. Dann hat es allerdings – ähnlich wie in Deutschland – nach medienwirksamen Verbrechen durch Jugendliche mehrere Verschärfungen gegeben. So wurde beispielsweise die Rolle der Staatsanwaltschaft vor dem Familiengericht gestärkt und der Übergang vom familiengerichtlichen Verfahren zum „normalen" Strafverfahren erleichtert.

Im Jahr 2021 wurde ein Jugendgesetzänderungsgesetz erlassen, das 18- und 19-jährige als „spezifische Jugendliche (Tokutei-Shōnen)[5]" einstuft und von Jugendlichen mit 17 Jahren und darunter unterscheidet. Anlass dazu war die Herabsetzung des Wahlalters und der zivilrechtlichen Volljährigkeit von 20 auf 18 Jahre. Ursprünglich hatte die Regierung geplant, auch die Altersobergrenze des Jugendstrafrechts allgemein auf 18 Jahre herabzusetzen. Kritische Stimmen nicht nur aus der Wissenschaft, sondern auch aus der Praxis waren aber so groß, dass es zum Kompromiss kam, einerseits den Anwendungsbereich des Jugendgesetzes beizubehalten und andererseits die rechtliche Behandlung älterer Jugendlichen in einigen Punkten derjenigen von Erwachsenen anzunähern[6]. Diese Gesetzesnovelle trat am 1. April 2022 in Kraft.

III. Untersuchungshaft

5   Zurück zum Beispielsfall: Während A, B und C in Deutschland das Ermittlungsverfahren in Freiheit erleben, werden sie in Japan mit hoher Wahrscheinlichkeit zumindest in einer geschlossenen Einrichtung untergebracht.

1. Deutschland

6   Grundsätzlich kann Untersuchungshaft in Deutschland auch gegen Jugendliche verhängt werden, wenn sowohl ein **dringender Tatverdacht** als auch ein **Haftgrund** vorliegen. Haftgründe sind Flucht, Fluchtgefahr, Verdunkelungsgefahr und Wiederholungsgefahr, wobei die Fluchtgefahr insgesamt der häufigste Haftgrund ist. Bei Jugendlichen dagegen überwiegt der Haftgrund der Wiederholungsgefahr, während sich die Untersuchungshaft bei Heranwachsenden – wie bei Erwachsenen – vorrangig auf Fluchtgefahr stützt. Bei schwersten Straftaten ist kein (über die Schwere der Tat hinausgehender) Haftgrund erforderlich.

Gegen Jugendliche wird selten Untersuchungshaft verhängt, weil das Jugendgerichtsgesetz über die genannten allgemeinen Voraussetzungen hinaus zusätzliche Anforderungen stellt. So muss die Verhältnismäßigkeit besonders intensiv geprüft werden, weil man davon ausgeht, dass die Untersuchungshaft für Jugendliche besonders belastend wirkt. Darüber hinaus ist im Rahmen der Subsidiarität immer zu prüfen, ob die Untersuchungshaft durch weniger einschneidende Maßnahmen, wie beispielsweise eine Heimunterbringung, vermieden werden kann. In der Praxis ist die Haftvermeidung durch Heimunterbringung jedoch nicht zuletzt deshalb selten, weil entsprechende Heimplätze nicht in ausreichender Zahl zur Verfügung stehen.

Die Dauer der Untersuchungshaft ist im Normalfall auf sechs Monate beschränkt, wobei die durchschnittliche Dauer für Jugendliche im Bereich von etwa drei Monaten

---

5 Auf Englisch in offiziellen Übersetzungen: „Specified Juvenile".
6 Siehe dazu gleich unter Rn. 18 und 24.

III. Untersuchungshaft § 19

liegen dürfte. Der Beschuldigte muss spätestens am Tag nach seiner vorläufigen Festnahme dem Haftrichter vorgeführt werden. Bis dahin bleibt er in Polizeigewahrsam. Nach Erlass eines Haftbefehls wird der Beschuldigte aus dem Polizeigewahrsam in eine Untersuchungshaftanstalt überführt.

Im Beispielsfall informiert die Polizei noch in der Tatnacht die Staatsanwaltschaft. Diese bewertet die Tat nach dem aktuellen Ermittlungsstand als versuchten Totschlag und ordnet an, dass A, B und C zunächst im Polizeigewahrsam bleiben und am Folgetag dem Haftrichter vorgeführt werden sollen. Bei einem Totschlagsdelikt ist kein spezifischer Haftgrund nach § 112 II StPO erforderlich. Im Verlaufe des Tages kann der Verdacht auf versuchten Totschlag jedoch nicht aufrechterhalten werden, weil die Verletzungen des X sich als nicht lebensbedrohlich herausstellen und die Vernehmungen von A, B und C keinen Tötungsvorsatz erkennen lassen. Alle drei stellen in ihrer Vernehmung den Zufallscharakter des Zusammentreffens heraus, berufen sich auf Notwehr und bestreiten jedenfalls die Tritte. Vor diesem Hintergrund bleibt lediglich der Vorwurf der gefährlichen Körperverletzung, für den ein Haftgrund notwendig ist, aber nicht vorliegt. Fluchtgefahr ist nicht gegeben, weil A, B und C jeweils einen festen Wohnsitz bei ihren Familien in Frankfurt haben, zur Schule gehen und kaum vorbestraft sind. Der Haftgrund der Verdunkelungsgefahr wird sehr eng ausgelegt und bedarf konkreter Hinweise auf Verdunkelungshandlungen im Einzelfall. Solche liegen hier nicht vor.

2. Japan

In Japan hängt der weitere Verfahrensverlauf stark vom Aussageverhalten von A, B und C ab. Wenn A, B und C geständig wären und Reue zeigten, würden sie wahrscheinlich kurz nach ihrer Vernehmung entlassen. Da sie aber weitgehend die Tat leugnen, bleiben A, B und C bis zu 48 Stunden in Polizeigewahrsam. Die Entscheidung darüber liegt bei der Polizei. Diese Frist wird die Staatsanwaltschaft um weitere 24 Stunden verlängern. Vor Ablauf dieser Frist von insgesamt 72 Stunden stellt die Staatsanwaltschaft dann einen Antrag bei dem Haftrichter auf Unterbringung von A, B und C in einem Shōnenkanbetsusho (Jugendklassifizierungszentrum)[7], dem das Gericht noch am selben Tag entspricht. A, B und C werden dann aus dem Polizeigewahrsam für maximal 10 Tage in einem solchen Shōnenkanbetsusho untergebracht.

7

Auch in Japan darf Untersuchungshaft nur verhängt werden, wenn ein **erheblicher Tatverdacht** sowie ein **Haftgrund** vorliegen. Auf dem Papier sind die Voraussetzungen damit in Japan und Deutschland sehr ähnlich. Im Praxisvergleich fällt jedoch auf, dass das Aussageverhalten von A, B und C für die Frage der Untersuchungshaft in Deutschland keine Rolle gespielt hat, in Japan jedoch ausschlaggebend ist. Der Grund dafür liegt in der sehr weiten Auslegung der Verdunkelungsgefahr als Haftgrund in Japan. Eine Verdunkelungsgefahr kann in der japanischen Strafverfolgungspraxis schon dann bejaht werden, wenn der Beschuldigte nicht gesteht. Oft werden auch Verdunkelungs- und Fluchtgefahr gemeinsam als Haftgrund herangezogen. Den in Deutschland bei Jugendlichen vorherrschenden Haftgrund der Wiederholungsgefahr gibt es in Japan dagegen nicht.

Auffällig ist weiter, dass A, B und C nicht in „normale" Untersuchungshaft in einer Untersuchungshaftanstalt genommen werden, sondern stattdessen in einem Shōnenk-

---

[7] Auf Englisch in offiziellen Übersetzungen: „Juvenile Classification Centre".

anbetsusho untergebracht werden. Dabei handelt es sich um eine Art geschlossenes Heim, in dem der persönliche Hintergrund der untergebrachten Jugendlichen intensiv untersucht wird.[8] Dies liegt daran, dass das japanische Shōnenhō, ähnlich wie das deutsche Jugendgerichtsgesetz, die Untersuchungshaft bei Jugendlichen auf „unvermeidbare Fälle" beschränkt. Anstelle eines Antrags auf Untersuchungshaft kann die Staatsanwaltschaft deshalb zur Haftvermeidung einen Antrag auf Unterbringung stellen. Auf diesem Wege wird deutlich häufiger als in Deutschland die Untersuchungshaft in „normalen" Untersuchungshaftanstalten vermieden,[9] wobei jedoch auch in Japan die „normale" Untersuchungshaft überwiegt.

Insgesamt liegt die Untersuchungshaftrate in Japan bei über 30 %, für Jugendliche jedoch deutlich darunter. Damit spielt die Freiheitsentziehung vor Abschluss des Ermittlungsverfahrens in Japan eine sehr viel größere Rolle als in Deutschland. Gleichzeitig aber ist die Dauer der Untersuchungshaft im Vergleich zu Deutschland sehr kurz. Sie beträgt bis zur Anklageerhebung im Normalfall bis zu 23 Tage, wobei davon die ersten 48 Stunden im Entscheidungsbereich der Polizei liegen und weitere 24 Stunden von der Staatsanwaltschaft angeordnet werden können, bevor ein gerichtlicher Haftbefehl für weitere 10 Tage ergehen muss, der dann nochmals um 10 Tage verlängert werden kann. Bei der Unterbringung Jugendlicher zur Haftvermeidung ist diese letzte Verlängerung um 10 Tage allerdings nicht möglich.

8 Nach der Übermittlung der **Akten an das Familiengericht** ist eine weitere gerichtliche Unterbringung in einem Shōnenkanbetsusho möglich, soweit das Familiengericht dies zur Vorbereitung von Verhandlung und Entscheidung für notwendig erachtet. Hierfür gilt dann eine neue Frist von 2 Wochen, die jedoch insgesamt dreimal verlängert werden kann. Daraus ergibt sich eine maximale Unterbringungszeit von 13 Tagen vor und 8 Wochen nach Übermittlung der Akten an das Familiengericht, bevor ein Urteil ergehen muss. In der Regel entscheidet das Familiengericht jedoch schon binnen 2 bis 4 Wochen. In Fällen ohne Untersuchungshaft oder Unterbringung im Ermittlungsverfahren ordnet das Familiengericht auch nach Übernahme des Verfahrens in aller Regel keine Unterbringung an. Die notwendigen Untersuchungen führt ein Untersuchungsbeamter des Familiengerichts[10] dann „ambulant" durch.

IV. Vernehmung

9 Während in Deutschland in ganz überwiegender Zahl der Fälle nur eine Vernehmung durch die Polizei durchgeführt wird, vernehmen Polizei und Staatsanwaltschaft in Japan die Beschuldigten üblicherweise mehrfach.

1. Deutschland

10 A, B und C werden am Vormittag des Tattages ab 11:15 Uhr durch die Kriminalpolizei einzeln vernommen. Die Vernehmungen dauern etwa 1 bis 2 Stunden. Die Staatsanwaltschaft nimmt nicht teil. A, B und C räumen in ihren Vernehmungen zwar einzelne Schläge ein, behaupten aber, X und Y hätten angefangen. Die Tritte bestreiten sie vollständig. Außerdem habe niemand reglos am Boden gelegen. Die Polizei weist

---

8 Siehe dazu gleich unter Rn. 8.
9 Dies ist jedoch mit Blick auf die großzügige Verhängung von Untersuchungshaft in Japan relativ zu verstehen.
10 Siehe dazu gleich unter Rn. 21.

während der Vernehmungen klar auf die Widersprüche zu den Zeugenaussagen und dem Verletzungsbild der Geschädigten hin. Sie drängt aber nicht auf ein Geständnis oder verlängert die Vernehmung. Das Leugnen oder auch spätere widersprechende Zeugenaussagen werden nicht zum Anlass für weitere Vernehmungen von A, B und C genommen.

Die Eltern von A, B und C haben bei der Vernehmung ein gesetzlich normiertes Recht auf Anwesenheit. Das gilt jedoch nicht für die erste, rein informatorische Befragung noch am Tatort oder bei der Festnahme. A, B und C haben außerdem in jeder Lage des Verfahrens das Recht auf einen Verteidiger. Beschuldigte auf freiem Fuß sind nicht verpflichtet, zur Vernehmung durch die Polizei zu erscheinen.

2. Japan

Solange A, B und C die Tat leugnen, vernimmt die Polizei sie täglich. Zusätzlich vernimmt die Staatsanwaltschaft die Beschuldigten bis zur Übermittlung der Akten an das Familiengericht etwa zwei- bis dreimal ohne die Polizei. Dabei drängen sowohl Polizei als auch Staatsanwaltschaft auf ein Geständnis.

Durch die längere Anwesenheit im Polizeigewahrsam ist der Druck auf die Beschuldigten wesentlich höher als in Deutschland. Hinzu kommt, dass bei einem Geständnis in der Regel der Haftgrund der Verdunkelungsgefahr entfällt und so ein deutlicher Anreiz für kooperatives Verhalten besteht. Zwar können auch in Japan Beschuldigte und ihre Eltern jederzeit einen Verteidiger beauftragen, dessen Anwesenheit bei der Vernehmung ist aber in der Praxis nahezu ausgeschlossen. Wie in Deutschland sind die Beschuldigten nicht verpflichtet, zu Vernehmungen bei Polizei oder Staatsanwaltschaft zu erscheinen. Wenn sie sich aber konsequent verweigern, setzen sie sich der Gefahr aus, wegen Verdunkelungsgefahr in Untersuchungshaft genommen zu werden.

V. Staatsanwaltschaft

Die japanische Staatsanwaltschaft hat grundsätzlich eine gewichtigere Stellung im Strafprozess als ihr deutsches Pendant. Im Jugendstrafrecht kehrt sich dies allerdings um. Während die Aufgaben und Einflussmöglichkeiten der Staatsanwaltschaft in Japan hier deutlich eingeschränkt sind, hat die Staatsanwaltschaft in Deutschland in Jugendsachen eher einen größeren Einfluss auf den Verfahrensverlauf als im allgemeinen Strafrecht.

1. Deutschland

Die Staatsanwaltschaft führt die Ermittlungen gegen Jugendliche prinzipiell so wie in Erwachsenensachen. Sie ist demnach verpflichtet, sowohl die Beschuldigten belastende als auch entlastende Umstände zu ermitteln.

Auch in Jugendsachen gilt das **Legalitätsprinzip**. Die Staatsanwaltschaft muss also Anklage erheben, wenn die Beweislage es zulässt. Dieser Grundsatz wird allerdings schon im allgemeinen Strafrecht dadurch durchbrochen, dass die Staatsanwaltschaft Verfahren kleiner und mittlerer Kriminalität gegen Auflagen (§ 153a StPO) oder auch ohne Auflagen (§ 153 StPO) einstellen kann. Von dieser Möglichkeit wird in etwa 30 % aller Fälle Gebrauch gemacht. Bei Jugendlichen kommt dem **Opportunitätsprinzip** im Vergleich dazu noch mehr Bedeutung zu. In über 50 % aller Fälle stellt die Staatsanwaltschaft das Verfahren nach § 45 JGG ein. Eine Einstellung kann die Staatsanwaltschaft mit Auflagen verbinden und damit ohne Gerichtsbeteiligung erzieherisch tätig werden. Häufige Auflagen sind der Täter-Opfer-Ausgleich, ein Erziehungsgespräch oder auch Arbeitsstunden in geringer Anzahl.

Im Verfahren gegen A, B und C kommt wegen des schweren Tatvorwurfs keine Einstellung in Betracht. Deshalb erhebt die Staatsanwaltschaft nach Abschluss der Ermittlungen im Juni 2015 Anklage vor dem Jugendschöffengericht. Die Anklage ist sehr ausführlich und umfasst neben dem Tatvorwurf eine detaillierte Darstellung des Ermittlungsergebnisses unter Auflistung aller Beweismittel. An der Hauptverhandlung muss die Staatsanwaltschaft teilnehmen. Ihre Rolle dort unterscheidet sich im Grundsatz nicht von der bei allgemeinen Strafsachen.

2. Japan

14 Die Staatsanwaltschaft hat im Strafverfahren in Japan grundsätzlich eine sehr starke Position. Sie kann nach dem Opportunitätsprinzip Verfahren auch dann einstellen, wenn die Beweise für eine Anklage ausreichen. Darüber hinaus übermittelt sie dem Strafgericht nicht das gesamte Ergebnis der Ermittlungen, sondern nur eine sehr knappe Anklageschrift. Die Hauptverhandlung ist als Parteiprozess ausgestaltet, während das Strafgericht in Deutschland nach dem Amtsermittlungsgrundsatz die zentrale Rolle einnimmt.

In Jugendsachen dagegen ist die Rolle der Staatsanwaltschaft stark beschränkt. Das Opportunitätsprinzip gilt nicht; die Staatsanwaltschaft muss jedes Verfahren an das Familiengericht überweisen. Und auch für den Fall der Rücküberweisung vom Familiengericht an die Staatsanwaltschaft[11] muss diese Anklage vor dem Strafgericht erheben (sofern die Beweislage es zulässt). Darüber hinaus gilt vor dem Familiengericht der Amtsermittlungsgrundsatz, was den Einfluss der Staatsanwaltschaft weiter einschränkt. In Fällen leichter Kriminalität ist sie, anders als in Deutschland, in der Regel gar nicht beteiligt. Die Übermittlung der Verfahren erfolgt dann direkt von der Polizei an das Familiengericht.

Im Verfahren gegen A, B und C hat die Staatsanwaltschaft also keinen großen Gestaltungsspielraum. Mit Übersendung der Akten an das Familiengericht nach maximal 13 Tagen unterbreitet sie dem Gericht schriftlich einen Sanktionsvorschlag, der hier auf „Shōnenin" (Jugenderziehungsheim)[12] lauten wird. An der Hauptverhandlung selbst nimmt die Staatsanwaltschaft hier nicht teil, weil es sich nicht um besonders schwere Vorwürfe oder eine komplexe Beweislage handelt.

VI. Gericht

15 An der Gerichtszuständigkeit wird der Systemunterschied im deutschen und japanischen Jugendstrafrecht deutlich. Während Verfahren gegen Jugendliche in Deutschland vor einem Strafgericht (Jugendgericht) verhandelt werden, ist in Japan das Familiengericht zuständig.

---

11 Siehe dazu gleich unter Rn. 18.
12 Siehe dazu gleich unter Rn. 24.

VI. Gericht § 19

1. Deutschland

Jugendgerichte in Deutschland sind der Jugendrichter und das Jugendschöffengericht am Amtsgericht sowie für besonders schwere Delikte die Jugendkammer am Landgericht. Jugendgerichte sind keine eigenen Gerichte, sondern „normale" Strafgerichte mit einer Sonderzuständigkeit. Die Zuständigkeit richtet sich nach Delikt und Straferwartung, wobei der Jugendrichter nur zuständig ist, wenn keine Jugendstrafe zu erwarten ist. Der geltende Amtsermittlungsgrundsatz verlangt, dass das Gericht sich – bei Jugendlichen wie auch bei Erwachsenen – ein vollständiges Bild von der Tat macht.

16

Gegen A, B und C erscheint wegen des gefährlichen und gewalttätigen Handelns eine Jugendstrafe möglich. Gleichzeitig ist der Vorwurf nicht so schwer, dass die Jugendkammer zuständig wäre. Die Staatsanwaltschaft erhebt deshalb Anklage vor dem Jugendschöffengericht. Dieses erhält mit der Anklage die gesamten Ermittlungsakten der Staatsanwaltschaft. An der Hauptverhandlung nimmt die Staatsanwaltschaft zwingend teil. Die Verhandlung gegen A, B und C ist nicht öffentlich, weil nur Jugendliche angeklagt sind.[13] Das Gericht hat grundsätzlich auch die Möglichkeit, mit Zustimmung der Staatsanwaltschaft ohne Hauptverhandlung durch Einstellung des Verfahrens nach § 47 JGG (mit oder ohne Auflagen) zu entscheiden. Dies geschieht ungefähr in 25 % der angeklagten Fälle, kommt aber hier wegen der Schwere der Vorwürfe nicht in Betracht.

2. Japan

In Japan übersendet die Staatsanwaltschaft das Verfahren wegen der kurzen Haftfristen noch im Januar 2023 an das Familiengericht. Das Gericht prüft die Akten und entscheidet zunächst, A, B und C zur Vorbereitung der Hauptverhandlung weiter im Shōnenkanbetsusho unterzubringen. Damit gelten hier die zuvor genannten Fristen von 2 bis 8 Wochen. Tatsächlich findet die Verhandlung bereits innerhalb von 2 bis 4 Wochen statt, weil das relativ einfache Verfahren keine weitere Verlängerung der Unterbringung rechtfertigt. Die Verhandlung ist nicht öffentlich und findet ohne die Staatsanwaltschaft statt.

17

Anders als in Deutschland ist in Japan das **Familiengericht** zuständig, nicht das Strafgericht. Das Familiengericht erhält mit den Akten bereits einen Sanktionsvorschlag der Staatsanwaltschaft. Dieser ist ähnlich aufgebaut wie eine japanische Anklage, ist also sehr kurz und enthält im Wesentlichen nur die Personalien der Beschuldigten sowie den Tatvorwurf in einem Satz.

18

Das Familiengericht beauftragt die Ermittlungsbeamten (Chōsakan) mit der Untersuchung des Falls[14] und entscheidet u.a. aufgrund von deren Ergebnissen über die Einleitung oder Nichteröffnung einer gerichtlichen Jugendverhandlung (Shōnen-Shinpan). Bei Durchführung der Verhandlung sieht das Gesetz als Hauptreaktionsmittel Schutzmaßnahmen[15] vor. Das Familiengericht kann aber auch wegen Entbehrlichkeit ganz von Maßnahmen absehen, was in der Tat häufig vorkommt.

Bei mit Todes- oder Freiheitsstrafe bedrohten Delikten verfügt das Familiengericht auch über die Option, den Fall an die Staatsanwaltschaft zurückzugeben. Dann muss

---

13 Sobald jedoch einer der Beschuldigten 18 Jahre oder älter ist, ist die gesamte Hauptverhandlung öffentlich.
14 Siehe dazu gleich unter Rn. 21.
15 Siehe dazu gleich unter Rn. 24.

die Staatsanwaltschaft Anklage vor einem normalen Strafgericht erheben, falls die Beweislage es zulässt.

Während der Anteil solcher Rücküberweisungen bei bis zu mittlerer Kriminalität allerdings sehr gering ist, sieht die Lage bei schweren Taten anders aus. Wenn der Jugendliche das 16. Lebensjahr vollendet und ein bestimmtes schweres Delikt, wie vollendete vorsätzliche Tötung oder Körperverletzung mit Todesfolge, begangen hat, soll das Familiengericht in der Regel den Fall an die Staatsanwaltschaft verweisen. Praktisch geschieht dies in etwa 60 – 70 % der Fälle von solchen „Regelrückweisungsdelikten". Darüber hinaus hat die Jugendgesetzrevision 2021 angesichts gesellschaftlicher Verantwortlichkeit von 18- und 19-jährigen den Anwendungsbereich der Regelrückweisung erweitert. Danach hat das Familiengericht auch bei im Mindestmaß mit Freiheitsstrafe von einem Jahr oder darüber bedrohten Delikten, die durch einen zum Tatzeitpunkt 18- oder 19-jährigen Jugendlichen („spezifischen Jugendlichen") begangen wurden, in der Regel den Fall an die Staatsanwaltschaft zurückzuleiten. Zu solchen Delikten zählen z.B. (einfacher) Raub, Geschlechtsverkehr ohne Einwilligung oder Brandstiftung an bewohnten Gebäuden.

Wenn ein Beschuldigter im Laufe des Verfahrens das 20. Lebensjahr vollendet, ist das Familiengericht zur Rücküberweisung an die Staatsanwaltschaft verpflichtet.

VII. Jugendgerichtshilfe

19 In Deutschland greift das Jugendgericht bei der Ermittlung des persönlichen Hintergrundes der Jugendlichen auf die externe Hilfe des Jugendamts zurück. In Japan dagegen übernehmen Mitarbeiter des Familiengerichts selbst diese Aufgabe.

1. Deutschland

20 Die Jugendgerichtshilfe wird in Deutschland vom **Jugendamt** wahrgenommen und liegt damit in kommunaler Hand. Sie ist unabhängig von der Justiz und hat keinerlei Zwangsrechte gegenüber den Beschuldigten. Es steht den Beschuldigten daher frei, die Gesprächsangebote der Jugendgerichtshilfe anzunehmen oder auszuschlagen. Die Jugendgerichtshilfe soll nach dem Jugendgerichtsgesetz an der Hauptverhandlung teilnehmen und kommt dem auch oft nach. Dies liegt aber letztlich in der Entscheidung des jeweiligen städtischen Jugendamtes.

Im Beispielsfall erhält die Jugendgerichtshilfe schon von der Staatsanwaltschaft eine Kopie der Anklage mit der Bitte, einen Jugendgerichtshilfebericht über A, B und C für das Jugendschöffengericht zu erstellen. Sie schreibt A, B und C an und bietet ihnen jeweils einen freiwilligen Gesprächstermin an. Wie eine Mehrzahl der Beschuldigten nehmen A, B und C das Gesprächsangebot an und erörtern mit der Jugendgerichtshilfe ihren Lebensweg sowie ihre aktuelle persönliche Situation. Darüber verfasst die Jugendgerichtshilfe einen Bericht für das Jugendschöffengericht. Zusätzlich berichtet einer ihrer Vertreter in der Hauptverhandlung mündlich über A, B und C und macht auch einen Sanktionsvorschlag. Dieser ist tendenziell milder als die Forderung der Staatsanwaltschaft.

Darüber hinaus hat die Jugendgerichtshilfe auch eine Funktion bei der Durchführung von Auflagen, die entweder die Staatsanwaltschaft oder das Gericht den Jugendlichen auferlegen können. Sie vermittelt beispielsweise Arbeitsstellen für gemeinnützige Arbeit, führt Erziehungsgespräche mit den Betreffenden oder vermittelt sie weiter an

VIII. Maßnahmen/Sanktionen   § 19

Suchtberatungsstellen. Die Jugendgerichtshilfe hat damit eine Relaisfunktion ähnlich wie die Bewährungshilfe.

2. Japan

Die Jugendgerichtshilfe findet in Japan keine exakte Entsprechung. Ihre Aufgaben werden durch den **Chōsakan (Ermittlungsbeamter des Familiengerichts)**[16] wahrgenommen. Er steht – anders als die deutsche Jugendgerichtshilfe – im Lager der Justiz und hat als Beauftragter des Familiengerichts teilweise auch Zwangsrechte. Der Chōsakan unterliegt den Weisungen des Familiengerichts, während die Jugendgerichtshilfe in Deutschland als Teil des Jugendamtes unabhängig ist.

Die Aufgaben des Chōsakan sind umfangreicher als die der Jugendgerichtshilfe in Deutschland. Während in Deutschland lediglich ein Gespräch mit der betreffenden Person selbst die Regel ist, wird der Hintergrund der Beschuldigten in Japan sehr viel intensiver ermittelt.

Im Beispielsfall wird das Familiengericht den Ermittlungsbeamten des Familiengerichts zur Vorbereitung der Verhandlung damit beauftragen, den persönlichen Hintergrund von A, B und C zu ermitteln. Dazu führt er nicht nur Gespräche mit A, B und C persönlich, sondern auch in ihrem familiären und schulischen bzw. beruflichen Umfeld. Der Umfang der Ermittlungen umfasst inhaltlich insbesondere den körperlichen und geistigen Gesundheitszustand der Beschuldigten sowie Schulbildung, Intelligenz und das familiäre Umfeld. Der Ermittlungsbeamte kann hier auch auf die Arbeit des Shōnenkanbetsusho zurückgreifen. Die Ergebnisse werden in einem Bericht an das Familiengericht zusammengefasst. Wie in Deutschland unterbreitet der Chōsakan dem Gericht einen Maßnahmenvorschlag.

VIII. Maßnahmen/Sanktionen

Das deutsche Jugendgerichtsgesetz ermöglicht eine Vielzahl von Einzelmaßnahmen gegen jugendliche Straftäter. Aus dieser Vielzahl wird vor Gericht gegen den betreffenden Jugendlichen oft ein ganzes Maßnahmenbündel verhängt. Das japanische Shōnenhō ist in diesem Punkt deutlich übersichtlicher. Es sieht nur wenige Reaktionsmöglichkeiten vor, deren Details und Vielfalt dann eher in der Umsetzungsebene liegen.

1. Deutschland

Im September 2023 findet gegen A, B und C die Hauptverhandlung vor dem Jugendschöffengericht statt. Die Beweisaufnahme ist kurz, weil A, B und C angesichts der Beweislage geständig sind. Die Staatsanwaltschaft fordert eine Jugendstrafe von 6 Monaten zur Bewährung für alle Beschuldigten. Das Urteil ergeht am Ende der Hauptverhandlung. A wird zu zwei Wochen Dauerarrest verurteilt, weil er bereits zuvor mit einer Körperverletzung aufgefallen war. B erhält nur einen Freizeitarrest, weil er nicht vorbelastet ist und vor Gericht sehr reflektiert und reuig auftritt. C erhält eine Woche Dauerarrest. Zusätzlich müssen alle an dem Seminar „Jugend und Gewalt" des Vereins Kinder- und Jugendhilfe teilnehmen. A und C wird weiter auferlegt, je fünf Beratungsgespräche beim Verein Kinder- und Jugendhilfe zur weiteren Lebensplanung zu führen.

---

16 Auf Englisch in offiziellen Übersetzungen: Family Court Investigation Officer.

Carsten Griebeler und Shintaro Koike

Die Hauptverhandlung wie auch das Urteil sind typisch für Jugendstrafverfahren in Deutschland. Geständnisse der Angeklagten sind nicht zuletzt deshalb relativ häufig, weil in erster Linie erzieherische Ziele verfolgt werden und nicht bestraft werden soll. Darüber hinaus ist auch das hier verhängte Maßnahmenbündel nicht unüblich. Allein der Arrest hat Sanktionscharakter, während die weiteren Weisungen in erster Linie helfend bzw. unterstützend wirken sollen.

Grundsätzlich steht dem Jugendgericht mit Erziehungsmaßregeln, Zuchtmitteln und Jugendstrafe eine Vielzahl von Reaktionsmöglichkeiten zur Verfügung. Zu den Erziehungsmaßregeln, die in erster Linie eine Hilfestellung für den Beschuldigten sein sollen, zählen insbesondere der soziale Trainingskurs, der Täter-Opfer-Ausgleich oder auch die Teilnahme an Sucht- oder Schuldnerberatung. Zuchtmittel haben dagegen schon einen Denkzettelcharakter und umfassen neben der einfachen Verwarnung, diverse Auflagen und den Jugendarrest von bis zu 4 Wochen. Dabei entfällt in der Praxis ein überwiegender Teil auf die Auflage der gemeinnützigen Arbeit. Die Jugendstrafe beträgt 6 Monate bis 5 Jahre für Jugendliche bzw. bis zu 10 Jahre für Heranwachsende.[17] Die Jugendstrafe wird in erster Linie bei Wiederholungstätern und bei schwereren Taten verhängt. Etwa 15 % der Urteile lauten auf Jugendstrafe. Vollstreckt wird sie in Jugendvollzugsanstalten, aber zu etwa 70 % zur Bewährung ausgesetzt. Die Bewährungszeit dauert 2 bis 3 Jahre und kann auf bis zu 4 Jahre verlängert werden. Der Verurteilte erhält einen Bewährungshelfer und Bewährungsauflagen.

2. Japan

24 Das Familiengericht in Japan kann Schutzmaßnahmen verhängen, zwecks Jugendhilfemaßnahmen an ein Jidōsōdansho (Jugendberatungszentrum)[18] überweisen oder von Maßnahmen ganz absehen. Sofern das Gericht nicht ganz von Maßnahmen absieht, kommen gegen jugendliche Straftäter in erster Linie Schutzmaßnahmen in Betracht. Diese sind im Wesentlichen die Einweisung in ein Shōnenin (Jugenderziehungsheim)[19] und Bewährung. Die Einweisung in ein Jugenderziehungsheim ist die schärfste Maßnahme, die dem Familiengericht zur Verfügung steht und wird verhältnismäßig selten angewandt. In der Mehrzahl der Fälle verhängt das Gericht Bewährung oder es sieht von Maßnahmen ab, was dem Umstand geschuldet ist, dass die Staatsanwaltschaft in Jugendsachen keine Einstellung vornehmen darf. Im Ergebnis ähneln sich die Einstellungsraten in Japan und Deutschland. Bei Rücküberweisung in das allgemeine Strafsystem gelten grundsätzlich abgemilderte eigene Strafrahmen für Jugendliche[20].

Das Shōnenin ist eine geschlossene Einrichtung, die in zweierlei Hinsicht Ähnlichkeit mit einem deutschen Jugendgefängnis hat. Zum einen haben beide Institutionen nicht die Aufbewahrung und Bestrafung der Insassen zum Ziel, sondern die Erziehung und Resozialisierung. Zum anderen entspricht der Aufenthalt in einem japanischen Shōnenin eher dem Vollzug in einer deutschen Jugendhaftanstalt als in einem Jugendheim. Es gibt verschiedene Typen von Shōnenin, die u. a. auf leichtere Fälle, schwerere Fälle oder gesundheitliche Probleme spezialisiert sind. Die Dauer der dort durchgeführten

---

17 Unter bestimmten Umständen kann gegen Jugendliche auch eine Jugendstrafe von bis zu 10 Jahren und gegen Heranwachsende eine Jugendstrafe von bis zu 15 Jahren (nur bei Mord) verhängt werden.
18 Auf Englisch in offiziellen Übersetzungen: Child Consultation Centre.
19 Auf Englisch in offiziellen Übersetzungen: Juvenile Training School.
20 Diese Regel gilt für Jugendliche im Alter von 18 und 19 („spezifische Jugendliche") nicht. Dabei sind Strafen nach allgemeinen Strafrahmen zuzumessen.

Erziehungs- bzw. Behandlungsprogramme reicht von 4 bis über 12 Monate. Ein wesentlicher Unterschied zur Jugendstrafe in Deutschland besteht darin, dass nach Abschluss des vorgesehenen Erziehungsprogramms kein Anspruch auf Entlassung besteht. Eine Verlängerung der Einweisung durch Gerichtsbeschluss ist damit zwar möglich, ganz im Gegenteil dazu ist in der Praxis allerdings die frühzeitige Entlassung auf Bewährung die Regel. An dieser Stelle macht sich bemerkbar, dass das japanische Jugendstrafrecht systematisch kein Teil des Strafrechts ist. Der Charakter der Unterbringung im Shōnenin als „Schutzmaßnahme" (und nicht als strafrechtliche Sanktion) rechtfertigt ihre faktisch unbestimmte Dauer.[21] Die durchschnittliche Aufenthaltsdauer im Shōnenin liegt unter einem Jahr.

Die Bewährung ist – anders als in Deutschland – eine selbstständige Maßnahme. Sie wird ebenfalls nicht zeitlich befristet, sondern dauert grundsätzlich bis zum Erreichen des 20. Lebensjahres. Üblicherweise wird nach einem Jahr die Aufhebung erwogen. Bewährungsauflagen werden vom Leiter der Bewährungsstelle festgelegt.

In Japan findet die Verhandlung vor dem Familiengericht gegen A, B und C wohl noch im Februar 2023 statt. Neben dem Richter nimmt der Chōsakan teil. Die Staatsanwaltschaft hatte bereits mit Übersendung der Akten „Shōnenin" als Sanktion vorgeschlagen. Der Vorschlag des Chōsakan lautet dagegen eher auf Bewährung. Hier wird das Familiengericht als Ergebnis der Verhandlung (tendenziell) auf Bewährung entscheiden.

Seit dem Inkrafttreten des Jugendgesetzänderungsgesetzes von 2021 gelten für Fälle von 18- und 19-jährigen („spezifische Jugendlichen") einige Ausnahmeregeln. Weil Personen dieser Altersgruppe als Erwachsene in allgemeinen Rechtsgebieten nicht mehr für paternalistisches weitgehendes Einschreiten geeignet sind, dürfen Schutzmaßnahmen für diese Täter die Schuldschwere nicht überschreiten. Um dies zu gewährleisten, muss das Familiengericht bei Einweisung in ein Shōnenin eine bestimmte Höchstunterbringungsdauer von bis zu drei Jahren festlegen. Bei Bewährung ist eine von zwei Möglichkeiten (zwei Jahre für Normalfälle oder sechs Monate für leichte Fälle) zu wählen. Diese Regeln, die eher zur Erfüllung theoretischer Anforderung eingeführt wurden, bieten zwar dem Familiengericht umständliche Arbeit, haben aber wohl auf die praktische Behandlung von jungen Delinquenten keinen großen Einfluss. Denn bereits unter dem bisherigen System wurde in der Tat darauf geachtet, die Schutzmaßnahme im angemessenen Verhältnis zur begangenen Tat stehen zu lassen.

IX. Wertende Betrachtung

Das deutsche und das japanische Jugendstrafrecht streben auf unterschiedlichen Wegen nach demselben Ziel. Japan folgt dem Jugendhilfemodell und benennt Schutz und Erziehung des Jugendlichen als Verfahrensziel. Deutschland dagegen folgt dem Strafrechtsmodell, ordnet aber gleichzeitig das strafrechtliche Instrumentarium weitgehend dem Erziehungsgedanken unter.

Dieser Schutz- und Erziehungsgedanke kommt insbesondere bei den Maßnahmen und Sanktionen zum Tragen. Sie sollen in erster Linie helfen, erziehen und korrigieren. Eine Bestrafung im eigentlichen Sinn bleibt daneben aber in beiden Ländern möglich. In Deutschland hat die Jugendstrafe als ultima ratio sowohl Straf- als auch

---

21 Dabei sollte nicht vergessen werden, dass auch in Deutschland mit der Jugendstrafe von unbestimmter Dauer bis 1990 eine zeitlich nicht genau bestimmte Sanktion im Jugendgerichtsgesetz vorgesehen war.

Erziehungscharakter. In Japan wird vor allem bei besonders schweren Straftaten das Jugendhilfemodell durchbrochen, indem die betreffenden Beschuldigten an das Strafgericht übergeben werden[22]. Darüber hinaus ist auch die Unterbringung im Shōnenin – terminologisch eine Schutzmaßnahme und keine Strafe – so ausgestaltet, dass sie der Jugendstrafe in Deutschland stark ähnelt.

Während die gerichtlich verhängten Maßnahmen als Ergebnis des Jugendstrafverfahrens eher die Gemeinsamkeiten in Japan und Deutschland betonen, fallen in der Praxis des Ermittlungsverfahrens eher die Unterschiede ins Auge. So spielt die Untersuchungshaft bzw. die Unterbringung in Japan eine deutlich größere Rolle als in Deutschland, obwohl sich die gesetzlichen Voraussetzungen stark ähneln. Diese Praxis, aber auch die Häufigkeit und Intensität der Vernehmungen mit dem erklärten Ziel eines Geständnisses sowie die intensive Erforschung der persönlichen Lebensumstände der Beschuldigten durch den Chōsakan zeigen, dass die wohlwollende Umarmung des Staates im jugendstrafrechtlichen Ermittlungsverfahren in Japan deutlich enger ist als in Deutschland.

---

22 Diese Möglichkeit wurde durch die neueste Reform erweitert (Siehe dazu unter Rn. 18).

§ 20 Opferschutzaspekte im japanischen Straf- und Strafprozessrecht

Mutsumi Kurosawa und Johannes Kaspar

Der Fall behandelt Sexualdelikte im Bereich des allgemeinen Strafrechts sowie des Jugendstrafrechts und beleuchtet in diesem Zusammenhang verschiedene Aspekte des Opferschutzes, darunter den Strafantrag, Zeugenschutz, Nebenklage und Täter-Opfer-Ausgleich.

I. Fälle

▶ (1) Der 25 Jahre alte X nötigt am 10. August 2023 die 22-jährige A durch die Drohung „Wenn Du Dich nicht fügst, schlage ich dich tot!" dazu, mit ihm den Geschlechtsverkehr zu vollziehen.

(2) Außerdem vollzieht X am 10. September 2023 mit der 12-jährigen B mit ihrer Zustimmung den Geschlechtsverkehr.

A und B wollen wissen, welche Rolle sie als Geschädigte in einem zukünftigen Prozess spielen, insbesondere, ob es auf die Stellung eines Strafantrags entscheidend ankommt und ob sie sich über ihre Rolle als Zeuginnen hinaus am Verfahren beteiligen können.

Darüber hinaus ist für sie interessant, welche speziellen prozessualen Schutzvorkehrungen für Opfer (etwa durch Einsatz von Videotechnik) bestehen und welche Möglichkeiten es gibt, immaterielle und materielle Schäden vom Täter im Zusammenhang mit dem Strafverfahren ersetzt zu bekommen. ◀

II. Behandlung der Fälle nach japanischem Recht[1]

1. Allgemeine Entwicklung der Opferaspekte in Gesetzgebung und Praxis[2]

Die Rechtsstellung des Deliktsopfers war nach der früher herrschenden Meinung auf die Eigenschaft als Träger des geschützten Rechtsgutes im Strafrecht sowie auf die Antragsberechtigung und Zeugenstellung im Strafverfahrensrecht begrenzt. Es handelte sich um eine überwiegend **passive Rolle des Opfers**, abgesehen von der **Antragsberechtigung**.[3]

---

1 Zu den theoretischen Aufgaben des Opferschutzes im japanischen Straf- und Strafverfahrensrecht s. *Tadaki*, in: Rosenau/Kim (Hrsg.), Straftheorie und Strafgerechtigkeit – Deutsch-Japanischer Strafrechtsdialog, 2010, S. 75 ff.; *Doi*, in: Rosenau/Schön (Hrsg.), Japanisches Recht im Vergleich: Erstes Symposium zum japanischen Recht für Nachwuchswissenschaftler an der Universität Augsburg: Deutsch-Japanischer Strafrechtsdialog (2014), S. 69 ff.; vgl. *Herrmann*, in: Rosenau/Kim (Hrsg.) (Fn. 1), S. 89 ff.
2 *Takai/Ban/Yamamoto*, Hanzai-higaisha hogo hōsei kaisetsu [Erklärung der Rechtsinstitute des Deliktsopferschutzes], 2. Aufl. (2008); *Nishimura/Hosoi/Takahashi* et al. (Hrsg.), Higaisha hōrei handobukku [Handbuch der Gesetze und Verordnungen für Opfer] (2009), Anhang Nr. 4; *Kokka-Kōan-iinkai/Keisatsu-chō* (Hrsg.), Reiwa-5-nen-ban hanzai-higaisha-hakusho [Ausschuss für öffentliche Ordnung und Sicherheit/ Nationale Polizeibehörde, Deliktsopfer Weißbuch] (2023); *Hōmu-shō hōmu-sōgō-kenkyū-sho*, Reiwa-4-nen-ban hanzai-hakusho [Das Institut für die gesamte Justiz des japanischen Justizministeriums, Kriminalweißbuch] (2023), S. 255 ff.
3 Schon im Entwurf eines Strafgesetzbuchs von 1868 (*Kari-kei-ritsu* (1868, nicht verkündet)) und dem alten Strafgesetzbuch von 1880 ((*Kyū*) *Kei hō* (Gesetz Nr. 36/17.7.1880)) gab es viele **Antragsdelikte**. Dazu zählte auch die Vergewaltigung. Dieses Strafantragerfordernis wurde unter Hinweis auf dasselbe im deutschen Reichsstrafgesetzbuch von 1871 verfasst, obwohl die Sexualdelikte schon im Jahr 1876 meistenteils in Offizialdelikte umgewandelt worden waren. Außerdem sah die alte Strafprozessordnung von 1880 (*Chi-zai hō* (Gesetz Nr. 37/17.7.1880)) die Privatklage, den Adhäsionsprozess und den Strafantrag vor. Während die Privatklage durch die Strafprozessordnung von 1890 ((*Meiji/Kyū-kyū*) *Keiji-sosho hō* (Gesetz Nr. 96/7.10.1890))

3   Insbesondere seit den neunziger Jahren des 20. Jahrhunderts haben der Opferschutz und die Opferhilfe aber Schritt für Schritt Einzug in die einzelnen Rechtsgebiete gehalten, was sowohl das materielle Strafrecht als auch das Strafverfahrensrecht betrifft.

2. Strafrecht

a) Das geschützte Rechtsgut und die Tatbestände der Sexualdelikte (§ 177 jStGB usw.)

4   Das geschützte Rechtsgut der Sexualdelikte ist nach der herrschenden Meinung die **sexuelle Selbstbestimmung**.

Die Tatbestände der Sexualdelikte wurden insbesondere in den Jahren 2017[4] und 2023[5] umfassend geändert. Im Jahr 2017 wurde das **Schutzobjekt** der Vergewaltigung von „Frau" in „Person" geändert und ein besonderer Tatbestand der Vergewaltigung und der sexuellen Nötigung unter Ausnutzung des Einflusses als Fürsorgeberechtigter eingeführt (§ 179). Das **Schutzobjekt** von § 177 Satz 1 war dann eine Person über 13 Jahren, das Schutzobjekt von § 179 eine Person unter 18 Jahren. Zwar sind die **Mittel** der Vergewaltigung **Gewalt oder Drohung** gleich geblieben, jedoch wurden die Tathandlungen von lediglich „Beischlaf" auf „Beischlaf, Analsex oder Oralsex" erweitert. Im Jahr 2023 wurden die Tathandlungen auch auf die unzüchtige Einführung eines Körperteils oder einer Sache in die Vagina oder den After erweitert und im Wortlaut ausdrücklich „ohne Rücksicht auf eine bestehende Ehe" eingefügt. In § 177 Satz 2 war eine Person unter 13 Jahren als Schutzobjekt genannt. Dabei wurde weder Gewalt noch Drohung vorausgesetzt; außerdem war der Tatbestand der Vergewaltigung gegen die **Person unter 13 Jahren** auch dann erfüllt, wenn das Opfer in den Beischlaf mit dem Täter einwilligte. Der Grund dafür ist dessen **besondere Schutzwürdigkeit** aufgrund jugendlicher Unreife.

Im Jahr 2023 wurde die Schutzaltersgrenze von 13 Jahren auf grundsätzlich 16 Jahre erhöht, wobei jedoch nur der Täter bestraft wird, der über 5 Jahre älter ist als das 13- bis 16-jährige Opfer. Außerdem wurde die Vergewaltigung im Jahr 2023 in „Beischlaf usw. ohne Zustimmung" umbenannt; allerdings wird dabei eines von mehreren konkret bestimmten Mitteln benötigt, z.B. Gewalt oder Drohung, Alkohol oder Drogen, Schlaf, keine Zeit zur Zustimmung, Einfluss der wirtschaftlichen oder gesellschaftlichen Stellung usw.

Im Jahr 2004 wurde die **Strafdrohung** des § 177 von Zuchthausstrafe[6] „nicht unter 2 Jahren" auf „nicht unter 3 Jahren" geändert, und die Obergrenze der zeitlichen Strafe von „nicht über 15 Jahren" auf „nicht über 20 Jahren" erhöht. Außerdem wurde ein Tatbestand der **Gruppenvergewaltigung** usw. (§ 178–2) als erschwerte Form neu gesetzlich vorgeschrieben, jedoch wurde dieser Tatbestand im Jahr 2017 wieder abgeschafft und in einen einheitlichen Tatbestand der Vergewaltigung usw. (§ 177)

---

abgeschafft wurde, sind die Antragsdelikte auch im geltenden Strafgesetzbuch von 1907 (jStGB) (*Kei hō* (Gesetz Nr. 45/24.4.1907)) beibehalten worden. Durch die geltende Strafprozessordnung von 1948 (jStPO) (*Keiji-soshō hō* (Gesetz Nr. 131/10.7.1948)) wurden zwar einige opferbezogene Institute wie die Mitteilung des Grunds der Nichterhebung der Anklage und den Strafantragsteller eingeführt; zugleich wurde aber der Adhäsionsprozess, mit dem das Opfer der Straftat seine erlittenen Schäden geltend machen konnte, abgeschafft. Insgesamt wurde die Rechtsstellung des Deliktsopfers insbesondere im Strafprozessrecht in dieser Zeit **tendenziell abgeschwächt**.

4   Keihō no ichibu wo kaisei suru hōritsu (Gesetz Nr. 72/23.6.2017).
5   Keihō oyobi keiji-soshōhō no ichibu wo kaisei suru hōritsu (Gesetz Nr. 66/23.6.2023).
6   Dabei ist mit „Zuchthaus" eine verschärfte, mit einer Arbeitspflicht verbundene Form der Freiheitsstrafe gemeint.

integriert, weil die Strafdrohung des § 177 von der Zuchthausstrafe „nicht unter 3 Jahren" auf „nicht unter 5 Jahren" erhöht wurde. Daneben wurde im Jahr 2022 allgemein die Zuchthausstrafe in eine reine Freiheitsstrafe umgewandelt.

Die Vergewaltigung war vormals als **Antragsdelikt** ausgestaltet (§ 180), was sogleich noch näher erörtert wird. Im Jahr 2017 wurde allerdings die Vergewaltigung von einem Antragsdelikt in ein Offizialdelikt umgestaltet.

b) Antragsdelikt (Shinkoku-zai – 親告罪)/Strafantrag (§§ 230 ff. jStPO) (Kokuso – 告訴)

Das Opfer kann einen **Strafantrag stellen** (§§ 230 ff. jStPO). Dieser setzt voraus, dass das Opfer oder sonstige gesetzliche Antragsberechtigte einem Staatsanwalt oder Justizpolizeibeamten über die Straftat berichten und ihren Willen in Bezug auf die Strafverfolgung oder Bestrafung des Täters erklären. Dagegen enthält die Anzeige des Opfers (vgl. § 61 Abs. 1 RiPolizeiErmittlung; *Higai-todoke* – 被害届) nur die Meldung der Straftat und der entstandenen Schäden. Einerseits kann der Strafantrag faktisch ein Anlass für die Einleitung eines Ermittlungsverfahrens sein, andererseits ist er bei den Antragsdelikten auch eine echte Prozessvoraussetzung.[7] Wenn das Opfer minderjährig ist, kann es dennoch selbstständig antragsberechtigt sein, sofern es **antragsfähig** ist.[8] Wenn der Strafantrag gestellt wird, muss der Justizpolizeibeamte dem Staatsanwalt die Akten betreffend den Strafantrag usw. baldmöglichst übersenden (§ 242 jStPO) und sich bemühen, schnell zu ermitteln (§ 67 RiPolizeiErmittlung).

Die Sexualdelikte waren, wie bereits erwähnt, bis zum Jahr 2017 grundsätzlich **Antragsdelikte** (§ 180 a.F. jStGB). Der Grund dafür war nach der herrschenden Meinung die **Vermeidung einer sekundären Viktimisierung**, also ein Opferschutzaspekt. Es wurde angenommen, dass die Ehre oder Intimsphäre des Opfers wegen der Eigentümlichkeit der Sexualdelikte betroffen seien und ihm psychische Nachteile drohten, wenn der Fall angeklagt und öffentlich bekannt würde.

Dagegen waren die **Vergewaltigung mit Todes- oder Verletzungsfolge** (§ 181 Abs. 2)[9] von Anfang an und die **Gruppenvergewaltigung** (§ 178-2 a.F.; § 180 Abs. 2 a.F.) seit 1958 als **Offizialdelikt** ausgestaltet. Im ersten Fall wurde dies damit begründet, dass das öffentliche Interesse an der Bestrafung des Täters wegen der Schwere des Delikts dem Willen des Opfers vorgehe. In Bezug auf die Gruppenvergewaltigung wurde argumentiert, dass sie als Gewaltdelikt besonders brutal sei und deshalb bestraft werden müsse; auch sollte vermieden werden, dass das Opfer aus Angst vor einer möglichen Rache der Täter die Strafantragstellung fürchtet und sich dadurch genötigt sieht, den Strafantrag zu unterlassen oder zurückzunehmen (sog. *Naki-neiri* – 泣き寝入り).[10]

---

[7] Antragsdelikte werden grundsätzlich nicht verfolgt, wenn der Antragsberechtigte es unterlässt, den Strafantrag bis zum Ablauf der Frist von 6 Monaten zu stellen (§ 235). Allerdings wurde durch das jStPO/StAUAG-ÄG von 2000 die **Antragsfrist** aus Rücksicht auf den unmittelbar durch die Viktimisierung hervorgerufenen psychischen Zustand des Opfers bei den Sexualdelikten abgeschafft.

[8] Das Nagoya-Obergericht/Kanazawa-Zweig (Urteil vom 3.7.2012, OGH Web) erkannte die Antragsfähigkeit eines Opfers an, das bei der Antragstellung 10 Jahre und 11 Monate alt war.

[9] § 181 enthält eine **Erfolgsqualifikation** in Bezug auf §§ 176 ff. § 181 setzt voraus, dass der **Tod oder die Verletzung** durch die Vergewaltigung oder Nötigung zur Unzucht usw. verursacht wurde. Durch das jStGB-ÄG von 2004 wurde die Untergrenze der Strafdrohung des § 181 von 3 Jahre auf 5 Jahre verschärft (Abs. 2 a.F.); die Untergrenze der Gruppenvergewaltigung (§ 178-2 a.F.) wurde auf 6 Jahre festgesetzt (Abs. 3 a.F.). Im Jahr 2017 wurde die Untergrenze der Strafdrohung des § 181 von 5 Jahre auf 6 Jahre angehoben (Abs. 2); zugleich wurde § 181 Abs. 3 abgeschafft und in Abs. 2 integriert.

[10] Allerdings war die Strafdrohung damals dieselbe wie bei der normalen Vergewaltigung.

Vom Jahr 2014 bis zum Jahr 2016 wurde die **Umwandlung aller Sexualdelikte in Offizialdelikte** im Justizministerium erörtert. Dabei wurden verschiedene Opferaspekte betont. Zum Beispiel seien die Zwecke der Antragsdelikte bei Sexualdelikten nicht einschlägig. Bei der **Vermeidung der sekundären Viktimisierung** gehe es um die Rücksicht auf das Opfer im Strafverfahren; die Intimsphäre des Opfers werde in Verfahren wegen Gruppenvergewaltigung oder Vergewaltigung mit Todes- oder Verletzungsfolge aber bereits jetzt geschützt. Das Antragserfordernis könnte sich hier eher als eine **für den Täter vorteilhafte Waffe** erweisen, denn der Täter oder Verteidiger könne das Opfer (ggf. als Gegenleistung für eine Abfindungszahlung) dazu nötigen, den Strafantrag zurückzunehmen. Dazu ist wichtig zu wissen, dass das Strafverfahren endgültig eingestellt wird, wenn der Strafantrag zurückgenommen wurde. Nach der Zurücknahme des Strafantrags können wegen desselben Antragsdelikts keine Strafanträge mehr gestellt werden (§ 237 jStPO). Außerdem wird argumentiert, dass die psychologische Last des Opfers bei Antragsdelikten viel größer sei als bei Offizialdelikten. Darüber hinaus seien auf diese Weise Straftaten vor allem dann im Dunkeln geblieben, wenn das Opfer ein Kind ist und der Täter der Partner der Mutter des betreffenden Kindes. Auch aus den genannten Gründen wurde die Vergewaltigung usw. schließlich im Jahr 2017 von einem Antragsdelikt in ein Offizialdelikt umgestaltet.[11]

c) Kein TOA, aber „Shufuku"-Klausel bei Selbstanzeige gegenüber dem Opfer (§ 42 Abs. 2 jStGB)

Im japanischen Straf- und Strafprozessrecht gibt es keine Vorschriften über den **Täter-Opfer-Ausgleich (TOA)**. Allerdings werden das Ergebnis eines Ausgleichs und der Wille des Opfers bei dem Anklageverfahren von den Staatsanwälten berücksichtigt und auch bei der Strafzumessung von den Richtern mit einbezogen. Außerdem gibt es die Möglichkeit, einen zwischen Täter und Opfer geschlossenen **Vergleichsvertrag** für vollstreckbar zu erklären.

§ 42 Abs. 2 ist eine am Opfer der Straftat orientierte Vorschrift. Sie bestimmt: „Ebenso kann milder bestraft werden, wer bei den Antragsdelikten den Antragsberechtigten über seine Tat informiert und diesem die weiteren Maßnahmen überlässt". Es handelt sich also um dieselbe **fakultative Strafmilderung**, wie sie bei einer gegenüber der Polizei erstatteten **Selbstanzeige** des Täters in Abs. 1 vorgesehen ist.

Diese gegenüber dem Opfer erfolgte **Selbstanzeige** heißt „*Shufuku* (首服)". Die fakultative Strafmilderung wird nach der herrschenden Meinung, wie bei der normalen Selbstanzeige, mit dem kriminalpolitischen Aspekt begründet, dass die *Shufuku* die Ermittlung erleichtern kann. Hinzu kommt der materiellrechtliche Grund, dass sie als Ausdruck der Reue des Täters den Schuldvorwurf vermindern kann. Wegen des erstgenannten Grundes muss die *Shufuku* nach der herrschenden Meinung ausgeführt werden, bevor der Täter den Ermittlungsbehörden (und dem Opfer) bekannt wird. Einige Stimmen in der Literatur weisen darüber hinaus bei der normalen Anzeige auf die Aspekte der Entschuldigung gegenüber der Gemeinschaft und der Schadenswieder-

---

11 Siehe dazu *Kurosawa*, Gegenwärtige Tendenzen der Kriminalrechtspolitik in Japan 2016, Meiji Law Journal, Vol. 24 (2017), S. 1 ff.; *Nakane*, Zur Umgestaltung von Antragsdelikten zu Offizialdelikten in der Strafgesetzgebung Japans, ZJapanR 51 (2021), S. 233 ff.

gutmachung gegenüber dem Opfer hin.[12] Diese zuletzt genannten Opferaspekte gelten erst recht für die *Shufuku*, weil die Antragsberechtigten, an die sich die *Shufuku* richtet, das Opfer und seine Angehörigen sind.

Die *Shufuku*-Klausel (§ 42 Abs. 2 jStGB) weist bei den Antragsdelikten gewisse Ähnlichkeiten zur TOA-Klausel in § 46a dStGB auf.[13] In beiden Fällen geht es um einen kommunikativen Prozess zwischen Täter und Opfer, der allerdings im Fall der *Shufuku* nicht zwingend ausgleichende Elemente wie Schadensersatz oder eine Entschuldigung enthalten muss. Allerdings kann die *Shufuku* nicht mehr auf Sexualdelikte angewendet werden, weil Sexualdelikte nun Offizialdelikte sind.

d) Strafrechtliche Würdigung der Fälle (1) und (2)

Fall (1) Die Tat des X erfüllt den Tatbestand des Beischlafs usw. ohne Zustimmung nach § 177 Abs. 1. Der Beischlaf usw. ohne Zustimmung nach § 177 Abs. 1 ist ein Offizialdelikt, deswegen könnte X auch ganz ohne Strafantrag der A angeklagt werden. Wenn es zur Verurteilung kommt, könnte X mit der dann erhöhten Freiheitsstrafe nicht unter 5 Jahren (bis zu 20 Jahren) bestraft werden.

Fall (2) Die Tat des X erfüllt den Tatbestand des Beischlafs usw. ohne Zustimmung nach § 177 Abs. 3. Dass die Tat mit Einwilligung der B erfolgte, spielt weiterhin keine Rolle. Der Beischlaf usw. ohne Zustimmung nach § 177 Abs. 3 ist ebenfalls ein Offizialdelikt. Deswegen könnte X ohne Strafantrag der B angeklagt werden, auf ihre Antragsfähigkeit käme es nicht an. X könnte auch in diesem Fall mit Freiheitsstrafe nicht unter 5 Jahren (bis zu 20 Jahren) bestraft werden.

Eine wichtige Konsequenz der Sexualstrafrechtsreform ist, dass die Strafe in beiden Fällen nicht wegen der *Shufuku* fakultativ gemildert werden könnte, weil die *Shufuku* bei Offizialdelikten nicht zur Anwendung kommt. Es bliebe jedoch dabei, dass eine Wiedergutmachung oder ihr Versuch usw. beim staatsanwaltlichen Anklageermessen oder der gerichtlichen Strafzumessung berücksichtigt werden könnten.

3. Strafprozessrecht

Im Folgenden wird die Rechtsstellung des Opfers im Strafprozessrecht anhand der zeitlichen Abfolge des Strafverfahrens beschrieben.[14] Die genannten opferschützenden Institute sind durchweg auf A und B anwendbar, soweit nichts anderes ausgeführt wird.

a) Ermittlungsverfahren

aa) Vernehmung (§ 223 jStPO) und Rücksicht auf das Opfer

Das Opfer kann gegebenenfalls bei der Polizei und der Staatsanwaltschaft vernommen werden (§ 223 Abs. 1). Um eine erneute Belastung des Opfers im Sinne einer „sekundären Viktimisierung" durch die Vernehmung zu vermeiden, wurde die Vorschrift

---

12 *Takahashi*, Kei-hô ni okeru songai-kaifuku no shisô [Wiedergutmachungsgedanke im Strafrecht], (1997) S. 24; vgl. *Ito*, „Jishu" no hô-teki-seikaku to yôken ni kansuru hanzai-taikei-ron-teki iti-kôsatsu [Eine Betrachtung über Selbstanzeige], Gekidôki no keiji hôgaku: Nose Hiroyuki sensei tsuitô ronshû, (2003), S. 397 f.
13 Vgl. *Kurosawa*, Shûfuku-teki-shihô toshite no shinkoku-zai? [Antragsdelikte als Element von Restorative Justice?], Hô-gaku kenkyû ron-shû, Vol. 16 (2002), S. 1 ff.; *ders.*, Victim's Criminal Complaint and Restorative Justice [Strafantrag des Opfers und Restorative Justice], Meiji Law Journal, Vol. 20 (2013), S. 19 ff.
14 S. dazu Fn. 2.

über die „**Rücksicht auf das Opfer**" bei der polizeilichen Vernehmung im Jahr 1999 eingeführt (§ 10–2 RiPolizeiErmittlung). Bei den **Sexualdelikten** vernehmen nun beispielsweise **ausschließlich weibliche Polizeibeamte** das Opfer. Im Jahr 2023 wurde das System eingeführt, dass die Polizei und die Staatsanwaltschaft bei Sexualdelikten usw. Ton und Video zur vorsichtigen Vernehmung des verletzlichen Opfers aufzeichnen können und der Staatsanwalt einen Beweisantrag für die aufgezeichneten Medien anstelle eines Zeugnisses vor Gericht stellen kann (§ 321–3).

bb) Sonstige Maßnahmen von Opferschutz und Opferhilfe im Ermittlungsverfahren

10   Seit 1999 teilt die Polizei dem Opfer den Verlauf der Ermittlung und sonstige Informationen mit (*Higaisha-renraku-seido* – 被害者連絡制度; § 10–3 RiPolizeiErmittlung). Außerdem werden besondere Beamte eingesetzt, um dem Opfer in der Krise unmittelbar nach der Tat zu helfen (*Shitei-higaisha-shien-yōin* – 指定被害者支援要員). Das Opfer kann nach einer Sexualstraftat auch beantragen, dass die Kosten für eine dringende Empfängnisverhütung übernommen werden.

Im Jahr 2023 wurde das System eingeführt, dass die Polizei und die Staatsanwaltschaft bei der Festnahme (§ 201–2) und Untersuchungshaft (§ 207–2) dem Beschuldigten von Sexualdelikten usw. den Auszug aus dem Haftbefehl ohne die opferbezogenen persönlichen Informationen vorzeigen können.[15]

b) Klageerhebung

aa) Staatsanwaltschaftliches Anklageermessen/Opportunitätsprinzip (§ 248 jStPO)

11   In Japan gilt in weitem Umfang das **Opportunitätsprinzip**.[16] Das bedeutet, dass die Staatsanwaltschaft im Rahmen einer Ermessensentscheidung über die Anklageerhebung entscheidet und nicht wie in Deutschland zumindest grundsätzlich aufgrund des Legalitätsprinzips dazu verpflichtet ist. Das Opfer und seine Viktimisierung können im Rahmen des staatsanwaltschaftlichen Anklageermessens berücksichtigt werden (vgl. § 248). Namentlich können die Schwere des Schadens als Ausdruck der „Gewichtigkeit des Delikts", die vorherige Beziehung zwischen dem Opfer und dem Täter als relevante „Umstände" der Tat und schließlich das Strafbedürfnis des Opfers sowie das Ergebnis eines Ausgleichs mit dem Täter als „Sachverhalt nach der Tat" herangezogen werden. Eine Verweisung auf einen separaten **Privatklageweg** bei bestimmten Delikten gibt es in Japan (anders als in Deutschland) nicht.

bb) Mitteilung an Antragsteller (§§ 260 und 261 jStPO) und Untersuchungsausschuss für staatsanwaltschaftliches Handeln (StAUA)

12   Dem Antragsteller muss das Ergebnis der Fallerledigung mitgeteilt werden (§ 260).[17] Wenn keine Anklage erhoben wird, hat der Antragsteller einen Anspruch auf Mitteilung des Grundes hierfür (§ 261). §§ 260 und 261 regeln, dass dem Willen des Antragstellers ein großer Stellenwert eingeräumt wird[18] und zielen auf die Verbesserung

---

15 Keiji-soshōhō tō no ichibu wo kaisei suru hōritsu (Gesetz Nr. 28/17.5.2023).
16 S. dazu auch § 15 Rn. 15 ff.
17 Diese Mitteilung erstreckt sich nicht nur auf die Nichterhebung der Anklage, sondern auch auf die Klageerhebung und die Überweisung des Falls an eine andere Staatsanwaltschaft.
18 Nach der Rechtsprechung ist der Zweck des Ermittlungsverfahrens nicht unmittelbar die Schadenwiedergutmachung des Opfers, sondern die Erhaltung der Ordnung in Staat und Gesellschaft, also die Förderung

II. Behandlung der Fälle nach japanischem Recht § 20

des staatsanwaltschaftlichen Anklageermessens ab. Zugleich enthalten sie die Möglichkeit, durch einen Antrag bei dem Untersuchungsausschuss für staatsanwaltschaftliches Handeln (StAUA; *Kensatsu-shinsa-kai* – 検察審査会) die Nichterhebung der Anklage vom Staatsanwalt überprüfen zu lassen (§§ 2 Abs. 2 und 30 StAUAG).[19]

cc) Sonstige Maßnahmen von Opferschutz und Opferhilfe im Bereich der Klageerhebung

Im April 1999 initiierte die Staatsanwaltschaft auf nationaler Ebene das System der **Mitteilung an die Opfer** (*Higaisha-tō tsūchi seido* – 被害者等通知制度). Dem Opfer werden dabei verschiedene auf das Verfahren bezogene Informationen mitgeteilt, z.B. das Ergebnis der Fallerledigung, das zuständige Gericht und die Hauptverhandlungstermine.[20] Durch Verwaltungsvorschriften von 2000, 2004 und 2008 ist die Eröffnung der Akten im Fall der Nichterhebung der Anklage erweitert worden (vgl. § 47 jStPO).

13

Im November 1999 wurde zudem das **Opferhilfebeamten-System** (*Higaisha-shien-in seido* – 被害者支援員制度) eingeführt. Die Opferhilfebeamten werden vom Opfer um Rat gefragt, begleiten es zum Gericht, helfen ihm, die Prozessakten einzusehen und stellen ihm Institutionen im Bereich Opferschutz und Opferhilfe vor.

Im Jahr 2023 wurde die **Verfolgungsverjährungsfrist** von Sexualdelikten verlängert (§ 250 Abs. 3 jStPO). Die Frist ist bei der Verletzung durch den Beischlaf usw. ohne Zustimmung (§ 181 jStGB) von 15 Jahre auf 20 Jahre, bei dem Beischlaf usw. ohne Zustimmung (§ 177 jStGB) von 10 Jahre auf 15 Jahre und bei der Unzucht ohne Zustimmung (§ 176 jStGB) von 7 Jahre auf 12 Jahre verlängert worden. Bei den oben genannten Sexualdelikten ruht die Verjährung bis zur Vollendung des 18. Lebensjahres des Opfers (§ 250 Abs. 4 jStPO).[21]

c) Hauptverfahren

aa) Geheimhaltung opferbezogener persönlicher Informationen (§§ 290–2 usw. jStPO)

Seit dem jStPOusw.-ÄG für ORechtsschutz von 2007 kann das Hauptverfahren u.a. bei Sexualdelikten durchgeführt werden, ohne den Namen oder die Anschrift des Opfers öffentlich zu machen (§ 290–2), um eine sekundäre Viktimisierung zu vermeiden. Durch diese Gesetzesänderung wurde das Geheimhaltungsersuchen usw. bei der Mitteilung an die Gegenpartei in Hinblick auf den Beweisantrag von nur zeugenbezogenen persönlichen Informationen (§ 299–2) auch auf opferbezogene persönliche

14

---

des öffentlichen Interesses. Das Interesse des Opfers am Ermittlungsverfahren werde nicht gesetzlich geschützt; es sei nicht mehr als ein faktisches Interesse an einem Verfahren, das aus Gründen des öffentlichen Interesses durchgeführt werde und nur als Reflex zugleich die privaten Interessen des Opfers tangiere. Vgl. OGH vom 21.4.2005, Saibanshū Minji 216, 579.

19 Das jStPO/StAUAG-ÄG von 2000 führte das Antragsrecht der Hinterbliebenen und das Recht des Antragstellers zum Einreichen von Stellungnahmen und Materialien ein (§ 38–2 StAUAG). Das jStPOusw.-ÄG von 2004 führte das System ein, dass der Rechtsanwalt als Ankläger den Beschuldigten anklagen muss, wenn der StAUA zweimal entscheidet, dass die Anklageerhebung angezeigt ist (§ 41–10 StAUAG).

20 Weitere Inhalte der Mitteilung sind das Ergebnis der gerichtlichen Entscheidung, Angaben zur Person des Beschuldigten, die Zusammenfassung der Anklagetatsachen, der Umstand der Nichterhebung der Anklage sowie der Kernpunkt von deren Begründung, der voraussichtliche Endzeitpunkt der Strafvollstreckung, und außerdem seit März 2001 die vorzeitige Freilassung und das tatsächliche Ende der Strafvollstreckung sowie ihre Zeitpunkte.

21 Keihō oyobi keiji-soshōhō no ichibu wo kaisei suru hōritsu (Gesetz Nr. 66/23.6.2023).

Informationen erweitert (§ 299–3). Durch das Laienrichter-ÄG von 2015 wurde diese Möglichkeit auch bei dem Verfahren für die Auswahl der Laienrichter gesetzlich geregelt (§ 33–2 LaienrichternG). Seit dem jStPOusw.-ÄG von 2016 kann das Gericht auf Antrag des Zeugen entscheiden, dass dessen Name und Adresse usw. in der öffentlichen Hauptverhandlung nicht offengelegt werden dürfen (§ 290–3 Abs. 1). Im Jahr 2023 wurde das System in Bezug auf die Urteilsschrift eingeführt, dass das Gericht bei Sexualdelikten usw. den Auszug aus der Urteilsschrift ohne die opferbezogenen persönlichen Informationen ausstellen können.[22]

bb) Zeugenvernehmung (§ 143 ff. jStPO) und Zeugenschutz (Shōnin hogo – 証人保護)

15   Das Opfer kann gegebenenfalls als **Zeuge vernommen** werden (§§ 143 ff.).[23] Um die sekundäre Viktimisierung von Opferzeugen zu vermeiden und die Aussage des Opfers zu sichern, gibt es seit langem im japanischen Strafrecht den Straftatbestand der Einschüchterung von Zeugen (§ 105–2 jStGB) und im japanischen Strafprozessrecht die Vorschriften über den Ausschluss der Öffentlichkeit (vgl. § 82 Abs. 2 jVerfassungsG und § 70 GerichtG). Daneben gibt es u.a. die Zeugenvernehmung außerhalb der Hauptverhandlung (§§ 158 und 281), die Entfernung des Angeklagten aus dem Sitzungssaal (§§ 281–2 und 304–2) sowie die Entfernung der Zuhörer (§ 202 jStPRegelungen).

Das jStPO/StAUAG-ÄG von 2000 brachte weitere Zeugenschutzmaßnahmen, darunter einen Begleiter für den Zeugen während seiner Vernehmung (§ 157–4 [§ 157–2 a.F.]), die Abschirmung des Zeugen im Gerichtssaal (§ 157–5 [§ 157–3 a.F.]) und die Möglichkeit, ihn per Videotechnik in einem anderen Raum zu befragen (§ 157–6 Abs. 1 [§ 157–4 a.F.]). Diese Maßnahmen wurden vor allem aus Rücksicht auf die Opfer von Sexualdelikten geschaffen. Darüber hinaus wurde durch das jStPOusw.-ÄG von 2016 die Befragung per Videotechnik auch in der Hinsicht erweitert, dass sie außerhalb des Gerichtsgebäudes durchgeführt werden kann (§ 157–6 Abs. 2).

Durch das jStPOusw.-ÄG von 1999 wurde die Vorschrift über das Ersuchen um Geheimhaltung zeugenbezogener persönlicher Informationen bei der Mitteilung an die Gegenpartei in Hinblick auf den Beweisantrag eingefügt (§ 299–2). Durch das jStPOusw.-ÄG von 2016 kann die Staatsanwaltschaft nun entweder bei der Mitteilung des Namens oder der Andresse eines Zeugen an den Verteidiger die Bedingung stellen, dass der Verteidiger dem Angeklagten diese Informationen nicht zugänglich macht, oder gänzlich auf eine Mitteilung verzichten (§ 299–4 jStPO; vgl. § 299–5 jStPO). Diese Schutzmaßnahme wurde im Jahr 2023 noch erweitert.

Wenn der Zeuge einen Schaden erleidet, kann er eine staatliche Entschädigung beantragen (ZeugenSZuschussG).

Wie oben erwähnt, wurde im Jahr 2023 das System eingeführt, dass die Polizei und die Staatsanwaltschaft bei Sexualdelikten usw. Ton und Video zur vorsichtigen Vernehmung eines verletzlichen Opfers aufzeichnen können und der Staatsanwalt einen Beweisantrag für die aufgezeichneten Medien anstelle eines Zeugnisses vor Gericht stellen kann (§ 321–3).

---

22   Gesetz Nr. 28/17.5.2023.
23   Dabei zielt die Zeugenvernehmung unmittelbar auf die Tatsachenfeststellung durch das Gericht (vgl. §§ 304 und 317) und die Sicherung des Zeugenbefragungsrechts des Angeklagten (§ 37 Abs. 2 jVerfassungsG) ab.

II. Behandlung der Fälle nach japanischem Recht § 20

cc) Teilnahme des Opfers am Hauptverfahren usw.
(§§ 316–33 ff. jStPO: Higaisya-sanka seido – 被害者参加制度)

Durch das jStPOusw.-ÄG für ORechtsschutz von 2007 wurde das System der **Teilnahme des Opfers an dem Hauptverfahren** usw. (Opferteilnahme) eingeführt und im Dezember 2008 in Kraft gesetzt (§§ 316–33 ff.; vgl. § 18 OGrundlagenG). Zur Anwendung kommt diese Opferteilnahme bei schweren Delikten, insbesondere Delikten mit Todes- oder Verletzungsfolge durch eine vorsätzliche Straftat wie z.B. Körperverletzung mit Todesfolge (§ 205 jStGB). Erfasst sind auch die **Sexualdelikte** (§§ 176 ff. jStGB). Die Teilnahmeberechtigten sind das Opfer und seine gesetzlichen Vertreter (beide heißen „**Opferteilnehmer**": *Higaisha-sanka-nin* – 被害者参加人) sowie der von beiden beauftragte Rechtsanwalt.[24]

16

Der Opferteilnehmer und der von ihm beauftragte Rechtsanwalt können nicht nur den Hauptverhandlungsterminen beiwohnen (§ 316–34), sondern haben weitere **Beteiligungsrechte**. Sie können u.a. ihre Ansicht über bestimmte staatsanwaltliche Verfahrenshandlungen (wie z.B. die Stellung von Beweisanträgen) gegenüber dem Staatsanwalt äußern und von ihm verlangen, dass er den Grund der Ausübung oder Nichtausübung seiner Befugnisse mitteilt (§ 316–35). Weiterhin können sie Zeugen vernehmen (§ 316–36), Fragen an den Angeklagten stellen (§ 316–37) sowie in Bezug auf Tatsachen und die Anwendung des Rechts plädieren (§ 316–38),[25] jeweils unter Beachtung bestimmter Voraussetzungen und innerhalb eines bestimmten Rahmens. Die allgemeinen Zeugenschutzmaßnahmen des Begleiters und der Abschirmung können gegebenenfalls auch für den Opferteilnehmer getroffen werden (§ 316–39).

dd) Äußerung der Sicht des Opfers zum erlittenen Schaden und zu sonstigen Umständen der Tat (§ 292–2 jStPO)

Durch das OSchutzMaßnahmenG von 2000 wurde die **Äußerung des Opfers** über den erlittenen Schaden sowie über sonstige Umstände bezüglich des betreffenden Falles eingeführt (§ 292–2 jStPO). Das Opfer und sein gesetzlicher Vertreter können danach bei dem Gericht über den Staatsanwalt einen Antrag auf Erlaubnis einer solchen Äußerung stellen. Das Gericht kann diese Erlaubnis erteilen (Abs. 1 und 2), sie vollständig ablehnen oder lediglich eine schriftliche Äußerung statt der mündlichen erlauben (Abs. 7). Wenn es nötig ist, kann auch in diesem Zusammenhang von den Möglichkeiten eines Begleiters, einer Abschirmung des Zeugen oder des Einsatzes von Videotechnik Gebrauch gemacht werden (Abs. 6 i.V.m. §§ 157–4, 157–5 und 157–6 Abs. 1 und 2). Diese Äußerung, die dem US-amerikanischen „victim impact statement" nachgebildet ist, kann nicht verwendet werden, um die Anklagetatsachen zu beweisen (Abs. 9), darf aber im Rahmen der Strafzumessung herangezogen werden.

17

ee) Einfluss auf die Strafzumessung

In Japan gibt es keine gesetzlich ausdrücklich geregelten Kriterien für die Strafzumessung (vgl. §§ 68 ff. jStGB). In der Praxis der Strafzumessung können u.a. die Schwere

18

---

[24] Wenn der Opferteilnehmer dem Rechtsanwalt mangels finanzieller Mittel dessen Vergütung nicht zahlen kann, bestimmt der Staat den Rechtsanwalt und leistet dessen Vergütung auf Antrag des Opferteilnehmers (§§ 11 ff. ORechtsschutzMaßnamenG und §§ 5 und 38–2 usw. GesamtRechtsunterstützungsG). Seit 2013 kann der Opferteilnehmer vom Staat die Reisekosten bekommen, um am Strafverfahren teilzunehmen (§§ 5 ff. ORechtsschutzMaßnahmenG).
[25] Allerdings ist das Plädoyer des Opferteilnehmers kein zulässiges Beweismittel (§ 316–38 Abs. 4).

des Schadens, die vorherige Beziehung zwischen Opfer und Täter, das Strafbedürfnis des Opfers und das Ergebnis eines Ausgleichs mit dem Täter nach § 248 jStPO berücksichtigt werden. Es wird angenommen, dass die durchschnittliche Strafhöhe bei den Sexualdelikten durch die Einführung der Opferteilnahme sowie der Laienrichter zugenommen hat.

ff) Wiedergutmachungsbezogene Maßnahmen

19 Durch das OpferschutzMaßnahmenG von 2000 ist u.a. die Erklärung der Vollstreckbarkeit eines **außergerichtlichen Vergleichsvertrags** (sog. *Keiji-wakai* – 刑事和解) (§ 19 [§ 4 a.F.]) eingeführt worden. Der sog. *Keiji-wakai* bedeutet nicht, dass das Strafgericht dem Opfer und dem Angeklagten innerhalb des Strafverfahrens bei einem Ausgleich hilft oder diesen sogar selbst herbeiführt. Vielmehr kann das Strafgericht dem außergerichtlichen Vergleichsvertrag zwischen Opfer und Angeklagtem wie bei einem zivilgerichtlichen Vergleich die **Vollstreckbarkeit** verleihen, indem es den Vergleichsvertrag in das Hauptverhandlungsprotokoll des Strafverfahrens aufnimmt.

Durch das jStPOusw.-ÄG für ORechtsschutz von 2007 ist darüber hinaus die **Schadensersatzanordnung** *(Songai-baishō meirei* – 損害賠償命令) eingeführt worden. Das Gericht kann dem Angeklagten seitdem in Zusammenhang mit dem Strafverfahren die Anordnung erteilen, Schadenersatz zu leisten (§§ 23 ff. ORechtsschutzMaßnahmenG [OpferschutzMaßnahmenG von 2000]). Die Schadensersatzanordnung zielt auf die leichte und schnelle Schadenswiedergutmachung ab und soll dem Opfer die Lasten einer separaten Zivilklage (z.B. die Zeit, Kosten und Mühe der Beweisführung) zumindest teilweise abnehmen.[26]

Durch das OZuschussOHilfeG von 1980 (OZuschussG: bis 2008) können die Hinterbliebenen eines Opfers, das aufgrund einer Straftat eines unnatürlichen Todes gestorben ist, und Opfer, die durch eine Straftat eine schwere Verletzung oder Krankheit erlitten haben oder mit einer körperlichen Schwäche zurückgeblieben sind, einen **staatlichen Opferzuschuss** *(Hanzai-higaisha-tō kyūfu-kin* – 犯罪被害者等給付金) erhalten.[27] In den Fällen (1) und (2) sind A und B weder gestorben, noch wurden sie schwer verletzt, deswegen können sie keinen staatlichen Opferzuschuss erhalten.

III. Behandlung der Fälle nach deutschem Recht

1. Materielles Strafrecht, Strafantrag und Wiedergutmachungsaspekte

20 In **materieller Hinsicht** ist der Fall (1) als Vergewaltigung gem. § 177 I, V Nr. 2, VI S. 2 Nr. 1 StGB zu bewerten. In Fall (2) geht es um den schweren sexuellen Missbrauch von Kindern gem. § 176c I Nr. 2 a) StGB, der eine gleich hohe Strafandrohung

---

26 Der Anwendungsbereich der Schadensersatzanordnung ist demjenigen der Opferteilnahme ähnlich (vgl. § 27 Abs. 1). Allerdings kann die Schadensersatzanordnung nicht bei fahrlässigen Delikten, z.B. Verkehrsunfällen, angewendet werden, denn dabei müsste u.U. über die schwierige Frage der Mitverursachung des Opfers entschieden werden.

27 Durch das OZuschussG-ÄG von 2001 wurde dieser Opferzuschuss erweitert. Aus Rücksicht auf das OGrundlagenG von 2004 wurden die Zahlungsbedingungen erleichtert und der Zuschuss erhöht. Seit dem Jahr 2001 wurden 48 Opferhilfezentren (Stand von 1.4.2023) zur Organisation **frühzeitiger Opferhilfe** *(Hanzai-higaisha-tō sōki enjo dantai* – 犯罪被害者等早期援助団体) geschaffen (§ 23 OZuschussOHilfeG). Das **Justiz-Unterstützungs-Zentrum** *(Nihon shihō shien sentâ* – 日本司法支援センター; sog. *Hō terasu* – 法テラス) wurde durch das GesamtRechtsunterstützungG von 2004 geschaffen und nahm im Jahr 2006 in Japan seine Arbeit auf. Diese beiden Zentren bieten verschiedene Formen von Opferhilfe an; in Bezug auf den staatlichen Opferzuschuss helfen sie dem Opfer, einen entsprechenden Antrag zu stellen.

III. Behandlung der Fälle nach deutschem Recht § 20

(Freiheitsstrafe nicht unter zwei Jahren) aufweist. In beiden Fällen ist ein **Strafantrag** der Opfer nicht erforderlich, da aufgrund der Schwere der Straftat ein **öffentliches Interesse** an der Strafverfolgung angenommen wird und letztere nicht von der Disposition des Opfers abhängen soll. Hier liegt ein auffälliger Unterschied zur früheren japanischen Rechtslage, der aber mittlerweile, wie oben beschrieben, durch gesetzliche Reformen beseitigt wurde.

Anders als in Japan gibt es in Deutschland die Möglichkeit für die Staatsanwaltschaft, bei bestimmten Delikten, die in erster Linie als privater Konflikt zwischen den Beteiligten gesehen werden, auf den Weg der **Privatklage** (§§ 374 ff. StPO) zu verweisen. Hier muss der Geschädigte selbst aktiv werden, wenn er eine strafrechtliche Verurteilung erreichen will; dem wird bei einigen Delikten ein sogenanntes Sühneverfahren (§ 380 StPO) vorgeschaltet, bei dem versucht wird, eine Einigung der Parteien zu erreichen. In dieser Verfahrensform ist also der Wiedergutmachungsgedanke enthalten; allerdings wird davon eher selten Gebrauch gemacht. Mögliche Privatklagedelikte sind z.B. die Beleidigung oder die einfache Körperverletzung. Schwere Delikte wie die hier vorliegenden Sexualstraftaten sind nicht erfasst.

Allerdings besteht gem. § 46a StGB die Möglichkeit, einen **Täter-Opfer-Ausgleich** (TOA) durchzuführen, wenn sich beide Seiten dazu bereit erklären.[28] Ein solcher TOA kann auch (allerdings nur bei minderschweren Delikten) Grundlage einer **Einstellung des Verfahrens** gem. §§ 153 ff. StPO sein.

Bei so gravierenden Delikten wie den hier vorliegenden Sexualdelikten wird ein TOA-Verfahren oft ohne persönliches Zusammentreffen der Beteiligten ablaufen, was unproblematisch ist, weil das Gesetz keine bestimmte Verfahrensweise für die Durchführung des TOA vorschreibt. Die Teilnahme an einem solchen TOA gem. § 46a Nr. 1 StGB ist für die Opfer (wie auch die Täter) im allgemeinen Strafrecht freiwillig. Auf diese Weise können die Opfer auf vergleichsweise einfache und schnelle Art und Weise ihre Schäden ersetzt bekommen; gleichzeitig kann sich der Täter durch sein ernsthaftes Bemühen um Wiedergutmachung u. a. die Möglichkeit einer Strafrahmenmilderung verdienen.[29] Es ist kein Grund ersichtlich, warum diese Möglichkeit ausgerechnet bei schweren Delikten mit oft sehr hohen materiellen und immateriellen Schäden prinzipiell ausgeschlossen sein sollte. Das sieht die Rspr. im Grundsatz ebenso, legt § 46a StGB in diesem Bereich aber zu restriktiv aus. Insbesondere die Möglichkeit der Schadenswiedergutmachung gem. § 46a Nr. 2 StGB wird hier (zu Unrecht) vorschnell abgelehnt.[30]

Neben dem freiwilligen Aktivwerden des Täters gibt es in §§ 403 ff. StPO die Möglichkeit, ihn im sog. **Adhäsionsverfahren** bereits im Rahmen des Strafverfahrens zum Ersatz der zivilrechtlichen Schäden einschließlich eines Schmerzensgeldes zu verurteilen. Von dieser (an sich naheliegenden und für den Geschädigten vorteilhaften) Möglichkeit wird allerdings in der Praxis aus unterschiedlichen, insbesondere verfahrensökonomischen Gründen sehr wenig Gebrauch gemacht.[31]

---

28 S. dazu nur *Kaspar/Weiler/Schlickum*, Der Täter-Opfer-Ausgleich.
29 Zu den möglichen Vorteilen aller Beteiligten s. nur *Kaspar*, Wiedergutmachung und Mediation im Strafrecht, S. 12 ff.
30 Vgl. etwa grundlegend BGH NStZ 1995, S. 492; weitere Nachweise bei *Fischer*, StGB, § 46a Rn. 10.
31 *Spiess*, Das Adhäsionsverfahren in der Rechtswirklichkeit, S. 108 ff.

Schließlich gibt es seit 1976 für die Opfer von vorsätzlichen Gewalttaten, wie sie hier vorliegen, die Möglichkeit, eine staatliche Entschädigung nach dem **Opferentschädigungsgesetz** zu beantragen.[32]

Der Staat springt hier sozusagen aus sozialen Gründen als Ersatzschuldner ein, wenn der Täter entweder nicht ausfindig gemacht werden kann oder von ihm aus anderen Gründen kein Schadensersatz erlangt werden kann.

2. Strafprozessrecht

21 Die Stellung des **Opfers im Strafverfahren** wurde in Deutschland etwa seit den 1970er-Jahren zunehmend als defizitär empfunden. Das Opfer sei (überspitzt formuliert) als Zeuge ein nützliches Beweismittel; ansonsten wurde ihm aber keine besondere Stellung als Prozesssubjekt eingeräumt. Zeitgleich brachte die Viktimologie, also die wissenschaftliche (auch empirische) Beschäftigung mit den Opfern von Straftaten, wichtige Erkenntnisse über das Ausmaß ihrer Schäden, ihrer Erwartungen an das Strafverfahren usw.[33]

In der Folge wurde eine ganze Reihe von Verbesserungen vorgenommen[34], darunter der Ausbau des **Zeugenschutzes und der Zeugenbetreuung**. Es ist z.B. möglich, in der Hauptverhandlung die Öffentlichkeit auszuschließen, wenn intime Details aus dem Leben der Opfer behandelt werden (§ 171b GVG). Weiterhin sind die Möglichkeiten des Einsatzes von Videotechnik ausgebaut worden. Es ist möglich, die Vernehmung (v.a. minderjähriger) Zeugen in einem Nebenraum durchzuführen und per Videotechnik in den Saal der Hauptverhandlung zu übertragen (§ 247a StPO). Diese Maßnahmen zielen darauf ab, eine unnötige zusätzliche Belastung des Opfers durch das Strafverfahren im Sinne einer „sekundären Viktimisierung" zu vermeiden.

Ein wichtiger Schritt war auch die Einführung bzw. der Ausbau der **Nebenklage** (§§ 395 ff. StPO). Bei bestimmten (schweren) Delikten, zu denen auch die hier einschlägigen Sexualdelikte zählen, kann sich das Opfer dem Verfahren als sog. „Nebenkläger" anschließen. Es ist dann ein Prozesssubjekt mit einer ganzen Reihe von Beteiligungsrechten. Es kann während des gesamten Verfahrens anwesend sein und (ggf. über seinen anwaltlichen Beistand, s. §§ 397a sowie 406h StPO) Anträge stellen.[35] Im Juli 2021 trat schließlich mit § 373b StPO eine Norm in Kraft, die eine allgemeine (weite) Definition des „Verletzten" enthält und in Abs. 2 auch die Angehörigen der Opfer von Tötungsdelikten mit in den Verletztenbegriff einbezieht.[36]

Kritiker monieren, dass die stärkere Beteiligung des Opfers, insbesondere in Form der Nebenklage, nicht nur zu einer höheren Komplexität und zeitlichen Dauer des Verfahrens führt, sondern auch, dass dadurch das Strafniveau erhöht wird.[37] Ersteres muss man allerdings richtigerweise im Sinne des Opferschutzes in Kauf nehmen, solange bestimmte Grenzen nicht überschritten werden; für die größere Strafhärte in Nebenklageverfahren gibt es vorläufig nur gewisse Hinweise, aber noch keine belastbaren empirischen Erkenntnisse. Erst recht fehlt es bislang an einem Nachweis, dass die

---

32 Gesetz über die Entschädigung für die Opfer von Gewalttaten vom 11.5.1976, BGBl. I 1976, S. 1181.
33 *Schwind*, Kriminologie, S. 411 ff; *Meier*, Kriminologie, S. 210 ff; *Göppinger*, Kriminologie, S. 175 ff.
34 *Jung*, ZRP 2000, S. 159; *Ferber*, NJW 2016, S. 279; *Bittmann*, ZRP 2009, S. 212.
35 SSW/StPO-*Schöch*, 3. Aufl. (2017), Vor §§ 395 ff.
36 S. dazu *Kaspar/Kratzer-Ceylan*, TOA-Magazin 2/2021, S. 23 ff.
37 Vgl. etwa *Barton*, S. 47; zu weiteren Kritikpunkten in Bezug auf die Opferorientierung s. *Schünemann* NStZ 1986, S. 193; *Bung* StV 2009, S. 430; *Köbel* StV 2014, S. 698.

in den letzten Jahrzehnten in Deutschland zu beobachtende zunehmende Berücksichtigung der Opferperspektive quasi automatisch als „Kehrseite der Medaille" zu einer Einschränkung von Verfahrensgarantien des Beschuldigten bzw. Angeklagten geführt hat. Man sollte daher Täter- und Opferrechte nicht auf diese Weise gegeneinander ausspielen. Beide müssen (und können) in einem rechtsstaatlichen Strafverfahren nebeneinander ihren angemessenen Platz finden.

IV. Vergleich mit dem deutschen Recht

Zieht man nun einen Vergleich des japanischen zum deutschen Recht, ist zunächst auffällig, dass sich eine **allgemeine Tendenz** zur verstärkten Berücksichtigung der Opferperspektive in beiden Ländern vollzogen hat. Wir finden hier ähnliche Institute wie eine Beteiligung des Opfers am Verfahren oder bestimmte Maßnahmen des (Opfer-)Zeugenschutzes. Dabei weist das japanische Recht interessante Varianten auf, die in Deutschland nicht ausdrücklich geregelt sind, etwa verschiedene und abgestufte Formen der Abschirmung des Zeugen sowie vergleichsweise umfassende Mitteilungspflichten gegenüber dem Opfer, die in Deutschland aber durch das 3. Opferrechtsreformgesetz[38] ebenfalls ausgebaut wurden.[39]

Auch darüber hinaus sind unterschiedliche Akzente erkennbar. Das betrifft etwa die formalisierte **„Erklärung"** des Opfers über seine Schädigung, die in dieser Form in Deutschland nicht vorgesehen ist und möglicherweise in Japan zu einer deutlicheren Strafverschärfung als Folge der Opferbeteiligung führt; das ist vorläufig aber reine Spekulation und müsste erst noch durch die empirische Forschung überprüft werden.

Der **TOA** ist in Deutschland stärker formalisiert und differenzierter geregelt, auch wenn die Shufuku-Klausel im japanischen Recht eine gewisse Ähnlichkeit aufweist. Insbesondere § 46a StGB enthält mit der Möglichkeit der Strafrahmenmilderung sowie des Absehens von Strafe einen stärkeren Anreiz für den Täter, im Sinne der Wiedergutmachung des Opfers aktiv zu werden.

V. Wertende Betrachtung

Seit den 70er-Jahren des 19. Jahrhunderts (Meiji-Zeit) hat das deutsche Straf- und Strafprozessrecht das japanische Recht stark beeinflusst;[40] es wird immer noch als eine der wichtigsten Hilfsquellen in der gegenwärtigen Vorarbeit der Gesetzgebung angeführt. Einerseits bestehen zwischen den beiden Rechtsordnungen in diesem Bereich viele Gemeinsamkeiten, andererseits gibt es auch einige Unterschiede, die in diesem Beitrag angeklungen sind. Manche Sexualdelikte waren auf weibliche Opfer beschränkt und setzten zwingend einen Strafantrag voraus; dies wurde aber, wie gesehen, in den letzten Jahren durch gesetzliche Reformen geändert, so dass zwei wichtige Unterschiede zum deutschen Strafrecht in diesem Bereich weggefallen sind. Nicht zu übersehen ist weiterhin, dass das generelle Strafniveau in Japan insgesamt höher liegt, was vermutlich auf ganz unterschiedliche (v.a. historische und kulturelle) Gründe zurückzuführen ist. Auch wenn man eine Erweiterung der Opferrechte im Strafverfahren für berechtigt hält, sollte unbedingt darauf geachtet werden, dass dieses Anliegen nicht dazu benutzt wird, um pauschal zu einer (noch) höheren Bestrafung

---

38 Gesetz vom 21.12.2015 (BGBl. I S. 2517).
39 Vgl. nur § 406d StPO n.F.
40 S. dazu auch § 1 Rn. 4 ff. und 11 ff.

der Täter zu gelangen. Diese Gefahr besteht gerade im Bereich der für die Opfer besonders schwerwiegenden und auch die Allgemeinheit erschütternden Sexualdelikte; man sollte ihr aber nicht unreflektiert nachgeben, zumal empirische Untersuchungen zeigen, dass viele Opfer, selbst schwerer Straftaten, Schutz und Wiedergutmachung wünschen, jedoch nicht so sehr eine besonders harte Bestrafung.[41]

Vor allem wenn man das beherzigt, lässt sich Opferschutz mit der Wahrung der Rechte des Beschuldigten nach unserer Ansicht vereinbaren.

---

[41] Zu Opfern von Sexualdelikten in Japan: vgl. *Higaisha-shinri kenkyū-kai*, Hanzaihigaisha no shinri to enjo ni tsuite no chōsa-kenkyū [Untersuchung zur Psyche und zum Schutz von Deliktsopfern] (1999), S. 17 ff.; *Hōmu-shō hōmu-sōgō-kenkyū-sho*, Kenkyū-bu hōkoku 7: Hanzai-higai no jittai ni kansuru chōsa [Das Institut für die gesamte Justiz des japanischen Justizministeriums, Bericht der Forschungsabteilung Nr. 7: Untersuchung über den wahren Sachverhalt des Deliktsschadens] (2000), S. 75 ff., 81 ff., 84 ff., 122 ff. <http://www.moj.go.jp/housouken/housouken03_00048.html>; *Uchiyama*, Sei-hanzai-higaisha no higai-jittai to needs [Der wahre Sachverhalt und die Bedürfnisse der Sexualdeliktsopfer], Keisei Vol. 111 Nr. 5 (2000), S. 38 ff.; zu Opfern von Körperverletzungs- und Vermögensdelikten in Japan: vgl. *Miyazawa/Taguchi/Takahashi* (Hrsg.), Hanzai-higaisha no kenkyū [Deliktsopfer in Japan: Eine empirische Untersuchung] (1996). Aus Deutschland ist vor allem die Studie von *Kilchling* (Opferinteressen und Strafverfolgung) zu nennen.

§ 21 Einführung in das japanische Verwaltungsrecht

Katharina Doll

I. Einführung

Ähnlich wie in Deutschland lassen sich auch im japanischen Verwaltungsrecht ein allgemeiner und ein besonderer Teil unterscheiden. Zum allgemeinen Teil gehören die Strukturprinzipien der öffentlichen Verwaltung, die in der japanischen Verfassung (JV) niedergelegt sind, außerdem die Verwaltungsorganisationsgesetze, das Staatshaftungsrecht, das Verwaltungsverfahrens- und Verwaltungsprozessrecht.[1] Dieser Beitrag stellt die wichtigsten Teilbereiche des Allgemeinen Verwaltungsrechts in Japan vor.

Dem deutschen Juristen fällt dabei sofort die begriffliche Nähe zum deutschen Verwaltungsrecht auf. Diese wird überwiegend aus der Rezeptionsgeschichte hergeleitet und kann eine Beschäftigung mit dem Rechtsgebiet nicht nur erleichtern, sondern auch erschweren.[2] Bedeutsam für das Verständnis des japanischen Verwaltungshandelns ist auch, dass oft bereits die Verwaltung den Ausgleich widerstreitender Interessen vornimmt, bevor es überhaupt zu Gerichtsverfahren kommt.[3]

1. Historische Entwicklung

Unter der Meiji-Verfassung von 1889[4] hatte das japanische Verwaltungsrecht sich stark an deutschen Vorbildern,[5] insbesondere der Lehre *Otto Mayers*, orientiert.[6] Die Gesetzmäßigkeit der Verwaltung bildete das Leitbild des Verwaltungsrechts.[7]

Die heute geltende Verfassung von 1946 brachte dann verschiedene, am US-amerikanischen Vorbild orientierte Neuerungen in das geltende Verwaltungsrecht:[8] Dazu gehör-

---

1 *Marutschke*, Einführung in das japanische Recht, 2. Aufl., München 2009, S. 80 f. m.w.N. Zur Verwaltungsorganisation vgl. *Sato*, in: Tsuji (Hrsg.), Public Administration in Japan (1984), S. 22 ff.
2 *Ködderitzsch*, Rechtsschutz gegen die Verwaltung in Japan, ZJapanR/J.Japan.L 5 (1998), S. 31.
3 *Onishi*, in: Pitschas/Kisa (Hrsg.), Internationalisierung von Staat und Verfassung im Spiegel des deutschen und japanischen Staats- und Verwaltungsrechts (2002), S. 179.
4 *Yamamoto*, Die japanische Ermessenslehre im Wandel, DÖV (2006), S. 848; *Tsuji*, in: Tsuji (Hrsg.) (Fn. 1), S. 4 f. Zur vorherigen Entwicklung siehe die Darstellungen bei *Levin*, Continuities of Legal Consciousness: Professor John Haley's Writings on Twelve Hundred Years of Japanese Legal History, Washington University Global Studies Law Review 8 (2009), S. 317 ff.; *Ködderitzsch*, Die Rolle der Verwaltungsvorschriften im japanischen Verwaltungsrecht, S. 24 ff.
5 *Takada*, in: Pitschas/Kisa (Hrsg.) (Fn. 3), S. 148; *Ködderitzsch* (Fn. 4), S. 19 f.; *Shiono*, in: Coing/Hirano u.a (Hrsg.), Die Japanisierung des westlichen Rechts (1990), S. 45 f; *Haley*, Japanese Administrative Law: Introduction, Law in Japan 19 (1986), S. 1, 2 f.
6 *Noro*, in: Jehle/Lipp/Yamanaka (Hrsg.), Rezeption und Reform im japanischen und deutschen Recht (2008), S. 146; *Narita*, in: Blümel/Merten/Quaritsch (Hrsg.), Verwaltung im Rechtsstaat, Festschrift für Carl Hermann Ule (1987), S. 223 f.; *Takada*, in: Blümel/Merten/Quaritsch (Hrsg.), Verwaltung im Rechtsstaat, FS Carl Hermann Ule (1987), S. 393; *Haley* (Fn. 5), 3. Daneben spielten auch österreichische Einflüsse eine Rolle, vgl. *Takada* (Fn. 5), S. 145 f. und 149.
7 Im Kontrast dazu gilt die bloße „Richtlinienmäßigkeit" des Verwaltungshandelns, vgl. *Fujita*, Gyoseishido – Rechtsprobleme eines Hauptmittels der gegenwärtigen Verwaltung in Japan, Die Verwaltung 15 (1982), S. 239.
8 *Yamamoto*, in: Trute/Groß u.a. (Hrsg.), Allgemeines Verwaltungsrecht – zur Tragfähigkeit eines Konzepts (2008), S. 913; *Shiono*, in: Kitagawa/Murakami u.a. (Hrsg.), Das Recht vor der Herausforderung eines neuen Jahrhunderts: Erwartungen in Japan und Deutschland (1998), S. 129. *Young*, Administrative Guidance in the Courts: A Case Study in Doctrinal Adaptation, Law in Japan 17 (1984), S. 121. Vgl. auch *Neumann*, Verfassung und Verwaltung in Japan. Bericht über die 42. Tagung der Japan Public Law Association, DVBl. (1978), S. 326.

ten die Abschaffung der Verwaltungsgerichtsbarkeit[9] durch das Verbot von Sondergerichten (Art. 76 Abs. 2 JV),[10] die Einführung der Begriffe „rule of law"[11] und „due process of law",[12] die Schaffung von einstweiligem Rechtsschutz gegen Verwaltungshandeln,[13] in einigen Bereichen quasi-gerichtlich ausgestaltete Verwaltungsverfahren[14] und die Einrichtung unabhängiger Kommissionen nach US-amerikanischem Vorbild.[15] Diese näherten das Verwaltungsrecht in vielen Punkten dem US-amerikanischen System an, auch wenn der deutsche Einfluss weiter bestehen blieb.[16]

Eine Kodifizierung des Allgemeinen Verwaltungsrechts scheiterte jedoch mehrmals.[17] Prinzipien des Verwaltungsverfahrens wurden daher auch durch die Rechtsprechung des OGH entwickelt.[18] In den 1980er Jahren setzte sich eine zweite Reformkommission erneut mit den Problemen des Verwaltungsverfahrens auseinander.[19] Dies führte 1993 zur Verabschiedung des Verwaltungsverfahrensgesetzes, das im Oktober 1994 in Kraft trat.[20]

Das Verwaltungsprozessrecht wurde nach einer vorläufigen Regelung von 1948[21] dagegen bereits 1962 gesetzlich geregelt.[22] Reformen erfolgten 2004 und zum 1.4.2016.

---

9 Zuvor hatten die Verwaltungsgerichtsordnung von 1890 und das Gesetz Nr. 106 das Verwaltungsgericht in Tōkyō als erste und letzte Instanz gegen Verwaltungshandeln errichtet, vgl. dazu *Böhm/Okubo*, Die Klagebefugnis im deutschen und im japanischen Recht, DÖV (2007), S. 828; *Yamamoto* (Fn. 4), 848; *Haley* (Fn. 5), S. 1 f.
10 *Marutschke* (Fn. 1), 81; *Kadomatsu*, Judicial Governance Through Resolution of Legal Disputes? – A Japanese Perspective, National Taiwan University Law Review 4 (2009), S. 144 f.; *Haley* (Fn. 5) S. 4.
11 *Takada* (Fn. 5), S. 150.
12 *Narita* (Fn. 6), S. 224.
13 *Narita* (Fn. 6), S. 224.
14 *Yamamoto* (Fn. 8), S. 921 f.
15 *Yamamoto* (Fn. 8), S. 918; *Narita* (Fn. 3), S. 428; *Ohashi*, Verwaltungsvorschriften und informelles Verwaltungshandeln: Zum besseren Verständnis der Verwaltungspraxis Japans, VerwArch 82 (1991), S. 221; *Narita* (Fn. 6), S. 224. Dazu (auch zur Zulässigkeit nach der JV) auch *Fahje*, Wirtschaftsverfassungsrecht in Japan (2007), S. 139.
16 *Ködderitzsch*, Japan's New Administrative Procedure Law: Reasons for its Enactment and Likely Implications, Law in Japan 24 (1991), S. 106 f.; *Takada* (Fn. 6), S. 393. Kritisch zur Rechtswirklichkeit dagegen *Shiono* (Fn. 8), S. 129.
17 Z. B. kurz nach Inkrafttreten der JV und nach den Empfehlungen einer ersten Verwaltungsreformkommission, zu denen der Entwurf eines Verwaltungsverfahrensgesetzes gehörte. Vgl. *Narita* (Fn. 6), S. 225 f. Die Verwaltungsführung wurde stattdessen durch Kabinettsrichtlinien und Verwaltungsvorschriften geregelt. Der als bahnbrechend angesehene Gesetzesentwurf der Reformkommission wurde überhaupt nicht weiterverfolgt. Vgl. auch *Ködderitzsch* (Fn. 16), S. 107.
18 *Ködderitzsch* (Fn. 16), S. 107 f.; *Narita* (Fn. 6), S. 226 ff. m.w.N.
19 *Shiono*, Anmerkungen zum Entwurf eines Verwaltungsverfahrensgesetzes in Japan, VerwArch 84 (1993), S. 45 (mit daran anschließender Übersetzung des damals vorliegenden Entwurfs ab S. 56); *Narita* (Fn. 6), S. 231 ff.; *Shiono*, On the Occasion of the Publication of the Administrative Procedure Law Study Commission Report, Law in Japan 19 (1986), S. 90 ff. Zu praktischen Problemen der Verwaltungsorganisation siehe *Narita* (Fn. 6), S. 228 ff.
20 *Marutschke* (Fn. 1), S. 81, 84; *Shiono* (Fn. 8), S. 131 f.; *Shiono* (Fn. 20), S. 45 f. Ziele waren neben Effizienz und Deregulierung der Verwaltungstätigkeit (als Anliegen der Wirtschaft) auch deren Transparenz und Fairness, vgl. *Shiono* (Fn. 19), S. 53 f.; *Bullinger*, Wirtschaftliche Zwecke und rechtliche Neuerungen des bevorstehenden japanischen Verwaltungsverfahrensgesetzes, VerwArch 84 (1993), S. 65 f.
21 *Yamamoto* (Fn. 4), S. 849. Vgl. Auch *Böhm/Okubo* (Fn. 9), S. 828; *Haley* (Fn. 5), S. 6.
22 *Ködderitzsch* (Fn. 2), S. 33; *Sonobe* (Fn. 7), S. 46 f. Zum Vergleich mit der deutschen Rechtslage siehe auch *Haley* (Fn. 5), S. 7.

I. Einführung

2. Grundlagen

In geringerem Maße als in Deutschland[23] spielen Verfassungsprinzipien für das Verwaltungsrecht eine Rolle.[24] Das Verwaltungsrecht wird als Folge des Verfassungsgrundsatzes der Gesetzmäßigkeit der Verwaltung als die Verfassung konkretisierendes Recht betrachtet.[25] Zu den Rechtsgrundsätzen der Verfassung, die das Verwaltungsrecht prägen, gehören die Prinzipien von Verhältnismäßigkeit und Gleichheit, der Grundsatz des fairen Verfahrens und – als allgemeiner Rechtsgrundsatz – der Vertrauensschutz.[26]

Im Bereich des Prozessrechts wird die Garantie eines effektiven Rechtsschutzes (Art. 32, 76 Abs. 2 JV) gerade nicht wie in Deutschland, normiert in Art. 19 Abs. 4 GG, als Argument herangezogen.[27] Art. 32 JV gewährleistet demnach nur die Möglichkeit der Klageerhebung im Rahmen der geltenden Gesetze, jedoch keinen effektiven Rechtsschutz.[28]

Der OGH hatte in seiner Rechtsprechung ab den 1970er Jahren in Ermangelung eines allgemeinen Verwaltungsverfahrensgesetzes Grundprinzipien durch Rückgriff auf den „due process of law" ausgeformt.[29] In seinen Leitentscheidungen zu Taxi- und Busbetriebslizenzen entschied er etwa, dass die Ablehnung eines Antrags auf Erteilung einer Taxikonzession ohne die Durchführung der vorgeschriebenen Anhörung rechtswidrig war.[30] Ähnlich entschied der OGH auch in späteren Verfahren, ohne aber konkrete Maßstäbe für den Einzelfall abzuleiten.[31] Eine explizite Verhältnismäßigkeitsprüfung fand in diesen Fällen nicht statt, sondern wurde über Verfahrensfragen eingebracht; außerdem waren die Anforderungen an Unverhältnismäßigkeit eher einer Prüfung am Willkürmaßstab zuzurechnen.[32] Diese Art der Verhältnismäßigkeitsprüfung wird bis heute v.a. bei Sanktionen der Verwaltung und Grundrechtsprüfungen unter der Frage behandelt, ob das Verwaltungshandeln in Einklang mit „allgemein anerkannten gesellschaftlichen Vorstellungen" steht.[33]

a) Rechtsstaatsprinzip (v.a. Gesetzmäßigkeit der Verwaltung)

Aus dem Rechtsstaatsprinzip wird in materieller Hinsicht abgeleitet, dass Verwaltungsakte nichtig sind, wenn sie auf einem verfassungswidrigen Gesetz beruhen.[34] Auch die Folgen von Ermessensfehlern, das Staatshaftungsrecht (Art. 17, 29 Abs. 3 JV) und

---

23 Dazu ausführlich *Yamamoto* (Fn. 8), S. 902. Vgl. auch *Fahje* (Fn. 15), S. 151 ff. mit differenzierter Betrachtung der Rolle v.a. des OGH, aber auch der Bürger und der Wirtschaftsverbände. Siehe auch *Yamamoto* (Fn. 4), S. 849 f.
24 Eine Darstellung der unterschiedlichen Konzepte findet sich bei *Yamamoto* (Fn. 8), S. 904 ff.
25 *Takada* (Fn. 5), S. 151; *Hiraoka*, in: Kroeschell (Hrsg.), Recht und Verfahren (1993), S. 141 f.
26 *Huang/Law*, Proportionality Review of Administrative Action in Japan, Korea, Taiwan, and China, Washington University in St. Louis School of Law Legal Studies Research Paper Series No. 14-08-07, S. 6 f.; *Takada* (Fn. 5), S. 152.
27 *Takata*, Neuere Entwicklungen der japanischen Rechtsprechung zum Verwaltungsermessen, ZJapanR/J.Japan.L. 49 (2020), S. 225 und 226 f.; *Ködderitzsch* (Fn. 2), S. 34; *Ködderitzsch* (Fn. 16), S. 108.
28 *Murakami*, in: Baumeister/Roth/Ruthig (Hrsg.), Staat, Verwaltung und Rechtsschutz, FS Wolf-Rüdiger Schenke zum 70. Geburtstag, S. 1027, 1031, 1036.
29 *Narita* (Fn. 6), S. 226 ff.
30 *Hiraoka* (Fn. 25), S. 142. Der OGH bezog sich dabei aber nicht direkt auf Vorgaben der JV, vgl. dazu *Ködderitzsch* (Fn. 16), S. 108.
31 *Ködderitzsch* (Fn. 16), S. 108.
32 *Huang/Law* (Fn. 26), S. 7 f.
33 Siehe die Diskussion der Rechtsprechung bei *Huang/Law* (Fn. 26), S. 10.
34 *Takada* (Fn. 5), S. 152.

die Neuordnung der Verwaltungsgerichtsbarkeit werden dem Rechtsstaatsprinzip zugeordnet.[35]

Aus dem Rechtsstaatsprinzip wird auch in Japan der Grundsatz des **Gesetzesvorbehalts** abgeleitet: Auch wenn verschiedene Meinungen vertreten werden,[36] ist allgemein anerkannt, dass die Ausübung öffentlicher Gewalt mit Ausnahme des fiskalischen Handelns (d.h. des privatwirtschaftlichen Handelns des Staates) einer Ermächtigungsgrundlage bedarf,[37] während Fragen der Leistungsverwaltung und des informellen Verwaltungshandelns weitaus umstrittener sind.[38] Verwaltungsverträge, Verwaltungspläne und informelles Verwaltungshandeln (gyōsei shidō) können nach der überwiegenden Lehre ohne gesetzliche Ermächtigung angewandt werden.[39]

Informelles Verwaltungshandeln im Rahmen von Verhandlungen zwischen der Verwaltung und dem Bürger kann insbesondere der Vorhersehbarkeit und der Herstellung von Konsens dienen.[40]

Informelles Verwaltungshandeln kollidiert mit dem Prinzip der Gesetzmäßigkeit der Verwaltung als Ausprägung des Rechtsstaatsprinzips,[41] wobei zwischen prozessualer und materieller Informalität zu unterscheiden ist.[42] Die Tätigkeit der Behörde außerhalb ihres gesetzlich vorgesehenen Handlungsbereichs (materielle Informalität) wurde in der japanischen Rechtswissenschaft stark diskutiert.[43] Allerdings legt Art. 2 Abs. 1 VwVerfG fest, dass Maßnahmen informellen Verwaltungshandelns innerhalb der Verwaltungsziele und Verwaltungskompetenzen vorgenommen werden müssen, und hat damit eine Annäherung an die sich aus dem Gesetzmäßigkeitsgrundsatz ergebenden Anforderungen vollzogen.[44] Im Hinblick auf das Verfahren (prozessuale Informalität) zeigt sich, dass gerade hier die Verwaltung weitgehend ohne gesetzliche Vorgaben agieren kann, auch wenn etwa die Verhängung von Sanktionen bei Nichtbefolgung der Verwaltungslenkung in Art. 32 VwVerfG verboten wurde.[45]

Problematisch bleiben dagegen die gerichtliche Überprüfbarkeit[46] und der Drittschutz gegen informelles Verwaltungshandeln.[47] Als erfolgreich hat sich dagegen eine Initiative des Wirtschaftsverbands *Keidanren* erwiesen, über eine Hotline Beschwerden gegen die Ausübung von gyōsei shidō zu sammeln und bei den zuständigen Ministerien

---

35 *Takada* (Fn. 5), S. 153.
36 Zum Meinungsstreit zwischen der klassischen Lehre vom Eingriffsvorbehalt, dem Totalvorbehalt, dem sozialen Vorbehalt und der Wesentlichkeitstheorie *Ködderitzsch* (Fn. 4), S. 35.
37 *Ogawa*, in: Tsuji (Hrsg.) (Fn. 1), S. 14.
38 *Takada* (Fn. 5), S. 162.
39 *Ködderitzsch* (Fn. 4), S. 36. Zum Streit siehe z.B. *Fujita* (Fn. 7), S. 234 ff.
40 *Fahje* (Fn. 15), S. 108. Zu den Anforderungen, die das VwVerfG in diesem Bereich aufstellt, siehe unten.
41 *Bullinger* (Fn. 20), S. 68.
42 *Fahje* (Fn. 15), S. 107.
43 *Fahje* (Fn. 15), S. 107.
44 Allerdings ist die Norm sehr weit und evtl. zu unbestimmt gefasst. Vgl. dazu *Fahje* (Fn. 15), S. 107 f. m.w.N.
45 *Fahje* (Fn. 15), S. 107 f. m.w.N. Weitere Maßnahmen sind z.B. die Verpflichtung zur Veröffentlichung von Richtlinien für den Erlass von Verwaltungsanleitungen nach Art. 5, 12 VwVerfG, die auf gängiger Praxis im Baurecht basiert und die Aushändigung mündlich ergangener gyōsei shidō in Schriftform auf Verlangen nach Art. 35 Abs. 2 VwVerfG, vgl. *Fahje* (Fn. 15), S. 109.
46 Vgl. allgemeiner zur Überprüfbarkeit von Verwaltungshandeln *Huang/Law* (Fn. 26), S. 7 f.
47 *Fahje* (Fn. 15), S. 109 m.w.N. und dem Hinweis, dass sich somit die Überprüfung von gyōsei shidō in einen nachfolgenden Staatshaftungsprozess verlagert.

vorzutragen.⁴⁸ Auch ein System von Ombudsleuten ist fest etabliert.⁴⁹ Daneben bietet das Gesetz vor allem kleineren Unternehmen und neuen Wettbewerbern einer Branche die Möglichkeit, sich gegen etablierte Praktiken v.a. der Ministerialbürokratie zu wenden.⁵⁰

b) Kommunale Selbstverwaltung

Die Gebietskörperschaften von den Gemeinden bis zu den Präfekturen haben im Rahmen der Selbstverwaltung nach Art. 93 – 95 JV das Recht, die kommunalen Angelegenheiten zu erledigen und zu verwalten, Satzungen zu erlassen und eigene Abgaben zu erheben, was durch das Gesetz über die kommunale Selbstverwaltung konkretisiert wird.⁵¹ Für Eingriffe in subjektive Rechte ist eine Satzung als Grundlage erforderlich,⁵² nicht aber eine einzelgesetzliche Ermächtigung.⁵³

II. Formelles Verwaltungshandeln

Das formelle Verwaltungshandeln hat deutlich geringere Bedeutung als in Deutschland, kommt aber trotzdem vor. Teilweise ist die Abgrenzung zwischen rechtsverbindlichem Handeln der Behörde (durch Verwaltungsakt) und einem informellen Ratschlag oder einer Empfehlung in der Praxis schwierig.⁵⁴

1. Verwaltungsakt

Der Verwaltungsakt selbst wurde nicht durch das VwVerfG geregelt, stattdessen kann auf die durch die Rechtsprechung und die Lehre hierzu entwickelten Grundsätze zurückgegriffen werden.⁵⁵ In Abgrenzung von Realakten handelt es sich um hoheitliche Handlungen einer Behörde mit Außenwirkung und auf gesetzlicher Grundlage.⁵⁶

Das VwVerfG sieht für Verwaltungsakte bzw. Verfügungen folgende Regelungen vor: Nach der Definition des Anwendungsbereichs⁵⁷ findet sich das Verfahren beim Erlass von Verfügungen in den Teilen II (Bescheidung von Anträgen, Art. 5 – 11) und III

---

48 *Ginsburg*, System Change? A New Perspective on Japan's Administrative Procedure Law, ZJapanR/J.Japan.L 13 (2002), S. 75 f.; *Ködderitzsch*, Das neue Verwaltungsverfahrensgesetz in Japan – Versuch einer ersten Bilanz, ZJapanR/J.Japan.L 2 (1996), S. 131.
49 *Ohashi*, Gyōsei shidō und Sanktionen, ZJapanR/J.Japan.L 7 (1999), S. 52; *Ködderitzsch* (Fn. 2), S. 49. Vgl. auch *Fahje* (Fn. 15), S. 109.
50 *Ködderitzsch* (Fn. 48), S. 135.
51 *Nakahara*, in: Assmann/Isomura et al. (Hrsg.), Markt und Staat in einer globalisierten Wirtschaft (2010), S. 233 f.; *Kisa*, in: Pitschas/Kisa (Hrsg.) (Fn. 3), S. 266 (eingehend zum Recht der örtlichen Selbstverwaltung auf S. 271 ff.); *Takada* (Fn. 5), S. 156.
52 *Takada* (Fn. 5), S. 164. Die Vorschrift des Gesetzes über die kommunale Selbstverwaltung (Art. 14 Abs. 2) ist Ausfluss des Verfassungsprinzips der gesetzmäßigen Verwaltung.
53 *Kisa* (Fn. 51), S. 266; *Shiono* (Fn. 5), S. 53.
54 *Ködderitzsch* (Fn. 4), S. 65.
55 *Shiono* (Fn. 19), S. 47; *Yeomans*, Administrative Guidance: A Peregrine View, Law in Japan 19 (1986), S. 138.
56 *Yeomans* (Fn. 55), S. 138. Zu aktuellen Abgrenzungsschwierigkeiten während der Corona-Pandemie *Kurishima*, Reaktionen auf Corona aus öffentlich-rechtlicher Perspektive, ZJapanR/J.Japan.L 51 (2021), S. 70 f., 74. Vgl. auch bspw. die Rechtsprechungsänderung zum baurechtlichen Umlegungsbeschluss OGH (Großer Senat), Urt. v. 10.9.2008, Minshū 62, 2029 (im Überblick bei *Doll*, Die Rolle der Sondervoten in Entscheidungen des Obersten Gerichtshofs Japans. Universität Augsburg, 20. Februar 2017, ZJapanR/J.Japan.L 44 [2017], S. 330 f.).
57 Hierzu *Ködderitzsch* (Fn. 16), S. 118 f.

(Art. 12 – 31) des VwVerfG geregelt. Die Regelung orientiert sich an der Gewährleistung eines fairen Verfahrens und soll der Streitvermeidung dienen.[58]

Nach Art. 5 VwVerfG haben die Behörden sog. Untersuchungsrichtlinien zu erlassen und zu veröffentlichen, in denen die Kriterien für den Erlass einer begünstigenden Verfügung festgelegt werden.[59] Eine Regelbescheidungsfrist für die Bearbeitung von Anträgen ist gemäß Art. 6 VwVerfG festzulegen und ebenfalls zu veröffentlichen.[60] In diesem Zusammenhang steht auch die Auskunftserteilung über den Stand der Bearbeitung nach Art. 9 VwVerfG. Damit haben Betroffene die Möglichkeit, eine vom Regelfall abweichende Tätigkeit der Verwaltung schon gegenüber der Behörde (also vor einem möglichen Gerichtsverfahren) zur Sprache zu bringen; ein solches Vorgehen verspricht angesichts des Verwaltungsstils auch durchaus Erfolg.[61]

Bedeutsam ist auch die Pflicht zur Entgegennahme und Bearbeitung von Anträgen (Art. 7 VwVerfG). Vor Erlass des VwVerfG vermieden die Behörden die förmliche Bearbeitung von Anträgen dadurch, dass der Antrag zuerst in Verhandlungen mit dem Antragsteller so lange umformuliert wurde, bis die Behörde ihn für entscheidungsreif erachtete und erst dann entgegennahm.[62] Auch wurden unerwünschte Anträge nicht entgegengenommen oder nicht bearbeitet.[63]

Nach Art. 8 VwVerfG sind Gründe anzugeben, wenn der Erlass einer begünstigenden Verfügung abgelehnt wird.[64] Die Durchführung öffentlicher Anhörungen (Art. 10 VwVerfG) dient der Berücksichtigung der Belange Dritter im Rahmen des Verwaltungsverfahrens. Dies kann auch auf andere geeignete Weise geschehen, soweit es zur Abwägung gegenläufiger Belange erforderlich ist.

Art. 11 VwVerfG legt Kooperationspflichten und Verzögerungsverbote bei Verfahren fest, an denen mehrere Verwaltungsbehörden beteiligt sind.

Für belastende Verfügungen regelt Teil III in ähnlicher Weise den Erlass von Richtlinien (Art. 12 VwVerfG), die Anhörung des Betroffenen (2. Abschnitt, Art. 13, 15 – 17, 19 – 28 VwVerfG),[65] die Begründung (Art. 14 VwVerfG), die Akteneinsicht (Art. 18 VwVerfG) und den Widerspruch. Der dritte Abschnitt befasst sich mit dem (schriftlichen) Vorbringen von Einwendungen (Art. 29 – 31 VwVerfG).

---

58 *Fujita*, Streitvermeidung und Streiterledigung durch informelles Verwaltungshandeln in Japan, NVwZ (1994), S. 137. Vgl. auch *Ködderitzsch* (Fn. 16), S. 115 ff. *Ködderitzsch* weist auch darauf hin, dass sich hier das pragmatische Vorgehen des Gesetzgebers zeigt, vgl. S. 119.
59 *Ködderitzsch* (Fn. 48), S. 133. Die Behörden hatten nach ersten Studien keine bloßen Scheinregelungen erlassen.
60 Hier hatte nach ersten Einschätzungen die Verwaltung keine zu langen Fristen gesetzt, sondern die Erfahrungswerte durchschnittlicher Verfahrensdauern zugrunde gelegt, vgl. *Ködderitzsch* (Fn. 48), S. 133; rechtsvergleichend auch *Ködderitzsch* (Fn. 16), S. 116.
61 *Ködderitzsch* (Fn. 48), S. 133.
62 *Ohashi*, in: Riedel (Hrsg.), Die Bedeutung von Verhandlungslösungen im Verwaltungsverfahren. Länderberichte und Generalbericht der 28. Tagung für Rechtsvergleichung 2001 in Hamburg (2002), S. 58; so auch *Ködderitzsch* (Fn. 2), S. 43. Der Antrag stellte also in der Praxis den Abschluss eines Genehmigungsverfahrens dar, was durch das fehlende Verpflichtungsklage im Prozessrecht noch unterstützt wurde (mittlerweile ist die Verpflichtungsklage im VwPG geregelt). Vgl. auch *Fujita* (Fn. 58), S. 137.
63 *Ködderitzsch* (Fn. 4), S. 69.
64 Die Begründungspflichten können willkürliche Entscheidungen von Behörden eindämmen, so *Ginsburg* (Fn. 48), S. 77.
65 Art. 13 VwVerfG regelt das Verfahren, Art. 15 VwVerfG die Kundgabe der Anhörung, Art. 16 VwVerfG die Bestellung von Vertretern, Art. 19 ff. das Verfahren während des Anhörungstermins selbst und danach. Siehe auch *Ginsburg* (Fn. 48), S. 72.

Art. 38 VwVerfG bestimmt für die Anwendung durch die Gebietskörperschaften,[66] dass diese dem Sinn und Zweck des Gesetzes entsprechend Maßnahmen zur Sicherung der Fairness und Erhöhung der Transparenz des Verfahrens ergreifen. Viele Gebietskörperschaften hatten die Regelungen des VwVerfG schon bald als Satzung übernommen, entweder im Wortlaut oder in einzelnen Punkten an örtliche Gegebenheiten angepasst.[67]

Auch wenn das Gesetz als wichtige Garantie für Transparenz und Fairness eingeordnet wurde, lassen sich doch die unbestimmten Rechtsbegriffe und die weiterhin großen Ermessensspielräume etwa beim Richtlinienerlass kritisieren.[68]

2. Verwaltungsvertrag

Ein vertragliches Handeln durch die Verwaltung wurde nicht in das VwVerfG aufgenommen, da über den Begriff eines „öffentlich-rechtlichen" Vertrages in Japan heftige Kontroversen bestanden.[69] Die in der Praxis häufigen Verhandlungslösungen zwischen Antragsteller und Behörde sind daher meist als Realakte einzuordnen.[70]

3. Weitere Handlungsformen

Handlungsformen, die dem deutschen Planfeststellungsverfahren bzw. der ähnlichen US-amerikanischen „rule-making procedure" angenähert sind, wurden ebenfalls nicht in das VwVerfG aufgenommen, da die Ministerien befürchteten, diese könnten die Effizienz der Verwaltung beeinträchtigen.[71] Daneben sind die Handlungsformen der Rechtsverordnungen und Satzungen vor allem für Kommunen von Bedeutung. Hohe Praxisrelevanz haben schließlich auch rein interne Handlungsformen, insbesondere Verwaltungsvorschriften.[72] Das VwVerfG verpflichtet zum Erlass (interner) Richtlinien (Art. 5, 12 VwVerfG), die faktisch auch nach außen gegenüber dem Adressaten wirken. Falls es im Einzelfall keine Ermächtigung zum Erlass von Rechtsverordnungen gibt, handelt es sich hierbei um Verwaltungsvorschriften.[73] Hier ergeben sich in der Praxis Abgrenzungsschwierigkeiten und Folgeprobleme.[74]

4. Ermessen

Die Ausübung von Ermessen durch die Verwaltung ist in Japan nicht in vergleichbarem Maße rechtfertigungsbedürftig wie in Deutschland; stattdessen wird unter funktionalen Gesichtspunkten argumentiert.[75] Es lassen sich vom Gesetzgeber eingeräumtes

---

66 Vgl. auch *Ködderitzsch* (Fn. 16), S. 119.
67 *Ködderitzsch* (Fn. 48), S. 134.
68 *Ginsburg* (Fn. 48), S. 73 f.; vgl. auch *Ködderitzsch* (Fn. 48), S. 132.
69 *Walther/Matsuzuka*, in: Pitschas/Walther (Hrsg.), Mediation im Verwaltungsverfahren und Verwaltungsprozess (2008), S. 143, 151; *Ködderitzsch* (Fn. 48), S. 131; *Shiono* (Fn. 19), S. 47; vgl. auch *Shiono*, Public and Private Law, Law in Japan 19 (1986), S. 16 ff.; *Ogawa* (Fn. 37), S. 14 f.
70 *Ohashi* (Fn. 62), S. 64 (auch zur Einordnung der Ergebnisse nach einer Verständigung zwischen Antragsteller, Dritten und der Behörde, die nach a.A. als „Gentlemen's Agreement" keine rechtliche Bindungswirkung haben).
71 *Ködderitzsch* (Fn. 48), S. 131; *Shiono* (Fn. 19), S. 47 f. (Vorschriften zu einem Planfeststellungsverfahren fanden sich aber im Entwurf von 1983).
72 *Ködderitzsch*, in: Kitagawa/Murakami u.a. (Hrsg.) (Fn. 8), S. 170.
73 *Ködderitzsch* (Fn. 4), S. 113 (vgl. auch die eingehende Untersuchung zum Baurecht dort in Kap. 4, S. 75 ff.).
74 *Ködderitzsch* (Fn. 16), S. 118, 120. Zu diesen Problemen ausführlich auch *Ohashi* (Fn. 15), S. 224 ff.
75 *Yamamoto* (Fn. 4), S. 850 unter Hinweis auf in Deutschland verbreitetes „Misstrauen" gegenüber der Verwaltung. Vgl. zum Begriff des Ermessens in Japan auch *Hiraoka* (Fn. 25), S. 142 f.

Ermessen und Ermessensspielräume wegen eingeschränkter späterer Kontrolle unterscheiden.[76]

Regelmäßig werden weite Ermessensspielräume angenommen.[77] Unter der Verfassung von 1946 wurde in der Lehre ein „politisches" oder „(fachlich-)technisches" Verwaltungsermessen durch „zweckmäßige Gesetzesauslegung" anerkannt.[78] Daneben wurde – ebenfalls aus Gründen der Funktionalität – angenommen, das Gerichtsverfahren sei für eine derartige politische oder technische Beurteilung ungeeignet; Argumente für diese Ansicht sind eine scharfe Gewaltentrennung und Bedenken gegen eine mögliche Politisierung der Justiz.[79]

Eine Ermessenskontrolle findet daher zumeist über Verfahrensvorschriften statt.[80] Die Aufhebung einer Ermessensentscheidung ist im Verwaltungsprozess nach Art. 30 VwPG nur bei Überschreitung der Grenzen des Ermessens oder missbräuchlicher Verfügung möglich.[81] Da es im japanischen Verwaltungsverfahrensrecht keine Vorschrift wie § 40 VwVfG gibt,[82] erfolgt eine Kontrolle über die Sachverhaltsermittlung und den Willkürmaßstab[83] insgesamt aber eher zurückhaltend.[84]

III. Informelles Verwaltungshandeln: gyōsei shidō

11   Die vielfältigen Formen des informellen Verwaltungshandelns sollen im Folgenden dargestellt werden. Informelles Verwaltungshandeln kann wie in Deutschland zahlreiche Formen annehmen, etwa Informationen und Hinweise, Aufforderungen und Bitten, Vorschläge und Empfehlungen. Besonders auffällig ist dabei, dass in Japan das informelle Handeln den weitaus größten Teil der Tätigkeit einer Verwaltungsbehörde ausmacht.[85] Es wird eigenständig und nicht wie in Deutschland nur als Vorstufe oder Alternative zu formellem Handeln eingesetzt.[86]

---

76   *Sato*, in: Leipold (Hrsg.), Selbstbestimmung in der modernen Gesellschaft aus deutscher und japanischer Sicht (1997), S. 75.
77   *Takata* (Fn. 27), S. 225; *Tsuji*, The Legal Issues on Environmental Administrative Lawsuits under the Amendment of ACLA in Japan, Yonsei Law Review 1 (2010), S. 355; *Kadomatsu* (Fn. 10), S. 151; *Elben*, Staatshaftung in Japan. Eine rechtsvergleichende Darstellung unter besonderer Berücksichtigung von gyōsei shidō, S. 137; *Ködderitzsch* (Fn. 48), S. 133 f.; *Tanakadate*, A Summary of the Limitations on Administrative Adjudication under the Japanese Constitution, Law in Japan 18 (1986), S. 110.
78   Dazu ausführlich *Takata* (Fn. 27), S. 223 ff. Vgl. auch *Yamamoto* (Fn. 4), S. 850; *Shiono* (Fn. 5), S. 51. Kritisch dazu *Noro* (Fn. 6), S. 151.
79   Vgl. *Yamamoto* (Fn. 8), S. 901 f.; *Kudo*, in: The Institute of Comparative Law in Japan, Chuo University (Hrsg.), Toward Comparative Law in the 21st Century (1998), S. 484 f.; *Tanakadate* (Fn. 77), 111. Kritisch *Yamamoto* (Fn. 4), S. 850 unter Verweis darauf, dass auch für die Verwaltung die angemessene Verarbeitung und Entscheidung von Interessenkonflikten schwierig ist und die fachliche Spezialisierung und demokratische Legitimation der Behörden allein noch keine hinreichende Begründung für ein Ermessen der Verwaltung liefere.
80   *Hiraoka* (Fn. 25), S. 142.
81   *Tsuji* (Fn. 77), S. 355; *Yamamoto* (Fn. 4), S. 850 f.; *Shiono* (Fn. 5), S. 51.
82   *Yamamoto* (Fn. 4), S. 851.
83   *Kadomatsu* (Fn. 10), S. 151 f.
84   Kritisch *Noro* (Fn. 6), S. 151.
85   *Takada*, Die „Verwaltungsreform" in Japan – Abkehr vom „System des informellen Verwaltungshandelns"? –, DÖV (2002), S. 271; *Young* (Fn. 8), S. 128 (m. Fn. 40), S. 130. Schätzungen gehen von einem Anteil von achtzig Prozent aus, vgl. *Ködderitzsch* (Fn. 2), S. 42.
86   *Yamamoto* (Fn. 3), S. 425. Informelles Verwaltungshandeln diente aber auch der Überbrückung zwischen den Vorgaben der Rechtsdogmatik und den Anforderungen der Praxis, vgl. *Ködderitzsch* (Fn. 72), S. 169. Zum Vergleich mit informellem Verwaltungshandeln in Deutschland siehe etwa *Schmidt-Aßmann*, Sanktionen im Verwaltungs- und Verfahrensrecht: Informelle Rechtsdurchsetzung und Rechtsschutz des Bürgers – Wechselseitige und gemeinsame Lernprozesse des deutschen und des japanischen Öffentlichen Rechts –,

III. Informelles Verwaltungshandeln: gyōsei shidō § 21

1. Begriff

Bekannt geworden ist „gyōsei shidō",[87] das sich als „Führung oder Anleitung durch die Hände der Verwaltung", kürzer „Verwaltungsleitung", „Verwaltungsempfehlung" oder im Englischen „administrative guidance" übersetzen lässt,[88] durch den rasanten wirtschaftlichen Aufschwung Japans nach dem Zweiten Weltkrieg und insbesondere durch das japanische Wirtschaftsministerium.[89] Die hohe Flexibilität erlaubt es einer Behörde, rasch auf wirtschaftliche bzw. gesellschaftliche Entwicklungen zu reagieren, ohne politische Diskussionen und Gesetzgebungsverfahren abwarten zu müssen.[90]

12

Als Oberbegriff fasst gyōsei shidō eine Vielzahl möglicher Erscheinungsformen zusammen, deren gemeinsames Kennzeichen ein nicht rechtsverbindliches Einwirken auf den Adressaten zur Verwirklichung von Verwaltungszwecken ist.[91] Formell[92] bleibt der Adressat in seiner Entscheidung frei, ob er z.B. die Weisung oder Empfehlung einer Behörde befolgt, da es sich um ein „rechtliches Nichts" handelt.[93] Einigkeit besteht insoweit, dass die Befolgung nicht durch Zwangsvollstreckung durchsetzbar ist.[94] Die Verwaltung kann sich aber anderer Druckmittel bedienen, die nicht zu Zwangsvollstreckungsmaßnahmen gerechnet werden,[95] sodass gyōsei shidō insgesamt ein sehr wirksames Instrument des Verwaltungshandelns darstellt.[96]

Das Verwaltungsverfahrensgesetz definiert gyōsei shidō in Art. 2 Abs. 6 VwVerfG als Anleitungen, Empfehlungen, Ratschläge und sonstiges Verhalten, mit dem ein Verwaltungsorgan innerhalb seines Dienst- oder Aufgabenbereichs zur Verwirklichung eines bestimmten Verwaltungszwecks eine bestimmte Person zu einem bestimmten Tun oder Unterlassen auffordert und das keinen Verwaltungsakt darstellt.[97]

ZJapanR/J.Japan.L 7 (1999), S. 32 ff. m.w.N.; *Kloepfer*, in: Coing/Hirano u.a. (Hrsg.) (Fn. 5), S. 85 ff.; Vgl. auch *Walkling*, Informelles Verwaltungshandeln in Deutschland und Japan (2005), S. 11 ff.

87 Zur Etymologie *Yeomans* (Fn. 55), 130 f.; *Pape*, Gyoseishido und das Anti-Monopol-Gesetz in Japan (1980), S. 3.
88 *Fujita* (Fn. 7), S. 226; zu Übersetzungsversuchen kritisch *Pape* (Fn. 87), S. 3 ff.
89 *Fahje* (Fn. 15), S. 135 f., 142 m.w.N. Gyōsei shidō führte zudem sogar zur Bildung von Kartellen, die heute als rechtswidrig angesehen wird, vgl. *Ohashi* (Fn. 62), S. 65. Siehe auch die ausführlichen Darstellungen bei *Haley*, The Oil Cartel Cases: The End of an Era, Law in Japan 15 (1982), S. 1 ff. (zur Kartellbildung auf Verwaltungsanleitung des MITI).
90 *Fahje* (Fn. 15), S. 106; *Ködderitzsch* (Fn. 4), S. 66; *Ködderitzsch* (Fn. 16), S. 126.
91 *Nakagawa*, Administrative Informality in Japan: Governmental Activities outside Statutory Authorization, Administrative Law Review 52 (2000), S. 183; *Ködderitzsch* (Fn. 16), S. 110; *Fujita* (Fn. 7), S. 227; *Narita* Administrative Guidance, Law in Japan 2 (1968), S. 45 f., 53 f. (mit Beispielen). Ebenso *Young* (Fn. 8), S. 122 f. sowie *Fahje* (Fn. 15), S. 107. Schon begrifflich unterschiedliche Herangehensweisen in Deutschland und Japan sieht *Schmidt-Aßmann* (Fn. 87), S. 33.
92 *Ginsburg* (Fn. 48), S. 69; *Young* (Fn. 8), S. 127 f.; *Neumann* (Fn. 8), S. 328. Siehe auch *Elben* (Fn. 77), S. 135 (unter Verweis auf die ältere Rechtsprechung).
93 *Nakagawa* (Fn. 91), S. 179; *Yeomans* (Fn. 55), S. 138 f.; *Fujita* (Fn. 7), S. 227 f., 231. So auch *Ködderitzsch* (Fn. 4), S. 113. Vgl. auch *Lepon*, Administrative Guidance in Japan, Fletcher Forum 2 (1978), S. 139.
94 *Fahje* (Fn. 15), S. 107. Siehe jetzt auch die gesetzliche Regelung des Sanktionsverbots in Art. 32 II, 33 VwVerfG (dazu sogleich).
95 *Fahje* (Fn. 15), S. 107; *Elben* (Fn. 77), S. 138. Ebenfalls verbreitet ist verwaltungsinternes gyōsei shidō zwischen Behörden, vgl. dazu *Nakagawa* (Fn. 91), S. 185.
96 *Takada* (Fn. 85), S. 270; *Tanaka*, Juristische, historische und kulturelle Aspekte administrativer Reformen in Japan: Von der Herrschaft der Bürokratie zur Herrschaft des Rechts, ZJapanR/J.Japan.L 2 (1996), S. 115.
97 Vgl. *Sakurada/Bölicke*, Deutsche Übersetzung des neuen japanischen Gesetzes über das Verwaltungsverfahren (Gyōsei tetsuzuki-hō) (Gesetz Nr. 88/1993, in Kraft seit dem 1. Oktober 1994), ZJapanR/J.Japan.L 5 (1998), S. 172. Die gesetzliche Definition unterscheidet sich damit nicht wesentlich von den verschiedenen Definitionsversuchen der Lehre, vgl. *Elben* (Fn. 77), S. 123 (m. Fn. 409).

2. Aspekte des informellen Verwaltungshandelns

13 Positiv zu sehen ist gyōsei shidō, wenn es spätere Streitigkeiten reduziert.[98] Auch die Adressaten selbst schätzen teilweise die niedrigeren Kosten und die **Flexibilität**[99] dieser Handlungsform der Verwaltung[100] und die dadurch mögliche Einzelfallgerechtigkeit.[101] Außerdem nimmt gyōsei shidō (bzw. der Erlass entsprechender Richtlinien zu dessen Ausübung) eine Vorreiter- und Experimentierfunktion ein, wenn später entsprechende Rechtsverordnungen oder Gesetze erlassen werden.[102] In manchen Rechtsgebieten sieht sich die Verwaltung aufgrund mangelnder gesetzlicher Regelungen zum Handeln gezwungen.[103]

Negativ sind dagegen die **Intransparenz**,[104] die damit einhergehende Gefahr nicht nachvollziehbarer Kompromisse[105] und die Verfolgung nicht gesetzlich vorgesehener Ziele oder die Preisgabe rechtlich geschützter Interessen[106] sowie die Gefahr von Willkür[107] und der Benachteiligung unbeteiligter Dritter,[108] speziell aber auch (beteiligter) ausländischer Unternehmen einerseits[109] sowie die ausufernde Einmischung der Behörde in die Sphäre der regulierten Parteien andererseits.[110] So wird die mangelnde Transparenz der auf gyōsei shidō gestützten Verwaltung auch für verschiedene Skandale verantwortlich gemacht.[111]

---

98 *Takada* (Fn. 85), S. 271; *Young* (Fn. 8), S. 129. Vgl. auch *Narita* (Fn. 91), S. 52. So etwa als informelles Vorverfahren einer Bauaufsichtsbehörde vor Erlass einer Baugenehmigung, vgl. *Hiraoka* (Fn. 25), S. 147; *Fujita* (Fn. 7), S. 238. Vgl. dazu auch die Beschreibung der (früheren) Genehmigungspraxis bei *Ohashi* (Fn. 62), S. 58 sowie *Shiono* (Fn. 8), S. 129. Das VwVerfG versucht jedoch, diese Rolle durch die Normierung des Verfahrens zum Erlass von Verfügungen einzudämmen.
99 *Takada* (Fn. 85), S. 271.
100 *Kitamura*, The Role of Law in Contemporary Japanese Society, Victoria University Wellington Law Review 34 (2003), S. 737. Vgl. auch *Miwa/Ramseyer*, Deregulation and Market Response in Contemporary Japan: Administrative Guidance, Keiretsu, and Main Banks, Harvard John M. Olin Discussion Paper No. 462 (03/2004), S. 10. Dagegen kritisch *Ködderitzsch* (Fn. 4), S. 112.
101 *Ködderitzsch* (Fn. 4), S. 66. Vgl. auch *Ködderitzsch* (Fn. 16), S. 110 mit dem Hinweis auf die Notwendigkeit des Rückgriffs auf gyōsei shidō.
102 *Ködderitzsch* (Fn. 4), S. 67.
103 *Ködderitzsch* (Fn. 16), S. 127.
104 *Rokumoto*, Law and Culture in Transition, American Journal of Comparative Law 49 (2001), S. 552; *Ködderitzsch* (Fn. 16), S. 110.
105 *Ködderitzsch* (Fn. 48), S. 132; *Fujita* (Fn. 7), S. 238.
106 Dazu *Schmidt-Aßmann* (Fn. 87), S. 33 f.
107 *Kitamura* (Fn. 103), S. 737.
108 *Schmidt-Aßmann* (Fn. 86), S. 34; vgl. auch *Ködderitzsch* (Fn. 48), S. 132.
109 *Ginsburg* (Fn. 48), S. 69; *Tanaka* (Fn. 96), S. 115; *Ködderitzsch* (Fn. 16), S. 111.
110 *Young* (Fn. 8), S. 130. Siehe auch *Givens*, The Vagaries of Vagueness: An Essay on „Cultural" vs. „Institutional" Approaches to Japanese Law, Michigan State International Law Review 22 (2014), S. 852 f.; *Ködderitzsch* (Fn. 4), S. 67 (die Verkürzung des Rechtsschutzes der Betroffenen als Vorteil für die handelnde Behörde).
111 *Ködderitzsch* (Fn. 4), S. 18 mit Verweis auf die japanische Kritik an der Aufsichtstätigkeit des Finanzministeriums und dessen Rolle bei Finanzskandalen 1991.

III. Informelles Verwaltungshandeln: gyōsei shidō § 21

Auch wenn häufig **soziologische Gründe**[112] für den erfolgreichen Einsatz von gyōsei shidō verantwortlich gemacht werden,[113] ist informelles Verwaltungshandeln auch in anderen Ländern anzutreffen. In Japan wird es nur sehr intensiv angewandt.[114] Die Verwaltungslenkung ist darüber hinaus ein Phänomen, das sich erst während des Zweiten Weltkriegs und danach stark entwickelt hat und nicht nur durch eine besondere japanische Rechtskultur zu erklären ist.[115] Informelle Kommunikation zwischen Behörden und der Wirtschaft wird weiter durch das sog. „amakudari" erleichtert, den Wechsel hoher Beamter aus der Verwaltung in Privatunternehmen.[116]

In einigen Bereichen ist eine Nichtbefolgung von gyōsei shidō mit praktischen Folgen verbunden, die ein Adressat bei seiner Entscheidung in Kauf nehmen muss:[117] Gängig ist z.B. die Veröffentlichung der Namen des oder der Adressaten sowie der Tatsache, dass durch die Behörde gyōsei shidō ausgesprochen wurde.[118] Auch die zukünftige „Unfreundlichkeit oder Kooperationsunwilligkeit" der Behörde[119] in Kombination mit den weit gefassten Ermessensregelungen des japanischen Verwaltungsrechts[120] ist eine mögliche Folge, wenn ein Adressat sich entschließt, gyōsei shidō nicht zu befolgen.[121] Vor Einführung des Verwaltungsverfahrensgesetzes war es beispielsweise auch möglich, bis der Bauherr als Adressat sich zur Befolgung von gyōsei shidō verpflichtete, Bauanträge nicht entgegenzunehmen, dem Bauherrn die Strom- oder Wasserversorgung zu verweigern (bzw. die Verweigerung anzudrohen), die Genehmigung zur Befahrung der Zufahrtsstraße mit schweren Baufahrzeugen zu verweigern oder die Baugenehmigung selbst zurückzuhalten.[122]

---

112 So etwa die hierarchische Gesellschaftsstruktur, das amae-Konzept, besondere Verpflichtungen (giri), ein besonderes Verständnis von Öffentlich und Privat und allgemein des Konfuzianismus. Daneben werden auch eine Tendenz zum Handeln wie alle anderen Betroffenen und die Vermeidung offener Streitigkeiten als Faktoren genannt. Schließlich soll durch eigene Zurückhaltung das Gegenüber dazu gebracht werden, die Wünsche des Betroffenen zu beachten und selbst zurückhaltend zu agieren. Vgl. in diesem Sinne *Givens* (Fn. 110), S. 845, 865; *Elben* (Fn. 77), S. 35 ff.; *Fujita* (Fn. 58), S. 136 f.; *Yeomans* (Fn. 55), S. 159 ff.; *Fujita* (Fn. 7), S. 231 ff.; *Pape* (Fn. 87), S. 14-17. Zu ähnlichen Phänomenen während der Corona-Pandemie *Kurishima* (Fn. 56), S. 78.
113 Ebenfalls kritisch und differenzierend dagegen *Ohashi* (Fn. 62), S. 65 mit dem Hinweis, dass Streitbeilegungsmechanismen angenommen werden, wenn sie kostengünstig und effizient funktionieren (z.B. bei Produkthaftung). Vgl. auch *Ködderitzsch* (Fn. 4), S. 16 m.w.N.
114 *Ködderitzsch* (Fn. 4), S. 64 f.
115 *Fahje* (Fn. 15), S. 106.
116 *Givens* (Fn. 110), S. 859; *Fahje* (Fn. 15), S. 143 f.
117 *Young* (Fn. 8), S. 128 mit Beispielen.
118 *Yamamoto* (Fn. 4), S. 425 (mit dem Hinweis, dass es gerade im Umweltrecht auch nicht um den Schutz der Öffentlichkeit gehe, d.h. gerade keine Warnung vorliege); *Hirowatari*, Die Rolle von Sanktionen in Recht und Gesellschaft, ZJapanR/J.Japan.L 7 (1999), S. 14 (öffentliche Missbilligung als effektive Sanktion); *Ohashi* (Fn. 49), S. 44; *Ködderitzsch* (Fn. 48), S. 134; *Ködderitzsch* (Fn. 4), S. 64 f.; *Fujita* (Fn. 7), S. 232 mit Beispielen; *Lepon* (Fn. 95), S. 149 ff.
119 *Fujita* (Fn. 7), S. 233 am Beispiel der Subventionsgewährung durch das japanische Wirtschaftsministerium (MITI). Vgl. auch *Kitamura* (Fn. 103), S. 736 f.; *Lepon* (Fn. 93), S. 142.
120 *Elben* (Fn. 77), S. 137. Vgl. *Ohashi* (Fn. 49), S. 44.
121 *Ohashi* (Fn. 62), S. 54 („dauerhafte und enge Beziehungen zur Verwaltung").
122 *Fujita* (Fn. 7), S. 233 f.; *Young* (Fn. 8), S. 126 m.w.N. *Elben* (Fn. 77), S. 136 (weitere Beispiele aus dem wirtschaftslenkenden Bereich auf S. 136 f., aus dem Baurecht auf S. 154-157).

3. Gesetzliche Regelung

14 Seit Inkrafttreten des VwVerfG[123] ist gyōsei shidō in dessen Teil IV (Art. 32 – 36 VwVerfG) gesetzlich normiert:[124] Art. 32 Abs. 1 VwVerfG legt zwei Voraussetzungen für gyōsei shidō fest, nämlich die Zuständigkeit der Behörde und die Freiwilligkeit der Zusammenarbeit zwischen Behörde und Adressat. Demnach ist gyōsei shidō rechtswidrig, wenn der Adressat sich nachdrücklich und unmissverständlich gegen die Befolgung ausspricht.[125] Außerdem sind Sanktionen bei Nichtbefolgung von gyōsei shidō in Art. 32 Abs. 2, 33 VwVerfG untersagt. Dieses Kopplungsverbot schließt aber nur direkte negative Reaktionen der Behörde ein.[126] Nach Art. 34 VwVerfG darf die Behörde bei Verwaltungsanleitungen im Zusammenhang mit begünstigenden Verfügungen nicht dadurch den Adressaten zur Befolgung des gyōsei shidō bringen, indem sie sich auf die Befugnis zur Vornahme beruft, obwohl sie diese nicht ausüben kann oder will. Art. 35 VwVerfG regelt Einzelheiten zum Verfahren bei gyōsei shidō. So muss die Behörde eine mündlich ergangene Verwaltungsanleitung auf Verlangen des Adressaten schriftlich niederlegen (Art. 35 Abs. 2 VwVerfG),[127] aber auch Zweck und Inhalt sowie die Verantwortlichen gegenüber dem Adressaten des gyōsei shidō benennen (Art. 35 Abs. 1 VwVerfG). Schließlich regelt Art. 36 VwVerfG gyōsei shidō gegenüber einer Mehrzahl von Personen. Hier sind vorab gemeinsame Regelungen zu treffen und diese, wenn möglich, auch bekannt zu geben.

Problematisch ist hier vor allem die Anwendung durch die Gebietskörperschaften, die weitgehend vom Anwendungsbereich des VwVerfG ausgenommen wurden. Ihre eigenen Satzungen treffen aus Sorge um ihre Handlungsfähigkeit teils erheblich abweichende Regelungen.[128]

4. Vereinbarkeit mit dem Rechtsstaatsprinzip

15 Wie bereits eingangs dargestellt berührt gyōsei shidō in vielen Bereichen das Rechtsstaatsprinzip. Eine Anwendung des Grundsatzes des fairen Verfahrens (due process of law), der ebenfalls eher den Weg zum Ergebnis als das Ergebnis selbst in den Blick nimmt, stimmt mit dem Ansatz der Rechtsprechung bei der Überprüfung von gyōsei shidō weitgehend überein.[129]

Nach der überwiegenden Ansicht in der Lehre ist für gyōsei shidō keine spezielle Ermächtigung notwendig.[130] Neuere Ansichten in der Rechtsprechung leiten die Not-

---

123 Eine deutsche Übersetzung findet sich bei *Sakurada/Bölicke* (Fn. 97), S. 169 ff.
124 Siehe die bereits zitierte Definition von gyōsei shidō in Art. 2 Abs. 6 VwVerfG. Die Ausschlussgründe betreffen u.a. (in Art. 3 VwVerfG) Fälle, in denen in Deutschland früher ein „besonderes Gewaltverhältnis" angenommen wurde (Schulen, Gefängnisse usw.). Zum Problem der Nichtentgegennahme von Anträgen und der verzögerten Bearbeitung und der Regelung des VwVerfG siehe bereits oben. Teilweise wird angenommen, das VwVerfG habe insgesamt nur die bestehende Rechtslage kodifiziert, vgl. *Ginsburg* (Fn. 48), S. 75.
125 Hier wurde die gefestigte Rechtsprechung des OGH kodifiziert, vgl. *Ohashi* (Fn. 62), S. 57; *Ohashi* (Fn. 49), S. 44.
126 *Ohashi* (Fn. 62), S. 54 (zur früher gängigen Praxis im Umweltrecht); *Elben* (Fn. 77), S. 138; *Nakagawa* (Fn. 91), S. 187; *Shiono* (Fn. 8), S. 134. Sehr kritisch auch *Ginsburg* (Fn. 48), S. 74.
127 Dies dient neben der Transparenz auch einer erleichterten Beibringung von Beweismitteln für ein späteres Gerichtsverfahren, vgl. *Ohashi* (Fn. 62), S. 58; *Shiono* (Fn. 8), S. 134.
128 V.a. im Baurecht könnten die Gemeinden ihre Aufgaben ohne Zuhilfenahme von gyōsei shidō wohl nicht erfüllen. Siehe *Ködderitzsch* (Fn. 48), S. 134 f.
129 *Fujita* (Fn. 58), S. 137. Allerdings weist *Fujita* auch zutreffend darauf hin, dass das angloamerikanische Prinzip des „due process" eigentlich nicht auf Streitvermeidung abzielt.
130 *Ködderitzsch* (Fn. 4), S. 36.

III. Informelles Verwaltungshandeln: gyōsei shidō § 21

wendigkeit zu gyōsei shidō und zur Systematisierung durch Verwaltungsvorschriften (shidō yōkō) aus einer aus dem Rechtsstaatsprinzip abgeleiteten Notwendigkeit zur „richtliniengeleiteten Verwaltung" her.[131]

5. Bedeutung von Verwaltungsvorschriften

Bei der Anwendung von gyōsei shidō greift die Verwaltung häufig auf interne Richtlinien bzw. Verwaltungsvorschriften zurück,[132] sog. shidō yōkō oder tsūtatsu. Verwaltungsvorschriften sind generelle Regelungen innerhalb der Verwaltungsorganisation, d.h. ohne Außenwirkung, die zur Regelung des Verwaltungshandelns – auch an nachgeordnete Behörden – ergehen.[133] Die shidō yōkō werden in der Regel von den Gebietskörperschaften erlassen und dienen der systematischen Anwendung der Verwaltungsanleitung gegenüber dem Bürger, z.B. im Bau- und Umweltrecht.[134]

16

6. Systematisierung und Beispiele

Auf ministerialer Ebene erfolgt Wirtschaftsplanung in Form von Rahmenplänen, die keinen Verwaltungsakt darstellen und daher ebenfalls dem informellen Verwaltungshandeln unterfallen.[135] Dennoch sind hier bereits Anhörungen potenziell Betroffener, v.a. der jeweiligen Verbände,[136] vorgesehen und außerdem Experten in Beratungsgremien einbezogen.[137] Auch im Bereich des Wettbewerbs- und Kartellrechts ist gyōsei shidō fest etabliert.[138]

17

Gyōsei shidō lässt sich nach verschiedenen Kriterien systematisieren, etwa nach dem Ziel einer Maßnahme oder ihrem Adressaten.[139] Bei einer Unterscheidung nach der Richtung des gyōsei shidō können beratende, regelnde und schlichtende Formen unterschieden werden.[140]

Während teilweise angezweifelt wird, dass die reine Beratungstätigkeit von Behörden zur Verwaltungsanleitung zu zählen ist, sprechen insbesondere Abgrenzungsschwierigkeiten, aber auch die gesetzliche Definition[141] dafür, auch Auskünfte, Informationen und Hinweise als Kategorie von gyōsei shidō aufzufassen.[142]

---

131 *Ködderitzsch* (Fn. 4), S. 119.
132 *Kitamura* (Fn. 100), S. 737; *Yeomans* (Fn. 55), S. 158.
133 *Ködderitzsch* (Fn. 4), S. 39 (40 ff. zu anderen Definitionsansätzen). Zum verwaltungsinternen gyōsei shidō siehe auch *Nakagawa* (Fn. 91), S. 185 sowie *Ohashi* (Fn. 49), S. 47.
134 *Ködderitzsch* (Fn. 4), S. 62; *Ohashi* (Fn. 15), S. 241.
135 So *Fahje* (Fn. 15), S. 137. Beispiele für Fachplanung bei *Fahje* (Fn. 15), S. 137 f. und bei *Ohashi* (Fn. 62), S. 51 ff.
136 *Ohashi* (Fn. 49), S. 46.
137 *Fahje* (Fn. 15), S. 139 mit Beispielen. Siehe auch *Ohashi* (Fn. 62), S. 60.
138 *Kurita*, Effectiveness and Transparency of Competition Law Enforcement – Causes and Consequences of a Perception Gap between Home and Abroad on the Anti-Monopoly Act Enforcement in Japan, Washington University Global Studies Law Review 3 (2004), S. 395.
139 *Fahje* (Fn. 15), S. 106. Siehe auch die Kategorien bei *Nakagawa* (Fn. 91), S. 188 (sechs Typen von gyōsei shidō); *Ohashi* (Fn. 49), S. 43 f. (fördernd oder quasi-regulatorisch), S. 45 ff. (nach Adressaten); *Yeomans* (Fn. 55), S. 136; *Yamanouchi*, Administrative Guidance and the Rule of Law, Law in Japan 7 (1974), S. 23 (zwei Typen von gyōsei shidō).
140 *Elben* (Fn. 77), S. 124; *Ködderitzsch* (Fn. 4), S. 63; ebenso *Shiono* (Fn. 5), S. 57. Vgl. auch *Lepon* (Fn. 93), S. 140.
141 *Ködderitzsch* (Fn. 16), S. 118.
142 *Elben* (Fn. 77), S. 124 (m. Fn. 414); *Fujita* (Fn. 58), S. 133. Insbesondere kann auch eine Auskunft dazu dienen, das Verhalten des Adressaten in eine bestimmte Richtung zu lenken. Vgl. auch die Beispiele bei *Ohashi* (Fn. 49), S. 43.

Regelnde gyōsei shidō lassen sich weiter in normvertretend, normausfüllend bzw. normvollziehend und normergänzend einteilen.[143]

a) Normvertretende gyōsei shidō

18 Normvertretende gyōsei shidō sind anzutreffen, wenn eine Behörde bei unzureichender gesetzlicher Normierung und entsprechendem Regelungsbedarf aktiv wird.[144] Durch eine Verlagerung des Normsetzungsprozesses in sog. *shingi-kai* werden Sachverständige, u.a. Universitätsprofessoren, und Vertreter der durch die Regelung voraussichtlich betroffenen Adressaten einbezogen; anschließend erlässt die Behörde eine Verwaltungsanleitung gegenüber den Betroffenen, den im *shingi-kai* erarbeiteten Konsens zu respektieren.[145] Unternehmen halten sich aus Kosten-Nutzen-Erwägungen an die getroffenen Absprachen, sodass es möglich ist, die gleichen Ergebnisse wie durch förmliches Verwaltungshandeln zu erreichen.[146] Auch die Sicherung von Einflussmöglichkeiten durch Kooperation und Bedenken, bei der Behörde in Misskredit zu geraten, beeinflussen die Kooperationsbereitschaft der betroffenen Unternehmen.[147] Dabei enthalten viele Vereinbarungen, etwa im Umweltrecht, Klauseln zur Überprüfung und Neuverhandlung bei veränderten Umständen.[148]

Als Instrument zur Wirtschaftslenkung benutzte v.a. das japanische Wirtschaftsministerium derartige normvertretende gyōsei shidō, die bspw. zur Preissteuerung oder Exportkontrolle an die Industrieverbände gerichtet und von diesen an ihre Mitglieder weitergegeben werden.[149]

b) Normvollziehende gyōsei shidō

19 Normvollziehende gyōsei shidō beruhen auf einer Ermächtigungsgrundlage oder werden von der zuständigen Behörde anstelle von formellem Verwaltungshandeln erlassen.[150] Auch wenn die Voraussetzungen für formelle Handlungsformen vorliegen, bedienen sich japanische Behörden nicht nur für (ebenfalls zu dieser Kategorie zählende) informelle Vorverhandlungen zunächst der Verwaltungsanleitung und erst bei deren Nichtbefolgung einer vollstreckbaren Handlungsform.[151] Wenn anstelle z.B. eines Verwaltungsakts stattdessen gyōsei shidō erlassen wird, muss dieses von der Ermächti-

---

143 *Elben* (Fn. 77), S. 124-131. Für eine etwas andere Einteilung dagegen *Narita* (Fn. 91), S. 55 (Existenz einer gesetzlichen Grundlage für gyōsei shidō, Existenz einer Rechtsgrundlage für formelles Verwaltungshandeln oder keine gesetzliche Grundlage, sondern nur eine Kompetenzzuweisung an die Behörde).
144 *Elben* (Fn. 77), S. 124 f. Mögliche Gründe für gesetzgeberische Untätigkeit sind demnach etwa der schwerfällige Gesetzgebungsprozess, Kompetenzkonflikte in der Bürokratie oder die Einflussnahme von Interessenverbänden. Vgl. auch *Ohashi* (Fn. 49), S. 46 f.
145 *Ohashi* (Fn. 62), S. 52; *Elben* (Fn. 77), S. 125 f. Siehe auch *Ginsburg* (Fn. 48), S. 67 ff.; *Lepon* (Fn. 93), S. 143.
146 *Elben* (Fn. 77), S. 126 f. mit Beispielen aus dem Verbraucherrecht (AGB-Kontrolle) und dem Umweltrecht (Festlegung von Schadstoffgrenzwerten); zu Umweltvereinbarungen auch *Shibaike*, Guidelines and Agreements in Administrative Law, Law in Japan 19 (1986), S. 76 ff. Vgl. zur Effizienz auch *Kitamura* (Fn. 100), S. 737. Kritisch dagegen (v.a. zur Kontrolle in der Praxis) *Ohashi* (Fn. 62), S. 61.
147 *Elben* (Fn. 77), S. 128.
148 *Elben* (Fn. 77), S. 127. Weitere Beispiele auch bei *Ohashi* (Fn. 62), S. 52 f.
149 *Miwa/Ramseyer* (Fn. 100), S. 4 ff.; *Ohashi* (Fn. 62), S. 51 f.; *Elben* (Fn. 77), S. 129. Zur Problematik der Rechtmäßigkeit solcher Lenkungsmaßnahmen siehe *Elben* (Fn. 77), S. 144 f. Für eine detaillierte Beschreibung eines möglichen Ablaufs in der älteren Literatur siehe *Lepon* (Fn. 93), S. 143 f.
150 *Elben* (Fn. 77), S. 129; *Hiraoka* (Fn. 25), S. 145.
151 *Ohashi* (Fn. 62), S. 54; *Elben* (Fn. 77), S. 129 f.; *Ohashi* (Fn. 49), S. 44; *Shiono* (Fn. 8), S. 130; *Fujita*, Das Mittlersystem in der Verwaltung nach japanischem Recht, in: Hoffmann-Riem/Schmidt-Aßmann (Hrsg.), Konfliktbewältigung durch Verhandlungen. Bd. I, Informelle und mittlerunterstützte Verhandlungen in Verwaltungsverfahren (1990), S. 289.

III. Informelles Verwaltungshandeln: gyōsei shidō § 21

gungsgrundlage für das formelle Handeln gedeckt sein.[152] Im Rahmen eines gyōsei shidō können auch Verhandlungen erfolgen, die sich als informelle, quasi vorweg genommene Widerspruchserhebung darstellen, sodass eventuell eine Beilegung oder Vermeidung des Konflikts vor Klageerhebung im Verwaltungsverfahren erfolgt.[153]

c) Normergänzende und schlichtende gyōsei shidō

Als normergänzende gyōsei shidō wird informelles Verwaltungshandeln bezeichnet, das vor allem der Einzelfallgerechtigkeit und dem Ausgleich gegenläufiger Interessen dient; dazu werden vom Gesetz gedeckte Zwecke angestrebt, wobei die Verwaltungsanleitung dennoch nicht durch eine eigene gesetzliche Ermächtigung abgesichert ist.[154]   20

Beim Sonderfall der schlichtenden gyōsei shidō fordert die Verwaltung die Beteiligten zur Lösung eines konkreten Konflikts auf, etwa durch Einwirkung der Baubehörden auf einen Vorhabenträger, damit dieser sich mit Anwohnern abstimmt.[155] Die Behörde fungiert hier auch als Mediator zwischen betroffenen Bürgern.[156] Das kann auch durch Zurückhalten der Genehmigung erfolgen, was vor Inkrafttreten des VwVerfG als solange zulässig angesehen wurde, bis offenkundig ist, dass der Adressat der Verwaltungsanleitung nicht zu deren Befolgung bereit ist.[157] Dann können nach der Rechtsprechung nur noch „besondere Umstände" eine Fortsetzung des gyōsei shidō rechtfertigen.[158] Normvertretend wirkt eine derartige Verwaltungsanleitung, wenn sie zur Verwirklichung allgemeiner Gerechtigkeitsüberlegungen einen Ausgleich zwischen ernst genommenen, aber rechtlich nicht geschützten Anliegen und gesetzlich abgesicherten Positionen anstrebt.[159]

7. Rechtmäßigkeitsvoraussetzungen

Damit gyōsei shidō rechtmäßig ist, muss die Verwaltungsanleitung im Rahmen der behördlichen Kompetenzen ergangen sein und die Befolgung durch den Adressaten freiwillig erfolgen.[160]   21

---

152 *Elben* (Fn. 77), 139 f.
153 *Hiraoka* (Fn. 25), 150.
154 *Elben* (Fn. 77), S. 130. Vgl. auch *Schmidt-Aßmann*, in: Riedel (Hrsg.) (Fn. 62), S. 28; *Ohashi* (Fn. 49), S. 46 (mit Beispielen aus dem Baurecht); *Shiono* (Fn. 8), S. 130. Zur Regulierung der Glücksspielindustrie durch gyōsei shidō *Sibbitt*, Regulating Gambling in the Shadow of the Law: Form and Substance in the Regulation of Japan's *Pachinko* Industry, Harvard International Law Journal 38 (1997), S. 575 ff.
155 *Miwa/Ramseyer* (Fn. 100), S. 10 f.; *Ohashi* (Fn. 62), S. 53 und 61; *Elben* (Fn. 77), S. 131; vgl. auch die Beispiele bei *Ohashi* (Fn. 15), S. 241 und bei *Fujita* (Fn. 151), S. 290.
156 *Ohashi* (Fn. 63), S. 53, 64. Private Vermittler wie etwa in den USA sind dagegen unüblich. Die (Bau-)Verwaltung repräsentiert auch die Interessen der Anwohner, vgl. *Fujita* (Fn. 151), S. 292 (mit weiteren Hinweisen zum Planungsrecht). Sehr kritisch zur Rolle der Verwaltung in diesen Fällen dagegen *Newman*, An American Lawyer in Yokohama: The Regulation of Business in Japan, Oregon Review of International Law 4 (2002), S. 212.
157 *Elben* (Fn. 77), S. 152 f. (mit Nachweisen aus der Rechtsprechung); *Ginsburg* (Fn. 48), S. 70; *Hiraoka* (Fn. 25), S. 146. Die Einschätzung des Offenkundigkeitskriteriums erfolgt in der Rechtsprechung zugunsten der Verwaltung großzügig. Daneben sind immer auch eine Abwägung und Prüfung aller Umstände des Einzelfalls erforderlich. So auch *Fujita* (Fn. 58), S. 135 (mit ausführlicher Besprechung der OGH-Rechtsprechung).
158 *Fujita* (Fn. 58), S. 135.
159 *Elben* (Fn. 77), S. 131.
160 *Ohashi* (Fn. 62), S. 51, 57; *Elben* (Fn. 77), S. 139 (zum Kriterium der freiwilligen Kooperation siehe S. 146 f.).

a) Kompetenz

22 Eine allgemeine (staatsorganisationsrechtliche)[161] Kompetenzzuweisung gilt auch als Ermächtigung zum Erlass von Verwaltungsanleitungen, während eine spezialgesetzliche Ermächtigung speziell zum Erlass von gyōsei shidō die Befugnis enger fassen kann.[162] Informelles Handeln anstelle einer gesetzlich vorgesehenen formellen Handlungsform muss von der Ermächtigungsgrundlage für das formelle Handeln gedeckt sein und ist bei falscher Normauslegung rechtswidrig.[163]

b) Würdigung der Umstände

23 Die Rechtswidrigkeit hängt auch von einer Würdigung der Gesamtumstände ab,[164] etwa im Falle falscher Mitteilungen.[165] Bereits in den 1960er Jahren urteilte daher das DG Tokio, dass eine Verwaltungsanleitung die Funktion des eigentlich vorgesehenen formellen Verwaltungshandelns haben könne.[166] Die Rechtsprechung legt in der Verhältnismäßigkeitsprüfung, die oft bei der Frage eines möglichen Rechtsmissbrauchs angesiedelt ist,[167] besonderen Wert darauf, ob es im Rahmen der Verwaltungsanleitung ernsthafte Verhandlungen mit dem Bürger gab,[168] welche weiteren Ziele die Verwaltung verfolgte[169] und welches Verhalten beide Seiten dabei zeigten.[170]

Schließlich können auch Normen mit völlig anderen Regelungszwecken durch gyōsei shidō zur Verwirklichung eines anderweitig gesetzlich angestrebten Ziels „umfunktioniert" werden.[171] Klassische Beispiele waren die Verweigerung des Wasser- oder Stromanschlusses durch die jeweiligen Versorger aus „berechtigten Gründen", wenn sich der Adressat einer kommunalen Verwaltungsanleitung weigerte, diese zu befolgen, und es vor allem um die Auflösung von Konflikten zwischen dem Adressaten und Dritten geht.[172]

c) Freiwilligkeit

24 Beim Kriterium der Freiwilligkeit gibt es eine Einschränkung, die vor allem bei schlichtenden gyōsei shidō zum Tragen kommt: Freiwilligkeit wird nicht als bloße Anregung

---

161 *Yeomans* (Fn. 55), S. 146.
162 Vgl. ausführlich zu den früher vertretenen Ansichten *Neumann* (Fn. 8), 328. Siehe auch *Elben* (Fn. 77), S. 139.
163 *Elben* (Fn. 77), S. 139 f., 145.
164 *Fujita* (Fn. 58), S. 134 f.
165 *Elben* (Fn. 77), S. 142 f.
166 *Elben* (Fn. 77), S. 145 m. Fn. 495 (mit weiteren Beispielen). Die Aufforderung der Behörde an den Veranstalter einer Versammlung, den Genehmigungsantrag zu ändern, wurde als Ablehnung bzw. Genehmigung unter Auflagen interpretiert, die der Veranstalter wegen Zeitknappheit und mangels Vorliegens eines Verwaltungsakts nicht anfechten konnte.
167 *Young* (Fn. 8), S. 145 ff.
168 *Fujita* (Fn. 58), S. 135. Dass die Rechtsprechung Überlegungen zu einem möglichen Rechtsmissbrauch – sowohl der Verwaltung als auch des Bürgers – heranzieht, stützt diese These.
169 *Fujita* (Fn. 7), S. 236 f.
170 Das Ergebnis des Handelns ist also deutlich weniger bedeutend, vgl. *Fujita* (Fn. 58), S. 135, sowie sehr ausführlich *Young* (Fn. 8), S. 140 ff. Siehe auch *Ginsburg* (Fn. 48), S. 70 und *Givens* (Fn. 110), S. 858 f., die darauf hinweisen, dass diese Herangehensweise die langfristige Beziehung zwischen der Behörde und dem Adressaten fördert. Vgl. in diesem Zusammenhang auch *Newman* (Fn. 156), S. 218.
171 *Elben* (Fn. 77), S. 155.
172 Vgl. dazu *Shibaike* (Fn. 146), S. 74 f. sowie *Onishi* (Fn. 3), S. 177 f.; *Elben* (Fn. 77), S. 155 ff. m. Fn. 526-539, auch ausführlich zur einschlägigen Rechtsprechung und zu den Anforderungen an „berechtigte Gründe" in der Rechtsprechung des OGH. Vgl. auch die ausführlichen Beispiele bei *Fujita* (Fn. 7), S. 235 ff. und die Darstellung bei *Miwa/Ramseyer* (Fn. 100), S. 10 ff.

ohne jede Einflussnahme der Behörde verstanden, da das japanische Verwaltungswesen stark auf informelle Steuerung setzt,[173] um Ziele des Allgemeinwohls zu erreichen.[174] Der Einsatz faktischer Zwangsmittel kann unter Umständen materiell schwerer wiegen als ein hoheitlicher Eingriff in Rechte des Betroffenen.[175] Bei bestimmten kommunalen Richtlinien (shidō yōkō), die die Erteilung von gyōsei shidō gegenüber Bauträgern vereinheitlichen sollten, war diese Freiwilligkeit aus Sicht der Rechtsprechung mangels Möglichkeiten zur individuellen Abstimmung zwischen Bauträger und Kommune aber nicht mehr gegeben.[176]

IV. Verwaltungsvollstreckung

Seit der Aufhebung des Verwaltungsvollstreckungsgesetzes 1948 existiert im japanischen Verwaltungsrecht kein vollständiges Vollstreckungssystem mehr wie bspw. in Deutschland.[177] Stattdessen sind Zwangsmittel eher schwach ausgeprägt:[178] Mittels Ersatzvornahme können vertretbare Handlungen vollstreckt werden, während die Beitreibung für öffentlich-rechtliche Geldforderungen vorgesehen ist.[179] Die Ersatzvornahme wird jedoch als umständlich empfunden und daher nur äußerst selten eingesetzt.[180] Ergänzt wird dieses System durch Strafvorschriften, die vor allem in gemeindlichen Satzungen zur Durchsetzung vorgesehen sind, und durch gyōsei shidō.[181] Insgesamt ist gyōsei shidō das häufigste Mittel zur Durchsetzung verwaltungsrechtlicher Pflichten; in bestimmten Fällen lässt es sich als selbstständiges Zwangsmittel einordnen.[182] Der Einsatz von gyōsei shidō ist so effektiv, dass auf andere Arten der Vollstreckung normalerweise nicht zurückgegriffen wird.[183]

---

173 *Elben* (Fn. 77), S. 148; vgl. auch *Ohashi* (Fn. 15), S. 243.
174 *Young* (Fn. 8), S. 137 f.
175 *Ohashi* (Fn. 49), S. 44; *Ködderitzsch* (Fn. 4), S. 37. Vgl. auch *Neumann* (Fn. 8), S. 329.
176 *Elben* (Fn. 77), S. 151 ff. (mit Nachweisen zur Rechtsprechung und zu verhängten Sanktionen). Vgl. auch die Kritik bei *Ködderitzsch* (Fn. 4), S. 113 ff. sowie die Darstellung bei *Shibaike* (Fn. 146), S. 66 ff.
177 *Shigemoto*, Zur „Dysfunktion" der Ersatzvornahme im japanischen Verwaltungsrecht, in: Bruns (Hrsg.), Tradition und Innovation im Recht, Tübingen 2017, S. 201 (201 f.); *Nakahara* (Fn. 52), S. 229; *Ködderitzsch* (Fn. 2), S. 47 („sehr schwache Mittel der Zwangsvollstreckung"); *Haley* (Fn. 5), 8; vgl. auch *Ogawa* (Fn. 38), S. 15 f.
178 *Ködderitzsch* (Fn. 49), S. 133.
179 *Nakahara* (Fn. 51), S. 229; *Onishi* (Fn. 3), S. 176. Der unmittelbare Zwang wurde wegen seines Missbrauchs, das Zwangsgeld wegen seiner Ineffektivität abgeschafft.
180 *Onishi* (Fn. 3), S. 176 und 178. Die Häufigkeit der Ersatzvornahme im Baurecht (Beseitigung rechtswidrig errichteter Gebäude) wird von *Onishi* auf einmal in zwanzig Jahren für Tokio geschätzt.
181 *Nakahara* (Fn. 51), S. 229 f. Allerdings werden auch diese Strafen nur selten verhängt, vgl. *Onishi* (Fn. 3), S. 176. Ausführlich zu Vollzugsproblemen der Verwaltungsvollstreckung *Shigemoto* (Fn. 177), S. 204 ff.
182 *Onishi* (Fn. 3), S. 176. Vgl. auch *Shigemoto* (Fn. 177), S. 203; *Yamamoto* (Fn. 3), S. 425. Öffentliche Missbilligung wird als effektive Sanktion eingeordnet, siehe *Hirowatari* (Fn. 118), S. 14 f.
183 *Hirowatari* (Fn. 118), S. 16.

V. Rechtsschutz gegen Verwaltungshandeln

26 Seit der Abschaffung des Verwaltungsgerichts[184] entscheidet die ordentliche Gerichtsbarkeit auch in Verwaltungsstreitigkeiten, teilweise durch spezialisierte Kammern.[185] Da Verfahren wie eine Verfassungsbeschwerde oder abstrakte Normenkontrolle nicht zur Verfügung stehen,[186] beschränkt sich der Rechtsschutz gegen Verwaltungshandeln auf Rechtsbehelfe nach dem Zivil- und Verwaltungsprozessrecht.

1. Verwaltungsprozessrecht, Klagearten und Anwendbarkeit

27 Das Verwaltungsprozessrecht kennt als Klagearten die Anfechtungsklage als Klage gegen die Ausübung öffentlicher Gewalt (Art. 3 Abs. 1 VwPG), die Verpflichtungs- (Art. 3 Abs. 6 VwPG) und Unterlassungsklage (Art. 3 Abs. 7 VwPG), die Partei- bzw. Feststellungsklage, die öffentlich-rechtliche Rechtsverhältnisse betrifft (Art. 4 VwPG), die Popularklage nach Art. 5 VwPG und die Organklage nach Art. 6 VwPG für Streitigkeiten zwischen Organen des Staates oder der Gebietskörperschaften über Zuständigkeiten und deren Ausübung.[187]

Die **Zulässigkeit einer verwaltungsrechtlichen Klage**[188] wird ähnlich wie in Deutschland geprüft:[189] der Rechtsweg muss eröffnet sein, d.h. das Vorliegen einer rechtlichen Streitigkeit im Sinne des Gerichtsorganisationsgesetzes, die öffentlich-rechtlicher Natur sein muss, und es muss ein Klageinteresse bestehen.[190] Das Klageinteresse lässt sich in drei Elemente aufspalten: das Vorliegen einer hoheitlichen Verfügung, die subjektive Klagebefugnis und das Rechtsschutzbedürfnis als Klageinteresse im engeren Sinne.[191] Die Eröffnung des Verwaltungsrechtswegs entscheidet dabei vor allem über das anwendbare Prozessrecht und dadurch mögliche Unterschiede im Rechtsschutz,

---

184 Zur historischen Entwicklung ausführlich *Murakami* (Fn. 28), S. 1027 f.; *Noro* (Fn. 6), S. 142 ff.; *Ule*, Zu den Anfängen der Verwaltungsgerichtsbarkeit in Deutschland und Japan, VerwArch 80 (1989), S. 303 ff.; *Haley* (Fn. 5), S. 2 f.; *Ule*, Verwaltung und Verwaltungsgerichtsbarkeit in Japan, DVBl. (1984), S. 649 ff. Grundlegend *Takabayashi*, Einführung in das japanische Verwaltungsprozeßrecht, VerwArch 55 (1964), S. 359 ff. Zum Streit, ob die JV die Einrichtung einer spezialisierten Verwaltungsgerichtsbarkeit ausschließt, siehe *Kadomatsu* (Fn. 10), S. 145.
185 *Fahje* (Fn. 15), S. 102; *Ködderitzsch* (Fn. 2), S. 41 (jeweils ein Senat beim OG Tokio und OG Osaka; ähnlich *Shiono* (Fn. 5), S. 51.
Zu Problemen in der Praxis vgl. auch *Givens* (Fn. 110), S. 853 ff., 868, 873 ff. (zum OGH und zur Rechtsprechung allgemein); *Huang/Law* (Fn. 26), S. 5; *Kadomatsu* (Fn. 10), S. 152 (zu Unterschieden zwischen Zivil- und Verwaltungsprozessen).
Die geringe Erfolgsquote von Klagen im Verwaltungsrechtsweg lässt sich aber – neben informellen Methoden der Streitvermeidung und Streitbeilegung (s.o.) – auch durch die Vergleichsquote und das Bedürfnis der Verwaltung, das Gesicht zu wahren, erklären, vgl. *Kitamura* (Fn. 100), S. 748 f.
186 *Matsui*, Why is the Japanese Supreme Court so Conservative?, Washington University Law Review 88 (2011), S. 1378 f.; *Kadomatsu* (Fn. 10), S. 145; *Fahje* (Fn. 15), S. 104; *Kudo* (Fn. 79), S. 484; *Ködderitzsch* (Fn. 16), S. 109. Die Verfassungsmäßigkeit von Maßnahmen wird daher oft in Staatshaftungsprozessen thematisiert. Ansonsten werden Klagen mangels Rechtswegeröffnung abgewiesen, vgl. *Ködderitzsch* (Fn. 2), S. 33 f.
187 *Tsuji* (Fn. 77), S. 351; *Murakami* (Fn. 28), S. 1029, 1036 ff. Diese Zweiteilung geht auf die deutsche Rechtslage vor Inkrafttreten der VwGO zurück, die die ehemals bestehenden Unterschiede zwischen Anfechtungs- und Parteiklagen aufhob, vgl. *Noro* (Fn. 6), S. 149; *Ogawa*, in: Tsuji (Hrsg.) (Fn. 1), S. 218 ff.; *Takabayashi* (Fn. 184), S. 363 ff. Zur Nichtigkeitsfeststellungsklage vgl. *Ogawa*, Several Problems Relating to Suits for the Affirmation of the Nullity of Administrative Acts, Law in Japan 6 (1973), S. 73 ff.
188 Zum Streit über die Rechtsnatur des Verwaltungsprozesses vgl. *Kadomatsu* (Fn. 10), S. 145 f.
189 *Fahje* (Fn. 15), S. 103 mit dem Hinweis, die besonderen Klagevoraussetzungen des Verwaltungsprozesses könnten auch als Versuch zur Begrenzung der Einmischung in behördliche Tätigkeit verstanden werden.
190 *Ködderitzsch* (Fn. 2), S. 32 f.
191 *Ködderitzsch* (Fn. 2), S. 33.

V. Rechtsschutz gegen Verwaltungshandeln § 21

da auch Verwaltungsprozesse von den ordentlichen Gerichten entschieden werden.[192] Das VwPG enthält dazu Sondervorschriften zur Beweiserhebung von Amts wegen[193] und zur Beiladung Dritter und der Verwaltungsbehörde.[194] Das Verwaltungsprozessgesetz hatte bewusst auf die Einführung einer abstrakten Normenkontrolle (wie in Deutschland unter den Voraussetzungen des § 47 VwGO möglich) verzichtet.[195] Die Reformen zum 1.4.2016 haben das zuvor erforderliche Vorverfahren für zahlreiche Gesetze abgeschafft oder vereinfacht, sodass in vielen Bereichen nun eine unmittelbare Klageerhebung möglich ist (vgl. Art. 8 VwPG n.F.).

Die Anwendbarkeit des Verwaltungsprozessrechts bestimmt sich danach, ob ein Akt öffentlicher Gewalt vorliegt, was früher für die Anfechtungsklage sehr restriktiv beurteilt wurde.[196] Seit 2004 sind die Verpflichtungsklage und die Unterlassungsklage gesetzlich geregelt, die zuvor von der Rechtsprechung nur in einigen Ausnahmefällen anerkannt worden waren,[197] daneben erweitert die Reform auch die Möglichkeiten im einstweiligen Rechtsschutz.[198] Die Feststellungsklage ist bereits seit 1962 im VwPG geregelt.[199]

Unter Effektivitätsgesichtspunkten bedenklich sind Regelungen über die örtliche Zuständigkeit, die tendenziell eine Erleichterung des Gerichtsverfahrens für die Behörde bedeutet.[200] Hier wurden durch die Reform von 2004 zusätzliche Möglichkeiten geschaffen, sodass jetzt neben dem Gericht am Sitz der Behörde auch das Distriktgericht zuständig ist, in dessen Bezirk sich das Obergericht des Klägerwohnsitzes befindet.[201]

2. Klagebefugnis und drittschützende Normen

Die Klagebefugnis bestimmt sich nach einer (möglichen) Verletzung in eigenen Rechten.[202] Nach Art. 9 Abs. 1 VwPG ist für eine Anfechtungsklage ein gesetzliches Inter-

28

---

192 Vgl. *Kadomatsu* (Fn. 10), S. 151, 153; *Ködderitzsch* (Fn. 2), S. 32.
193 Dies steht in Kontrast zur Realität, da eine Beweiserhebung von Amts wegen tendenziell selten benutzt wird und die Anwendung zivilprozessualer Beweisgrundsätze von der Behörde zur Verfahrensverzögerung benutzt werden kann. Auch hier ergaben sich durch die Reform von 2004 Neuerungen. Vgl. *Murakami* (Fn. 28), S. 1033 f., 1039. Siehe auch schon *Takabayashi* (Fn. 184), S. 372.
194 *Murakami* (Fn. 28), S. 1033.
195 *Yamamoto* (Fn. 8), S. 901; *Ködderitzsch* (Fn. 2), S. 33; *Hiraoka* (Fn. 25), S. 143; *Ule*, Japanische und deutsche Rechtsauffassungen im öffentlichen Recht, DVBl. 1988, S. 604. Auch die inzidente Feststellung der Verfassungswidrigkeit von Normen ist jedoch selten, vgl. *Kadomatsu* (Fn. 10), S. 154 f. Einer der dort besprochenen Fälle (Nr. 13) findet sich in deutscher Übersetzung in Eisenhardt/Leser u.a. (Hrsg.), Japanische Entscheidungen zum Verfassungsrecht in deutscher Sprache, Köln u.a. 1998, S. 346 ff. (Arzneimittelgesetz-Fall: Niederlassungsbeschränkung und Berufsfreiheit).
196 *Ködderitzsch* (Fn. 2), S. 35 ff. Das Kriterium der unmittelbaren rechtlichen Wirkung gegenüber dem Bürger nahm mehrstufige Akte, Pläne und Allgemeinverfügungen von der Anfechtbarkeit aus, aber im Regelfall auch *gyōsei shidō*.
197 *Murakami* (Fn. 28), S. 1036 f.; *Böhm/Okubo* (Fn. 9), S. 828. Vgl. auch die Übersicht bei *Kadomatsu* (Fn. 10), S. 155 f. Zur früheren Rechtslage *Ule*, Ein Verwaltungsprozeß in Japan. Zum Streit über die Tempelbesuchersteuer in Kyoto, VerwArch 75 (1984), S. 272, 276 ff.
198 *Kadomatsu* (Fn. 10), S. 156.
199 Sie war zuvor nur von der Rechtsprechung anerkannt worden, vgl. *Böhm/Okubo* (Fn. 9), S. 828.
200 *Fahje* (Fn. 15), S. 103. Das VwPG sah in Art. 12 a.F. eine örtliche Zuständigkeit des Gerichts am Sitz der Behörde (Abs. 1) vor, die nur bei Immobilien oder Grundstücken als Gegenstand des Verfahrens (Abs. 2) durch eine Zuständigkeit des Gerichts am Ort der unbeweglichen Sache verdrängt wird. Vgl. dazu auch *Murakami* (Fn. 28), S. 1033.
201 Art. 12 Abs. 4 VwPG. Vgl. *Murakami* (Fn. 28), S. 1038.
202 *Nishigami*, Zur Klagebefugnis beim Verwaltungsprozess in Japan, in: Bruns (Fn. 177), S. 213 f.; *Kadomatsu* (Fn. 10), S. 150. Vgl. auch *Nishigami*, Intra- und Interadministrative Rechtsstreitigkeiten in Japan und Deutschland, VerwArch 111 (2020), S. 61 ff.

esse notwendig. Wie in Deutschland gilt auch in Japan zur Bestimmung der Klagebefugnis von Dritten die **Schutznormtheorie**,[203] die allerdings bis zur Reform des Verwaltungsprozessrechts 2004 sehr streng angewandt wurde.[204] Die Schutznormtheorie läuft etwa ins Leere, weil Dritten in japanischen Gesetzen häufig keine Rechte ausdrücklich eingeräumt werden.[205] Die Rechtsprechung ging davon nur aus, wenn sich ein Gesetz zumindest dahin gehend auslegen ließ, war aber trotz schrittweiser Ausweitung insgesamt restriktiv.[206] Durch die Reform von 2004 wurde Art. 9 Abs. 2 VwPG angefügt, wonach neben der Rechtsgrundlage einer Verfügung auch die Bedeutung des Gesetzes, die gesetzlichen Ziele und die maßgeblichen Interessen einer Verfügung zu berücksichtigen sind.[207] Die neue – auch höchstrichterliche – Rechtsprechung ist hier inzwischen flexibler.[208]

Dennoch kann ein Vorgehen auf dem Zivilrechtsweg sinnvoll sein, weil hier auch rechtliche Interessen geltend gemacht werden können.[209]

Popularklagen sind dagegen nach Art. 42 VwPG zulässig, wenn sie spezialgesetzlich vorgesehen sind, insbesondere im Kommunalrecht als sog. Einwohnerklagen.[210] Sie zielen in Abweichung von subjektiven Klagen auf den Schutz öffentlicher Interessen.[211] Nachdem sie ursprünglich zur Kontrolle der Steuerverwendung vorgesehen waren,[212] lassen sich über den Gesichtspunkt der Finanzierung indirekt auch verfahrensrechtliche Fehler oder umweltrechtliche Gesichtspunkte im Gerichtsverfahren geltend machen und so partiell Drittschutz erreichen.[213] Beklagter ist in diesem Fall das Organ einer Gebietskörperschaft (Gemeinde oder Präfektur), das zur Geltendmachung von Schadensersatzansprüchen gegen den handelnden Beamten verpflichtet werden soll.[214]

---

203 *Ködderitzsch* (Fn. 2), S. 37.
204 *Tsuji* (Fn. 77), S. 353; *Kadomatsu* (Fn. 10), S. 141; *Böhm/Okubo* (Fn. 9), S. 828, 830; *Yamamoto* (Fn. 4), S. 849 (mit Beispielen zum Nachbarschutz bei einer Plangenehmigung). Vgl. auch *Onishi* (Fn. 3), S. 174; *Fujita* (Fn. 156), S. 291.
205 *Böhm/Okubo* (Fn. 9), S. 828 (am Beispiel des Nachbarschutzes im Baurecht). Damit bestand trotz vergleichbarer theoretischer Grundlage in Deutschland und Japan in der Praxis eine gänzlich unterschiedliche Rechtslage. Vgl. auch die ältere Rechtsprechung bei *Haley* (Fn. 5), S. 10 f.
206 *Böhm/Okubo* (Fn. 9), S. 830 f. mit Beispielen aus der Rechtsprechung. Mittlerweile wird in der OGH-Rechtsprechung zum Bauplanungsrecht neben Eigentumsrechten auch der Gesundheitsschutz als mögliches subjektives Recht anerkannt.
207 *Nishigami* (Fn. 202), S. 215. Es handelt sich also um Auslegungsmaßstäbe für die Gerichte, vgl. *Noro* (Fn. 6), S. 152; *Böhm/Okubo* (Fn. 9), S. 830. Die Vorschrift kodifiziert die bisherige OGH-Rechtsprechung, vgl. *Kadomatsu* (Fn. 10), S. 156.
208 Im sog. Odakyū-Fall änderte der OGH ausdrücklich seine Rechtsprechung, vgl. *Tsuji* (Fn. 77), S. 354 f.; *Kadomatsu* (Fn. 10), S. 157 f.; *Ohashi*, Die Aufgabe des Rechts bei der Steuerung der Verwaltung in Japan, in: Trute/Groß u.a. (Hrsg.) (Fn. 8), S. 516.
209 *Böhm/Okubo* (Fn. 9), S. 829 f. mit Beispielen für weitergehenden Schutz über das Zivilrecht: Interesse an sauberem Wasser (zivilrechtlich als subjektives Recht anerkannt) und Interesse an einer schönen Stadtlandschaft (Kunitachi-Fall). Vgl. auch *Kitamura* (Fn. 100), S. 748.
210 *Kadomatsu* (Fn. 10), S. 154; *Yamamoto* (Fn. 8), S. 914; *Böhm/Okubo* (Fn. 9), S. 829. Siehe auch *Nishigami* (Fn. 202), S. 215.
211 *Murakami* (Fn. 28), S. 1030.
212 Die Steuerverwendung wird als abstraktes Interesse gerade nicht von der Schutznormtheorie erfasst, sodass es sich um eine Popularklage handelt, vgl. *Yamamoto* (Fn. 8), S. 914.
213 Das Vorbild waren die US-amerikanischen taxpayer's suits. Dabei wurden z.B. Fälle der künstlichen Landgewinnung (Odagahama-Fall) oder des Straßenbaus durch ein Waldgebiet (Yambaru-Fall) angegriffen, siehe *Böhm/Okubo* (Fn. 9), S. 829 m.w.N.; *Haley* (Fn. 5), S. 7. Vgl. auch das Beispiel bei *Kadomatsu* (Fn. 10), S. 154 (Ehime-Gokoku-Schrein-Fall). Zu Einzelheiten des Verfahrens bei der Einwohnerklage siehe *Yamamoto* (Fn. 8), S. 915 ff.
214 *Böhm/Okubo* (Fn. 9), S. 829.

Eine Verbandsklage ist im Verwaltungsrecht bisher nicht anerkannt.[215]

3. Rechtsschutzbedürfnis und Klagefrist

Wie im deutschen Recht auch kann das Rechtsschutzbedürfnis (Klageinteresse im engeren Sinne) mit Zeitablauf entfallen.[216] Auch das Rechtsschutzbedürfnis wird tendenziell eng ausgelegt und erschwert damit die Inanspruchnahme von Rechtsschutz gegen Verwaltungshandeln.[217] Dies erschwerte im Zusammenspiel mit verschiedenen Defiziten des einstweiligen Rechtsschutzes,[218] vor allem vor der Reform von 2004, die Effektivität des Rechtsschutzes gegen Verwaltungshandeln. Inzwischen sind nach der Rechtsprechung die Vorschriften weniger restriktiv auszulegen.[219]

Die Klagefrist beträgt sechs Monate ab Kenntnis des Klägers (Art. 14 VwPG).[220]

4. Rechtsschutz gegen formelles Handeln

Die Anfechtungsklage hat als Gegenstand Verfügungen oder andere Akte der öffentlichen Gewalt (Art. 3 Abs. 2, 3 VwPG). Da es hierfür keine gesetzliche Definition gibt, verlangte die Rechtsprechung ein unmittelbares Einwirken auf Rechte oder Pflichten der Bürger durch den Staat oder die Gebietskörperschaften als Träger öffentlicher Gewalt.[221] Nachdem die Sachentscheidungsvoraussetzungen über lange Zeit eng ausgelegt wurden, war es auch schwierig, gegen formelles Handeln der Behörden Rechtsschutz auf dem Verwaltungsrechtsweg zu erlangen.[222] Nur konkret-individuelle Rechtsakte konnten mit der Anfechtungsklage angegriffen werden.[223] So waren insbesondere Planungsentscheidungen nicht direkt angreifbar.[224] Die Reform von 2004 hat hier bereits kurz nach Inkrafttreten eine flexiblere Auslegung durch die Gerichte bewirkt,[225] gerade bei Planungsentscheidungen die Effektivität des Rechtsschutzes zu stärken.[226]

5. Rechtsschutz gegen informelles Handeln der Verwaltung

Davon ausgehend, dass die Befolgung von gyōsei shidō freiwillig sei,[227] wiesen die Gerichte Klagen gegen informelles Verwaltungshandeln ursprünglich mit diesem rein formalen Argument ab.[228] Ab den 1970er Jahren setzte ein Wandel in der Rechtspre-

---

215 *Yamamoto* (Fn. 8), S. 917; siehe auch *Böhm/Okubo* (Fn. 9), S. 831 f.
216 *Ködderitzsch* (Fn. 2), S. 39.
217 *Onishi* (Fn. 3), S. 174 f. Vgl. auch *Murakami* (Fn. 29), S. 1032, der darauf hinweist, dass die Rechtsprechung auch bei der Behauptung einer Wiederholungsgefahr oder eines Rehabilitationsinteresses durch den Kläger das Rechtsschutzbedürfnis verneint hatte.
218 *Murakami* (Fn. 28), S. 1035 f.
219 *Tsuji* (Fn. 77), S. 357 f.; *Murakami* (Fn. 28), S. 1040.
220 Die alte Rechtslage sah eine Klagefrist von drei Monaten seit Kenntnis des Klägers oder einem Jahr seit Erlass der Maßnahme vor, vgl. *Murakami* (Fn. 28), S. 1039. Die Länge der Klagefrist soll die vorherige Möglichkeit einer außergerichtlichen Einigung absichern, vgl. *Walther/Matsuzuka* (Fn. 69), S. 150.
221 *Murakami* (Fn. 28), S. 1031. Vgl. die bereits dargestellte Rechtsprechungsänderung zum Umlegungsbeschluss in Fn. 56.
222 Vgl. den Überblick bei *Kadomatsu* (Fn. 10), S. 150 und die Rechtsprechung bei *Haley* (Fn. 5), S. 9 f.
223 *Kadomatsu* (Fn. 10), S. 150.
224 *Murakami* (Fn. 28), S. 1031 (mit Beispielen).
225 *Kadomatsu* (Fn. 10), S. 157.
226 *Murakami* (Fn. 28), S. 1040.
227 So explizit *Yamanouchi* (Fn. 139), S. 33 m. Fn. 21.
228 *Young* (Fn. 8), S. 130; *Young*, Judicial Review of Administrative Guidance: Governmentally Encouraged Consensual Dispute Resolution in Japan, Columbia Law Review 84 (1984), S. 954 ff.

chung ein, der mit einer großzügigeren Beurteilung der Frage nach der Ausübung öffentlicher Gewalt begann.²²⁹ Die Gerichte bewegten sich hier im Spannungsfeld zwischen der Verwirklichung öffentlicher Interessen und der Gewährleistung eines effektiven Rechtsschutzes.²³⁰ Im weiteren Verlauf entwickelten die Gerichte differenzierte Kriterien, um die Rechtmäßigkeit von gyōsei shidō zu beurteilen.²³¹

Seit der Reform von 2004 legt der OGH den Begriff der Verfügung weiter aus, sodass auch informelles Handeln in bestimmten Fällen Gegenstand einer Klage sein kann; eine Folge dieses Rechtsprechungswandels ist allerdings auch deren Unanfechtbarkeit nach Ablauf der Klagefrist.²³²

6. Staatshaftungsrecht

32 Auch im Bereich des Staatshaftungsrechts²³³ stellt sich die Frage nach gyōsei shidō, da meist nicht direkt gegen eine Verwaltungsanleitung vorgegangen wird.²³⁴ Die Bedeutung von Staatshaftungsklagen ergibt sich aus den Lücken im Primärrechtsschutz, insbesondere der engen Auslegung der Sachentscheidungsvoraussetzungen,²³⁵ der Frage, ob informelles Verwaltungshandeln einen „Akt öffentlicher Gewalt" im Sinne des Verwaltungsprozessgesetzes darstellen kann, und dem eingeschränkten einstweiligen Rechtsschutz.²³⁶ Auch für verfassungsrechtliche Fragen besitzt das Staatshaftungsrecht große Bedeutung.²³⁷

Ursprünglich konnten bei Befolgung von gyōsei shidō keine Staatshaftungsansprüche geltend gemacht werden.²³⁸ Dass aber auch informelles Handeln sich als Ausübung öffentlicher Gewalt im Sinne des japanischen Staatshaftungsrechts darstellen kann, wird mittlerweile in Rechtsprechung und Lehre anerkannt, wenn auch in unterschiedlichem Ausmaß und mit unterschiedlichen Begründungen:²³⁹ So nahmen die Gerichte teilweise an, dass die Adressaten gyōsei shidō nur befolgt hätten, weil sie von der Möglichkeit einer zwangsweisen Durchsetzung durch die Behörde ausgegangen waren und Bürger üblicherweise auch einen bloßen Rat als verpflichtend ansähen.²⁴⁰ Verallgemeinernd lässt sich sagen, dass gyōsei shidō bei Vorliegen besonderer Umstände als Ausübung öffentlicher Gewalt eingeordnet wird.²⁴¹ In diesem Zusammenhang änderte auch die Vorschrift der Art. 32 Abs. 2, 33 VwVerfG, die Sanktionen bei der Nichtbefolgung von gyōsei shidō untersagt, nichts an der Rechtsauffassung der Gerichte, da die Art. 32

---

229 *Young* (Fn. 8), S. 133 ff; *Young* (Fn. 228), S. 958 ff.
230 *Young* (Fn. 8), S. 136 ff.
231 *Young* (Fn. 8), S. 140 ff.
232 *Murakami* (Fn. 28), S. 1042.
233 Eine umfassende rechtsvergleichende Gesamtdarstellung des japanischen Staatshaftungsrechts findet sich bei *Elben* (Fn. 77); vgl. auch *Elben*, Grundzüge des japanischen Staatshaftungsrechts, ZJapanR/J.Japan.L 9 (2000), S. 97 ff. Zur historischen Entwicklung siehe *Haley* (Fn. 5), S. 5 f. und den Überblick bei *Elben* (Fn. 77), S. 52 ff.
234 *Ginsburg* (Fn. 48), S. 70; vgl. auch *Nakagawa* (Fn. 91), S. 183 f.
235 Vgl. *Haley* (Fn. 5), S. 11.
236 *Elben* (Fn. 77), S. 231; ältere Statistiken zur Bedeutung von Staatshaftungsklagen bei *Haley* (Fn. 5), S. 12.
237 *Matsui* (Fn. 186), S. 1383. Vgl. das Beispiel bei *Kurishima/Effinowicz*, Überblick über wichtige öffentlich-rechtliche Gerichtsentscheidungen aus dem Jahre 2020, ZJapanR/J.Japan.L 53 (2022), S. 251 ff.
238 *Yeomans* (Fn. 55), S. 141; *Young* (Fn. 8), S. 130 ff. (mit der ausführlichen Besprechung einer Entscheidung von 1963) und ebenfalls kritisch *Haley* (Fn. 5), S. 12 ff. (eingehende Analyse der älteren Rechtsprechung). Siehe auch *Elben* (Fn. 77), S. 135 ff.
239 *Elben* (Fn. 77), S. 136 f.
240 *Elben* (Fn. 77), S. 137 f. (Befolgung des behördlichen Rats zu einer Schutzimpfung).
241 *Elben* (Fn. 77), S. 138.

Abs. 2, 33 VerwVerfG nur unmittelbare Sanktionen verbieten.[242] Durch den kooperativen japanischen Verwaltungsstil hat der Bürger sowohl größere Handlungsspielräume – wegen der geringeren Zahl normierter Eingriffsbefugnisse der Verwaltung – als auch größere Einflussmöglichkeiten auf die Entscheidungsfindung der Verwaltung.[243] Staatshaftungsrecht dient daher eher der Herstellung von Waffengleichheit zwischen Bürger und Staat als der Folgenabwehr durch den Bürger.[244]

Außerdem übernimmt das Staatshaftungsrecht teilweise andere Aufgaben, etwa die inzidente Prüfung der Verfassungsmäßigkeit.[245]

---

[242] *Elben* (Fn. 77), S. 138 f.
[243] *Elben* (Fn. 77), S. 164.
[244] *Elben* (Fn. 77), S. 165.
[245] *Fahje* (Fn. 15), S. 104 f. Vgl. dazu auch *Elben* (Fn. 77), S. 176 ff. (auch zur Frage, ob Akte der Legislative und der Judikative Gegenstand von Staatshaftungsklagen sein können); *Kuriki*, in: Eisenhardt/Leser u.a. (Hrsg.) (Fn. 202), S. 16. Zur Haftung für Legislativakte vgl. *Olberg*, Die Haftung des Staates für legislatives Unrecht in Deutschland und Japan, ZJapanR/J.Japan.L 27 (2009), S. 197 ff.

§ 22 Baurecht

Gregor Stevens

I. Fall

1 ▶ A kaufte vom Generalbauunternehmen U eine Eigentumswohnung in einem von U geplanten, errichteten, aufgeteilten und verkauften Wohnblock in der Stadt Tokio (T). Die Baugenehmigung hatte sich U, die insoweit als Generalbauunternehmen in den Genuss einer Ausnahmeregelung der Präfektur T kam, selbst erteilt. U errichtete das Gebäude und vermietete es zunächst bis zum Verkauf an A an Dritte. 11 Jahre nach dem Kauf stellten A und seine Nachbarn erstmals fest, dass sich der 15-stöckige Wohnblock auf einer Seite absenkte.

Eine Untersuchung durch einen Fachmann ergab, dass einige der als Fundament in den Boden getriebenen Betonpfeiler um etwa 2m zu kurz waren und den tief liegenden festen Untergrund nicht erreichten. Eine Reparatur ist technisch nicht möglich. Das Gebäude muss, um einem Einsturz zuvorzukommen, abgerissen werden. A stellte U zur Rede. U räumte ein, dass ein Ingenieur an mehreren Tagen bei der Einbringung der Pfeiler erkrankt gewesen sei und die Arbeiten nicht selbst überwacht habe. Dieser habe später, um eine reibungslose Abnahme zu erreichen, insoweit unrichtige Unterlagen erstellt, aus denen eine Pfeilung auf festem Grund hervorgeht.

U behauptet, nach den ihr vorliegenden Untergrundkarten hätten auch die verkürzten Pfeiler festen Untergrund erreichen müssen. Bei der Präfekturverwaltung T ist amtlich bekannt, dass dies nicht der Fall ist und der feste Untergrund am fraglichen Ort vielmehr besonders tief liegt. A verlangt nun von U und T den gezahlten Kaufpreis (einschließlich der Nebenkosten) für die Wohnung zurück. Vorsorglich erklärt er den Rücktritt vom Kaufvertrag. U meint, eventuelle Ansprüche seien jedenfalls verjährt. ◀

II. Vorbemerkung zum einschlägigen japanischen Recht

1. Das öffentliche Baurecht

a) Das japanische Verwaltungsrecht

2 Das öffentliche Baurecht ist Teil des japanischen Verwaltungsrechts. Die Grundzüge des japanischen Verwaltungsrechts ergeben sich aus dem Verwaltungsverfahrensgesetz[1] (VwVfG), dem 2004 grundlegend reformierten Verwaltungsprozessgesetz[2] (VwPG) und dem Widerspruchsverfahrensgesetz[3] (WiVfG).

Die gerichtliche Praxis ist bislang von einer spürbaren Zurückhaltung geprägt, was Verurteilungen von Staat und Verwaltung anbelangt, und hat strenge Zulässigkeitskriterien formuliert. So ist etwa die Anfechtungsklage (welche ohne gesonderte Aufschiebungsanordnung keine aufschiebende Wirkung hat, § 25 Abs. 1 VwPG) nach herrschender Meinung gemäß § 3 Abs. 2, § 9 VwPG nur zulässig, wenn eine hoheitliche Verfügung (Verwaltungsakt), eine subjektive Klagebefugnis und ein Rechtsschutzbedürfnis vorliegen. Diese Kriterien sind zwar auch dem deutschen Verwaltungsrecht nicht unbekannt, japanische Gerichte neigten aber hier bislang zu einer deutlich stren-

---

[1] Gyōsei-tetsuzuki-hō, Gesetz Nr. 88/1993.
[2] Gyōsei-jiken-soshō-hō, Gesetz Nr. 139/1962.
[3] Gyōsei-fufuku-shinsa-hō, Gesetz Nr. 68/2014.

II. Vorbemerkung zum einschlägigen japanischen Recht

geren Auslegung. Es lässt sich eine Tendenz dahingehend erkennen, dass vor allem politisch kontroverse Fragen bevorzugt auf der Zulässigkeitsebene „erledigt" werden. So soll etwa die Genehmigung der Errichtung einer Müllverbrennungsanlage kein hoheitlicher Akt, welcher in Rechte von Bürgern eingreift, sein[4]. Die Planung und Genehmigung einer (später dann nie realisierten) Eisenbahnneubaustrecke soll demnach keine „Verfügung" (also kein Verwaltungsakt), sondern ein nicht angreifbarer, rein „innerbehördlicher Vorgang ohne unmittelbare Gestaltungswirkung" sein (sog. „Narita-Shinkansen-Fall"[5]). Eine Klage gegen die Betriebsgenehmigung zugunsten eines Sportwettenannahmelokals wurde als unzulässig erachtet, weil zwar die Lebensqualität als öffentliches Interesse geschützt sei, es sich aber dabei nicht um ein rechtliches Interesse von Individuen handle[6]. Die gerichtliche Praxis geht außerdem zum Teil davon aus, dass die Verwaltung nur einer eingeschränkten Kontrolle unterliege, da es sich um „Fachleute" handle. Die sehr weitgehende verwaltungsfreundliche Auslegung ist zuletzt durch ausdrückliche Formulierung von Beurteilungskriterien bei der Zulässigkeitsprüfung (§ 9 Abs. 2 VwPG) etwas eingedämmt worden.

Gegen die gerichtliche Anordnung der aufschiebenden Wirkung steht dem japanischen Ministerpräsidenten nach § 27 VwPG ein (wohl verfassungswidriges) Vetorecht zu, von dem aber seit mehr als 50 Jahren kein Gebrauch mehr gemacht wurde.

Hinsichtlich der Verwaltungspraxis darf die japanische Besonderheit des informellen Verwaltungshandelns („gyōsei-shidō", § 2 Nr. 6 VwVfG, begrifflich auch als „behördliche Weisung" oder „Verwaltungsanleitung" behandelt) nicht unerwähnt bleiben[7]. § 2 Nr. 6 VwVfG definiert dieses Rechtsinstitut als nicht unter den Begriff des Verwaltungsakts („Verfügung") fallende Anleitungen, Empfehlungen oder Ratschläge, welche eine bestimmte Person zu einer Handlung oder Unterlassung auffordern um ein bestimmtes Verwaltungsziel zu erreichen.

§ 32 VwVfG stellt diesbezüglich klar, dass die Befolgung solcher Anleitungen nur freiwillig erfolgt (§ 32 Abs. 1 VwVfG, gilt auch für die Aufforderung zur Rücknahme eines Antrags, § 33 VwVfG) und die Nichtbefolgung nicht zu Nachteilen auf Seiten des Bürgers führen darf (§ 32 Abs. 2, § 34 VwVfG). Gemäß § 35 Abs. 3 VwVfG kann inzwischen verlangt werden, dass den Beteiligten die inhaltlichen Eckpunkte und die Gründe einer Verwaltungsanweisung schriftlich ausgehändigt werden.

b) Das japanische öffentliche Baurecht

Eine Vielzahl gesetzlicher Vorschriften regelt das öffentliche Baurecht in Japan. Bauvorhaben sind in der Regel genehmigungspflichtig, Art. 6 Baustandardgesetz[8]. Gesetzgebung und Gesetzesausführungen werden auf den drei Ebenen Staat Japan, Präfektur und Gemeinde ausgeübt (Art. 4 Landnutzungsgesetz[9]). Der Staat erstellt einen landesweiten Raumordnungsplan, von dem ausgehend die Präfekturen eigene Pläne erstellen, welche dann die Grundlage der kommunalen Flächennutzungspläne bilden (Art. 5 ff. Landnutzungsgesetz).

---

[4] OGH, Entscheidung vom 29. Oktober 1964, Minshū Bd. 18, Nr. 8, S. 180ff; vgl. dazu vertiefend: *Ködderitzsch*, Rechtsschutz gegen die Verwaltung, ZJapanR/J.Japan.L. 5 (1998), S. 35.
[5] OGH, Entscheidung vom 08. Dezember 1978, Minshū Bd. 32, Nr. 9, S. 1617ff.; vgl. dazu vertiefend: *Ködderitzsch*, Rechtsschutz gegen die Verwaltung, ZJapanR/J.Japan.L. 5 (1998), S. 36.
[6] OGH, Urteil vom 15. Oktober 2009, Minshū Bd. 63, Nr. 8, S. 1711.
[7] vgl. dazu *Yamamoto*, Einführung in das japanische Verwaltungsrecht, VerwArch 2018, Bd. 109 Heft 2 S. 200ff.
[8] Kenchiku kijun-hō, Gesetz Nr. 201/1950.
[9] Kokudo riyō keikaku-hō, Gesetz Nr. 92/1974.

Die allgemeinen **Leitlinien und Grundsätze der Bodennutzung**, nämlich insbesondere der Vorrang des Gemeinwohls, die Übereinstimmung der Landnutzung mit den Gegebenheiten der Umgebung sowie die Verhinderung der Grundstückspreisspekulation, benennt das Bodengrundlagengesetz.[10] Nachdem Japan Erfahrungen mit stark steigenden Grundstückspreisen infolge von Spekulationen machte, wurde 1987 im Landnutzungsgesetz aus Gründen des Allgemeinwohls ein System zur staatlichen Grundstückspreiskontrolle eingeführt.[11]

Wesentliche Grundsätze des Bauordnungsrechts ergeben sich aus dem Stadtplanungsgesetz.[12] Das Maß der baulichen Nutzung wird insbesondere im Baustandardgesetz festgelegt.

3   Im Bereich der Stadtplanung legt das Stadtplanungsgesetz die Kategorien für die Einteilung der Überplanung fest. Demnach teilt sich das

- Stadtplanungsgebiet (Art. 5 Stadtplanungsgesetz) in
- Stadtentwicklungsgebiete, Stadterhaltungsgebiete und unbeplante Flächen ein, die sich wiederum in
- dreißig Zonen und Bezirke (Art. 8, Art. 9 Stadtplanungsgesetz), darunter zwölf Nutzungszonen, drei Hochhauszonen und einen Sondernutzungsbezirk (Art. 9 Abs. 13–17 Stadtplanungsgesetz) aufteilen.[13]

Als Nutzungszonen werden sechs verschiedene Arten von Wohngebieten, zwei Mischgebiete („Quasi-Wohngebiet" und „Gewerbenachbarschaft"), zwei Gewerbegebiete („Gewerbe" und „Quasi-Industrie") sowie zwei Industriegebiete definiert. Diese unterscheiden sich jeweils in der zugelassenen Geschossflächenquote (Kenpeiritsu) und der zugelassenen Überbauungsquote (Yōsekiritsu). So gelten beispielsweise in der Nutzungszone „niedriges Wohngebiet" Höchstgeschossflächenquoten von 50 %-200 % (d.h., die Flächen aller Geschosse des Gebäudes dürfen kumuliert nicht mehr als die Hälfte bzw. das Doppelte der Grundstücksfläche ausmachen) und Höchstüberbauungsquoten von 30 %-60 % (d.h., die Grundfläche des Gebäudes darf nur 30 % bzw. 60 % des Grundstücks betragen). Der Bereich im Abstand von 2m zur Mittellinie der Straße darf nicht bebaut werden, wenn die jeweilige Straße weniger als 4m[14] breit ist. Es werden lokal unterschiedliche, genaue Höhenbeschränkungen festgesetzt, wobei es nicht unüblich ist, dass bis zu einer bestimmten Höhe zum Nachbargrundstück kein Abstand eingehalten werden muss. Auch zur Straßenseite ist je nach Breite der Straße kein Abstand einzuhalten, weil sich die als schiefe Ebene mit einem bestimmten Neigungsgrad beschriebene Höhenbeschränkung üblicherweise von der gegenüberliegenden Straßenseite ausgehend bemisst. Durch die Beschreibung der Höhenbeschränkung als schiefe Ebene ergibt sich aber gleichzeitig, dass die höher gelegenen Geschosse zunehmend in ihrer Geschossfläche beschränkt sind, was zu den in japanischen Städten typischen moderneren Gebäuden mit abgeschrägten höheren Stockwerken führt.

Nach alledem wird deutlich, dass ein Grundstück den Vorgaben und Beschränkungen aus einer Vielzahl von Plänen verschiedener Behörden unterliegen kann und die maxi-

---

10 Tochi kihon-hō, Gesetz Nr. 84/1989.
11 Vgl. dazu im Überblick *Kaiser*, in: Baum/Bälz (Hrsg.), Handbuch Japanisches Handels- und Wirtschaftsrecht (2011), § 16 Rn. 145.
12 Toshi keikaku-hō, Gesetz Nr. 100/1968.
13 Vgl. *Kaiser*, in: Baum/Bälz (Hrsg.) (Fn. 3), § 16 Rn. 150 ff.
14 4m sind vorgeschriebene Mindestbreite der Straßen aus Gründen des Katastrophenschutzes, die jedoch nicht überall erreicht wird. Das für zukünftige Straßenerweiterung benötigte Gelände ist freizuhalten.

II. Vorbemerkung zum einschlägigen japanischen Recht

§ 22

male bauliche Nutzbarkeit bei jedem einzelnen Grundstück individuell vermessen und festgestellt werden muss.

Nach einer besonderen Ausnahmeregel, die zumindest in der Präfektur Tokio gilt, können sich Generalbauunternehmen, die gleichzeitig als Bauherr, Architekt, Materiallieferant, Bauausführer, Makler und Immobilienverwalter in einem Konzern auftreten (sogenannte „Zenekon"[15]), selbst wie ein Bauamt auch Baugenehmigungen erteilen.

Die früher gängige Praxis der Verwaltung, einen Bauherrn vor Genehmigung seines Bauvorhabens im Wege der Anleitung („gyōsei-shidō", s.o.) etwa dazu zu veranlassen, die Zustimmung der Nachbarn zum Vorhaben einzuholen und den Bauantrag (entgegen Art. 6 Abs. 4 Baustandardgesetz, der eine Bearbeitungsdauer für Bauanträge von maximal 35 Tagen vorschreibt) so lange „ruhen" zu lassen, ist zumindest nach dem Wortlaut des 1994 reformierten Gesetzes (§ 32 Abs. 2, § 33 VwVfG) nicht mehr zulässig. Schon vor der Gesetzesreform ist die Rechtsprechung davon ausgegangen, dass ein solches „Ruhenlassen" dann rechtswidrig sei, wenn sich der Bauherr „ernstlich" weigere, der Verwaltungsanleitung nachzukommen[16], wenngleich zu berücksichtigen sei, dass sich Bauherrn oftmals sträubten, so dass es auch auf die „Dauer der Weigerung" ankomme[17].

2. Das private Baurecht

Das private Baurecht stützt sich auf das japanische Zivilgesetzbuch[18] (nachfolgend: ZG) als Rechtsquelle. Das Werkvertragsrecht ist in Art. 632 ff. ZG geregelt. Der Kaufvertrag wird in den Art. 555 ff. ZG beschrieben. Mit der Zivilrechtsreform 2017, die zum 01.04.2020 in Kraft getreten ist, wurde das Leistungsstörungsrecht anders als zuvor[19] mit konkreten Vorschriften geregelt:

4

„Art. 562 ZG[20]

(1) Entspricht der übergebene Gegenstand nach Art, Beschaffenheit oder Menge nicht dem Vertragsinhalt, so kann der Käufer vom Verkäufer Nacherfüllung durch Reparatur des Gegenstands, Ersatzlieferung oder Übergabe des Fehlenden verlangen. Der Verkäufer kann jedoch die Leistung auf eine andere als die vom Käufer verlangte Weise erbringen, wenn er diesen dabei nicht unzumutbar belastet.

(2) Beruht die Vertragswidrigkeit im Sinne des vorstehenden Absatzes auf einer dem Käufer zuzurechnenden Ursache, so kann der Käufer die Erfüllung nicht nach den Bestimmungen des vorstehenden Absatzes verlangen.

„Art. 563 ZG

(1.) Hat der Käufer in dem in Art. 562 Abs. 1 Satz 1 bezeichneten Fall eine Mahnung unter Bestimmung einer angemessenen Frist zur Nacherfüllung ausgesprochen und wird die Nacherfüllung nicht innerhalb dieser Frist bewirkt, so kann der Käufer den Kaufpreis entsprechend dem Umfang der Vertragswidrigkeit mindern.

---

15 Von engl. „General Contractor".
16 OGH, Urteil vom 16. Juli 1985, Minshū Bd. 39, Nr. 5, S. 989.
17 OG Tōkyō, Urteil vom 24. Dezember 1979, Hanji Nr. 955 S. 73.
18 Minpō, Gesetz Nr. 89/1896.
19 Als Überblick zur alten Rechtslage vgl. *Isomura*, in: Leser (Hrsg.), Wege zum japanischen Recht, FS Kitagawa, S. 395 ff.
20 Übersetzung des Gesetzestextes nach *Kansaku/Kimura/Koziol/Lentz/Nagano/Nakamura/Spiegel/Suzuki-Klasen/Tanaka/Wada/Yamamoto* in ZJapanR Nr. 45 (2018) S. 183 ff.

(2) Der Käufer kann ungeachtet des Abs. 1 ohne eine in Abs. 1 bezeichnete Mahnung sogleich den Kaufpreis mindern, wenn
1. die Nacherfüllung unmöglich ist,
2. der Verkäufer eindeutig die Absicht erklärt hat, die Nacherfüllung zu verweigern,
3. nach der Natur des Vertrags oder der Willenserklärung der Parteien der Zweck des Vertrags nicht erreicht werden kann, wenn die Erfüllung nicht zu einem bestimmten Zeitpunkt oder innerhalb einer bestimmten Frist bewirkt wird, und diese Zeit verstrichen ist, ohne dass der Verkäufer die Nacherfüllung bewirkt hat, oder
4. außer den in Nr. 1 bis 3 genannten Fällen offensichtlich keine Aussicht besteht, dass auch nach einer Mahnung nach Abs. 1 durch den Käufer die Nacherfüllung bewirkt wird.
(3) Beruht die Vertragswidrigkeit des Gegenstands nach Abs. 1 auf dem Käufer zuzurechnenden Umständen, so kann der Käufer nicht nach den Vorschriften der Abs. 1 und 2 den Kaufpreis mindern.

„Art. 564 ZG

Die Vorschriften der Art. 562 und 563 stehen einem Anspruch auf Schadensersatz nach der Vorschrift des Art. 415 und der Ausübung des Rücktrittsrechts nach den Vorschriften der Art. 541 und 542 nicht entgegen.

„Art. 541 ZG

Erfüllt eine der Parteien ihre Schuld nicht, so kann die andere vom Vertrag zurücktreten, sofern sie eine Mahnung unter Bestimmung einer angemessenen Frist zur Erfüllung ausgesprochen hat und die Erfüllung nicht innerhalb dieser Frist bewirkt wird. Dies gilt nicht, wenn die Nichterfüllung der Schuld im Zeitpunkt des Ablaufs der Frist unter Berücksichtigung des Vertrags und der allgemeinen Verkehrsauffassung nicht erheblich ist.

„Art. 542 ZG

(1) Der Gläubiger kann ohne Mahnung nach Art 541 sogleich vom Vertrag zurücktreten, wenn
1. Die Erfüllung der gesamten Schuld unmöglich ist,
2. Der Schuldner eindeutig die Absicht erklärt hat, die Erfüllung der gesamten Schuld zu verweigern,
3. Die Erfüllung der Schuld teilweise unmöglich ist oder der Schuldner eindeutig die Absicht erklärt hat, die Erfüllung der Schuld teilweise zu verweigern und der Zweck des Vertrags durch den verbleibenden Teil allein nicht erreicht werden kann,
4. Nach der Natur des Vertrags oder der Willenserklärung der Parteien der Zweck des Vertrags nicht erreicht werden kann, wenn die Erfüllung nicht zu einem bestimmten Zeitpunkt oder innerhalb einer bestimmten Frist bewirkt wird, und diese Zeit verstrichen ist, ohne dass der Schuldner die Erfüllung bewirkt hat, oder
5. Außer den in Nr. 1 bis 4 genannten Fällen der Schuldner die Schuld nicht erfüllt und offensichtlich keine Aussicht besteht, dass auch nach einer Mahnung nach Art. 541 durch den Gläubiger eine für die Erreichung des Vertragszwecks ausreichende Erfüllung bewirkt wird.
(2) Der Gläubiger kann ohne Mahnung nach Art 541 sogleich von einem Teil des Vertrags zurücktreten, wenn
1. Die Erfüllung der Schuld teilweise unmöglich ist oder
2. Der Schuldner eindeutig die Absicht erklärt hat, die Erfüllung der Schuld teilweise zu verweigern.

II. Vorbemerkung zum einschlägigen japanischen Recht

> „Art. 545 ZG
>
> (1) Übt eine der Parteien das Rücktrittsrecht aus, so ist jede Partei der anderen zur Wiederherstellung des ursprünglichen Zustands verpflichtet. Die Rechte Dritter werden dadurch jedoch nicht beeinträchtigt.
> (2) Ist im Fall des Abs. 1 Satz 1 Geld zurückzugewähren, so ist es vom Zeitpunkt der Annahme an zu verzinsen.
> (3) Ist im Fall des Abs. 1 Satz 1 ein anderer Gegenstand als Geld zurückzugewähren, so sind auch die nach dem Zeitpunkt der Annahme entstandenen Früchte zurückzugewähren.
> (4) Die Ausübung des Rücktrittsrechts steht einem Anspruch auf Schadensersatz nicht entgegen.

Das Gesetz enthält damit im Gegensatz zur früheren Rechtslage[21] faktisch in Art. 562 ZG eine Definition zum **Begriff des Sachmangels**.

In seinem allgemeinen Teil zum Schuldrecht regelt das ZG zum Schadensersatz:

> „Art. 415 ZG
>
> (1)Erfüllt der Schuldner nicht dem Inhalt der Schuld entsprechend oder ist die Erfüllung der Schuld unmöglich, so kann der Gläubiger den Ersatz des daraus entstandenen Schadens verlangen. Dies gilt nicht, wenn die Nichterfüllung der Schuld auf Umständen beruht, die unter Berücksichtigung des Vertrags oder eines anderen Entstehungsgrundes der Schuld sowie der allgemeinen Verkehrsauffassung nicht dem Schuldner zuzurechnen sind.
> (2) Sofern nach der Vorschrift des Abs. 1 Schadensersatz verlangt werden kann, kann der Gläubiger Schadensersatz statt der Erfüllung verlangen, wenn
> 1. Die Erfüllung der Schuld unmöglich ist,
> 2. Der Schuldner eindeutig die Absicht erklärt hat, die Erfüllung der Schuld zu verweigern, oder
> 3. Ein Rücktritt von dem Vertrag, aus dem die Schuld entstanden ist, erfolgte oder ein Recht auf Rücktritt vom Vertrag wegen Nichterfüllung der Schuld entstanden ist."
>
> „Art. 416 ZG
>
> (1) Der Anspruch auf Schadensersatz bezweckt, die Schäden, die unter gewöhnlichen Umständen durch Nichterfüllung eintreten, von dem Schuldner decken zu lassen.
> (2) Auch für die unter besonderen Umständen eingetretenen Schäden kann der Gläubiger dann Ersatz verlangen, wenn die Parteien diese Umstände hätten voraussehen müssen."

Soweit Täuschungshandlungen im Raum stehen, sind folgende Regelungen zu beachten:

> „Art. 96 ZG
>
> (1) Eine aufgrund Täuschung oder Drohung abgegebene Willenserklärung kann angefochten werden.

---

[21] Das japanische Produkthaftungsgesetz (JProdHaftG) (Seizōbutsu-sekinin-hō, Gesetz Nr. 85/1994), welches nur für bewegliche Sachen (Art. 1, Art. 2 Abs. 1 JProdHaftG) gilt, enthält (und enthielt auch bislang) in Art. 2 Abs. 2 JProdHaftG jedoch eine Definition des Produktfehlers.

(2) Hat ein Dritter eine Täuschung in Bezug auf eine Erklärung verübt, die einem anderen gegenüber abzugeben war, so ist diese Erklärung nur dann anfechtbar, wenn der andere Teil die Tatsache kannte oder kennen musste.
(3). (…)"

Zur „erlöschenden"[22] Verjährung, die nur auf Einrede geprüft wird, wird Folgendes bestimmt:

„Art. 145 ZG

Nur auf Einrede der Verjährung der Parteien (im Falle der erlöschenden Verjährung sind dies (…)) hin, kann das Gericht seine Entscheidung auf die Verjährung stützen."

„Art. 166 ZG

(1) Forderungen erlöschen durch Verjährung, wenn
1. Sie nicht innerhalb von fünf Jahren ab dem Zeitpunkt geltend gemacht werden, in dem der Gläubiger davon Kenntnis erlangt hat, dass er das Recht ausüben kann, oder
2. Sie nicht innerhalb von zehn Jahren ab dem Zeitpunkt geltend gemacht werden, ab dem das Recht ausgeübt werden kann.
(2) Andere Vermögensrechte als Forderungen oder Eigentumsrechte erlöschen durch Verjährung, wenn sie nicht innerhalb von 20 Jahren ab dem Zeitpunkt geltend gemacht werden, ab dem das Recht ausgeübt werden kann.
(3) (…)."

„Art. 724-1 ZG

(1) Schadensersatzansprüche aufgrund unerlaubter Handlung erlöschen durch Verjährung, wenn
1. sie nicht innerhalb von drei Jahren ab dem Zeitpunkt geltend, in dem der Geschädigte oder sein gesetzlicher Vertreter von dem Schaden und dem Schädiger Kenntnis erlangt hat, geltend gemacht werden oder
2. sie nicht innerhalb von 20 Jahren ab dem Zeitpunkt der unerlaubten Handlung geltend gemacht werden.
(2) Andere Vermögensrechte als Forderungen oder Eigentumsrechte erlöschen durch Verjährung, wenn sie nicht innerhalb von 20 Jahren ab dem Zeitpunkt geltend gemacht werden, ab dem das Recht Der Anspruch auf Schadensersatz wegen einer unerlaubten Handlung verjährt in drei Jahren von dem Zeitpunkt an, in welchem der Verletzte oder sein gesetzlicher Vertreter von dem Schaden und dem Schädiger Kenntnis erlangt; das gleiche gilt, wenn seit Begehung der unerlaubten Handlung zwanzig Jahre vergangen sind."

Art. 1 des japanischen Staatshaftungsgesetzes[23] bestimmt

„Art. 1 StaatshaftungsG

I. Wenn ein (…) Staatsbediensteter (…) in Ausübung seines Amtes vorsätzlich oder fahrlässig einem Dritten rechtswidrig einen Schaden zufügt, trifft den Staat (…) die Pflicht, dafür Schadensersatz zu leisten. II. (…)"

---

22 In Abgrenzung zur Ersitzung („erwerbenden Verjährung"), die nach dem japanischen Zivilgesetz einen Sonderfall der Verjährung darstellt, Art. 162 ff. ZG.
23 Kokka-baishō-hō, Gesetz Nr. 25/1947.

III. Behandlung des Falls nach japanischem Recht

Die **zivilgerichtliche Praxis** in baurechtlichen Fällen weist in Japan einige bemerkenswerte Besonderheiten auf.

Wie auch in Deutschland haben zivilrechtliche Baurechtsstreitigkeiten in Japan meistens Baumängel an Gebäuden zum Gegenstand. Auch in Japan hat sich wie in Deutschland dabei in der Praxis die Tendenz herausgebildet, - oft mithilfe von Privatgutachtern - möglichst viele (zum Teil auch kleine oder kaum bedeutsame) vermeintliche Baumängel zu erfassen und Klagen mit einer Vielzahl von einzelnen Schadenspositionen einzureichen. In Deutschland ist dann mit großem Aufwand die Vortragslage zu jeder einzelnen Schadensposition zunächst mühsam und kleinteilig zu ermitteln. Dazu muss der Richter in Deutschland nicht selten aus einem Dutzend Schriftsätze der Parteien (einschließlich Nebenintervenienten) den Parteivortrag zu jedem einzelnen Mangel zeitintensiv erfassen und ordnen, bevor er über eine Entscheidung nachdenken kann. Hier behelfen sich die japanischen Gerichte sehr geschickt, indem sie die Parteien zwingen, formalisiert vorzutragen. Dazu stellen die Gerichte ein Formular[24] bereit, in dem zunächst von der Klagepartei bei Klageeinreichung die einzelnen Mängel durchzunummerieren sind und sodann zu jedem einzelnen Mangel in den Spalten- „Ist-Zustand nach Klägerbehauptung mit Beweisangebot" -„Soll-Zustand nach Klägermeinung (Vertragsinhalt) mit Beweisangebot" -„Schaden nach Klägerbehauptung mit Beweisangebot" vorzutragen ist. Mit der Klage ist dieses (halb) ausgefüllte Formular elektronisch an das Gericht zu übersenden. Mit Klagezustellung erhält der Beklagte dann dieses vom Kläger vorausgefüllte Formular, um sich zu den vom Kläger behaupteten Mängeln in den Spalten -„Zustand nach Beklagtenbehauptung mit Beweisangebot" -„Soll-Zustand nach Beklagtenmeinung mit Beweisangebot" -„Schaden nach Beklagtenbehauptung mit Beweisangebot" zu verhalten und den Vortrag gegebenenfalls zu ergänzen.

Damit entfällt für das Gericht das mühsame Sortieren und Zuordnen des unübersichtlichen Vortrags zu den einzelnen Mangelpositionen, so dass es direkt mit seiner eigentlichen Aufgabe, der juristischen Bewertung des Vortrags, beginnen kann.

Nach Vorbereitung des Verfahrens in der beschriebenen Art und Weise schließt sich als weitere prozessuale Besonderheit in Japan in der Regel ein **intensiver Schlichtungsversuch** an.

Dazu wird (auch gegen den Willen der Parteien) eine Schlichtungskommission gebildet, die aus dem Richter und zwei sachkundigen Schlichtern (in der Regel Architekten oder anderen Bausachverständigen, erstaunlicherweise aber auch aus Rechtsanwälten) besteht und die Aufgabe hat, einen Vergleichsvorschlag zu formulieren.

Üblicherweise besichtigt der Richter das streitgegenständliche Gebäude zunächst informell von außen. Der prozessuale Sinn dieser Maßnahme ist nicht bekannt, es dürfte sich um eine Art „prozessuales Gewohnheitsrecht", also eine bedeutungslose Standardmaßnahme aufgrund ständiger Übung handeln.

Sodann tritt die Schlichtungskommission zur Vorberatung zusammen. Der Richter bespricht das oben erwähnte Vortragsformular in jeder einzelnen Mangelposition mit den Schlichtern und nimmt gemeinsam mit den Schlichtern alle vorgelegten Lichtbilder in Augenschein. Dabei wird nur auf das Aktenmaterial zurückgegriffen. Die Sachver-

---

24 Verfügbar unter https://www.courts.go.jp/tokyo/vc-files/tokyo/file/20150930-min22-ex-kanri.pdf.

ständigen schätzen lediglich basierend auf ihrer Erfahrung die Erfolgsaussichten der Klage in jedem einzelnen Punkt ab, ohne eine echte Schadensbegutachtung durchzuführen. Sodann wird eine schriftliche „Meinung der Schlichtungskommission" ausgearbeitet, in der der Vortrag zu den behaupteten Mängeln vorläufig bewertet wird. Dieses vorläufige Schlichtungsergebnis wird den Parteien sodann in einem Schlichtungstermin als Vergleichsvorschlag vorgestellt und erläutert.

Dieses Schlichtungsverfahren ist bei den Parteien allgemein unbeliebt und hat den Ruf, die Verfahren unnötig zu verlängern. Japanische Richter aus Baukammern versicherten dem Autor gegenüber aber, die Vergleichsquote liege im Schlichtungsverfahren zwischen 50 %-60 % und es seien keine signifikanten Verfahrensverzögerungen feststellbar.

1. Zuständiges Gericht

8   Für die Klage gegen U sind die Gerichte in T nach den Vorschriften des Zivilprozessgesetzes[25] zuständig. Für den Anspruch gegen den Staat Japan sind gemäß Art. 4, Abs. 6 Zivilprozessgesetz die Gerichte in Tokio zuständig.

Sachlich sind für Streitwerte ab 1,4 Mio. JPY (etwa 11.500 EUR) die Distriktgerichte zuständig.

2. Begründetheit der Klage

9   Die gegen U gerichtete Klage kann darauf gestützt werden, dass die verkaufte Sache (hier: die Wohnung) nicht die Beschaffenheit laut Vertragsinhalt im Sinne des Art. 562 Abs. 1 ZG aufwies.

a) Anspruch

10 Nach dem hier dargestellten Sachverhalt ist davon auszugehen, dass das streitgegenständliche Gebäude und damit auch die an A verkaufte Wohnung nicht Beschaffenheit aufwies, die nach dem Vertragsinhalt erwartet werden durfte. Zwar werden Wohngebäude in Japan nur mit einer Lebenserwartung von etwa 25 Jahren errichtet, dies steht aber der allgemeinen Erwartung, dass die Gebäude nach etwa 11 Jahren noch nicht einsturzgefährdet sind, nicht entgegen. Der eingetretene Zustand ist zudem rechtswidrig, weil der Neigungszustand die Vorschriften des Gebäudestandardgesetzes verletzt.

Nachdem im hier vorliegenden Fall eine Reparatur unmöglich ist, kann A den Kaufpreis ohne Mahnung gemäß Art. 563 Abs. 1, Abs. 2 Nr. 1 ZG im Umfang der Vertragswidrigkeit mindern. Von einem Rücktrittsrecht Art. 541, Art. 542 ZG kann nicht ausgegangen werden, nachdem die Wohnung übereignet wurde und anfänglich dem Vertragszweck entsprechend zu Wohnzwecken genutzt werden konnte.

Daneben darf A nach Art. 564 ZG auch Schadensersatz verlangen. Anspruchsgrundlage ist Art. 415 ZG.[26]

---

25 Minji-soshōhō, Gesetz Nr. 109/1996.
26 Die genaue Anspruchsgrundlage sowie die Rechtsnatur des Anspruchs waren nach alter Rechtslage umstritten, vgl. dazu *Nagata*, Die Kumulation von Rücktritt und Schadensersatz im deutschen und im japanischen Recht, ZJapanR/J.Japan.L. 29 (2010) S. 177 ff.

III. Behandlung des Falls nach japanischem Recht § 22

b) Rechtsfolge

Der Kaufpreis darf damit im Umfang der Vertragswidrigkeit gemindert werden. Der Umfang der Minderung lässt sich nicht exakt rechnerisch festlegen, sondern hängt davon ab, mit welchem Kaufpreisanteil man die „vertragsgemäße" anfängliche Nutzungszeit bewertet und den gezogenen Wohnnutzen damit zur Anrechnung bringt.

11

c) Verjährung

U hat die Einrede der Verjährung erhoben, Art. 145 ZG. Zwar ist die Fünfjahresfrist des Art. 166 Abs. 1 Nr. 1 ZG gewahrt, allerdings sind seit dem Zeitpunkt, ab dem das Recht hätte geltend gemacht werden können, mehr als 10 Jahre vergangen, Art. 166 Abs. 1 Nr. 2 ZG.

12

Nach allgemeinen Vorschriften sind die vertraglichen Ansprüche, also die Ansprüche auf Rückzahlung des zuviel entrichteten Kaufpreises nach Minderung damit verjährt. Auch eventuelle Schadensersatzansprüche nach Art. 415, Art. 564 ZG wären verjährt..

d) Delikt

In Betracht kommt hier aber auch eine Haftung des U aus Deliktsrecht. Für den Fall einer Haftung des U aus Delikt wäre noch nicht von Verjährung auszugehen. Ein solcher Anspruch verjährt gemäß Art. 724 ZG in 20 Jahren ab Begehung der unerlaubten Handlung oder in drei Jahren nach Kenntnis von Schaden und Schädiger. Voraussetzung des Anspruchs nach Art. 709 ZG wäre nach herrschender Auffassung das Verschulden des Beklagten für ein rechtswidriges schadensursächliches Ereignis.[27] Die herrschende Meinung geht bei nicht vorsätzlich begangenen Delikten davon aus, dass Fahrlässigkeit im Sinne des Art. 709 ZG dann vorliegt, wenn ein voraussehbares Schadensereignis vermeidbar war.[28] Hinsichtlich der Rechtswidrigkeit soll nach herrschender Meinung eine Abwägung zwischen der Art des verletzten Interesses und den Umständen der Verletzungshandlung vorzunehmen sein, so dass eine Grenze verbleibt, bis zu der vermeidbare Beeinträchtigungen zu dulden sein sollen. Verstöße, die sich wie hier gegen gesetzliche Schutzvorschriften richten, gelten aber regelmäßig schon allein deshalb als rechtswidrig. Im hier vorliegenden Fall war der fahrlässig entgegen der Bauvorschriften vorgenommene Einbau von zu kurzen Pfeilern im Untergrund auch ursächlich für einen Schaden des A, dessen Wohnung nun abgerissen werden muss.

13

Wie dargestellt, ist U gemäß Art. 709 ZG zum Schadensersatz verpflichtet. Fahrlässige Handlungen der eigenen Mitarbeiter werden U gemäß Art. 715 Abs. 1 Satz 1 ZG zugerechnet. Die Höhe des Schadensersatzes wird auch im Deliktsrecht nach Art. 416 ZG beurteilt. Daher kann U zwar die Anschaffungskosten der Wohnung einschließlich der Erwerbsnebenkosten als Schaden ansetzen, muss sich aber (ohne dass dies ausdrücklich gesetzlich normiert wäre) nach herrschender Auffassung die erzielten Vorteile, nämlich den Wohnvorteil über 11 Jahre, anrechnen lassen.

---

27 Vgl. *Nottage*, in: Baum/Bälz (Hrsg.), Handbuch Japanisches Handels- und Wirtschaftsrecht (2011), § 12 Rn. 7 ff.
28 *Nottage*, in: Baum/Bälz (Hrsg.) (Fn. 19), § 12 Rn. 9 m.w.N.

3. Anspruch aus Staatshaftung

14 Ferner kommt ein **Staatshaftungsanspruch** gegen den Staat Japan, handelnd durch die Präfektur T, in Betracht.

Die Auslagerung hoheitlicher Aufgaben auf Private könnte Aufsichts- und Überwachungspflichten nach sich ziehen, die im hier vorliegenden Fall verletzt worden sein könnten.

Das StaatshaftungsG verweist in Bezug auf alle Einzelheiten zur Haftungspflicht gemäß Art. 1 Abs. 1 StaatshaftungsG auf das ZG, Art. 4 StaatshaftungsG.

In Japan sind die Hürden für eine Inanspruchnahme des Staates oder einer Körperschaft des öffentlichen Rechts gemäß Art. 1 StaatshaftungsG damit nicht sonderlich hoch. Dem Staat wird eine weitreichende Aufsichtspflicht auferlegt, die dazu führt, dass es häufig zu Verurteilungen des Staates neben dem eigentlichen Schädiger kommt. Es darf daher erwartet werden, dass japanische Gerichte auch im hier vorliegenden Fall der Auslagerung bauamtlicher Aufgaben an einen Privatunternehmer von einer weitreichenden Aufsichts- und Überwachungspflicht ausgehen.

Ob T oder dem Staat Japan bei der Bauausführung und der Bauüberwachung hier aber Pflichtverletzungen anzulasten sind, lässt sich nicht endgültig aufklären, da nicht klar wird, ob und wie eine Aufsicht durchgeführt wurde, also ob sich der Staat entsprechend Art. 715 Abs. 1 S. 2 ZG (Exkulpation bei sorgfältiger Auswahl und Beaufsichtigung) von der Pflicht, für Schäden einzustehen, befreien kann. Die Auslagerung des Baugenehmigungsverfahrens selbst war hier allerdings nicht kausal für die eingetretenen Schäden. Es waren nicht Fehler des Genehmigungsverfahrens, sondern Bauausführungsfehler, die sich hier realisiert haben.

Allerdings dürfte die unterlassene Information über die geologischen Besonderheiten am Standort des streitgegenständlichen Gebäudes nach Abwägung zwischen der Art des verletzten Interesses und den Umständen der Verletzungshandlung bereits als fahrlässige Pflichtverletzung angesehen werden. Doch auch diese Unterlassung hat bei genauer Betrachtung nicht zu den eingetretenen Schäden geführt.

Die Bauplanung sah ja Pfeiler in der richtigen Länge vor; lediglich bei Bauausführung wurden planwidrig zu kurze Pfeiler eingebracht. Das Informationsgefälle zwischen T und U hatte damit keinen Einfluss auf die mangelhafte Errichtung des Gebäudes.

Damit ist nicht davon auszugehen, dass der Staat Japan neben U zum Schadensersatz verurteilt werden könnte.

IV. Vergleich mit Deutschland

15 Im Bereich des öffentlichen Baurechts bestehen große **systematische Unterschiede** zwischen Deutschland und Japan. Zuständigkeiten, Verantwortlichkeiten und die einzelnen Bauvorschriften weichen voneinander ab. Das Grundprinzip eines Staates, der aufgrund von Plänen zur Flächennutzung Einzelgenehmigungen erteilt, ist aber mit Ausnahme der oben dargestellten Besonderheit der „Zenekon" vergleichbar.

Auch das private Baurecht ist in beiden Staaten ähnlich, obwohl die japanischen Regelungen zum Werkvertrag (Art. 632 ff. ZG) Unterschiede aufweisen. So kennt das japanische Recht keine Abnahme, sondern stellt für die Fälligkeit der Gegenleistung auf die Übergabe ab. Jedoch finden sich in Japan üblicherweise verwendete „Bau-AGB", die ähnlich der VOB/B in Deutschland einen angemessenen Interessenausgleich in Ermangelung hinreichender gesetzlicher Vorschriften anstreben. Besonders interessant ist aber die gerichtliche Praxis in Japan. Die Idee, die Parteien mit einem Formular zu einem geordneten Vortrag zu zwingen, erscheint vor allem im Bereich des privaten Baurechts, wo ein Vorsortieren des Vortrags zu dutzenden (oder auch hunderten) Einzelpositionen erforderlich ist, zweckmäßig. Der deutsche Gesetzgeber hat insofern zum 01.01.2020 die (sanktionslose) Möglichkeit, einen strukturierten Vortrag einzufordern, mit § 139 Abs. 1 Satz 3 ZPO eingefügt. Eine Formularnutzungspflicht (etwa ähnlich § 117 Abs. 4 ZPO) gibt es aber bislang genauso wenig wie ein einheitliches Formular.

Sehr interessant ist auch die japanische Praxis, **sachverständige Schlichter** in einem vorgeschalteten Güteverfahren hinzuzuziehen. Zwar dürfte auch deren vorläufiges Votum nach Aktenlage, welches oft nur auf einem kurzen Blick auf ein vorgelegtes Foto basiert, von erheblichen Ungenauigkeiten geprägt sein. Gleichwohl dürfte es aber die Akzeptanz eines Vergleichsvorschlags bei den Parteien fördern, wenn nicht nur bauunkundige Juristen Beweislastrisiken abwägen, sondern vorläufige Sachverständigeneinschätzungen vorliegen. Die Kostenersparnis im Vergleich zur Einholung schriftlicher Gutachten ist evident. Eine solches Gremium, das in der deutschen Systematik einer „Bauhandelskammer" gleichkäme, ist hier nicht vorgesehen.

V. Wertende Betrachtung

Das japanische Verwaltungsrecht ist – wie auch andere Rechtsgebiete – von den nicht normierten Prinzipien des japanischen Rechtsdenkens geprägt. So lässt sich grundsätzlich feststellen, dass dem Allgemeinwohlgedanken nach gefühlt mehrheitlichem Verständnis oftmals der Vorzug vor der individuellen Durchsetzung zustehender Rechte eingeräumt wird. Die Verwaltung in Japan scheut zudem den Erlass belastender Verwaltungsakte und behilft sich in weiten Bereichen mit den nunmehr auch gesetzlich erwähnten Verwaltungsanweisungen. Letztere stellen zwar oft eine Auslagerung der behördlichen Kompetenzen dar, der auch die Gefahr innewohnt, dass Interessen Dritter nicht hinreichend Beachtung finden. Andererseits kann hier aber nicht von reiner Behördenwillkür gesprochen werden, sondern es entspricht auch im Verwaltungsrecht vielmehr der japanischen Rechtskultur, Konfliktlösungen möglichst im Konsens mit den Betroffenen zu finden.

Der vorgestellte Fall zeigt weiter, dass in Japan auch bei vermeintlich gewöhnlichen Zivilprozessen oft der Staat als weiterer Beklagter mit angegriffen wird. Die Übertragung ursprünglich hoheitlicher Aufgaben auf Private wird sowohl in Deutschland als auch in Japan in der Hoffnung, bei gleichbleibender Qualität Kosten sparen zu können, praktiziert. In Japan hat dies gerade im Bereich der Bauindustrie schon zu einer Vielzahl von Prozessen geführt, nachdem private Zertifizierungsstellen falsche Gebäudegutachten erstellt hatten.

§ 23 Einführung in das japanische Staatsorganisationsrecht

Tomoaki Kurishima

In diesem Abschnitt werden die Grundzüge des japanischen Staatsorganisationsrechts erläutert.

1 So wie das deutsche Grundgesetz sieht die japanische Verfassung (im Folgenden: „JV")[1] ein sog. **parlamentarisches Regierungssystem** (*giin naikaku-sei*) vor. Das bedeutet zum einen, dass es ein demokratisch gewähltes **Parlament** gibt, das aus zwei Häusern besteht, und zum anderen, dass ein auf dessen Unterstützung und Vertrauen angewiesenes **Kabinett** besteht. Daneben gibt es die **Justiz**, deren höchstes Organ der Oberste Gerichtshof (im Folgenden: „OGH") ist, und außerdem den **Kaiser** (*tennô*), wobei dieser nur noch symbolische Befugnisse innehat. Im Gegensatz zum US-amerikanischen Präsidialsystem wird der japanische Premierminister, welcher das höchste Amt der Exekutive darstellt, nicht von der Bevölkerung direkt gewählt, sondern aus der Mitte des Parlaments benannt.[2]

2 Im Folgenden werden die Zusammensetzung und Befugnisse dieser Akteure in der oben genannten Reihenfolge erläutert. Beim Lesen des folgenden Textes empfiehlt es sich, die einschlägigen Artikel der JV selbst nachzuschlagen.

I. Parlament (kokkai)

1. Gesetzgebungsorgan

3 Im 4. Abschnitt (Art. 41–64) der JV – also ganz am Anfang des Staatsorganisationsteils – sind die Zusammensetzung und Befugnisse des Parlaments geregelt. Gemäß Art. 41 ist das Parlament „das einzige Gesetzgebungsorgan" des Landes. Gleichzeitig wird in demselben Artikel festgelegt, dass das Parlament „das höchste Organ der Staatsgewalt" (*kokken no saikô kikan*) ist, was jedoch üblicherweise als rein symbolische Bezeichnung (*seiji teki bishô*) interpretiert wird, so dass zumindest nach der herrschenden Lehre das Parlament nicht oberhalb des Kabinetts oder der Justiz steht, sondern alle drei Gewalten gleichrangig sind.

4 Wie in der Bundesrepublik ist in Japan die rechtsstaatlich geprägte **Gesetzmäßigkeit der Verwaltung** (*hôritsu ni yoru gyôsei no genri*) anerkannt. Dessen Kern stellt – neben dem Vorrang des Gesetzes – der **Vorbehalt des Gesetzes** (*hôritsu no ryûho*) dar, nach dem die Verwaltungsbehörden für ihr Handeln einer formell-materiellen Gesetzesgrundlage bedarf. Für die Schaffung einer solchen Handlungsgrundlage ist das Parlament zuständig, doch kann die Exekutive ausnahmsweise durch Gesetz ermächtigt werden, detaillierte Regelungen in Form von Rechtsverordnungen (*hôki meirei*) zu erlassen (vgl. zum Kabinettsverordnung [*seirei*] Art. 73 Nr. 6 JV; zum Ministerialver-

---

1 *Nihon koku kenpô*. Verkündung am 03.11.1946; Inkrafttreten am 03.05.1947. Die offizielle englische Übersetzung findet sich unter: https://japan.kantei.go.jp/constitution_and_government_of_japan/constitution_e.html. Eine deutsche Übersetzung ist abgedruckt in: *Röhl*, Die Japanische Verfassung, 1963, S. 85 ff; wiedergegeben in: Marutschke et al. (Hrsg.), Japanische Entscheidungen zum Verfassungsrecht in deutscher Sprache, 1998, S. 533 ff.
2 Sowohl politisch als auch wissenschaftlich wird hin und wieder diskutiert, ob eine Direktwahl des Premierministers durch die Bevölkerung (*shushô kôsen sei*) eingeführt werden sollte, um seine Führungsrolle zu stärken und somit die gesamte Exekutive zu demokratisieren. Die Befürworter solcher Direktwahl bilden aber nach wie vor eine Minderheit und diese Idee hat sich nicht durchgesetzt.

I. Parlament (kokkai)

ordnung [*shôrei*] Art. 12 Abs. 1 des Gesetzes über die Staatsverwaltungsorganisation[3]). Eine sog. Blankettermächtigung (*hakushi inin*) ist jedoch nicht zulässig; vielmehr müssen Inhalt, Zweck und Ausmaß der erteilten Ermächtigung im jeweiligen Parlamentsgesetz genau festgelegt werden und die Rechtsverordnungen dürfen diese durch das Gesetz vorgeschriebene Grenze nicht überschreiten.

Auf der theoretischen Ebene gibt es insoweit zwischen Deutschland und Japan keinen großen Unterschied, auf der praktischen Ebene stellt sich jedoch die Situation anders dar. In Japan ist nämlich bisher kein einziges ermächtigendes Gesetz aufgrund seiner inhaltlichen Pauschalität bzw. Unbestimmtheit vom Gericht für nichtig erklärt worden, sodass der Parlamentsvorbehalt in der Praxis weitgehend leerläuft. Viele Entscheidungen, die auch für die Ausübung der Grundrechte wesentlich sind, werden stattdessen durch die Exekutive selbst getroffen, was in der Literatur oft kritisch angesehen ist. Im Vergleich zu Deutschland ist jedenfalls festzustellen, dass die Gesetzestexte in den meisten Fällen kurz und knapp formuliert sind, wobei das Nähere durch entsprechende Rechtsverordnung geregelt werden soll. So ist beispielsweise bei einer Sozialhilfe (*seikatsu hogo*) weder die Regelleistung noch die Methode zur Festlegung der Höhe solcher, deren Grundrechtsrelevanz mit Hinblick auf das ausdrücklich garantierte „Recht auf ein Mindestmaß an gesundem und kultiviertem Leben" (Art. 25 JV) als sehr hoch anzusehen ist, im Parlamentsgesetz[4] verankert: Stattdessen sind sie durch die Bekanntmachung des Ministeriums[5] festgelegt.

Neben den rechtsverbindlichen Verordnungen spielen außerdem sog. *tsûtatsu* (auch als *tsûchi* oder *yôkô* bezeichnet), die etwa den (internen) Verwaltungsvorschriften in der Bundesrepublik entsprächen, oder „Guidelines" (*gaido rain*), die ebenfalls durch die Exekutive als eine Art *soft law* erlassen werden, in der Praxis eine gewichtige Rolle, obwohl diese i.d.R. ohne gesetzliche Ermächtigungsgrundlage erlassen werden und daher theoretisch – zumindest nach außen – keine Bindungswirkung entfalten.

2. Zweikammersystem

Organisatorisch besteht das Parlament (*kokkai*) gemäß Art. 42 JV aus zwei Häusern, nämlich dem Unterhaus (*shûgi-in*) und dem Oberhaus (*sangi-in*) (**Bikameralismus** [*ni'in-sei*]). Derzeit besteht das erstere aus 465 Abgeordneten und das letztere aus 248 (Stand: August 2023).

Anders als die Bundesrepublik ist Japan kein föderaler Staat und beim Oberhaus handelt es sich daher *nicht* um eine Vertretung der Regionen oder der Gliedstaaten. Vielmehr setzen sich die beiden Häuser aus direkt gewählten Mitgliedern zusammen, die jeweils *das ganze Volk* vertreten (Art. 43 Abs. 1 JV). Außerdem sind die Organisation und Befugnisse der beiden Häuser grundsätzlich gleich: In Japan werden alle Gesetzesvorschläge, (Sonder-)Haushaltsentwürfe und andere politische Themen gleichermaßen im Unter- sowie im Oberhaus beraten und beschlossen. Die beiden Häuser verfügen außerdem jeweils über gleich viele, nämlich 17 (reguläre) Fachausschüsse (*jônin iinkai*). In der Regel werden Plenarsitzungen im Unterhaus dienstags, donnerstags und freitags um 13 Uhr und im Oberhaus montags, mittwochs und freitags um 10 Uhr abgehalten. Des Weiteren ist die prozentuale Sitzverteilung der Parteien in den beiden

---
3 *Kokka gyôsei soshiki hô* (Gesetz Nr. 102/1948).
4 Hier handelt es sich konkret um das Gesetz über die Sozialhilfe (*seikatsu hogo hô*, Gesetz Nr. 144/1950).
5 „Vorgaben zum Schutz durch das Gesetz über die Sozialhilfe" (*seikatsu hogo hô niyoru hogo no kijun*, Bekanntmachung des Ministeriums für Soziales Nr. 158/1963).

Häusern im Regelfall weitgehend identisch: Im August 2023 hat beispielsweise die stärkste Liberaldemokratische Partei (LDP; *jiyû minshu-tô*) im Unterhaus 56 % der gesamten Sitze inne und im Oberhaus 48 %, die zweitstärkste Konstitutionell-Demokratische Partei (CDP; *rikken minshu-tô*) im Unterhaus 20 % und im Oberhaus 15 %, die drittstärkste Innovationspartei Japans (JIP; *nippon ishin no kai*) im Unterhaus 9 % und im Oberhaus 8 %.

9 Wie schon erwähnt lassen sich die beiden Häuser bezüglich der Organisation, Befugnisse und Funktion als weitgehend gleich bezeichnen, jedoch gibt es einige leichte Unterschiede, die in der **Abbildung 1** dargestellt sind. Wie daraus zu entnehmen ist, legt die JV fest, dass das Unterhaus in bestimmten Angelegenheiten, wie der Benennung des Premierministers und der Abstimmung über den Haushaltsplan, den Vorrang hat (**Überlegenheit des Unterhauses** [*shûgiin no yûetsu*]). Diese Überlegenheit lässt sich damit begründen, dass das Unterhaus aufgrund ihrer kürzeren Amtszeit und ihrer Auflösungsmöglichkeit über eine höhere demokratische Legitimation verfügt. Zwar ist es verfassungsrechtlich möglich, dass ein Mitglied des Oberhauses das Amt des Premierministers bekleidet, doch gibt es in der Praxis keine derartigen Fälle, und in der politischen Wirklichkeit werden die Mitglieder des Unterhauses als tendenziell höhergestellt angesehen als die des Oberhauses.

	Unterhaus	Oberhaus
Zahl der Abgeordneten	465	248
Mandatszeit	-4 Jahre (Art. 45 JV) -Auflösung möglich (Art. 7, 69 JV) durchschnittlich ca. 2,5 Jahre in der Praxis	-6 Jahre (Art. 46 JV) -Die Hälfte der Mitglieder wird alle drei Jahre neu gewählt (ebd.) -Auflösung nicht möglich
Alter für die Wählbarkeit	25 Jahre	30 Jahre
Wahlsystem (Grabenwahlsystem [Mischung aus Mehrheits- und Verhältniswahl])	-(1) Mehrheitswahl in Einpersonenwahlkreisen (289 Sitze) -(2) Verhältniswahl in elf regionalen Wahlkreisen (176 Sitze)	-(1) Mehrheitswahl in 45 Einpersonen- bzw. Mehrpersonenwahlkreisen (74 Sitze) -(2) Verhältniswahl auf nationaler Ebene (ohne Wahlkreiseinteilung) (50 Sitze)
Beschluss des Gesetzesentwurfs	Wird ein Entwurf vom Unterhaus gebilligt und dann vom Oberhaus abgelehnt, so wird er zum Gesetz, wenn das Unterhaus ihn mit einer Zweidrittelmehrheit erneut verabschiedet (Art. 59 Abs. 2 JV)	
Benennung des Premierministers	Benennen die beiden Häuser unterschiedliche Kandidaten, so wird die vom Unterhaus benannte Person Premierminister (Art. 67 Abs. 2 JV)	
Beschluss des Haushaltsplans	Weichen die Beschlüsse der beiden Häuser voneinander ab, so gilt der Beschluss des Unterhauses als Beschluss des Parlaments (Art. 60 Abs. 2, Art. 61 JV)	
Zustimmung zu völkerrechtlichen Verträgen		

I. Parlament (kokkai) § 23

Abbildung I: Vergleich zwischen Unter- und Oberhaus

Der sog. GHQ-Entwurf vom 12.02.1946, der allein von der amerikanischen Besatzungsmacht verfasst und zum größten Teil unverändert später als endgültiger Verfassungstext angenommen wurde, stellte ursprünglich in Art. 41 fest, dass das Parlament aus *einem Haus gewählter Repräsentanten* besteht. Als Argument wurde aufgeführt, dass das alte Adelshaus (*kizoku-in*) abgeschafft werden muss und eine zweite Kammer in einem Einheitsstaat nicht notwendig ist. 10

Aus der japanischen Seite wurde aber diesbezüglich ein Einwand vorgebracht. Zwar wurden die meisten Änderungswünsche aus der japanischen Seite durch die Besatzungsmacht abgelehnt, hier in diesem Punkt haben sich jedoch die Japaner durchgesetzt. Somit sind zwei demokratisch gewählte Häuser als „Kompromiss" entstanden. Als Argument für die Einführung des Zweikammersystems wurde die Vorbeugung gegen Willkür und Missbrauch der Mehrheit vorgetragen. Mit dem Oberhaus sollen nämlich die möglichst unterschiedlichen Meinungen und Interessen der Bevölkerung, die nicht im Unterhaus repräsentiert sind, vertreten werden: Es soll somit als „Haus der Vernunft" oder „Haus des *Common Sense*" (*risei no fu* bzw. *ryôshiki no fu*) fungieren und von ihm wird erwartet, potenzielles missbräuchliches Handeln des Unterhauses zu überwachen und korrigieren, was jedoch wegen der ähnlichen Parteivertretung in den beiden Häusern kaum realisierbar ist. Wenn jedoch unterschiedliche Parteien im jeweiligen Haus die Mehrheit bekommen, gerät das Parlament in eine Blockadesituation: Somit wird es nicht mehr in der Lage sein, wichtige Entscheidungen zu treffen (sog. „verdrehtes Parlament" [*nejire kokkai*]). Solch eine Situation erlebte Japan zuletzt von Juli 2007 bis August 2009 und nochmals von Juli 2010 bis Juli 2013: Während dieser Zeit war die Funktionsfähigkeit des Parlaments stark beeinträchtigt worden.[6] Auch vor dem Hintergrund, dass im Oberhaus viel mehr ehemalige Profi-Sportler, Pop-Sänger, Schauspieler usw. vertreten sind, kann davon ausgegangen werden, dass die Reformbedürftigkeit heute außer Streit steht. 11

Die Frage ist, *wie* die Reform durchgeführt werden soll. In diesem Zusammenhang herrscht eine vergleichsweise breite Zustimmung zu der Auffassung, dass das Oberhaus als Vertretungsorgan von 47 Präfekturen und ihren Belangen klar zu positionieren ist. Durch eine derartige Verfassungsreform bekäme das Oberhaus eine klare Daseinsberechtigung. 12

3. Sitzungsperiode (kaiki)

Im Unterschied zum deutschen Bundestag, der – abgesehen von der sog. parlamentarischen Sommerpause – immer handlungsbereit ist, finden die Parlamentssitzungen in Japan nicht ganzjährig statt. Nach der japanischen Verfassung richtet sich die Tätigkeit des Parlaments vielmehr nach Sitzungsperioden (Sessionen) (*kaiki*). Das heißt, dass das Parlament im Prinzip nur während dieser Sitzungsperiode handlungsfähig ist. 13

---

6 In diesem Sinne gilt der folgende bekannte Spruch von *Emmanuel Joseph Sieyès*, dessen Herkunft aber nicht nachgewiesen werden kann, in besonderem Maße in Japan: „Eine zweite Kammer, die mit der Volkskammer in Konflikt steht, ist unzulässig und eine solche, die mit der Volkskammer übereinstimmig ist, ist unnötig." (« *une seconde Chambre en conflit avec la Chambre populaire est inadmissible, et une seconde Chambre en accord avec la Chambre populaire est inutile* »).

14 Die Verfassung kennt folgende drei Arten von Sitzungsperioden des Parlaments:
(1) Die ordentliche Sitzungsperiode (*jôkai*), die alljährlich in der Regel Mitte Januar beginnt und 150 Tage dauert. Diese ist verpflichtend (Art. 52 JV).
(2) Die außerordentliche Sitzungsperiode (*rinji-kai*) nach Art. 53 JV, die u.a. auf Antrag vom Kabinett (Alt. 1) oder von einem Viertel der Mitglieder eines der beiden Häuser (Alt. 2) einberufen wird.
(3) Die Sondersitzungsperiode (*tokubetsu-kai*) nach Art. 54 Abs. 1 JV, die obligatorisch nach einer Unterhauswahl einzuberufen ist.

15 Nach dem Diskontinuitätsprinzip müssen alle Gesetzentwürfe und andere Vorlagen, die in der früheren Sitzungsperiode nicht beschlossen werden konnten, neu eingebracht und verhandelt werden (*kaiki fukeizoku no gensoku*) (Art. 68 S. 1 des Parlamentsgesetzes[7]). Der Sinn und Zweck der Sitzungsperiode und des damit verbundenen Diskontinuitätsprinzips, das von der Zeit der Meiji-Verfassung (1889/90) beibehalten ist, werden allerdings in der Literatur oft bestritten.

4. Verfassungsänderung

16 Eine Änderung der Verfassung bedarf der Initiative des Parlaments mit Zustimmung von mindestens zwei Dritteln aller Mitglieder in jedem Hause. Die Änderung ist dem Volk vorzuschlagen und bedarf dessen mehrheitlichen Zustimmung (Art. 96 Abs. 1 JV).

17 Diese Anforderung ist auch im internationalen Vergleich nicht besonders hoch, aber aufgrund der starken Meinungspolarisierung zum Thema Verfassungsänderung – insbesondere in Bezug auf Artikel 9 – ist in den letzten 76 Jahren kein einziges Mal eine Verfassungsänderung zum Parlament vorgeschlagen worden.

II. Kabinett

18 Im 5. Abschnitt (Art. 65–75) der JV finden sich die Regelungen bezüglich des Kabinetts (*naikaku*) und des Premierministers (*naikaku sôri daijin*).

19 Die vollziehende Gewalt (*gyôsei ken*) liegt beim Kabinett (Art. 65 JV) und es trägt dem Parlament gegenüber gemeinschaftlich die Verantwortung (Art. 66 Abs. 3 JV). Gemäß Art. 67 Abs. 1 JV wird der Premierminister durch Beschluss des Parlaments aus der Mitte der Parlamentsmitglieder benannt. Dieser ernennt die übrigen Staatsminister und sie können von ihm nach seinem Ermessen entlassen werden (Art. 68 JV). Somit sind die Grundsätze des parlamentarischen Regierungssystems klar festgelegt.

20 Zwar findet sich in der japanischen Verfassung – anders als im Grundgesetz – keine Regelung über politische Parteien, aber in der politischen Praxis kommen ihnen Schlüsselfunktionen zu.[8] In der Praxis entscheidet diejenige Partei/entscheiden diejenigen Parteien, die über die Mehrheit im Parlament verfügt/verfügen, über den Kandidaten für den Premierminister. Seit November 1955 ist mit wenigen Ausnahmen (vom August 1993 bis Januar 1996; vom September 2009 bis Dezember 2012) der

---

[7] *Kokkai hô* (Gesetz Nr. 79/1947).
[8] Vgl. auch OGH (Großer Senat), Urt. v. 24.06.1970, Minshû 24 (6), 625 (*Yahata-steel*-Fall) = engl. Übersetzung abrufbar unter: https://www.courts.go.jp/app/hanrei_en/detail?id=1912 („Die Verfassung sieht logischerweise die Existenz politischer Parteien vor und sie stellen einen wesentlichen Bestandteil des parlamentarischen Regierungssystems dar.").

II. Kabinett

Vorsitzende der konservativen Liberal-Demokratischen Partei (LDP) gleichzeitig als Premierminister tätig.

In Puncto Parlamentsauflösung bzw. Misstrauensvotum unterscheiden sich Deutschland und Japan allerdings gravierend. In Deutschland findet grundsätzlich alle vier Jahre die Bundestagswahl statt. Theoretisch könnte in Deutschland der Bundeskanzler gemäß Art. 68 GG beim Bundestag den Antrag stellen, ihr oder ihm das Vertrauen auszusprechen und wenn auf diese sog. Vertrauensfrage negativ geantwortet wird, kann der Bundestag aufgelöst werden, wobei dies in der Realität äußerst selten vorkommt.[9] Diese Vertrauensfrage kann in Deutschland nicht beliebig zur Auflösung des Bundestages genutzt werden, vielmehr muss eine „echte" Regierungskrise vorliegen. Mit den Worten des BVerfG ist „die auflösungsgerichtete Vertrauensfrage [...] nur dann gerechtfertigt, wenn die Handlungsfähigkeit einer parlamentarisch verankerten Bundesregierung verloren gegangen ist"[10]. 21

In Japan wird hingegen das Unterhaus – jedenfalls in der Praxis – beliebig zum geeignet erscheinenden Zeitpunkt vom Premierminister aufgelöst werden. Hierfür muss auch kein Misstrauensantrag im Sinne von Art. 69 JV vorliegen. Denn die verfassungsrechtliche Grundlage für eine Auflösung stellt nicht Art. 69, sondern Art. 7 JV, die Kompetenznorm des Kaisers, dar: Für die Auflösung reichen also nur „Empfehlung und Zustimmung des Kabinetts" aus. Diese Konstruktion stößt in Teilen der Literatur auf scharfe Kritik, wobei weitgehende Übereinstimmung darüber besteht, dass eine Auflösung nur in bestimmten, vernünftig begründeten Situationen zulässig ist. 22

In der Tat wird eine volle Amtszeit der Abgeordneten des Unterhauses von vier Jahren nie absolviert: Stattdessen wird ein Unterhaus in Japan immer zu dem Zeitpunkt aufgelöst, der dem amtierenden Premierminister politisch günstig erscheint. Einmal versuchte ein Abgeordneter über die rechtliche Zulässigkeit der Auflösung vor dem Obersten Gerichtshof zu streiten, das Gericht antwortete auf diese Frage jedoch nicht, weil eine Auflösung des Unterhauses nach Ansicht des Gerichts wegen ihrer hohen politischen Relevanz kein Gegenstand der gerichtlichen Überprüfung sein könne[11]: Somit wurde die Lehre des *acte de gouvernement* (*tôchi kôi-ron*) bzw. die *Political question*-Doktrin (*seiji mondai no hôri*) offiziell angewendet. Dies kann als klarer Ausdruck der *judicial self-restraint* in Japan betrachtet werden: Im Allgemeinen neigen japanische Gerichte – jedenfalls im Vergleich zu den deutschen – zu einem restriktiven Verständnis ihrer Kompetenzen und außerdem räumen sie der Legislative und Exekutive einen größeren Spielraum ein. 23

Als Vertreter des Kabinetts bringt der Premierminister gemäß Art. 72 JV Vorlagen im Parlament ein, berichtet dem Parlament über die allgemeinen Staatsangelegenheiten sowie die auswärtigen Beziehungen, erteilt den einzelnen Zweigen der Verwaltung Weisungen und beaufsichtigt sie. 24

Nach Art. 73 JV stehen dem Kabinett neben allgemeinen Verwaltungsaufgaben die folgenden Befugnisse zu: die gewissenhafte Durchführung der Gesetze und die Leitung der Staatsangelegenheiten (Nr. 1); die Pflege der auswärtigen Beziehungen (Nr. 2); der 25

---

9   In der bundesrepublikanischen Geschichte gab es nur zwei Vertrauensfragen, nämlich unter *Helmut Kohl* 1982 und unter *Gerhard Schröder* 2005.
10 BVerfGE 114, 121 (153 Rn. 142) – Bundestagsauflösung III (2005).
11 OGH (Großer Senat), Urt. v. 08.06.1960, Minshû 16 (7), 1206 (*Tomabechi*-Fall). Eine vollständige englische Übersetzung findet sich in: Maki (Hrsg.), Court and Constitution in Japan. Selected Supreme Court Decisions 1948–60, 1964, S. 366 ff.

Abschluss von völkerrechtlichen Verträgen (Nr. 3); die Regelung der Angelegenheiten der Angehörigen des öffentlichen Dienstes (Nr. 4); die Aufstellung des Haushalts und seine Vorlage im Parlament (Nr. 5); der Erlass von Kabinettsverordnungen zur Durchführung dieser Verfassung und der gesetzlichen Vorschriften (Nr. 6); die Entscheidung über eine allgemeine oder besondere Amnestie, eine Strafherabsetzung, einen Erlass der Strafvollstreckung und eine Rehabilitation (Nr. 7).

III. Justiz

1. Einheitsgerichtsbarkeit

26 Das Justizwesen wird im 6. Abschnitt (Art. 76–82) geregelt. Gemäß Art. 76 Abs. 1 JV liegt die rechtsprechende Gewalt (*shihô ken*) beim Obersten Gerichtshof (*saikô saiban-sho*) und den sonstigen unteren Gerichten. Art. 76 Abs. 2 JV legt ferner fest, dass Sondergerichte (*tokubetsu saiban-sho*) nicht errichtet werden dürfen: Daher kennt das japanische Justizsystem besondere Fachgerichtsbarkeit wie Verfassungs-, Verwaltungs- oder Sozialgerichtsbarkeit nicht. Vielmehr folgte es mit dem Inkrafttreten der geltenden Verfassung dem US-amerikanischen System der „Einheitsgerichtsbarkeit". Die Verwaltungsgerichtsbarkeit, die unter der Meiji-Verfassung existierte,[12] wurde somit abgeschafft.

27 Wie sich der **Abbildung II** entnehmen lässt, gibt es unter dem Obersten Gerichtshof acht Obergerichte (*kôtô saiban-sho*), darunter 50 Distriktgerichte (*chihô saiban-sho*) sowie 50 Familiengerichte (*katei saiban-sho*) und schließlich noch etwa 400 summarische Gerichte in ganz Japan. Die Familiengerichte und das 2005 errichtete Obergericht für das geistige Eigentum (*chiteki zaisan kôtô saiban-sho*), dessen Sitz sich in Tokio befindet, sind zwar nur für bestimmte Sachbereiche zuständig und von den sonstigen Gerichten abgetrennt, aber da ein Instanzenzug zum Obergericht bzw. zum OGH durch Berufung bzw. Revision offensteht, werden sie nicht als die in Art. 76 Abs. 2 JV verbotene Sondergerichte eingestuft.

---

[12] Art. 61 der Meiji-Verfassung lautete: „Ein ordentliches Gericht kann in keinem Rechtsstreit entscheiden, in dem eine Verletzung der Rechte durch eine rechtswidrige Verfügung einer Verwaltungsbehörde behauptet wird und ein durch Gesetz errichtetes besonderes Verwaltungsgericht zuständig sein soll."

III. Justiz

Abbildung II: Gerichtsorganisation Japans[13]

Das Einheitssystem hat einerseits den Vorteil, dass sich die Bürger keine Gedanken um die zuständige Gerichtsbarkeit machen müssen. Dadurch, dass jedes Gericht bzw. jeder Richter alle möglichen Verfahren wie Zivil-, Straf-, Verwaltungs- oder Sozialrechtssachen etc. behandeln kann, werden ferner die Ausgaben für die gesamte Justiz eingespart. In ganz Japan gibt es nämlich nur 3.035 Richterstellen (Stand: 2022)[14] und die Zahl der Richter pro Einwohner ist somit nur ein Zehntel so groß wie in Deutschland. Andererseits hat es jedoch den Nachteil, dass die zuständigen Richter wenig spezialisiert sind: So kann zum Beispiel ein Richter, der noch gestern mit einem Fall beschäftigt war, in dem es um die Rechtmäßigkeit der Ablehnung der Sozialhilfe ging, am nächsten Tag über die Rechtmäßigkeit der Entlassung eines Vorstandsmitglieds eines Unternehmens entscheiden.

Dieses System kann dazu führen, dass die Gerichtsverfahren mangels erforderlicher Fachkenntnisse in die Länge gezogen werden und sich außerdem die fachliche Qualität der Entscheidungen verschlechtert. Des Weiteren ist aufgrund dieses Systems eine vertiefte Kommunikation zwischen der (in Einzeldisziplinen aufgeteilten) Rechtswissenschaft und der Justiz deutlich erschwert. Eine sinnvolle fachliche Kommunikation ist in vielen Rechtsgebieten organisatorisch bedingt nicht möglich.

---

13 https://www.courts.go.jp/english/vc-files/courts-en/file/2020_Courts_in_Japan.pdf#page=2.
14 Daneben gibt es 806 Richter an summarischen Gerichten, die allerdings nicht zu den Juristen im engeren Sinne (*hôsô*) gehören. https://www.courts.go.jp/vc-files/courts/2022/databook2022/db2022_28-32.pdf.

2. Der Oberste Gerichtshof

30 Der OGH[15] besteht aus 15 Richtern, einschließlich dem Präsidenten (*chôkan*). Der Präsident wird vom Kabinett nominiert und sodann vom Kaiser formell ernannt (Art. 6 Abs. 2 JV): Die übrigen Richter werden vom Kabinett direkt ernannt (Art. 79 Abs. 1 JV).

31 Der **Wahlprozess** der Richter des OGH ist äußerst intransparent. Selbst die OGH-Richter wissen nicht, wie die anderen Kollegen gewählt werden. Formell betrachtet verfügt das Kabinett nach der Verfassung über eine Monopolstellung bei der Richterwahl und andere politische Akteure können in keiner Weise in diesen Prozess einbezogen werden. Eine öffentliche Anhörung, so wie sie in vielen Ländern praktiziert wird, findet in Japan nicht statt.

32 Von außen kann man allerdings feststellen, dass es seit Mitte der 1960er Jahre fast unangetastete, gewohnheitsmäßig etablierte „Erbhöfe" von OGH-Richterstellen gibt. Nämlich: (α) sechs Stellen (einschließlich der Präsidentenstelle) werden stets von Berufsrichtern „geerbt", (β) vier von Rechtsanwälten, (γ) zwei von Staatsanwälten, (δ) zwei von Staatsbeamten, und (ε) eine von Professoren der Rechtswissenschaften. Beim Ausscheiden eines Richters wird die Stelle in der Regel mit jemandem aus demselben Kreis neu besetzt.

33 Die OGH-Richter werden im Rahmen der ersten auf ihre Ernennung folgenden Wahl des Unterhauses durch das Volk geprüft (Art. 79 Abs. 2 JV) und, falls sich die Mehrheit der Wähler für eine Entlassung ausspricht, wieder entlassen (Art. 79 Abs. 3 JV) (sog. **Volksprüfung** [*kokumin shinsa*]). Der Bürger kann allerdings in aller Regel nicht beurteilen, ob ein OGH-Richter seine Aufgabe zufriedenstellend erfüllt hat, da er meist wenig – vielfach gar nichts – über den Richter, die anfallenden Tätigkeiten oder deren Zusammenspiel weiß. Die Ablehnungsrate erreicht meist nicht mehr als 10 % und die Möglichkeit der Entlassung eines OGH-Richters ist von vornherein de facto ausgeschlossen.

34 Beim OGH gibt es neben dem Großen Senat (*dai hôtei*) drei Kleine Senate (*shô hôtei*) mit je fünf Richtern. Weder die Kleinen Senate noch die einzelnen Richter haben bezüglich der Rechtsmaterie Zuständigkeiten: Die eingegangenen Verfahren werden stattdessen ohne Rücksicht auf ihren Gegenstand der Reihe nach ganz automatisch einem von 14 Richtern zugeteilt (Der Präsident bekommt kein eigenes Verfahren, weil er sich auf die Verwaltungsaufgaben konzentrieren muss). Die allermeisten Verfahren werden durch einen Kleinen Senat beraten und entschieden. Beim OGH sind etwa 40 wissenschaftliche Mitarbeiter tätig, die alle Berufsrichter sind und in der Gerichtspraxis durch ihre äußerst sorgfältige Vorbereitungsarbeit und Teilnahme an der Beratung eine gewichtige Rolle spielen.

3. Unabhängigkeit der Justiz

35 Nach Art. 76 Abs. 3 JV üben alle Richter ihr Amt nach bestem Wissen und Gewissen unabhängig aus, wobei sie nur an die Verfassung und die Gesetze gebunden sind. Trotz dieses Anspruchs sind bezüglich der Unabhängigkeit der japanischen Justiz in der Realität u.a. aus den folgenden zwei Gründen gewisse Zweifel angebracht.

---

15 Zu diesem Thema ausführlich *T. Kurishima*, Die Janusköpfigkeit des OGH als Revisions- und Verfassungsgericht. Gegenwartsprobleme und Zukunftsperspektiven, ZJapanR / J.Japan.L. 44 (2017), S. 143 ff. m.w.N.

Der erste Grund betrifft die befristete Amtszeit der Richter. Art. 80 Abs. 1 S. 2 JV statuiert: „Die Amtszeit dieser Richter beträgt zehn Jahre; sie können wiederernannt werden." In den allermeisten Fällen wird eine Wiederernennung vom OGH bewilligt, jedoch kann er nach eigenem Ermessen entscheiden und ist sogar nicht verpflichtet eine Ablehnung der Wiederernennung zu begründen. Bekannt ist der Fall der Ablehnung der Wiederernennung von Richter *Yasuaki Miyamoto* im Jahr 1971. Den Grund für die Ablehnung gab der OGH nicht bekannt, vermutet wird jedoch, dass die Mitgliedschaft Miyamotos in der linksgerichteten Vereinigung der jungen Juristen (*seinen hôritsuka kyôkai*) als problematisch angesehen worden war. Dies ist zwar der einzige Fall, in dem eine Wiederernennung offiziell abgelehnt wurde, jedoch gibt es offenbar immer wieder Fälle, in denen unliebsame Richter informell dazu gedrängt werden, kurz vor Ablauf ihrer zehnjährigen Amtszeit „auf eigenen Willen" aus dem Amt zu scheiden. 36

Der zweite Grund betrifft die Versetzung. Die japanischen Richter werden i.d.R. alle zwei bis drei Jahre in einen anderen Dienstort versetzt. Dies ist zwar weder in der Verfassung noch einfachgesetzlich vorgesehen, aber praktisch ist es einem japanischen Richter nicht möglich, eine vom OGH angeordnete Versetzung zu verweigern. Diesbezüglich erklärt der OGH, dass alle Richter regelmäßig versetzt werden müssen, da es unter dem Gesichtspunkt der Gleichbehandlung problematisch wäre, wenn nur bestimmte Richter lange Zeit in einer unbeliebten ländlichen Kleinstadt arbeiten müssten. Außerdem wird ausgeführt, dass eine Gefahr von Korruption oder Bestechung bestünde, wenn ein Richter über einen längeren Zeitraum an einem Ort tätig ist und sich dort zu stark verwurzelt. 37

Diese Versetzungspraxis führt aber dazu, dass die Richter ständig Angst haben müssen, dass sie in einen unliebsamen – oft ländlichen – Dienstort eingesetzt werden. Sie können zwar ihre persönlichen Wünsche bezüglich einer möglichen Versetzung äußern, doch wird diesen nur in wenigen Fällen nachgekommen. Tatsächlich wissen die Richter selbst nicht, wer und unter welchen Kriterien über ihre Versetzung entscheidet. Vor diesem Hintergrund ist es nicht verwunderlich, dass sich japanische Richter oft übermäßig darüber Gedanken machen, wie sie von den anderen Berufskollegen – insbesondere denen an höheren Gerichten – wahrgenommen werden. Aufgrund dieses Versetzungssystems ist die Einheitlichkeit und Homogenität der Rechtsprechung in Japan, unabhängig von ihrem Standort oder von einzelnen Richterpersönlichkeiten, ausgesprochen hoch, was wohl auch dem beabsichtigten Ziel entspricht. 38

IV. Kaiser

Nach Art. 1 S. 1 JV ist der Kaiser (*ten'nô*) „das Symbol des japanischen Staates und der Einheit des japanischen Volkes". Art. 1 S. 2 JV heißt ferner, dass „seine Stellung [...] auf dem gesamten Willen des souverän herrschenden japanischen Volkes" beruht: Somit ist der Grundsatz der Volkssouveränität (*kokumin shuken*) klargestellt. 39

Unter der geltenden Verfassung hat der Kaiser hinsichtlich der staatlichen Politik keine Befugnisse und vollzieht nur diejenigen (zeremoniellen) Handlungen in Staatsangelegenheiten (*kokuji kôi*), die die Verfassung bestimmt (Art. 4 JV), wie etwa die Verkündung von Gesetzen, den Empfang ausländischer Botschafter etc. (vgl. Art. 7 JV). 40

Die Thronfolge ist in der Verfassung nicht näher bestimmt: In Art. 2 JV wird nur vorgeschrieben, dass sie erblich ist. Das Gesetz über die kaiserliche Familie von 1947 stellt aber fest, dass nur legitime männliche Nachkommen in der männlichen Linie 41 die Erbfolge antreten können, und dass eine weibliche Prinzessin ihren Status verliert, wenn sie außerhalb der kaiserlichen Familie heiratet. Bekanntlich droht in Japan eine Nachfolgekrise und immer wieder gibt es eine öffentliche Debatte darüber, ob das Gesetz geändert werden sollte, um Frauen die Thronbesteigung zu ermöglichen, was wegen des anhaltenden Widerstands durch konservative Bürger noch nicht realisiert worden ist.[16]

---

16 Hierzu vgl. ferner *T. Kurishima*, Die Ermöglichung der Abdankung des japanischen Kaisers – Ein erster Schritt zur Entmythologisierung des Kaisertums?, Verfassung und Recht in Übersee, Vol. 51 No. 1 (2018), S. 103 ff.

§ 24 Schreinbesuch des Premierministers und Trennung von Staat und Religion

Tomoaki Kurishima

I. Fall

▶ Der Japaner X, ein engagierter Pazifist, erfuhr aus den Medien, dass Premierminister P mit seiner Dienstlimousine den Yasukuni-Schrein in Tokio besuchte. P trug sich dabei als „Premierminister P" ins Gästebuch des Schreines ein und verbeugte sich im Hauptgebäude tief vor dem Altar. Der Yasukuni-Schrein ist ein Shintô-Schrein, an welchem gefallene japanische Soldaten als Götter verehrt werden.

X ist der Meinung, dass dieser Schreinbesuch des P gegen den in der japanischen Verfassung (JV) verankerten Grundsatz der Trennung von Staat und Religion (Art. 20 Abs. 1 S. 2, Abs. 3 und Art. 89 JV) verstößt. Rechtsanwalt Y fragt sich, ob X die Verfassungswidrigkeit dieses Aktes geltend machen kann. ◀

Relevante Gesetzestexte:

Japanische Verfassung (Nihon koku kenpô) vom 3.11.1946 (JV)

Art. 9.

(1) In aufrichtigem Streben nach einem auf Gerechtigkeit und Ordnung gegründeten internationalen Frieden, verzichtet das japanische Volk für alle Zeiten auf den Krieg als ein souveränes Recht der Nation und die Androhung oder Ausübung von militärischer Gewalt als Mittel für die Lösung internationaler Streitfälle.

(2) 1Um den Zweck des Abs. 1 zu erreichen, werden keine Land-, See- und Luftstreitkräfte oder sonstige Kriegsmittel unterhalten. 2Ein Kriegsführungsrecht des Staates wird nicht anerkannt.

Art. 20.

(1) 1Die Glaubensfreiheit wird für jeden gewährleistet. 2Keine religiöse Gemeinschaft darf Privilegien vom Staat erhalten oder irgendeine politische Macht ausüben.

(2) Niemand darf gezwungen werden, an religiösen Handlungen, Festen, Feiern oder Veranstaltungen teilzunehmen.

(3) Der Staat und seine Organe haben sich der religiösen Erziehung und jeglicher anderen Art religiöser Betätigung zu enthalten.

Art. 81.

Der Oberste Gerichtshof ist das Gericht letzter Instanz mit der Befugnis, über die Verfassungsmäßigkeit jedweder Gesetze, Verordnungen, Bestimmungen und Hoheitsakte zu entscheiden.

Art. 89.

Öffentliche Geldmittel und sonstiges öffentliches Vermögen dürfen zur Verwendung durch religiöse Institutionen oder Vereinigungen, zu deren Gunsten oder Erhaltung sowie für mildtätige, bildende oder wohltätige Werke, die nicht der öffentlichen Aufsicht unterstehen, weder ausgegeben noch zur Verfügung gestellt werden.

Staatshaftungsgesetz (kokka baishô hô), Gesetz Nr. 125/1947

§ 1. (1) Wird jemandem durch einen öffentlich Bediensteten, der mit der Ausübung öffentlicher Gewalt des Staates oder einer öffentlichen Körperschaft betraut ist, bei der Wahrnehmung seiner Dienstgeschäfte vorsätzlich oder fahrlässig Schaden zugefügt, so haftet der Staat oder die öffentliche Körperschaft für diesen Schaden.

(2) [...]

II. Einleitung

Vor der Darstellung einer materiellrechtlichen Problematik des japanischen Verfassungsrechts muss zunächst der Aufbau des japanischen Justizwesens geklärt werden. Dieses ist eng mit dem prozessualen Problem des Verfassungsprozessrechts verknüpft.[1] Das heutige japanische Gerichtssystem, das stark durch die USA beeinflusst wurde, weist erhebliche Unterschiede zum deutschen System auf. In Japan gibt es nämlich **keine gesonderte Verfassungsgerichtsbarkeit**. Es gibt nur eine ordentliche Gerichtsbarkeit, die sich auf alle rechtlichen Streitigkeiten, also Zivil-, Arbeits-, Straf-, Verwaltungs- oder Steuersachen, erstreckt, aus drei Instanzebenen besteht und an deren Spitze allein der Oberste Gerichtshof als Revisionsgericht steht. Daher stellt sich zunächst die Frage, wie in Japan die Verfassungsmäßigkeit einer Norm bzw. eines Staatsaktes gerichtlich überprüft werden kann.

1. Probleme der Verfassungsmäßigkeitskontrolle in Japan

Eine Regelung bezüglich der Verfassungsmäßigkeitskontrolle findet sich in den 103 Artikeln der JV nur an einer Stelle, nämlich in Art. 81 JV. Diese Norm erlaubt es dem OGH, über die Verfassungsmäßigkeit von Gesetzen oder anderen Staatsakten zu entscheiden. Problematisch ist, dass in der JV – anders als im Grundgesetz (GG) der Bundesrepublik Deutschland – keine konkreten Verfahren bezüglich des Verfassungsrechtsprozesses normiert sind. Bis dato gibt es auch **kein konkretisierendes Gesetz zur Verfassungsmäßigkeitskontrolle**, das etwa mit dem deutschen BVerfGG vergleichbar wäre.[2] Deshalb besteht normative Unklarheit darüber, unter welchen Voraussetzungen Grundrechtsverletzungen oder die sonstige Unvereinbarkeit eines Staatsaktes mit der JV gerichtlich gerügt werden können und welche Folgen eine gerichtliche Feststellung einer Verfassungswidrigkeit mit sich bringt.

a) Erfordernis eines konkreten Streitfalls

Aus dem Wortlaut des Art. 81 JV ging zunächst nicht klar hervor, ob der OGH die Befugnis zur **abstrakten Normenkontrolle** besitzt. Die diesbezügliche Unklarheit hat der OGH mit seiner Entscheidung im Fall der Nationalen Polizeireserve (*keisatsu yobitai*) – Vorläufer der heutigen Selbstverteidigungskräfte (*jieitai*) – bereits im Jahre 1952

---

[1] Allgemein zum Thema der Verfassungsmäßigkeitskontrolle in Japan vgl. *Kuriki*, Das System der gerichtlichen Überprüfung von Staatsakten in Japan, in: Marutschke et al. (Hrsg.), Japanische Entscheidungen zum Verfassungsrecht in deutscher Sprache, 1998, S. 15 ff.; *Marutschke*, S. 65 ff. m.w.N.; *Matsui*, S. 140 ff.

[2] Es gibt nur zwei einfachgesetzliche Normen, die für die Verfassungsmäßigkeitskontrolle relevant sind: § 405 japanisches Strafprozessgesetz (*keiji soshô-hô*) und § 312 Abs. 1 japanisches Zivilprozessgesetz (*minji soshô-hô*), nach denen man eine Revision gegen eine obergerichtliche Entscheidung einlegen darf, wenn das Gericht die Verfassung nicht richtig ausgelegt hat.

II. Einleitung

beseitigt.³ Damals erhob ein Abgeordneter des Unterhauses unmittelbar an den OGH eine Klage, mit der er feststellen lassen wollte, dass die Errichtung der Nationalen Polizeireserve gegen Art. 9 JV verstößt und damit nichtig ist. Zur Zulässigkeit seiner Klageerhebung berief sich der Kläger unmittelbar auf Art. 81 JV. Der OGH wies die Klage jedoch mit der Begründung ab, dass das Gericht nicht befugt sei, über die Verfassungsmäßigkeit einer Norm bzw. eines Staatsaktes abstrakt – also unabhängig von einem konkreten Streitfall – zu entscheiden. Eine gerichtliche Überprüfung der Verfassungsmäßigkeit von Staatsakten kann nach Auffassung des OGH ausschließlich im Rahmen eines ordentlichen Gerichtsverfahrens, also in einem Zivil-, Straf- oder Verwaltungsprozess, erfolgen (System der inzidenten Verfassungsmäßigkeitskontrolle [*fuzui-teki iken shinsa sei*]). Dies erfordert in der Regel ein Vorliegen eines konkreten Rechtsstreits.⁴,⁵ In Japan wird dies als Erfordernis eines „konkreten Streitfalls" (*gutai-teki na soshô*) bezeichnet.⁶

b) Die Rechtsfolge der gerichtlichen Verfassungswidrigkeitserklärung

Außerdem bleibt die Rechtsfolge bzw. Bindungskraft einer gerichtlichen Verfassungswidrigkeitserklärung bis heute unklar, denn – anders als in Deutschland (vgl. § 31 BVerfGG) – ist weder die Bindungswirkung noch die Gesetzeskraft einer solchen Entscheidung gesetzlich verankert.⁷ Das bedeutet, dass eine vom OGH für verfassungswidrig erklärte Norm nicht automatisch ihre Gültigkeit verliert. Die Gerichte können deshalb nur erwarten, dass der Gesetzgeber und die Exekutive künftig den Inhalt der Gerichtsentscheidung beachten, was meist, aber leider nicht immer, der Fall ist.⁸

---

3   OGH (Großer Senat) v. 8.10.1952, *Minshû* Bd. 6, S. 783 = dt. Übers. in: Marutschke et al. (Hrsg.), Japanische Entscheidungen zum Verfassungsrecht in deutscher Sprache, 1998, S. 453 ff.
4   Es gibt jedoch Ausnahmen, z.B. eine **Einwohnerklage** (*jûmin soshô*) gemäß § 242–2 Lokalselbstverwaltungsgesetz (*chihô jichi-hô*), mit welcher man ohne subjektive Rechtsverletzung rechtswidrige Ausgaben der Gemeinden und Präfekturen rügen kann. Diese mit US-amerikanischen *Taxpayers' Suit* oder *Citizens' Suit* vergleichbare Klageart ist oft als Kontrolle des Grundsatzes der Trennung von Staat und Religion benutzt worden. Einen solchen konkreten Fall stellt z.B. der Tsu-Grundstückseinweihungs-Fall (OGH [Großer Senat] v. 13.7.1977, *Minshû* Bd. 31, S. 533 = dt. Übers. in: Marutschke et al. [Hrsg.], Japanische Entscheidungen zum Verfassungsrecht in deutscher Sprache, 1998, S. 259 ff.) dar. Zu dieser Thematik ausführlich *Ebihara*, Individualschutz durch die japanische Verfassung, ZJapanR 7 (1999), S. 55 (58 f.).
    Die Vereinbarkeit dieser Klageart mit der OGH-Entscheidung ist aber fraglich.
5   Im Schrifttum ist umstritten, ob eine Befugnis zur abstrakten Normenkontrolle dem OGH gesetzlich verliehen werden darf, und – wenn nicht, oder wenn es schwierig wäre –, ein organisatorisch selbständiges Verfassungsgericht mit solcher Befugnis errichtet werden soll. Zur Errichtung eines Verfassungsgerichts in Japan einerseits bejahend *Tonami*, Judicial Review in Japan and its Problems, Waseda Bulletin of Comparative Law, Vol. 33 (2015), S. 1 (8 ff.); kritisch andererseits *Matsui*, Why is the Japanese Supreme Court so Conservative?, Washington University Law Review, Vol. 88 (2011), S. 1375 (1416 ff.).
6   Dies ist mit dem sog. *Case or Controversy Requirement* des US-amerikanischen Verfassungsrechts vergleichbar, nach dem die Gerichtsbarkeit lediglich für konkrete Rechtsstreitigkeiten zwischen mehreren Streitparteien zuständig ist.
7   Nach § 14 Geschäftsordnung des OGH (*saikô saibansho saiban jimu shori kisoku*) muss allerdings die Zusammenfassung einer Entscheidung im Amtsblatt (*kanpô*) verkündet werden, wenn der OGH erklärt, dass ein Gesetz, eine Verordnung, eine Bestimmung oder ein Hoheitsakt mit der Verfassung nicht vereinbar ist. Insbesondere wenn ein Gesetz für verfassungswidrig erklärt wird, muss ein Original der Entscheidung an das Parlament geschickt werden.
8   § 200 japanisches Strafgesetzbuch (*keihô*) a.F. (Aszendententötung) wurde 1973 vom OGH für verfassungswidrig erklärt (dt. Übers. der OGH-Entscheidung in: Marutschke et al. [Hrsg.], Japanische Entscheidungen zum Verfassungsrecht in deutscher Sprache, 1998, S. 142 ff.), aber dieser Paragraph blieb unverändert und wurde erst im Jahr 1995 offiziell aufgehoben. Während dieses Zeitraums hatte zwar diese Norm keine Anwendung mehr gefunden, aber dies war nur eine vorläufige Maßnahme in der Praxis.

c) Keine Vorlagepflicht bei Zweifeln an der Verfassungsmäßigkeit

6   Zudem ergibt sich aus dem Wortlaut der JV nicht, ob neben dem OGH auch die Instanzgerichte die Befugnis besitzen, eine Verfassungsmäßigkeitsprüfung durchzuführen. Die Frage wurde in der früheren Rechtsprechung des OGH bejaht,[9] so dass alle ordentlichen Gerichte in Japan – vom Summarischen Gericht (*kan'i saibansho*) bis hin zum OGH – im Rahmen des normalen Gerichtsverfahrens die Verfassungsmäßigkeit und die Gültigkeit einer Norm oder eines Staatsaktes überprüfen können. Hier liegt einer der größten Unterschiede zwischen dem Rechtsystem der Bundesrepublik und dem Japans. In der Bundesrepublik hat ein Fachgericht das Verfahren auszusetzen und dem BVerfG vorzulegen, sofern es eine relevante Norm für verfassungswidrig hält (die sog. „Richtervorlage" [Art. 100 Abs. 1 S. 1 GG]). In Japan gibt es dagegen keine Vorlagepflicht der Instanzgerichte. Allerdings wird eine Erklärung der Verfassungswidrigkeit einer Rechtsnorm durch ein Instanzgericht – so wie bei anderen Gerichtsentscheidungen – nicht sofort rechtskräftig, da das erst- bzw. zweitinstanzliche Urteil mit dem Rechtsmittel der Berufung bzw. Revision angefochten werden kann. Nur in dem Fall, in welchem der Staat auf ein Rechtsmittel verzichtet, wird eine solche Feststellung der Verfassungswidrigkeit als rechtskräftig angesehen.

2. Die restriktive Haltung und der Konservatismus der japanischen Judikative

7   Alle 547 Gerichte in Japan können nunmehr in der Theorie jederzeit über die Verfassungsmäßigkeit eines Gesetzes entscheiden und gegebenenfalls dessen Gültigkeit verneinen. Dennoch entscheiden die japanischen Gerichte in der Praxis nur selten über die Verfassungsmäßigkeit eines Gesetzes. Selbst wenn sie sich mit einer verfassungsrechtlichen Frage beschäftigen, sind sie sehr zurückhaltend in ihren Entscheidungen („*judicial self-restraint*"). Auch wenn ein Distriktgericht die Verfassungswidrigkeit eines Staatsaktes feststellt, wird eine solche Entscheidung oft vom höheren Gericht aufgehoben. In den vergangenen 76 Jahren wurde die Verfassungswidrigkeit eines Gesetzes durch den OGH **nur in elf Fällen** festgestellt (Stand: August 2023). Im selben Zeitraum erklärte z.B. das Bundesverfassungsgericht mehr als 600 Normen für verfassungswidrig oder nichtig. Da die konservative und wirtschaftsnahe Partei LDP nach 1955 fast immer die stärkste Regierungspartei Japans gewesen ist, wird der OGH nicht nur als zurückhaltend, sondern auch als konservativ qualifiziert.[10] Die Frage nach den möglichen Ursachen der äußersten Zurückhaltung bzw. des „extremen Konservatismus"[11] der Judikative kann an dieser Stelle aus räumlichen Gründen nicht detailliert erörtert werden.[12] Beachtenswert scheint jedoch die Tatsache, dass in den vergangenen 50 Jahren nie ein Richter unter 60 Jahren das Amt eines Richters am OGH bekleidete. Das Durchschnittsalter der Richter liegt somit etwa bei 64 (Die Altersgrenze liegt bei 70 Jahren). Die erste weibliche Richterin wurde erst im Jahre 1994 ernannt und auch heute noch sind nur zwei von den 15 Richterstellen von Frauen besetzt.

---

9   Vgl. OGH (Großer Senat) v. 1.2.1950, *Keishû* Bd. 4, S. 73.
10 Vgl. *Beatty*, S. 121.
11 *Matsui*, S. 150.
12 Zu dieser Thematik gibt es allerdings schon eine Menge englischsprachige Literatur. Vgl. z.B. *Law*, Why Has Judicial Review Failed in Japan?, in: Washington University Law Review, Vol. 88 (6), 2011, S. 1425 ff. m.w.N.; *Noda*, Japanische Gerichte und politische Einflussnahme, in: Stürner (Hrsg.), Die Bedeutung der Rechtsdogmatik für die Rechtsentwicklung, 2010, S. 137 ff.; *Haley*, The Japanese Judiciary, in: Foote (Hrsg.), Law in Japan – A Turning Point, 2007, S. 99 ff. Siehe ferner die Literaturempfehlungen bei *Matsui*, S. 151 ff.

Allerdings darf nicht unerwähnt bleiben, dass sechs der oben genannten elf Normen erst nach der Jahrhundertwende für verfassungswidrig erklärt wurden, was möglicherweise eine Wandlung in der OGH-Rechtsprechung indiziert.[13]

III. Yasukuni-Schreinbesuch des Premierministers

1. Das sog. Yasukuni-Problem und der Besuch vom Premierminister

Zunächst muss das sog. *Yasukuni*-Problem kurz erläutert werden, um die ganze Problematik des Falles zu klären.[14] Der Vorläufer des *Yasukuni*-Schreins, der *Tôkyô-shôkon-sha*, wurde 1869 – gleich nach der Meiji-Restauration von 1868 – durch ein kaiserliches Dekret gegründet, um die für den Staat gefallenen Soldaten zu verehren. Dieser Schrein fungierte als die zentrale Einrichtung des sog. Staats-Shintô – der ehemaligen nationalistisch-religiösen Staatsideologie –, trägt seit 1879 den jetzigen Namen und er war bis 1946 vom Staat erhalten worden. Heutzutage wird er von einer privaten Religionskörperschaft getragen und ist keine staatliche Einrichtung mehr. Aber auch nach seiner Entstaatlichung wurde er von insgesamt 13 Premierministern und von diesen insgesamt über 60 Mal aufgesucht. Einer der Gründe für die Schreinbesuche könnte darin zu sehen sein, dass sich der Verband der Kriegshinterbliebenen (*nihon izoku kai*) bei Wahlen lobbyistisch für die LDP eingesetzt hat.

In diesem Schrein werden neben gefallenen japanischen Soldaten auch viele zwangsrekrutierte Koreaner, Chinesen und Taiwanesen sowie die verurteilten japanischen Kriegsverbrecher des Zweiten Weltkriegs, die eine tragende Rolle bei der Durchführung des Angriffskriegs spielten, verehrt. Das Problem liegt unter anderem darin, dass die Inschriften der Namen ohne Zustimmung ihrer Verwandten erfolgten. Der Schrein ist folglich bei Rechtsextremisten beliebt und wird zugleich von den asiatischen Nachbarländern Japans als Symbol des japanischen Militarismus wahrgenommen.

Früher suchten die japanischen Premierminister diesen Schrein in der Regel als Privatperson auf. Ein dezidiert konservativer Politiker *Yasuhiro Nakasone* – er hatte sich bis kurz vor seinem Tod im Jahr 2019 im Alter von 101 Jahren mit zahlreichen Vorträgen und Schriften stets für eine Verfassungsrevision tatkräftig eingesetzt – jedoch besuchte ihn 1985 erstmals in seiner offiziellen Eigenschaft als Premierminister. Zum Besuch nutzte er nicht nur seine Dienstlimousine, sondern finanzierte auch noch die Blumenspende aus der Staatskasse. Es versteht sich von selbst, dass das Vorgehen des Premierministers von den liberalen Politikern und Medien sowohl im In- als auch Ausland scharf kritisiert wurde, weil der Yasukuni-Schrein untrennbar mit der militaristischen Vergangenheit Japans verbunden ist.[15] Dies löste aber auch zahlreiche gerichtliche Klagen aus, wie der vorliegende Fall zeigt, weil dieses Handeln bei einigen Bürgern den Eindruck erweckte, dass die Regierung den Shintô als eine besonders wichtige Religion fördert bzw. unterstützt.

---

13 Dazu ausführlich *Nishihara*, Die Renaissance des deutschen rechtswissenschaftlichen Denkens im japanischen Verfassungsrecht, in: Kischel (Hrsg.), Der Einfluss des deutschen Verfassungsrechtsdenkens in der Welt, 2014, S. 1 (4 ff.).
14 Vgl. ausführlich zum *Yasukuni*-Problem *Saaler*, Ein Ersatz für den Yasukuni-Schrein?, NOAG 175/176 (2004), S. 59 ff.
15 Vgl. *Shasetsu: kôshiki sanpai wo kurikaesu na* [Kommentar: Nie wieder ein offizieller Besuch], in: Asahi Shimbun am 16.8.1985, S. 5.

2. Die Religionsfreiheit und der Grundsatz der Trennung von Staat und Religion

9   Als nächstes ist die verfassungsrechtliche Systematik der Religionsfreiheit und der Trennung von Staat und Religion darzustellen.

a) Ausgangspunkt: Der strenge Wortlaut der JV

10 Neben dem subjektiven Grundrecht der Religionsfreiheit (Art. 20 Abs. 1 S. 1, Abs. 2) wird in der JV die Trennung von Staat und Religion institutionell gewährleistet (der sog. **Grundsatz der Trennung von Politik und Religion** [*seikyô bunri gensoku*]; Art. 20 Abs. 1 S. 2, Abs. 3 und Art. 89 JV). Nach Art. 20 Abs. 1 S. 2 darf keine religiöse Gemeinschaft Privilegien vom Staat erhalten oder irgendeine politische Macht ausüben. Zudem haben sich der Staat und seine Organe gemäß Art. 20 Abs. 3 JV jeglicher Art religiöser Betätigung zu enthalten. Ferner dürfen öffentliche Geldmittel und sonstiges öffentliches Vermögen gem. Art. 89 JV zur Verwendung durch religiöse Institutionen oder Vereinigungen, zu deren Gunsten oder Erhaltung weder ausgegeben noch zur Verfügung gestellt werden. Die eindeutige Haltung der JV zur **strengen Trennung von Politik und Religion** wird historisch damit begründet, dass in der Vorkriegszeit ein enges Verhältnis zwischen Staat und (Staats-)Shintô, der seinerseits den Kaiser (*tennô*) verehrte, zum ultranationalistischen Militarismus geführt hatte.[16] Vor diesem geschichtlichen Hintergrund wird verständlich, warum die meisten Fälle, in denen ein Verstoß gegen den Trennungsgrundsatz in Japan beanstandet wird, nicht mit dem Christentum oder Buddhismus, sondern mit dem Shintô zusammenhängen. Dies macht einen großen Unterschied zu Deutschland aus, denn eine Pflicht des Staates zur religiösen Neutralität wird hier in Deutschland zwar aus dem Grundrecht der Religionsfreiheit (Art. 4 GG) hergeleitet, aber diese Pflicht wird nicht sehr streng ausgelegt.[17]

b) Keine vollständige Trennung von Politik und Religion

11 Allerdings setzt sich eine vollständige Trennung auch in Japan nicht durch: Einerseits gewährleisten diese Vorschriften nach Auffassung der Rechtsprechung und der herrschenden Lehre nicht die individuelle Religionsfreiheit selbst, sondern sie sichern diese Freiheit **institutionell** und somit nur mittelbar.[18] Andererseits ist eine absolute Trennung von Staat und Religion in der gesellschaftlichen Realität fast unmöglich, zumal in Japan Religionen wie Shintô oder Buddhismus in einem gewissen Umfang auch im täglichen Leben sowie in der Kultur und Tradition Japans verankert sind. So ist es beispielsweise zulässig, dass staatliche Mittel zum Zweck der Erhaltung eines buddhistischen Tempels, der als wertvolles Kulturgut eingestuft ist, verwendet werden. Vor diesem Hintergrund versteht der OGH den Trennungsgrundsatz dahin gehend, dass dieser die Beziehung zwischen Staat und Religion nicht völlig ausschließe, sondern nur dann greife, wenn die Beziehung zur Religion im Hinblick auf Zweck und Effekt

---

16 Vgl. *Nishihara*, Die Trennung von Staat und Religion in der japanischen Verfassung, Der Staat 39 (2000), S. 86 (88 ff.); *Matsui*, S. 191 ff.; die abweichende Meinung der Richter *Fujibayashi* u.a. im oben bei Fn. 4 erwähnten Grundstücksweihungs-Fall.
17 BVerfGE 138, 296 (339 <Rn. 110>) – Kopftuch II: „Die dem Staat gebotene weltanschaulich-religiöse Neutralität ist [...] nicht als eine distanzierende im Sinne einer strikten Trennung von Staat und Kirche zu verstehen, sondern als eine offene und übergreifende, die Glaubensfreiheit für alle Bekenntnisse gleichermaßen fördernde Haltung.".
18 So die Mehrheitsmeinung im *Tsu-jichinsai*-Fall (oben bei Fn. 4). Vgl. ferner *Ehime-tamagushiryô*-Fall (OGH [Großer Senat] v. 2.4.1997, *Minshû* Bd. 51, S. 1673; vgl. engl. Übers. im Internet abrufbar unter: http://www.courts.go.jp/app/hanrei_en/detail?id=312; *Nishihara* [Fn. 16], S. 98 ff.).

III. Yasukuni-Schreinbesuch des Premierministers

eines Staatsaktes eine kulturell-gesellschaftlich angemessene Grenze überschreitet. Zu prüfen ist dabei, (a) ob eine staatliche Handlung einen religiösen oder säkularen Zweck hat und (b) ob der Effekt auf Unterstützung, Förderung oder Stärkung bzw. Unterdrückung oder Beeinträchtigung einer bestimmten Religion hinausläuft (die sog. „Zweck-Effekt-Prüfung"). Dies ist dem sog. *Lemon*-Test im U.S.-amerikanischen Verfassungsrecht[19] ähnlich und kann als dessen relativierte, abgeschwächte Version angesehen werden.[20] Allerdings wurde trotz der hier skizzierten grundsätzlich restriktiven Haltung durch den OGH tatsächlich in drei Fällen der jeweilige Staatsakt aufgrund eines Verstoßes gegen den Trennungsgrundsatz für verfassungswidrig erklärt.[21]

Diese Auslegung war aber immer schon scharfer Kritik ausgesetzt. Die Kritiker meinen, dass die klar und entschlossen formulierten Vorschriften der JV offensichtlich auf die Unterdrückung des früher staatlich geförderten und als Mittel des Nationalismus ausgenutzten Shintô gerichtet wären, weshalb sie in Anbetracht sozialer Realität nicht hätten geschwächt werden dürften. Die Auslegung des OGH berücksichtige zudem nicht hinreichend die Religionsfreiheit der Minderheiten wie der Christen oder der Muslime.[22]

3. Offizieller Schreinbesuch des Premierministers – Verstoß gegen den Trennungsgrundsatz?

Der OGH hat noch keine Entscheidung darüber getroffen, ob ein offizieller Schreinbesuch des Premierministers verfassungsmäßig ist, obwohl er 2006 hierzu bereits Gelegenheit hatte, sich dazu zu äußern (dazu näher unten). An dieser Stelle sei nur angemerkt, dass sich einige Obergerichte mit dieser Frage beschäftigt hatten: Zwei Obergerichte äußerten schwere Bedenken bezüglich der Verfassungsmäßigkeit,[23] zwei andere stellten sogar einen Verstoß gegen den Trennungsgrundsatz fest.[24]

Wie aber kommt ein Gericht zu einem solchen Ergebnis? Das Kabinett vertritt folgende Rechtfertigungsargumente: (a) Auch ein Premierminister trage das Grundrecht der Religionsfreiheit, weshalb er mit einem Schreinbesuch der Ausübung dieses Grundrechts nachgehen darf, und (b) der Zweck eines Besuchs am *Yasukuni*-Schrein sei nicht religiöser Art, sondern säkularer Art, weil er zum Gedenken an die Kriegstoten erfolge.

Dazu lässt sich ausführen, dass (a) die Ausübung der Religionsfreiheit des Premierministers nur in seiner Eigenschaft als Privatperson möglich sein muss, da er als natürliche Person Grundrechts**berechtigter** ist; dienstlich müsste er hingegen als Grundrechts**gebundener** handeln. Deshalb steht es ihm eigentlich nicht frei, in seiner Eigenschaft als Premierminister einen Schrein, eine Moschee oder eine Kirche zum Beten

---

19 Der *Lemon*-Test besteht aus drei Elementen (vgl. *Lemon v. Kurtzman*, 403 U.S. 602 [1971]): a) Mit staatlichem Handeln darf nur ein säkularer Zweck verfolgt werden; b) der primäre Effekt eines Staatshandelns darf weder in der Förderung noch in der Beeinträchtigung der Religion bestehen; c) aus einem Tätigwerden des Staates darf sich keine übermäßige Verflechtung von Staat und Religionsgemeinschaften ergeben.
20 Vgl. *Yokota*, The Separation of Religion and State, in: Luney/Takahashi (Hrsg.), Japanese Constitutional Law, 1993, S. 205 (216 f.).
21 Hierzu ausführlich *Kurishima/Effinowicz*, Überblick über wichtige öffentlich-rechtliche Gerichtsentscheidungen aus dem Jahre 2021, ZJapanR 55 (2023), S. 247 (255 ff.).
22 Zu religiösen Minderheiten in Japan vgl. *Ishimura*, Religionsfreiheit und Tradition in Japan, JöR n.F. Bd. 44 (1996), S. 597 (603 f.).
23 OG Fukuoka v. 28.2.1992, *Hanrei jihô* Heft 1426, S. 85; OG Ôsaka, v. 30.7.1992, *Hanrei jihô* Heft 1434, S. 38, jeweils zum Besuch von *Nakasone* im Jahr 1985.
24 OG Sendai v. 10.1.1991, *Gyôsei jiken saiban reishû* Bd. 42, 1 zum offiziellen Besuch des Premierministers im Allgemeinen; OG Ôsaka, v. 30.9.2005, *Somu geppô* Bd. 52, S. 2979 zum Besuch von *Koizumi* im Jahr 2001.

zu besuchen.[25] (b) Bezüglich des Besuchszwecks kommt es nach ständiger Rechtsprechung und herrschender Meinung nicht nur auf die tatsächliche Absicht der Person an, sondern auch auf eine allgemeine Wertung der Handlung. Außerdem ändert die Tatsache, dass im *Yasukuni*-Schrein japanische Kriegstote verehrt werden, nichts daran, dass dieser Schrein eine stark religiös geprägte Einrichtung darstellt.

4. Prozessuales Problem: Keine abstrakte Kontrolle – Schmerzensgeld gemäß Staatshaftungsgesetz?

13 Neben den oben angesprochenen materiellen Rechtsfragen gibt es die – noch schwierigere – prozessuale Frage, nämlich wie X den Schreinbesuch des P gerichtlich angreifen kann. Wegen des oben erklärten Grundsatzes des **Erfordernisses eines konkreten Streitfalls** kann X keine Klage mit der ausschließlichen Begründung erheben, dass ein Staatsakt gegen den verfassungsrechtlichen Trennungsgrundsatz verstößt. Soll ein Staatsakt wegen Verfassungswidrigkeit gerügt werden, muss der Kläger klarstellen, dass der Staatsakt seine Rechte oder Pflichten konkret berührt. Im vorliegenden Fall wäre denkbar, dass X nach § 1 Abs. 1 Staatshaftungsgesetz (*kokka baishô-hô*) immateriellen Schadensersatz (Schmerzensgeld) verlangen wird.[26] Dazu müsste aber ein rechtlich schutzwürdiges Individualinteresse von X verletzt worden sein. Eine solche Verletzung wurde aber bisher in allen *Yasukuni*-Gerichtsprozessen stets verneint. Selbst der OGH wies in seiner oben genannten Entscheidung aus dem Jahre 2006 mangels einer individuellen Rechtsverletzung die Klage ab, ohne dabei die Verfassungsmäßigkeit des Schreinbesuchs zu thematisieren.[27] Wünschenswert wäre eine höchstgerichtliche Feststellung dazu, ob ein Schreinbesuch eines Premierministers verfassungswidrig ist oder nicht, im Interesse der Allgemeinheit zumindest gewesen. Entsprechende Entscheidungen gab es aber auf Ebene der Obergerichte, in denen zwar einerseits die Klage abgewiesen, andererseits aber die Verfassungswidrigkeit festgestellt wurde.[28] Ein prozessuales Problem dabei ist, dass dem Staat in solchen Fällen kein weiterer Rechtsweg mehr zusteht, weil er im Ergebnis doch den Prozess gewonnen hat: Der Staat kann kein Rechtsmittel nur aus dem Grund einlegen, dass eine in der Entscheidung nebenbei geäußerte Rechtsansicht für ihn nachteilig ist. In einem solchen Fall könnte eine Feststellung eines Verfassungsverstoßes durch ein Instanzgericht höchstens als eine Art „Warnung" an politische Entscheidungsträger wirken.

Bedauerlicherweise ist festzustellen, dass die Entscheidungen der Obergerichte von den Premierministern bisher ignoriert wurden. Zuletzt besuchte *Shinzô Abe* im Jahr 2013 den *Yasukuni*-Schrein – erneut nutzte er seine Dienstlimousine und trug sich dabei als „Premierminister *Shinzô Abe*" ins Gästebuch des Schreines ein, wie dies auch beim früheren Besuch von *Koizumi* der Fall gewesen war. Dies war Gegenstand eines Urteils des Obergerichts Ôsaka vom Februar 2017, das die Klage abwies, ohne über

---

25 Allerdings wird ein privater Schreinbesuch des Premierministers verfassungsrechtlich nicht untersagt: Auch mit einem gewollten Amtsantritt kann nicht ein vollkommener Verzicht auf die Ausübung seines Grundrechts der Religionsfreiheit in seiner Eigenschaft als Privatperson verlangt werden. Freilich bleibt neben der verfassungsrechtlichen Zulässigkeit noch die völlig andere Frage der politischen Zweckmäßigkeit.
26 Hier kann die Systematik des japanischen Staatshaftungsrechts nicht behandelt werden. Dazu ausführlich *Elben*, Grundzüge des japanischen Staatshaftungsrecht, ZJapanR 9 (2000), S. 97 ff.; *dies.*, S. 65 ff.
27 OGH Urt. v. 23.6.2006, *Hanrei jihô* Heft 1940, S. 122. Vgl. auch den *Jieikan-gôshi*-Fall (OGH [Großer Senat], v. 1.6.1988, *Minshû* Bd. 42, S. 276; dt. Übers. in: Marutschke et al. [Hrsg.], Japanische Entscheidungen zum Verfassungsrecht in deutscher Sprache, 1998, S. 286 ff.; *Nishihara*, S. 92 f.).
28 Siehe oben, Fn. 24.

III. Yasukuni-Schreinbesuch des Premierministers § 24

die Verfassungsmäßigkeit des Schreinbesuchs zu entscheiden,[29] und sich damit der Rechtsprechung des OGH anschloss. Insofern lässt sich klarstellen, dass sich die aus der Verfassungswidrigkeit ergebenden Rechtsfolgen nicht konkret definieren lassen.

---

29 OG Ōsaka, v. 28.2.2017, Westlaw Japan, Az: 2017WLJPCA02286001.

§ 25 Die Debatte um eine Verfassungsänderung – im besonderen Hinblick auf Art. 9 der Japanischen Verfassung

Tomoaki Kurishima

Seit ihrer Proklamation vor 77 Jahren wurde die japanische Verfassung (JV), die größtenteils von Amerikanern verfasst wurde, bis heute nicht ein einziges Mal geändert: Seit der Wiedererlangung der Souveränität im Jahre 1952 ist zwar ein Änderungsvorhaben aus dem konservativen Milieu immer wieder aufgetaucht, blieb aber stets erfolglos. Wird die Verfassung weiterhin unangetastet bleiben? – Diese Frage lässt sich nicht mehr mit einem klaren „Nein" beantworten. Angesichts der heutigen politischen Lage erscheint eine Verfassungsänderung nicht so fernliegend. Aber: Wozu braucht man eigentlich eine Verfassungsänderung? Was soll geändert werden?

I. Die „aufgezwungene" Verfassung als Symbol der Niederlage Japans?

1 Vorweg ist festzustellen, dass es praktisch gesehen keine dringende Notwendigkeit gibt, die japanische Verfassung zu ändern. Keine konkreten Probleme sind ersichtlich, die nicht ohne Verfassungsänderung gelöst werden können, zumal eine gerichtliche Kontrolle durch den OGH allgemein sehr zurückhaltend ist. Warum fordern manche Politiker dann so leidenschaftlich eine Verfassungsänderung? Ihr kommt aufgrund der Geschichte Japans erhebliche politisch-symbolische Bedeutung zu.

2 Nach dem Ende des Zweiten Weltkriegs wollte die amerikanische Besatzungsmacht, dass die Japaner selbst eine neue demokratische Verfassung eigenständig erarbeiten würden, was sich aber letztendlich als eine zu optimistische Erwartung erwiesen hat. Als der japanische Entwurf (sog. *Matsumoto*-Entwurf[1]) im Februar 1946 öffentlich wurde, war die Besatzungsmacht über dessen konservativen, anti-demokratischen Inhalt entsetzt und arbeitete in den nächsten acht Tagen selbst einen komplett anderen Verfassungsentwurf aus (sog. *MacArthur*-Entwurf[2]). Dieser wurde schnell ins Japanische übersetzt und – mit kleinen Änderungen – im November 1946 als Verfassung Japans offiziell verkündet.[3] Diese Entstehungsgeschichte hinterließ ein bis heute relevantes, großes politisches Problem: Ein Teil der Bevölkerung sowie eine erhebliche Anzahl von Politikern, insbesondere der konservativen Regierungspartei LDP, sind mit der geltenden Verfassung offensichtlich nicht zufrieden und sprechen sich für eine (Total-)Revision aus. Dabei wird immer betont, dass die Verfassung von den Amerikanern »aufgezwungen« worden sei und daher den freien Willen des japanischen Volkes nicht widerspiegle. Ihrer Meinung nach müsse Japan die bestehende, erzwungene Verfassung ändern, sodass das Land sich als wirklich unabhängiger Staat bezeichnen kann und auch die Bürger auf ihre eigene Verfassung stolz sein können.

3 Nicht nur der Entstehungsprozess, sondern auch der vermeintlich zu liberale Charakter der Verfassung, deren zentralen Wert die Achtung des einzelnen Individuums (Art. 13 S. 1 JV) darstellt, wird oft zur Angriffsfläche, weil dieser laut der Konservati-

---

1 Eine deutsche Übersetzung ist abgedruckt in: *Röhl*, S. 153 ff.
2 Der Originaltext in englischer Sprache ist abrufbar unter: https://www.ndl.go.jp/modern/e/img_t/105/105-001tx.html. Eine deutsche Übersetzung ist abgedruckt in: *Röhl*, S. 159 ff.
3 Die offizielle englische Übersetzung findet sich unter: https://japan.kantei.go.jp/constitution_and_government_of_japan/constitution_e.html. Eine deutsche Übersetzung ist abgedruckt in: *Röhl*, S. 85 ff; wiedergegeben in: Marutzschke et al. (Hrsg.), Japanische Entscheidungen zum Verfassungsrecht in deutscher Sprache, 1998, S. 533 ff.

ven den traditionellen, harmonieorientierten gesellschaftlichen Werten Japans nicht gerecht werde. Ferner wird die Präambel, in der tiefe Reue über die vergangenen militärischen Taten zum Ausdruck kommt, von Konservativen häufig kritisiert.[4] Außerdem entfaltet der Art. 9 JV die schwierigste Problematik bezüglich einer Verfassungsänderung.

II. Artikel 9 JV – Die sog. Pazifismusklausel

Art. 9 JV

(1) In aufrichtigem Streben nach einem auf Gerechtigkeit und Ordnung gegründeten internationalen Frieden verzichtet das japanische Volk für alle Zeiten auf den Krieg als ein souveränes Recht der Nation und die Androhung oder Ausübung von militärischer Gewalt als Mittel für die Lösung internationaler Streitigkeiten.

(2) 1Um den Zweck des Abs. 1 zu erreichen, werden keine Land-, See- und Luftstreitkräfte oder sonstige Kriegsmittel unterhalten. 2Ein Kriegsführungsrecht des Staates wird nicht anerkannt.

Ob durch Abs. 1 auch auf staatliche Verteidigungsmaßnahmen verzichtet wurde, ist umstritten.[5] Die herrschende Literaturmeinung verneint dies mit der Begründung, dass der Wortlaut des Abs. 1 – der Verzicht auf Krieg als „Mittel für die Lösung internationaler Streitfälle" – sich nur auf einen sog. Angriffskrieg beziehe. Die Vertreter dieser Auffassung argumentieren jedoch, dass Abs. 2 S. 1 generell die Unterhaltung von Streitkräften oder Kriegsmitteln untersage, was im Ergebnis dazu führe, dass Japan von seinem Recht zur Selbstverteidigung (praktisch) keinen Gebrauch machen könne.

Die Nationalkonservativen sehen Art. 9 JV als schändliches Symbol der Niederlage Japans im Zweiten Weltkrieg und folglich als Zeichen einer Art von Demütigung durch die Alliierten an. Sie sind der Auffassung, dass Japan durch die Unterhaltung der offiziellen „Streitkräfte" (*gun*) auf Augenhöhe mit den anderen Großmächten dieser Welt gebracht werden könne.

III. Allmähliche Wiederbewaffnung in der Nachkriegszeit

Die gesellschaftspolitische Realität hat sich von der oben skizzierten juristischen Diskussion immer stärker entfernt. Schon bald nach dem Inkrafttreten der JV wurde das in der Präambel pathetisch formulierte Vertrauen auf die friedliebende Menschheit untergraben. Bereits im Sommer 1948 erklärten Nord- und Südkorea jeweils ihre Unabhängigkeit, im Juni 1950 brach ein Krieg zwischen den beiden Staaten aus und ein

---

[4] Das Unbehagen der Nationalkonservativen an der derzeitigen Verfassung schlägt sich im Reformentwurf nieder, der vom rechten Flügel der LDP ausgearbeitet und veröffentlicht wurde. Vgl. The Liberal Democratic Party of Japan (übers. v. Voyce), „Draft for the Amendment of the Constitution of Japan (in contrast to the current Constitution)" (27.04.2012), abrufbar unter: https://projects.iq.harvard.edu/files/crrp/files/ldp_2012_draft_voyce_eng.pdf. Im Zusammenhang mit dem vorliegenden Beitrag sind neben der Änderung von Art. 9 u.a. die folgenden Punkte hervorzuheben: *Erstens* wird in der Präambel die Verantwortung des Volkes für die Verteidigung des Vaterlandes und die Wahrung der Harmonie klar zum Ausdruck gebracht; *zweitens* wird in Art. 1 die Stellung des Kaisers als Staatsoberhaupt verdeutlicht; *drittens* wird in Art. 13, einer Zentralnorm der JV, das Wort „Individuum" (*kojin*) gestrichen und durch das wertneutrale „Mensch" (*hito*) ersetzt; *viertens* wird in Art. 24 die Bedeutung der Familie als natürliche und grundlegende Einheit der Gesellschaft besonders hervorgehoben.

[5] Zu den folgenden Ausführungen vgl. ferner *Kurishima*, Gegenwärtige Diskussion über Artikel 9 der japanischen Verfassung, ZJapanR/J.Japan.L. 42 (2016) 37 ff.

großer Teil der in Japan stationierten amerikanischen Armee wurde dorthin versetzt. Unter dem Kommando der US-amerikanischen Besatzungsmacht wurde daraufhin im August 1950 die japanische **Nationale Polizeireserve** (*keisatsu yobitai*) mit 75.000 Mann errichtet, ohne dabei die Verfassung zu ändern: Für die USA war es von entscheidender Bedeutung, dass Japan verteidigungsfähig wird und somit nicht vom kommunistischen Lager überfallen wird. Wie durch die Bezeichnung deutlich wird, wurde diese Organisation offiziell den Ergänzungskräften der regulären Polizei zugerechnet. In der Sache handelte es sich jedoch weniger um eine Polizeiorganisation, sondern vielmehr um einen militärischen Apparat. Für die amerikanische Besatzungsmacht, die selbst angeordnet hatte, die Nichtbeibehaltung des Kriegspotentials in die Verfassung aufzunehmen, war es jedoch schlicht unmöglich, nun die japanische Regierung zu einer Verfassungsänderung zu zwingen, damit Japan wieder aufgerüstet werden kann. Ferner bestand auch das Risiko, dass Japan in dem Fall wieder zu einem Militärstaat würde. Die Nationale Polizeireserve wurde aber 1952 nach dem Ablauf der US-amerikanischen Besatzung in „Sicherheitskräfte" (*hoantai*) umgewandelt. Im Jahr 1954 wurde Japan dann durch Abschluss des Abkommens über die gegenseitige Verteidigungshilfe (das sog. MSA-Abkommen) mit den USA rechtlich verpflichtet, selbst eine größere Verantwortung für die eigene Verteidigung zu übernehmen. Entsprechend diesem Abkommen wurden noch im selben Jahr die heutigen **Selbstverteidigungskräfte** (SVK; *jieitai*) gebildet. Diese gliedern sich in Land-, Luft- und See-Einheiten, bestanden ursprünglich aus 170.000 Mann und sind heute auf 260.000 Mann angewachsen.

8   Die SVK, welche heute etatmäßig die zehntgrößte Streitmacht der Welt darstellen und zahlreiche technisch hochentwickelte Kriegswaffen besitzen, sind – überraschenderweise – offiziell keine „Streitkräfte". Die Regierung hält spätestens seit Mitte der 50er Jahre an der Ansicht fest, dass Japan als einem unabhängigen Staat ein **inhärentes Recht zur Selbstverteidigung** (*koyû no jiei-ken*) zusteht, das die UN-Charta in Art. 51 jedem Vertragsstaat einräumt. Auf diesem Weg wird der Wortlaut von Art. 9 Abs. 2 S. 1 wie folgt umgedeutet: „Das für die Selbstverteidigung erforderliche Mindestmaß an Kräften" (*jiei no tameno hitsuyô saishô gendo no jitsuryoku*) stelle weder Streitkräfte (*gun*) noch Kriegsmittel (*senryoku*) im Sinne von Art. 9 Abs. 2 S. 1 JV dar.[6] Nach der Regierungsauffassung seien die SVK solche verfassungsrechtlich erlaubten Kräfte (*jitsuryoku soshiki*), aber keine „Streitkräfte". Die Kriegsmittel, deren Beibehaltung Art. 9 Abs. 2 JV verbietet, seien nach der Regierungsansicht solche Mittel, die über das zur Selbstverteidigung erforderliche Minimum hinausgehen. Demnach sei die Aufrechterhaltung von Waffen bzw. Kampfgeräten unterhalb dieses Niveaus nicht verboten. Seit 1991 wurden die SVK außerdem auch im Ausland eingesetzt, nicht nur im Rahmen der Friedenssicherungseinsätze (PKO) der Vereinten Nationen, sondern auch zur Rettung von Flüchtlingen oder sogar zur Hilfeleistung für die multinationale Truppe im Irakkrieg. All dies geschah freilich ohne klare verfassungsrechtliche Basis, wobei einfachgesetzliche Grundlagen jeweils geschaffen worden sind. Der Oberste Gerichtshof hat bisher niemals über die Frage der Verfassungsmäßigkeit der SVK und ihrer Aktivitäten entschieden. Eine hochpolitische Streitfrage ist in Japan grundsätzlich einer gerichtlichen Prüfung entzogen (dies ist mit

---

6   Vgl. Wortbeiträge von *Shûzo Hayashi* (Generaldirektor des Kabinettlegislativbüros) am 21.12.1954 im Haushaltsausschuss des Unterhauses und am 18.04.1958 im Kabinettsausschuss des Oberhauses. Der Verfassungsinterpretation durch das Kabinettlegislativbüro (*naikaku hôsei-kyoku*) wird neben der Rechtsprechung des Obersten Gerichtshofs allgemein ein großes Gewicht beigemessen.

der US-amerikanischen *political question*-Doktrin vergleichbar).[7] Es gibt also – trotz der eindeutigen Formulierung des Art. 9 Abs. 2 JV – praktisch keine verfassungsrechtliche Schranke bezüglich des Militärwesens. Mit anderen Worten: Art. 9 JV fungiert heute nur noch als ein politischer Programmsatz.

IV. Nie wieder Krieg! – Die japanische Verfassung als Symbol des Pazifismus?

Ein großer Teil der liberalen Verfassungsrechtler und Intellektuellen sprechen sich in dieser Situation dezidiert gegen jede Verfassungsänderung, insbesondere die des Art. 9 JV, aus. Nach ihrer Meinung würde eine Änderung der Verfassung bedeuten, den Pazifismus aufzugeben und Kriegshandlungen zu ermöglichen, also zum einstmaligen Militarismus zurückzukehren. Oft wird auch darauf hingewiesen, dass viele Japaner bzw. japanische Politiker immer noch durch eine traditionelle, kollektivistische Denkweise geprägt seien: In einer solchen Situation seien sie folglich (noch) nicht reif genug, diese gesegnete Verfassung anzutasten. In der Tat sind unter den Befürwortern einer Verfassungsrevision nicht wenige Geschichtsrevisionisten zu finden. Vor diesem politischen Hintergrund möchten die liberalen Intellektuellen eine Veränderung der japanischen Verfassung verhindern, um konservativen Einstellungen möglichst wenig Raum zu geben. Dafür wird in Kauf genommen, dass Art. 9 JV in der Realität leerläuft und kaum eine normative Kraft entwickelt. Außerdem wird oft eine Art Dammbruch-Argument ins Feld geführt und gesagt, eine Änderung von Art. 9 JV könnte – in welcher Form auch immer – der erste Schritt zum Militarismus sein.

V. Änderungsdebatte als „Ideologiestreit"

Daraus wird ersichtlich, dass die Änderungsdebatte in Japan in erster Linie nicht juristischer, sondern vielmehr ideologischer Natur ist. Sowohl die konservativen Angreifer als auch die liberalen Verteidiger sehen die Verfassung nicht als geltendes Recht, das die politische Realität regeln soll, sondern vielmehr als „Symbol" an. Die Tatsache, dass der OGH in den letzten 76 Jahren nur in elf Fällen ein Gesetz für verfassungswidrig erklärt hat und insbesondere die staatsorganisatorischen Fragen wegen ihres politischen Charakters weitgehend gerichtlicher Kontrolle entzogen sind („*judicial self-restraint*"), macht es erklärlich, dass manche Politiker und Bürger die Verfassung nicht als System verbindlicher Rechtsnormen betrachten.

Eine verfassungsrechtliche Verankerung der Existenz und Befugnisse der SVK mit einer Änderung von Art. 9 Abs. 2 S. 1 JV dürfte – formell juristisch betrachtet – nicht so problematisch sein, da Japan sich in der Realität schon vor mehr als 70 Jahren wiederbewaffnet hat, die SVK heute zumindest auf einfachgesetzlicher Ebene als legale Organisation existieren und sie außerdem ein großes Vertrauen der Bürger (ca. 90 %) genießen. Auf der anderen Seite ist aber eine solche Änderung nicht unbedingt notwendig, da der Artikel ohnehin nicht gerichtlich durchsetzbar ist und daher heute nur eine politisch-symbolische Bedeutung besitzt. Zwar meinen nicht wenige Verfassungsrechtler, dass Art. 9 JV eine Art „hemmende Funktion" im militärischen Bereich innehat. Demnach soll die Regierung aufgrund Art. 9 JV ständig einer erhöhten Be-

---

[7] Vgl. etwa OGH (Großer Senat) v. 16.12.1959, *Keishû* Bd. 13, S. 3225 = dt. Übers. in: Marutschke et al. (Hrsg.), Japanische Entscheidungen zum Verfassungsrecht in deutscher Sprache, 1998, S. 492 ff. Dazu *Yokota*, Judicial Review in Japan: Political and Diplomatic Questions, Japanese Ann. Int'l L. 13 (1969), S. 1 ff. Vgl. ferner *Higuchi*, Lösung politischer Streitfragen durch die Verfassungsgerichtsbarkeit, in: Starck (Hrsg.), Fortschritte der Verfassungsgerichtsbarkeit in der Welt – Teil II, 2006, S. 35 ff.

gründungslast für die Erweiterung militärischer Tätigkeiten unterworfen sein, weil ein solches militärisches Vorhaben dem prinzipiellen Verdacht der Verfassungswidrigkeit ausgesetzt wird und daher „das zur Selbstverteidigung erforderliche Minimum" jedes Mal politisch thematisiert wird bzw. werden kann. Dies könnte zwar eine richtige Beschreibung der politischen Diskussionspraxis sein, aber ob dies als juristisches bzw. normatives Argument gilt, ist unter anderem deshalb zu bezweifeln, weil der Wortlaut von Art. 9 Abs. 2 JV – zumindest nach überwiegender Literaturmeinung – eigentlich keine Möglichkeit der Bewaffnung vorsieht.

VI. Fazit

12 Auf den ersten Blick scheint die japanische Verfassung zweifelsohne eine „gute" Verfassung im Sinne eines freiheitlich-demokratischen Rechtsstaates zu sein. Zwar steht an der Spitze des Staates weiterhin der Kaiser (*tennô*), jedoch kommt ihm im Staatsgefüge bloße Symbolkraft und keinerlei politische Befugnis zu (Art. 1, 4 JV). Des Weiteren sind die wesentlichen Grundrechte ohne Gesetzesvorbehalt garantiert und die Gewaltenteilung sichergestellt. Daher sollen und dürfen die größten Teile der Verfassung – trotz ihrer nicht glücklichen Entstehungsgeschichte – unverändert bleiben. Allerdings gibt es – wie bei allen anderen Staatsverfassungen – einige Schwächen, die möglicherweise verbessert werden können. Als Beispiele seien hier die ausschließliche Kompetenz des Kabinetts bei der Ernennung der Richter des Obersten Gerichtshofs (Art. 6 Abs. 2, Art. 79 Abs. 1 JV), Vorschriften zur alle zehn Jahre stattfindenden Wiederernennung einzelner Richter (Art. 80 Abs. 1 S. 2 JV) sowie der mit diesen einhergehende Mangel an Unabhängigkeit der gesamten Justiz oder die häufig politisch missbrauchte Befugnis des Kabinetts zur Auflösung des Unterhauses (Art. 7 Nr. 3, Art. 69 JV) genannt. Angesichts der zunehmenden Kritik am Zweikammersystem könnte man auch über eine sinnvollere Kompetenzverteilung zwischen den zwei Parlamentshäusern nachdenken. Außerdem könnte eine Errichtung eines organisatorisch selbständigen Verfassungsgerichtshofs durch eine Verfassungsänderung im Sinne der effektiveren Gewaltenteilung sinnvoll sein. Solch ein praktischer, konstruktiver Vorschlag lässt sich aber im politischen Forum schwer finden: Im politischen Forum wird ganz häufig die oben geschilderte Entstehungsgeschichte thematisiert und in diesem Zusammenhang wird die Änderung des Art. 9 JV wiederholt debattiert. Dieser Umstand hat zur Folge, dass fast automatisch als „nationalkonservativ" oder „geschichtsrevisionistisch" eingestuft wird, wer sich offen für eine Verfassungsänderung ausspricht. Als logische Konsequenz dieser Umstände werden die Vorschriften der japanischen Verfassung ganz flexibel – dem Zeitgeist entsprechend – interpretiert bzw. gehandhabt, weil eine formelle Änderung auf der Textebene praktisch keine Option sein kann.

13 Abschließend soll die praktische Möglichkeit einer Verfassungsänderung besprochen werden. Zu einer Änderung der japanischen Verfassung ist eine Zweidrittelmehrheit jedes Hauses sowie die Zustimmung der Mehrheit der japanischen Bevölkerung, die im Rahmen eines Volksentscheides zu befragen ist, erforderlich (Art. 96 Abs. 1 JV). Die konservative LDP, die als „reformwillig" gilt, hat in den letzten sechs Jahrzehnten – von wenigen kurzen Ausnahmezeiten abgesehen – etwa 40 bis 60 % der Sitze in den beiden Häusern stabil beibehalten. Mit den anderen Parteien, die ebenfalls eine Verfassungsänderung befürworten, nämlich dem Koalitionspartner Komeitô, der Innovationspartei Japans (JIP; *nippon ishin no kai*) und der Demokratischen Partei für das

VI. Fazit

Volk (DPFP; *kokumin minshutô*) ist die Zweidrittelmehrheit im Parlament schon seit Jahren erreicht.

Es besteht allerdings kein Konsens über Gegenstand und Ziel einer Änderung. Bemerkenswert ist, dass viele Abgeordnete, die als „reformwillig" gelten, gerade auf der Suche nach einem passenden Gegenstand sind: Sie möchten gerne die Verfassung ändern, aber wissen selbst nicht, was geändert werden soll. Denn diese konservativen Politiker sehen, von der oben geschilderten ideologischen Motivation abgesehen, keine „echte" Notwendigkeit einer Verfassungsänderung. Häufig ist von einer Änderung von Art. 9 JV die Rede, aber wie schon oben erörtert, könnte eine solche Änderung nicht mehr als eine deklaratorische Klarstellung der schon existierenden SVK sein. Abgesehen von den politisch rechts- und linksorientierten Bürgern verhält sich der große Teil der Bevölkerung in diesem Punkt eher gleichgültig: Viele denken, dass der Text nicht (unbedingt) geändert werden muss, solange die Praxis funktioniert. Obwohl eine Änderung von Art. 9 JV in Wirklichkeit nichts bringen würde, dürfte ein solches Vorhaben einen starken Widerstand in der Öffentlichkeit hervorrufen und die politische Diskussion würde sicherlich sehr kontrovers geführt werden. Außerdem würden sich die Beziehungen zu den Nachbarländern wie Südkorea oder China dadurch zweifellos verschlechtern. Zumindest in der gegenwärtigen politischen Situation ist es zweifelhaft, dass irgendein Politiker bereit wäre, sich auf etwas so Gewagtes einzulassen.

Des Weiteren wird von Teilen der konservativen Politiker gelegentlich auch eine verfassungsrechtliche Verankerung des Notstandsrechts vorgeschlagen. Anlass für die Diskussion bot insbesondere die große Erdbebenkatastrophe Ost-Japans im Jahr 2011. Allerdings wird dieser Vorschlag auch keine breite Zustimmung der Bürger erlangen, da mit der rechtlichen Anerkennung eines Ausnahmezustandes eine Missbrauchsgefahr einhergehen würde und zudem eine echte praktische Notwendigkeit dafür nicht zu sehen ist. In dieser Situation dürfte es noch ein langer Weg sein, einen passenden Änderungsgegenstand und einleuchtende Gründe dafür zu finden.

§ 26 Verweigerung des Mitsingens der Nationalhymne und Gewissensfreiheit

Tomoaki Kurishima

I. Fall

1 ▶ X, der als Lehrer in einer staatlichen Oberschule (*kôtô gakkô*) in Tokyo tätig war, weigerte sich trotz Amtsbefehl des Schulpräsidenten bei der Abschlusszeremonie die vorne aufgezogene Nationalflagge (*nisshôki*; sog. *hinomaru*) zu ehren und im Stehen die Nationalhymne (*kimigayo*) mitzusingen. Bei der Zeremonie blieb X sitzen, während andere Lehrer standen und die Nationalhymne sangen. Daraufhin wurde er vom Bildungsausschuss der Präfektur Tokyo verwarnt. Dabei wies der Ausschuss darauf hin, dass sein Nichtstehen und -mitsingen gegen den Amtsbefehl verstoße und zugleich ein unangemessenes Verhalten als öffentlicher Bediensteter (*kômu-in*) bzw. „Diener des ganzen Volkes" (vgl. Art. 15 Abs. 2 JV) sei. Wegen dieser Verwarnung wurde X nach seiner Pensionierung eine Teilzeitanstellung verweigert, wie sie sonst üblich ist. Hiergegen zog er mit der Begründung vor Gericht, dass der einschlägige Amtsbefehl gegen seine Gedanken- bzw. Gewissensfreiheit (Art. 19 JV) verstoße und die darauf beruhende Verwarnung verfassungswidrig sei.

Als Grund der Verweigerung machte er geltend, dass es gegen sein Gewissen verstoße, die Nationalsymbole zu ehren, welche seiner Ansicht nach mit dem Militarismus sowie Angriffskrieg Japans eng verbunden seien. Außerdem sei es für ihn nicht hinnehmbar, die Schüler bei der Abschlusszeremonie zu zwingen, nationale Symbole zu respektieren. Zu Recht? ◀

Relevante Gesetzestexte

Japanische Verfassung (nihon koku kenpô) vom 3.11.1946 (JV)

Art. 15.

(1) [...]

(2) Alle öffentlichen Bediensteten dienen dem ganzen Volk und nicht einer einzelnen Gruppe.

(3) [...]

(4) [...]

Art. 19.

Die Freiheit des Gedankens und des Gewissens wird gewährleistet.

Gesetz über die Nationalflagge und -hymne (kokki oyobi kokka ni kansuru hôritsu), Gesetz Nr. 127/1999

§ 1 Nationalflagge.

(1) Die Nationalflagge ist nisshôki.

(2) [...]

§ 2 Nationalhymne.

(1) Die Nationalhymne ist kimigayo.

(2) [...]

Gesetz über die öffentlichen Bediensteten von Lokalgebietskörperschaften (chihô kômu-in hô), Gesetz Nr. 261/1950

§ 30 Grundregel des Dienstes.

Alle öffentlichen Bediensteten haben als Diener der Gesamtheit für das Allgemeinwohl zu arbeiten; sie haben bei der Dienstdurchführung ihre ganze Kraft aufzubieten und sich darauf zu konzentrieren.

II. Die Nationalflagge und -hymne Japans

Als Einleitung zum Fall sei kurz das sog. *hinomaru-kimigayo*-Problem dargestellt. *Hinomaru*, die rote Sonnenscheibe, hat in Japan als Bildnis eine lange Tradition: Schon vor tausend Jahren wurde sie auf Fächer oder Rüstungen gezeichnet. Seit dem Ende der Landesabschließung Japans (*sakoku*; 1639–1854) wurde dieses Zeichen bis heute durchgehend als offizielle Flagge der japanischen Handels- oder Kriegsschiffe genutzt. Im Gegensatz hierzu ist das Lied *kimigayo* relativ jung. Es wurde erst im Jahre 1880 komponiert[1] und 1892 vom japanischen Bildungsministerium zur offiziellen Hymne für die Schulzeremonie erklärt. Der Titel *kimigayo* bedeutet auf Japanisch „die Welt (bzw. Herrschaft) des Kaisers", der Text geht auf ein traditionelles japanisches Gedicht (*waka*) aus dem 10. oder 11. Jhd. zurück und inhaltlich handelt es sich um ein Gebet für die ewige Herrschaft der Kaiserfamilie.

Da beide Nationalsymbole in den 1930er und 40er Jahren eine bedeutende Rolle spielten, um das Nationalbewusstsein der Japaner zu stärken und somit das japanische Volk zum Angriffskrieg aufzustacheln, gelten beide Nationalsymbole auch heute noch für nicht wenige Japaner als **Sinnbilder des damaligen ultranationalistischen Militarismus**. Selbstverständlich gab es nach Ende des zweiten Weltkrieges Diskussionen über die Abschaffung bzw. Änderung dieser Symbole, die auch vor dem Hintergrund erfolgten, dass dem Kaiser (*tennô*) durch die neue Verfassung die politischen Befugnisse entzogen wurden und die Souveränität auf das Volk übertragen wurde. Da sich aber viele konservative Japaner gegen die Abschaffung von *kimigayo* und *hinomaru* aussprachen, blieb das Problem ungelöst. Die Benutzung von *hinomaru* wurde nach dem zweiten Weltkrieg unter der US-amerikanischen Besatzungsmacht zunächst verboten, aber spätestens nach 1949 wurde sie jedoch gewohnheitsgemäß als Nationalflagge wieder verwendet. Schon mangels einer Alternative musste die historische Nationalflagge beispielsweise bei den Versammlungen der Vereinten Nationen oder den Olympischen Spielen verwendet werden. Das Lied *kimigayo* wurde ebenso in der früheren Nachkriegszeit nicht mehr gesungen, aber nach dem Ende der Besatzung wurde das Lied als Nationalhymne faktisch wieder anerkannt und bei staatlichen Zeremonien mitgesungen. Im Jahre 1958 wurde in der staatlichen Lehrplanrichtlinie (*gakushû shidô yôryô*)[2] ein Mitsingen des *kimigayo* vorgeschrieben.

Allerdings gab es damals keine verfassungsrechtliche Norm bzw. kein Gesetz bezüglich der Nationalflagge oder -hymne. Diese rechtlich schwebende Stellung von *hinomaru*

---

[1] *Kimigayo* kam mit Hilfe des deutschen Musiklehrers *Franz Eckert* zustande, da der zuständige japanische Komponist nur geringe Kenntnisse der europäischen Harmonielehre hatte.

[2] Über die rechtliche Bedeutung und die Bindungskraft der vom Kultus- und Wissenschaftsministerium (*monbu kagaku shô*) erlassenen Lehrplanrichtlinie, deren Inhalt weitgehend vorgegeben ist, wird im Schrifttum heftig gestritten, aber die Rechtsprechung geht ohne weiteres davon aus, dass sie einen Charakter als Rechtsnorm besitzt und somit die Lehrer rechtlich verpflichtet. Vgl. OGH v. 18.1.1990, *Minshû* Bd. 44, S. 1 = engl. Übers. abrufbar unter: https://www.courts.go.jp/app/hanrei_en/detail?id=1664.

und *kimigayo* wurde vor allem von konservativen Politikern lange als Problem angesehen. Nach jahrelanger Diskussion wurde 1999 das **Gesetz über die Nationalflagge und -hymne** (*kokki oyobi kokka ni kansuru hôritsu*) erlassen.³ Seither verstärkt sich der Zwang auf Lehrer, bei Feierlichkeiten wie Abschlusszeremonien *hinomaru* aufzuziehen und *kimigayo* mitzusingen.

III. Schutzbereich des Grundrechts der Gedanken- und Gewissensfreiheit

3   Verfassungsrechtlich ist zunächst zu klären, welche Bedeutung der Gedanken- und Gewissensfreiheit (*shisô oyobi ryôshin no jiyû*) (Art. 19 JV) zukommt.

Während der deutsche Verfassungsgeber die Grundrechte der Religions- und Weltanschauungsfreiheit sowie der Gewissensfreiheit kumulativ in einer Grundrechtsnorm niederschrieb (Art. 4 GG), trennt die JV die Gedanken- und Gewissensfreiheit einerseits (Art. 19 JV) und die Religionsfreiheit andererseits (Art. 20 JV). Aus rechtsvergleichender Perspektive lässt sich ferner feststellen, dass die Garantie der Gedankenfreiheit global ein eher seltenes Phänomen ist. Die in der JV verankerte Gedanken- und Gewissensfreiheit ist als **die fundamentalste Freiheit des Geistes** zu verstehen. Ihre elementare Bedeutung wird auch durch die Tatsache bekräftigt, dass diese Freiheit im Text der JV an erster Stelle aller geistigen Freiheiten normiert wurde.

Zunächst stellt sich die Frage, was man unter Gedanken (*shisô*) bzw. Gewissen (*ryôshin*) versteht. Die Rechtsprechung und die herrschende Lehre in Japan sind sich einig darüber, dass zwischen den beiden Begriffen Gedanken und Gewissen nicht zu unterscheiden ist.⁴ Insofern handelt es sich nicht um zwei unterschiedliche Freiheiten, die durch einen Artikel gewährleistet werden, sondern die Gedanken- und Gewissensfreiheit schützt einheitlich **die gesamte innere Sphäre** des Menschen, mit anderen Worten jegliche geistige Tätigkeit einer Person.⁵

Konkret hat dieses Grundrecht drei Ausprägungen: Erstens gewährt das Grundrecht die Freiheit, seine eigene Gewissensüberzeugung, Weltanschauung und/oder Gedanken autonom auszubilden. Zweitens verbietet es der staatlichen Gewalt, dem Einzelnen aufzubürden, seine eigene Anschauung bzw. Gedanken zu äußern (das Recht des Schweigens). Drittens wird das Recht geschützt, seiner inneren Gesinnung entsprechend zu handeln.

---

3   In diesem Zusammenhang ist zu bemerken, dass der Entwurf der Verfassungsreform von der LDP aus dem Jahre 2012 vorsieht, *hinomaru* und *kimigayo* verfassungsrechtlich zu verankern (Art. 3 Abs. 1) und ferner die Bevölkerung zu verpflichten, diese zu respektieren (Abs. 2). Vgl. The Liberal Democratic Party of Japan (übers. v. Voyce), „Draft for the Amendment of the Constitution of Japan (in contrast to the current Constitution)" (27.04.2012), abrufbar unter: https://projects.iq.harvard.edu/files/crrp/files/ldp_2012_draft_voyce_eng.pdf.

4   *Ashibe* (überarb. von *Takahashi*), *Kempô* [Verfassungsrecht], 7. Aufl. 2019, S. 155; OGH v. 15.7.1988, *Hanrei jihô* Heft 1287, S. 65. Vgl. a.A. z.B. die Einzelmeinung des Richters *Kuriyama* im Zwangs-Entschuldigungs-Fall (*shazai-kôkoku*) (OGH v. 4.7.1956, *Minshû* Bd. 7, S. 785 = engl. Übers. in: Maki [Hrsg.], Court and Constitution in Japan. Selected Supreme Court Decisions 1948–60, 1964, S. 47 [54 ff.]).

5   Im Vergleich mit den „Gedanken und Gewissen" der JV ist der Schutzbereich des „Gewissens" i.S.v. Art. 4 Abs. 1 GG enger. Vgl. z.B. BVerfGE 12, 45 (55) – Kriegsdienstverweigerung I [1960] („Als eine Gewissensentscheidung ist [...] jede ernste sittliche, d. h. an den Kategorien von ‚Gut' und ‚Böse' orientierte Entscheidung anzusehen, die der Einzelne in einer bestimmten Lage als für sich bindend und unbedingt verpflichtend innerlich erfährt, so daß er gegen sie nicht ohne ernste Gewissensnot handeln könnte.").

IV. Behandlung des Falls nach japanischem Recht

1. Der Befehl als Eingriff in das Grundrecht der Gedankens- bzw. Gewissensfreiheit

Im vorliegenden Fall hat X die Geschichtsauffassung, dass die genannten nationalen Symbole eng mit dem japanischen Nationalismus und dem Angriffskrieg verbunden sind. Für ihn wäre es deshalb nicht ohne ernsthaften Gewissenskonflikt möglich, diese Symbole zu ehren. Insofern wird X mit dem Amtsbefehl des Schulpräsidenten gezwungen, gegen seine Weltanschauung zu handeln. Deshalb liegt hier ein **Eingriff** in sein Grundrecht der Gedanken- und Gewissensfreiheit vor.

2. Die (Un-)Möglichkeit der Rechtfertigung des Eingriffs

Der OGH vertrat im Jahre 2011 die Ansicht, dass in diesem Fall zwar ein Eingriff in das Grundrecht der Gedanken- und Gewissensfreiheit vorliege, dieser aber **gerechtfertigt** werden könne. Die Entscheidung wurde jedoch von zahlreichen Wissenschaftlern kritisiert: Nach wohl herrschender Meinung im Schrifttum könne der Eingriff nicht gerechtfertigt werden. Daraufhin nahm der OGH im Jahre 2012 eine kleine, aber nicht unerhebliche Kursänderung vor.

a) Die Auffassung des OGH

Zunächst wird die Auffassung des OGH aus seiner Entscheidung im Jahr 2011 vorgestellt:[6] (1) Der OGH misst dem Mitsingen der Nationalhymne bei Schulzeremonien als eine auf Herkommen beruhende Handlung in erster Linie einen **förmlichen, zeremoniellen Charakter** bei. Aus diesem Charakter folgert das Gericht, dass dieses Verhalten mit der Verleugnung der historischen Anschauung des X nicht untrennbar verbunden sei. Außerdem erzwinge der Amtsbefehl nicht einmal ein Bekenntnis zu einer bestimmten historischen Anschauung und er verbiete auch nicht eine entgegenstehende Weltanschauung. (2) Allerdings gesteht der OGH zu, dass das Mitsingen der Nationalhymne auch ein Element der Äußerung eines Verehrungsgefühls enthalte. Daher liege hier ein **mittelbarer Eingriff** in das Grundrecht der Gedanken- und Gewissensfreiheit vor. (3) Dennoch könne dieser Eingriff letztendlich gerechtfertigt werden. Im Rahmen der Rechtfertigung hebt das Gericht hervor, dass bei Schulzeremonien wie Einschulungs- oder Abschlussfeiern die störungsfreie, friedliche Durchführung und die Bewahrung der einer erzieherischen Veranstaltung würdigen Ordnung erforderlich seien. Zudem weist der OGH darauf hin, dass im Schulerziehungsgesetz (*gakkô kyôiku hô*) das **richtige Verständnis der Tradition des Staates** als Erziehungsziel bestimmt ist (Art. 18 Nr. 2)[7] und *hinomaru* und *kimigayo* als Nationalsymbole im Jahre 1999 gesetzlich verankert wurden. Zudem müssten die verbeamteten Lehrer nach Auffassung des OGH wegen ihres Status als Diener der ganzen Bevölkerung (vgl. auch Art. 15 Abs. 2 JV; § 30 Lokalbeamtengesetz) und gemäß dem öffentlichen Charakter ihres Amtes sowohl

---

6 OGH (2. Kleiner Senat) v. 30.5.2011, *Minshû* Bd. 65, S. 1780 (engl. Übers. im Internet abrufbar unter: http://www.courts.go.jp/app/hanrei_en/detail?id=1106). Die anderen zwei Kammern des OGH vertraten fast identische Auffassungen in den folgenden Entscheidungen: OGH (1. Kleiner Senat) v. 6.6.2011, *Minshû* Bd. 65, S. 1855 (engl. Übers. unter: http://www.courts.go.jp/app/hanrei_en/detail?id=1109); OGH (Dritter Kleiner Senat) v. 14.6.2011, *Minshû* Bd. 65, S. 2148 (engl. Übers. unter: http://www.courts.go.jp/app/hanrei_en/detail?id=1111). Vgl. auch OGH (3. Kleiner Senat) v. 21.6.2011, *Shûmin* Heft 237, 53.

7 Dieses Erziehungsziel wurde mit dem Änderungsgesetz 2007 neu eingeführt (Gesetz Nr. 96/2007). Diese Änderung wurde als Folge der fundamentalen, politisch umstrittenen Änderung des Erziehungsgrundgesetzes (*kyôiku kihon-hô*; Gesetz Nr. 25/1947, gänzlich geändert durch Gesetz Nr. 102/2006) vorgenommen.

die Gesetze als auch die dienstlichen Befehle befolgen. Abschließend werden am Ende der Entscheidung diese Ausführungen nochmals zusammenfassend dargestellt und der Amtsbefehl wird durch die sog. „**Gesamtabwägung**" für verfassungsmäßig erklärt.[8]

b) Kritik im Schrifttum

7   Im Schrifttum wurde die Entscheidung jedoch scharf kritisiert.[9] Die herrschende Meinung vertritt die Auffassung, dass im vorliegenden Fall ein schwerer Eingriff in das Grundrecht der Gedanken- und Gewissensfreiheit vorliegt, der nicht gerechtfertigt werden kann. Die unterschiedlichen Autoren vertreten jedoch voneinander abweichende Begründungen und bringen eine Vielzahl von Argumenten vor. Deshalb werden im Folgenden einige Kritikpunkte aus meiner Perspektive, freilich unter Beachtung der gesamten Kritik der Literatur, dargestellt.

8   Erstens ist zu kritisieren, dass das Gericht das Mitsingen der Nationalhymne als einen bloß zeremoniellen Akt ansah und damit dessen politischen bzw. historischen Sinnbezug verleugnete. Dies mag eine weit verbreitete Meinung in Japan sein. Dennoch ist im konkreten Einzelfall zu beachten, dass X anderer Meinung war und insofern einer Minderheit angehörte: X war nämlich der Ansicht, dass das Mitsingen der Nationalhymne die Verherrlichung des einstmaligen Militarismus bedeute. Solch eine persönliche Weltanschauung eines Individuums muss, soweit sie ihm ernsthaft ist und dies von ihm plausibel dargelegt wird, geschützt werden. Mit anderen Worten: Eine Verallgemeinerung eines individuellen Grundrechts unter Berücksichtigung der Weltanschauung eines durchschnittlichen Grundrechtsträgers würde den Grundrechtsschutz der Gedanken- und Gewissensfreiheit für den Einzelnen sinnlos machen, gar ins Leere laufen lassen.[10] Eine derartige Entwertung des Grundrechts ist bedenklich. Wichtig ist zudem ein Verständnis dafür, dass diese Geschichtsanschauung nicht so abwegig ist, weil die Nationalhymne in Japan – anders als in Deutschland oder Italien – auch nach dem zweiten Weltkrieg nicht geändert wurde.

Der zweite Kritikpunkt bezieht sich auf die Mittelbarkeit des Eingriffs. Der OGH unterscheidet offensichtlich die innere Sphäre – also die geistige Tätigkeit an sich – einerseits, und die damit verbundene äußerliche Handlung andererseits. Soweit ein Staatsakt nicht in die innere Sphäre eingreift und nur eine damit verbundene äußerliche Handlung betrifft, wird ein mittelbarer Eingriff angenommen, der leicht gerechtfertigt werden kann. Dies ist aber nach Auffassung der herrschenden Lehre nicht vertretbar, weil schon generell ausscheidet, dass durch den Staat in die innere Sphäre eines Einzelnen direkt eingegriffen wird. Stattdessen kommt ein Eingriff immer nur dann in Betracht, wenn ein Gedanke zu einer bestimmten Handlung oder Nichthandlung führt. Folglich ist eine Unterscheidung zwischen der inneren Sphäre und der äußeren Handlung nicht haltbar.

Schließlich lassen sich zudem noch die Rechtfertigungsgründe kritisieren. Zweifelhaft erscheint erstens, ob die Zeremonie überhaupt gestört wird, wenn der ein oder andere

---

8   Das Wort „Gesamtabwägung" (*sôgô teki kôryô*) ist in japanischen Gerichtsentscheidungen, egal in welchem Rechtsbereich, sehr häufig zu finden. Was dieses Wort bedeutet, ist oft nicht klar. Jedenfalls lässt sich feststellen, dass die japanischen Gerichtsentscheidungen fall- und ergebnisorientierter, flexibler und weniger dogmatisch sind als die deutschen. Zu den Charakteristika der Rechtsauffassung in Japan vgl. *Rahn*, Rechtsdenken und Rechtsauffassung in Japan, 1990.
9   Vgl. z.B. *Tonami, Kaisetsu* [Anmerkung zur Entscheidung], Jurisuto No. 1440 (2012), S. 18 f.
10 Vgl. die abweichende Meinung von Richter *Miyakawa*, in: OGH (1. Kleiner Senat) v. 6.6.2011, *Minshû* Bd. 65, S. 1855 (1868 ff.).

IV. Behandlung des Falls nach japanischem Recht

Lehrer beim gemeinsamen Gesang der Nationalhymne nicht steht und mitsingt. Selbst wenn das Nichtstehen eine ordnungsgemäße Durchführung stören könnte, müsste geprüft werden, ob es angemessen bzw. verhältnismäßig wäre, für die Ordnungserhaltung der Schulzeremonie das Grundrecht der Gedanken- und Gewissensfreiheit zu beschränken.

Zweitens lässt sich mit dem alleinigen Argument, dass Lehrer an öffentlichen Oberschulen willentlich öffentliche Bedienstete geworden sind und damit in ein Sonderverhältnis zum Staat getreten sind, weshalb sie gemäß Art. 15 Abs. 2 JV „dem ganzen Volk dienen" sollen, nicht begründen, dass diese gänzlich auf ihre Grundrechte verzichten müssen. In der Vorkriegszeit wurde zwar auch in Japan – wie in Deutschland – die Lehre des „besonderen Gewaltverhältnisses" vertreten. Dies hatte zur Folge, dass öffentlichen Bediensteten oder Strafgefangenen der Rechtsschutz entzogen wurde. Selbstverständlich wird diese Lehre bereits seit geraumer Zeit nicht mehr vertreten, sowohl in Deutschland als auch in Japan. Die herrschende Lehre geht in Japan heute davon aus, dass eine spezielle Einschränkung eines Grundrechts derjenigen, die in einem besonderen Verhältnis zum Staat stehen, nur dann möglich ist, wenn eine solche Einschränkungsmöglichkeit in der Verfassung ausdrücklich festgeschrieben ist oder sie zumindest konkludent vorausgesetzt ist. Das dürfte im vorliegenden Fall nicht der Fall sein, weil weder die gute Ordnung der Schulzeremonien noch die Verehrung der Nationalsymbole einen Bezugspunkt zu irgendwelchen Artikeln der JV hat. Zwar ist der Kaiser (*tennô*) nach der JV das Symbol Japans und der Einheit des japanischen Volkes, aber nicht *hinomaru* oder *kimigayo*. Interessanterweise äußerte gerade der *tennô* öffentlich seine Hoffnung, dass das Mitsingen der Nationalhymne nicht erzwungen werden sollte.[11]

c) Kleine Kursänderung des OGH

Allerdings sieht auch der OGH den Befehl zum gemeinsamen Gesang der Nationalhymne nicht völlig unproblematisch. Nicht alle 15 Richter waren mit dem Ergebnis völlig einverstanden: Einige Richter forderten nämlich in ihren Einzelmeinungen ein vorsichtigeres Vorgehen gegenüber der Verweigerung.[12] Dies hat im Ergebnis dazu geführt, dass der OGH ein Jahr später eine härtere Maßregelung wie Lohnkürzung oder Suspendierung eines beamteten Lehrers nur wegen der mehrmaligen Verweigerung des Mitsingens der Nationalhymne als unverhältnismäßige Ausübung des Ermessens und damit für rechtswidrig – aber nicht für verfassungswidrig – erklärt hatte.[13] Dies kann wohl auch als kleiner Schritt im Liberalisierungsprozess des OGH angesehen werden.

---

11 Vgl. *Tennô heika gakkô de kokki kokka "kyôsei de nai noga nozomashii"* [Tennô: Nationalflagge und -hymne in der Schule hoffentlich nicht erzwungen], in: *Asahi Shimbun* vom 28.10.2004, S. 2.
12 In den bei Fn. 6 angeführten Entscheidungen äußerten zwei Richter (Richter *Miyakawa* im 1. Kleinen Senat und *Tahara* im 3. Kleinen Senat) abweichende Meinungen. Außerdem forderten Richter *Sudô* (im 2. Kleinen Senat), *Kanetsuki* (im 1. Kleinen Senat), Richterin *Okabe* und Richter *Ôtani* (beide im 3. Kleinen Senat) in ihren ergänzenden Meinungen (*hosoku iken*) ein vorsichtiges Vorgehen bzw. eine sorgfältige Abwägung, allerdings ohne den einschlägigen Staatsakt für verfassungswidrig zu erklären.
13 OGH v. 16.1.2012, *Shûmin* Heft 239, 1; OGH v. 16.1.2012, *Shûmin* Heft 239, 253; Vgl. auch OGH v. 9.2.2012, *Minshû* Bd. 66, 183 (engl. Übers. im Internet abrufbar unter: http://www.courts.go.jp/app/hanrei_en/detail?id=1286).

Verzeichnis der Autorinnen und Autoren

Alps, Heike, Dr. LL.M. (Chuo Universität, Japan), Rechtsanwältin und Mediatorin, Fachanwältin für Arbeitsrecht, Referentin bei der Salzgitter Flachstahl GmbH und Lehrbeauftragte an der Universität Halle-Wittenberg

Bälz, Moritz, Prof. Dr. LL.M. (Harvard), Lehrstuhl für japanisches Recht und seine kulturellen Grundlagen, Goethe-Universität Frankfurt a.M.

Baum, Harald, Prof. Dr., Affiliate, Max-Planck-Institut für ausländisches und internationales Privatrecht, Hamburg

Dillmann, Meiko, Dr., Rechtsanwältin und Partnerin ARQIS Rechtsanwälte, München

Doll, Katharina, Dr. M.Sc., Bayerisches Staatsministerium der Finanzen und für Heimat, München

Effinowicz, Ruth, Dr. LL.M. (Köln/Paris 1), M.A., Max-Planck-Institut für ausländisches und internationales Privatrecht, Hamburg

Endo, Sota, Assoziierter Prof., Waseda Universität Tokio

Förster, Christian, Dr. habil., Rechtsanwalt, Bartsch Rechtsanwälte, Karlsruhe

Griebeler, Carsten, Staatsanwaltschaft Frankfurt a.M., Lehrbeauftragter für japanisches Recht an der Universität Augsburg

Kasiske, Peter, Prof. Dr., Professur für Strafrecht, Strafprozessrecht und Wirtschaftsstrafrecht, Universität Augsburg

Kaspar, Johannes, Prof. Dr., Lehrstuhl für Strafrecht, Strafprozessrecht, Kriminologie und Sanktionenrecht, Universität Augsburg

Koike, Shintaro, Prof., Keio Universität Tokio

Kojima, Hideo, Prof. Dr., Meiji Gakuin Universität Tokio

Kurishima, Tomoaki, LL.M. (LMU München), Assoziierter Prof., Universität Saitama

Kurosawa, Mutsumi, Assoziierter Prof. Dr., Meiji Universität Tokio

Magata, Osamu, Prof. Dr., Chuo Universität Tokio

Nakamichi, Yuki, Prof. Dr., Waseda Universität Tokio

Petrus, Szabolcs, Dr. LL.M. (Augsburg), Lehrbeauftragter an der Universität Augsburg

Saheki, Kazuya, Prof., Kansai Universität Osaka

Schemmel, Frank, Dr. Dipl. iur. oec. univ., DataGuard, München

Schiebe, Tobias, Dr. LL.M. (Victoria University of Wellington), Rechtsanwalt und Registered Foreign Attorney in Japan ARQIS Foreign Law Office, Tokio

Schön, Oliver, Dr., Vors. Richter am Landgericht München I und Lehrbeauftragter für japanisches Recht an der Universität Augsburg

Schüßler-Langeheine, Dirk, Dr., Rechtsanwalt Kanzlei Hoffmann Eitle, München

Schulte, Sebastian, LL.M., Rechtsanwalt Kanzlei Schulte und Karlsfeld, Münster und Lehrbeauftragter für japanisches Recht an der Universität Augsburg

Stevens, Gregor, Vorsitzender Richter am Landgericht Potsdam und Lehrbeauftragter der Universität Halle-Wittenberg

Stichwortverzeichnis

Die Angaben verweisen auf die Paragrafen des Buches (**fette Zahlen**) sowie die Randnummern innerhalb der einzelnen Paragrafen (magere Zahlen).
Beispiel: § 9 Rn. 10 = **9** 10

§ 1353 BGB **9** 50
§ 1592 BGB **9** 51
§ 1595 BGB **9** 51
§ 1741 BGB **9** 51
§ 175 StGB **9** 49
Abfindungslösung **10** 3
Abstraktionsprinzip **2** 9
acte de gouvernement-Doktrin **23** 23
Adhäsionsverfahren **4** 7, **20** 20
Adoption **9** 23 ff.
– Adoptionsabsicht **9** 25
– gewöhnliche **9** 23 ff.
AGB **6** 3
Alliierte Besatzung
– US-amerikanisches Recht **1** 10
Amtsausübung **18** 7 ff.
– Als Geschäft **18** 23 f.
Amtstätigkeit
– machtvolle Amtstätigkeit **18** 24
Anklageerhebung **15** 11
Anklageschrift **4** 6
Antragsberechtigung **20** 2
Antragsdelikt **20** 5, 7, 22
Anwendung von List **18** 19
Arbeitsgerichtsbarkeit **10** 2, 4, 11
Arbeitsordnung **11** 3 ff.
Arbeitsrecht **2** 15
– Verständigungsverfahren **10** 3
Arbeitsrechtsverfahren, Japan **10** 4
– Klagefrist **10** 6
– Kündigungserklärung **10** 5
– Kündigungsschutz **10** 7
Arbeitsstandardgesetz **10** 7, 9
Arbeitstätigkeit **18** 2
Arbeitsvertragsgesetz **10** 6, 8
Art. 13 EGBGB **9** 16
Art. 13 JV **9** 10

Art. 14 JV **9** 11 f.
Art. 17b EGBGB **9** 16
Art. 24 Abs. 2 JV **9** 10
Art. 24 JV **9** 6
Art. 24 RAG **9** 17
Art. 33 RAG **9** 17
Art. 42 RAG **9** 18
Art. 739 ZG **9** 5, 23
Art. 74 Familienregistergesetz **9** 5
Art. 792 ZG **9** 23
Art. 799 ZG **9** 23
Art. 802 ZG **9** 23
Art. 809 ZG **9** 24
Art. 810 ZG **9** 24
Art. 877 ZG **9** 24, 28
Art. 887 ZG **9** 24
Art. 889 ZG **9** 24, 28
AtomschadensG **13** 2
– Nuklearschaden **13** 8
– Schadensersatz, Umfang **13** 9
– Schwerwiegende Naturkatastrophe außergewöhnlichen Ausmaßes **13** 7
– Verhältnis zur Staatshaftung **13** 10
Atypisch Beschäftigte **11** 2
Aufbewahrung von elektromagnetischen Aufzeichnungen
– Entgegenstehen des Willens **17** 12
– Illegitimität **17** 12
Aufgezwungene Verfassung **25** 2
Ausgleichsanspruch des Handelsvertreters **6** 5
Ausgleichszahlung, Deutschland **6** 16
Außergerichtlicher Vergleichsvertrag **20** 19
Äußerung des Opfers (victim impact statement) **20** 17
Ausspähen von Daten **17** 23

Beerdigungskosten 4 14
Befristet Beschäftigte 11 24 ff.
– Ungleichbehandlung, sachlicher Grund 11 58 ff.
– Ungleichbehandlung, unangemessene 11 25 ff.
Befristetes Arbeitsverhältnis 11 24 ff.
– Ampelmodell 11 65
– Befristung mit Sachgrund 11 63
– Befristung ohne Sachgrund 11 62
– Entfristung 11 45 ff., 60 ff.
– Kalendermäßige Befristung 11 62
– Kettenbefristung 11 64
– Ungleichbehandlung, sachlicher Grund 11 58 ff.
– Ungleichbehandlung, unangemessene 11 25 ff.
– Verlängerung 11 28 ff., 33 ff.
Befristung
– Schriftform 11 66
Berufsrichter 10 3, 4, 12
Besonderes Gewaltverhältnis 26 9
Bestimmtheitsgebot 17 25, 26
Betriebsbedingte Kündigung 10 8, 17, 20
Betriebsratsanhörung 10 15
Betrug 17 24
– konkludente Täuschung 17 11
– Täuschung durch Unterlassen 17 11
– vermögensmindernde Handlung 17 11
Betrug unter Verwendung von Datenverarbeitungsgeräten 17 11
Bitcoin 17 3
Bodennutzung
– Bodengrundlagegesetz 22 2
– Geschossflächenquote 22 3
– Nutzungszone 22 3
– Stadtplanungsgesetz 22 3
– Überbauungsquote 22 3
– Zenekon 22 3
Chōsakan 19 21
Coinhive-Fall 17 2 ff.
Computerbetrug 17 11
Computerkriminalität 17 3

Computerprogramme
– Vertrauen der Allgemeinheit 17 17
Computerstrafrecht 17 25
Computerviren 17 9
Corona-Pandemie 18 38
Cyberkriminalität 17 3, 9

Datenveränderung 17 21 f.
Dauerbelastung, arbeitsbedingte 12 8
De-facto-Ehe 9 35 ff.
Definition 12 2
– karô-jisatsu 12 2
– karôshi 12 2
Deliktsrecht 2 12, 5 8
Deutsches Recht 9 16, 45 ff.
– gleichgeschlechtliche Ehe 9 45 ff.
Diebstahl 17 24
– Ausschließung des Eigentümers 17 11
Digitaler Hausfriedensbruch 17 24
Digitalisierung 17 1, 26
Drohung 18 14 f.

Ehe
– De-facto-Ehe 9 35 ff.
– Ehefähigkeitszeugnis 9 15
– Ehenamen 9 17
– gleichgeschlechtliche 9 1 ff.
– im Ausland geschlossene 9 14 ff.
– IPR 9 14 ff.
– Rechtsprechung 9 7, 10 ff., 44
– Verfassungsrecht 9 5 ff.
– Vorteile 9 2 f.
Ehrenamtliche Richter 10 12, 22
Eigentumsgarantie 18 44
Einheitsgerichtsbarket 23 26 ff.
Einkommen, zukünftiges 4 11
Einspruch 10 3
Einstellung des Verfahrens 20 20
Enkeltrick
– Abholer, Ukeko 16 5
– Betrug 16 2
– Deliktsaufbau 16 5
– Keiler, Kakeko 16 5
– Schadenssumme 16 4
– sukzessive Beihilfe 16 8

Stichwortverzeichnis

- Sukzessive Mittäterschaft 16 6
- Vorbereitung 16 3

Entziehung elektrischer Energie 17 24

Erbrecht 2 14

Erfordernis eines konkreten Streitfalls 24 4, 13

Erklärung (Äußerung) des Opfers über seine Schädigung 20 22

Ermessen 21 10

Ermittlungsverfahren 4 4

Europäischer Binnenmarkt 7 8

Europäischer Wirtschaftsraum 7 31

Fahrlässigkeitsdelikt 4 5

Familiengericht
- Jugendstrafsachen 19 18

Familienrecht 2 14, 9 5, 17
- Adoption, gewöhnliche 9 23 ff.
- Auseinandersetzung des Vermögens 8 15
- Düsseldorfer Tabelle 8 16
- Familienregister 9 17
- koseki 9 17
- Schadensersatz 8 19
- Scheitern der Ehe 8 14
- Sorgerecht 8 18
- Versorgungsausgleich 8 17

Familienrecht, Japan
- Haussystem 8 2
- Scheidungsgrund 8 6
- Schlichtungsverfahren 8 3

Familienregister 9 17

Fragmentarischer Charakter des Strafrechts 17 26

Freiheitsstrafe mit Arbeitspflicht 4 6

Frist für die Einreichung einer Klage 10 6, 14

Führerschein 4 2

Fürsorgepflichtverletzung 12 5, 11
- Handlung, unerlaubte 12 5
- Leistungsstörung 12 5

Gedanken- und Gewissensfreiheit 26 3

Geheimhaltung opferbezogener persönlicher Informationen 20 14

Gerichtswesen
- „20%-Regel" 1 2

Gerichtswesen, japanisches 1 2

Gesamtabwägung 26 6

Geschäftsstörung 17 11

Geschäftsstörung durch Beschädigung vom Datenverarbeitungsgeräten 17 11

Geschäftstätigkeit 18 6, 16

Gesetzgebung 23 3 ff.

Gesundheitsschaden, arbeitsbedingter 12 4
- Berufskrankheit 12 4

Gewahrsam 4 4

Gewalt 18 13 ff.

Gleichbehandlung 2 14

Gleichgeschlechtliche Beziehung
- Hamburger Modell 9 47

Gleichgeschlechtliche Beziehung 9 1 ff.
- Adoption 9 23 ff.
- De-facto-Ehe 9 35 ff.
- freiwillige Betreuungsvereinbarung 9 30 ff.
- Partnerschaftszertifikat 9 39 ff.
- Strafrecht 9 22, 49
- Testament 9 30 ff.
- Vertrag 9 30 ff.

Gleichgeschlechtliche Ehe 9 1 ff.
- Adoption 9 23 ff.
- bi-nationale Paare 9 17, 19
- De-facto-Ehe 9 35 ff.
- deutsches Recht 9 45 ff.
- freiwillige Betreuungsvereinbarung 9 30 ff.
- Gesellschaft 9 2, 4, 9
- Hamburger Modell 9 47
- Partnerschaftszertifikat 9 39 ff., 47
- Rechtsprechung 9 7, 10, 11, 12, 44
- Strafrecht 9 22, 49
- Testament 9 30 ff.
- Vertrag 9 30 ff.

Grundsatz der Trennung von Politik-Staat und Religion (seikyô bunri gensoku) 24 10

Gruppenvergewaltigung 20 4 f.

Güteverhandlung 10 12, 22

Handelsvertreter
- Abgrenzung zum Vertragshändler 6 2, 16

Hinterbliebenenschutz 15 5

Hinwendung zum deutschen Rechtssystem
- intensive Rechtsvergleichung 1 9

Illegitime Aufbewahrung elektromagnetischer Aufzeichnungen 17 8

Immobiliarsachenrecht
- Formvorschriften 3 4
- Gebäude 3 3
- Immobilienregister 3 5

Informelles Verwaltungshandeln/Gyōsei shidō 21 11
- Aspekte 21 13
- Begriff 21 12
- Gesetzliche Regelung 21 14
- Rechtmäßigkeitsvoraussetzungen 21 21
- Rechtsschutz 21 31
- Rechtsstaatsprinzip 21 15
- Systematisierung 21 17
- Verwaltungsvorschriften 21 16

Investition, Erheblichkeit 6 14

Investitionserstattungsanspruch 6 13

Inzidente Verfassungsmäßigkeitskontrolle 24 4

IPR 9 14 ff.
- Ehefähigkeitszeugnis 9 15
- Ehekollisionsrecht 9 14 ff.
- ordre public 9 17, 18

Irregulär Beschäftigte 11 2

Japan 15 6, 11
- Aufklärungsquote 15 10
- Geographische Lage 15 7
- Gesellschaft 15 8
- Polizeipräsenz 15 9

Japanisches StGB
- Allgemeiner Teil 14 4
- Aufbau 14 3
- Besonderer Teil 14 6
- Opferschutz 15 5
- Reformbestrebungen 14 9

- Strafbarkeit, Vorverlagerung 15 4
- Unterschiede zum deutschen StGB 15 2

§ jStGB 168-3 17 8

Judicial self-restraint 23 23, 24 7, 25 10

Jugendamt 19 20

Jugendgericht
- Jugendkammer 19 16
- Jugendrichter 19 16
- Jugendschöffengericht 19 16

Jugendgerichtsgesetz
- Allgemeines 19 3
- Strafrechtliches Modell 19 3

Jugendgerichtshilfe 19 19

Jugendgesetz
- Allgemeines 19 4

Justiz 23 26 ff.

Justizreform
- Wandel des Regulierungsmodells 1 14

JV 9 5

jōri (Natur der Sache) 2 4

Kabinett 23 18 ff., 25

Kaiser (tennô) 23 39 ff.

Kausalität 12 7
- Adäquanztheorie 12 7

KfzBestrafungsG 4 6

Kodifikationsstreit
- Yatsuka Hozumi 1 8

Konsensuale Streitbeilegung
- soziale Kontrolle 1 5

koseki 9 17

Kostenerstattungsanspruch 4 14

Kreditgefährdung 18 45

Kriminalität 15 6
- Aufklärungsquote 15 10
- Geographische Lage 15 7
- Gesellschaft 15 8
- Polizeipräsenz 15 9

Kriminalitätsrate 15 6

Kryptoassets 17 7

Kryptohijacking 17 17

Kryptomining 17 1 ff.
- browserbasiertes 17 5
- fremdnütziges 17 4
- malwarebasiertes 17 6
Kryptowährung
- Schürfen 17 2
- Transaktion 17 2
Kündigung 10 20
- Betriebsbedingte Kündigung 10 8, 17, 20
- Frist für die Einreichung einer Klage 10 6, 14
- Kündigungserklärung 10 13
- Kündigungsfrist 10 9, 18
- Kündigungsschutz 10 7 f., 16 f.
- Kündigungsschutzklage 10 11
- Missbrauch des Kündigungsrechts 10 8
- Sozialauswahl 10 8, 17, 20, 21
Kündigungserklärung 10 5, 13
Kündigungsfreiheit 10 8, 17
Kündigungsfrist 10 9, 18
Kündigungsschutz 10 7 f., 16 f.
Kündigungsschutzklage 10 11
- Betriebsanhörung 10 15
- Frist 10 14
- Güteverhandlung 10 12
- Kündigungsschutz 10 16
Kōban (Polizeistation) 4 2
kōtō benron junbi tetsusuki 4 9
Laienrichter 10 3, 4, 22
Laienrichtersystem 15 20
Leistungsstörungsrecht, Japan 5 6
LGBTQ+ 9 1 ff.
- Strafrecht 9 22, 49
Lizenz
- implizite 7 28 ff.
Machtausübung 18 20
Mächtigkeitstheorie 18 24
Malware 17 23
Mangel an qualifizierten Juristen
- gesellschaftspolitisches Konfliktmanagement 1 12

Meiji-Erneuerung
- ungleiche Verträge 1 6
Meiji Restauration
- Allgemeines 1 6
- Altes Strafgesetzbuch 14 2
- Auslandsreisen 1 7
- Kodifikationsstreit 1 8
Mischrechtsordnung
- kommunitaristische Strukturen 1 1
Mischsystem 15 1
Missbrauch des Kündigungsrechts 10 8
Misstrauensvotum 23 21 ff.
Mittäterschaft
- Komplott-Mittäterschaft 16 9
Mitteilung an Antragsteller 20 12
Mitteilung an die Opfer 20 13
Mitverschulden 4 13
Modernes Rechtssystem
- legislative Reformarbeiten 1 7
Nationalflagge 26 2
Nationalhymne 26 2
Nebenklage 20 21
Nebenstrafrecht, Japan 14 11
Nötigung 18 45
Oberster Gerichtshof 23 30 ff.
Offizialdelikt 20 5, 20, 22
Opferentschädigung 20 20
Opferhilfe 20 8 ff.
Opferhilfebeamter 20 13
Opferschutz 15 5, 20 8 ff.
- Beschuldigtenrechte 20 23
Opferschutz, Strafverfahren 20 8
- Deutschland 20 21
- Ermittlungsverfahren 20 9
- Opferteilnahmesystem 20 16
- Strafzumessung 20 18
- TOA 20 20
- Wiedergutmachung 20 19
- Zeugenvernehmung 20 15
Opportunitätsprinzip 15 15, 18 47, 20 11
Ordnungswidrigkeiten 4 2
ordre public 9 17, 18

Ore ore sagi 16 2
- Furikome sagi 16 4

Parallelimport 7 31

Pariser Übereinkommen zur Atomschadenshaftung 13 11
- Nuklearer Schaden 13 12

Parlament 23 3 ff.

Parteien
- Parteien, politische 23 20

Parteiensystem 15 19

Patent
- Eigentumsrecht 7 4 f.
- Erschöpfung 7 6 ff., 13 ff., 27
- Japan 7 12 ff.
- Regionale Erschöpfung 7 8
- Verbietungsrecht 7 2

Patentrecht
- Erschöpfung, Japan 7 13
- Implizierte Lizenz 7 28
- Territorialität 7 19
- Verbietungsrecht, Japan 7 12

Political question-Doktrin 23 23, 25 8

Premierminister 23 24

Privates Baurecht
- Gerichtliche Praxis 22 6
- Sachmangel 22 4
- Schlichtungsversuch 22 7

Privatklage 20 11, 20

RAG 9 17

Recht am eingerichteten und ausgeübten Gewerbebetrieb 18 44

Recht auf schöne Aussicht 2 12

Rechtsanwaltskosten 4 14

Rechtsbewusstsein, japanisches 1 11

Rechtsmentalität
- Takeyoshi Kawashima 1 11

Rechtsscheinlehre, japanische
- Art. 94 Abs. 2 ZG 3 8

Rechtsschutz 21 26
- Frist, Rechtsschutzbedürfnis 21 29
- Schutznormtheorie 21 28
- Zulässigkeit, Klage 21 27

Rechtssicherheit 10 5, 21

Rechtsstaatsprinzip
- Gesetzesvorbehalt 21 4

Rechtsstellung des Deliktsopfers 20 2 ff.

Rechtsstellung des Opfers
- im Strafverfahren 20 8 ff., 21

Rechtsumsetzung
- ex ante-Regulierung 1 13

Rechtsverordnung 21 9

Rechtskulturvergleichung
- pfadabhängige Entwicklung 1 3

Recht zur Selbstverteidigung 25 5, 8

Regulär Beschäftigte 11 1

rōdō shinpan 10 2, 3
- Einspruch 10 3
- Schlichtung 10 3
- Spruch 10 3

Sachenrecht 2 9

Saiban-in Seido 15 20

Sanktionen, Jugendstrafverfahren 19 22
- Erziehungsmaßregel, Zuchtmittel, Jugendstrafe 19 23
- Jugendberatungszentrum, Jugenderziehungsheim 19 24

Satzung 21 9

Schadensersatz 12 3
- Berechnung 4 14
- direkt 4 10
- immaterieller 4 12, 12 3
- indirekt 4 11
- materieller 12 3
- Mitverschulden 4 13
- Umfang 13 9
- Vertrauensschaden 5 14

Schadensersatzanordnung 20 19

Schadensersatz neben der Leistung
- bei Schutzpflichtverletzung 5 14

Schadensersatz wegen Nichtverlängerung von Dauerschuldverhältnissen 6 7 ff., 19 f.

Scheidungsfolgen, Japan 8 7
- Schadensersatz 8 12
- Sorgerecht 8 11
- Unterhalt 8 9

- Vermögensteilung 8 8
- Versorgungsausgleich 8 10

Schlichtung 10 2, 3, 22

Schlichtungsverfahren 4 8

Schmerzensgeld 4 12
- Immaterieller Schadensersatz 24 13

Schriftformerfordernis, Kündigung 10 5

Schuldrecht 2 10

Schuldrechtsreform 2 10

Sekundäre Viktimisierung 20 5
- durch die Vernehmung 20 9

Selbstverteidigungskräfte (jieitai) 24 4, 25 7

Senioritätsprinzip 2 15

Service overtime 2 15

Sexualstrafrechtsreform 20 4 f., 7

Sexuelle Selbstbestimmung 20 3

Shufuku (die gegenüber dem Opfer erfolgte Selbstanzeige) 20 6

Sitzungsperiode 23 13 ff.

Sozialauswahl 10 8, 17, 20, 21

Staatlicher Opferzuschuss 20 19

Staatsanwaltschaft
- Jugendstrafverfahren 19 12

Staatsanwaltschaftliches Anklageermessen 20 11

Staatshaftung 21 32, 24 13
- Baurecht 22 14

Staats-Shintô 24 10

Stammmitarbeiter 11 1

Störung 18 21 f.

Störung der Amtsausübung 18 7 ff.

Störung der Arbeitstätigkeit 18 2

Störung der Geschäftstätigkeit 18 6, 16
- Geschäft 18 17

Strafantrag 20 5, 22

Strafrahmen 4 6

Strafverfahren 15 11
- Laienrichtersystem 15 20
- Opportunitätsprinzip 15 15
- Parteiensystem 15 19

Strafzumessung 4 6, 20 18

Straßenverkehrsunfall 4 1

Täter
- Beihilfe 16 6

Täter-Opfer-Ausgleich (TOA) 20 6, 20, 22

Teilnahme des Opfers am Hauptverfahren (Opferteilnahme) 20 16

Teilzeitarbeitsverhältnis 11 11 ff.
- Ungleichbehandlung, sachlicher Grund 11 53 ff.
- Ungleichbehandlung, unangemessene 11 14 ff.

Teilzeitbeschäftigte 11 11 ff.
- Ungleichbehandlung, sachlicher Grund 11 53 ff.
- Ungleichbehandlung, unangemessene 11 14 ff.

Territorialitätsgrundsatz 7 19 f.

Tokugawa-Shōgunat
- Rechtsgewährung 1 4

Überlegenheit des Unterhauses 23 9

Ultima ratio
- Strafrecht als 17 26

Unabhängigkeit der Justiz 23 35 ff.

Unbefugte Nutzung fremder PCs 17 3

Unbefugter Computerzugriff 17 11
- Ausspähen von Daten 17 11
- Authentifizierungssystem 17 11
- Benutzerauthentifizierungssystem 17 11
- besondere Sicherung 17 11
- Erschütterung der sozialen Infrastruktur 17 11
- Zugriffskontrollfunktion 17 11

Unberechtigte Herstellung und Verwendung elektromagnetischer Aufzeichnungen 17 11

Unfallversicherung, Deutschland 12 10
- Arbeitsunfall 12 10
- Berufskrankheit 12 10
- Haftungsprivilegierung 12 10

Unfallversicherung, Japan 12 6

Ungleiche Verträge 1 6

Unmittelbarkeitsprinzip 15 18

Untersuchungsausschuss für staatsanwaltschaftliches Handeln (StAUA) 20 12
Untersuchungshaft 4 4, 15 11
Untersuchungshaft, Jugendliche
- Deutschland 19 6
- Japan 19 7
- Jugendklassifizierungszentrum 19 7

Verfahren Entschädigungsantrag 12 9
- Betriebsaufsichtsamt 12 9
Verfassungsänderung 23 16 f.
Verfassungsrecht 9 5 ff.
- Verfassungswidrigkeit 9 8 ff.
Vergewaltigung
- geschütztes Rechtsgut 20 3
- Mittel 20 4
- Schutzobjekte 20 4
- Shufuku 20 6
- Strafantrag 20 5
- Strafdrohung 20 4
- Tatbestand § 177 jStGB 20 4
Vergleichsquote 4 9
Vernehmung
- Jugendstrafverfahren 19 9
Verschulden bei Vertragsschluss 5 2
- Haftungslücken des Deliktsrecht 5 4
Verständigungsverfahren 10 2
- Einspruch 10 3
- Schlichtung 10 3, 22
- Spruch 10 3
Vertragsgestaltung 2 11
Vertragshändler
- Abgrenzung zum Handelsvertreter 6 2, 16
- Ausgleichsanspruch nach Handelsvertreterrecht 6 16 ff.
- Billigkeitsentschädigung bei Kündigung 6 5
- Schadensersatzanspruch bei Kündigung 6 2, 3 f., 11 ff.

- Schadensersatz wegen Nichtverlängerung des Vertrages 6 7 ff., 19 f.
- Voraussetzungen für einseitige Kündigung 6 3 f., 11 ff.
Verwaltungsakt 21 7
Verwaltungsrecht
- Verfassungsprinzipien 21 3
Verwaltungsvertrag 21 8
Verwaltungsvollstreckung 21 25
Verwendung von unwahren Gerüchten 18 18
Volksprüfung
- Volksprüfung der OGH-Richter 23 33
Vorsatz
- dolus antecedens 16 7
- dolus subsequens 16 7
Vortäuschung von Straftaten 18 43
Vorverlagerung der Strafbarkeit 15 4
Vorvertragliches Schuldverhältnis
- tatsächlicher Abschluss eines nachteilhaften Vertrags 5 14

Widerstand gegen Vollstreckungsbeamte 18 42 f.
Wiedergutmachung 20 19, 23
Work-Style Reform Bill 11 10

Zeugenbetreuung 20 21
Zeugenschutz 20 15, 21 f.
Zivilrecht
- Geschichtliche Entwicklung 2 2
- Grauzonen-Zinsen 2 8
- Sittenwidrigkeit 2 7
- Treu und Glauben 2 1
Zivilverfahren 4 9
Zweck-Effekt-Prüfung 24 11
Zweikammersystem 23 7 ff.
Zweispurigkeit 15 2